शोध कार्यप्रणाली

"इस संस्करण में प्रारंभिक शोधकर्ताओं के लिए महत्वपूर्ण जानकारी शामिल है और इसे बड़े ही स्पष्ट और संक्षिप्त तरीके से प्रस्तुत किया गया है जो पाठकों को बांधे रखती है। पाठकों को शोध के संदर्भों, पूछे गए विविध प्रकार के प्रश्नों और विचारोत्प्रेरक उदाहरणों द्वारा मदद की गई है। यह एक ऐसा प्रकाशन है जो प्रारंभ से अंत तक पढ़ने में आनंद ही आनंद देता है, हालाँकि यह पठन एक अनिवार्य कार्य भी है।

डॉ. लिआने पर्नेल, वरिष्ठ व्याख्याता, न्यूमैन विश्वविद्यालय कॉलेज

तृतीय संस्करण की सराहना:

"महान पुस्तक, हमें सचमुच बेहद पसंद आई है। छात्र पिछले किन्हीं भी वर्षों की तुलना में इस वर्ष अधिक प्रेरित थे, इसमें इस पुस्तक का महान योगदान है।"

डॉ. डर्क जैन्सन, आईजीएडी, एनएचटीवी – अंतर्राष्ट्रीय ब्रेडा विश्वविद्यालय

"यह ठीक वही करती है, जो यह कहती है। यह आगे के निर्माण के लिए एक अद्वितीय नींव प्रदान करती है। विशेष रूप से एक ऐसे विषय में जिसे कुछ लोग तुरंत समझने में कठिन समझते हैं। इसकी रूपरेखा अद्वितीय है और इसकी विषय सामग्री सर्वव्यापी है। इसमें शामिल पाठ और आकृतियाँ बहुत अच्छी हैं और छात्रों को शोध के प्रथम चरण के जटिल कार्यकाल के दौरान एक अच्छा आधार प्रदान करती है। मैं इस बारे में भी सुनिश्चित हूँ कि यह उन अधिक अनुभवी शोधकर्ताओं के लिए एक यादगार सहायक साबित होगी जो इस वातावरण से कुछ समय के लिए दूर चले गये थे।"

मिस जोआन ओ'डोनेल, स्कूल ऑफ़ नर्सिंग, मिडवाइफ़री एंड सोशल वर्क, युनिवर्सिटी ऑफ़ मैंचेस्टर

"हमारे कई छात्रों के बीच तेजी से लोकप्रिय होती जा रही है; यह सर्वव्यापी और सुलभ दोनों ही है। इस तृतीय संस्करण ने द्वितीय संस्करण से अधिक लक्षणीय सुधार किया है। छात्रों को इसमें शोध समस्या का गठन करने के लिए अध्याय मिलेंगे और साहित्य का पुनरावलोकन वाला अध्याय विशेष रूप से सहायक है।"

जॉन हॉफ़मैन, मेडिकल एंड सोशल केयर एज्युकेशन, युनिवर्सिटी ऑफ़ लिसेस्टर

शोध कार्यप्रणाली

आरंभिक शोधकर्ताओं के लिए चरणबद्ध गाइड

चतुर्थ संस्करण

रंजीत कुमार

Sage

Reprint 2024

Originally published in 2014 in English by Sage Publications, Ltd as *Research Methodology: A Step-by-Step Guide for Beginners, 4e*

This edition published in 2017

Sage

Sage Publications India Pvt Ltd
Unit No. 323-333, Third Floor, F-Block
International Trade Tower
Nehru Place
New Delhi - 110 019, India

Exclusively Distributed in South Asia by

ATLANTIC
PUBLISHERS & DISTRIBUTORS

7/22, Ansari Road, Darya Ganj, New Delhi
Tel.: +91-11-4077 5252, 2327 3880
E-mail: orders@atlanticbooks.com
Web: www.atlanticbooks.com

Published by Sonia Kumar for Sage Publications India Pvt Ltd.

ISBN: 978-93-5150-662-1 (PB)

मेरी बेटी, पारुल के लिए

संक्षिप्त विषय-सूची

चित्र सूची xvii
तालिका सूची xxi
आभार xxii
प्रस्तावना xxiii

1 शोध: सोचने का एक तरीका 1
2 शोध प्रक्रिया: एक नज़र 33

चरण I शोध समस्या का निर्माण करना 45
3 साहित्य का पुनरावलोकन 47
4 शोध समस्या का निर्माण करना 65
5 चरों की पहचान करना 83
6 परिकल्पना का निर्माण करना 103

चरण II शोध रूपरेखा की अवधारणा तैयार करना 123
7 शोध की रूपरेखा 125
8 अध्ययन रूपरेखा का चयन करना 135

चरण III डेटा संग्रहण के लिए एक उपकरण का निर्माण करना 173
9 डेटा संग्रहण हेतु एक विधि का चयन करना 175
10 दृष्टिकोणात्मक पैमाने के उपयोग से डेटा संग्रहण 209
11 शोध उपकरण की वैधता और विश्वसनीयता की स्थापना करना 221

चरण IV नमूने का चयन 235

12 नमूने का चयन करना 237

चरण V शोध प्रस्ताव का लेखन करना 263

13 शोध प्रस्ताव का लेखन करना 265

चरण VI डेटा संग्रहण 289

14 डेटा संग्रह में नैतिक मुद्दों पर विचार 291

चरण VII डेटा की प्रोसेसिंग और प्रदर्शन करना 301

15 डेटा की प्रोसेसिंग 303

16 डेटा का प्रदर्शन 345

चरण VIII शोध रिपोर्ट का लेखन करना 367

17 शोध रिपोर्ट का लेखन 369

शब्दकोष 379

ग्रन्थसूची 401

विषय-सूची

चित्र सूची xvii
तालिका सूची xxi
आभार xxii
प्रस्तावना xxiii

1 शोध: सोचने का एक तरीका 1

शोध: सोचने का एक तरीका 2
शोध: व्यावसायिक कार्य का एक आवश्यक अंग 3
शोध: कार्य के लिए साक्ष्य जमा करने का एक तरीका 5
व्यवसाय विकास तथा नीति निर्माण में शोध के अनुप्रयोग 6
शोध: इसका तात्पर्य क्या है? 7
शोध प्रक्रम: इसकी विशेषताएँ एवं आवश्यकताएँ 9
शोध के प्रकार 10
- प्रयोगात्मक दृष्टिकोण 11
- उद्देश्य दृष्टिकोण 11
- पूछताछ दृष्टिकोण की पद्धति 13

मिश्रित बहुविधियों का दृष्टिकोण 17
- परिचय 17
- विधि को परिभाषित करना 19
- विधि के आधारभूत तर्क 24
- इस विधि का प्रयोग कब करें 24
- विधियों का मिश्रण करने के तरीके 26
- लाभ और नुकसान 27
- ध्यान में रखने योग्य विचार 29
- वे परिस्थितियाँ जिनमें इस दृष्टिकोण का उपयोग किया जा सकता है 29

शोध के प्रतिमान 30
सारांश 31

2 शोध प्रक्रिया: एक नज़र 33

शोध प्रक्रिया: एक आठ चरणों वाला मॉडल 34
अ: यह निर्णय लेना कि किसका शोध करना है 38
चरण I: एक शोध समस्या की रचना करना 38
ब: अध्ययन को संचालित करने के तरीके की योजना बनाना 39
चरण II: एक शोध डिजाइन की संकल्पना करना 39
चरण III: डेटा संग्रहण के लिए एक उपकरण का निर्माण करना 39
चरण IV: एक नमूने का चयन करना 40
चरण V: एक शोध प्रस्ताव का लेखन करना 40
स: एक शोध अध्ययन का संचालन करना 41
चरण VI: डेटा संग्रह करना 41
चरण VII: डेटा की प्रोसेसिंग और प्रदर्शन करना 42
चरण VIII: शोध रिपोर्ट का लेखन करना 42
सारांश 42

चरण I शोध समस्या का निर्माण करना 45

3 साहित्य का पुनरावलोकन 47

शोध में साहित्य के पुनरावलोकन का स्थान 48
आपकी शोध समस्या में स्पष्टता और एकाग्रता लाना 49
अपनी शोध कार्य प्रणाली में सुधार करना 49
अपने शोध क्षेत्र में अपने ज्ञान आधार को विस्तृत करना 49
अपने परिणामों को संदर्भित करना 50
साहित्यिक पुनरावलोकन और साहित्य के सारांश के बीच में अंतर 50
साहित्य पुनरावलोकन किस प्रकार से करें 51
वर्तमान साहित्य की खोज करना 51
पुस्तकें 52
जर्नल 53
सम्मेलन संबंधी कागजात 54
इंटरनेट 54
पुनरावलोकन किये गये साहित्य के विषय में लिखना 59
सारांश 62

4 शोध समस्या का निर्माण करना 65

शोध समस्या 66
एक शोध समस्या के निर्माण का महत्व 67

	शोध समस्याओं के स्रोत	68
	शोध समस्या के चयन में ध्यान में रखने योग्य बातें	70
	एक शोध समस्या के निर्माण में शामिल होने वाले चरण	71
	शोध उद्देश्यों का निर्माण	73
	अध्ययन जनसंख्या	77
	कार्यान्वयन परिभाषाओं की स्थापना करना	78
	गुणात्मक शोध में एक शोध समस्या का निर्माण करना	80
	सारांश	81
5	**चरों की पहचान करना**	**83**
	चर क्या होता है?	84
	एक धारणा और चर के बीच में भिन्नता	86
	धारणाओं को चरों में परिवर्तित करना	87
	चरों के प्रकार	87
	औपचरिक संबंध के दृष्टिकोण से	87
	एक शोध रूप-रेखा के दृष्टिकोण से	93
	मापन की इकाई के दृष्टिकोण से	94
	मापन पैमानों के प्रकार	95
	सांकेतिक और श्रेणीगत पैमाना	98
	क्रम सूचक और क्रमवाचक पैमाना	98
	अंतराल पैमाना	98
	अनुपात पैमाना	99
	सारांश	99
6	**परिकल्पना का निर्माण करना**	**103**
	परिकल्पना की परिभाषा	104
	परिकल्पना के कार्य	106
	परिकल्पना का परीक्षण	106
	परिकल्पना के गुण	106
	परिकल्पना के प्रकार	108
	एक परिकल्पना के परीक्षण में होने वाली गलतियाँ	109
	गुणात्मक शोध में परिकल्पना	110
	सारांश	111
	एक शोध परियोजना का विकास करना: प्रारंभिक विद्यार्थियों के लिए अभ्यासों का एक सेट	113
	अभ्यास I: शोध समस्या का निर्माण	113

चरण II शोध रूपरेखा की अवधारणा तैयार करना **123**

7 शोध की रूपरेखा **125**

शोध रूपरेखा क्या है? 126
एक शोध रूपरेखा के कार्य 127
कारक सिद्धांत और अध्ययन की रूपरेखा 128
सारांश 133

8 अध्ययन रूपरेखा का चयन करना **135**

परिमाणात्मक तथा गुणात्मक अध्ययन रूपरेखाओं के बीच अंतर 136
परिमाणात्मक शोध में अध्ययन रूपरेखा 138
संपर्कों की संख्या के आधार पर अध्ययन की रूपरेखाएँ 138
संदर्भ की अवधि पर आधारित अध्ययन रूपरेखाएँ 144
अन्वेषण की प्रकृति पर आधारित अध्ययन रूपरेखाएँ 146
परिमाणात्मक शोध में उपयोग में लाई जाने वाली अन्य रूपरेखाएँ 154
गुणात्मक शोध में अध्ययन रूपरेखा 159
केस अध्ययन 159
मौखिक इतिहास 160
फोकस समूह/सामूहिक साक्षात्कार 161
प्रतिभागी प्रेक्षण 162
समग्र शोध 162
सामुदायिक चर्चा फोरम 163
विचारात्मक जर्नल लॉग 163
सामान्य तौर पर उपयोग में लाई जाने वाली दर्शन से संचालित अन्य प्रकार की रूपरेखाएँ 163
क्रिया (क्रियात्मक) शोध 164
नारीवादी शोध 165
प्रतिभागी शोध और सहयोगात्मक शोध 165
सारांश 166
अभ्यास II: एक अध्ययन डिजाइन की परिकल्पना करना 168

चरण III डेटा संग्रहण के लिए एक उपकरण का निर्माण करना **173**

9 डेटा संग्रहण हेतु एक विधि का चयन करना **175**

डेटा एकत्रीकरण के परिमाणात्मक, गुणात्मक और मिश्रित विधि शोध के तरीकों के बीच में अंतर 176
जानकारी के संग्रहण की मुख्य विधियाँ 177

प्राथमिक स्त्रोतों का उपयोग करके डेटा का संग्रहण करना 179
प्रेक्षण 179
साक्षात्कार 183
प्रश्नमाला 185
परिमाणात्मक शोध में एक शोध उपकरण का निर्माण करना 197
निजी तथा संवेदनशील प्रश्न पूछना 197
प्रश्नों के क्रम 198
एक शोध उपकरण का पूर्व-परीक्षण 198
डेटा संग्रहण के लिए पूर्व आवश्यकताएँ 200
गुणात्मक शोध में डेटा संग्रहण के तरीके 200
असंरचनात्मक साक्षात्कार 201
प्रेक्षण 203
द्वितीयक स्त्रोत 204
गुणात्मक शोध में एक शोध उपकरण का निर्माण करना 204
द्वितीयक स्त्रोतों के उपयोग के द्वारा डेटा संग्रहित करना 205
द्वितीयक स्त्रोतों से संग्रहित किये गये डेटा के साथ जुड़ी समस्याएँ 206
सारांश 206

10 दृष्टिकोणात्मक पैमाने के उपयोग से डेटा संग्रहण 209

परिमाणात्मक शोध में दृष्टिकोणात्मक पैमाने 211
दृष्टिकोणात्मक पैमानों के कार्य 211
एक दृष्टिकोणात्मक पैमाने की विकास में आने वाली कठिनाइयाँ 212
दृष्टिकोणात्मक पैमानों के प्रकार 213
कुल रेटिंग या लिकेर्ट पैमाना 213
समान प्रतीत होने वाला अंतराल या थरस्टोन पैमाना 218
संचयी या गटमैन पैमाना 218
दृष्टिकोणात्मक पैमाने और मापन पैमाने 218
दृष्टिकोण और गुणात्मक शोध 219
सारांश 219

11 शोध उपकरण की वैधता और विश्वसनीयता की स्थापना करना 221

वैधता की अवधारणा 223
परिमाणात्मक शोध में वैधता के प्रकार 224
बाहरी और सामग्री (विषयवस्तु) वैधता 224
समवर्ती और पूर्वकथनात्मक वैधता 224
निर्मित वैधता 225

विश्वसनीयता की अवधारणा 225
शोध उपकरण की विश्वसनीयता को प्रभावित करने वाले कारक 226
परिमणात्मक शोध में उपकरण की वैधता निर्धारित करने की विधियाँ 226
बाहरी अनुरूपता प्रविधियाँ 226
आंतरिक अनुरूपता प्रविधियाँ 227
गुणात्मक शोध में वैधता और विश्वसनीयता 227
सारांश 229
अभ्यास III: शोध उपकरण को विकसित करना 231

चरण IV नमूने का चयन 235

12 नमूने का चयन करना 237

परिमाणात्मक और गुणात्मक शोध में नमूने लेने के अंतर 238
परिमाणात्मक शोध में नमूने का चयन 239
नमूने के चयन की अवधारणा 239
नमूने की शब्दावली 240
नमूने का चयन करने का सिद्धांत 241
एक नमूने से लिए गए अनुमान को प्रभावित करने वाले कारक 243
नमूने के चयन के उद्देश्य 243
नमूने के प्रकार 244
नमूने आकार की गणना 256
गुणात्मक शोध में नमूने 257
परिमाणात्मक शोध में संतृप्ति बिन्दु की अवधारणा 257
सारांश 258
अभ्यास IV: नमूने का चयन 260

चरण V शोध प्रस्ताव का लेखन करना 263

13 शोध प्रस्ताव का लेखन करना 265

परिमाणात्मक और गुणात्मक शोध के क्षेत्र में शोध प्रस्ताव 266
एक शोध प्रस्ताव की विषय-सामग्री 267
प्रस्तावना/परिचय 269
शोध समस्या 271
अध्ययन का उद्देश्य 272
परीक्षण की जाने वाली परिकल्पनाएँ 274
अध्ययन रूपरेखा 275
सेटिंग 277

मापन प्रक्रिया 277
नैतिक मुद्दे 278
नमूने 278
डेटा का विश्लेषण 279
रिपोर्ट की संरचना 281
समस्या और सीमाएँ 283
परिशिष्ट 283
कार्य सारिणी 283
बजट 283
सारांश 284
अभ्यास V: शोध प्रस्ताव लेखन 286

चरण VI डेटा संग्रहण 289

14 डेटा संग्रह में नैतिक मुद्दों पर विचार 291

नैतिकताः एक अवधारणा 292
शोध में हितधारक 293
शोध सहभागियों के विषय में विचार करने योग्य नैतिक मुद्दे 294
जानकारी एकत्रित करना 294
सूचित सहमति प्राप्त करना 294
प्रोत्साहन राशि देना 295
संवेदनशील जानकारी प्राप्त करना 295
सहभागियों को नुकसान होने की संभावना 295
गोपनीयता बनाए रखना 296
शोधकर्ता से संबंधित विचारयोग्य नैतिक मुद्दे 296
पूर्वग्रह को टालना 296
उपचार का प्रावधान या अभाव 296
अनुचित शोध पद्धति का उपयोग करना 297
गलत रिपोर्टिंग करना 297
जानकारी का गलत उपयोग करना 297
प्रायोजक संगठन के संबंध में नैतिक मुद्दे 298
प्रायोजक संगठन द्वारा लगाया गया प्रतिबंध 298
जानकारी का दुरुपयोग 298
द्वितीयक डेटा से जानकारी एकत्रित करने में नैतिक मुद्दे 298
सारांश 299

चरण VII डेटा की प्रोसेसिंग और प्रदर्शन करना **301**

15 डेटा की प्रोसेसिंग **303**

परिमाणात्मक अध्ययन में डेटा की प्रोसेसिंग 304
संपादन 304
कोडिंग 306
विश्लेषण का एक ढांचा तैयार करना 323
परिमाणात्मक डेटा का मैन्युअली विश्लेषण करना 330
गुणात्मक अध्ययन में डेटा की प्रोसेसिंग करना 331
गुणात्मक शोध में सामग्री का विश्लेषण–एक उदाहरण 332
मिश्रित विधि अध्ययन में डेटा का विश्लेषण 341
शोध में सांख्यिकी और कंप्यूटरों की भूमिका 341
सारांश 342

16 डेटा का प्रदर्शन **345**

विश्लेषित डेटा का संचार और प्रदर्शन करने की विधियाँ 346
पाठ 347
तालिकाएँ 347
ग्राफ्स 353
सांख्यिकीय मापन 362
सारांश 364

चरण VIII शोध रिपोर्ट का लेखन करना **367**

17 शोध रिपोर्ट का लेखन **369**

शोध रिपोर्ट का लेखन 370
मसौदे को ऑनलाइन विकसित करना 371
चरों के बारे में लेखन करना 375
संदर्भ लेना 376
एक ग्रंथसूची का लेखन करना 377
सारांश 377

शब्दकोष **379**

ग्रन्थसूची **401**

चित्र सूची

1.1	शोध के अनुप्रयोग	8
1.2	शोध के प्रकार	12
1.3	सामाजिक शोध में मिश्रित/विभिन्न पद्धतियाँ, परिमाणात्मक एवं गुणात्मक दृष्टिकोण	21
1.4	मिश्रित और कई तरीकों का उपयोग – एक उदाहरण	23
1.5	मिश्रित/कई तरीकों का अध्ययन – एक उदाहरण	28
2.1	शोध यात्रा–प्रत्येक पोस्ट को स्पर्श करें और अपनी यात्रा के लिए उपयुक्त विधियों एवं प्रक्रियाओं का चयन करें	35
2.2	शोध प्रक्रिया	36
2.3	परिचालनीय चरणों के संबंध में इस पुस्तक के अध्याय	37
3.1अ	एक सैद्धांतिक ढांचे का विकास करना – मृत्यु दर और प्रजनन क्षमता के बीच में सम्बन्ध	59
3.1ब	स्वास्थ्य में सामुदायिक प्रतिक्रियाशीलता अध्ययन के लिए सैद्धांतिक ढांचा	60
3.2अ	साहित्य पुनरावलोकन की रूपरेखा का एक नमूना	60
3.2ब	सामुदायिक प्रतिक्रियाशीलता अध्ययन के लिए साहित्यिक पुनरावलोकन की मुख्य विषय वस्तु	61
4.1	घरेलू हिंसा के विषय क्षेत्र को उपक्षेत्रों में विभक्त करना	73
4.2	एक शोध समस्या के निर्माण में सम्मिलित चरण-शराब की लत	74
4.3	एक शोध समस्या का निर्माण-मृत्युदर तथा प्रजनन क्षमता के बीच संबंध	75
4.4	एक शोध समस्या को लेकर एकाग्रता स्थापित करना – स्वास्थ्य	76
4.5	उद्देश्यों के लक्षण	77
5.1	चरों के प्रकार	89
5.2	एक कारक संबंध में चरों के प्रकार	90
5.3	एक कारक संबंध में स्वतंत्र, निर्भर और बाह्य चर	90
5.4	सलाह और वैवाहिक जीवन की समस्याओं में चरों के सेट	92

5.5	स्वतंत्र, निर्भर, बाह्य एवं अन्तःक्षेपी चर	92
5.6	सक्रिय एवं भाववाचक चर	93
6.1	एक परिकल्पना का परीक्षण करने की विधि	107
6.2	एमसीएच, एनएस और नवजात मृत्युदर में सम्बन्ध के अध्ययन हेतु टू बाई टू फेक्टोरियल प्रयोग	108
6.3	परिकल्पना के प्रकार	110
6.4	परिकल्पना परीक्षण में टाइप I और टाइप II त्रुटियां	110
7.1	एक सलाह सेवा और वैवाहिक समस्याओं के स्तरों के सम्बन्ध को प्रभावित करने वाले कारक	129
7.2	शिक्षण मॉडल और समझ के बीच में सम्बन्ध	130
7.3	कुल परिवर्तन के घटक: स्वतंत्र, बाह्य और अवसर	132
7.4	रूपरेखा का निर्माण	133
8.1	अध्ययन रूपरेखा के प्रकार	139
8.2	पूर्व तथा बाद पूर्व-परीक्षण/बाद परीक्षण अध्ययन रूपरेखा	141
8.3	प्रतिगामी प्रभाव	143
8.4	अनुदैर्ध्य अध्ययन रूपरेखा	143
8.5	संदर्भ समयावधि के आधार पर अध्ययन रूपरेखाओं का वर्गीकरण ए) पूर्व व्यापी; बी) प्रत्याशित; सी) पूर्व व्यापी-प्रत्याशित	145
8.6	प्रयोगात्मक तथा अप्रयोगात्मक अध्ययन	147
8.7	प्रयोगों में यादृच्छिकरण	147
8.8	परवर्ती रूपरेखा	149
8.9	एक पूर्व तथा बाद रूपरेखा के द्वारा परिवर्तन का मापन	149
8.10	नियंत्रण प्रयोगात्मक रूपरेखा	151
8.11	द्वि-नियंत्रण रूपरेखा	152
8.12	तुलनात्मक प्रयोगात्मक रूपरेखा	153
8.13	प्लेसेबो रूपरेखा	154
8.14	क्रॉसओवर प्रयोगात्मक रूपरेखा	157
8.15	दोहराई गई अनुप्रस्थ रूपरेखा	157
8.16	क्रिया शोध रूपरेखा	164

9.1	डेटा संग्रहण की विधियाँ	178
9.2	सामूहिक वार्तालाप को एक तीन–दिशा वाले रेटिंग पैमाने पर प्रेक्षित/रिकॉर्ड करना	182
9.3	साक्षात्कार के प्रकार	184
9.4	कहाँ जाएँ? आप्रवासियों के बीच में व्यावसायिक गतिशीलता का एक अध्ययन	185
9.5	व्यावसायिक पुनर्नियुक्ति: राज्य के शासकीय कर्मचारियों के बीच में एक अध्ययन	186
9.6	बंद प्रश्नों के उदाहरण	193
9.7	खुले प्रश्नों के उदाहरण	194
9.8	असंरचित साक्षात्कार के प्रकार	201
10.1	एक श्रेणीगत पैमाने का उदाहरण	214
10.2	सात बिंदु वाले अंकित पैमाने का एक उदाहरण	214
10.3	एक पैमाने का एक उदाहरण जिसमें कथन, दृष्टिकोणों के विभिन्न स्तरों को प्रतिबिंबित करते हैं	215
10.4	लिकेर्ट पैमाने के निर्माण की विधि	215
10.5	सकारात्मक तथा नकारात्मक कथनों को अंक देना	216
10.6	एक दृष्टिकोणात्मक प्राप्तांक की गणना करना	217
10.7	थरस्टोन पैमाने को निर्मित करने की प्रक्रिया	217
12.1	नमूने का चयन करने की अवधारणा	240
12.2	परिमाणात्मक शोध में नमूने के प्रकार	245
12.3	यादृच्छिक संख्याओं की तालिका का प्रयोग करने की विधि	246
12.4	एक सरल यादृच्छिक नमूने का चयन करने की प्रक्रिया	250
12.5	स्तरीकृत नमूने के चयन की विधि	251
12.6	समूह नमूना की अवधारणा	252
12.7	स्नोबॉल नमूने	255
12.8	वर्गीकृत नमूने के चयन की विधि	255
12.9	व्यवस्थित नमूने	257
15.1	डेटा प्रोसेसिंग में चरण	305
15.2	एक साक्षात्कार से प्रश्नों के उदाहरण	309

15.3 चित्र 15.2 में विस्तृत-उत्तरीय प्रश्न (क्र. 11) के प्रति कुछ चयनित प्रतिक्रियाएं 320
15.4 एक सर्वेक्षण से कुछ प्रश्न – प्रतिक्रिया देनेवाला 3 324
15.5 एक सर्वेक्षण से कुछ प्रश्न – प्रतिक्रिया देनेवाला 59 326
15.6 एक सर्वेक्षण से कुछ प्रश्न – प्रतिक्रिया देनेवाला 81 327
15.7 एक कोड-शीट के ऊपर कोड किये गये डेटा का एक उदाहरण 328
15.8 ग्राफ पेपर का उपयोग करके मैन्युअल विश्लेषण 329
16.1 एक तालिका की संरचना 348
16.2अ दो-मितीय हिस्टोग्राम 354
16.2ब त्रिमितीय हिस्टोग्राम 355
16.2स दो चरों के साथ द्विमितीय हिस्टोग्राम 355
16.3 विभिन्न प्रकार के बार चार्ट 356
16.4 खड़ा बार चार्ट 357
16.5 100 प्रतिशत बार चार्ट 358
16.6 आवृत्ति बहुभुज 359
16.7 संचयी आवृत्ति बहुभुज 359
16.8 तना और पत्ती प्रदर्शन 360
16.9 दो और तीन आयामों वाला पाई चार्ट 361
16.10 रेखा चित्र या रुझान वक्र 361
16.11 क्षेत्र चार्ट 362
16.12 स्कैटरग्राम 363

तालिका सूची

1.1	उद्देश्य के दृष्टिकोण से शोध अध्ययन के प्रकार	14
1.2	गुणात्मक, परिमाणात्मक एवं मिश्रित पद्धति दृष्टिकोणों के बीच में अंतर	18
3.1	सार्वजनिक स्वास्थ्य सामाजिक विज्ञान शिक्षा और व्यापारिक अध्ययनों में सामान्यतः उपयोग में लाए जाने वाले इलेक्ट्रॉनिक डेटाबेस	54
4.1	एक शोध समस्या के पहलू	69
4.2	अवधारणाओं और अध्ययन जनसंख्या का कार्यान्वयन	79
5.1	अवधारणाओं और चरों के उदाहरण	86
5.2	अवधारणा को चरणों में बदलना	88
5.3	श्रेणीगत/सतत और तुलनात्मक/गुणात्मक चर	95
5.4	चार मापन पैमानों के उदाहरण और गुण	97
9.1	शोध उपकरण के निर्माण के लिए मार्गदर्शन परिमाणात्मक शोध एक स्वास्थ्य कार्यक्रम में सामुदायिक प्रतिक्रियात्मकता के मूल्यांकन के लिए एक अध्ययन	199
10.1	दृष्टिकोणात्मक और मापन पैमानों के बीच में संबंध	218
11.1	शोध पहचानने के लिए मानदंड	228
12.1	नमूने की सांख्यिकी और जनसंख्या माध्य में अंतर	242
12.2	नमूने की सांख्यिकी और जनसंख्या माध्य में अंतर	242
12.3	यादृच्छिक संख्याओं की से नमूना	247
12.4	यादृच्छिक संख्याओं की से चयनित तत्त्व	249
13.1	अपने अध्ययन के लिए समय-सीमा का विकास	284
13.2	अध्ययन की अनुमानित क़ीमत	284
15.1	कोड पुस्तिका का एक उदाहरण	311
16.1	उम्र के अनुसार प्रतिक्रिया देनेवाले (एक जनसंख्या के लिए आवृत्ति तालिका काल्पनिक डेटा)	349
16.2	उम्र के अनुसार प्रतिक्रिया देनेवाले (दो जनसंख्या की तुलना करने वाली आवृत्ति तालिका काल्पनिक डेटा)	349
16.3	यूरेनियम खनन के प्रति नजरिया और उम्र के अनुसार प्रतिक्रिया देनेवाले (क्रॉस-टेब्युलेशन–काल्पनिक डेटा)	350
16.4	उम्र और लिंग के अनुसार यूरेनियम खनन के प्रति नजरिया (काल्पनिक डेटा)	351
16.5	उम्र और आमदनी का डेटा	363

आभार

लेखक और SAGE समीक्षकों को अपना बहुमूल्य समय, मदद और प्रतिक्रिया देने के लिए धन्यवाद करना चाहते हैं, जिन्होंने पुस्तक के इस वर्तमान संस्करण को आकार देने में मदद की है।

ल्युक स्लोन परिमाणात्मक विधियों में व्याख्याता, कार्डिफ विश्वविद्यालय

पॉल विलार्ड, इवेंट मैनेजमेंट में व्याख्याता, ला ट्रोब विश्वविद्यालय (बेंडेगो कैंपस)

डॉ. मार्गरेट हैंसन, स्वास्थ्य एवं जीवन विज्ञान में वरिष्ठ व्याख्याता, ऑक्सफोर्ड ब्रुक्स, विश्वविद्यालय

जोनाथन लॉर्ड, व्याख्याता, सैलफोर्ड विश्वविद्यालय

डॉ. लिएन पर्नेल, वरिष्ठ व्याख्याता, न्यूमैन विश्वविद्यालय

जावेद वस्सिलिस खान, वरिष्ठ व्याख्याता, एनएचटीवी विश्वविद्यालय

प्रस्तावना

यह पुस्तक एक छात्र, पेशेवर और शिक्षक के रूप में शोध में हासिल किये गये मेरे अनुभवों पर आधारित है। एक छात्र के रूप में शोध को समझने में किया गया कठिनाइयों का सामना, एक शोध पेशेवर के रूप में उस क्षेत्र में क्या लागू होता है, क्या लागू नहीं होता इसके बारे में मेरा शोध, एक शिक्षक के रूप में तकनीक और सटीकता को त्यागे बिना सरल भाषा में कठिन संकल्पनाओं को प्रभावी रूप से संचारित करने के लिए मेरी क्षमता का विकास और कई विशेषज्ञों की प्रतिकियाएँ, जिन्होंने प्रथम संस्करण के लिए पियरसन ऑस्ट्रेलिया द्वारा और द्वितीय और तृतीय संस्करण के लिए सेज यूके द्वारा आयोजित मूल्यांकन में भाग लिया था, ये सब बातें इस पुस्तक का आधार बनी हैं। कई देशों के शोध पद्धतियों के शिक्षकों की प्रतिक्रियाओं के आधार पर कार्यप्रणाली के कई पहलूओं को इसमें जोड़ा गया।

शोध कार्यप्रणाली को कई अकादमिक विभागों में कई तरीकों से एक सहायक विषय के रूप में पढ़ाया जाता है, जैसे, स्वास्थ्य, शिक्षा, मनोविज्ञान, समाज कार्य, नर्सिंग, जन स्वास्थ्य, लाइब्रेरी अध्ययन, और विपणन शोध। इस पुस्तक के लिए केन्द्रीय मनोवैज्ञानिक आधार मेरी इस धारणा से आता है कि यद्यपि ये विभाग विषय सामग्री में भिन्न होते हैं, परंतु एक शोध अन्वेषण के लिए उनकी विस्तृत पद्धतियाँ एक समान ही होती हैं। इसीलिए यह पुस्तक इन अकादमिक विभागों को संबोधित करती है।

यह सच है कि कुछ विभाग और पेशेवर परिमाणात्मक शोध पर अत्यधिक जोर देते हैं, तो कुछ गुणात्मक शोध पर और कुछ दोनों प्रकारों पर। शोध के प्रति मेरा स्वयं का दृष्टिकोण दोनों प्रकारों का संयोजन है। सबसे पहले यह वह उद्देश्य है जिसे यह निर्णय लेना चाहिए कि अध्ययन को परिमाणात्मक पद्धति का उपयोग करके किया जाना चाहिए कि गुणात्मक पद्धति का। दूसरे, वास्तविक जीवन में अधिकांश शोध दोनों पद्धतियों का एक संयोजन होता है। यद्यपि उनमें दर्शन के उस आधार पर भिन्नता होती है जो उनकी अन्वेषण का आधार होता है, परंतु काफी हद तक अन्वेषण के प्रति उनकी पद्धतियाँ एक समान ही होती हैं। परिमाणात्मक शोध प्रक्रिया काफी सुसंरचित होती है, जबकि गुणात्मक वाली असंरचित होती है और ये उनकी अपनी-अपनी शक्तियाँ और साथ ही साथ कमजोरियाँ भी हैं। मैं इस बात पर पूरी तरह से विश्वास करता हूँ कि एक पूरी तस्वीर को दिखाने के लिए दोनों ही महत्वपूर्ण हैं। इसके अलावा, यहाँ परिमाणात्मक शोध के पहलू हैं जिनकी प्रकृति गुणात्मक होती है। यह इस बात पर निर्भर करता है कि जानकारी को कैसे एकत्रित और विश्लेषित किया जाता है। इसीलिए, मैं बड़ी तीव्रता से यह महसूस करता हूँ कि एक अच्छे शोधकर्ता के पास दोनों प्रकार के कौशल होने चाहिए। मैं अन्वेषण के लिए एक गुणात्मक–परिमाणात्मक-गुणात्मक पद्धति को अपनाता हूँ। इसीलिए इस पुस्तक को विविध विधियों, प्रक्रियाओं और तकनीकों के बारे में जानकारी प्रदान करने के लिए लिखा गया है, जिन्हें इन दोनों ही पद्धतियों में चरण दर चरण इस्तेमाल किया गया है, जो परिचालनीय चरणों से जुड़ी हुई हैं। विधियों, तकनीकों और प्रक्रियाओं के अर्थ में मैं मिश्रित/विविध पद्धतियों का अलग-अलग वर्णन करना उचित नही समझता, जैसा कि मिश्रित/विविध पद्धतियों में गुणात्मक और/या परिमाणात्मक पद्धतियों का उपयोग किया जाता है। इसलिए, यद्यपि इस पुस्तक का अध्याय 1 सामाजिक शोध में शोध की पूछताछ के लिए तीन पद्धतियों का वर्णन करता है, परंतु आगे के अध्यायों में केवल दो पद्धतियों का वर्णन किया गया है, क्योंकि तीसरी अर्थात मिश्रित पद्धति को उनके अंतर्गत समाहित किया गया है।

एक विषय के रूप में शोध को विभिन्न स्तर पर पढ़ाया जाता है। इस पुस्तक को विशेष रूप से उन छात्रों के लिए लिखा गया है जो नवागत हैं और जिनको इस विषय के संबंध में मनोवैज्ञानिक कठिनाइयाँ हों। इसीलिए मैंने पाठकों की तरफ से उनके पूर्व ज्ञान के बारे में कोई कल्पना नहीं की, मैंने पहलुओं की विस्तृत चर्चा को छोड़ दिया है जो प्रारंभकर्ताओं के लिए अनुचित हो सकती है; मैंने संकल्पनाओं को संचारित

करने के लिए कई फ्लो-चार्ट और उदाहरणों का उपयोग किया है; और इस पुस्तक में समाहित किये गये क्षेत्र उनकी चर्चाओं के अर्थ में 'सरल से जटिल' पद्धति का अनुसरण करते हैं। मैंने इस पुस्तक को अत्यंत सैद्धांतिक न बनाने की पूरी कोशिश की है। यह मूल रूप से एक 'नट और बोल्ट' पुस्तक है, जिसका लक्ष्य सैद्धांतिक और मनोवैज्ञानिक ज्ञान आधार तैयार करने की बजाय बुनियादी कौशलों का विकास करना है।

इस पुस्तक की संरचना व्यावहारिक होने के लिए डिजाइन की गई है,जो मेरे शोध करियर के दौरान विकसित किये गये मॉडल पर आधारित है। यह सैद्धांतिक ज्ञान जो शोध कार्यप्रणाली को गठित करता है वह इसीलिए उन परिचालनीय चरणों के आसपास रचा गया है जो परिमाणात्मक, गुणात्मक और मिश्रित शोध के लिए इस शोध प्रक्रिया को तैयार करता है। वास्तविक शोध यात्रा के दौरान कोई विशिष्ट कदम उठाने के लिए आवश्यक सभी जानकारी को एक स्थान पर प्रदान किया गया है। इस जानकारी को अध्यायों में व्यवस्थित किया गया है और प्रत्येक अध्याय को उस चरण के विशिष्ट पहलू के लिए समर्पित किया गया है (चित्र 2.3 देखें)। उदाहरण के लिए, "एक शोध समस्या का निर्माण करना" शोध प्रक्रिया में प्रथम परिचालनीय चरण है। मेरी राय में एक 'अच्छी' शोध समस्या की रचना करने के लिए आपको यह जानने की जरूरत है कि साहित्य का पुनरावलोकन कैसे किया जाये, एक शोध समस्या को कैसे गठित किया जाये, चरों के साथ कैसे व्यवहार किया जाये, और उनका मापन कैसे किया जाये, और संकल्पनाओं का कैसे निर्माण किया जाये। अतः, इस चरण के अंतर्गत यहाँ चार अध्याय हैं। ये जो जानकारी प्रदान करते हैं वह आपको एक समस्या की रचना करने में सक्षम बनाएगी जो शोध करने योग्य है। इन अध्यायों के शीर्षक हैं: "साहित्य का पुनरावलोकन", "शोध समस्या का निर्माण करना", "चरों की पहचान करना", और परिकल्पना का निर्माण करना"। इसी प्रकार से परिचालनीय चरणों के लिए, चरण क्र. 3, "डेटा संग्रहण हेतु एक उपकरण का निर्माण करना", में अध्याय "दृष्टिकोणात्मक पैमाने के उपयोग से डेटा संग्रहण", और "शोध उपकरण की वैधता और विश्वसनीयता की स्थापना करना" आपको अपने अध्ययन के लिए डेटा के संग्रहण हेतु एक उपकरण को विकसित करने के लिए पर्याप्त जानकारी उपलब्ध कराएंगे। प्रत्येक चरण पर प्रत्येक पहलू के लिए परिमाणात्मक और गुणात्मक दोनों अध्ययनों के लिए (और साथ ही मिश्रित/विविध अध्ययनों के लिए भी) विधियों, मॉडलों, तकनीकों और प्रक्रियाओं का प्रदान किया गया एक संकलन है, ताकि आप शोध कार्यप्रणाली में अपना ज्ञान आधार निर्मित कर सकें और साथ ही अपना स्वयं का शोध प्रारंभ करते समय सबसे उपयुक्त का चयन करने में आपको मदद मिले।

यह मेरी मान्यता है कि एक वैध अध्ययन को प्रारंभ करने के लिए शोध कार्यप्रणाली का भरपूर ज्ञान होना अत्यंत आवश्यक है। चरण V "शोध प्रस्ताव का लेखन करना" तक आपके शोध प्रश्न का उत्तर देने के लिए शोध विधियों का ज्ञान होना अत्यंत आवश्यक है, क्योंकि यह आपको एक संकल्पनात्मक ढांचा तैयार करने में सक्षम बनाता है, जो सशक्त हो और आपके शोध कार्य को आत्मविश्वास के साथ आगे ले जा सके। तैयारी का कार्य पूर्ण कर लेने के बाद इसके बाद आने वाले\चरण प्रकृति में अधिक व्यावहारिक होते हैं, जिनकी गुणवत्ता पूर्णतः उस कार्यप्रणाली की सशक्तता पर निर्भर करती हैं जिसे आपने अपने शोध प्रस्ताव में प्रस्तावित किया है। सांख्यिकी और कंप्यूटर शोध में एक महत्वपूर्ण भूमिका अदा करते हैं, परंतु उनका उपयोग केवल डेटा संग्रह करने के बाद ही होता है। मेरे अनुसार सांख्यिकी का उपयोग विश्लेषित डेटा को केवल देखकर ही निकाले गये निष्कर्ष की पुष्टि करने या विरोध करने के लिए, अध्ययन के अंतर्गत रहने वाले दो या अधिक चरों के बीच संबंध के परिमाण का सूचक प्रदान करने के लिए, गंभीरता को स्थापित करने में मदद करने के लिए और आत्मविश्वास का स्तर सुनिश्चित करने के लिए किया जाता है, जिन्हें आपको आपके जाँच परिणामों में डालना है। कंप्यूटर का उपयोग मूल रूप से डेटा के विश्लेषण, सांख्यिकी की गणना, वर्ड प्रोसेसिंग और डेटा के ग्राफिक प्रेजेंटेशन के लिए किया जाता है। यह समय बचाता है और आपके लिए उन गतिविधियों को करना आसान बनाता है; हालाँकि आपको इस अतिरिक्त कौशल को सीखने की आवश्यकता होती है। इस पुस्तक में सांख्यिकी और कंप्यूटर के बारे में जानकारी को शामिल नहीं किया गया है।

इस चौथे संस्करण में सेज प्रकाशन द्वारा की गई समीक्षा के दौरान सामाजिक शोध के अंतरराष्ट्रीय विशेषज्ञों द्वारा तीसरे संस्करण पर दिए गये कई सुझावों को शामिल किया गया है। मैंने जहाँ तक संभव हो इसमें अधिक से अधिक सुझावों को शामिल करने का प्रयास किया है, साथ ही पुस्तक की मूल संरचना को भी कायम रखने का प्रयास किया है। चतुर्थ संस्करण में किये गये कुछ प्रमुख परिवर्तन निम्नानुसार हैं:

- सामाजिक शोध के लिए मिश्रित/विविध विधि दृष्टिकोण को एक दर्शन के रूप में अध्याय 1 में शामिल किया गया है। मेरे लिए, एक मिश्रित विधि दृष्टिकोण' परिमाणात्मक और गुणात्मक के विरुद्ध एक दृष्टिकोण की बजाय एक दर्शन है, क्योंकि इसकी स्वयं की कोई विधियाँ या प्रक्रियाएँ नहीं होती। इसलिए इसे उसी तरीके से समाहित नहीं किया जा सका जैसे कि परिमाणात्मक और गुणात्मक दृष्टिकोणों के लिए किया गया था, अर्थात, उन विधियों और प्रक्रियाओं को जोड़कर जिसमें परिचालनीय चरणों के साथ मिश्रित विधि कार्यप्रणाली समाहित होती हैं, जो इस पुस्तक का आधार है।
- यह चौथा संस्करण परिमाणात्मक और गुणात्मक शोध के बीच की बाधाओं को तोड़ने की मेरी इच्छा को प्रतिबिंबित करता है। अत्यंत सकारात्मक समीक्षा और फीडबैक ने और अधिक विश्वास दिलाया है कि ये दोनों कार्यप्रणालियों का एक आम ढांचे में वर्णन किया जा सकता है। इसलिए चौथे संस्करण में तीसरे संस्करण की तुलना में गुणात्मक विधि को अधिक तवज्जो दी गई है। दोनों कार्यप्रणालियों की अधिक संतुलित तस्वीर प्रदान करने के लिए गुणात्मक शोध की व्याप्ति को अधिक मजबूती दी गई है।
- अभ्यास, जो परिशिष्ट का एक हिस्सा है, उसे अधिक विकसित किया गया है और इस विश्वास से उपयुक्त परिचालनीय चरणों से जोड़ा गया है कि यदि छात्रों को वास्तविक स्थिति में उन बातों का संचालन करने का अवसर प्रदान किया जाये, तो जो उन्होंने इन अध्यायों में सीखा है, उसे वे और अधिक सीख पाएंगे।
- शीर्षक पेजेस, जो अध्यायों और परिचालनीय चरणों को विभाजित करते हैं, अब उन्हें अधिक स्पष्टता प्रदान करने के लिए और साथ ही साथ छात्रों को पहले से सूचित करने के लिए फिर से तैयार किया गया है, जिसे वे एक अध्याय में सीखने की उम्मीद कर सकते हैं।
- कई स्थानों पर पढ़ने के प्रवाह, समझ और आसानी को बढ़ाने के लिए भाषा को बदला गया है।

मैं कई लोगों का आभारी हूँ जिन्होंने मुझे यह पुस्तक लिखने में मदद की है। सबसे पहले, मेरे छात्रों का, जिन्होंने मुझे सिखाया कि शोध विधियों को कैसे पढ़ाना चाहिए। इस पुस्तक की मूल संरचना उन फीडबैक का परिणाम है, जिन्हें मैं कई वर्षों से प्राप्त करता आ रहा हूँ। किसी संकल्पना या किसी प्रक्रिया को ''कैसे'' और शोध प्रक्रिया के किस अवस्था पर सिखाया जाना चाहिए, यह मैंने अपने छात्रों से ही सीखा है। मैं इस पुस्तक में योगदान करने के लिए उन सबका धन्यवाद करता हूँ।

मैं अपने मित्र और सहयोगी डॉ. नोर्मा वाटसन का अत्यंत आभारी हूँ, जिनकी प्रथम संस्करण में संपादन के लिए की गई मदद बहुमूल्य साबित हुई है। उनकी निस्वार्थ मदद के बिना यह पुस्तक अपने वर्तमान स्वरूप में कभी भी नहीं आ सकती थी।

मैं मेरे मित्र और सहयोगी प्रो. डेनिस लैडब्रूक का धन्यवाद करना चाहता हूँ, जिन्होंने मेरे लेखन को निरंतर अपना प्रोत्साहन, मदद और सराहना प्रदान की है।

मैं गुणात्मक शोध में मशहूर विशेषज्ञ, मेरी मित्र डॉ. दीनाज दमानिया का भी धन्यवाद करना चाहता हूँ, जिन्होंने इस संस्करण को पूर्ण करने के लिए इसमें रूचि ली और मुझे प्रोत्साहन और मदद प्रदान की।

मैं उन सभी अंतर्राष्ट्रीय विशेषज्ञों के प्रति तहेदिल से आभारी हूँ जिन्होंने सेज प्रकाशन द्वारा आयोजित की गई इस पुस्तक की समीक्षा में भाग लिया और इसके आगे के सुधार के लिए अपने बहुमूल्य सुझाव प्रदान किये। चौथे संस्करण में किये गये कई परिवर्तन इन प्रतिक्रियाओं के प्रत्यक्ष परिणाम हैं। कई देशों के विश्वविद्यालयों से शोध शिक्षकों द्वारा सेज वेबसाइट पर दी गई अनेकों समीक्षाएं अत्यधिक सकारात्मक रही हैं और चौथे संस्करण के लिए प्रोत्साहन, प्रेरणा और दृढ़ता का स्त्रोत रही हैं और मैं इन सभी समीक्षकों का ह्रदय से आभारी हूँ।

रंजीत कुमार

1

शोध: सोच का एक तरीका

इस अध्याय में आप निम्नलिखित तथ्यों के बारे में जानेंगे

- शोध: सोचने का एक तरीका
- शोध: व्यवसायिक कार्य को देखने का तरीका
- शोध एवं साक्ष्य आधारित कार्य
- शोध के अनुप्रयोग
- शोध-प्रक्रिया के लिए आवश्यक तत्व
- विभिन्न दृष्टिकोणों के अनुसार शोध के प्रकार
- शोध की जाँच के लिए मिश्रित-विधि पद्धति
- शोध के प्रतिमान

महत्वपूर्ण शब्द

प्रयुक्त शोध, नियंत्रित, सहसंबंध शोध, वर्णनात्मक शोध, अनुभवसिद्ध, व्याख्यात्मक शोध, अन्वेषणजन्य शोध, साक्ष्य आधारित अभ्यास, व्याख्यात्मक प्रतिमान, मिश्रित पद्धति शोध, सकारात्मक प्रतिमान, शुद्ध शोध, गुणात्मक शोध, परिमाणात्मक शोध, विश्वसनीयता, शोध, संरचित एवं असंरचित पड़ताल, प्रक्रियाबद्ध, वैधता,

इस अध्याय के अंत में आपको निम्नलिखित की समझ हो जाएगी

- शोध का तात्पर्य एवं व्यावसायिक कार्य में इसके लाभ व प्रयोग
- वे स्थितियां जिनमें कार्य को बेहतर बनाने के लिए शोध का प्रयोग किया जा सकता है
- सामाजिक विज्ञान में शोध विधियों के प्रकार
- गुणात्मक, परिमाणात्मक और मिश्रित विधियों के अनुप्रयोग एवं उनमें अंतर
- सामाजिक विज्ञान में शोध के मुख्य उदाहरण

शोध: सोचने का एक तरीका

शोध (शोध) न केवल कुशलताओं का समूह है बल्कि सोचने का एक तरीका भी है। सोचने के इस तंत्र में प्रायः आप जो भी अवलोकन करते हैं उसके बारे में प्रश्न उठाते हैं, उसके आगे के अन्वेषण करने के प्रयास करते हैं, अपने अवलोकनों को समझते और समझाते हैं तथा और अपने अभ्यास कौशल में एवं ज्ञान में वृद्धि करने के लिए निष्कर्ष एवं अनुमान निकालते हैं। यह एक प्रकार से विषय की तार्किकता, प्रासंगिकता, प्रभावशीलता एवं दक्षता की गहरी जानकारी प्राप्त करने के लिए जिज्ञासापूर्वक, समीक्षात्मक एवं विश्लेषात्मक रूप से कार्य या कार्य अवस्था को देखना होता है। इसमें एक दृष्टिकोण विकसित किया जाता है जो कार्य स्थिति के विभिन्न पहलुओं को चुनौती देने के लिए प्रोत्साहित करता है जैस कि उसका उद्देश्य, प्रासंगिकता तथा वैधता आदि है। इसी प्रकार यह उसकी शक्ति एवं कमजोरी का पता लगाने में तथा आगे सुधार एवं संशोधन के तरीकों एवं संभावनाओं का पता लगाने के लिए भी प्रोत्साहित करता है। शोध व्यक्ति में जिज्ञासु दृष्टिकोण वाली सोच विकसित करता है। शोध एक पेशेवर शोधकर्ता के रूप में स्वयं से प्रश्न करने की दक्षता विकसित करता हैं, जैसे की- मैं क्या कर रहा हूँ? मैं यह क्यों कर रहा हूँ? यह मेरे ग्राहकों एवं उपभोक्ताओं को कैसे प्रभावित कर रहा है? मैं अपने काम को कैसे सुधार सकता हूँ? पेशेवर के रूप में इस प्रकार के प्रश्न सामान्य रूप से मस्तिष्क में आते हैं और शोधकर्ता के रूप में उनका उत्तर प्राप्त करने की कोशिश की जाती है। इस प्रकार के प्रश्नों का उत्तर प्राप्त करने के लिए आवश्यक शोध कौशल होना जरूरी होता है।

शोध सोचने का एक तरीका विकसित करता है जो कि तार्किक एवं युक्तिसंगत होता है इसके अलावा यह दिन-प्रतिदिन की सामान्य स्थिति के प्रत्येक पहलुओं का गहन परीक्षण करने लिए प्रेरित करता है। यह किसी कार्य के लिए विशेष मार्गदर्शक सिद्धांतों को समझने एवं उन्हें तैयार करने में मदद करता है. यह कार्य को बेहतर बनाने के लिए नए तरीकों को विकसित भी करता है तथा उनका परिक्षण भी करता है। इस प्रकार की सोच व्यवसायिक कार्य के प्रति एक बहुत भिन्न परिप्रेक्ष्य को विकसित करती है। शोध व्यक्ति में विश्लेषणात्मक सोच का तरीका विकसित करता है तथा शोध प्रक्रिया की जानकारी शोध प्रश्नों का उत्तर प्राप्त करने में सहायता प्रदान करती है। यह शोध के प्रति उन्मुखता आपके कार्य-व्यवहार में एक चक्रीय क्रम बना देता है जो आपको आगे निरीक्षण, प्रश्न, अन्वेषण, परीक्षण तथा अपने कार्य के विभिन्न पहलुओं को समझने के लिए आपको प्रोत्साहित करता है।

शोध: व्यावसायिक कार्य का एक आवश्यक अंग

बहुत से व्यवसायों में, शोध अच्छे पेशेवर कार्य का एक अविभाज्य अंग होता है और पेशेवर प्रक्रियाओं तथा उसके उत्पादों को अत्याधिक प्रभावित करने के लिए उत्तरदायी होता है। बहुत से व्यवसायों जैसे कि दवा, जन स्वास्थ्य, मनोविज्ञान, शिक्षा आदि में शोध तथा व्यावसायिक कार्य आपस में बहुत अच्छे से जुड़े होते हैं तथा आगे का अभ्यास मुख्यतः इस बात पर निर्भर करता है कि शोध से क्या पता चला है। वास्तव में, शोध एवं अभ्यास एक ही सिक्के के दो पहलु हैं जिन्हें पृथक नहीं किया जा सकता तथा किया भी नहीं जाना चाहिए। यह कहना सही होगा कि जिस व्यवसाय में शोध एवं अभ्यास में जितना अधिक जुड़ाव होगा उतना ही अधिक उसके सैद्धांतिक एवं व्यावहारिक ज्ञान में उन्नति होगी। जैसा कि बताया गया है कि शोध का तात्पर्य, जो आप करते हैं उसके बारे प्रश्न करने की एक आदत होती है: अपने कार्य के दौरान प्राप्त अनुभवों को समझने तथा उनका विश्लेषण करने का तरीका ताकि आप अधिक प्रभावी पेशेवर सेवा उपलब्ध करा सके। आइये हम कुछ विषयों को उदाहरण के रूप में लेते हैं।

मान लेते हैं कि आप स्वास्थ्य के क्षेत्र में काम करते हैं। आप एक फ्रंट लाइन सेवा प्रदानकर्ता, पर्यवेक्षक या स्वास्थ्य व्यवस्थापक या योजनाकार हो सकते हैं। हो सकता है कि आप किसी अस्पताल में हों या किसी दूर समुदाय में स्वास्थ्य कार्यकर्ता के रूप में कार्यरत हों। हो सकता है कि आप कोई नर्स, डॉक्टर, व्यावसायिक थेरेपिस्ट, सामाजिक कार्यकर्ता या चिकित्सा संबंधी कोई अन्य व्यक्ति हों। इनमें से किसी भी पदों पर आप स्वयं से पूछ सकते हैं या आपसे निम्नलिखित प्रश्न पूछे जा सकते हैं:

- मैं प्रतिदिन कितने मरीजों को देखता हूँ?
- मेरे मरीजों में पाई जाने वाली सबसे प्रचलित बीमारी क्या हैं?
- इन बीमारियों के कारण क्या हैं?
- कुछ लोगों को एक खास बीमारी क्यों होती है जबकि दूसरों को नहीं होती है?
- एक मरीज को दी जाने वाली सेवा का औसत खर्च क्या है?
- इस कार्यक्रम के लिए आदर्श जनसंख्या-कार्यकर्ता अनुपात क्या है?
- समुदाय की स्वास्थ्य संबंधी आवश्यकताएँ क्या हैं?
- इस कार्यक्रम से समुदाय को क्या-क्या फायदे हैं?
- मैं अपनी सेवा की प्रभावशीलता को कैसे प्रदर्शित करता हूँ?
- केवल कुछ लोग ही सेवा का प्रयोग क्यों करते हैं जबकि दूसरे नहीं करते?
- इस सेवा के विषय में लोग क्या सोचते हैं?
- इस सेवा से मरीज कितने संतुष्ट हैं?
- यह सेवा कितनी प्रभावी है?
- इस सेवा में सुधार कैसे लाया जा सकता है?

इस सूची में बहुत से और प्रश्नों को शामिल किया जा सकता है। कभी-कभी जिस स्तर पर आप काम करते हैं उसके कारण इन प्रश्नों की उपेक्षा करना सम्भव हो जाता है किन्तु अन्य समय आप स्वयं की पहल पर इन प्रश्नों के उत्तर पाने की कोशिश कर सकते हैं, या कभी-कभी प्रभावी प्रशासन और नियोजन के लिए आपको उत्तर जानने की आवश्यकता पड़ सकती है।

दूसरे विषय को लेते हैं; व्यापार अध्ययन (Business Studies)। मान लीजिए की आप विपणन (Marketing) के क्षेत्र में कार्य करते हैं। हो सकता है कि इसमें भी आप विभिन्न स्तर पर काम करते हों; एक विक्रेता के रूप में, बिक्री प्रबंधक के रूप में, या बिक्री प्रमोशन कार्यकारी के रूप में आदि। आपके लिए प्रश्नों की सूची अंतहीन हो सकती है। उस संगठन में आपके काम करने के स्तर के साथ-साथ प्रश्नों के प्रकार और उनके उत्तर पाने की आवश्यकता बदलती रहती है। हो सकता है कि कभी आप केवल किसी खास उत्पाद की मासिक बिक्री के उतार-चढ़ाव का पता लगाना चाहते हों, या हो सकता है कि आपको बाज़ार में अपनी कंपनी के उत्पादों के लिए अधिक जगह बनाने हेतु तथा अन्य उत्पादों से स्पर्धा करने के लिए एक रणनीतिक योजना बनाने को कहा गया हो। आप अपने आप से कुछ सवाल पूछ सकते हैं या ये आपसे पूछे जा सकते हैं, जैसे कि–

- किसी खास उत्पाद की बिक्री को बढ़ाने के लिए सबसे अच्छी रणनीते क्या हो सकती है?
- मुझे कितने विक्रेताओं की आवश्यकता है?
- इस उत्पाद की बिक्री पर किसी विशेष विज्ञापन अभियान का क्या प्रभाव पड़ता हैं?
- इस उत्पाद से उपभोक्ता कितने संतुष्ट हैं?
- इस उत्पाद के लिए उपभोक्ता कितना खर्च करने को तैयार है?
- इस उत्पाद के सम्बन्ध में उपभोक्ताओं को क्या पसंद है और क्या नापसंद है?
- इस उत्पाद के लिए उपभोक्ताओं को किस प्रकार की पैकेजिंग पसंद है?
- इस उत्पाद की बिक्री को बढ़ावा देने के लिए विक्रेताओं को किस तरह के प्रशिक्षण की आवश्यकता है?
- एक अच्छे विक्रेता के क्या-क्या गुण होते हैं?

फिर मानिए कि आप एक शिक्षक हैं और एक स्कूल में कार्यरत हैं। अपने प्रतिदिन के शिक्षण में आपको बहुत से जटिल प्रश्नों एवं समस्याओं का सामना करना पड़ता होगा, जिनके उत्तर, एक शिक्षक के रूप में आपकी प्रभावशीलता को प्रत्यक्ष या अप्रत्यक्ष रूप से बेहतर कर सकते हैं। इनमें से कुछ प्रश्न निम्नलिखित प्रकार के हो सकते हैं:

- मेरे द्वारा दिए गये शिक्षण के बारे में छात्र क्या सोचते हैं?
- एक अच्छा शिक्षक बनने के लिए मुझे क्या करना चाहिए?
- ऐसा क्यों है कि कुछ छात्र पढ़ाई में अच्छे होते हैं जबकि दूसरे नहीं होते?
- घरेलू वातावरण का बच्चों की शैक्षणिक उपलब्धि पर क्या प्रभाव पड़ता है?
- छात्रों की राय में एक अच्छे शिक्षक में क्या-क्या गुण होने चाहिए?
- क्या मेरे पास अच्छे शिक्षक बनने के गुण हैं?
- गृहकार्य के प्रति छात्रों की क्या मनोवृत्ति है?
- अध्ययन के प्रति छात्रों को प्रेरित करने वाले तत्व कौन-कौन से हैं?
- क्या शैक्षिक उपलब्धियों और व्यावसायिक आकांक्षाओं के बीच कुछ सम्बन्ध हैं?

इन प्रश्नों की सूची में और भी प्रश्न जोड़े जा सकते हैं, जिनके उत्तर एक अच्छा शिक्षक बनने में आपकी मदद करेंगे और अच्छी नीतियों एवं कार्यक्रमों को विकसित करने में भी सहायक होंगे, जिससे तंत्र में सुधार होगा। इन प्रश्नों के मान्य उत्तर ढूंढने के लिए आपके पास शोध कौशल होने की आवश्यकता है।

एक भिन्न प्रकार का उदहारण लेने के लिए, मान लेते हैं कि आप एक मनोवैज्ञानिक, परामर्शदाता या सामजिक कार्यकर्ता के रूप में कार्य करते हैं। अपने कार्य के दौरान आप स्वयं से निम्नलिखित प्रश्न पूछ सकते हैं या कोई अन्य व्यक्ति इन्हें पूछ सकता है:

- मेरे ग्राहक के सामने आने वाली सबसे आम समस्याएं क्या है?
- उनकी सबसे आधारभूत समस्याएं क्या हैं?
- उनकी समस्याओं के कारण क्या हैं?
- मेरे ग्राहक की समाजिक एवं आर्थिक पृष्ठभूमि क्या है?
- मैं कुछ मामलों में सफल हूँ और कुछ में नहीं, ऐसा क्यों है?
- मेरे ग्राहक की समस्याओं के निदान के लिए हस्तक्षेप की कौन सी रणनीति अधिक प्रभावशाली होगी?
- एक ग्राहक की खास आवश्यकताओं की पूर्ती के लिए समाज में क्या-क्या संसाधन उपलब्ध हैं?
- इस समस्या के लिए हस्तक्षेप की कौन सी रणनीति सही है?
- मेरी सेवाओं से ग्राहक कितने संतुष्ट हैं?
- मैं अपनी सेवाओं की गुणवत्ता में और सुधार कैसे कर सकता हूँ?

एक एजेंसी के पर्यवेक्षक या प्रबंधक के रूप में, फिर से, सेवा की दक्षता एवं प्रभावशीलता से सम्बंधित विभिन्न प्रश्न मस्तिष्क में आ सकते हैं। जैसे:

- मेरी एजेंसी में कितने लोग आ रहे हैं?
- मेरे ग्राहकों की सामजिक-आर्थिक जनसांख्यिकी विशेषताएं क्या हैं?

- एक दिन में एक कार्यकर्ता कितने मामलों को प्रभावशाली ढंग से सम्भाल सकता है?
- कुछ लोग सेवाओं का उपयोग करते हैं जबकि दूसरे नहीं करते, क्यों?
- यह सेवा कितनी प्रभावशाली है?
- इस एजेंसी में आनेवाले ग्राहकों की सबसे आम समस्याएँ क्या हैं?
- इस सेवा की ताकतें और कमजोरियाँ क्या-क्या है?
- इस सेवा से ग्राहक कितने संतुष्ट हैं?
- मैं अपने ग्राहक के लिए इस सेवा में कैसे सुधार ला सकता हूँ?

कार्य के दूसरे स्तर पर एक पेशेवर के रूप में जब आप व्यवसाय के विकास एवं वृद्धि में योगदान करना अपना उत्तरदायित्व समझते हैं, तो आपको निम्न सैद्धांतिक प्रश्नों के उत्तर प्राप्त करने की इच्छा हो सकती है, जैसे:

- किसी विशेष समस्या के लिए सबसे प्रभावशाली हस्तक्षेप क्या होता है?
- X की क्या वजह है या Y का क्या प्रभाव है?
- दो घटनाओं के बीच क्या सम्बन्ध है, जैसे बेरोजगारी और सड़क अपराध, तनावपूर्ण जीवन और हृदयघात, वैवाहिक सम्बन्धों का टूटना और व्यक्तिगत संचार तथा अप्रवास और परिवार की भूमिका।
- आप अपने ग्राहकों के आत्म सम्मान की माप कैसे करेंगे?
- आप अपने प्रश्नावली की मान्यता को कैसे सुनिश्चित करेंगे?
- समुदाय में योजनाओं को अपनाने का तरीका क्या है?
- किसी समस्या के प्रति समुदाय की मनोवृत्ति का पता लगाने का सबसे अच्छा तरीका क्या है?
- किसी विशेष उपचार की प्रभावशीलता को जानने का सबसे अच्छा तरीका क्या है?
- आप एक निष्पक्ष नमूना कैसे चुन सकते हैं?
- आपके मुवक्किलों के बीच वैवाहिक संतुष्टि के स्तर का पता लगाने का सर्वोत्तम तरीका क्या है?

अब दूसरी तरफ के कुछ प्रश्नों पर विचार करते हैं, जो कि आपकी सेवाओं के उपभोक्ताओं के दृष्टिकोण से हैं। हाल के दशकों में उपभोक्ताओं की उम्मीद तथा सेवा स्वीकार करने के नजरिये में जबरदस्त बदलाव देखा गया है। यह एक उपकारात्मक दृष्टिकोण से बदलकर सेवा प्राप्त करने का अधिकार होने वाले नजरिये में बदल गया है। अब फोकस न केवल सेवा पर है बल्कि गुणवत्ता पर भी है। इसीलिए उपभोक्तावाद के इस युग में आप सेवाओं के उपभोक्ताओं की अनदेखी नहीं कर सकते हैं। उपभोक्ताओं को प्रयोग की जाने वाली सेवाओं की प्रभावशीलता एवं गुणवत्ता पर प्रश्न पूछने का अधिकार है तथा एक सेवा प्रदाता के रूप में उनके प्रश्नों का उत्तर देना आपका दायित्व है। एक उपभोक्ता के रूप में पूछे जा सकने वाले कुछ प्रश्न निम्न प्रकार के हो सकते है:

- जिसे सेवा को मैं ले रहा हूँ वह सेवा कितनी प्रभावी है?
- क्या मैं अपने धन का उचित मूल्य प्राप्त कर रहा हूँ?
- ये सेवा प्रदाता कितने अच्छे से प्रशिक्षित हैं?

अधिकांश व्यवसाय जो मानव सेवा उद्योग में हैं, वो ऊपर उठाये गए प्रश्नों को गंभीरता से लेंगे और आपको एक सेवा प्रदाता के रूप में उनका उत्तर देने के लिए अच्छी तरह तैयार होना चाहिए। चाहे आपका अभ्यास क्षेत्र कोई भी हो और आपके काम करने का स्तर कुछ भी हो, अपने रोजाना के कार्य के दौरान आपको इनमें से बहुत से प्रश्नों का सामना करना पड़ेगा और अपने कार्य की उन्नति के लिए आपको इनका उत्तर पता लगाना जरूरी है। इस कार्य को निष्पक्ष रूप से करने में विभिन्न मार्गों में से एक मार्ग शोध का मार्ग है।

शोध: कार्य के लिए साक्ष्य जमा करने का एक तरीका

पिछले कुछ दशकों में अच्छे पेशेवर कार्य की आवश्यकता के रूप में **साक्ष्य आधारित अभ्यास** [Evidence Based Practice (EBP)] ने अपनी एक पहचान बनाई है। दवा व्यवसाय जैसे व्यवसायों में यह एक सेवा

वितरण नियम, अर्थात एक आवश्यकता तथा जवाबदेही का सूचक बन गया है। यद्यपि इसके उद्भव का श्रेय चिकित्सकीय अभ्यास को जाता है फिर भी EBP बहुत से दूसरे व्यवसायों का महत्वपूर्ण भाग बन गया है, जैसे कि नर्सिंग, सम्बंधित स्वास्थ्य सेवा, मानसिक स्वास्थ्य, सामुदायिक स्वास्थ्य, समाजिक कार्य, मनोविज्ञान तथा शिक्षण आदि। अब नीति निर्माण एवं कार्य मूल्यांकन हेतु इसे एक स्वीकार्य और वैज्ञानिक पद्धति के रूप में बढ़ावा दिया गया है।

साक्ष्य आधारित कार्य (EBP), उसकी प्रभावशीलता के बारे में शोध साक्ष्यों पर आधारित सेवाओं का वितरण है; ग्राहक के लिए सेवाओं के उपयुक्तता और औचित्य का सेवा प्रदाता का नैदानिक निर्णय है; तथा ग्राहक की सेवा की स्वीकृति के बारे में अपनी खुद की पसंद है। EBP की अवधारणा पेशेवरों तथा दूसरे निर्णयकर्ताओं को उन साक्ष्यों का प्रयोग करने को प्रोत्साहित करती है, जो हस्तक्षेप की प्रभावशीलता को, ग्राहक की विशेषताओं तथा परिस्थितिओं तथा किसी ग्राहक को सेवा प्रदान करने के समय हस्तक्षेप के औचित्य को निर्धारित करने का उनके अपने पेशेवर निर्णय के संयोजन से प्राप्त होता है। उत्तरदायित्व के इस युग में, एक पेशेवर के रूप में आप अपने ग्राहकों के साथ-साथ अपने पेशे के प्रति भी निश्चित रूप से उत्तरदायी हैं। इस उत्तरदायित्व के एक भाग के रूप में, आपको आपके द्वारा दी जानेवाली सेवाओं की प्रभावशीलता को प्रदर्शित करने की आवश्यकता है।

शोध आपके हस्तक्षेप के प्रभावशीलता के विषय में सटीक, ठोस और विश्वसनीय सुचना प्राप्त करने के विभिन्न तरीकों में से एक तरीका है, जिसके द्वारा आपको इसके प्रभाव के साक्ष्य प्रदान करना है। सेवा प्रदाताओं और पेशेवरों के रूप में हम उन तकनीकों और प्रक्रियाओं का प्रयोग करते हैं जो कि शोध विशेषज्ञों द्वारा विकसित की गई हैं, ताकि हम अपने ग्राहकों को बेहतर सेवा प्रदान करने के लिए अपने अभ्यास के नैदानिक पहलुओं का सुदृढ़ीकरण, सुधार और विकास कर सकें और उन्हें परिष्कृत कर सकें।

व्यवसाय विकास तथा नीति निर्माण में शोध के अनुप्रयोग

इस कार्य-क्षेत्र में बहुत कम शोध प्रकृति में शुद्ध होते हैं, यानी बहुत कम लोग शोध पद्धति से शोध करते हैं। शोध कौशल का प्रयोग ज्यादातर "व्यवाहरिक" क्षेत्र में होता है; अर्थात उनका प्रयोग अक्सर कार्य कौशल और प्रक्रियाओं के विकास में तथा कार्य नीतियों के निर्माण में किया जाता है। सभी व्यवसायों में कई क्षेत्रों में शोध का प्रयोग बदलते हुए रूपों में किया जाता है। व्यवसायों में कार्य के विभिन्न पहलुओं की समझ तथा व्यवसायिक जानकारी के आधार को बढ़ाने के लिए वे शोध प्रणाली निर्माताओं द्वारा विकसित प्रणाली तथा प्रक्रियाओं का प्रयोग करते हैं। शोध पद्धतिओं को लागू करके वे अपने व्यवसायिक ज्ञान तथा कौशल को मजबूत और उन्नत भी करते हैं। आप अपने कार्य-क्षेत्र का परीक्षण करें तो आप पाएंगे की वह व्यवसायिक अभ्यास बहुत समय पहले दूसरों द्वारा विकसित तथा जाँची गई प्रक्रिया का अनुसरण करते आ रहे हैं। इस जाँच प्रक्रिया के लिए आपको शोध कौशल की आवश्यकता होती है और जिसका विकास शुद्ध शोध के वर्ग में आता है। वास्तव में शोध के निष्कर्षों की वैधता पूर्ण रूप से शोधकर्ता द्वारा अपनाए गए शोध के तरीकों एवं प्रक्रियाओं की सुदृढ़ता पर निर्भर करती है।

किसी भी पेशे में, जहाँ आप प्रत्यक्ष या अप्रत्यक्ष रूप से कोई सेवा प्रदान करते हैं, जैसे कि स्वास्थ्य (नर्सिंग, व्यवसायिक चिकित्सा, फिजियोथेरपी, सामुदायिक स्वास्थ्य, स्वास्थ्य संवर्धन और जन स्वास्थ्य), शिक्षा, मनोविज्ञान या सामाजिक कार्य आदि तो उनमे शोध के अनुप्रयोग को चार भिन्न दृष्टिकोणों से देखा जा सकता है:

साक्ष्य आधारित कार्य

1. सेवा प्रदाता (The sevice provider)
2. सेवा प्रशासक, प्रबंधक और/या योजनाकार (the service administrator, manager and/or planner)
3. सेवा उपभोक्ता तथा (the service consumer; and)
4. पेशेवर (professional)

इन दृष्टिकोणों को चित्र 1.1 में दिखाया गया है। यद्धपि प्रत्येक विषय के सभी मुद्दों को सूचीबद्ध करना संभव नहीं है फिर भी मानविकी और सामाजिक विज्ञान के अधिकतम क्षेत्रों या परिस्थितियों में इस मॉडल का प्रयोग किया जा सकता है। ऊपर के दृष्टिकोणों के आधार पर आपको इन मुद्दे की पहचान करने में सक्षम होना चाहिए, अर्थात आपके शैक्षणिक क्षेत्र में स्थित संभावित मुद्दे, जहाँ उनके उत्तर प्राप्त करने के लिए शोध की तकनीकों का प्रयोग किया जा सकता है।

नर्सिंग में ईबीपी

शोधः इसका तात्पर्य क्या है?

''शोध'' शब्द के बहुत से अर्थ हैं, तथा इसकी यथार्थ परिभाषा विषय और विशेषज्ञ के साथ-साथ बदलती रहती है। हालाँकि शोध (शोध) के कार्य के आधार पर विषय एवं विशेषज्ञों में एकरूपता नजर आती है, अर्थात शोध प्रश्नों का उत्तर जानना। इस लक्ष्य को प्राप्त करने के लिए किसी भी शोध पद्धति या दृष्टिकोण का प्रयोग किया जा सकता है। ये विधियाँ नैदानिक छवियों पर आधारित बिलकुल अनौपचारिक से लेकर वैज्ञानिक प्रक्रियाओं की पारंपरिक उम्मीदों से जुडी हुई पूर्णतः वैज्ञानिक हो सकती हैं। शोध का तात्पर्य इनमें से किसी भी तरीके का उपयोग कर अपने प्रश्नों का उत्तर प्राप्त करना है। हालाँकि जब यह कहा जाता है कि आप प्रश्न के उत्तरों को पाने के लिए शोध कर रहे हैं तब इसका मतलब होता है इस कार्य को करने के लिए एक प्रक्रिया लागू की जा रही है, जो इस प्रकार है:

पॉडकास्ट: ईबीपी पर बेन गोलडक्रे

1. सिद्धांतों के समूह के अंतर्गत प्रारंभ की गयी हो।
2. उन प्रक्रियाओं, तरीकों तथा तकनीकों का प्रयोग किया गया हो जिनका वैधता एवं विश्वसनीयता की जाँच पहले हो चुकी हो।
3. जो इस प्रकार बनायीं गयी हों कि वे निष्पक्ष एवं वस्तुपरक हों।

आपकी दार्शनिक अभिमुखता शोध के विभिन्न दृष्टिकोणों के आधार पर उत्पन्न हो सकती है, जैसे कि सकारात्मक, व्याख्यात्मक, घटना आधारित, क्रिया या भागीदारी, नारीवादी, गुणात्मकता, परिमाणात्मक तथा मिश्रित तरीकों में से एक तरीका आदि या फिर वह शैक्षणिक विषय जिसमें आप प्रशिक्षित हैं। शोध प्रक्रिया के किसी भी पहलू पर 'वैधता के सिद्धांत' को लागू किया जा सकता है। इससे यह सुनिश्चित होता है कि शोध प्रक्रिया में प्रश्न का उत्तर प्राप्त करने के लिए उचित प्रक्रियाओं को अपनाया गया है। ''विश्वसनीयता'' मापन के तरीके की गुणवत्ता को बताती है, जो सटीकता एवं बारंबारता देती है।

''निष्पक्ष और वस्तुपरक'' से तात्पर्य है कि शोध प्रक्रिया में प्रत्येक चरण निष्पक्ष रूप से उठाया गया है और प्रत्येक निष्कर्ष पूर्ण दक्षता के साथ, अपने निहित स्वार्थ को शामिल किये बिना हुए निकाला गया है। लेखक **पूर्वाग्रह** और **व्यक्तिपरकता** के बीच विभेद करता है। व्यक्तिपरकता, व्यक्ति के सोचने के तरीके का अभिन्न अंग है, जो उसकी शैक्षणिक पृष्ठभूमि, शैक्षणिक विषय, मनोविज्ञान, अनुभव तथा कौशल आदि से मिलकर बनती है। उदाहरण के लिए, एक मनोवैज्ञानिक सूचना के किसी अंश को एक मानवविज्ञानी या इतिहासकार की तुलना में अलग तरीके से देख सकता है।

दूसरी तरफ ''**पूर्वाग्रह**'' अपने निहित स्वार्थ के कारण किसी तथ्य को छुपाने या उसे उजागर करने का एक सोच-समझकर किया गया प्रयास होता है। किसी प्रक्रिया में उपर्युक्त तीन मानदंडों का होना उसे ''शोध-प्रक्रिया'' कहने लायक बनाता है। इसीलिए जब यह कहा जाता है कि आप किसी प्रश्न का उत्तर प्राप्त करने हेतु शोध कर रहे हैं, तब इसका मतलब यह होता है कि जो तरीका आपने अपनाया है वह इन उम्मीदों को पूरा करता है। (पाठ में आगे चर्चा की गयी है)

शिक्षा के क्षेत्र में ईबीपी

हालाँकि विषय के साथ-साथ इन मानदंडों को पूरा करने की उम्मीद का स्तर भी बदल जाता है बदलता रहता है और इसीलिए विषय दर विषय शोध का अर्थ अलग-अलग होता है। उदाहरण के लिए भौतिक और सामाजिक विज्ञान के बीच शोध की उम्मीदें भिन्न-भिन्न होती हैं। भौतिक विज्ञान में शोध कार्य में प्रत्येक स्तर पर सख्त नियंत्रण की उम्मीद होती है, जबकि सामाजिक विज्ञान में सख्त नियंत्रण को लागू नहीं किया जा

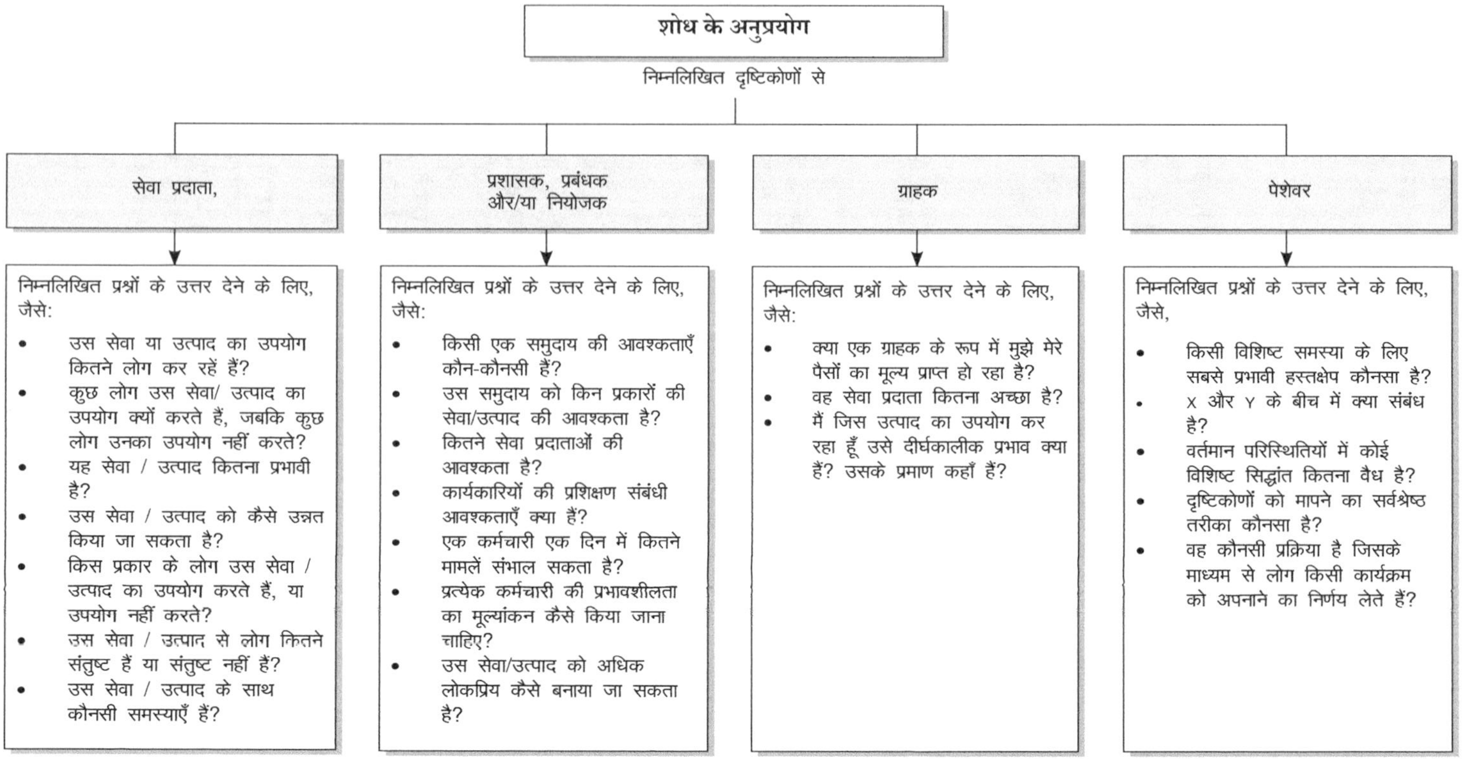

चित्र 1.1 शोध के अनुप्रयोग

सकता है, क्योंकि उसमे मानव का अध्ययन किया जाता है, न कि किसी पदार्थ का और कभी-कभी इसकी आवश्यकता भी नहीं होती।

सामाजिक कार्य में ईबीपी

सामाजिक विज्ञान में भी आवश्यक नियंत्रण की सीमा विषय दर विषय बदलती रहती है, क्योंकि किसी शोध के लिए उपर्युक्त उम्मीदों को पूरा करने की आवश्यकता पर भी समाजिक वैज्ञानिकों के भिन्न-भिन्न मत हैं। विषयों के बीच इन विभिन्नताओं के बावजूद विस्तृत तौर पर उनकी जाँच का तरीका एक समान होता है। इस किताब का आधार अनुसन्धान मॉडल इसी विस्तृत दृष्टिकोण पर आधारित है।

शोध के प्रारंभिक दौर में यह समझना चाहिए कि सभी शोध अध्ययन जटिल एवं तकनिकी प्रणालियों पर आधारित नहीं होते हैं और न ही इनके लिए सांख्यिकी तथा कंप्यूटर का प्रयोग करना आवश्यक होता है। शोध एक बहुत सरल क्रिया हो सकती है, जिसे रोजाना के क्रिया-कलापों से सम्बंधित बहुत सरल प्रश्नों का उत्तर प्राप्त करने के लिए बनाया गया हो। उसी प्रकार दूसरी तरफ हमारे जीवन को नियंत्रित करने वाले जटिल सिद्धांतों और नियमों को बनाने में भी शोध प्रक्रियाओं का प्रयोग किया जा सकता है। जैसा कि ऊपर उल्लेख किया गया है, शोध कार्यों और गैर-शोध कार्यों के बीच अंतर प्रश्नों का उत्तर प्राप्त करने के तरीकों में होता है। एक प्रक्रिया को शोध कहे जाने के लिए यह महत्वपूर्ण है की यह कुछ आवश्यकताओं को पूरा करे तथा उसमें कुछ विशिष्ट गुण हों। इन आवश्यकताओं और गुणों को पहचानने के लिए हम शोध की कुछ परिभाषाओं को देखते है:

> Research दो शब्दान्शों से बना है re तथा search। शब्दकोष के अनुसार पहला "उपसर्ग" कहलाता है जिसका मतलब होता है फिर से, एक नया अथवा बार-बार और बाद वाले शब्द को "क्रिया" कहते है जिसका अर्थ है नजदीक से एवं ध्यानपूर्वक परीक्षण करना, जाँचना और कोशिश करना, या साबित करना होता है। ये दोनों एकसाथ मिलकर एक संज्ञा बनाते हैं जिसका सिद्धांतों या सच्चाई को साबित करने हेतु ज्ञान के कुछ क्षेत्रों में ध्यानपूर्वक, पद्धतिबद्ध, और धैर्यपूर्वक किया गया अध्ययन एवं खोज के रूप में वर्णन किया जा सकता है। (Grinnell 1993:4)

ग्रीनेल इसी बात को आगे बढ़ाते हुए कहते हैं:- शोध एक संरचनात्मक जाँच है, जो मान्य वैज्ञानिक विधियों का प्रयोग करके समस्याओं के हल निकलने के लिए प्रयोग में लाई जाती हैं और इससे नए ज्ञान का सृजन होता है, जो सामान्यतः मान्य होता है।

लुंगबर्ग (1942:5) उन सामाजिक शोध प्रक्रियाओं के बीच समानांतर रेखाएं खींचते हैं, जिन्हें वैज्ञानिक माना जाता है तथा वे प्रक्रियाएँ जिनका हम नित्य जीवन में प्रयोग करते हैं। वे उनके बारे में कहते हैं:

> वैज्ञानिक विधियों में पद्धतिबद्ध अवलोकन, डेटा का वर्गीकरण व व्याख्या करना शामिल होता है। अब यह प्रक्रिया स्पष्ट रूप से वह प्रक्रिया है जिसमें लगभग सभी लोग अपने दैनिक जीवन के कार्यों को करते हैं। हमारे रोजमर्रा के सामान्यीकरण और निष्कर्षों के बीच के मुख्य अंतर को वैज्ञानिक तरीकों के रूप में जाना जाता है, जो कि औपचारिकता, कठिनाई, सत्यापनीयता, तथा बाद वाले के सामान्य वैधता की सीमा तक रहता है। (लुंडबर्ग 1942:5)

बर्न (1997:2) शोध को "किसी समस्या के समाधान के लिए एक सुनियोजित खोज" के रूप में परिभाषित करते है।

कर्लिंगर (1986:10) के अनुसार "वैज्ञानिक शोध बहुत से तथ्यों के बीच मान लिए जानेवाले संबंधों के बारे में एक सुनियोजित, नियंत्रित, अनुभवजन्य तथा समीक्षात्मक जाँच-पड़ताल करना होता है। बूल्मर (1977:5) कहते है: फिर भी समाजशास्त्रीय शोध वह शोध है जो मुख्य रूप से सामजिक दुनिया के बारे में सुनियोजित, विश्वसनीय तथा वैध जानकारी स्थापित करने के लिए समर्पित होता है।

शोध प्रक्रम: इसकी विशेषताएँ एवं आवश्यकताएँ

उपरोक्त परिभाषाओं से यह स्पष्ट है कि शोध प्रश्नों का उत्तर प्राप्त करने के लिए जानकारी का संचयन, विश्लेषण तथा व्याख्या करने की एक प्रक्रिया है। परंतु शोध कहलाए जाने की योग्यता होने के लिए शोध

की प्रक्रिया में निश्चित विशिष्टताओं का होना आवश्यक है तथा उसे कुछ आवश्यकताओं को पूरा करना भी आवश्यक है: जहाँ तक सम्भव हो इसे नियंत्रित, सुनियोजित, वैध, सत्यापनीय, अनुभवजन्य तथा समीक्षात्मक होना चाहिए।

आइये इन विशिष्टताओं तथा आवश्यकताओं का तात्पर्य समझने के लिए हम इनका संक्षिप्त अवलोकन करते हैं:

- **नियंत्रित**— वास्तविक जीवन में किसी घटना के परिणाम को प्रभावित करने वाले बहुत से कारक होते हैं। सामजिक विज्ञान में कदाचित ही कोई घटना एकमात्र विशेष कारण से होती है। घटना के नतीजे कई सारे कारकों द्वारा निर्धारित होते हैं। यह भी सही है कि कुछ संबंधों को समझना आसान है, जबकि दूसरो को समझना कही अधिक जटिल एवं मुश्किल होता है। लगभग सभी संबंधों में चाहे वह सरल हो या जटिल हो, अधिकतम परिणाम एक दूसरे को प्रभावित करने वाले कारकों की बहुलता के अंतरखेल का परिणाम होते हैं। कारण और प्रभाव के बीच विश्वासपूर्वक सम्बन्ध स्थापित करने के लिए अध्ययन की रूपरेखा को इस प्रकार तैयार करना महत्वपूर्ण है कि जो आपको कारण (कारणों) और प्रभाव (प्रभावों) के मध्य एक कड़ी बनाने में सक्षम करें तथा इसके विपरित भी कार्य करें। इस प्रकार के अध्ययनों के लिए यह महत्वपूर्ण है कि वह परिणाम को प्रभावित करने वाले उन सभी कारकों को अलग कर सके जिनका एक शोधकर्ता के रूप में आपके शोध में कोई महत्व नहीं है, बल्कि उस निष्कर्ष पर एक बोझ हो। नियंत्रण की अवधारणा का तात्पर्य यह है कि दो चरों के मध्य सम्बन्ध के कारणों को खोजने के लिए शोध प्रारूप को इस प्रकार से तैयार करना जो संबंधों को प्रभावित करने वाले अन्य कारणों के प्रभाव को कम कर देता है या उसे परिमाणात्मक बना देता है (क्योंकि इन्हें पूर्णत: ख़त्म करना असम्भव है)। भौतिकी विज्ञान में इसे काफी हद तक प्राप्त किया जा सकता है, क्योंकि अधिकतम शोध प्रयोगशाला में ही किये जाते हैं। जबकि सामाजिक विज्ञान में यह बहुत मुश्किल है, क्योंकि उसमे समाज में रहने वाले मानवों से जुड़े विषयों पर शोध किये जाते हैं, जहाँ ऐसा कुछ नियंत्रण करना असम्भव है। अतः सामजिक विज्ञान में जैसा कि जब बाह्य कारकों को नियंत्रित नहीं किया जा सकता है, तो उनके प्रभाव को परिमाणात्मक बनाने की कोशिश करते हैं।
- **कठोर**— शोधकर्ता को यह सुनिश्चित करने में अति सतर्क होना चाहिए कि प्रश्नों का उत्तर प्राप्त करने के लिए प्रयोग की गयी प्रक्रिया प्रासंगिक, उपयुक्त तथा न्यायोचित हो। पुनः इस बात को ध्यान रखना चाहिए कि शुद्धता की सीमा भौतिकी विज्ञान और सामजिक विज्ञान में अलग-अलग होती है तथा सामजिक विज्ञान के अंदर भी विषय के साथ-साथ बदलती रहती है।
- **सुनियोजित**— सुनियोजित से तात्पर्य ही कि शोध के लिए अपनाई जाने वाली प्रक्रिया में एक निश्चित तार्किक अनुक्रम का पालन किया गया है। विभिन्न चरणों को अलग-अलग क्रमरहित ढंग से प्रयोग नहीं किया जा सकता है, क्योंकि प्रक्रिया के चरण निश्चित रूप से एक-दूसरे का अनुसरण करते हैं।
- **वैध और सत्यापनीय**— वैध और सत्यापनीय से तात्पर्य है कि शोध में प्राप्त जानकारी के अनुसार जो भी परिणाम निकाले गये हैं वे सही हैं और आपके या दूसरों के द्वारा उनका सत्यापन किया जा सकता है।
- **अनुभवजन्य**— अनुभवजन्य का मतलब है कि वास्तविक जीवन के अनुभवों या प्रेक्षण से निकाला गया कोई भी निष्कर्ष प्राप्त सूचनाओं से संकलित ठोस साक्ष्यों पर आधारित होता है।
- **समीक्षात्मक**— प्रयुक्त की गई प्रक्रियाओं तथा लागू की गई विधियों की समीक्षात्मक सूक्ष्म जाँच करना किसी भी शोध के लिए बहुत महत्वपूर्ण होता है। अन्वेषण की प्रक्रिया निश्चित रूप से विश्वसनीय और त्रुटि विहीन होनी चाहिए। अपनाई गयी प्रक्रिया और प्रयुक्त कार्यविधि को सूक्ष्म समीक्षात्मक जाँच का सामना करने में निश्चित रूप से सक्षम होना चाहिए।

शोध के प्रकार

जैसा कि पहले बताया गया है कुछ हद तक शोध की परिभाषा विषय तथा विशेषज्ञ के अनुसार बदलती रहती है। शोध की परिभाषा में यह बदलाव तथा शोध की समझ के लिए कुछ हद तक विभिन्न दर्शनशास्त्रों को जिम्मेदार बताया जा सकता है, जो शोध की सोच को आधार प्रदान करते हैं। जाँच के पद्धति को आधार देने

वाला एक विशेष दर्शनशास्त्र, जिसमें आपका विश्वास है, शोध के प्रश्नों के उत्तर प्राप्ति हेतु अपनाये गए तरीकों की उपयुक्तता को आकार प्रदान करता है। सामाजिक विज्ञान शोध प्रणाली साहित्य में प्रयुक्त शब्दावली के आधार पर लेखक ने शोध को भिन्न-भिन्न दृष्टिकोण से वर्गीकृत करने के लिए एक रूपरेखा विकसित करने की कोशिश की है [चित्र 1.2] 'जाँच की विधि' दृष्टिकोण विभिन्न सिद्धांतों के आधार पर शोध के प्रकारों का वर्गीकरण करता है, जो उनका मार्गदर्शन करता है, जबकि ''अनुप्रयोग'' और ''उद्देश्य'' के दृष्टिकोण उपयोग और प्रयोजन के आधार पर शोध का वर्गीकरण करते हैं। वे तीन मुख्य दृष्टिकोण जो इस वर्गीकरण के आधार हैं, वे इसप्रकार हैं:-

1. शोध अध्ययन के निष्कर्ष के अनुप्रयोगों के आधार पर
2. अध्ययन के उद्देश्य के आधार पर
3. अध्ययन को संचालित करने में प्रयुक्त जाँच की विधि के आधार पर

इन दृष्टिकोणों के आधार पर शोध के प्रकारों का वर्गीकरण पारस्परिक रीति से छोड़ने योग्य नहीं है, अर्थात एक शोध जिसका वर्गीकरण 'उपयोग' के दृष्टिकोण से किया गया है उसे उसके 'उद्देश्य' तथा प्रयुक्त 'जाँच विधि' के आधार पर भी वर्गीकृत किया जा सकता है। उदहारण के लिए एक शोध परियोजना को शुद्ध या व्यवहारिक शोध (उपयोग के दृष्टिकोण से), वर्णनात्मक, सहसंबंधीय, वर्णनात्मक या अन्वेषणात्मक (उद्देश्य/प्रयोजन के दृष्टिकोण से), और परिमाणात्मक, गुणात्मक या मिश्रित (प्रयुक्त जाँच विधि के दृष्टिकोण से) तरीके से वर्गीकृत किया जा सकता है।

प्रयोगात्मक दृष्टिकोण

किसी शोध को यदि उसके उपयोग के दृष्टिकोण से देखें तो दो बड़े वर्ग सामने आते हैं; **शुद्ध शोध** तथा **व्यावहरिक शोध**। सामजिक विज्ञानों में बेले (Bailey 1978:17) के अनुसार:

> शुद्ध शोध के अंतर्गत उन सिद्धांतो तथा परिकल्पनाओं का विकास एवं परिक्षण आता है, जो शोधकर्ताओं के लिए चुनौतीपूर्ण होती है, परंतु हो सकता है कि वर्तमान और भविष्य में उनका व्यवहारिक उपयोग होगा कि नहीं होगा यह कहा नहीं जा सकता। अतः इस प्रकार के कार्यों में अक्सर बहुत ही मूलभूत एवं विशेष जानकारी रखने वाली परिकल्पनाओं की जाँच होती है।

शुद्ध शोध का सम्बन्ध विकास, परीक्षण, शोध-विधियों का सत्यापन एवं संशोधन, प्रक्रियाओं, तकनीक तथा उपकरणों से होता है, जो शोध प्रणाली का ढांचा तैयार करते हैं। शुद्ध शोध के उदाहरण में एक नमूना तकनीक का विकास करना जिसे किसी विशिष्ट परिस्थिति में लागू किया जा सकता है; किसी प्रक्रिया की वैधता का मूल्यांकन करने के लिए एक पद्धति का विकास करना; लोगों में तनाव के स्तर को मापने के लिए किसी उपकरण का विकास करना तथा लोगों की मनोवृति को मापने के लिए बेहतर तरीका प्राप्त करना आदि शामिल है। शुद्ध शोध के माध्यम से प्राप्त ज्ञान को मौजूदा ज्ञान की मात्रा को बढाने के रूप में देखा जाता है।

सामजिक विज्ञान में शोध मुख्यतः व्यावहारिक या प्रायोगिक होता है। दूसरे शब्दों में कहें तो शोधप्रणाली का निर्माण करने वाली तकनीकियों, प्रक्रियाओं और विधियों का प्रयोग करके किसी परिस्थिति, मुद्दा, समस्या या अद्भुत घटनाओं के विभिन्न पहलुओं के बारे में सूचना एकत्रित की जाती है ताकि प्राप्त सूचना का प्रयोग किसी दूसरे कार्य में किया जा सके जैसे कि नीति निर्माण में, प्रशासन में तथा घटनाओं को समझने में आदि।

उद्देश्य दृष्टिकोण

यदि आप एक शोध के अध्ययन का परीक्षण उसके उद्देश्य के दृष्टिकोण से करते हैं तो शोध को विस्तृत रूप से चार प्रकार में वर्गीकृत किया जा सकता है: वर्णनात्मक, सहसंबंधी, व्याख्यात्मक या अन्वेषणात्मक।

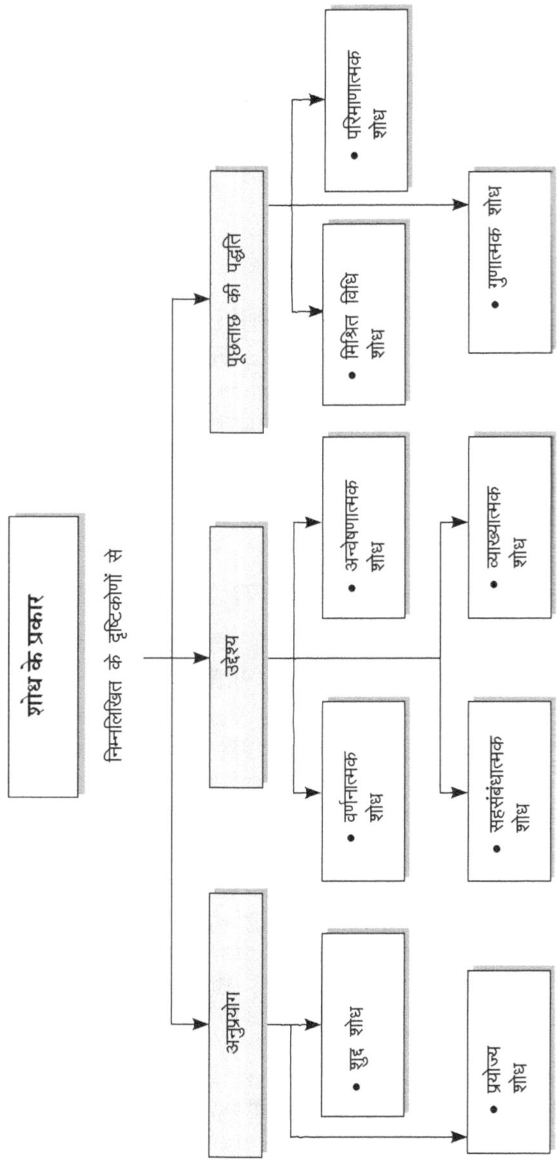

चित्र 1.2 शोध के प्रकार

एक शोध जिसे **वर्णनात्मक अध्ययन** के रूप में वर्गीकृत किया गया है उसमे व्यवस्थित रूप से किसी परिस्थिति, समस्या, घटना, सेवा अथवा कार्यक्रम का वर्णन होता है या किसी विषय पर सूचना प्रदान करता है, जैसे कि किसी समुदाय के रहन-सहन की स्थिति के बारे में या फिर किसी मुद्दे के प्रति लोगों के मनोविज्ञान को दर्शाता है। उदाहरण के लिए, किसी संगठन के द्वारा प्रदान की जाने वाली सेवाओं को, किसी संगठन की प्रशासनिक संरचना को, सुदूरवर्ती क्षेत्रों में रहने वाले आदिवासी लोगों के रहन-सहन के स्तर को, एक समुदाय की आवश्यकताओं को, तलाक से गुजरने का मतलब क्या होता है, घरेलू हिंसा ग्रसित घर में रहने वाले बच्चे

कैसा महसूस करते हैं, या कर्मचारियों का प्रबंधन के प्रति आचरण आदि को बताने का प्रयास हो सकता है। इन अध्ययनों का मुख्य उद्देश्य अध्ययन की जानेवाली समस्याओं और व्याप्त मुद्दों का वर्णन करना है।

सहसंबंधी अध्ययन में मुख्यत: किसी परिस्थिति या घटना के दो या अधिक पहलुओं के बीच सम्बन्ध, साहचर्य या परस्पर निर्भरता को स्थापित करने पर ध्यान दिया जाता है। उदाहरण के लिए, किसी उत्पाद की बिक्री पर एक विज्ञापन अभियान का क्या प्रभाव पड़ता है? तनावपूर्ण जीवन यापन तथा हृदयाघात की घटनाओं में क्या सम्बन्ध है? जननक्षमता और मृत्युदर में क्या सम्बन्ध है? तकनीक और बेरोजगारी के बीच क्या सम्बन्ध है? किसी स्वास्थ्य सेवा का किसी रोग के नियंत्रण पर क्या प्रभाव पड़ता है, या घरेलू वातावरण का शैक्षणिक सफलताओं पर क्या प्रभाव पड़ता है?

व्याख्यात्मक शोध: यह स्पष्ट करने की कोशिश करता है कि किसी परिस्थिति या घटना के दो पहलुओं के बीच संबंध क्यों है और ये संबंध कैसा है? इस प्रकार का शोध विषय की व्याख्या करने की कोशिश करता है, उदहारण के लिए, तनावपूर्ण जीवन हृदयाघातों में क्यों परिणित हो जाता है, मृत्यु संख्या में कमी होने के बाद जननक्षमता में कमी क्यों आती है; घर का वातावरण बच्चों की शैक्षणिक उपलब्धियों को कैसे प्रभावित करता है?

अध्ययन के उद्देश्य के दृष्टिकोण से चौथे प्रकार का शोध **अन्वेषणात्मक शोध** कहलाता है। यह तब होता है जब एक अध्ययन इसलिए किया जाता है कि उस क्षेत्र में उपलब्ध ज्ञान बहुत कम है, या फिर उस विषय में किसी विशिष्ट शोध को करने के लिए संभावनाओं की खोज करने के लिए किया जाता है। कई परिस्थितियों में एक अध्ययन बहुउद्देशीय हो सकता है, अर्थात इसका कुछ भाग वर्णनात्मक, कुछ भाग सहसंबंधी तथा कुछ भाग व्याख्यात्मक हो सकता है। वास्तविकता में एक अच्छा अध्ययन इन तीनों उद्देश्यों को जोड़ता है। जब एक अध्ययन का उद्देश्य व्यवहार्यता को निर्धारित करना हो तो इसे **व्यवहार्यता अध्ययन** या **मार्गदर्शक अध्ययन** भी कहते हैं। इसे आमतौर पर तब निष्पादित किया जाता है जब एक शोधकर्ता उन क्षेत्रों का अन्वेषण करना चाहता है जिसके बारे में उसे कम जानकारी हो, या बिल्कुल भी जानकारी न हो। इस बात का निर्णय लेने के लिए छोटे स्तर के शोध किये जाते है, ताकि शोधकर्ता यह सुनिश्चित कर सके कि उस क्षेत्र में विस्तृत अध्ययन किये जाने की संभावनाएं है या नहीं? अन्वेषणात्मक अध्ययन के लिए किये गए आँकलन के आधार पर विस्तृत अध्ययन किया जा सकता है। अन्वेषणात्मक अध्ययनों का प्रयोग मापन उपकरण एवं प्रक्रिया के विकास, शोधन तथा/या जाँचने के लिए किया जाता है. (तालिका 1.1) में उद्देश्य के दृष्टिकोण से शोध अध्ययन के प्रकारों को दिखाया गया है।

यद्यपि, सैद्धांतिक रूप से किसी शोध को उपरोक्त में से किसी वर्ग में वर्गीकृत किया जा सकता है किन्तु व्यावहारिकता में प्रायः सभी शोध पहले तीन का संमिश्रण होते है, अर्थात उनमे वर्णनात्मक, सहसंबंधी तथा व्याख्यात्मक शोधों के तत्व होते हैं। इस पुस्तक में शोध रिपोर्ट लिखने के लिए बताई गयी मुख्य बातें आपको इन पहलुओं से जुड़ने के लिए प्रोत्साहित करती हैं।

पूछताछ दृष्टिकोण की पद्धति

विस्तृत तौर पर जाँच की विधि के आधार पर यहाँ तीन पद्धतियाँ मौजूद हैं जिनका प्रयोग सामाजिक शोधमें शोध प्रश्नों का उत्तर प्राप्त करने के लिए किया जाता है। ये पद्धतियाँ इसप्रकार हैं:

- परिमाणात्मक या संरचनात्मक पद्धति
- गुणात्मक या असंगठित पद्धति, तथा
- मिश्रित प्रक्रिया पद्धति

इन तीनों के बीच मूल अंतर शोध प्रक्रिया में एक शोधकर्ता के रूप में आपको दी जाने वाली स्वतंत्रता की सीमा है। जाँच की परिमाणात्मक या संरचनात्मक पद्धति वह है जिसमे शोधप्रक्रिया के सभी तत्व जैसे उद्देश्य, प्रारूप, नमूना तथा प्रतिवादी से पूछे जाने वाले प्रश्न आदि पूर्वनिश्चित होते हैं। इसके विपरित असंगठित या गुणात्मक पद्धति में एक शोधकर्ता के रूप में प्रक्रिया के सभी पहलुओं में आपको पूर्ण स्वतंत्रता प्राप्त होती है। मिश्रित पद्धति में अन्य दोनों पद्धतियों की विशेषताएँ शामिल होती हैं, अर्थात शोध प्रक्रिया के कुछ पहलुओं में स्वतंत्रता हो सकती है, जबकि दूसरे में इसका पूर्ण अभाव हो सकता है। यह बात उनके परिप्रेक्ष्य पर निर्भर करती है, जिससे वे आते हैं।

तालिका 1.1 उद्देश्य के दृष्टिकोण से शोध अध्ययन के प्रकार

उदाहरण	उद्देश्य	प्रमुख विषय	शोध के प्रकार
• किसी एक समुदाय के निवासियों की सामाजिक-आर्थिक विशेषताएँ • शिक्षण के प्रति विद्यार्थियों का नजरिया • किसी एजेंसी द्वारा प्रदान की जा रही सेवा के प्रकार • किसी एक समुदाय की आवश्यकताएँ • एक उत्पाद की विक्री • मृत्यु और मरने के प्रति नर्सो का नजरिया • प्रबंधन के प्रति कर्मचारियों का नजरिया • किसी एक समुदाय में रहने वाले लोगों की संख्या • नये आप्रवासियों द्वारा सामना की जाने वाली समस्याएँ • आप्रवासियों के बीच में व्यावसायिक गतिशीलता की सीमा • किसी उत्पाद के संबंध में ग्राहकों की पसंद और नापसंद • घरेलू हिंसा होने वाले किसी घर में रहने के प्रभाव • कर्मचारियों की उत्पादकता में वृद्धि लाने के लिए कंपनी के द्वारा निर्धारित की गई रणनीतियाँ	इस बात का वर्णन करने के लिए कि निम्नलिखित के बारे में क्या प्रचलित है: • लोगों का एक समूह • एक समुदाय • एक घटना • एक स्थिति • एक कार्यक्रम • एक निष्कर्ष	यह वर्णन करने के लिए कि क्या प्रचलित है	वर्णनात्मक शोध
• किसी एक कार्यक्रम का प्रभाव • तनावयुक्त जीवन और हृदय का दौरा पड़ने की घटनाओं के बीच संबंध • रोजगार पर प्रोद्योगिकी का प्रभाव • बाल मृत्युदर पर मातृ और बाल स्वास्थ्य सेवाओं का प्रभाव • वैवाहिक समस्याओं की सीमा पर विवाह परामर्श सेवाओं की प्रभाविता • किसी एक उत्पाद की विक्री पर विज्ञापन अभियान का प्रभाव • कर्मचारियों के उत्पादन पर धन प्रोत्साहन का प्रभाव • संक्रामक रोगों के नियन्त्रण में एक प्रतिरक्षा कार्यक्रम की प्रभाविता	स्थापित करने के लिए या अन्वेषण करने के लिए: • एक संबंध • एक जुडाव • एक पारस्परिक निर्भरता	यह निश्चित करने के लिए कि वहाँ कोई संबंध मौजूद है	सहसंबंधात्मक शोध
• किसी तनावपूर्ण जीवन का परिणाम हृदय का दौरा पड़ने में क्यों होता है? • प्रोद्योगिकी बेरोजगारी/ रोजगार कैसे उत्पन्न करती है? • बाल मृत्युदर पर मातृ और बाल स्वास्थ्य सेवाओं का प्रभाव कैसे पड़ता है? • कुछ लोगों का किसी मुद्दे कके प्रति सकारात्मक नजरिया कैसे होता है जबकि अन्य लोगों का नहीं होता? • कुछ लोगों के मामले में कोई विशिष्ट हस्तक्षेप कैसे कार्य करता है, जो दूसरों के लिए कार्य नहीं करता? • क्यों कुछ लोग किसी एक उत्पाद का उपयोग करते हैं, जबकि अन्य लोग नहीं करते? • क्यों कुछ लोग दूसरे देशों में विस्थापित होते हैं, जबकि अन्य लोग नहीं होते? • क्यों कुछ लोग किसी एक विशिष्ट कार्यक्रम को अपनाते हैं, जबकि अन्य लोग ऐसा नहीं करते?	वर्णन करने के लिए: • एक संबंध, जुड़ाव या पारस्परिक निर्भरता क्यों मौजूद होती है? • कोई एक विशिष्ट घटना क्यों घटती है?	यह समझाने के लिए कि वह संबंध क्यों स्थापित हुआ	व्याख्यात्मक शोध

परिमाणात्मक पद्धति तर्कवादी बुद्धिवाद के दर्शन में निहित होती है, जहाँ अन्वेषण के लिए एक दृढ, संरचनात्मक तथा पूर्व निर्धारित प्रक्रियाओं का अनुसरण किया जाता है, जिसका लक्ष्य घटनाओं में होने वाले रूपांतर के परिमाण को निर्धारित करना होता है, यह चरों के मापन और प्रक्रिया के उद्देश्य पर बल देती है, नमूने के बड़े आकार के आधार पर पुष्टिकरण में विश्वाश रखती है; निष्कर्षों की वैधता एवं विश्वसनीयता को महत्व देती है; निष्कर्षों को विश्लेषक तथा संयोजी रूप में संचारित करती है तथा उन निष्कर्षों एवं अनुमानों को निकालती है जिन्हें व्यापक तौर पर लागू किया जा सके।

इसके विपरित, **परिमाणात्मक पद्धति** अनुभववाद के सिद्धांत के अंतर्गत आती है, जिसमें जांच के लिए खुले, असंगठित तथा लचीले तरीकों का पालन किया जाता है; परिमाणित करने की बजाय इसका उद्देश्य विविधता को जानने में रहता है; भावनाओं, मान्यताओं तथा अनुभवों के मापन की बजाय उनके वर्णन पर बल दिया जाता है; विश्लेषण शैली की अपेक्षा वर्णनात्मक एवं व्याख्यात्मक शैली में निष्कर्षों का संचार किया जाता है; इसमें सामान्यीकरण पर कम बल दिया जाता है या बिल्कुल भी बल नहीं दिया जाता।

मिश्रित पद्धति शोध में परिमाणात्मक तथा गुणात्मक दोनों ही पद्धतियों की विशेषताओं का प्रयोग किया जाता है। इसमें शोध प्रश्नों का उत्तर प्राप्त करने के लिए परिमाणात्मक एवं गुणात्मक विभाजन पर ध्यान दिए बिना सबसे अच्छे तरीके का पता लगाने पर ध्यान दिया जाता है। अत्यंत साधारण शब्दों में कहें तो सामाजिक शोध में मिश्रित शोध पद्धति से तात्पर्य शोध के लिए दो या दो से अधिक विधियों से डेटा को जमा करना तथा उसका विश्लेषण कर निष्कर्ष प्राप्त करना होता है। ये तरीके या तो परिमाणात्मक और गुणात्मक का मिश्रित रूप होंगे या किसी एक रूप के होंगे। यह पद्धति इस तर्क पर आधारित होती है कि कुछ स्थितियों के लिए परिमाणात्मक तकनीक अच्छी होती है, तो कुछ स्थितियों के लिए गुणात्मक तकनिक। अतः एक शोध अध्ययन के लिए सबसे अच्छा निष्कर्ष प्राप्त करने के लिए आपके लिए यह आवश्यक है कि दोनों पद्धतियों को जोड़ दें, या एक से अधिक तरीकों का उपयोग करें।

परिमाणात्मक या संरचनात्मक पद्धति का प्रयोग कोई समस्या, कोई मुद्दे या घटना की सीमा को निर्धारित करने के लिए अधिक प्रभावी होता है, जबकि गुणात्मक या असंगठित पद्धति का प्रयोग मुख्य रूप से उसकी प्रकृति या दूसरे शब्दों में कहे तो किसी घटना, मुद्दे, या समस्या की विविधता या उनमें हुए बदलाव को जानने के लिए उपयोगी होता है। उदाहरण के लिए, यदि आप एक समुदाय में रहने वाले लोगों द्वारा अनुभव की गयी समस्याओं या मुद्दे पर उनके विभिन्न दृष्टिकोण को जानना चाहते हैं तो इसका पता असंगठित पूछ-ताछ के द्वारा अच्छी तरह से लगाया जा सकता है। दूसरी तरफ, यह पता करने के लिए कि कितने लोगों का एक विशेष दृष्टिकोण है, कितने लोगों की एक विशेष समस्या है, या कितने लोग एक विशेष तरह का नजरिया रखते हैं, आदि बातों को जानने के लिए आपको पूछ-ताछ की संरचनात्मक पद्धति अपनाने की आवश्यकता होगी। यदि आपको इन दोनों पहलुओं को देखने की आवश्यकता है तो आपको दोनों पद्धतियों का उपयोग करने की आवश्यकता होगी, अर्थात आपको मिश्रित शोध पद्धति का प्रयोग करने की आवश्यकता होगी। भले ही आपकी रुचि यह पता लगाने में हो कि कितने लोगों को एक ही प्रकार की समस्या है, या कितने लोग एक विशेष नजरिया रखते हैं, तो लेखक की राय में संरचनात्मक पूछ-ताछ शुरू करने से पहले घटना की विविधता सुनिश्चित करने के लिए असंगठित पूछ-ताछ जरूर करनी चाहिए, जिसके बाद संरचनात्मक पूछ-ताछ क लिए परिमाण निर्धारित किये जा सकते है। शोध में दोनों पद्धतियों का अपना-अपना स्थान है। दोनों के अपने-अपने सामर्थ्य एवं कमजोरियाँ हैं। अतः स्वयं को केवल संरचनात्मक या असंगठित पद्धति से ही बांधकर नहीं रखना चाहिए।

जैसा कि आप जानते हैं, पूछ-ताछ की संरचनात्मक पद्धति को परिमाणात्मक शोध के रूप में वर्गीकृत किया जाता है तथा असंगठित को गुणात्मक शोध के रूप में और मिश्रित शोध पद्धति या तो पूर्णत: परिमाणात्मक या पूर्णत: गुणात्मक हो सकती है या इसका कुछ भाग परिमाणात्मक तथा कुछ भाग गुणात्मक हो सकता है। दोनों के बीच का विभाजन तर्कवाद और अनुभववाद के दर्शन पर तथा जानकारी प्राप्त करने की प्रवृति की विभिन्नता पर आधारित होता है। तर्कवाद इस अवधारणा पर आधारित होता है कि मनुष्य अपने तर्क की क्षमता के आधार पर ज्ञान प्राप्त करता है, जबकि अनुभववाद यह कहता है की मनुष्य केवल अपने संवेदी अनुभवों से ज्ञान अर्जित करता है (बर्नाड 1994:2)।

जैसा कि पहले बताया गया है, मिश्रित शोध पद्धति अन्य दोनों विधियों की विशेषताओं को सम्मिलित करती है। परिमाणात्मक, गुणात्मक तथा मिश्रित प्रणाली शोध के बीच का विभेद, संरचनात्मक या असंगठित जाँच

के तरीकों तथा उनको मजबूती प्रदान करने वाले दर्शनों के अलावा कुछ दूसरे विचारों के ऊपर भी निर्भर करता है, जिन्हें संक्षिप्त रूप से तालिका 1.2 में दिखाया गया है। परिमाणात्मक, गुणात्मक तथा मिश्रित शोध प्रणालियों के बीच का चयन निम्न बातों निर्भर करना चाहिए:

- **आपके परिक्षण का उद्देश्य–** अन्वेषण, पुष्टिकरण या प्रमाणीकरण;
- **निष्कर्षों का प्रयोग–** नीति निर्माण या प्रक्रिया को समझने में।

यदि अध्ययन का उद्देश्य मुख्यतः परिस्थिति, घटना, समस्या या कार्यक्रम का वर्णन करना हो तो अध्ययन का वर्गीकरण गुणात्मक रूप में होता है, अर्थात यदि घटना,समस्या या परिस्थिति के सम्बन्ध में सूचना मामूली या क्रमसूचक मापक से मापित चरों के प्रयोग से प्राप्त की गयी है (गुणवत्ता मापन स्केल) तथा चरों को बिना परिमाणित किये हुए उनमें हुए बदलाव का विश्लेषण किया गया हो, तो वहाँ गुणात्मक शोध होता है। इस मुद्दे पर लोगों की विभिन्न राय होने के कारण घटनाओं की ऐतेहासिक गणना तथा एक देखी गयी स्थिति का वर्णन गुणात्मक शोध के उदाहरण होते हैं, जैसे एक समुदाय के जीवन यापन की स्थिति इत्यादि।

दूसरी तरफ जब आप घटना, परिस्थिति, समस्या या मुद्दों में परिवर्तन का परिमाण निर्धारित करना चाहते हैं, तो अध्ययन को परिमाणात्मक शोध के रूप में वर्गीकृत किया जाता है, अर्थात यदि मुख्य रूप से परिमाणात्मक चरों का प्रयोग कर सूचना एकत्र की गयी हो और यदि विश्लेषण परिवर्तन के परिमाण को सुनिश्चित करने के लिए किया गया हो तो यहाँ परिमाणात्मक शोध होता है। शोध के परिमाणात्मक पहलुओं के उदहारण है:– कितने लोगों को एक ही विशेष समस्या है? तथा कितने लोगों का व्यवहार एक विशेष तरह का हैं?

सांख्यिकी का प्रयोग करना परिमाणात्मक अध्ययन का एक अभिन्न भाग नहीं है। सांख्यिकी का मुख्य कार्य है उन निष्कर्षों की पुष्टि या विरोध की जाँच करना है, जो आपने विश्लेषित डेटा के बारे में अपनी समझ के आधार पर निकाला था। ''सांख्यिकी'' दूसरी चीज़ो के साथ, आपको साहचर्य या सम्बन्ध के महत्व का परिमाण निर्धारित करने में मदद करते है, आपको भरोसे का संकेत प्रदान करते हैं, जिसे आप निष्कर्षों पर रख सकते हैं आपके तथा विभिन्न चरों के प्रभावों को पृथक करने में आपकी मदद करता है।

आपको यह सलाह दी जाती है कि आप स्वयं को केवल परिमाणात्मक या केवल गुणात्मक शोधकर्ता के रूप में विकसित न करें। यह सच है कि यहाँ कुछ विषय हैं जिनमे मुख्यतः या तो परिमाणात्मक या गुणात्मक शोध का ही प्रयोग होता है। उदाहरण के लिए मानव विज्ञान, इतिहास, समाजविज्ञान जैसे विषयों का झुकाव गुणात्मक शोध की ओर अधिक होता है, जबकि मनोविज्ञान, महामारी विज्ञान, शिक्षा, अर्थशास्त्र, जनस्वास्थ्य तथा विपणन इत्यादि का झुकाव परिमाणात्मक शोध की तरफ होता है।

फिर भी इसका मतलब यह नहीं होता कि एक अर्थशास्त्री या एक मनोवैज्ञानिक कभी भी गुणात्मक पद्धति का प्रयोग नहीं करता है या एक मानव विज्ञानी कभी भी परिमाणात्मक जानकारी का प्रयोग नहीं करता है। सामजिक विज्ञान के अधिकांश विषयों में यह पहचान बढ़ रही है कि एक अच्छे शोध अध्ययन के लिए दोनों प्रकार के शोध करने महत्वपूर्ण हैं। शोध समस्या ने स्वयं यह निर्धारित करना चाहिए की अध्ययन में परिमाणात्मक प्रणाली का प्रयोग करके करना है या गुणात्मक प्रणाली का।

जैसा की दोनों परिमाणात्मक और गुणात्मक पद्धतियों की अपनी विशेषताएँ और कमियाँ, फायदे और नुकसान हैं, तो सभी दृष्टियों से देखा जाये तो दोनों में से कोई भी दूसरे से श्रेष्ठ नहीं हैं (Ackroyd & Hughes 1992:30)। शोध में किसी चर के बारे में प्राप्त सूचना के आधार पर किया गया चर का मापन एवं विश्लेषण शोध के उद्देश्य पर निर्भर करता है। बहुत से अध्ययनों में आपको परिमाणात्मक एवं गुणात्मक दोनों पद्धतियों को जोड़ने की आवश्यकता होती है। उदाहरण के लिए- मान लीजिये कि हमें एक शहर में हो रही घरेलू हिंसा के शिकार हुए लोगों के लिए उपलब्ध सेवाओं के प्रकार एवं उसके प्रयोग की सीमा को जानना है। सेवाओं के प्रकार अध्ययन का गुणात्मक पहलु है, क्योंकि उनके बारे में जानकारी प्राप्त करने के लिए उन सेवाओं का वर्णन करना अपरिहार्य है। सेवाओं को प्रयोग किये जाने की सीमा परिमाणात्मक पहलु है, जैसा कि इसमें उन लोगों की संख्या का आँकलन करना होता है जो इस सेवा का उपयोग करते हैं। मिश्रित शोध पद्धतियों में दोनों प्रतिमानों के गुणों का सम्मिलित रूप से प्रयोग किया जाता है ताकि आपको शोध का सबसे अच्छा परिणाम प्राप्त हो सके। यह प्रारूप की उन कमजोरियों को दूर कर देता है जो कि केवल एक ही प्रतिमान से विधियों के चयन के कारण उत्पन्न होती है।

आपके लिए यह समझना महत्वपूर्ण है कि मिश्रित प्रणाली की तुलना में परिमाणात्मक एवं गुणात्मक दोनों पद्धतियों में अच्छी तरह से विकसित विधियाँ एवं प्रणालियाँ मौजूद हैं। अधिकांश परिस्थितियों में मिश्रित शोध पद्धति में परिमाणात्मक एवं गुणात्मक दोनों ही पद्धतियों की प्रणालियों और प्रक्रियाओं का प्रयोग किया जाता है। तालिका 1.2 में विभिन्न दृष्टिकोणों के आधार पर तीनों पद्धतियों के बीच के अंतर को दिखाया गया है।

पाठकों के लिए महत्वपूर्ण टिप्पणी

परिमाणात्मक और गुणात्मक दोनों ही विधियों का अपने सैद्धांतिक ज्ञान का ढाँचा है जो कुछ आम और कुछ विशेष प्रक्रियाओं, मॉडल और पद्धतियों से मिलकर बना होता हैं। इस पुस्तक में परिचालन क़दमों के सम्बन्ध में सम्बंधित सैद्धांतिक आधार का विस्तार किया गया है, जो पुस्तक के लिए संरचना तथा ढाँचा दोनों प्रदान करती हैं। जैसा कि लेखक के पास स्थित जानकारी एवं ज्ञान के अनुसार मिश्रित पद्धति दृष्टिकोण बहुत ही आधुनिक उत्पत्ति है; इसके पास प्रणालीबद्ध साहित्य का एक व्यापक ढाँचा नहीं है। अधिकांशतः यह परिमाणात्मक एवं/या गुणात्मक पद्धतियों का तरीका, मॉडल एवं प्रक्रिया प्रयोग में लाता है। इसीलिए यह पुस्तक प्रत्येक परिचालन चरण के लिए सैद्धांतिक जानकारी का विस्तार अलग से नहीं देती है।

जब मिश्रित तरीका प्रयोग में लाते हैं तो आपको पहले निर्णय करने की आश्यकता होती है कि कौन सा तरीका आपके अध्ययन के उद्देश्यों को सर्वोत्तम तरीके से पूरा करने के लिए सबसे उपयुक्त है। मिश्रित पद्धति दृष्टिकोण के भाग के रूप में आपके द्वारा उपयोग में लाये जाने की संभावना वाले विशिष्ट तरीके और प्रक्रियाएं अधिकतम या तो परिमाणात्मक या गुणात्मक होती हैं, अतः इस पुस्तक में इसे या तो परिमाणात्मक या गुणात्मक पद्धतियों और प्रक्रियाओं के रूप में विस्तारित किया गया है। इन पद्धतियों का विस्तार से अध्ययन करने के लिए आपको परिमाणात्मक या गुणात्मक पद्धतियों का वर्णन करने वाले विशिष्ट अनुच्छेदों को देखने की आवश्यकता होती है।

इस अध्याय का अगला अनुच्छेद विभिन्न पहलुओं जैसे परिभाषा, दर्शनशास्त्र, फायदे तथा घाटे मिश्रित पद्धति दृष्टिकोण को मिश्रित करने के प्रकारों के विभिन्न पहलुओं को विस्तारित करता है, जो आपको मिश्रित पद्धति दृष्टिकोण के विषय में और अच्छी समझ विकसित करने में मदद करता है तथा इसकी पृष्ठभूमि के बारे में उचित जानकारी प्रदान करता है।

नीचे के अनुच्छेद का एकमात्र लक्ष्य, शोध विधि में एक शुरुआतकर्ता के रूप में कुछ जानकारी देना है, जो आपको मिश्रित पद्धति दृष्टिकोण के बारे में समझाएगी। इसमें विस्तृत ऐतिहासिक, दार्शनिक, वैचारिक, तथा वाद विवाद के बदले व्यवहारिक ज्ञान पर बल दिया गया है। ऐसा करने में चीजों को अधिक जटिल न होने देने की कोशिश भी की गई है, बल्कि आपको शोध पूछताछ के लिए मिश्रित पद्धति दृष्टिकोण के बारे में जागरूक भर करना है। आप मिश्रित पद्धति दृष्टिकोण के बारे में अधिक जानकारी प्राप्त करने के लिए इस पुस्तक में दिए गये संदर्भ का उपयोग कर सकते हैं।

मिश्रित बहुविधियों का दृष्टिकोण

परिचय

यद्दपि सामाजिक शोध में मिश्रित शोध पद्धतियों का प्रयोग लंबे समय से होता आ रहा है, लेकिन पिछले दो दशकों में इसे पहचान और प्रमुखता मिली है। क्रेसवेल और क्लार्क (Creswell and Clark (2011:XIX) के अनुसार पिछले 20 वर्षों से अधिक समय से बहुत से विषयों में मिश्रित विधि का प्रयोग किया जाता रहा है, लेकिन पिछले 5 से 10 वर्षो में हमने शोध में इस पद्धति के प्रति काफी रुझान देखा है। टेडली और तासाकोरी (2009:7) के अनुसार लोगों को परंपरा [परिमाणात्मक या गुणात्मक] की तुलना में शोध परंपरा [मिश्रित पद्धति] कम ज्ञात है, क्योंकि यह केवल पिछले 20 वर्षों के दौरान शोध पद्धति के एक अलग रूप में उभर कर सामने आई है। लेखक के मतानुसार, यह एक प्रणाली से अधिक एक दर्शनशास्त्र है, जिसको पिछले 20 वर्षों के दौरान एक शोध पद्धति के रूप में पहचाना गया है। यह इस अवधारणा

तालिका 1.2 गुणात्मक, परिमाणात्मक एवं मिश्रित पद्धति दृष्टिकोणों के बीच में अंतर

के संबंध में अंतर	परिमाणात्मक दृष्टिकोण	गुणात्मक दृष्टिकोण	मिश्रित विधि दृष्टिकोण
दर्शन का आधार	तार्किकता: 'कि मानव उनके विचार करने की क्षमता के कारण ज्ञान प्राप्त करता है।' (बर्नार्ड 1994:2)	अनुभववाद: 'वह इकलौता ज्ञान जिसे मानव प्राप्त करता है वह उसके ज्ञानेन्द्रिय अनुभवों से प्राप्त होता है।' (बर्नार्ड 1994:2)	दोनों सामाजिक शोध सिद्धांत और अभ्यास के लिये मूल्यवान हैं। यह ज्ञान विचार करने और ज्ञानेन्द्रिय अनुभवों दोनों के द्वारा प्राप्त किया जा सकता है।
पूछताछ का दृष्टिकोण	संरचित/ जड़/पूर्वनिर्धारित कार्यप्रणाली	असंरचित/ लचीली/ खुली कार्यप्रणाली	संरचित, असंरचित या दोनों हो सकती है।
शोध का प्रमुख प्रयोजन	एक घटना, स्थिति, मुद्दे इत्यादि में परिवर्तन की सीमा को परिमाणात्मक बनाना	एक घटना, स्थिति, मुद्दे इत्यादि में परिवर्तन का वर्णन करना।	सटीकता को बढ़ाने के लिए या अधिक गहरे परिणाम प्राप्त करने के लिए एक घटना को विभिन्न या मिश्रित पद्धतियों को मापना और/या उनका अन्वेषण करना।
चरों का मापन	चरों के या तो मापन या वर्गीकरण के कुछ रूपों पर जोर देना	चरों के वर्णन पर जोर देना	मापन और/या वर्णन
नमूने का आकार	नमूनों के बड़े आकार पर जोर	कम मामले	उपयोग की गयी पद्धति के आधार पर कुछ पहलुओं के लिए बड़े नमुने और अन्य के लिए छोटे नमूने
पूछताछ का केंद्र बिंदु	पूछताछ के मायने में केंद्र बिन्दू को संकरा करता है, परंतु प्रतिक्रिया देने वालों/ स्रोतों की बड़ी संख्या से आवश्यक जानकारी को संग्रहित करता है	विभिन्न मुद्दों को समावेशित करता है, परंतु बहुत कम प्रतिक्रिया देने वालो से आवश्यक जानकारी संग्रहित करता है	उपयोग की गयी पद्धति के आधार पर संकीर्ण या विस्तृत, या दोनों
शोध के प्रमुख विषय	प्रसार, घटना, सीमा, मुद्दे की प्रकृति, मत, को समझता है; नियमितता को खोजता है और सिद्धांतों का सूत्रित करता है	अनुभवों, अर्थों, धारणाओं और भावनाओं का अन्वेषण करता है	उपयोग की गयी पद्धति के आधार पर दोनों या कोई एक
डेटा का विश्लेषण	वारंवारिता वितरण, क्रॉस टेब्युलेशन, या अन्य सांख्यिकीय प्रक्रियाओं के लिए चरों को विषय बनाता है	विषयों की पहचान करने के लिए प्रतिक्रिया, वर्णनात्मक या अवलोकन किये जाने वाले डेटा को विषय बनाता है और उनका वर्णन करता है	उद्देश्यों के आधार पर परिमाणात्मक, गुणात्मक या दोनों
प्रभावी शोध मूल्य	निर्भरता और निष्पक्षता (मूल्य-मुक्त)	विश्वसनीयता, परंतु मूल्य-मुक्त होने का दावा नहीं करता	एक या दोनों परिमाण के प्रभावी मूल्य
शोधों का संचार	संगठन प्रकृति में अधिक विश्लेषणात्मक, अनुमान और निष्कर्ष निकालता है, और एक संबंध की शक्ति और मात्रा का परीक्षण करता है	प्रकृति में संगठन अधिक वर्णनात्मक और व्याख्यात्मक	परिमाणात्मक और/गुणात्मक दृष्टिकोण के समान

पर आधारित है कि कुछ निश्चित परिस्थितियों में अपने शोध के निष्कर्षों की परिशुद्धता और सार्थकता को बढ़ाने के लिए, परिस्थिति को पूर्णतया जानने के लिए तथा अपने निष्कर्षों की पुनः पुष्टि करने के लिए आपको एक से अधिक विधियों के प्रयोग की जरूरत होगी, जो कि एक या दोनों ही पद्धतियों से आती हैं। मिश्रित शोध पद्धति में विविध विधियों का प्रयोग होता है, जो दोनों पद्धतियों से हो सकती है, या किसी एक की पद्धति से एक से अधिक विधियाँ अपनाई जा सकती हैं। बहुत से शोध विशेषज्ञों (Bernard 1994; Brewer & Hunter 1989; Creswell & Clark 2011; Tashakkori & Teddlie 1998; Teddlie & Tashkkori 2009) ने सामाजिक शोध में मिश्रित पद्धति का प्रयोग करने की वकालत की है। बर्नार्ड (Bernard (1994:1) के अनुसार "हमारा जो कुछ भी सैद्धांतिक दृष्टिकोण हो, मानवीय विचार और व्यवहार के किसी भी अध्ययन में गुणात्मक और परिमाणात्मक डेटा का उपयुक्त मिश्रण होना अपरिहार्य है।" ब्रुअर और हंटर (1989:22) के अनुसार,"पचास के दशक से सामाजिक विज्ञान का काफी विकास हुआ है। और उसी विकास के कारण शायद ही सामाजिक विज्ञान का कोई ऐसा क्षेत्र हो जिसका अध्ययन पूरी तरह से एक विधि से किया गया हो। Tashakkori & Teddlie (1998:5) के अनुसार "अब सामाजिक तथा व्यवहारिक विज्ञान के अधिकतम क्षेत्रों में शोधों में मिश्रित विधियों का ही प्रयोग किया जाता है। ऐसे शोध, जिनमें अपने निष्कर्षों की शुद्धता बढ़ाने के लिए या तो एक या दोनों प्रतिमानों से दो या दो से अधिक विधियों का प्रयोग करते हैं, तो उन्हें मिश्रित/विविध पद्धति दृष्टिकोण का उपयोग कर रहे हैं ऐसा कहा जाता है।

विधि को परिभाषित करना

क्रेस्वेल्ल एवं क्लार्क (2011:2) के अनुसार, 'पिछले कुछ सालों में मिश्रित शोध पद्धति की कई सारी परिभाषाएँ सामने आई हैं, जो कि शोध विधि, शोध प्रक्रिया, सिद्धांत और शोध प्रारूप के विभिन्न तत्वों को सम्मिलित करती हैं। सामान्य शब्दों में कहे तो मिश्रित विधि एक दृष्टिकोण है न कि कोई सिद्धांत है, जिसका प्रयोग किसी सामाजिक शोध में किया जाता है और उसमे दो या दो से अधिक विधियाँ, प्रक्रिया और किसी विशेष स्थिति में सिद्धांतो को सम्मिलित किया जाता है। यह इस विचार पर आधारित है कि भिन्न-भिन्न विधियों की अपनी अपनी विशेषताएँ होती है और किसी विशेष परिस्थिति के लिए दोनों का समेकित रूप से प्रयोग करना अध्ययन की गहराई को बढ़ा देता है और उसके निष्कर्षों को अधिक प्रभावी बना देता है। मिश्रित शोध विधि के प्रयोग का उद्देश्य दो पद्धतियों या प्रतिमानों का प्रयोग करके शोध के उद्देश्यों को सर्वोत्तम तरीके से प्राप्त करना होता है। Teddlie और Tashakkori (2009:7) के अनुसार, "मिश्रित विधि प्रयोगकर्ता गुणात्मक और परिमाणात्मक पद्धति के स्थान पर एक विकल्प इस विचार के साथ प्रदान करते हैं कि शोध प्रश्न का उत्तर प्राप्त करने के लिए जो भी उपयुक्त विधि हो उसका चयन किया जाना चाहिए।" उनके अनुसार "मिश्रित विधि शोध वे होते हैं जिसमे एक ही शोध में या शोध के अलग-अलग स्तर में गुणात्मक एवं परिमाणात्मक दोनों का प्रयोग किया जाता है।" Bryman (2004) और क्रेस्वेल्ल एवं क्लार्क (2007) के जैसे लेखकों का भी यह मानना है कि एक शोध को मिश्रित शोध कहलाने के लिए उसमे गुणात्मक और परिमाणात्मक दोनों ही विधियों का प्रयोग किया जाना चाहिए। क्रेस्वेल्ल एवं क्लार्क (2007:5) के अनुसार, 'किसी शोध या शोध की शृंखला में एक विधि के रूप में इसमें गुणात्मक तथा परिमाणात्मक दोनों ही पद्धतियों से आँकड़ों का संचयन एवं विश्लेषण पर ध्यान केंद्रित किया जाता है। इसका मुख्य भाव यही है कि गुणात्मक और परिमाणात्मक दोनों ही विधियों को मिलाकर किया गया शोध किसी एक विधि का अनुसरण करते हुए किये गये शोध से बेहतर होता है। Teddlie और Tashakkori (2009:7) परिभाषित करते हुए कहते हैं कि "अध्ययन की पद्धति में गुणात्मक एवं परिमाणात्मक विधियों का सामेकित उपयोग ही मिश्रित शोध पद्धति कहलाती है।" वे मिश्रित शोध विधि प्रारूप को वह मानते हैं जहाँ आप गुणात्मक और परिमाणात्मक पद्धतियों को मिला देते हैं। जोहन्सन एवं अन्य (2007:113) की परिभाषा के अनुसार, "शोध का वह प्रकार जिसमें एक शोधकर्ता या शोधकर्ता का समूह समझ और संयोजन के प्रयोजन और गहराई के लिए गुणात्मक और परिमाणात्मक विधियों को मिलाकर काम करता है। (उदाहरण के लिए, गुणात्मक और परिमाणात्मक दृष्टिकोणों का उपयोग, डेटा संग्रहण, विश्लेषण, अनुमान तकनीकें)।

तथापि, कुछ और ऐसे लोग भी है जैसे अलेक्जेंडर एवं अन्य (गिल्बर्ट 2008:126) जिनका मानना है कि किसी शोध पद्धति को मिश्रित होने के लिए उसमे अलग-अलग पद्धतियों का प्रयोग किया जाना आवश्यक नहीं है, उसमे किसी एक पद्धति की अलग-अलग विधियों का प्रयोग किया जा सकता है, या अलग-अलग पद्धतियों की अलग-अलग विधियों का प्रयोग किया जा सकता है। उनके अनुसार, स्वयम सिद्ध है कि मिश्रित शोध पद्धति किसी एक शोध प्रक्रम (या शोध कार्यक्रम) में दो या दो से अधिक विधियों का प्रयोग करती है। क्रोनिन जैसे लेखक भी जोहन्सन का समर्थन करते हुए सुझाव देते हैं कि जिन अध्ययनों में किन्ही भी दो विभिन्न गुणात्मक या परिमाणात्मक विधियों का प्रयोग किया जाता है वे भी मिश्रित शोध पद्धति के अंतर्गत आते हैं।

ऊपर दी गई परिभाषाओं से यह स्पष्ट है कि एक मिश्रित विधि अध्ययन की परिभाषा के संबंध में वहाँ दो राय दिखाई देती हैं (चित्र 1.3)। पहली इस बात की वकालत करती है कि ये दोनों विधियाँ, एक ही मानदंड से होनी चाहिए, अर्थात एक शोधकर्ता ने परिमाणात्मक और गुणात्मक दोनों तरीकों का मिश्रण करना ही चाहिए (Teddlie और Tashakkori 2009, Tashakkori और Teddlie 1998, Bryman 2004, Cresswell और क्लार्क 2007)। दूसरी राय यह सलाह देती है कि भले ही दोनों तरीके एक ही प्रतिमान से आयें हुए हों, जिस अध्ययन में दोनों तरीकों का उपयोग किया जा रहा हो उसे एक मिश्रित तरीके के अध्ययन के रूप में ही माना जाता है (गिल्बर्ट 2008; अध्याय 7, क्रोनिन और अन्य 2007)। वर्तमान लेखक का भी यही मानना कि एक अध्ययन को एक मिश्रित तरीकों के अध्ययन के रूप में वर्गीकृत करने के लिए, जिन दो या अधिक तरीकों यह का उपयोग करता है वे या तो किसी भी एक या दोनों मानदंड से आ सकते हैं।

यद्यपि 'विभिन्न पद्धति दृष्टिकोण' शब्द आजकल ज्यादा प्रयोग में नहीं लाया जाता है, या कुछ लोगों द्वारा इसका प्रयोग 'मिश्रित पद्धति दृष्टिकोण' की जगह पर किया जाता है, किन्तु लेखक 'विभिन्न पद्धति दृष्टिकोण' और 'मिश्रित पद्धति दृष्टिकोण' के बीच अंतर को स्पष्ट करता है। लेखक के अनुसार 'मिश्रित विधि' शब्द का प्रयोग तब किया जाता है जब शोध के विभिन्न स्तरों में गुणात्मक और परिमाणात्मक दोनों ही विधियों का प्रयोग किया गया हो और 'विभिन्न विधि' से तात्पर्य यह है कि जब केवल एक ही पद्धति की विधियों का प्रयोग किया गया हो।

इन दोनों विचारों में विधियों को मिलाने का उद्देश्य सिर्फ उनकी विशेषताओं का प्रयोग करना होता है और 'विभिन्न विधि' में शोध के निष्कर्षों की सत्यता एवं प्रमाणिकता को बढाने के लिए एक ही पद्धति से भिन्न-भिन्न विधियों का प्रयोग किया जाता है। हमेशा कोई ऐसी अकेली विधि नहीं होती है, जो आपके सभी शोध प्रश्नों का उत्तर उपयुक्त दे सके। कुछ स्थितियों में अलग-अलग शोध प्रश्नों या आपके अध्ययन का मार्गदर्शन करने वाले उद्देश्यों के उत्तर प्राप्त करने लिए आपको अलग-अलग विधियों का प्रयोग करना पड़ सकता है। साथ ही कुछ ऐसी भी परीस्थितियां होती हैं "जहाँ सूचना का केवल एक स्त्रोत प्रभावी नहीं होता; परिणामों की व्याख्या करने की जरूरत होती है; अन्वेषणात्मक निष्कर्षों का सामान्यीकरण करना होता है, प्राथमिक विधि को उन्नत करने के लिए एक दूसरी विधि की आवश्यकता होती है, एक सैद्धांतिक दृष्टिकोण अपनाने की जरूरत होती है, और एक सकल शोध उद्दिष्ट, जिन्हें विविध अवस्थाओं और प्रक्रमों के साथ सर्वोत्तम तरीके से संबोधित किया जाता है।" (क्रेसवेल और क्लार्क 2011:8) मिश्रित/विविध पद्धति आपको वह विधि चुनने देती है जो आपके अध्ययन के लिए सर्वोत्तम रीति से मेल खाती है।

मिश्रित विधि को पारिभाषित करते समय एक अन्य विचार को भी ध्यान में रखना चाहिए। बहुत से शोधकर्ता शोध के केवल एक ही स्तर के लिए प्रायः दो विधियों, परिमाणात्मक और/या गुणात्मक, का प्रयोग करते हैं, जैसे, डेटा का संकलन। उदाहरण के लिए, प्रश्नावली के माध्यम से प्राप्त आंकड़ों में से आप कुछ लोगों का साक्षात्कार कर सकते हैं, ताकि आप विषय को गहराई से समझ सके। इसी प्रकार एक दूसरी स्थिति में, जब समुदाय की जरूरतों को सुनिश्चित करने के लिए आप एक प्रश्नावली बनाना चाहते हैं, तो ऐसा करने के लिए आप कुछ लोगों से बात कर सकते है या बात करने के लिए एक सामजिक प्लेटफार्म बना सकते हैं, जिससे आपको अपने शोध से सम्बंधित प्रश्नावली बनाने में मदद मिलेगी। आवश्यकताओं की विविधता को समझने के लिए यह प्रक्रिया शोध के लिए प्रश्नावली या साक्षात्कार तैयार करने में सहायक होती है। यहाँ पर मुद्दा यह है कि क्या आप इस प्रकार के शोध को मिश्रित विधि शोधया विभिन्न विधि शोध कहेंगे, जिसमे दो अलग-अलग विधियों का प्रयोग सिर्फ आंकड़ों के संचयन में किया गया हो? किसी शोधमें पूर्णत: दो विधियों का प्रयोग करना बहुत कठिन होता है और यह इसीलिए सामान्य भी नहीं है। लेखक किसी शोध

चित्र 1.3 सामाजिक शोध में मिश्रित/विभिन्न पद्धतियाँ, परिमाणात्मक एवं गुणात्मक दृष्टिकोण

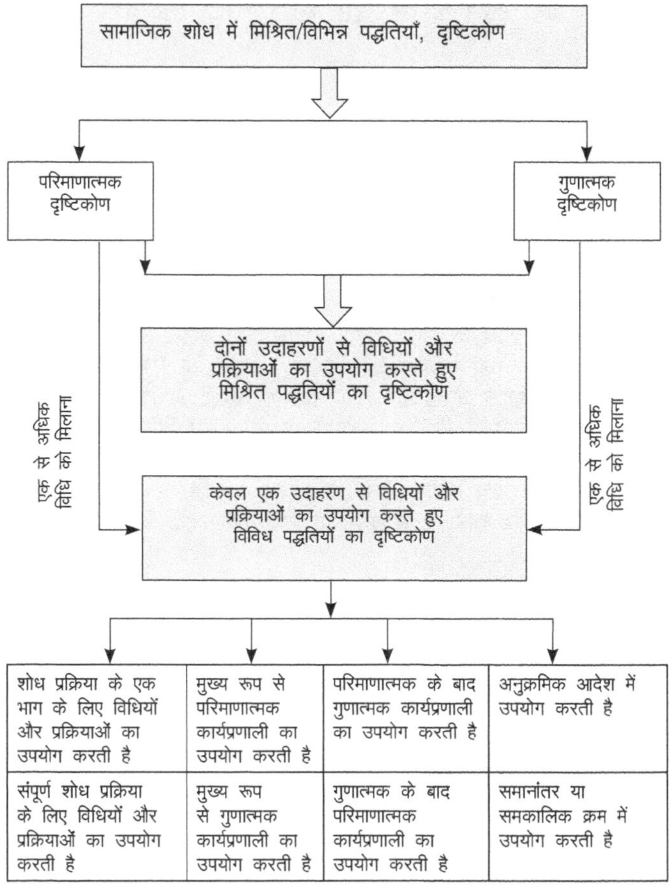

मिश्रित विधि क्या है

को 'मिश्रित विधि शोध' तब भी मानता है जब उसके किसी एक क्रियात्मक स्तर पर दो विधियों का प्रयोग किया गया हो। लेखक के विचार में निम्न स्थितियों में दो या दो से अधिक विधियों का प्रयोग शोध को ही 'मिश्रित विधि शोध' कहा जाता है।

मिश्रित विधि के साथ की कहानी

- **डेटा का संग्रह करना:** सूचना प्राप्त करने के लिए भिन्न-भिन्न विधियों का उपयोग करना,अर्थात आप उसी जानकारी को प्रश्नावली या तय किये गये साक्षात्कार से (परिमाणात्मक विधि) या व्यवस्थित साक्षात्कार, फोकस समूह या किसी सामुदायिक मंच (गुणात्मक विधि) द्वारा प्राप्त कर सकते हैं। डेटा के संचयन के लिए अलग-अलग विधियों के प्रयोग से शोध 'मिश्रित' या 'विभिन्न' विधि शोध कहलायेगा, जो कि इस बात पर निर्भर करता है कि प्रयुक्त विधियाँ एक ही पद्धति से ली गई हैं या अलग-अलग पद्धतियों से। वास्तव में, डेटा संकलन की पद्धति के साथ मेल खाने के लिए आपको संकलित डेटा के विश्लेषण और प्रोसेसिंग के लिए भी विभिन्न पद्धतियों का प्रयोग करना पड़ेगा।
- निष्कर्षों के सत्यापन और पुष्टि के लिए लोगों के अलग-अलग समूह से आवशयक जानकारी प्राप्त करना, जो उसी अध्ययन जनसंख्या से हासिल की गई है (**भिन्न नमूने**)। दूसरे शब्दों में, जैसे उसी जानकारी का संग्रह एक नमूने का प्रशासन के लिए, अर्थात प्रश्नावली के लिए, दूसरे का साक्षात्कार के लिए और तीसरे का फोकस समूह की स्थापना के लिए चयन करना, ताकि मुद्दे की वैधता, सत्यापन तथा और अधिक समझ पाई जा सके।

- **डेटा के विश्लेषण** और **जानकारी के निर्गमन** के लिए अलग-अलग विधियों का प्रयोग करना अर्थात शोध के उद्देश्यों के बेहतर तरीके से प्राप्त करने के लिए डेटा का गुणात्मक और परिमाणात्मक दोनों ही पद्धति की विधियों से विश्लेषण करना।

Tashakkori and Teddlie (1998) ने दो अलग-अलग नामों का प्रयोग करके उन दोनों के बीच अंतर स्थापित किया है। उनके अनुसार (पृ. 1) 'मिश्रित विधि एक अध्ययन की शोध विधि में गुणात्मक और परिमाणात्मक दोनों का ही संयोजन करती है, जबकि मिश्रित अध्ययन प्रारूप में इन दोनों पद्धतियों का शोध प्रक्रिया के सभी स्तर पर संयोजन होता है।' लेखक की राय में सम्पूर्ण शोध प्रक्रिया या उसके किसी हिस्से में या तो एक ही पद्धति से या दोनों पद्धतियों से दो या दो से अधिक विधियों का प्रयोग करना है, जो मिश्रित/विभिन्न विधि पद्धति कहलाती है।

आपको यह समझना जरूरी है कि आप जिस प्रकार से अपने शोध की समस्या या उप-उद्देश्यों को निर्धारित करते है, शोध प्रक्रिया का चयन भी उसी के आधार पर होता है, जो उन के उत्तर देने के लिए उपयुक्त हो। आइये हम एक उदाहरण लेते हैं शोध के उप-उद्देश्यों का निर्धारण करने और उसका अध्ययन करने के लिए उपयुक्त शोध विधि के प्रकार के मध्य सम्बन्ध को अधिक समझने के लिए और विधि को कैसे प्रयुक्त किया गया है, यह उपयोग की गई पद्धति के प्रकार का निर्धारण करती है (चित्र 1.4)। साथ ही यह भी ध्यान रखे कि अलग-अलग उद्देश्यों की पूर्ति के लिए आपको अलग-आलग विधियों का प्रयोग करना पड़ेगा। किसी स्थिति में यह पूर्णत: परिमाणात्मक होगी तो किसी में पूर्णत: गुणात्मक और कहीं पर मिश्रित पद्धति होगी।

उदाहरण के लिए, मान लीजिये कि आप 'घरेलू हिंसा' के विषय में रुचि रखते हैं और निम्न उप-उद्देश्यों के साथ एक शोध करना चाहते है (यदि आप चाहें तो अध्ययन के लिए केवल एक विषय का चयन कर सकते हैं):

1. एक समुदाय में घरेलू हिंसा की प्रचुरता को जानना
2. एक समुदाय में घरेलू हिंसा की प्रकृति और उसके स्तर को समझ्ना
3. यह खोजना कि एक महिला और एक पुरुष के लिए उस परिवार में रहना कैसा होता है जहाँ घरेलू हिंसा होती है
4. यह समझना कि घरेलू हिंसा होने के बावजूद भी कुछ महिला और पुरुष दोनों ही आपसी सम्बन्ध में क्यों रहना चाहते है.
5. उस समुदाय में घरेलू हिंसा के पीड़ितों के लिए उपलब्ध सुविधाओं के प्रकारों की व्याख्या करना; और
6. जो लोग इन सुविधाओं के उपभोक्ता है उनका सामाजिक-आर्थिक और जनसांख्यिक स्तर का पता लगाना

उपरोक्त उद्देश्यों की पूर्ति के लिए इस अध्ययन में अलग-अलग विधियों का प्रयोग करना पड़ेगा उदहारण के लिए:

उप उद्देश्य 1 के अध्ययन के लिए केवल उन विधियों का प्रयोग किया जा सकता है जो परिमाणात्मक पद्धति के अंतर्गत आती हैं (पहले से निर्धारित और मान्य मानदंडके प्रयोग से उन घरों की संख्या ज्ञात करना जहाँ ऐसे मामलें हो चुके हो)

उप उद्देश्य 2 के अध्ययन के लिए उन विधियों की आवश्यकता होगी जो दोनों पद्धतियों में आती हैं। घरेलू हिंसा की प्रकृति को गुणात्मक विधि से पता लगाया जा सकता है (जैसे कि व्यवस्थित साक्षात्कार, फोकस ग्रुप, आख्यान, मौखिक इतिहास) और इसका स्तर परिमाणात्मक विधि से पता लगाया जा सकता है (जैसे, संरचित घरेलू साक्षात्कार, घरेलू हिंसा के शिकार लोगों को सेवाएँ प्रदान करने वाली एजेंसियों के रिकॉर्ड)।

उप-उद्देश्य 3 की प्राप्ति के लिए गुणात्मक विधि (गहराई से साक्षात्कार, पीड़ितों से सामूहिक साक्षात्कार, आख्यान, मौखिक इतिहास और मामलों का गहन अध्ययन आदि) का प्रयोग करना बेहतर होगा, क्योंकि किसी भी परिमाणात्मक विधि से आपको इस बात का उत्तर नहीं मिल सकेगा कि पीड़ित के लिए उस घर में रहने का क्या मतलब होता है जहाँ घरेलू हिंसा होती है।

हिंसा होने के बावजूद संबंध में रहने का कारण (उप उद्देश्य-4) का शोध दोनों ही पद्धतियों की कई विधियों का प्रयोग करके किया जा सकता है (इसके लिए आप गहन साक्षात्कार, विधिवत साक्षात्कार,

चित्र 1.4 मिश्रित और कई तरीकों का उपयोग – एक उदाहरण

मान लीजिये, आपकी घरेलू हिंसा के क्षेत्र में रुचि है और निम्नलिखित उद्देश्यों के साथ एक अध्ययन करना चाहते हैं (यदि आपकी इच्छा हो तो आप अध्ययन के लिए केवल एक उप-उद्देश्य का भी चयन कर सकते हैं):

1. किसी एक समुदाय में घरेलू हिंसा के प्रचलन का निर्धारण करने के लिए;
2. उस समुदाय में घरेलू हिंसा की प्रकृति और सीमा को समझने के लिए;
3. इस बात को ज्ञात करने के लिए कि किसी महिला या पुरुष का घरेलू हिंसा होने वाले घर में रहने का क्या तात्पर्य है;
4. इस बात को समझने के लिए कि घरेलू हिंसा होने के बावजूद कुछ महिलाएँ उस संबंध को जारी क्यों रखती है;
5. किसी समुदाय में घरेलू हिंसा के शिकार हुए व्यक्तियों के लिए उपलब्ध सेवाओं के प्रकार का वर्णन करने के लिए;
6. उन लोगों का सामाजिक-आर्थिक जनसंख्या विवरण स्थापित करने के लिए, जो इन सेवाओं के उपभोक्ता हैं

इन उद्देश्यों को प्राप्त करने के लिए विभिन्न प्रकार की विधियों का उपयोग करके इस अध्ययन को किया जायेगा। उदाहरण के लिए:

उप-उद्देश्य 1 का केवल उन्हीं विधियों द्वारा अध्ययन किया जा सकता है जो परिमाणात्मक विधि की श्रेणी में आती हैं (मापदंडों के एक पूर्व-निर्धारित एवं स्वीकृत सेट का उपयोग करके घरेलू हिंसा होने वाले घरों की संख्या की गणना करना।

उप-उद्देश्य 2 के लिए, आपको उन विधियों का उपयोग करना चाहिए जो दोनों प्रकार की पद्धतियों में आती हैं। घरेलू हिंसा की 'प्रकृति' को केवल उन विधियों (जैसे, गंभीर साक्षात्कार, फोकस समूह, वर्णनात्मक, मौखिक इतिहास) द्वारा खोजा जा सकता है, जो गुणात्मक शोध की श्रेणी में आती हैं और उसकी 'सीमा' को उन विधियों के द्वारा (जैसे, संरचित घरेलू साक्षात्कार, घरेलू हिंसा के शिकार हुए व्यक्ति को सेवा प्रदान करने वाली एजेंसियों के रिकॉर्ड) ज्ञात किया जाता है जो परिमाणात्मक पद्धतियों की श्रेणी की मानी जाती हैं।

उप-उद्देश्य 3 की जाँच गुणात्मक कार्यप्रणाली (गंभीर साक्षात्कार, शिकार हुए व्यक्ति के साथ सामूहिक साक्षात्कार, वर्णनात्मक, मौखिक इतिहास, केस अध्ययन) का उपयोग करके सर्वोत्तम रीति से की जा सकती है, क्योंकि 'एक शिकार व्यक्ति का घरेलू हिंसा होने वाले घर में रहने का क्या तात्पर्य है' इसके बारे में कोई भी परिमाणात्मक विधि आपको सटीक जानकारी नहीं देगी।

उप-उद्देश्य 4 में हिंसा होने के बावजूद उस संबंध को बनाये रखने के कारण को कई विधियों से खोजा जा सकता है, जो दोनों पद्धतियों से आती है (आप गंभीर साक्षात्कार, संरचित साक्षात्कार, सामूहिक साक्षात्कार, फोकस समूह आदि का आयोजन कर सकते हैं। आप इनमें से केवल एक विधि का उपयोग करके या कई विधियों का उपयोग करके जानकारी प्राप्त कर सकते हैं।

इसी प्रकार से 'सेवाओं के प्रकार' (उप-उद्देश्य 5) का गुणात्मक दृष्टिकोण (सेवा प्रदाताओं के और इन सेवाओं के उपभोक्ताओं साथ गंभीर साक्षात्कार) के माध्यम से सर्वोत्तम प्रकार से अध्ययन किया जा सकता है।

और

'उपभोक्ता का विवरण' (उप-उद्देश्य 6) की जाँच परिमाणात्मक विधि के द्वारा बेहतर तरीके से की जा सकती है।

सामूहिक साक्षात्कार या फोकस समूह का प्रयोग कर सकते हैं)। आप किसी एक विधि या अलग-अलग कई विधियों का का प्रयोग करके सूचना प्राप्त कर सकते हैं।

इसी प्रकार 'सुविधाओं के प्रकार' (उप-उद्देश्य-5) को जानने के लिए गुणात्मक विधि का प्रयोग करना बेहतर होगा (सुविधा के प्रदाता और उपभोक्ता दोनों के साथ ही गहन साक्षात्कार के द्वारा)

अंततः 'उपभोक्ताओं की प्रोफाइल' (उप-उद्देश्य-6) को परिमाणात्मक विधि द्वारा बेहतर तरीके से जाना जा सकता है (प्रश्नावली या तय साक्षात्कार)।

उपरोक्त उदाहरण में आप देखेंगे कि अलग-अलग उप उद्देश्यों की पूर्ति के लिए हमने अलग-अलग विधियों के प्रयोग को सुझाया है। इस प्रकार के शोध में भिन्न-भिन्न विधियों की विशेषताओं का उपयोग किया जाता है, बिना इस बात को ध्यान में रखे की वह किस पद्धति से है और एक पद्धति से अलग-अलग विधियों का प्रयोग उसे मिश्रित या विभिन्न विधि शोध बना देता है। यदि दोनों पद्धतियों की विधियों का प्रयोग किया गया है तो वह मिश्रित विधि शोध होगा और एक ही पद्धति की अलग-अलग विधियों का प्रयोग किया गया हो तो विभिन्न विधि शोध कहलायेगा। संक्षेप में कहें तो कोई भी शोध जिसमे अलग-अलग विधियों का प्रयोग किया गया है, फिर चाहे वह एक ही पद्धति से हो या अलग-अलग पद्धति से सम्पूर्ण शोध विधि में या शोध विधि के किसी स्तर में किया गया हो तो वह मिश्रित या विभिन्न विधि शोध होगा।

विधि के आधारभूत तर्क

मिश्रित/विभिन्न विधि दृष्टिकोण मुख्यतः दो मान्यताओं पर आधारित है। पहला किसी भी स्थिति में शोध प्रश्नों के उत्तर प्राप्त करने के लिए सबसे उपयुक्त विधि के प्रयोग से सम्बंधित है और दूसरा इस विचार से सम्बंधित है कि अधिकांश स्थितियों में एक विधि के प्रयोग की तुलना में एक से अधिक विधियों का प्रयोग होने से किसी विषय या घटना के बारे में गहरी जानकारी प्राप्त होती है। मुख्यतः ये मान्यताएँ हैं:

- जिस तरह आप अपने शोध के उप-उद्देश्यों को निर्धारित करते हैं उस तरह ही यह तय हो जाता है कि गुणात्मक विधि का प्रयोग बेहतर होगा या परिमाणात्मक विधि का। अधिकांशत: एक शोध में कई सारे उप-उद्देश्य होते हैं (चित्र 1.4) और उनमे से सभी को एक ही पद्धति का प्रयोग करके शुद्ध एवं व्यवस्थित तरीके से प्राप्त नहीं किया जा सकता। प्रायः यह होता है कि कुछ उप-उद्देश्यों को गुणात्मक पद्धति की विधियों से अच्छी तरह से प्राप्त किया जा सकता है तो कुछ को परिमाणात्मक विधि से। इस प्रकार की परिस्थितियों में अगर आप एक ही पद्धति की विधियों का प्रयोग करते है तो अपने शोध के निष्कर्षों की गुणवत्ता के साथ समझौता करेंगे। मिश्रित शोध विधि द्रष्टिकोण इस बात पर आधारित है कि अलग-अलग पद्धतियों की विधियों का प्रयोग आपके शोध के निष्कर्षों की यथार्थता और विश्वसनीयता को निश्चित तौर पर बढ़ा देता है। शोध में उसके उद्देश्यों की पूर्ति के लिए दोनों पद्धतियों की विधियों के प्रयोग में खुलापन ही मिश्रित शोध पद्धति के दर्शनशास्त्र का आधार है।
- कुछ परिस्थितियों में एक विधि का प्रयोग करके स्थिति या घटना की सम्पूर्ण, व्यवस्थित जानकारी नहीं प्राप्त की जा सकती है, या कुछ परिस्थितियों में एकदम सुनिश्चित होने के उद्देश्य से आप शोध से प्राप्त निष्कर्षों को पुनः जांचने के लिए दूसरी विधि का प्रयोग कर सकते हैं। विभिन्न विधियों का प्रयोग इस मान्यता पर आधारित है कि कुछ स्थितियों में अलग-अलग विधियों का प्रयोग शोध के निष्कर्षों की यथार्थता को बढ़ा देता है।

इस विधि का प्रयोग कब करें

मिश्रित या विभिन्न विधियों के प्रयोग के कई कारण होते है जिनमें से कुछ निम्न हैं:

- **जब आप दोनों ही दृष्टिकोण से अन्वेषण करना चाहते हैं।** किसी घटना को गुणात्मक और परिमाणात्मक शोध अलग-अलग नजरियों से देखते हैं। गुणात्मक नजरिये में किसी घटना का अवलोकन गहराई से किया

जाता है, किन्तु उसमे कुछ ही लोगों के आंकड़ों का संचयन किया जाता है, अत: इससे प्राप्त निष्कर्षों को आधार मानकर उन्हें बड़े स्तर पर लागू नहीं किया जा सकता है। दूसरी तरफ परिमाणात्मक शोधमें बहुत से लोगों से सूचना का संचयन होता है, ताकि उनका सामान्यीकरण किया जा सके, किन्तु उसमें गहराई से किये गये विश्लेषण की कमी होती है। पूर्णता गुणात्मक या परिमाणात्मक विधियों के प्रयोग की अपनी विशेषताओं के साथ कमियाँ भी होती हैं। दोनों विधियों को मिलाकर उस विधि की विशेषताओं का प्रयोग करके उनकी कमियों को दूर करना होता है। दोनों विधियों को मिलार आपको घटना की पूर्ण और व्यवस्थित जानकारी मिल सकती है।

- **जब एक स्रोत से सम्पूर्ण और यथार्थ जानकारी पाना कठिन हो।** कभी-कभी ऐसी स्थिति होती है जब एक विधि का प्रयोग करके किसी विषय या घटना के बारे में सम्पूर्ण और यथार्थ जानकारी प्राप्त करना संभव नहीं होता है। इस अंतर को दूर करने के लिए मिश्रित विधि का प्रयोग किया जाता है। क्रेसवेल और क्लार्क (2011:8) के अनुसार, 'वह शोध मिश्रित विधि शोध के लिए उपयोगी होती है जिसमें जिसमे एक स्रोत से आंकडों को प्राप्त करना अपर्याप्त होता है, परिणामों की व्याख्या करने की जरूरत होती है, अन्वेषणात्मक निष्कर्षों को बड़ी संख्या पर लागू करने की जरूरत होती है, प्राथमिक विधि को बढाने के लिए दूसरी विधि की जरूरत होती है, सैद्धांतिक स्वरुप को लागू किया जाना होता है और शोध के सभी उद्देश्यों की पूर्ति केवल विभिन्न स्तर वाले शोध से ही की जा सकती है। लेखक ग्रामीण भारत में म्रत्यु और जन्म दर से संबंधति एक शोध में शामिल था। उसमे जन्म और मृत्य की यथार्थ संख्या प्राप्त करने के लिए दो प्राथमिक और दो द्वितीयक स्रोतों का प्रयोग किया गया था। वे थें: सरकारी कार्यकारियों द्वारा रखे गये महत्वपूर्ण आंकड़ें (द्वितीयक), गाँव की दाई, जिसे शोध टीम के लोग हर 15 दिन में मिलते थे और पिछले 15 दिन में हुए जन्म और मृत्य के बारे में जानकारी लेते थे (प्राथमिक), कुछ लोगों के तय समूह जिनसे शोधकर्ता एक पखवाड़े के बाद नियमित मिलते थे और साक्षात्कार के माध्यम से जानकारी लेते थे(प्राथमिक); और गाँव में रहने वाली शोधकर्ता टीम की एक सदस्या नर्स, जो कि प्रत्येक महीने में उस महीने में हुए जन्म और मृत्यु से सम्बंधित अपनी रिपोर्ट देती थी (द्वितीयक)। ये सारी रिपोर्ट की तुलना की गयी, जिससे उस क्षेत्र में सही जन्म और मृत्य की संख्या को पता लगया जा सके। इस प्रकार कि स्थिति में जब आपको अनुधारी आधार पर तथ्यात्मक जानकारी प्राप्त करनी होती है और उसकी सत्यता को भी सुनिश्चित करना होता है तो आपको एक से अधिक विधियों का प्रयोग करना पड़ता है, अर्थात मिश्रित शोधविधि का प्रयोग करना होता है।
- **अच्छी गुणवत्ता वाले शोध के लिए अत्यंत आवश्यक।** कोई भी शोधकर्ता शोध से प्राप्त परिणामों को बड़े स्तर पर लागू करने के लिए पहले अन्वेषणात्मक शोध करता है, जो कि मुख्यतः गुणात्मक होता है। किसी भी परिमाणात्मक शोध के लिए आवश्यक भूमिका अन्वेषणात्मक शोध के आधार पर ही बनायीं जाती है। यह भी सही है कि कई बार शोध से प्राप्त परिणामों को जांचने के लिए हम शोध में शामिल लोगों के पास स्पष्टीकरण के लिए पुनः जाते है। लेखक की राय में एक अच्छा शोधकर्ता गुणात्मक-परिमाणात्मक-गुणात्मक चक्र का पालन करता है। अत: शोध की गुणवत्ता को बढ़ाने के लिए दोनों विधियों का मिश्रित रूप से प्रयोग करने की जरुरत होती है, अर्थात जिस अवसर पर जिसकी आवश्यकता हो उसका प्रयोग किया जाये।
- **जब प्राप्त परिणामों को बड़े स्तर पर लागू करना हो।** जब आपको शोध से प्राप्त परिणामों के आधार पर कुछ बड़े स्तर पर निष्कर्ष निकालने हो या प्राप्त निष्कर्षों को वापस जनता तक ले जाना हो, तो यह बेहतर होगा कि जो बात आप जानना चाहते हैं या जो प्रश्न आप अपने उत्तरदाताओं से पूछना चाहते हैं तो उनको आप संभावित उत्तरदाताओं से मिलकर विकसित कर सकते हैं। विकास और साझे की प्रक्रिया गुणात्मक पद्धति से बेहतर तरीके से की जा सकती है। ऐसी स्थिति में आपको गुणात्मक और परिमाणात्मक दोनों ही पद्धतियों को मिलाने की आवश्यकता पड़ेगी।
- **जब आपको अपने शोध के निष्कर्षों की व्याख्या करने की आवश्यकता होती है।** कुछ ऐसी स्थितियां होती है जब परिमाणात्मक विधियों से प्राप्त परिणामों को विस्तार से समझाने की आवश्यकता होती है कि उत्तरदाताओं के उत्तर का वास्तविक अर्थ क्या है। ये वास्तविक अर्थ उत्तरदाताओं से बात करके ही प्राप्त किये जा सकते हैं। ऐसी स्थिति में परिणामों को समझने के लिए आपको परिमाणात्मक विधि के साथ गुणात्मक विधि को सम्मिश्रित करना पड़ता है। क्रेसवेल और क्लार्क (2011:9) के अनुसार, 'कई

बार शोध से प्राप्त परिणाम शोध समस्या को पूरी तरह से हल नहीं कर पाते हैं, अत: उसमें आगे अन्वेषण करने की आवश्यकता होती है। इस स्थिति में मिश्रित शोधविधि का प्रयोग किया जाता है, जिसमे पहले आंकड़ों की व्याख्या करने के लिए दूसरे आंकड़ों का प्रयोग में किया जाता है। उदाहरण के तौर पर, एक स्थिति वह होती है जब परिमाणात्मक परिणामों की व्याख्या करने की आवश्यकता होती है कि उनका अभिप्राय क्या है।

- **जब आप आंकड़ों के संचयन के लिए एक अच्छा उपकरण बनाना चाहते हैं और प्रश्नों के वैधता की जांच करना चाहते हैं।** परिमाणात्मक अध्ययनों में संदर्भ को सुनिश्चित करने के लिए संभावित उत्तरदाताओं से सलाह लेकर आंकड़ों के संकलन के उपकरण तैयार करना सामान्य बात होती है। सलाह लेने की यह प्रक्रिया गुणात्मक पद्धति के अंतर्गत आती है। इसके अलावा, यह प्रक्रिया प्रश्नों की वैधता की जाँच में भी काम में आती है। इससे पता चलता है कि उत्तरदाताओं में शोधकर्ता के प्रश्नों को वैसा ही समझा है कि नही जैसा कि वह चाहता था।
- **जब आप भिन्न-भिन्न उद्देश्यों के साथ एक शोध को प्रारंभ करते है।** जब आपके शोध के उद्देश्य एक से अधिक होते है और सभी उद्देश्य किसी एक पद्धति द्वारा क्रियान्वयित नहीं किये जा सकते हों तो उनकी पूर्ति के लिए आपको अलग-अलग विधियों का प्रयोग करना पड़ेगा। कुछ में से गुणात्मक विधि से आंकड़ों का संकलन किया गया होगा तो कुछ में परिमाणात्मक विधि से या फिर दोनों विधियों से प्राप्त आंकड़ों के दो समूह होंगे।

विधियों का मिश्रण करने के तरीके

यहाँ विकसित की गई टाईपोलोजी वास्तव में अध्ययन डिजाइन को पूरी तरह से प्रतिबिंबित नहीं करती, परंतु वे भिन्न तरीके करती है जिसमें परिमाणात्मक और गुणात्मक दृष्टिकोणों की विधियों और प्रक्रियाओं को कब, क्या, किस स्तर पर, किस क्रम में और किस सीमा तक के संबंध में मिश्रित किया जाता है। ये डिजाइन, प्रक्रियाएं, विधियाँ प्राथमिक रूप से परिमाणात्मक और/या गुणात्मक शोध की होती हैं।

वहां कई तरीके मौजूद हैंजिनमें आप विभिन्न या मिश्रित अध्ययनों नें परिमाणात्मक और/या गुणात्मक शोध की विधियों और प्रक्रियाओं को मिला सकते हैं। लेखक के अनुसार ताशाकोरी और टेडली (1998:18) द्वारा पहचाने गये 'मिश्रित विधियों का अध्ययन डिजाइन' के प्रकार प्राथमिक रूप से उस तरीके पर आधारित होते हैं, जिनसे उन विधियों को मिलाया जाता है। लेखक यह महसूस करता है कि मिश्रित कार्यप्रणाली में वर्गीकरण या 'अध्ययन की टाईपोलोजी' उस पर आधारित होता है जो मिलाया जा रहा है (चाहे वह मिश्रण दोनों दृष्टिकोणों से हो या केवल एक), शोध प्रक्रिया में उसे कब मिलाया जा रहा है (चाहे यह मिश्रण क्रमबद्ध हो या एक साथ हो), यह मिश्रण शोध प्रक्रिया के किस स्तर पर किया जा रहा है (चाहे यह मिश्रण किसी एक भाग में हो या संपूर्ण शोध प्रक्रिया में हो), यह मिश्रण किस क्रम में किया जा रहा है (चाहे वह गुणात्मक के बाद परिमाणात्मक हो य परिमाणात्मक के बाद गुणात्मक हो या दोनों एक साथ हो), और किस सीमा तक किया जा रहा है (चाहे प्रमुखता से परिमाणात्मक हो या गुणात्मक हो)।

''क्या'' के संबंध में मुख्य रूप से दो तरीके हैं जिसमें आप विभिन्न विधियों को मिला सकते हैं:

- दोनों दृष्टिकोणों की मिश्रित विधियाँ, जो या तो संपूर्ण शोध प्रक्रिया के लिए या उसके किसी हिस्से के लिए किया जाता है।
- केवल एक दृष्टिकोण की मिश्रित विधियाँ, जो या तो संपूर्ण शोध प्रक्रिचा के लिए या उसके किसी हिस्से के लिए किया जाता है।

''कब'' के संबंध में पुनः दो तरीके हैं:

- या तो संपूर्ण शोध प्रक्रिया के लिए या उसके किसी हिस्से के लिए दो या अधिक विधियों का एक के बाद दूसरी (क्रमबद्ध) का उपयोग करना।

- या तो संपूर्ण शोध प्रक्रिया के लिए या उसके किसी हिस्से के लिए दो या दो से अधिक विधियों का एक साथ उपयोग करना। क्रेसवेल (1995:177) एक साथ उपयोग में लाई गई विधियों को 'समानांतर' या 'एक साथ'' अध्ययन कहकर बुलाते हैं।

  'स्तर'' के संबंध में दो तरीके हैं:

- उन्हें संपूर्ण शोध प्रक्रिया के लिए मिलाया जाये।
- उन्हें केवल एक या कुछ परिचालनीय चरणों के लिए मिलाया जाये।

  ''क्रम'' के संबंध में वहां तीन तरीके हैं जिसमें आप विधियों को मिला सकते हैं:

- गुणात्मक विधि के बाद परिमाणात्मक विधि का उपयोग करना।
- परिमाणात्मक विधि के बाद गुणात्मक विधि का उपयोग करना।
- गुणात्मक विधि के बाद परिमाणात्मक विधि और फिर पुनः गुणात्मक विधि का उपयोग करना।

  ''सीमा'' के संबंध में वहां मिश्रण के दो तरीके हैं:

- दोनों कार्यप्रणालियों का समान रूप से उपयोग करना (**समतुल्य स्तर अध्ययन:** क्रेसवेल 1995:177)।
- किसी एक कार्यप्रणाली का प्रमुख रूप से उपयोग करना (**प्रभुत्वशाली/कम प्रभुत्वशाली अध्ययन:** क्रेसवेल 1995:177)।
- एक अध्ययन का आयोजन करते समय इन विधियों को इस प्रकार से मिलाया जाता है कि जिसमें एक दृष्टिकोण का प्रभुत्व हो, और दूसरे दृष्टिकोण से ली गई विधियों/प्रक्रियाओं की बहुत छोटी मात्रा मिलाई जाती है।

लाभ और नुकसान

एक शोध परियोजना में मिश्रित विधियों का उपयोग करने के लाभ और साथ ही साथ नुकसान भी हैं। कुछ प्रमुख लाभ नीचे दिए गये हैं:

- **शोध की संभवाना में बढ़ोतरी:** ऐसी परिस्थितियों में जहाँ आपके पास एक शोध अध्ययन में प्राप्त करने के लिए कई उद्देश्य हैं और यदि सभी उद्देश्यों की प्राप्ति किसी एक विधि द्वारा नहीं की जा सकती तब विविध विधियों का उपयोग एक तरीका प्रस्तावित करता है जिससे आपके सभी शोध प्रश्नों के उत्तर पाए जा सकते हैं। उदाहरण के लिए, चित्र 1.4 में दिए गये उदाहरण में उप-उद्देश्य 2 के दो आयाम हैं, 'प्रकृति' और 'सीमा'। इन दोनों संकल्पनाओं के लिए विभिन्न कार्यप्रणालियों की जरूरत होती है। 'प्रकृति' को गुणात्मक विधि से अच्छी तरह से ज्ञात किया जा सकता है, जबकि 'सीमा' को परिमाणात्मक विधियों से बेहतर तरीके से जाना जा सकता है, क्योंकि इसमें घरेलू हिंसा होने वाले घरों की संख्या की गणना करनी होती है। इसीतरह मान लीजिये आप समुदाय में होने वाले मादक पदार्थो के उपयोग के प्रचलन और उनके आदी होने की प्रक्रिया को सुनिश्चित करना चाहते है। प्रथम भाग की खोज के लिए आप कई विधियों का उपयोग कर सकते हैं, जैसे, संरचित साक्षात्कार या एक प्रश्नावली, परंतु दूसरे भाग की खोज असंरचित और गंभीर साक्षात्कार के द्वारा बेहतर तरीके से की जा सकती है। इसतरह मिश्रित/विविध विधियों के दृष्टिकोण का उपयोग एक अध्ययन के सांचे के अंदर शोध की संभावनाओं में वृद्धि करता है।
- **अधिक जटिल परिस्थितियों के लिए बेहतर:** मिश्रित विधियों के दृष्टिकोण का एक अन्य महत्वपूर्ण लाभ यह है कि अधिक जटिल परिस्थितियों में उनके परिमाणों के बावजूद यह सर्वश्रेष्ठ विधि का उपयोग करने की स्वतंत्रता देता है। हमें अक्सर जटिल संरचनाओं और आयामों से भरी परिस्थितियों का सामना करना पड़ता है जिनके लिए न केवल एक परिमाण वाली विविध विधियों के साथ जाँच करने की जरूरत होती है अपितु परिणामों के पार भी जाँच करनी होती है।एक मिश्रित/ विविध विधियों का दृष्टिकोण ऐसी ही स्वतंत्रता तथा लचीलापन प्रदान करता है।क्रेसवेल और क्लार्क (2011:21), के अनुसार, ''हमारी शोध समस्या की जटिलता उन जवाबों को मांगती है जो परिमाणात्मक अर्थ में सरल संख्याओं से परे हैं और

एक गुणात्मक अर्थ में सरल शब्दों से परे हैं। डेटा के दोनों रूपों का एक संयोजन समस्याओं का सर्वाधिक पूर्ण विश्लेषण प्रदान करता है।"

- **डेटा की समृद्धि:** ऐसी कई परिस्थितियाँ होती हैं जब आप एक विधि से डेटा संग्रह कर रहे होते हैं परंतु इसके पूरकता और समृद्धि के लिए अन्य डेटा के सेट की आवश्यकता होती है। डेटा का यह दूसरा सेट प्रथमिक तौर पर उस मुद्दे को एक अलग नजरिये से देखता है। यह त्रिकोणीयता जानकारी को समृद्ध करती है और जाँच परिणामों की शुद्धता को बढ़ाता है और यह केवल तभी संभव है जब अध्ययन को प्रारंभ करते समय एक मिश्रित/विविध विधियों के दृष्टिकोण का उपयोग किया जा रहा हो। आइये हम और उदाहरण लेते हैं (चित्र 1.5), जिसमें लेखक शामिल थे, जिसमें डेटा के संग्रहण के लिए गैर-भागीदारी अवलोकन का उपयोग किया गया था, परंतु स्थल पर ही दो प्रारूपों में रिकॉर्डिंग पूरी कर ली गई थी (वर्णनात्मक और श्रेणीबद्ध)। यद्यपि डेटा का संग्रहण एक ही विधि द्वारा किया गया था, फिर भी अवलोकन की रिकॉर्डिंग के लिए दो भिन्न विधियों का उपयोग किया गया था। आगे के कुछ चरण– जाँच परिणाम का विश्लेषण और संचार– को दो भिन्न तरीकों से किया गया, जो उस तरीके के लिए उपयुक्त थे जिसमें वह डेटा संग्रहित किया गया था। डेटा का यह समृद्धिकरण केवल रिकॉर्डिंग और उसके बाद के चरणों में मिश्रित विधियों का उपयोग करने से संभव हो सका।
- **अतिरिक्त शोध साक्ष्य एकत्रित करना:** जटिल और महत्वपूर्ण स्थितियों के लिए, जहाँ आपको अपने तर्क को समर्थन या विरोध देने के लिए अन्य साक्ष्यों की जरूरत होती है, वहाँ दो भिन्न विधियों से डेटा का संग्रह करना एक समझदारी की बात होती है। दूसरे सेट का पहली विधि के जाँच परिणामों की तुलना करने, पुष्टि करने या विरोध करने के लिए उपयोग किया जाता है।

इसके कुछ नुकसान निम्नानुसार हैं:

- **अधिक डेटा अर्थात अधिक काम और अधिक संसाधन:** दो और अधिक विधियों के द्वारा डेटा का संग्रहण करने का तात्पर्य है संग्रहण और विश्लेषण के लिए और अधिक डेटा चाहिए, जिसका परिणाम अधिक समय, वित्तीय संसाधन, प्रयास और तकनीकी विशेषज्ञता की आवश्यकता का होना है। एक डेटा सेट

चित्र 1.5 मिश्रित/कई तरीकों का अध्ययन – एक उदाहरण

> लेखक ग्रामीण भारत के लिए मातृ और शिशु स्वास्थ्य सेवाओं के लिए एक सेवा वितरण मॉडल का विकास करने के लिए डिजाइन किये गये अध्ययन में शामिल थे। कर्मचारी-जनसंख्या को ज्ञात करने के लिए डेटा को एक "दो मिनिट तत्काल" गैर-भागीदारी के अवलोकन की गतिविधियों के माध्यम से एकत्रित किया गया, जो लगभग चार वर्षो से यादृच्छिक चयनित दिनों पर सेवा वितरण करनेवाले कर्मचरियों द्वारा की जा रही थी। इसमें मौसम के कारण कार्यभार में उतारचढ़ाव की कालावधि का विचार भी किया गया था।
>
> विभिन्न प्रकार के स्वास्थ्य कर्मचारियों की श्रेणी जब वास्तविक जीवन में सेवाओं का वितरण कर रही थी तब उनका एक अवलोकनकर्ता द्वारा हर दो मिनिट में अवलोकन किया गया और उस अवलोकनकर्ता ने उनकी गतिविधियों को वर्णनात्मक साथ ही साथ पूर्व निर्धारित सेवा-गतिविधि श्रेणियों में रिकॉर्ड किया। उन कर्मचारियों के द्वारा की गई गतिविधियों को और साथ ही उनमें से प्रत्येक पर खर्च किये गये समय को निश्चित करने के लिए वर्णनात्मक विधि द्वारा एकत्रित की गई जानकारी का विश्लेषण किया गया। प्रत्येक गतिविधि पर खर्च किये गये समय को स्थापित करने के लिए श्रेणीबद्ध रिकॉर्ड द्वारा एकत्रित किये गये डेटा का भी इसी तरह से विश्लेषण किया गया। कर्मचारियों द्वारा की गई विभिन्न गतिविधियों को और उनमें से प्रत्येक पर खर्च किये गये समय को निश्चित करने के लिए डेटा के दोनों सेटों की तुलना (त्रिकोणाकार) की गई, ताकि उससे सेवा वितरण मॉडल के लिए इष्टतम कर्मचारी-जनसंख्या स्थापित करने के लिए एक आधार तैयार किया जा सके।

की बजाय आपके पास डेटा संग्रहण, विश्लेषण, प्रोसेसिंग और जानकारी के वितरण को संभालने के लिए कम से कम दो डेटा सेट होते हैं।

- **अतिरिक्त और विविधतापूर्ण कौशल की जरूरत होती है:** जैसे-जैसे विविध-विधियों के अध्ययन में परिमाणात्मक और/या गुणात्मक दृष्टिकोणों से विभिन्न विधियों का उपयोग किया जा रहा है, वैसे-वैसे आपको उन विधियों और प्रक्रियाओं के बारे में गहरी जानकारी होने की आवश्यकता है, जिनकी आपके द्वारा इस्तेमाल करने की संभावना है, जिनके लिए एकल-विधि अध्ययन की तुलना में अधिक विस्तारित कौशल्य चाहिए। आपको डेटा के संग्रहण में ज्ञान और कौशल होने की आवश्यकता है जिनका इस्तेमाल करने का आप प्रस्ताव दे रहें हैं। इसीप्रकार से, आपको डेटा विश्लेषण की उन विधियों के साथ भी कुशल होने की जरूरत है जो डेटा संग्रहण की विभिन्न विधियों के लिए मेल खाती हों। अंत में, आपको डेटा के विभिन्न सेटों के लिए डेटा त्रिकोणीकरण और जानकारी के संचार के बारे में अच्छा ज्ञान होना चाहिए।
- **दो अध्ययन आबादी के साथ संपर्क बनाना:** मिश्रित विधियों के डिजाइन का उपयोग करने में दो या दो से अधिक भिन्न-भिन्न अध्ययन आबादी के साथ संपर्क करना और उनसे संबंध स्थापित करना शामिल हो सकता है, जिनसे सब ज्ञात होने वाला है।
- **डेटा में असहमति होने से उसका निराकरण करना:** आपको डेटा सेटों के बीच में बड़े पैमाने पर असहमति नजर आ सकती है। आप किसी भी डेटा की विश्वसनीयता के बारे में कैसे निर्णय लेंगे?

ध्यान में रखने योग्य विचार

मिश्रित विधियों के दृष्टिकोण का उपयोग करते समय आपको अपने दिमाग में कई बातों को रखना होता है:

- इस बात को सुनिश्चित करें कि इस अतिरिक्त कार्य को पूरा करने के लिए आपके पास पर्याप्त समय है। विभिन्न कार्यप्रणालियों का उपयोग करने का तात्पर्य संपूर्ण शोध परियोजना के लिए अधिक काम करना है।
- आपको इस बात को भी सुनिश्चित करना होगा कि विभिन्न विधियों और प्रक्रियाओं को विकसित और/या अपनाते समय आपके पास आवश्यक तकनीकी विशेषज्ञता मौजूद है।
- यदि आपके जाँच परिणाम में कुछ अनियमितता पाई जाती है तो आपको यह निर्णय लेना होगा कि उनका निराकरण कैसे किया जाये।
- विभिन्न विधियों के जाँच परिणामों का संचार कैसे किया जायेगा? क्या उनका त्रिकोणीकरण किया जायेगा, उनका एकीकरण किया जायेगा या समानांतर पद्धति से संचार किया जायेगा?

एम् एम् शोध के विकास

वे परिस्थितियाँ जिनमें इस दृष्टिकोण का उपयोग किया जा सकता है

सामाजिक शोध में मिश्रित/विविध विधियों के दृष्टिकोण के उपयोग को कई कारणों से न्यायोचित किया जा सकता है। इसको समझाने के लिए हम कुछ उदाहरण लेते हैं। मिश्रित/विविध विधियों के दृष्टिकोण के उपयोग करने का कारण अन्य विधियों के प्रयोग द्वारा अपने जाँच परिणामों की समावेशिता, गंभीरता, विश्वसनीयता और वैधता में बढ़ोतरी करने की आपकी इच्छा का होना है। विशेषतः, विविध विधियाँ निम्नलिखित परिस्थितियों में इस्तेमाल की जा सकती हैं:

1. जब आपकी राय में या तो कार्यप्रणाली के रूप में या वित्तीय कमियों के कारण आपके अध्ययन के किसी पहलू की आपके द्वारा अपनाई गई मुख्य शोध दृष्टिकोण के माध्यम से विश्वसनीय तरीके से जाँच नहीं की जा सकती। अपने अध्ययन के उप-पहलूओं की अधिक गहरी, संपूर्ण और/या विश्वसनीय समझ पाने के लिए आपको किसी अन्य विधि का उपयोग करना चाहिए। दूसरी विधि के द्वारा किये गये अन्वेषण से आपके अध्ययन के कुछ पहलूओं के बारे में अधिक सटीक जानकारी प्रदान करने की संभावना होती है। उदाहरण के लिए, मान लीजिये, आप किसी एक समुदाय में युवाओं के लिए मनोरंजन की जरूरत और उन जरूरतों की वांछनीयता के प्रति समुदाय के नजरिये को निश्चित करने के लिए अध्ययन का

आयोजन कर रहें हैं। साथ ही, मान लीजिये कि आप युवा लोगों के एक यादृच्छिक नमूने के साथ साक्षात्कार के द्वारा मनोरंजन की उन जरूरतों को निश्चित कर रहें हैं। आपके पास समुदाय के सदस्यों के नमूने के साथ साक्षात्कार लेने के लिए पर्याप्त संसाधन नहीं हैं और इसीलिए, आपने इस प्रयोजन के लिए एक सामुदायिक फ़ोरम स्थापित करने का निर्णय लिया है। इस स्थिति में आप अपने अध्ययन के विभिन्न पहलूओं के बारे में ज्ञात करने के लिए दो विधियों का उपयोग कर रहें हैं, जिनकी संसाधनों की कमी के कारण इसी तरीके से जाँच नहीं की जा सकती। इस प्रकार के अध्ययनों का वर्गीकरण मिश्रित विधियों का उपयोग करके किया जाएगा, जो इस उदाहरण में परिमाणात्मक और गुणात्मक दोनों विधियों का उपयोग किया जा रहा है।

2. कई बार वहाँ ऐसी परिस्थितियाँ होती हैं जब आप शोध प्रश्न का जवाब पाने के लिए कोई विशिष्ट शोध दृष्टिकोण का उपयोग करते हैं, परंतु उसकी फिर से पुष्टि करने के लिए आप अपने जाँच परिणाम की तुलना किसी अन्य दृष्टिकोण द्वारा निर्धारित जाँच परिणामों से करना चाहते हैं। हम फिर से किसी एक समुदाय के युवाओं की आवश्यकताओं का निर्धारण करने के लिए अध्ययन डिजाइन का उदाहरण लेते हैं। अपने जाँच परिणामों की सटीकता और विश्वसनीयता को बढ़ाने के लिए आप कई विधियों का उपयोग कर सकते हैं। उदाहरण के लिए, आप अपने नमूने के गंभीर साक्षात्कार लेकर, एक फोकस समूह को आयोजित कर और एक समुदाय फोरम आयोजित कर, इत्यादि माध्यम से युवा लोगों की मनोरंजन की आवश्यकता को सुनिश्चित कर सकते हैं। तीनों श्रोतों से प्राप्त जाँच परिणामों का त्रिकोणीकरण आपको समृद्ध जानकारी प्रदान करेगा। इस अध्ययन को विविध पद्धति के रूप में वर्गीकृत किया जायेगा, क्योंकि इसमें अपने शोध प्रश्न का उत्तर पाने के लिए तीनों गुणात्मक विधियों का उपयोग किया जा रहा है। यदि गंभीर साक्षात्कार के स्थान पर आपने एक संरचित प्रश्नावली या साक्षात्कार योजना का उपयोग किया होता (दोनों परिमाणात्मक पद्धतियाँ) तो लेखक द्वारा सुझाये गये टाईपोलोजी के अनुसार इसे मिश्रित विधि अध्ययन के रूप में वर्गीकृत किया गया होता (क्योंकि आप परिमाणात्मक के साथ साथ गुणात्मक विधियों का उपयोग कर रहें हैं)। इस प्रकार की पद्धतियाँ आपको अपने जाँच परिणामों विश्वसनीयता को सुनिश्चित करने के लिए पुनः जाँच करने में मदद करती है, ताकि आप अपने जाँच परिणामों पर अधिक विश्वास कर सकें, बाव्जूद इसके कि यदि श्रोतों के बीच में उल्लेखनीय अंतर है तो वहाँ अन्य समस्याएँ पैदा करने की संभावना होगी।

शोध के प्रतिमान

यद्यपि वहाँ दो प्रमुख प्रतिमान हैं (परिमाणात्मक और गुणात्मक) जो सामाजिक विज्ञान में शोध कार्यप्रणाली के लिए आधार तैयार करते हैं, फिर भी पिछले दो दशकों से मिश्रित विधियाँ प्रतिमान भी एक तीसरे दृष्टिकोण के रूप में उभर कर सामने आ रहा है। हालाँकि मिश्रित विधियों को सामाजिक जाँच के लिए एक पद्धति के रूप में माना गया है, फिर भी उसने अभी तक अपने स्वयं की जाँच विधियों और प्रक्रियाओं को विकसित नहीं किया है। यह लगभग सभी परिमाणात्मक और गुणात्मक पद्धतियों का उपयोग करती है।

वह महत्वपूर्ण प्रश्न जो दो प्रमुख प्रतिमानों को विभाजित करता है, वह यह है कि क्या भौतिक विज्ञान की कार्यप्रणाली को सामाजिक घटना के अध्ययन के लिए लागू किया जा सकता है? जो प्रतिमान भौतिक विज्ञान के जड़ों में स्थित है उसे सामाजिक जांच के प्रति परिमाणात्मक, प्रणालीबद्ध, वैज्ञानिक या सकारात्मक पद्धति कहा जाता है। इसके विपरित वाले प्रतिमान को गुणात्मक, नृवंशविज्ञान, पारिस्थितिक या प्राकृतिक पद्धति कहा जाता है। दोनों विरुद्ध पक्षों की वकालत करने वाले लोगों ने सामाजिक घटना को समझने के लिए अपने स्वयं के मूल्य, शब्दावली, विधियों और तकनीकों का विकास किया है। लेखक बहुत गहराई से यह महसूस करते हैं कि यह वह प्रयोजन है, जिसने जाँच के तरीके का निर्धारण करना चाहिए, जिसके लिए शोध की गतिविधि को प्रारंभ किया जाता है, इसीलिए यह प्रतिमान है। एक ही पद्धति को बिना किसी भेदभाव के सभी शोध समस्याओं पर लागू करना दिगभ्रमित करने वाला और अनुचित हो सकता है। परिमाणात्मक और गुणात्मक पद्धतियों का संयोजन करना एक शक्तिशाली कार्यप्रणाली है और जहाँ आवश्यक हो वहाँ इसे इस पूर्ण अहसास के साथ इस्तेमाल किया जाना चाहिए कि यह शोध की विभिन्न पद्धतियों के बारे में विविध और/या अतिरिक्त ज्ञान की जरूरत पर जोर देती है।

एक सकारात्मक प्रतिमान स्वयं को परिमाणात्मक और गुणात्मक डेटा के लिए समर्पित करता है। लेखक एक तरफ परिमाणात्मक डेटा और दूसरी तरफ गुणात्मक शोध के बीच में अंतर स्थापित करते है, क्योंकि प्रथम को अधिकांशतः मामूली और सामान्य मापन पैमाने पर चरों के मापन के लिए निर्धारित किया गया है, और बाद वाले को गुणात्मक शोध कार्यप्रणाली के उपयोग के लिए ।

लेखक मानते हैं कि इससे कोई फर्क नहीं पड़ता है कि शोधकर्ता किस प्रतिमान के भीतर कार्य कर रहा है, परंतु उसने शोध प्रक्रिया और निकाले गये निष्कर्षो दोनों के संबंध में पूर्वाग्रहों के नियंत्रण और निष्पक्षता को बरकरार रखने के संबंध में निश्चित विशिष्ट मूल्यों का पालन करना ही चाहिए। यह जानकारी एकत्र करने, विश्लेषण करने और व्याख्या करने की प्रकिया पर इन मूल्यों को लागू करना है, जो उसे एक शोध प्रक्रिया कहलाने के लिए सक्षम करता है।

सारांश

जानकारी एकत्रित करने और उसे समझने तथा अपने प्रश्नों के उत्तर पाने के कई तरीके हैं– शोध उनमें से एक तरीका है। शोध और अपने प्रश्नों के उत्तर पाने के अन्य तरीकों के बीच अंतर उस प्रक्रिया में है जिसे एक शोध के रूप में वर्गीकृत किया गया है, आप दर्शनशास्त्र के एक निश्चित ढांचे के अंदर कार्य करते हैं, उन विधियों का उपयोग करते है जिनकी वैधता और विश्वसनीयता की जाँच की जा चुकी है, और पूर्वाग्रहरहित और निष्पक्ष रहने का प्रयास करते हैं।

शोध के कई अनुप्रयोग हैं। एक प्रभावी सेवा प्रदाता, प्रशासक/प्रबंधक या नियोजक बनने के लिए आपके पास शोध कौशल होना चाहिए। उसने एक पेशेवर के रूप में व्यावसायिक ज्ञान और शोध कौशल में वृद्धि करने के लिए जिम्मेदार होना अनिवार्य है।

शोध की टाईपोलोजी को तीन परिदृश्यों से देखा जा सकता है: प्रयोज्यता, उद्देश्य और जाँच की पद्धति। शोध की प्रयोज्यता की दृष्टी से वहाँ व्यावहारिक और शुद्ध शोध होता है। सामाजिक विज्ञान में लिए गये अधिकांश शोध व्यावहारिक होते हैं, क्योंकि इसमें जाँच परिणाम का इरादा या तो किसी घटना/समस्या को समझने के लिए उपयोग में लाने हेतु होता है या किसी कार्यक्रम/स्थिति में परिवर्तन लाने के लिए होता है। शुद्ध शोध की प्रकृति अकादमिक होती है और उस घटना के बारे में ज्ञान प्राप्त करने के उद्देश्य से किया जाता है, जिनका निकट भविष्य में कोई उपयोग हो सकता है या नहीं भी हो सकता, और नई तकनीकों और प्रक्रियाओं को विकसित करना होता है जो शोध कार्यप्रणाली का एक अंग बनाती हैं।

एक शोध अध्ययन को चार उद्देश्यों से किया जा सकता है:किसी स्थिति, घटना, समस्या या मुद्दे का वर्णन करने के लिए (वर्णनात्मक शोध); दो या अधिक चरों के बीच में एक संबंध स्थापित करने या उसमें स्थित संबंध की खोज करने के लिए (सहसंबंध शोध); इस बात को समझाने के लिए कि कुछ बातें उस तरीके से क्यों होती हैं, जैसे कि वे घटती हैं (वर्णनात्मक शोध); और एक शोध को आयोजित करने की व्यवहार्यता की जाँच करने के लिए या एक ऐसे विषय क्षेत्र को खोज करने के लिए जहाँ बहुत कम जानकारी मौजूद है या बिल्कुल भी जानकारी नहीं है (अन्वेषणात्मक शोध)।

जाँच की पद्धति के दृष्टिकोण से वहाँ तीन प्रकार के शोध होते हैं: परिमाणात्मक (संरचित पद्धति), गुणात्मक (असंरचित पद्धति) और मिश्रित या विविध विधियाँ (संरचित और/या असंरचित पद्धति)। गुणात्मक अध्ययन का मुख्य उद्देश्य एक अत्यंत लचीली पद्धति के साथ किसी घटना, परिस्थिति या व्यवहार की विविधता और अंतर का वर्णन करना है, ताकि जितना संभव हो उतनी विविधता और अंतर को ज्ञात किया जा सके, जबकि परिमाणात्मक शोध इसके अलावा उस विविधता और अंतर का परिमाण भी ज्ञात करने में मदद करता है। मिश्रित पद्धतियों का उपयोग करने का मुख्य लक्ष्य अन्य पद्धतियों की ताकत को प्राप्त करना है, अर्थात यह जाँच परिणामों की सटीकता, गहराई और विश्वसनीयता में वृद्धि करने के लिए दोनों प्रतिमानों का सर्वश्रेष्ठ का उपयोग करती हैं। यहाँ कई लोग हैं जो सामाजिक जाँच के लिए एक संयुक्त पद्धति की वकालत करते हैं, अर्थात, मिश्रित/विविध पद्धतियों का उपयोग करना। लेखक जाँच के गुणात्मक-परिमाणात्मक – गुणात्मक चक्र के बड़े हिमायती हैं। वे बड़ी तीव्रता से यह महसूस करते हैं कि यह किसी प्रतिमान में विश्वास रखने की बजाय शोध का प्रयोजन होता है, जिसने जाँच की पद्धति का निर्धारण करना चाहिए।

आपके सोचने के लिए

- इस अध्याय की शुरुआत की जो महत्वपूर्ण शब्दों की सूची है उससे आप पुनः परिचित हो जाये; और अगर आप उसके अर्थ या उसके उपयोग को लेकर अनिश्चित हैं तो आगे बढ़ने से पहले आप उसे पुनः अध्याय में देख लें।
- विचार करें कि आप अपने सेवाप्रदाता को कैसे समझा सकते हैं कि साक्ष्य आधारित शोध से उन्हें लाभ होगा।
- आपके अपने शैक्षणिक क्षेत्र या व्यावसायिक क्षेत्र से सम्बंधित दो या तीन शोध प्रश्नों को पहचाने जिसके उत्तर निम्नलिखित प्रकार के दिए गए शोध के अंतर्गत हों।
  - ❑ विवरणात्मक शोध;
  - ❑ सह-सम्बंधित शोध;
  - ❑ व्याख्यात्मक शोध;
  - ❑ अन्वेषणात्मक शोध;
- अनुसन्धान करने के लिए तीन दृष्टिकोणों पर विचार करें – परिमाणात्मक, गुणात्मक, मिश्रित/एकाधिक तरीके| जिन्हें आपके व्यावसायिक जीवन में लागू किया जा सकता है।

इस अध्याय पर कार्य करने के बाद, आप निम्नलिखित प्रश्नों के उत्तर देने के लायक हो जायेंगे:

- शोध क्या है? शोध प्रक्रिया कहलाने के लिए किसी प्रक्रिया की क्या-क्या आवश्यकताएं होनी चाहिए?
- आपके शोध के लिए शोध क्या साक्ष्य प्रदान कर सकता है?
- शोध के विभिन्न दृष्टिकोण क्या हैं तथा उनके बीच क्या अंतर हैं ?
- शोध को विभिन परिप्रेक्ष्य में वर्गीकृत कर सकते हैं। इन परिप्रक्ष्यों में शोध के प्रारूप की व्याख्या करें।
- क्या आप मानते हैं कि मिश्रित/विविध दृष्टिकोण पद्धति शोध का तीसरा प्रतिमान है? आप अपने उत्तर का कारण बताएं।

2

शोध प्रक्रिया: एक नज़र

इस अध्याय में आप निम्नलिखित तथ्यों के बारे में जानेंगे

- शोध के कार्यान्वन के लिए आठ चरणों वाला मॉडल
- प्रक्रिया के विभिन्न पहलू

अवस्था अ: क्या शोध किया जाये इसका निर्णय करना

- चरण I: शोध समस्या का निर्माण करना

अवस्था ब: शोध अध्ययन की योजना बनाना

- चरण II: शोध डिजाइन की संकल्पना करना
- चरण III: डेटा संग्रहण के लिए एक यन्त्र का निर्माण करना
- चरण IV: नमूने का चयन करना
- चरण V: शोध प्रस्ताव का लेखन करना

अवस्था स: शोध अध्ययन का संचालन करना

- चरण VI: डेटा का संग्रहण
- चरण VII: डेटा की प्रोसेसिंग तथा उसका प्रदर्शन
- चरण VIII: शोध रिपोर्ट का लेखन

महत्वपूर्ण शब्द

डेटा, डेटा का प्रदर्शन, डेटा की प्रोसेसिंग, अनुभववाद, संकल्पना, साक्षात्कार की समय योजना, गैर-संभावना नमूना, प्राथमिक डेटा, संभावना का नमूना गुणात्मक शोध, प्रश्नावली, तार्किकता, विश्वसनीयता, शोध का डिजाइन, शोध का उपकरण, शोध के उद्देश्य, शोध की समस्या, शोध का प्रस्तावनमूना, नमूने का आकार, नमूने का डिजाइन, द्वितीयक डेटा, अध्ययन का डिजाइन, असंरचित साक्षात्कार, वैध्ता, चर

इस अध्याय के अंत में आपको निम्नलिखित की समझ हो जाएगी

- शोध प्रक्रिया तथा इसके परिचालन के चरण
- एक शोध अध्ययन में क्या-क्या शामिल होता है
- शोध प्रक्रिया तथा सैद्धांतिक ज्ञान की आवश्यकता के बीच सम्बन्ध

शोध प्रक्रिया: एक आठ चरणों वाला मॉडल

विविध प्रकार के शोध विभागों में विभिन्न प्रतिमानों के प्रति समर्पित लोगों द्वारा अनेक शैक्षणिक विषयों के विभिन्न स्तरों पर शोध कार्यप्रणाली और विधियों को कई तरीकों से पढ़ाया जाता है। यद्यपि, इन प्रतिमानों की विषयवस्तु और तात्पर्य अलग-अलग हो सकते हैं, किंतु लेखक की रय में पड़ताल के प्रति उनकी बृहत पद्धति एक समान ही रहती है। इस प्रकार का विचार फेस्टिंगर और कैट्ज के द्वारा भी व्यक्त किया गया है, जो अपनी क़िताब ''रिसर्च मेथड्स इन बिहेवियरल साइंस'' की प्रस्तावना में कहते हैं ''यद्यपि वैज्ञानिक कार्यप्रणाली का मूल तर्क सभी क्षेत्रों में एक समान होता है, पर उसकी विशिष्ट तकनीकें और पद्धतियाँ बदलती रहती हैं, जो उनके विषय वस्तु के ऊपर निर्भर करती हैं। (1966:vi)।'' अतः यहाँ विकसित मॉडल आम प्रकृति के हैं और इनको सामाजिक विज्ञान के बहुत से विषयों पर लागू किया जा सकता है। यह शोध पड़ताल के लिए व्यावहारिक एवं क्रमवार तरीके पर आधारित होता है, जो प्रत्येक कदम पर बहुत सी विधियाँ, मॉडल,और प्रक्रियायें प्रदान करता है, जिनमें से आपको चुनना पड़ता है।

विस्तृत अर्थ में एक शोधप्रक्रिया एक यात्रा करने के समान होती है। मान लीजिये कि आप एक यात्रा के लिए बाहर जाना चाहते हैं। शुरू करने से पहले, आपको यह निश्चित रूप से तय करना होगा कि आप कहाँ जाना चाहते हैं और उसके लिए कौन सा रास्ता लेना है। यदि आपको रास्ता मालूम है तो आपको नक्शा देखने की आवश्यकता नहीं है, किन्तु यदि आप रास्ता नहीं जानते हैं, तब आपको नक्शे की आवश्यकता होगी। जब एक से अधिक रास्ते होंगे तो आपकी समस्या और बढ़ जायेगी। आपको निर्णय लेने की आवश्यकता होती है कि कौन सा रास्ता चुनें। इसी प्रकार, एक शोधयात्रा के लिए भी दो महत्वपूर्ण निर्णय लेने पड़ते हैं। पहले यह निर्णय करना है कि आप क्या पता लगाना चाहते हैं, या दूसरे शब्दों में आप किन शोध प्रश्नों के उत्तर पाना चाहते हैं। शोध प्रश्नों या शोध समस्याओं का निर्णय कर लेने के बाद, आपको यह निर्णय लेने की आवश्यकता होती है कि उनके उत्तर प्राप्त करने के लिए आगे कैसे बढ़ा जाये। आपके शोध प्रश्नों के उत्तर प्राप्त करने का मार्ग एक शोध कार्यप्रणाली का निर्माण करती है। जिस प्रकार आपके गन्तव्य की ओर जाने के रास्ते में दिशा निर्देश के बोर्ड लगे होते हैं, ठीक वैसे ही अपने शोधप्रश्नों का उत्तर पाने के लिए आपको शोधयात्रा के दौरान आने वाले प्रयोगात्मक चरणों से निश्चित ही गुजरना पड़ता है। (चित्र 2.1) इन चरणों के क्रम निश्चित नहीं होते हैं, और अनुभव के साथ आप इन्हें बदल सकते हैं। शोध प्रक्रिया में प्रत्येक परिचालन

स्तरों पर आपको विधियों, प्रक्रियाओं तथा शोधप्रणाली के मॉडलों की बहुलता में से चयन करने की जरूरत होती है, जो कि आपके शोध उद्देश्यों को सर्वोत्तम तरीके से प्राप्त करने में मदद करेगा। यहीं पर आपका शोध प्रणाली ज्ञान का आधार एक महत्वपूर्ण भूमिका निभाता है।

इस किताब का मकसद आपको ज्ञान देना है, जो सबसे सही विधि और प्रक्रिया का चयन करने में आपको सक्षम बनाएगा। इस किताब की ताकत चरणों के सैद्धान्तिक ज्ञान में है, जिनसे आपको अपने शोधयात्रा के दौरान गुजरने की आवश्यकता होती है। प्रत्येक परिचालन के शुरुआती चरण पर, इस किताब का उद्देश्य परिमाणात्मक एवं गुणात्मक दोनों शोधकर्ताओं द्वारा प्रयोग में लाये जाने वाली विधियों और प्रक्रियाओं का ज्ञान उपलब्ध कराने का है, यद्यपि इसका झुकाव परिमाणात्मक प्रकार की सोच की तरफ है। परिमाणात्मक एवं गुणात्मक शोध प्रणालियाँ में उनके आधार पर प्रदान करने वाले दर्शन तथा कुछ सीमा तक, प्रयुक्त विधियों, मॉडल और प्रक्रियाओं के अनुसार अन्तर होता है। यद्यपि, शोध प्रक्रिया परिमाणात्मक एवं गुणात्मक दोनों शोधों में बहुत हद तक एक समान ही होती है, फिर भी डेटा संचयन की विधि, डेटा प्रोसेसिंग और विश्लेषण के लिए अपनायी गयी प्रक्रिया, तथा निष्कर्षों के संचार के तरीकों के आधार पर उनको विभेदित किया जा सकता है। जब गुणात्मक शोध में डेटा का विश्लेषण किया जाता है तब आप अपने डेटा को सांख्यिकीय प्रक्रियाओं में से गुजारने की बजाय विषय को पहचानने की और इस बात का वर्णन करने की प्रक्रिया से होकर गुजरते हैं जो आपने साक्षात्कार और अवलोकन के द्वारा ज्ञात की है। एक शोध पड़ताल के लिए एक मिश्रित पद्धति दृष्टिकोण मूल रूप से परिमाणात्मक और या गुणात्मक दृष्टिकोण की विधियों और प्रक्रियाओं का उपयोग करती है। अध्याय 1 की तालिका 1.2 विभिन्न पहलूओं से गुणात्मक, परिमाणात्मक और मिश्रित विधि दृष्टिकोणों की तुलना करती है।

चित्र 2.1 शोध यात्रा–प्रत्येक पोस्ट को स्पर्श करें और अपनी यात्रा के लिए उपयुक्त विधियों एवं प्रक्रियाओं का चयन करें

शोध की प्रक्रिया			
फेज़	**फेज़ 'अ'**	**फेज़ 'ब'**	**फेज़ 'स'**
प्रमुख कार्य	*निर्णय लेना* ↓ **क्या** (उत्तर देने के लिए शोध प्रश्न?)	*नियोजन करना* ↓ **कैसे** (शोध के प्रश्न का उत्तर देने के लिए साक्ष्य एकत्रित करने के लिए)	*संचालन करना* ↓ **एकत्रित करना** (वांछित जानकारी)
संचालनीय चरण/ शोध यात्रा	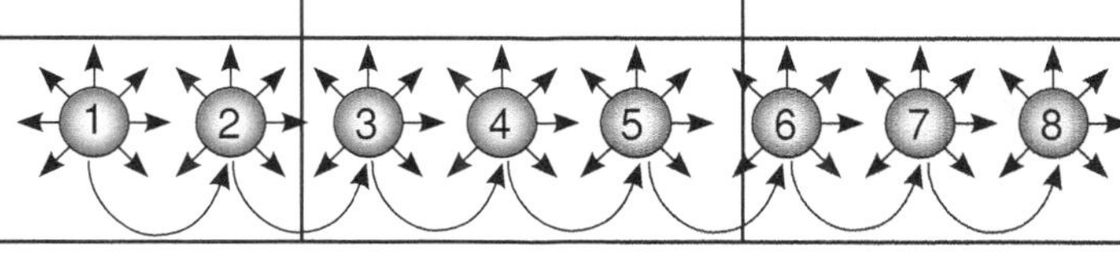		

चित्र 2.2 शोध प्रक्रिया

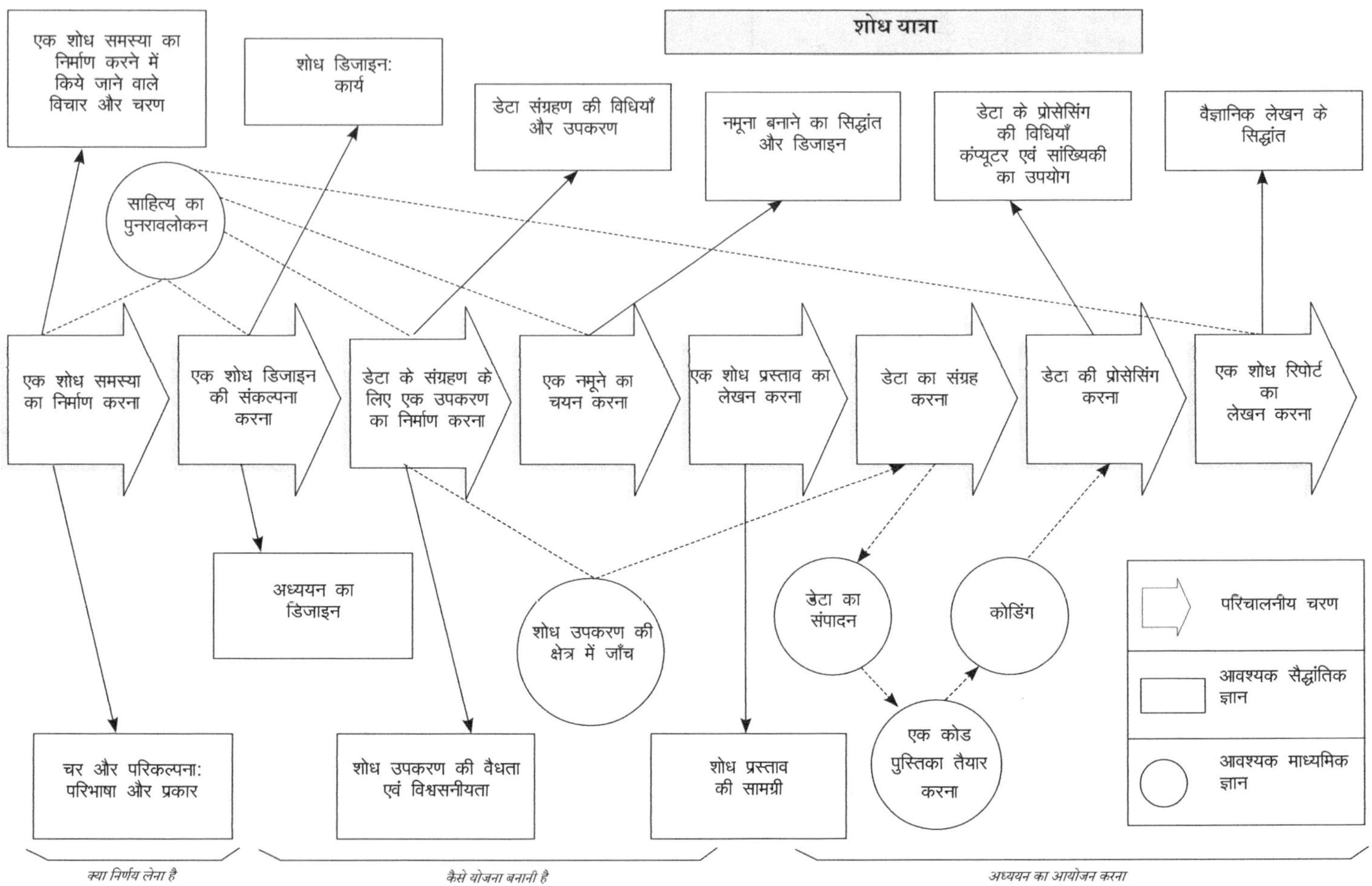

चित्र 2.3 परिचालनीय चरणों के संबंध में इस पुस्तक के अध्याय

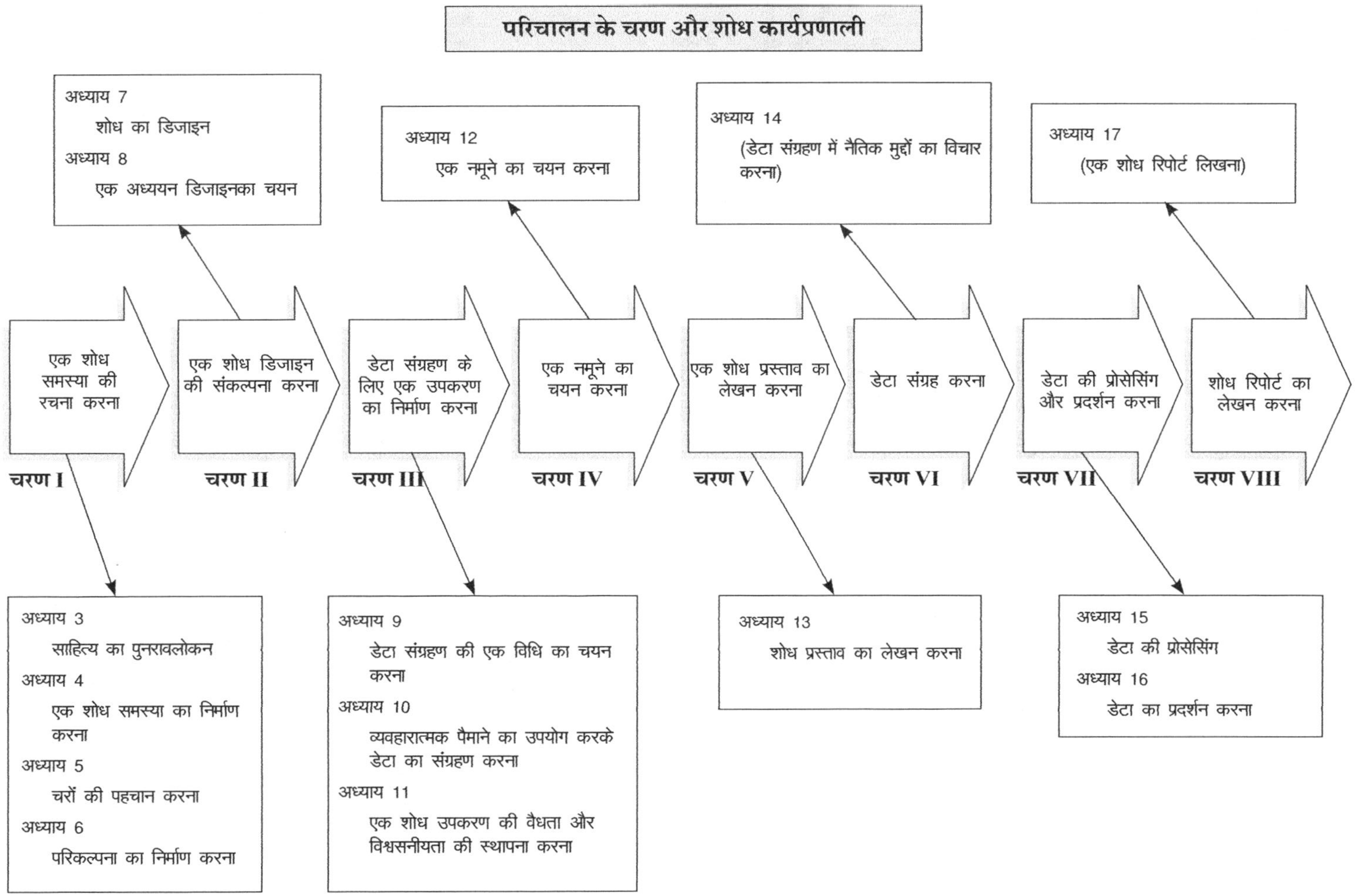

चूँकि, शोध प्रक्रिया के कई चरणों पर विधियों और प्रक्रियाओं का चयन परिमाणात्मक-गुणात्मक विभेदन द्वारा प्रभावित रहता है, अतः इस पुस्तक के कुछ अध्यायों में चर्चा की गई विधियों और प्रक्रियाओं को कार्यप्रणाली के परिमाणात्मक और गुणात्मक विभागों के तहत अलग अलग संभाला गया है, भले ही लेखक इस विभेद को अधिक महत्व नहीं देते। लेखक ने इस अंतर को न्यूनतम करने का प्रयास किया है, क्योंकि कई विधियाँ और प्रक्रियाएँ दोनों पर लागू होती हैं। साथ ही ध्यान दें कि यह पुस्तक प्रारंभ करनेवाले व्यक्तियों के लिए है और यह प्रत्येक विधि, मॉडल आर प्रक्रिया को गहराई से समाहित नहीं करती। दोनों में से किसी भी की भी विधि या प्रक्रिया का गहराई से ज्ञान प्राप्त करने के लिए आपको कोई अन्य पुस्तक का हवाला लेना पड़ेगा, जिसका ग्रंथसूची में उल्लेख किया गया है।

प्रस्तावित शोध मॉडल को चित्र 2.2 में दर्शाया गया है। तीर के निशान द्वारा दर्शाए गये कार्य परिचालन के चरण हैं जिनका आपको अध्ययन का संचालन करने के लिए अनुसरण करना है , चाहे वह परिमाणात्मक, गुणात्मक या मिश्रित विधि दृष्टिकोण हो। आयतों में दिए गये विषय आवश्यक सैद्धांतिक ज्ञान है, जो इन चरणों को पूरा करने के लिए जरूरी है। वृत्त में दिए गये कार्य वे बीच वाले चरण हैं जो आपको एक चरण से दूसरे चरण पर जाने के लिए पूरे करने के लिए जरूरी हैं। यद्यपि जैसा कि पहले बताया जा चुका है, एक प्रारंभकर्ता के लिए प्रस्तावित किये गये क्रम में इन चरणों के माध्यम से कार्य करना महत्वपूर्ण है। जैसे ही आप अपनी यात्रा का मार्ग जान जाते हैं वैसे ही आपको इस क्रम का पालन करने की आवश्यकता नहीं है।

इस पुस्तक में आवश्यक सैद्धांतिक ज्ञान को प्रत्येक परिचालनीय चरणों के आसपास लिखा गया है और उसी क्रमबद्ध विकास का पालन किया गया है, जो उस समय आवश्यक है जब वास्तव में एक शोध अन्वेषण को प्रारंभ किया जाना है। प्रत्येक परिचालनीय चरण के लिए आवश्यक सैद्धांतिक ज्ञान को विभिन्न अध्यायों में उन चरणों के आसपास आगे और संगठित किया गया है, लेखक की राय में जिसके लिए ये सबसे अधिक तार्किक रूप से संबंधित हैं। [चित्र 2.3]। पुनः, एक प्रारंभकर्ता के लिए सैद्धांतिक ज्ञान को इन परिचालनीय चरणों के साथ संबंधित करने के लिए इस चित्र का अध्ययन करना बहुत महत्वपूर्ण है।

इस अध्याय के आगे के विभाग उन विभिन्न कार्यों से परिचित करवाने के लिए संपूर्ण प्रक्रिया पर एक नजर प्रदान करते हैं, जिनकी आपको आपके अध्ययन को आगे बढ़ाने के लिए जरूरत है, इस प्रकार वे आपको एक कल्पना देते हैं कि शोध की यात्रा में क्या क्या शामिल होता है।

अ: यह निर्णय लेना कि किसका शोध करना है

चरण I: एक शोध समस्या की रचना करना

एक शोध समस्या की रचना करना किसी भी शोध प्रक्रिया का प्रथम और सबसे महत्वपूर्ण चरण है।एक शोध समस्या आपके गंतव्य की पहचान करती है: इसने आपको, आपके शोध परिवेक्षक और आपके पाठकों को बताना चाहिए कि आपका इरादा किस बात का शोध करने का है। आप जितना विशिष्ट आर स्पष्ट होंगे उतना ही अच्छा होगा, क्योंकि शोध प्रक्रिया में बाद में जो भी आता है वह सब इस तरीके से अत्यधिक प्रभावित होता है जिसमें आप अपने शोध समस्या की रचना करते हैं, इसमें अध्ययन की रूपरेखा, मापन की प्रक्रियाएँ, नमूना तैयार करने की रणनीति, विश्लेषण का ढांचा और आपके निष्कर्ष या रिपोर्ट की शैली शामिल हैं। अतः, आपको इसकी संपूर्णतः, गंभीरतापूर्वक और सावधानीपूर्वक जाँच करनी चाहिए। एक शोध समस्या की रचना करने का मुख्य कार्य यह निर्णय लेना है कि आप किस बात को ज्ञात करना चाहते हैं। अध्याय 4 में एक शोध समस्या की रचना करने के विभिन्न पहलुओं के बारे में विस्तारपूर्वक चर्चा की गई है।

एक शोध समस्या का आपको उपलब्ध वित्तीय संसाधन, उपलब्ध समय, अध्ययन के क्षेत्र में आपका और आपके शोध परिवेक्षक की विशेषज्ञता और ज्ञान के संबंध में मूल्यांकन करना अत्यंत महत्वपूर्ण होता है। साथ ही संबंधित विषय में आपके ज्ञान के अंतराल की पहचान करना भी उतना ही महत्वपूर्ण है, जैसे, विश्लेषण के लिए आवश्यक सांख्यिकी। साथ ही अपनेआप से पूछें कि यदि आप कंप्यूटर और सॉफ्टवेयर का उपयोग करना चाहते हैं तो आपको उसका पर्याप्त ज्ञान है कि नहीं।

ब: अध्ययन को संचालित करने के तरीके की योजना बनाना

चरण II: एक शोध डिजाइन की संकल्पना करना

शोध का एक अत्यंत महत्वपूर्ण गुण उसमें उपयुक्त विधि का उपयोग किया जाना है। शोध में प्रणालीबद्ध, नियंत्रित, वैध एवं कड़ा अन्वेषण और जो ज्ञात नहीं है उसका विवरण, जुड़ाव एवं कारणमीमांसा शामिल होती है, जो दी गई परिस्थितियों के लिए निष्कर्षो का सटीक अनुमान लगाने की अनुमति देते हैं। इसमें ज्ञान में स्थित अंतरालों की पहचान करना, जो पहले से ही ज्ञात है उसका सत्यापन करना और विगत में की गई त्रुटियों और कमियों की पहचान करना भी शामिल है। जो आप ज्ञात करते है वह प्रमुख रूप से इस बात पर निर्भर करता है कि आपने उसे कैसे ज्ञात किया है।

शोध डिजाइन का प्रमुख कार्य इस बात का निर्णय लेना, वर्णन करना और उसको समझाना है कि आप अपने शोध प्रश्नों का जवाब कैसे पाएंगे। शोध का डिजाइन आपकी जाँच के विशिष्ट विवरणों को स्थापित करता है। शोध के एक डिजाइन में अध्ययन के अनुसार निम्नलिखित बातें और कार्यान्वयन की व्यवस्था शामिल होनी चाहिए जिन्हें आप मापन की प्रक्रिया में लेने का प्रस्ताव रखते हैं। इसमें नमूना लेने की रणनीति, विश्लेषण की संरचना और समय-सीमा भी शामिल होनी चाहिए। (अध्ययन के डिजाइन और शोध के डिजाईन के बीच मत भ्रमित मत होइए। अध्ययन का डिजाइन शोध के डिजाइन का एक हिस्सा भर है। शोध के डिजाइन में अन्य हिस्से भी शामिल हैं जो शोध की प्रक्रिया का गठन करते हैं)।

किसी भी अन्वेषण के लिए उपयुक्त **शोध डिजाइन** का चयन करना अत्यधिक महत्वपूर्ण है, जो आपको एक वैध जाँच-परिणाम तक लाने, तुलना करने और निष्कर्ष तक लाने में सक्षम बनाती है। एक त्रुटिपूर्ण डिजाइन का परिणाम भ्रमित करने वाले परिणामों में होता है और फलस्वरूप मानवीय और वित्तीय संसाधन व्यर्थ जाते हैं। वैज्ञानिक वृत्त में एक अनुभवसिद्ध अन्वेषण को प्राथमिक रूप से अपनाये गये शोध डिजाइन के प्रकाश में मूल्यांकित किया जाता है। एक शोध डिजाइन का चयन करते समय इस बात को सुनिश्चित करना महत्वपूर्ण होता है कि यह वैध, किये जाने योग्य और प्रबंधनीय हो। अध्याय 7 में परिमाणात्मक और गुणात्मक शोध में प्रयुक्त किये जाने वाले सबसे आम शोध डिजाइन का वर्णन प्रदान किया गया है।

अध्ययन डिजाइन के लिए अनेकों किस्म मौजूद हैं (अध्याय 8) और आपको परिमाणात्मक और गुणात्मक दोनों प्रकार के शोध में प्रयुक्त किये जाने वाले सबसे आम शोध डिजाइन के बारे में जानकारी होनी चाहिए। यह अध्याय मिश्रित दृष्टिकोण के लिए अलग से कोई वर्णन नहीं देता है, क्योंकि यह मूल रूप से उन्ही विधियों का उपयोग करता है जो या तो परिमाणात्मक होती हैं या गुणात्मक होती हैं। उस डिजाइन का चयन कीजिये या उसे विकसित कीजिये जो आपके अध्ययन के लिए सबसे अधिक मेल खाता हो। किसी विशेष डिजाइन का चयन करने के लिए आपके पास उसकी उपयुक्तता के लिए ठोस कारण होना चाहिए; और आपको उसकी ताकत, कमजोरियाँ और कमियों के बारे में ज्ञात होना चाहिए। इसके अलावा आपको क्रियांवयन के विवरण का वर्णन करने की आवश्यकता होगी जो प्रस्तावित डिजाइन को लागू करने के लिए जरूरी है।

चरण III: डेटा संग्रहण के लिए एक उपकरण का निर्माण करना

आपके अध्ययन के लिए जानकारी एकत्रित करने जो कोई भी उपकरण बनाते हैं उसे एक 'शोध उपकरण' या एक 'शोध उपकरण' कहा जाता है, उदाहरण के लिए, प्रश्नावली, क्षेत्र के अवलोकन में लिए गये नोट्स, फील्ड की डायरियां, द्वितीयक माध्यम से एकत्रित की गई जानकारी, साक्षात्कार की मार्गदर्शिका इत्यादि।

एक **शोध उपकरण** का निर्माण करना एक अध्ययन को करने का प्रथम 'व्यावहारिक' चरण होता है। आपको इस बात का निर्णय लेने की जरूरत होगी कि आप प्रस्तावित अध्ययन के लिए डेटा को किस प्रकार से संग्रहित करने वाले हैं और फिर बाद में डेटा के संग्रहण के लिए एक शोध उपकरण का निर्माण करें। अध्याय 9 परिमाणात्मक और गुणात्मक अध्ययन के लिए डेटा के संग्रहण की विविध विधियों और एक शोध उपकरण का विकास करने की प्रक्रिया का वर्णन करता है।

यदि आप विशेषतः अपने अध्ययन के लिए डेटा संग्रह करने की योजना बना रहे हैं, (**प्राथमिक डेटा**) तो आपको या तो एक शोध उपकरण का निर्माण करने की जरूरत है या उसका चयन करने की जरूरत है जिसका पहले से ही निर्माण किया जा चुका है। अध्याय 10 व्यवहारात्मक पैमाने का उपयोग कर डेटा संग्रहण की विधियों का वर्णन करता है। एक शोध उपकरण के संबंध में उसकी वैधता और विश्वसनीयता की संकल्पना की अध्याय 11 में चर्चा की गई है।

यदि आप **द्वितीयक डेटा** (किसी अन्य प्रयोजन से पहले से ही एकत्र किया गया डेटा) का इस्तेमाल कर रहें हैं, तो आपको इस बात की पहचान करने की आवश्यकता होगी कि आपको किस जानकारी की आवश्यकता है और फिर वांछित डेटा से सार को विकसित करना चाहिए। इस बात को तय करने के लिए कि किस जानकारी की जरूरत है, आपको प्राथमिक डेटा के समान ही प्रक्रिया से जाने की जरूरत है।

फील्ड का परिक्षण (या पूर्व-परिक्षण) एक शोध उपकरण है, जो उपकरण निर्माण करने का एक अविभाज्य हिस्सा है। नियमानुसार किसी शोध उपकरण का पूर्व-परिक्षण आपके अध्ययन की आबादी के नमूने पर नहीं किया जाना चाहिए, बल्कि उसी प्रकार की आबादी पर किया जाना चाहिए जिसे आपने अपने अध्ययन में प्रस्तावित नहीं कर रहे हैं। इसका अध्याय 9 में अति विस्तार से वर्णन किया गया है।

यदि आप डेटा के विश्लेषण के लिए कंप्यूटर का इस्तेमाल करने कि योजना बना रहे हैं, तो आप शोध उपकरण पर डेटा की कोडिंग के लिए स्थान रखने का विचार कर सकते हैं। इसे अध्याय 15 में समझाया गया है।

चरण IV: एक नमूने का चयन करना

आपके जाँच-परिणाम की सटीकता मुख्य रूप से आपके नमूने के चयन के तरीके पर निर्भर करती है। नमूना एकत्र करने की किसी भी डिजाइन का मूल उद्देश्य, लागत की सीमा के अंदर रहकर, आपके नमूने से प्राप्त मूल्यों और अध्ययन की आबादी में प्रचलित मूल्यों के बीच स्थित अंतरालों को न्यूनतम करना है ।

नमूनों की आधारभूत स्थिति तुलनात्मक रूप से इकाई की वह छोटी संख्या होती है, जिसका यदि इसलिए चयन किया जाता है ताकि वे वास्तव में अध्ययन की आबादी का प्रतिनिधित्व करे, तो वह एक उच्च डिग्री की संभाव्यता के साथ अध्ययन की आबादी का एक न्यायोचित प्रतिबिंब प्रदान कर सकती है जिसका अध्ययन किया जाना है।

किसी भी एक नमूने का चयन करते समय आपको नमूने के दो प्रमुख लक्ष्यों को प्राप्त करने का प्रयास करना चाहिए: (i) किसी नमूने के चयन में किसी भी **पूर्वाग्रह** को टालना, और (ii) प्राप्त संसाधनों से अधिकतम शुद्धता प्राप्त करना ।

नमूने की डिजाइन के लिए वहाँ तीन श्रेणियां मौजूद हैं (अध्याय 12): यादृच्छिक/ संभावना नमूना डिजाइन, गैर-यादृच्छिक/गैर-संभावना नमूना डिजाइन, और 'मिश्रित' नमूना डिजाइन।

प्रथम दो श्रेणियों में वहाँ नमूना तैयार करने की कई रणनीतियां मौजूद हैं। आपको उन नमूनों के डिजाइनों के बारे में ज्ञात होना चाहिए उनमें से प्रत्येक की ताकत और कमजोरियाँ और वे परिस्थितियां जिसमें उन्हें लागू किया जा सकता है या लागू नहीं किया जा सकता–ताकि आप अपने अध्ययन के लिए सबसे उपयुक्त डिजाईन का चयन कर सकें। आप नमूने की जिस प्रकार की रणनीति का उपयोग करते हैं वह अध्ययन आबादी के बारे में खोजे गये नमूने से सामान्यीकरण करने की आपकी क्षमता और सांख्यिकीय परीक्षण के प्रकार को प्रभावित करेगी जिसे आप अपने डेटा पर लागू कर सकते हैं।

चरण V: एक शोध प्रस्ताव का लेखन करना

तैयारी के सभी कार्य पूर्ण करने के बाद अगला चरण सभी चीजों को इस प्रकार से एक साथ रखना है कि वह आपके शोध अध्ययन, आपके शोध परिवेक्षक और अन्य बातों के बारे में पर्याप्त जानकारी प्रदान करें। यह संपूर्ण योजना जो '**शोध प्रस्ताव**' कहलाती है, वह पाठकों को आपकी शोध समस्या और उनके अन्वेषण के तरीकों की योजना के बारे में बताती है। मोटे तौर पर कहा जाये ते एक शोध प्रस्ताव का मुख्य कार्य

आपके शोध प्रश्न का उत्तर पाने के लिए परिचालन योजना का विस्तृत विवरण देना है। ऐसा करने में यह सटीकता से और निष्पक्षता से उत्तर पाने के लिए कार्यप्रणाली की वैधता को सुनिश्चित करती है और पाठकों को आश्वासन देती है ।

विश्विद्यालय और अन्य संस्थाओं की शोध प्रस्ताव की सामग्री और शैली के बारे में अलग अलग आवश्यकताएँ हो सकती है, परंतु अधिकांश संस्थाओं के लिए ज्यादातर उन बातों की आवश्यकता होती है जो यहाँ बताई गई हैं। किसी एक संस्था में ये आवश्यकताएँ भिन्न-भिन्न विषयों और भिन्न-भिन्न परिवेक्षकों के लिए भी भिन्न-भिन्न हो सकती हैं। हालाँकि, अध्याय 13 में दिए गए दिशानिर्देश एक सांचा प्रदान करते है जो अधिकांश के लिए स्वीकार्य हैं।

एक शोध प्रस्ताव के द्वारा आपको, आपके शोध परिवेक्षक को और एक समीक्षक को आपके अध्ययन के बारे में निम्नलिखित जानकारी प्राप्त होनी ही चाहिए:

- आप क्या करने का प्रस्ताव दे रहें हैं;
- आपने आगे बढ़ने के लिए क्या योजना बनाई है;
- आपने इस प्रस्तावित रणनीति का चयन क्यों किया ।

इसलिए इसमें आपके अध्ययन के बारे में निम्नलिखित जानकारी शामिल होनी चाहिए (अध्याय 13):

- इसके उद्देश्यों के बारे में एक कथन;
- यदि आप किसी संकल्पना का उपयोग कर रहे हैं तो उसकी सूची;
- वह अध्ययन डिजाइन जिसका उपयोग करने का प्रस्ताव आप रख रहें हैं;
- अध्ययन के लिए सेटिंग;
- वे शोध उपकरण जिनका उपयोग करने की आप योजना बना रहें हैं;
- नमूने का आकार और नमूने का डिजाइन;
- डेटा की प्रोसेसिंग करने की प्रक्रिया;
- रिपोर्ट के लिए प्रस्तावित अध्यायों की रूपरेखा
- अध्ययन की समस्याएँ और सीमाएं; और
- प्रस्तावित समय-सीमा

स: एक शोध अध्ययन का संचालन करना

चरण VI: डेटा संग्रह करना

शोध प्रस्ताव क्या है?

एक शोध समस्या की रचना करने, एक अध्ययन डिजाइन को विकसित करने, एक शोध उपकरण का निर्माण करने और एक नमूने का चयन करने के बाद फिर आप डेटा संग्रह करें जिसके द्वारा आप अपने अध्ययन के लिए अनुमान और निष्कर्ष निकालेंगे।

जानकारी को प्राप्त करने के लिए कई विधियों का उपयोग किया जा सकता है। शोध डिजाइन के एक भाग के रूप में अपना डेटा एकत्र करने के लिए किस विधि को अपनाना है उसके बारे में आप स्वयं निर्णय ले सकते हैं। इस फेज़ में आप वास्तव में डेटा का संग्रह करते हैं। उदाहरण के लिए, अपनी योजना के आधार पर आप साक्षात्कार आयोजित कर सकते हैं, प्रश्नावली को मेल कर सकते हैं, मामूली/ फोकस समूह चर्चा आयोजित कर सकते हैं, या अवलोकन कर सकते हैं। इनमें से किसी भी विधि के द्वारा डेटा संग्रह करने में कुछ नैतिक मुद्दे शामिल हो सकते हैं, जिनकी अध्याय 14 में चर्चा की गई है।

चरण VII: डेटा की प्रोसेसिंग और प्रदर्शन करना

आपके द्वारा संग्रह की गई जानकारी का आप किस तरह से विश्लेषण करते हैं यह मुख्य रूप से दो बातों पर निर्भर है: जानकारी का प्रकार (वर्णनात्मक, परिमाणात्मक, गुणात्मक या व्यवहारात्मक); और वह तरीका जिस तरह से आप अपने जाँच परीक्षणों को अपने पाठकों तक पहुंचाना चाहते हैं। अध्याय 15 परिमाणात्मक और गुणात्मक डेटा का विश्लेषण करने की विभिन्न विधियों का वर्णन करता है और अध्याय 16 विश्लेषण किये हुए डेटा का प्रदर्शन करने की विभिन्न विधियों का वर्णन करता है।

इसके अलावा, परिमाणात्मक- गुणात्मक अंतर के लिए डेटा विश्लेषण के लिए यह आवश्यक है कि इस बात का विचार करें कि इस डेटा को मैन्युअल तरीके से विश्लेषित किया जाये या कंप्यूटर के द्वारा।

यदि आपका अध्ययन पूर्ण रूप से वर्णनात्मक है तो आप अपने फील्ड नोट्स, के आधार पर अपनी रिपोर्ट लिख सकते हैं, मैन्युअल तरीके से उन नोट्स का विश्लेषण कर सकते हैं (सामग्री विश्लेषण), या इस प्रयोजन के लिए एक कंप्यूटर प्रोग्राम का उपयोग कर सकते हैं, जैसे NVivo.

यदि आप परिमाणात्मक विश्लेषण करना चाहते हैं तो इसके लिए विश्लेषण के आवश्यक प्रकार (अर्थात, वारंवारिता वितरण, क्रॉस-टेब्युलेशन, या अन्य सांख्यिकीय प्रक्रिया, जैसे प्रतिगमन विश्लेषण, कारक विश्लेषण, और चरों का विश्लेषण) और साथ ही उसे कैसे प्रदर्शित करना है इनके बारे में भी निर्णय लेना अनिवार्य है। आपको उन चरों की भी पहचान करना चाहिए जो इन सांख्यिकीय प्रक्रियाओं के अधीन हैं।

चरण VIII: शोध रिपोर्ट का लेखन करना

रिपोर्ट की दो प्रमुख श्रेणियां होती हैं: परिमाणात्मक और गुणात्मक। जैसा कि पहले उल्लेख किया गया है, यह अंतर वास्तविक की बजाय अकादमिक अधिक है, क्योंकि अधिकांश अध्ययनों में आपको परिमाणात्मक और गुणात्मक कौशल्यों का संयोजन करना ही पड़ता है। फिर भी वहाँ कुछ विशुद्ध परिमाणात्मक और कुछ विशुद्ध गुणात्मक अध्ययन मौजूद हैं।

रिपोर्ट का लेखन करना अंतिम कार्य होता है और इसीलिए कई लोगों के लिए यह शोध प्रक्रिया का सबसे कठिन चरण होता है। यह रिपोर्ट दुनिया को बताती है कि आपने क्या-क्या किया है, आपने किसकी खोज की है और आपकी जाँच से आपने क्या निष्कर्ष निकाला है। यदि आप इस संपूर्ण प्रक्रिया के बारे में पूरी तरह स्पष्ट हैं तो आप उस तरीके के बारे में भी स्पष्ट होंगे जिस तरीके से आप अपनी रिपोर्ट लिखना चाहते हैं। आपकी रिपोर्ट अकादमिक शैली में लिखी जानी चाहिए और कई अध्यायों और/या विभागों में विभाजित की जानी चाहिए, जो आपके अध्ययन के मुख्य विषय पर आधारित है। अध्याय 17 में एक शोध रिपोर्ट लिखने के कुछ तरीकों को दर्शाया गया है।

सारांश

3 चरणों का सारांश/ शोध की प्रक्रिया के लिए 8 कदम

इस अध्याय ने शोध प्रक्रिया का कुल स्वरूप प्रस्तुत किया है, जिसे तीन अवस्थाओं (अ,ब,स) और आठ चरणों में विभाजित किया गया है, जिनका विस्तृत वर्णन इस पुस्तक के आगे के अध्यायों में किया गया है। शोध मॉडल का प्रत्येक चरण विविध किस्मों की प्रक्रियाएँ, विधियाँ और तकनीक प्रदान करता है, ताकि आप आपके अध्ययन के लिए उपयुक्त बात का चयन कर सकें। यह आठ मेजों वाली एक बुफे पार्टी के समान है, जिसपर समान सामग्रियों से बने विभिन्न व्यंजन रखें गये हैं। आप सभी आठ मेजों पर जाइये और प्रत्येक मेज पर से उस व्यंजन का चयन कीजिये जो आपको सबसे अधिक पसंद है। मॉडल और इस उदाहरण के बीच प्रमुख अंतर यह है कि मॉडल में आप उस बात को चुनते हैं जो आपके लिए सर्वाधिक उपयुक्त होती है न कि वह जिसे आप पसंद करते हैं। एक प्रारंभकर्ता के लिए इन सभी चरणों के माध्यम से गुजरना महत्वपूर्ण है, हालाँकि शायद इसी क्रम में हो ये जरूरी नहीं है। अनुभव के साथ आप कई शार्टकट ले सकते हैं।

आपके सोचने के लिए

- स्वयं को इस अध्याय के आरंभ में दिये गए महत्वपूर्ण-शब्दों से दोबारा परिचित करें, और यदि आप किसी अर्थ अथवा उपयोग के बार में अनिश्चित है तो अगले अध्याय पर जाने से पहले उन्हें पुन: देखें।
- परिमाणात्मक और गुणात्मक शोध के बीच के अंतरों को दर्शाते हुए (जैसा तालिका 1.2 में रेखांकित किया गया है) तय कीजिये कि आप किस दृष्टिकोण को अपनाने का इरादा रखते हैं और क्यों। यह किस सीमा तक आपके स्वयं के दर्शन को प्रतिर्बिंबित करता है?

अब आपने इस अध्याय को पढ़ लिया है, तो निम्नलिखित प्रश्नों के उत्तर देने का प्रयास करें:

- इस अध्याय में उल्लिखित शोध प्रक्रिया का प्रथम चरण क्या है? और अंतिम चरण क्या है?
- अपनी स्थिति में इस शोध प्रक्रिया के प्रयोज्यता की गंभीरता से जाँच कीजिये।
- परिमाणात्मक, गुणात्मक और मिश्रित अध्ययन के लिए प्रस्तावित शोध प्रक्रिया की प्रयोज्यता के बारे में विचार कीजिये। अध्याय 1 में दिए गये विभिन्न शोध दृष्टिकोणों, उद्देश्यों और प्रतिमानों के बारे में आपकी समझ पर आधारित पर आठ-चरणीय मॉडल तक आप कैसे पहुंचे होते क्या इसके बीच में कोई अंतर है?

चरण ।

शोध समस्या का निर्माण करना

इस परिचालन चरण में चार अध्याय शामिल हैं:

- अध्याय 3: साहित्य का पुनरावलोकन
- अध्याय 4: शोध समस्या का निर्माण करना
- अध्याय 5: चरों की पहचान करना
- अध्याय 6: परिकल्पना का निर्माण करना

3

साहित्य का पुनरावलोकन

इस अध्याय में आप निम्नलिखित तथ्यों के बारे में जानेंगे

- शोध में साहित्यिक पुनरावलोकन के कार्य
- साहित्य शोध को कैसे कार्यान्वित करें
- साहित्यिक पुनरावलोकन और साहित्य के सारांश के बीच में अंतर
- साहित्यिक पुनरावलोकन के लिए इंटरनेट का उपयोग कैसे करें
- चयनित साहित्य का पुनरावलोकन कैसे करें
- सैद्धांतिक और धारणात्मक ढाँचागत संरचना को कैसे विकसित करें
- एक साहित्यिक पुनरावलोकन को कैसे लिखें

महत्वपूर्ण शब्द

कैटलॉग, धारणात्मक ढाँचा, धारणामय करना, इंटरनेट, ज्ञान का आधार, साहित्य पुनरवलोकन, सर्च इंजन, साहित्य का सारांश, विषयगत लेखन, सैद्धांतिक ढाँचा,

इस अध्याय के अंत में आपको निम्नलिखित की समझ हो जाएगी

- शोध में साहित्यिक पुनरावलोकन का स्थान
- साहित्य को खोजने के तरीके
- सैद्धांतिक और धारणात्मक ढाँचे को विकसित करने के तरीके

शोध में साहित्य के पुनरावलोकन का स्थान

जब आप एक शोध अध्ययन को करने हेतु प्रस्तुत होते हैं, तो एक महत्वपूर्ण कार्य वर्तमान साहित्य से परिचित होना है, ताकि आप अपनी रुचि के क्षेत्र में उपलब्ध ज्ञान के भंडार से परिचित हो सकें। साहित्य का पुनरावलोकन समय लेने वाला, चुनौतीपूर्ण और निराशाजनक कार्य हो सकता है, लेकिन, अंततः यह लाभदायक होता है। **साहित्य का पुनरावलोकन** शोध प्रक्रिया का एक अभिन्न अंग होता है, जो कि लगभग सभी संचालन संबंधी चरणों से सम्बंधित एक मूल्यवान योगदान देता है। इसे प्रथम चरण से पहले ही करना बेहद महत्वपूर्ण है; अर्थात् जब आप अपनी शोध यात्रा के दौरान उन प्रश्नों के विषय में सोच ही रहे हों, जिनके उत्तर आप पाना चाहते हैं। शोध के प्रारंभिक चरणों में यह आपको अपने विचारों में स्पष्टता लाने, अपने अध्ययन के सैद्धांतिक आधार स्थापित करने और शोध प्रक्रिया को विकसित करने में सहायता करता है। इस प्रक्रिया में बाद में, साहित्यिक पुनरावलोकन आपको अपने विषय क्षेत्र में ज्ञान के आधारों को समेकित करने और वर्तमान ज्ञान के भंडार के संदर्भ में अपने द्वारा खोजे गए परिणामों की जाँच करने हेतु सहायता करता है। चूंकि शोध में एक महत्वपूर्ण जिम्मेदारी अपने द्वारा पाये गए परिणामों की तुलना अन्य लोगों के परिणामों के साथ करना होता है, अतः इस संदर्भ में साहित्य का पुनरावलोकन करना एक अत्यधिक महत्वपूर्ण भूमिका निभाता है। रिपोर्ट के लेखन के समय, यह आपके द्वारा पाये गए परिणामों को वर्तमान ज्ञान के साथ एकीकृत करने में सहायता करता है, अर्थात् या तो यह किसी पूर्व शोध के साथ विरोधाभास प्रस्तुत करता है, अथवा इनको नये आधार प्रदान करता है। आपके शोध का शैक्षणिक स्तर जितना उच्च होगा, उतना ही अधिक आप के द्वारा पाये गए परिणामों का वर्तमान साहित्य के साथ एकीकरण करना महत्वपूर्ण हो जाएगा।

सारांश में, साहित्य के पुनरावलोकन के निम्नलिखित कार्य होते हैं:

- यह आपके अध्ययन को एक सैद्धांतिक पृष्ठभूमि प्रदान करता है
- आप जिस बात का परीक्षण करना प्रस्तावित कर रहे हैं, और जिसका पहले से ही अध्ययन किया जा चुका है, यह इन दोनों विषयों के बीच में एक कड़ी स्थापित करने में आपकी सहायता करता है।
- यह आपको इस बात को प्रदर्शित करने में सक्षम बनाता है कि आपने अपने पेशे में स्थित वर्तमान ज्ञान के भंडार में अपने द्वारा पाये गए परिणामों के द्वारा किस प्रकार से योगदान किया है। यह वर्तमान ज्ञान के भंडार से आपके शोध परिणामों का एकीकरण करने में आपकी सहायता करता है।

परीक्षा सामग्री क्या है?

आपके स्वयं के अध्ययन के संबंध में साहित्य का पुनरावलोकन आपको चार प्रकार से सहायता कर सकता है:

1. यह आपकी शोध समस्या में स्पष्टता और एकाग्रता लाता है।
2. यह आपकी शोध की कार्य प्रणाली में सुधार करता है।

3. आपके शोध क्षेत्र में आपके ज्ञान के आधार को और अधिक विस्तृत करता है, और
4. आप के द्वारा पाये गए परिणामों के लिए संदर्भ उत्पन्न करता है, अर्थात्, वर्तमान ज्ञान के भंडार के साथ आपके द्वारा पाये गए परिणामों को एकीकृत करता है।

आपकी शोध समस्या में स्पष्टता और एकाग्रता लाना

साहित्यिक पुनरावलोकन में एक विरोधाभास समाहित है। एक तरफ आप किसी भी समस्या के संबंध में विचार किये बिना साहित्य की प्रभावी तौर पर खोज नहीं कर सकते हैं, जिनका आप अन्वेषण करना चाहते हैं। वही दूसरी तरफ साहित्य का पुनरावलोकन, आपकी शोध समस्या की प्रकृति को प्रभावित करने में एक अत्यधिक महत्वपूर्ण भूमिका निभाता है। इसप्रकार यह शोध समस्या के चयन में आपकी सोच को अनुकूलित करता है। अतः यह आपके लिए महत्वपूर्ण है कि आप साहित्य के पुनरावलोकन और इसके आपकी शोध समस्या पर पड़नेवाले प्रभाव के बीच में एक संतुलन की स्थिति बनाकर रखें। साहित्य के पुनरावलोकन की प्रक्रिया आपको अपने विषय क्षेत्र को बेहतर ढंग से समझने में सहायक होती है, और इस प्रकार से यह आपकी शोध समस्या को स्पष्ट और सटीक करने और आपके जाँच के क्षेत्र को और अधिक प्रासंगिक तथा तर्कसंगत बनाने का कार्य करती है। जब आप साहित्यिक पुनरावलोकन करते हैं, तब आप यह सीखते हैं कि आपके विषय क्षेत्र के कौन से पहलूओं की अन्य लोगों के द्वारा जाँच की जा चुकी है; उन्होंने इन पहलुओं के विषय में क्या जानकारियाँ प्राप्त की है, उन्होंने कौन सी कमियों को पहचाना है, और आगे किये जाने वाले शोध के लिए उन्होंने क्या क्या सुझाव दिए हैं। यह सभी आपके स्वयं के शोध प्रश्नों के विषय में, आपके मन में एक विस्तारित अंतर्दृष्टि का विकास करते हैं और शोध अध्ययन करने के लिए स्पष्टता और एकाग्रता प्रदान करते हैं, जो कि एक प्रासंगिक और वैध अध्ययन के लिए एक आवश्यक तत्व है। इसके अतिरिक्त, यह आपके ध्यान को वर्तमान ज्ञान के भंडार में उपस्थित अध्ययन क्षेत्र संबंधी कमियों पर एकाग्र करने में आपकी सहायता करते हैं। और इस प्रकार से यह आप के अध्ययन की प्रासंगिकता तथा महत्ता को बढ़ाते हैं।

अपनी शोध कार्य प्रणाली में सुधार करना

साहित्य को पढ़ने से आप उन शोध प्रश्नों के उत्तर पाने के लिए प्रयुक्त कार्यप्रणालियों से परिचित होते हैं, जो कि आपके जैसी ही एक शोध समस्या के अन्वेषण के दौरान प्रयुक्त हुई थी। साहित्यिक पुनरावलोकन आपको यह बताता है कि क्या अन्य लोगों ने उन्हीं प्रक्रियाओं और विधियों का पालन किया है, जिनका प्रस्ताव आपने दिया है? ऐसी कौन सी प्रक्रियाएँ और विधियाँ हैं, जिन्होंने अन्य लोगों को बेहद अच्छे परिणाम दिए हैं, और ऐसी कौन सी समस्याएँ हैं, जिन से अन्य लोगों को इनके प्रयोग के दौरान दो चार होना पड़ा? किसी भी प्रकार की समस्याओं और गलतियों के बारे में जागरूक होकर आप एक ऐसी विधि के चयन को लेकर एक बेहतर स्थिति में होंगे, जो कि आपके शोध प्रश्नों के वैध उत्तर प्रदान करने में सक्षम है। यह प्रक्रिया, इस विधि में आप के विश्वास को बढ़ाएगी, जिसके उपयोग की योजना आप बना रहे हैं और इससे आप इसके उपयोग को सही ठहराने में भी सक्षम हो जाएँगे।

अपने शोध क्षेत्र में अपने ज्ञान आधार को विस्तृत करना

जिस विषय क्षेत्र में आप अपने शोध अध्ययन को संचालित करने जा रहे हों, उस विषय के विस्तृत अध्ययन को सुनिश्चित करना साहित्यिक पुनरावलोकन का सबसे महत्वपूर्ण कार्य है। यह महत्वपूर्ण है कि आप यह जानें कि भिन्न-भिन्न शोधार्थियों ने आपके समान प्रश्नों के विषय में क्या जानकारियाँ हासिल की हैं, उन्होंने कौन से सिद्धांतों को लागू किया है, और ज्ञान के प्रासंगिक भंडार में कौन सी कमियां रह गई हैं। जब आप एक शोध परियोजना पर उच्च डिग्री जैसे कि एमए या एक पीएचडी के लिए कार्य करते हैं, तो आपसे यह अपेक्षा की जाती है कि आप अपने शोध के क्षेत्र में एक विशेषज्ञ की भाँति कार्य करें। एक समग्र रूप से किया गया साहित्यिक पुनरावलोकन इस आशा को पूर्ण करने में आपकी सहायता करता है। साहित्यिक पुनरावलोकन को

करने का अन्य महत्वपूर्ण कारण यह है कि यह आपको यह समझने में सहायता करता है कि किस प्रकार से आप के द्वारा पाये गये परिणाम वर्तमान ज्ञान के भंडार के अनुकूल हैं। Martin (1885:30)।

सारांश में, ज्ञान के आधार के संदर्भ में साहित्य का पुनरावलोकन इस विषय में अत्यधिक लाभदायक होता है:

- यह आपको यह पहचानने में मदद करता है कि कौन से परिणाम स्थापित किए जा चुके हैं, आपके शोध के क्षेत्र में कौन-कौन सी कमियाँ रह गई हैं, और इसलिए यह आपके शोध की प्रासंगिकता और उसकी उपयोगिता को सुनिश्चित करता है।
- समान प्रकार के अध्ययनों में उपयोग में लाई गई विधियों और प्रक्रियाओं से यह आपका परिचय कराता है, और आप के शोध के लिए आपको एक मजबूत कार्य प्रणाली के चयन में सहायक होता है।
- आपके शोध प्रश्नों के निर्धारण में यह आपकी सहायता करता है, और निवर्तमान साहित्य में उपलब्ध परिणामों को समझने में भी आपकी सहायता करता है।
- आपके शोध प्रश्नों के चयन को उचित ठहराने में सहायक होता है।
- आप के अध्ययन के विषय क्षेत्र में आपके ज्ञान के आधार को विकसित करने, विस्तारित करने और इसका प्रदर्शन करने में यह आपकी सहायता करता है।

अपने परिणामों को संदर्भित करना

अपने शोध प्रश्नों के उत्तर प्राप्त करना, तुलनात्मक रूप से आसान होता है। अधिक कठिन भाग यह जांचना है कि आपके परिणाम किस प्रकार से वर्तमान ज्ञान के भंडार के अनुरूप बैठते हैं, आपके शोध प्रश्नों के उत्तर अन्य लोगों द्वारा पाये गए उत्तरों की तुलना में कैसे पाये जाते हैं, वर्तमान ज्ञान के भंडार में आप क्या योगदान करने में सक्षम रहे हैं, आप के द्वारा पाये गए परिणाम अन्य लोगों से किस प्रकार भिन्न हैं। साहित्यिक पुनरावलोकन करना आपको आपके द्वारा पाये गए परिणामों की अन्य लोगों के साथ तुलना करने में सक्षम करेगा और इन प्रश्नों के उत्तर देने में सहायक होगा। आपके जाँच के क्षेत्र में, जो पहले से ही ज्ञात है, उसके संदर्भ में अपने परिणामों को रखना आपके लिए महत्वपूर्ण हैं, अर्थात् आपने जो भी पाया है, उसको आप वर्तमान साहित्य के साथ एकीकृत करना।

साहित्यिक पुनरावलोकन और साहित्य के सारांश के बीच में अंतर

कुछ लोग साहित्यिक पुनरावलोकन और साहित्य के सारांश इन शब्दों को अदल बदल कर उपयोग में लाते हैं, हालाँकि इन दोनों के बीच में अंतर होता है। **साहित्य का सारांश** प्रत्येक प्रासंगिक कार्य के द्वारा पाये गये महत्वपूर्ण परिणामों का एक विवरण होता है, जिसका आपने अपने साहित्य शोध के एक भाग के रूप में अध्ययन किया होता है। सारांश में, आधारभूत ढंग से प्रत्येक तर्कसंगत स्रोत के अंतर्गत सूचियाँ होती हैं, जो कि आपके अध्ययन में प्रासंगिक महत्वपूर्ण परिणामों को इंगित करती हैं। जो भी आधार खोजा जाए, उसे किसी भी क्रम में सूचीबद्ध किया जा सकता है। हालाँकि, साहित्यिक पुनरावलोकन में मुख्य परिणाम मुख्य विषय वस्तुओं के अनुसार व्यवस्थित किए जाते हैं, जो आपके साहित्यक खोज से उभर कर सामने आते हैं। विभिन्न प्रकार के वह अध्ययन जिसमें समान प्रकार की विषय वस्तु की पहचान की गई होती है, उनको एक ही स्थान में उद्धरित किया जाता है, जहाँ पर साहित्यिक पुनरावलोकन के एक भाग के रूप में उस विषय वस्तु की चर्चा की जा रही हो। प्रत्येक विषय वस्तु के अंतर्गत आपके द्वारा सभी स्रोतों से खोजे गए संबंधित मुख्य परिणाम उद्धरित किये जाते हैं और उनकी तुलना की जाती है, जो कि उनमें स्थित समानताओं और अंतरों आदि की ओर संकेत करते हैं। विषय वस्तु के संदर्भ में यह सामान्यतया, निष्कर्षों के एक कथन के साथ लिखे जाते हैं, फिर इन विषय वस्तुओं को एक तर्कसंगत आरोहण के अनुसार रखा जाता है। साहित्य का सारांश आपके द्वारा खोजे गए प्रत्येक प्रासंगिक उद्धरण से प्राप्त मुख्य परिणामों का एक सारांश होता है। एक साहित्यिक पुनरावलोकन में आप प्रत्येक विषय वस्तु का विवरण देते हैं, जो कि साहित्य की खोज के समय सामने आती है और इसमें आप इसके मूल को उद्धरित करते हैं और अन्य के साथ इनकी तुलना करते हैं, और बाकी बचे हुए के साथ इनको एक तर्कसंगत ढंग से तुलना करते हैं।

साहित्य पुनरावलोकन किस प्रकार से करें

यदि आपके पास कोई विशेष शोध समस्या न हो, तो आपको अपनी रुचि के व्यापक क्षेत्र में साहित्य का पुनरावलोकन करना चाहिए, तत्पश्चात उसे उत्तरोत्तर संकीर्ण कर उस विषय तक लक्षित करना चाहिए जिसे आप पाना चाहते हैं। यह अपने विचारों को उसी प्रकार से एक विषय वस्तु पर एकाग्र करने के समान है, जिस प्रकार से एक कीप कार्य करती है। प्रारंभ करने के लिए, यह विचार अत्यंत व्यापक और अव्यवस्थित हो सकते हैं, लेकिन जैसे जैसे आपको अपनी शोध समस्या के विषय में अधिक से अधिक अंतर्दृष्टि प्राप्त होगी तो आप जिस विषय वस्तु में सही में रुचि रखते हैं उसको पाने के लिए इन को और अधिक लक्षित और शुद्ध करते जाएँगे। एक बार जब आपने तर्कसंगत ढंग से अपनी शोध समस्या पर लक्ष्य को केंद्रित कर लिया हो, तब साहित्य के पुनरावलोकन को शोध समस्या की तरफ एकाग्र होना चाहिए। आप क्या अध्ययन करना चाहते हैं, इसके बारे में कोई समुचित एवं विशिष्ट विचार न होने से साहित्य पुनरावलोकन करते समय खतरे की संभावना बढ़ जाती है। यह एक अध्ययन के विषय में आपकी सोच को परिवर्तित कर सकता है, साथ ही साथ जो विधियाँ आप उपयोग में लायेंगे इनको भी यह परिवर्तित कर सकता है, जिसके कारण आपकी शोध समस्या और कार्य प्रणाली कम नवाचारी हो जाते हैं, जो कि अन्यथा विपरित स्थिति में होते। अतः आपको किसी प्रमुख साहित्यिक पुनरावलोकन का प्रारंभ करने से पहले अपनी शोध समस्या की व्यापक रूप कल्पना करने का प्रयत्न करना चाहिए। आप के साहित्य की खोज आप की शोध समस्याओं के मुख्य विषयों के चारों ओर एकाग्र होनी चाहिए, और यह इस प्रकार संचालित होनी चाहिए जैसे कि आप निम्नलिखित प्रश्नों के उत्तर पाने की कोशिश कर रहे हो:

- इस क्षेत्र में पहले से ही क्या ज्ञात है?
- वह क्या है जो ज्ञात नहीं है या वर्तमान ज्ञान के भंडार में क्या कमियाँ हैं?
- ऐसे कौन से प्रश्न हैं जो कि अनुत्तरित रह गए हैं?
- क्या ऐसे कुछ क्षेत्र हैं जो कि पेशेवर विरोधाभास के अंतर्गत आते हैं?
- आपके शोध क्षेत्र के संबंध में कौन-कौन से प्रासंगिक सिद्धांत रखे गए हैं?
- इस शोध के पश्चात आगे के शोधों के लिए क्या सुझाव दिए गए हैं?
- समान प्रकार के शोध करने वालों के द्वारा किस प्रकार की शोध रणनीतियाँ अपनाई गई हैं?

एक साहित्यिक पुनरावलोकन को करने में 4 चरण अपनाए जाते हैं:

1. आप के अध्ययन के क्षेत्र में वर्तमान साहित्य की खोज करना
2. चयनित साहित्य का पुनरावलोकन करना
3. एक सैद्धांतिक ढाँचे का विकास करना
4. एक धारणात्मक ढाँचे का विकास करना

इन कार्यों के लिए भिन्न भिन्न कौशलों की आवश्यकता होती है। अन्य कार्यों की तुलना में सैद्धांतिक और धारणात्मक ढांचों का विकास करना अधिक कठिन होता है।

वर्तमान साहित्य की खोज करना

आपकी जाँच के क्षेत्र में साहित्य की एक प्रभावशाली खोज करने के लिए यह आवश्यक है कि जिस समस्या के विषय में आप खोज कर रहे हों, उसके और आपके व्यापक विषय क्षेत्र के विषय में आपको थोड़ी बहुत आवश्यक जानकारी हो, ताकि आप अपने खोज में कुछ मानदंडों का गठन कर सकें। आपको अध्ययन जनसंख्या के विषय में भी कुछ जानकारी अवश्य होनी चाहिए। उदाहरण के लिए आपको यह निर्णय करना चाहिए कि कही आपकी रुचि अप्रवासियों, नौजवानों, महिलाओं, विद्यार्थियों, या किसी संस्थान में रहने वाले लोगों का अध्ययन करने में तो नहीं है। आपके पास इस विषय में भी कुछ जानकारियाँ अवश्य होनी चाहिए कि उस जनसंख्या के विषय में अन्य जानकारियाँ क्या हैं, जिनका आप अध्ययन करना चाहते हैं। उदाहरण के लिए अप्रवासियों के मामले में आप उनके बसने की प्रक्रिया, आप्रवासन के कारण, व्यवसाय संबंधी गतिशीलता

के स्वरूप आदि के विषय में अध्ययन करना चाहेंगे। इसके आगे इस वृहद विषय क्षेत्र के लिए एक ग्रंथ सूची का निर्माण करें। ग्रंथ सूची तैयार करने के लिए चार स्त्रोत बताए गए हैं:

साहित्य की खोज

क) पुस्तकें
ख) जर्नल
ग) सम्मेलन संबंधी कागजात
घ) इंटरनेट

पुस्तकें

पुस्तकें किसी ग्रंथ के केंद्रीय भाग के रूप में होती हैं, उनके कुछ लाभ होने के साथ साथ कुछ हानियाँ भी होती हैं। मुख्य लाभ यह है कि पुस्तकों में प्रकाशित सामग्री महत्वपूर्ण तथा अच्छी गुणवत्ता वाली होती है, और परिणाम अन्य शोधों के साथ एकीकृत किये गये होते हैं, और यह ज्ञान का एक समग्र भंडार का निर्माण करते हैं। मुख्य हानि यह है की यह सामग्री संपूर्ण रूप से अद्यतन नहीं की गई होती है, क्योंकि एक पुस्तक के पूर्ण होने और इसके एक पुस्तक के रूप में प्रकाशन के दौरान कई वर्ष बीत जाते हैं।

एक पुस्तक को ढूँढने का सबसे अच्छा तरीका अपने पुस्तकालय के कैटलॉग को देखना है। जब लाइब्रेरीयन किसी पुस्तक को कैटलॉग में लगाते हैं, तब इस पुस्तक के कुछ विषय शीर्षक भी देते हैं, जो कि लाइब्रेरी ऑफ कांग्रेस की विषयात्मक शीर्षकों के आधार पर दिए जाते हैं। यदि आप सुनिश्चित न हों, तो अपने पुस्तकालयकर्मी को अपने क्षेत्र की सबसे अच्छी विषय हेडिंग ढूँढने में सहायता हेतु प्रार्थना करें। यह आपका बहुत सा समय व्यर्थ होने से बचा सकता है। बुक रिव्यू इंडेक्स जैसे प्रकाशन आपको अपनी रुचि की पुस्तकों को छाँटने में सहायक हो सकते हैं। अपने रुचि के क्षेत्र की पुस्तकों को ढूँढने के लिए विषय कैटलॉग या कुंजी शब्द विकल्पों का उपयोग करें। उचित कुंजी शब्दों के चयन के द्वारा विषय क्षेत्र की खोज की तरफ और अधिक लक्ष्य केंद्रित करें। पायी गयी पुस्तकों के शीर्षकों का बेहद सावधानीपूर्वक निरीक्षण करें, और पुस्तकों को पहचानें जो कि आपकी रुचि के अनुसार हो सकती हैं। यदि आप सोचते हैं कि शीर्षक आपके विषय के अनुसार उचित नहीं हैं, तो यदि संभव हो तो इनके प्रिंट ले लें। इससे आपका बहुत सा समय बचेगा, या फिर इनको लिख लें। इस विषय में जागरुक रहें कि कभी-कभी एक शीर्षक आपको एक पुस्तक के उपयोगी होने के विषय में निर्णय करने हेतु पर्याप्त सूचनायें प्रदान करने में सहायक नहीं होता है, अतः आपको इस पुस्तक की विषय वस्तुओं को भी पढ़ना पड़ेगा। जब आप 10 से 15 पुस्तकें, जिनको आप अपने विषय के अनुसार उचित मानते हैं, चयनित कर लें, तो इसके पश्चात आप प्रत्येक पुस्तक की ग्रंथ सूची पर एक नजर डालें, यदि आप ग्रंथ सूची की फोटो कॉपी ले लेंगे, तो यह आपका समय बचाएगी। इतना ध्यान रखें कि इसमें कोई कानूनी अड़चन न हो। ग्रंथ सूची पर सावधानीपूर्वक नजर डालें और इन सभी पुस्तकों में सामान्य तौर पर बार-बार आनेवाले विषयों को नोट कर लें फिर पुस्तकों की एक अंतिम सूची बनायें, जिनको आप विशिष्ट तौर पर पढ़ा जाना आवश्यक समझते हैं। जब आपने अपनी अध्ययन की सूची तैयार कर ली है तो इन पुस्तकों को पुस्तकालय में ढूंढें या अन्य स्त्रोतों से उधार पर ले लें। इनकी विषय वस्तु की दोबारा जाँच करें, यह जानने के लिए कि क्या वह आप के विषय के लिए प्रासंगिक है या नहीं। यदि आप यह पाते हैं कि आप के शोध के लिए यह पुस्तकें प्रासंगिक नहीं हैं, तो उन पुस्तकों के नामों को अपनी अध्ययन सूची से निकाल दें। यदि आप यह पाते हैं कि पुस्तक की विषय वस्तु में कुछ आपके विषय के सापेक्ष प्रासंगिक हैं, तब एक नामांकित ग्रंथ सूची बनायें, नामांकित ग्रंथ सूची, एक पुस्तक में वर्णित विभिन्न पहलुओं की एक संक्षिप्त विवेचना और इसके प्रासंगिक होने के विषय में आपके स्वयं के नोट्स आदि उपलब्ध कराती है। इस विषय में सावधान रहें कि आप सदैव अपने उद्धरणों को सही ढंग से ढूंढ पायें। यह करने के लिए आप अपना स्वयं का एक कार्ड इंडेक्स बना सकते हैं, या फिर इस हेतु एंड नोट्स, जोटेरो जैसे कंप्यूटर कार्यक्रमों का उपयोग कर सकते हैं।

जर्नल

इलेक्ट्रॉनिक सन्दर्भ ब्यबस्था

अपने शोध से संबंधित जर्नल आदि को भी इसी प्रकार से आपको पढ़ने की आवश्यकता होगी। जर्नल आपको सबसे अधिक अद्यतन सूचनायें प्रदान करते हैं, यद्यपि एक शोध परियोजना के पूरा होने और इसके एक जर्नल में प्रकाशित होने के बीच में 2 से 3 वर्ष का अंतर होता है। जितने अधिक हो सके आपको उतने अधिक जर्नल चयनित करने चाहिए। यद्यपि जर्नल की यह संख्या आपके अध्ययन क्षेत्र पर निर्भर करती है। ऐसे बहुत से तरीके हैं जिनके द्वारा आप जर्नल ढूंढ सकते हैं। आपको इनकी जाँच करने की आवश्यकता है ताकि आप अपने अध्ययन के सापेक्ष प्रासंगिक साहित्य को पहचान सके। आप निम्नलिखित कार्य कर सकते हैं:

- अपने अध्ययन के लिए उचित जर्नल की हार्ड कॉपी ढूँढने का प्रयास करना
- इस प्रकार के लेखों के अंतर्गत विषय को पढ़ने और या इन्हें पहचानने के लिए उद्धरण या सार अनुक्रमणिकाओं को देखना
- इलेक्ट्रॉनिक डेटा बेस में खोज करना

यदि आप कुछ उपयोगी जर्नल और लेख आदि को पहचानने में सक्षम रहे हैं, तो जिन जर्नल्स की आप जाँच करना चाहते हैं, उनकी एक सूची बनायें। इनमें से एक जर्नल का चुनाव करें और इसके सबसे हाल ही के किसी विषय से शुरुआत करके इसके विषय वस्तु पृष्ठ को जाँचें, यह देखने के लिए कि क्या आपके शोध विषय के अनुरूप कोई प्रासंगिक लेख इसमें छपा है या नहीं। यदि आप यह महसूस करते हैं कि कोई लेख विशेष, आपकी रुचि का हो सकता है तो इसके सार वाले भाग को पढ़े। यदि आप सोचते हैं कि आप इसका उपयोग कर सकते हैं तब अपने वित्तीय संसाधनों के आधार पर या तो इसकी फोटोकॉपी करवा लें, या बाद के उपयोग के लिए इसका एक सारांश तैयार करें और इसके उद्धरणों को अभिलेख के रूप में दर्ज कर लें। जब फोटो कॉपी करा रहे हों, तो सर्वप्रथम उचित प्राधिकृत व्यक्ति से इस हेतु अनुमति लेना सदैव सुनिश्चित करें।

जर्नल के लिए आपकी खोज को सरल बनाने हेतु कई स्रोत निर्मित किए गए हैं, जो कि आपका बहुत समय बचा सकते हैं। ये हैं:

- जर्नल की अनुक्रमणिका (उदाहरण के लिए मानविकी अनुक्रमाणिका)
- लेखों के सार (उदाहरण के लिए ईआरआईसी)
- उद्धरण अनुक्रमणिकायें (उदाहरण के लिए सामाजिक विज्ञान उद्धरण अनुक्रमणिका)

इलेक्ट्रॉनिक के बारे में अधिक जानकारी के लिए

इनमें से प्रत्येक अनुक्रमणिका सार संक्षेप और उद्धरण सेवायें प्रिंट में उपलब्ध होती हैं, या फिर इंटरनेट के जरिए इन तक पहुँचा जा सकता है।

अधिकतर पुस्तकालयों में कंप्यूटरों में पुस्तकों, जर्नल और सार संक्षेप आदि के विषय में सूचनायें भंडारित रहती हैं। प्रत्येक मामले में यह सूचनायें विषय, लेखक, शीर्षक आदि के अनुसार वर्गीकृत होती हैं। आप कुंजी शब्द विकल्प का चयन भी कर सकते हैं (लेखक/कुंजी शब्द; शीर्षक/कुंजी शब्द; विषय/कुंजी शब्द; विशेषज्ञ/कुंजी शब्द या केवल कुंजी शब्द)। आप किस प्रकार की प्रणाली का उपयोग कर रहे हैं, यह इस बात पर निर्भर करता है कि आपके पुस्तकालय में कौन सी सुविधायें उपलब्ध हैं और आप किन सुविधाओं से परिचित हैं।

कई शिक्षण संस्थाओं में विशेष तौर पर तैयार किए गए इलेक्ट्रॉनिक डेटाबेस होते हैं। ग्रंथ सूची तैयार करने में ये भी आपकी सहायता कर सकते हैं, उदाहरण के लिए अधिकतर पुस्तकालयों में इलेक्ट्रॉनिक डेटाबेस होते हैं, जो कि तालिका 3.1 में प्रदर्शित किए गए हैं।

उपयोगी उद्धरणों को देखने के लिए अपने अध्ययन क्षेत्र के अनुसार सबसे उचित डेटाबेस का चयन करें। वस्तुतः किसी भी कंप्यूटर डेटाबेस की खोज उन्हीं जर्नल तथा लेखों तक सीमित होती है, जो कि उस डेटाबेस में उपलब्ध होते हैं। आप अपने शोध पर्यवेक्षक से भी बात कर सकते हैं, और अन्य विशेषज्ञों से भी बात कर सकते हैं, जिससे कि आप किन्हीं अतिरिक्त प्रासंगिक साहित्य सूची को अपने अध्ययन की सूची में सम्मिलित कर सकें।

सम्मेलन संबंधी कागजात

साहित्यिक पुनरावलोकन का एक अन्य महत्वपूर्ण स्त्रोत पेशेवर सम्मेलनों में प्रस्तुत किए गए प्रबंध होते हैं। यह आपको उस क्षेत्र में हुये हाल के शोधों की जानकारियाँ प्रदान करते हैं। आपको हाल के सम्मेलनों में प्रस्तुत किए गए प्रबंधों की कॉपी प्राप्त करने का प्रयास करना चाहिए, जो कि अपकी रुचि के क्षेत्र के अनुरूप हो।

इंटरनेट

इंटरनेट प्रत्येक शैक्षणिक शाखा और पेशेवर क्षेत्र में प्रकाशित साहित्य को ढूँढने के लिए एक महत्वपूर्ण उपकरण के रूप में उभरा है।

तालिका 3.1 सार्वजनिक स्वास्थ्य सामाजिक विज्ञान शिक्षा और व्यापारिक अध्ययनों में सामान्यतः उपयोग में लाए जाने वाले इलेक्ट्रॉनिक डेटाबेस

इलेक्ट्रॉनिक डेटाबेस	विवरण	प्रिंट समतुल्य
एबीआई/इन्फॉर्म	पृथक व्यापार सूचनाएं (एब्सट्रेकटेड बिजनेस इंफॉर्मेशन-एबीआई) विश्वभर में व्यापारिक सूचनाओं के संदर्भ समाहित करती है। यह लेखांकन, बैंकिंग, डेटा प्रसंस्करण, अर्थशास्त्र, वित्त, स्वास्थ्य देखभाल, बीमा, कानून, प्रबंधन, मार्केटिंग, पेशेवर, उत्पाद विकास, लोक प्रशासन, जमीन जायदाद, कराधान और टेलीसंचार आदि जैसे विषयों को सम्मिलित करती है।	कोई नहीं
ईआरआईसी	अमेरिका के शिक्षा विभाग के शिक्षा संसाधन सूचना केंद्र के द्वारा संकलित शैक्षणिक सामग्री का डेटाबेस एरिक (ईआरआईसी) कहलाता है। यह वयस्क कैरियर या व्यवसायिक शिक्षा, सलाह और पेशेवर सेवाएं, शिक्षा प्रबंधन, प्राथमिक और प्रारंभिक बचपन की शिक्षा, विकलांग एवं विशेष बच्चे, उच्च शिक्षा, सूचना संसाधन, भाषा और भाषाविज्ञान, पढ़ना और संचार, ग्रामीण शिक्षा, विज्ञान, अंकगणित और पर्यावरणीय शिक्षा, सामाजिक विज्ञान शिक्षा, प्रशिक्षक शिक्षा, माध्यमिक शिक्षा, मूल्यांकन और शहरी शिक्षा आदि को सम्मिलित करती है।	*सीआईजेई: शिक्षा में जर्नलों के लिए वर्त्तमान अनुक्रमणिका*

इलेक्ट्रॉनिक डेटाबेस	विवरण	प्रिंट समतुल्य
हेल्थरोम	हेल्थ रोम पर्यावरण स्वास्थ्य एचआईवी/ एड्स और संचार योग्य बीमारियों, मूल स्वास्थ्य, नैदानिक दवाओं, पोषण, एल्कोहल और दवाओं की लत आदि के विषय में संदर्भ और कुछ पूर्ण गद्य प्रकाशन प्रदान करता है।	कोई नहीं
मेडलाइन	मेडलाइन जैव चिकित्सकीय विज्ञान से जुड़ी सामग्रियों के विषय में संदर्भ प्रदान करता है, जिसमें चिकित्सा, फार्माकोलॉजी, नर्सिंग, दंत विज्ञान, सहायक चिकित्सा पेशे, सार्वजनिक स्वास्थ्य, व्यवहार संबंधित विज्ञान, फिजियो थेरेपी, ऑक्यूपेशनल थेरेपी, चिकित्सकीय तकनीकी, अस्पताल प्रबंधन और कुछ आधारभूत विज्ञान जैसे कि एनाटॉमी और फिजियोलॉजी आदि भी शामिल है	*इंडेक्स मेडिकस*
सिनाहल (सीआईएनएएचएल)	नर्सिंग और सहायक स्वास्थ्य साहित्य के लिए संचित अनुक्रमणिका (सिनाहल), 13 सहायक स्वास्थ्य शैक्षिक शाखाओं में सम्मिलित अंग्रेजी भाषा के नर्सिंग जर्नल और प्राथमिक जर्नल के विषय में आभासी रूप से जानकारी देता है, जिनमें की स्वास्थ्य शिक्षा, चिकित्सकीय अभिलेख, ऑक्यूपेशनल थेरेपी, फिजिकल थेरेपी और रेडियोलोजी तकनीकी आदि शामिल हैं।	सिनाहल

सर्च इंजन

इंटरनेट पर खोज के द्वारा पुस्तकों और प्रकाशित सामग्री को अत्यंत सरलता और गति के साथ ढूंढा जा सकता है। इंटरनेट पर कई प्रकार के सर्च इंजन उपलब्ध हैं। इंटरनेट की खोज सर्च इंजन के द्वारा की जाती है। इंटरनेट पर कई प्रकार के सर्च इंजन (साइट पर सूचीबद्ध जैसे कि http://www.thesearchenginelist.com) उपलब्ध होते हैं और विभिन्न इंजनों की किसी क्षेत्र विशेष में खोज करने में विशेषज्ञता होती है। इनमें से कुछ व्यापार, कानून, मानचित्र, पुस्तकें, चिकित्सा या मल्टीमीडिया आदि में विशेषज्ञता रखते हैं, और कुछ अन्य को सभी उद्देश्यों के लिए उपयुक्त सर्च इंजन की श्रेणी में रखा जाता है। हालाँकि, सबसे सामान्य तौर पर आपके उद्देश्यों के लिए उपयोग में लाए जा सकने वाले सर्च इंजन गूगल, scholar.google.com और याहू आदि है। इंटरनेट पर एक अन्य उपयोगी स्रोत है, जो शब्दों और धारणाओं

बूलियन शोध प्रणाली

को विस्तृत रूप में समझाता है, उसका नाम विकिपीडिया है। आप इसका उपयोग, परिभाषा, अर्थ और अन्य विवरण जानने के लिए कर सकते हैं, लेकिन यह ध्यान में रखें कि आप अपने शैक्षणिक निबंधों में विकिपीडिया से उद्धरण नहीं ले सकते हैं, क्योंकि विश्व भर में कई विश्वविद्यालय इसको एक विश्वसनीय स्त्रोत नहीं मानते हैं।

इलेक्ट्रॉनिक कैटलॉग के माध्यम से इंटरनेट पर खोज और पुस्तकों और लेखकों की पुस्तकालय में की जाने वाली एक खोज के समान ही होती है, क्योंकि यह भी कुंजी शब्दों के आधार पर की जाती है। इंटरनेट पर की जाने वाली खोज आधारभूत ढंग से सर्च इंजन में उपलब्ध डेटाबेस के संपूर्ण सामग्री की पहचान करती है, जो कि आपके द्वारा सुझाए गए कुंजी शब्दों को व्यक्तिगत या संयोजनात्मक तरीके से पहचानता है। यहाँ पर यह अत्यधिक महत्वपूर्ण है कि आप उन शब्दों या शब्द से संयोजनों का उपयोग करें, जिन्हें अन्य लोग भी उपयोग में ला सकें।

गिल्बर्ट (2008:73) के अनुसार अधिकतर खोज सुविधायें बूलिअन तर्क का उपयोग करती हैं, जो कि तीन प्रकार की आधारभूत खोज "और", "या" और "नहीं" की अनुमति देता है। अभ्यास के साथ आप कुंजी शब्दों के "और", "या" और "नहीं" के संयोजन के उपयोग में और अधिक कुशल और प्रभावी हो जाते हैं। अतः सर्वाधिक प्रासंगिक उद्धरणों को पहचानने के लिए अपनी खोज को लक्ष्य केंद्रित करने का प्रयास करें।

चयनित साहित्य का पुनरावलोकन करना

अब चूँकि आपने कई पुस्तकों और लेखों का उपयोगी के रूप में चयन कर लिया है, तो अगला चरण विषय वस्तु और विभिन्न मुद्दों को समालोचनात्मक ढंग से पढ़ना और एक साथ रखना है, जो कि आपके अध्ययन के संबंध में प्रासंगिक हों। जब तक आप प्रारंभ करने हेतु, अपने मन में उपस्थित विषय वस्तु के लिए एक सैद्धांतिक ढाँचा तैयार नहीं कर लेते, तब तक आप चयनित पुस्तकों और लेखों को पढ़ते समय प्रत्येक विषय वस्तु या मुद्दे की पहचान हेतु अलग-अलग कागज का इस्तेमाल करें। निम्नलिखित उदाहरण इस प्रक्रिया को विस्तार से समझाते हैं:

मूल्यांकन अध्ययन के एक भाग के रूप में, लेखक ने हाल ही में स्वास्थ्य सेवा प्रदाताओं के द्वारा पश्चिमी ऑस्ट्रेलिया में स्वास्थ्य सेवाओं को प्रदान करने में सामुदायिक प्रतिक्रिया के स्तर की जाँच की। इसके उपयोग के स्तर का मूल्यांकन करने से पहले, स्वास्थ्य के संबंध में सामुदायिक प्रतिक्रिया से सम्बंधित तर्कसंगत साहित्य की पहचान और इस का पुनरावलोकन किया गया। इस पुनरावलोकन के द्वारा कई प्रकार की विषय वस्तुयें उभर कर सामने आई, जो कि अध्ययन के लिए एक सैद्धांतिक ढाँचे के विकास का आधार बनी। समग्र तौर पर, इस प्रक्रिया में से, मूल्यांकन अध्ययन के लिए सैद्धांतिक ढाँचे के निर्माण हेतु निम्नलिखित विषय वस्तु का चयन किया गया:

- सामुदायिक प्रतिक्रिया: इस का अर्थ क्या है?
- सामुदायिक प्रतिक्रिया को आधार देने वाला दर्शनशास्त्र
- ऑस्ट्रेलिया में इस धारणा का ऐतिहासिक विकास
- स्वास्थ्य के नियोजन में इसके उपयोग का स्तर
- सामुदायिक प्रतिक्रिया को प्राप्त करने के लिए विकसित की गई रणनीतियाँ
- सफलता और असफलता के संकेतक
- सामुदायिक भागीदारी को खोजना
- सामुदायिक प्रतिक्रिया के कार्यान्वयन में आने वाली कठिनाइयाँ
- सामुदायिक प्रतिक्रिया की धारणा के संबंध में भागीदारों के दृष्टिकोण

वर्ड पत्रिका के लेख

आइए, अब शिक्षा के क्षेत्र से एक अन्य उदाहरण लें। मान लीजिए आप हाई स्कूल के विद्यार्थियों के बीच उच्च शैक्षणिक उपलब्धियों के निर्धारक तत्वों का अध्ययन कर रहे हैं। अपने सैद्धांतिक ढाँचे के निर्माण

के भाग के रूप में आप उच्च शैक्षणिक उपलब्धि और निम्नलिखित के बीच में संबंध खोजने हेतु साहित्य की खोज पर अपना ध्यान केंद्रित करना चाहते हैं:

- घरेलू वातावरण
- सहयोगी समूह से आने वाला दवाब
- खेलों से जुड़ाव
- आत्म सम्मान
- अध्ययन में प्रेरणा
- माता-पिता की शैक्षणिक पृष्ठभूमि
- शिक्षकों के साथ संबंध

एक बार जब आप एक कच्चा ढाँचा विकसित कर लें, तब एक पृथक कागज का उपयोग करके अभी तक विकसित किए गए प्रत्येक विषय ढाँचे को इन विषय वस्तुओं को पुनरावलोकन सामग्री में पाये गए परिणामों के आधार पर छांटें। जैसे-जैसे आप आगे पढ़ें, तो अभी तक विकसित किए गए विषय वस्तुओं के अंतर्गत तर्कसंगत ढंग से आने वाली सूचनाओं को निरंतर छाँटते रहें, यह ध्यान में रखें कि आपको आगे बढ़ते रहने के दौरान इसमें और अधिक विषय वस्तुओं को जोड़ते रहने की आवश्यकता हो सकती है। साहित्य को पढ़ते समय इसको सावधानीपूर्वक पढ़ें, और निम्न पहलुओं के संदर्भ में अत्यंत गंभीरता से इन की जाँच करें।

- इस बात को नोट करें कि क्या आपके सैद्धांतिक ढाँचे से सम्बंधित प्रासंगिक ज्ञान को संदेह रहित मानकर इसकी पुष्टि कर दी गई है।
- रखे गये सिद्धांत, उनसे संबंधित आलोचनायें और उनके आधार, कार्य प्रणालियाँ, अध्ययन रूपरेखाएँ, नमूने के आकार और इसके लक्षण मापन प्रक्रियाएँ इत्यादि जो अपनाए गए हैं उनको नोट करें, और इनके संबंध में सभी समालोचनाओं को नोट करें।
- इस बात की जाँच करें कि प्राप्त परिणामों को अन्य परिस्थितियों के लिए किस स्तर तक सामान्यीकृत किया जा सकता है।
- इस बात को ध्यान में रखें की शोधार्थियों के मतों में महत्वपूर्ण अंतर कहाँ पर हैं। इनकी वैधता के विषय में अपने मत दें, और इसके अतिरिक्त इनसे संबंधित कारणों के साथ अपनी स्थिति स्पष्ट करें।
- उन क्षेत्रों का निर्धारण करें, जिनके बारे में बहुत कम या बिल्कुल भी कुछ ज्ञात न हो- ज्ञान के भंडार में उपस्थित कमियाँ।

एक सैद्धांतिक ढाँचे का विकास करना

साहित्य की जाँच एक कभी न खत्म होने वाला कार्य है, लेकिन क्योंकि आपके पास सीमित समय होता है, अतः अपने अध्ययन विषय के संबंध में साहित्य का पुनरावलोकन करने के लिए कुछ मानदंड स्थापित करना महत्वपूर्ण है, जो कि आपके अध्ययन की विषय वस्तु के सन्दर्भ में तर्कसंगत हो। जैसे जैसे आप साहित्य को पढ़ते जाएँगे आप जल्दी ही इस विषय की अनुभूति करेंगे कि जिस समस्या का अन्वेषण करने की इच्छा आप रखते हैं, उसकी उत्पत्ति विभिन्न सिद्धांतों से ही हुई है, जो कि विभिन्न दृष्टिकोणों के अंतर्गत विकसित किए गए हैं। विभिन्न पुस्तकों और जर्नलों से प्राप्त सूचनाओं को अब मुख्य विषयों और सिद्धांतों के अंतर्गत छांटे जाने की आवश्यकता होती है, जिसमें लेखों के बीच असमानताओं और अंतरों और अनुत्तरित प्रश्नों या कमियों आदि को पहचानने की आवश्यकता होती है। आप यह भी अनुभूति करेंगे कि साहित्य कई प्रकार के पहलुओं पर निर्भर करता है, जिनका आप के शोध विषय पर प्रत्यक्ष और अप्रत्यक्ष प्रभाव हो सकता है । जैसा कि पहले बताया गया है, इन पहलुओं का उपयोग आपके सैद्धांतिक ढाँचे के विकास के आधार के रूप में करें। आपके साहित्यिक पुनरावलोकन को सूचनाओं की छंटनी, इस सैद्धांतिक ढाँचे के अंतर्गत करनी चाहिए। जब तक कि आप इस ढाँचे के संबंध में अपने साहित्य का पुनरावलोकन नहीं करेंगे, तब तक आप अपने साहित्य की खोज में लक्ष्य केंद्रित करने के कौशल का विकास करने में सक्षम नहीं होंगे, अर्थात् आपका सैद्धांतिक ढाँचा, आपके अध्ययन के दौरान आपको मार्गदर्शन प्रदान करता है। यह बात हमको एक विरोधाभास तक ले

आती है, जो कि पूर्व में उद्धरित किया गया है। जब तक कि आप साहित्य को पढ़ नहीं लेते तब तक आप सैद्धांतिक ढाँचे का विकास नहीं कर सकते, जब तक कि आपने सैद्धांतिक ढाँचे का विकास न कर लिया हो, तब तक आप साहित्य का प्रभावी ढंग से पुनरावलोकन नहीं कर सकते, चाहे यह एक कच्चा ढाँचा ही क्यों न हो, इसके अंतर्गत आप अपने द्वारा पढ़े जाने वाले बचे हुए साहित्य को सुव्यवस्थित ढंग से रख सकते हैं। जैसे-जैसे आप अपने क्षेत्र में और अधिक आगे बढ़ते जाएँगे, आप अपने ढाँचे में बदलाव करते रहेंगे। हालाँकि, इसके बिना आप अत्यधिक अनावश्यक अध्ययन तथा नोट्स बनाने आदि के दलदल में फंस सकते हैं, जो कि आप के अध्ययन के लिए बिल्कुल भी प्रासंगिक नहीं है।

आपके अध्ययन के लिए तर्क युक्त साहित्य दो तरह की सूचनाओं से संबंधित हो सकता है: सार्वत्रिक या सामान्य; या अधिक विशिष्ट (स्थानीय रूझान या विशिष्ट कार्यक्रम)। इस प्रकार की सूचनाओं के विषय में लिखते हुए आपको साधारण सूचनाओं के साथ शुरुआत करनी चाहिए, और धीमे-धीमे विशिष्ट सूचनाओं की ओर लक्ष्य केंद्रित करना चाहिए। चित्र 3.1 में दिए गए उदाहरण को देखें।

यदि आप मृत्यु और प्रजनन क्षमता के बीच के संबंध का अध्ययन करना चाहते हैं, तो आपको निम्न के विषय में साहित्य का पुनरावलोकन करना चाहिए:

- *प्रजनन क्षमता*- रुझान, सिद्धांत, कुछ अनुक्रमणिकायें और इनकी आलोचनायें, प्रजनन क्षमता को प्रभावित करने वाले कारक, प्रजनन क्षमता को नियंत्रित करने की विधियाँ, गर्भनिरोधकों की स्वीकार्यता को प्रभावित करने वाले कारक और इसी प्रकार से अन्य।
- *मृत्युदर*- मृत्यु दर को प्रभावित करने वाले कारक, मृत्यु दर अनुक्रमणिकायें और किसी जनसंख्या की मृत्युदर स्तर में परिवर्तन के मापन में इनकी संवेदनशीलता, मृत्यु दर संबंधी रुझान और अन्य; और सबसे अधिक महत्वपूर्ण रूप से
- *प्रजनन क्षमता और मृत्यु दर के बीच में संबंध*- इस संबंध की व्याख्या के लिए सिद्धांत, जो सामने रखे गए हैं, इस संबंध के निहितार्थ।

साहित्यिक पुनरावलोकन के द्वारा आपको अपने अध्ययन के लिए सैद्धांतिक ढाँचे का विकास करना है। प्राथमिक तौर पर, मृत्युदर और प्रजनन क्षमता के बीच के संबंध के विषय में रखे गए सिद्धांतों के चारों ओर ही इस पुनरावलोकन को केंद्रित रहना चाहिए। आप यह पायेंगे कि इस संबंध की व्याख्या के लिए कई प्रकार के सिद्धांत खोजे गए हैं, उदाहरण के लिए इसकी आर्थिक, धार्मिक, चिकित्सकीय, मनोवैज्ञानिक, दृष्टिकोण से व्याख्या की गई है। प्रत्येक दृष्टिकोण के अंतर्गत कई प्रकार के सिद्धांत रखे गए हैं, जैसे कि बीमा सिद्धांत, जीवित न रह पाने का डर, प्रतिस्थापन सिद्धांत, मूल्य सिद्धांत, उपयोगिता सिद्धांत, अतिरिक्त या होर्डिंग सिद्धांत, जोखिम सिद्धांत आदि।

आपका साहित्यिक पुनरावलोकन निम्नलिखित शीर्षकों के अंतर्गत लिखा जाना चाहिए जिसमें कि अधिकांश पुनरावलोकन में प्रजनन क्षमता और मृत्यु दर के बीच के संबंध की जाँच सम्मिलित होनी चाहिए:

- प्रजनन क्षमता सिद्धांत;
- जनसांख्यिकीय संक्रमण का सिद्धांत;
- प्रजनन क्षमता के रुझान (वैश्विक और फिर इसे राष्ट्रीय और स्थानीय स्तर पर केंद्रित करें);
- गर्भनिरोधन की प्रक्रियाएँ (इनकी स्वीकार्यता और प्रभावशीलता);
- मृत्यु दर को प्रभावित करने वाले कारक;
- मृत्यु दर के रुझान (और उनके निहितार्थ)
- मृत्युदर अनुक्रमणिका का मापन (उनकी संवेदनशीलता)
- *प्रजनन क्षमता और मृत्यु दर के बीच में संबंध,* (विभिन्न सिद्धांत जैसे कि बीमा, जीवित न रहने का डर, प्रतिस्थापन, मूल्य, उपयोगिता, जोखिम और होर्डिंग)

एक धारणात्मक ढाँचे का विकास करना

धारणात्मक ढाँचा आपकी शोध समस्या का आधार होता है। यह सैद्धांतिक ढाँचे से उत्पन्न होता है, और अधिकतर उन भागों पर लक्ष्य केंद्रित करता है, जो आपके अध्ययन का आधार बनते हैं, जबकि सैद्धांतिक

ढांचों में वे सिद्धांत और मुद्दे शामिल होते हैं जो आप के अध्ययन के विषय में होते हैं, जबकि धारणात्मक ढाँचा, सैद्धांतिक ढाँचे से चयनित उन पहलुओं के विवरण देता है, ताकि यह आपकी जाँच का आधार बन सके। उदाहरण के लिए चित्र 3.11 में दिए गए उदाहरण में सैद्धांतिक ढाँचे में वह सभी सिद्धांत दिए गये हैं, जो कि प्रजनन क्षमता और मृत्यु दर के बीच के संबंध की व्याख्या करने के लिए रखे गए हैं, हालाँकि, हो सकता है कि इन सब में से आप केवल एक को ही परीक्षित करने हेतु योजना बना रहे हों। उदाहरण के लिए, जीवित न रह पाने का डर।

समानरूप से चित्र 3.1 में भी धारणात्मक ढाँचा सामुदायिक प्रतिक्रिया को बढ़ाने के लिए अपनाई गई नीतियों की सफलता अथवा असफलता के मापन हेतु केवल संकेतकों पर ही लक्ष्य केंद्रित है। अतः सभी धारणात्मक ढाँचा, सैद्धांतिक ढाँचे से उभरता है, और यह आपकी समस्या से विशेष तौर पर संबंधित होता है। धारणात्मक ढाँचा अध्ययन की आधारशिला के रूप में कार्य करता है।

पुनरावलोकन किये गये साहित्य के विषय में लिखना

अब जिस साहित्य का आपने पुनरावलोकन किया है उसके बारे में लिखना शेष रह जाता है| जैसा कि इस पाठ की शुरुआत में बताया गया है, एक साहित्यिक पुनरावलोकन के दो व्यापक कार्य हैं,

(1) आपके अध्ययन को एक सैद्धांतिक पृष्ठभूमि प्रदान करना और
(2) आपकी कार्य प्रणाली को सटीक बनाने के अतिरिक्त, ज्ञान के वर्तमान भंडार के संबंध में आपकी खोजों को धारणा के अनुरूप बनाने में सक्षम करना।

चित्र 3.1अ एक सैद्धांतिक ढांचे का विकास करना– मृत्यु दर और प्रजनन क्षमता के बीच में सम्बन्ध

यदि आप मृत्यु और प्रजनन क्षमता के बीच के संबंध का अध्ययन करना चाहते हैं, तो आपको निम्न के विषय में साहित्य का पुनरावलोकन करना चाहिए:

- प्रजनन क्षमता – रुझान, सिद्धांत, कुछ अनुक्रमणिकायें और इनकी आलोचनायें, प्रजनन क्षमता को प्रभावित करने वाले कारक, प्रजनन क्षमता को नियंत्रित करने की विधियाँ, गर्भनिरोधकों की स्वीकार्यता को प्रभावित करने वाले कारक और इसी प्रकार से अन्य।
- मृत्युदर – मृत्यु दर को प्रभावित करने वाले कारक, मृत्यु दर अनुक्रमणिकायें और किसी जनसंख्या की मृत्युदर स्तर में परिवर्तन के मापन में इनकी संवेदनशीलता, मृत्यु दर संबंधी रुझान और अन्य; और सबसे अधिक महत्वपूर्ण रूप से
- प्रजनन क्षमता और मृत्यु दर के बीच में संबंध – इस संबंध की व्याख्या के लिए सिद्धांत, जो सामने रखे गए हैं, इस संबंध के निहितार्थ।

साहित्यिक पुनरावलोकन के द्वारा आपको अपने अध्ययन के लिए सैद्धांतिक ढाँचे का विकास करना है। प्राथमिक तौर पर, मृत्युदर और प्रजनन क्षमता के बीच के संबंध के विषय में रखे गए सिद्धांतों के चारों ओर ही इस पुनरावलोकन को केंद्रित रहना चाहिए। आप यह पायेंगे कि इस संबंध की व्याख्या के लिए कई प्रकार के सिद्धांत खोजे गए हैं, उदाहरण के लिए इसकी आर्थिक, धार्मिक, चिकित्सकीय, मनोवैज्ञानिक, दृष्टिकोण से व्याख्या की गई है। प्रत्येक दृष्टिकोण के अंतर्गत कई प्रकार के सिद्धांत रखे गए हैं, जैसे कि बीमा सिद्धांत, जीवित न रह पाने का डर, प्रतिस्थापन सिद्धांत, मूल्य सिद्धांत, उपयोगिता सिद्धांत, अतिरिक्त या होर्डिंग सिद्धांत, जोखिम सिद्धांत आदि।

आपका साहित्यिक पुनरावलोकन निम्नलिखित शीर्षकों के अंतर्गत लिखा जाना चाहिए जिसमें कि अधिकांश पुनरावलोकन में प्रजनन क्षमता और मृत्यु दर के बीच के संबंध की जाँच सम्मिलित होनी चाहिए:

- प्रजनन क्षमता सिद्धांत;

- जनसांख्यिकीय संक्रमण का सिद्धांत;
- प्रजनन क्षमता के रुझान (वैश्विक और फिर इसे राष्ट्रीय और स्थानीय स्तर पर केंद्रित करें);
- गर्भनिरोधन की प्रक्रियाएँ (इनकी स्वीकार्यता और प्रभावशीलता);
- मृत्यु दर को प्रभावित करने वाले कारक;
- मृत्यु दर के रुझान (और उनके निहितार्थ)
- मृत्युदर अनुक्रमणिका का मापन (उनकी संवेदनशीलता)
- प्रजनन क्षमता और मृत्यु दर के बीच में संबंध, (विभिन्न सिद्धांत जैसे कि बीमा, जीवित न रहने का डर, प्रतिस्थापन, मूल्य, उपयोगिता, जोखिम और होर्डिंग)

चित्र 3.1ब स्वास्थ्य में सामुदायिक प्रतिक्रियाशीलता अध्ययन के लिए सैद्धांतिक ढांचा

नोट: कुछ भागीदारों के साथ प्राथमिक तौर पर की गई चर्चाओं ने यह जाहिर किया है कि उनको सामुदायिक प्रतिक्रियाओं के विषय में बहुत अधिक पता नहीं था, और इसलिए अध्ययन का दो अवस्थाओं में होना प्रस्तावित किया गया; तैयारी की अवस्था और वास्तविक मूल्यांकन अवस्था। तैयारी की अवस्था का मुख्य उद्देश्य अवधारणा की समझ रणनीतियों की पहचान, जो कि उपयोग में लाई जा रही है या फिर लाई जा सकती है और इसकी सफलता अथवा असफलता के लिए के मापन के लिए संकेतकों के एक समुच्चयों के विकास का निर्धारण करना था। अध्ययन की प्रथम अवस्था का आधार यह ढांचा बना। प्रथम अवस्था के लिए साहित्यिक पुनरावलोकन को निम्न सैद्धांतिक ढांचों, जो कि वस्तुतः, स्वयं भी साहित्यिक पुनरावलोकन के द्वारा निर्मित हुये थे, के अनुसार लिखा गया:

सामुदायिक प्रतिक्रिया: भागीदार, सेवा प्रदाता, सेवा प्रबंधक और उपभोक्ता सामुदायिक प्रतिक्रिया के विषय में क्या समझते हैं, यह क्यों आवश्यक है और यह कौन से उद्देश्य की पूर्ति करती है

ऐतिहासिक और दार्शनिक पहलू: अवधारणा की शुरुआत में एक ऐतिहासिक सिंहावलोकन इसके उभरने के विषय में दार्शनिक पहलुओं की अवधारणा के अंतर्गत विद्यमान है

कार्यान्वयन रणनीतियां: सेवा प्रदाता क्षेत्र में सामुदायिक प्रतिक्रिया की उपलब्धि के लिए कौन सी रणनीतियां उपयोग में लाई गई ?

भागीदारों का दृष्टिकोण: सेवा प्रदाताओं सेवा प्रबंधकों और उपभोक्ताओं के दृष्टिकोण सामुदायिक प्रतिक्रियाओं को लेकर कैसे हैं?

सामुदायिक प्रतिक्रिया का मूल्यांकन: इन रणनीतियों के प्रभाव का निर्धारण करने के लिए किन संकेतकों का उपयोग किया जाना चाहिए, इन नीतियों के कार्यान्वयन की सफलताओं और असफलताओं के निर्धारण के लिए कौन से आधार का चयन होना चाहिए, और किसके द्वारा और इसका निर्धारण कैसे होना चाहिए?

चित्र 3.2अ साहित्य पुनरावलोकन की रूपरेखा का एक नमूना

पश्चिमी ऑस्ट्रेलिया में अंतरदेशीय गोद लेने की प्रक्रिया

गोद लेने वाले परिवारों का एक विवरण

निम्नलिखित विषय वस्तु के अंतर्गत साहित्य का पुनरावलोकन किया गया

- परिचय परिचयात्मक गोद लेने की प्रक्रिया के बारे में परिचयात्मक विवरण

- गोद लेने की प्रक्रिया का इतिहास और दर्शन
- गोद लेने के कारण
- गोद लेने संबंधी रुझान (वैश्विक एवं राष्ट्रीय)
- अंतर्देशीय गोद लेना
- पश्चिमी ऑस्ट्रेलिया में अंतरदेशीय गोद लेने से संबंधित इतिहास
- पश्चिमी ऑस्ट्रेलिया में अंतरदेशीय गोद लेने से संबंधित रूझान
- पश्चिमी ऑस्ट्रेलिया में गोद लेने की प्रक्रिया संबंधी कानून
- पश्चिमी ऑस्ट्रेलिया में गोद लेने की प्रक्रिया गोद लेने से संबंधित समस्याएं तथा मुद्दे
- साहित्य में उपस्थित कमियां (इस मामले में कमियां उन माता-पिता के विषय में समस्याओं की कमी के रूप में थी जिन्होंने अन्य देशो से बच्चों को गोद लिया था और जो इस अध्ययन का आधार बनी)

आपके साहित्यिक पुनरावलोकन की विषयवस्तु में इन दो उद्देश्यों को प्रतिविम्बित होना चाहिए। प्रथम उद्देश्य को पूर्ण करने के लिए आपको अपने क्षेत्र के सापेक्ष प्रासंगिक विभिन्न सिद्धांतों का विवरण देना चाहिए, और उस क्षेत्र में उपस्थित वर्तमान ज्ञान में कमियों, अध्ययन के क्षेत्र में हाल ही में हुई प्रगति, वर्तमान रुझानों आदि को विशिष्ट तौर पर उद्धृत करना चाहिए। दूसरे उद्देश्य को पूर्ण करने के लिए आपको अपने अध्ययन से परिणामों को विशिष्ट और प्रासंगिक वर्तमान साहित्य की खोजों से पुष्ट और विरोधाभास के परिपेक्ष्य में एकीकृत करना चाहिए। यहाँ पर इस बात का ध्यान रखें कि इस अवस्था में आप केवल साहित्यिक पुनरावलोकन का प्रथम उद्देश्य पूर्ण कर सकते हैं, ताकि आप अपने अध्ययन को एक सैद्धांतिक पृष्ठभूमि प्रदान कर सकें। दूसरे उद्देश्य के लिए पाये गए परिणामों को धारणाओं के अंतर्गत लाने के लिए आपको तब तक प्रतीक्षा करनी होगी, जब तक आप शोध रिपोर्ट लेखन की अवस्था में न पहुँच जाएँ।

अपने अध्ययन की सैद्धांतिक पृष्ठभूमि के लिए साहित्य को पढ़ते समय, आप कुछ विषय वस्तुओं को अपने मानस पटल पर उभरते हुए अनुभव करेंगे। उनमें से मुख्य विषय वस्तुओं को सूचीबद्ध करें, और उनको शीर्षकों में विभाजित करें। कुछ लोग संपूर्ण साहित्य को उपशीर्षकों के बिना एक ही भाग में लिख देते हैं, जिसके शीर्षक "साहित्य का पुनरावलोकन", "साहित्य का सारांश", या "साहित्य पुनरावलोकन" होते हैं, लेकिन इस पुस्तक के लेखक ज़ोर देकर यह सुझाव देते हैं कि आप अपना साहित्यिक पुनरावलोकन को अपने द्वारा खोजी गई मुख्य विषय वस्तुओं पर आधारित उपशीर्षक के साथ लिखें, जो आपके सैद्धांतिक ढाँचे का आधार बनेंगे। ये उपशीर्षक (जो आपके सैद्धांतिक ढांचे का आधार बनेंगे), सटीक, आपके विषय के प्रति वर्णनात्मक और एक तार्किक प्रगति का पालन करने वाले होने चाहिए। अब प्रत्येक उपशीर्षक के अंतर्गत, सवाल में स्थित विषय के संबंध में मुख्य निष्कर्ष रिकॉर्ड करें (**विषयगत लेखन**), जिसमें अगर वे मौजूद हों, तो आप एक तर्क के विरुद्ध कारणों को प्रकाशित करें, और कमियों तथा विभिन्न मुद्दों की पहचान करें। चित्र 3.2 (अ) 'पश्चिमी ऑस्ट्रेलिया में अंतर्देशीय गोद लेने की प्रक्रिया' नामक अध्ययन के लिए लेखक द्वारा कार्यान्वित साहित्यिक पुनरावलोकन में विषय वस्तुओं के विवरण को देने में उपयोग में लाये गए शीर्षकों को प्रदर्शित करता है। चित्र 3.2 (ब) सामुदायिक प्रतिक्रिया अध्ययन के लिए पुनरावलोकन साहित्य में उपस्थित विषयवस्तु को प्रदर्शित करता है।

चित्र 3.2ब सामुदायिक प्रतिक्रियाशीलता अध्ययन के लिए साहित्यिक पुनरावलोकन की मुख्य विषय वस्तु

इस अध्ययन के अंतर्गत किया गया साहित्य पुनरावलोकन निम्नलिखित पहचाने गए विषय वस्तुओं के अंतर्गत अध्ययन और साहित्य पुनरावलोकन के उद्देश्यों के अंतर्गत संचालित किया गया।

- पृष्ठभूमि अवधारणा के परिचय
- सामुदायिक प्रतिक्रिया शीलता का क्या अर्थ है?

- पश्चिमी ऑस्ट्रेलिया में सामुदायिक प्रतिक्रिया शीलता के परिचय का ऐतिहासिक दृष्टिकोण
- सामुदायिक प्रतिक्रियाशील की अवधारणा में अंतर्निहित दर्शन
- सामुदायिक प्रति क्रियाशीलता अवधारणा की ओर भागीदारों के दृष्टिकोण
- सामुदायिक प्रतिक्रियाशील तक को प्राप्त करने हेतु रणनीतियां
- कार्यान्वयन रणनीतियों की प्रभावशीलता का मापन संकेतक और प्रक्रिया विधियां

साहित्य पुनरावलोकन का दूसरा वृहद कार्य- अर्थात आप के अध्ययन के द्वारा पाये गए परिणामों को धारणाओं के अंतर्गत लाना- आपसे अन्य लोगों के द्वारा पाये गए परिणामें की अपने परिणामों से अत्यधिक व्यवस्थित तुलना की माँग करता है। इन अध्ययनों से उद्धत करें कि किस प्रकार से आपके द्वारा पाए गए परिणाम विरोधाभासी हैं, इनकी पुष्टि करते हैं, या फिर इन्हें और अधिक विस्तार देते हैं। यह प्रक्रिया आपके द्वारा पाये गए परिणामों को अन्य लोगों द्वारा प्राप्त किए गए परिणामों के संदर्भ में रखती है। सुनिश्चित करें कि किसी भी उद्धरित सामग्री के लिए एक संपूर्ण संदर्भ प्रदान किया गया है। जैसा कि पहले बताया गया है, एक स्वीकार्य प्रणाली से इसे सुनिश्चित करें, यह कार्य तब किया जाता है, जब आप अपने डेटा के विश्लेषण के पश्चात अपने द्वारा पाये गए परिणामों के विषय में लिख रहे होते हैं।

सारांश

लेखन केन्द्र

साहित्य का पुनरावलोकन एक निरंतर चलने वाली प्रक्रिया है। यह शोध समस्या के अंतिम रूप लेने से पहले शुरू होता है, और तब तक जारी रहता है, जब तक कि रिपोर्ट पूर्ण नहीं हो जाती। साहित्यिक पुनरावलोकन में एक विरोधाभास है कि आप एक प्रभावी साहित्यिक पुनरावलोकन तब तक संचालित नहीं कर सकते, जब तक कि आपने एक शोध समस्या का निर्माण न कर लिया हो, फिर भी आपकी साहित्य संबंधी खोज आप की शोध समस्या के निर्माण में एक अत्यधिक महत्वपूर्ण भूमिका निभाने में सहायक होती है। साहित्यिक पुनरावलोकन आप की शोध समस्या में स्पष्टता और लक्ष्य केंद्रित एकाग्रता लाता है। यह आपकी शोध कार्य प्रणाली में सुधार करता है, और आपके ज्ञान आधार को विस्तृत करता है। एक साहित्यिक पुनरावलोकन, पुनरावलोकित साहित्य मे से कुछ मुख्य विषय वस्तुयें पहचानता है, जो कि आप के अध्ययन के संदर्भ में प्रासंगिक होती हैं, जबकि साहित्य का सारांश बिना किसी विषयगत एकीकरण और जुड़ाव प्रदर्शित करने की क्रिया के पुनरावलोकन के संदर्भ में मुख्य परिणामों का विवरण देता है।

साहित्य के पुनरावलोकन में कई चरण शामिल होते हैं| अपने अध्ययन के क्षेत्र में वर्तमान साहित्य के लिए खोज, चयनित साहित्य का पुनरावलोकन, आपका अध्ययन जिस सैद्धांतिक ढाँचे से उभरता है, उसका विकास करने में साहित्यिक पुनरावलोकन का उपयोग और आपके अन्वेषण के आधार बनने वाले धारणात्मक ढाँचे का विकास भी इसके द्वारा सुनिश्चित होता है। साहित्य को पहचानने के मुख्य स्रोत किताबें, जर्नल, सम्मेलन पेपर और इंटरनेट इत्यादि हैं। प्रासंगिक सामग्री को ढूँढने के संबंध में सूचनायें प्रदान कर सकने वाले विभिन्न स्रोत उपलब्ध हैं।

साहित्यिक पुनरावलोकन दो महत्वपूर्ण कार्य करता है:

(1) यह आपके अध्ययन को एक सैद्धांतिक पृष्ठभूमि देता है।
(2) जाँच के क्षेत्र के संबंध में अन्य लोगों ने कौन से परिणाम प्राप्त किए हैं, उनकी तुलना आपके परिणामों से करके यह उनको धारणाओं के अंतर्गत लाने में सहायक होता है।

शोध प्रक्रिया की इस अवस्था में केवल प्रथम कार्य को ही कार्यान्वित किया जा सकता है। आप दूसरे कार्य को कार्यान्वित करने के लिए कुछ कदम तभी उठा सकते हैं, जबकि आपने अपने डेटा का विश्लेषण कर लिया हो, और जब आप अपने द्वारा पाये गए परिणामों के विषय में लिखने की अवस्था में पहुँच चुके हों।

साहित्य पुनरावलोकन में साहित्य के विषय में लेखन विषय वस्तुगत प्रकृति का होना चाहिए। अर्थात् यह मुख्य विषय वस्तुओं पर आधारित होना चाहिए, इन विषय वस्तुओं का क्रम एक तर्कसंगत ढंग से लिखा जाना चाहिए। आपके लेखन में इन विशिष्ट कथनों तथा उद्धरणों को विशिष्ट क्रम का अनुसरण करना चाहिए, और विभिन्न तर्क विशिष्ट उद्धरणों तथा साहित्य के उदाहरणों से समर्थित होना चाहिए, जो एक स्वीकार्य शैक्षणिक उद्धरण पद्धति के अनुसार ही हों।

आपके सोचने के लिए

- इस पाठ की शुरुआत में दिए गए शब्दों से स्वयं को पुनः परिचित करवायें और यदि आप इनके अर्थ या इनमें से किसी के लागू होने के विषय में अनिश्चित हैं तो पाठ से आगे बढ़ने से पहले एक बार उनको देखें।
- एक विषय वस्तु या मुद्दे जिसमें आपकी रुचि हो के लिए निम्न का उपयोग करते हुए एक कुंजी शब्द (कीवर्ड)खोज संचालित करें

  (क) एक इंटरनेट सर्च इंजन जैसे गूगल स्कॉलर और

  (ख) एक पुस्तकालय खोज सुविधा। इन दोनों के परिणामों की तुलना करें।
- अपने शोध से दो या तीन शोध रिपोर्ट चुने और रखे गए सिद्धांतों, अपनाई गई कार्य प्रणालियों और आगे के अध्ययन के लिए अन्य किसी प्रकार की संस्तुति आदि को ध्यान में रखते हुए, इनके सारांश का गहन अध्ययन करें। क्या ये रिपोर्ट, क्षेत्र में सर्वसम्मति अथवा किसी प्रकार के मतांतर आदि का प्रतिपादन करती हैं?
- आपने जिस विषय वस्तु या मुद्दे का चयन किया है, उसके लिए एक सैद्धांतिक ढाँचे का विकास करें।

चूँकि आप पाठ को पढ़ चुके हैं, अतः निम्न प्रश्नों के उत्तर देने का प्रयास करें

- एक शोध अध्ययन में साहित्यिक पुनरवलोकन क्या कार्य करता है?
- सैद्धांतिक तथा धारणात्मक ढांचों के बीच में अंतरों के विवरण दें।
- साहित्य के पुनरवलोकन और साहित्य के सारांश के बीच में क्या अंतर है?

4

शोध समस्या का निर्माण करना

इस अध्याय में आप निम्नलिखित तथ्यों के बारे में जानेंगे

- परिमाणात्मक शोध में शोध समस्या का निर्माण करना
- परिमाणात्मक शोध में शोध समस्या निर्माण का महत्व
- शोध समस्याओं के स्त्रोत
- शोध समस्या के चयन में ध्यान में रखने योग्य बातें
- शोध समस्या के निर्माण के चरण
- शोध के उद्देश्यों को किस प्रकार से निर्मित करें
- कार्यान्वयन संबंधी परिभाषाओं की स्थापना का महत्व
- परिमाणात्मक शोध में शोध समस्या का निर्माण करना

महत्वपूर्ण शब्द

धारणाएँ,	विच्छेदन,	कार्यान्वयन सम्बन्धी परिभाषाएँ,	गुणात्मक शोध,
परिमाणात्मक शोध,	शोध उद्देश्य,	शोध समस्याएँ,	अध्ययन का क्षेत्र,
अध्ययन की जनसंख्या,	विषय क्षेत्र,	वैधता,	चर,
कार्यान्वयन की परिभाषा,			

इस अध्याय के अंत में आपको निम्नलिखित की समझ हो जाएगी

- गुणात्मक तथा परिमाणात्मक शोध में शोध समस्या के निर्माण की प्रक्रिया
- एक शोध समस्या के निर्माण में ध्यान में रखने योग्य बातें तथा इसके स्रोत
- शोध प्रश्नों और उद्देश्यों का निर्माण करना
- धारणा और अध्ययन जनसंख्या का कार्यान्वयन

इस अध्याय का केंद्रीय उद्देश्य शोध समस्या की प्रक्रिया का विस्तारपूर्वक वर्णन करना है, यद्यपि वे विशिष्ट विधियाँ जिनके आपके द्वारा अपनाए जाने की संभावना है, वे निम्नलिखित बातों पर निर्भर करती हैं:

- शोध प्रक्रिया विधि में आपकी विशेषज्ञता;
- विषय क्षेत्र के बारे में आप का ज्ञान;
- जाँच किए जाने वाले मुद्दों के विषय में आपकी समझ;
- वह स्तर जिस तक आप के अध्ययन पर आपकी एकाग्रता पूर्व निर्धारित है; और
- गुणात्मक परिमाणात्मक या मिश्रित शोध प्रक्रिया विधि के विषय में आपकी अपनी अभिरुचि।

यदि आप शोध की प्रक्रिया से परिचित नहीं है और/या आपको किस बारे में शोध करना है, इस विषय में आपके मन में कोई विशिष्ट विचार नहीं है, तो आपको इस अध्याय में विस्तारपूर्वक दिए गए प्रत्येक चरण का अनुसरण करना चाहिए। हालाँकि, बेहतर अनुभवी शोधार्थी कई अन्य प्रकार के छोटे रास्ते अपना सकते हैं। यहाँ पर रेखांकित विधि को उपलब्ध कराते समय यह ध्यान में रखा गया है कि आपने न तो शोध समस्या के निर्माण की प्रक्रिया का आवश्यक ज्ञान हासिल किया है, न ही किस बारे में शोध किया जाना है, इस विषय में आपके मन में कोई विशिष्ट विचार उपस्थित है। यदि आपको अपनी जाँच के आधार के रूप में एक विशिष्ट विचार की अनुभूति है, तो आपको इस अध्याय को नहीं पढ़ना चाहिए। हालाँकि, आपको यह सुनिश्चित करना चाहिए कि आपका यह विचार शोध करने के योग्य हो, क्योंकि अध्ययन की प्रक्रिया विधि के अनुसार सभी प्रकार की समस्याओं को शोध अध्ययन के अंतर्गत नहीं लाया जा सकता।

शोध समस्या

व्यापक तौर पर यदि कहा जाए तो कोई भी प्रश्न जिसका उत्तर आप पाना चाहते हैं और कोई भी अनुमान या अभिकथन जिसको आप चुनौती के अंतर्गत रखना चाहते हैं, अथवा इसके विषय में अन्वेषण करना चाहते हैं, वे एक **शोध समस्या** बन सकते हैं, या यह आपके अध्ययन के लिए एक शोध की विषय वस्तु बन सकते हैं। हालाँकि, यहाँ पर यह याद रखना महत्वपूर्ण है कि सभी प्रकार के प्रश्नों को शोध समस्या में रूपांतरित नहीं किया जा सकता, और कुछ प्रश्न अध्ययन को लेकर अत्यधिक कठिन सिद्ध हो सकते हैं। पॉवर्स तथा अन्य (1985:38) के अनुसार, जिन प्रश्नों का शोध करने की संभावना होती है वे प्रश्न हमें निरंतर उपलब्ध होते रहते हैं, लेकिन एक अर्थपूर्ण ढंग से इनके निर्माण की प्रक्रिया करना एक सरल कार्य नहीं है। एक नवागुंतक शोधार्थी के रूप में आपको एक समस्या के निर्माण का कार्य सरल लग सकता है, लेकिन यह कार्य **विषय क्षेत्र** तथा शोध प्रक्रिया विधि, दोनों क्षेत्रों के गहन ज्ञान की मांग करता है। एक बार जब आप

किसी प्रश्न को अत्यधिक निकटता से जाँच परख लेंगे, तो जल्दी ही आप उस विचार को एक समस्या के रूप में निर्माण करने की जरूरत की अनुभूति करेंगे, जो कि शोध के योग्य हो। 'पहले एक शोध समस्या को पहचान लेना और फिर इसका विशिष्ट तौर पर वर्णन करना, एक शोध के कार्य की तरह लग सकता है, जो बहुत सरल और और जल्द पूरा किया जाना चाहिए। हालाँकि, अधिकतर मामलों में ऐसा नहीं होता है' (Yegidis & Weinback 1991:35)।

आपके द्वारा निर्मित समस्या के संदर्भ में यह विशेष तौर पर आवश्यक है कि यह अपनाई गई प्रक्रियाओं के आधार पर जाँच में खरी उतरे, अतः आपको इसके विषय में सोचने में अच्छा-खासा समय समर्पित करना चाहिए।

एक शोध समस्या के निर्माण का महत्व

शोध की प्रक्रिया का सबसे पहला और सबसे महत्वपूर्ण चरण शोध समस्या का निर्माण करना है। यह एक यात्रा आरंभ करने से ठीक पहले, मंजिल की पहचान करने की तरह होता है। मंजिल की अनुपस्थिति में सर्वाधिक छोटा- या फिर कोई भी- रास्ता पहचान पाना सर्वथा असंभव होता है। इसी प्रकार से एक स्पष्ट शोध समस्या की अनुपस्थिति में एक स्पष्ट और आर्थिक रूप से इष्ट योजना का निर्माण करना असंभव होता है। उदाहरण के तौर पर, यदि अन्य प्रकार से समझा जाए, तो एक शोध समस्या इमारत की नींव की तरह होती है। एक इमारत का प्रकार और उसकी संपूर्ण संरचना और रूपरेखा उसके नींव पर ही निर्भर करती है। यदि इसकी नींव अच्छे तरीके से निर्मित होगी और यह मजबूत होगी, तो आप समझ सकते हैं कि वह इमारत कैसी होगी। शोध समस्या एक शोध अध्ययन की आधारशिला की तरह कार्य करती है, यदि यह अच्छे प्रकार से निर्मित हो तो आप आगे एक अच्छे अध्ययन की आशा कर सकते हैं। कर्लिंगर (1986:17) के अनुसार, 'यदि कोई व्यक्ति किसी समस्या को हल करना चाहता है, तो उसको सामान्य तौर पर यह जानना होगा कि वह समस्या क्या है। ऐसा कहा जा सकता है कि इस समस्या का एक बहुत बड़ा भाग यह जानने से संबंधित है कि वह व्यक्ति क्या करना चाह रहा है'। आपके मन में इस विषय के बारे में एक स्पष्ट विचार होना चाहिए कि वह क्या है जिसको आप ढूँढना चाहते हैं, यह नहीं कि आपको क्या ढूँढना चाहिए।

एक शोध समस्या कई प्रकार के स्वरूप ले सकती है, अतः यह अत्यधिक सामान्य से लेकर अत्यधिक जटिल स्वरूप धारण कर सकती है। जिस प्रकार से आप समस्या का निर्माण करते हैं, वह लगभग सभी चरणों का निर्धारण करता है, जैसे, जिसमें अध्ययन की रूपरेखा के प्रकार; जिसका उपयोग किया जाना हो, नमूने लेने की रणनीति का प्रकार; जिसे लागू की जानी है, शोध उपकरण; जिनका उपयोग होना हो, अथवा जिनको विकसित किया जाना हो और विश्लेषण के प्रकार; जो आगे किया जाना है, आदि। मान लीजिए, आपकी रुचि का व्यापक क्षेत्र 'अवसाद' है। इसके अतिरिक्त, मान लीजिए कि आप एक समुदाय में अवसादग्रस्त रोगियों के लिए उपलब्ध सेवाओं पर शोध अध्ययन का संचालन करना चाहते हैं। यदि आपका ध्यान इस बात पर केंद्रित है कि अवसादग्रस्त रोगियों के लिए किस प्रकार की सेवाएँ उपलब्ध हैं, तो आपका अध्ययन मुख्य रूप से व्याख्यात्मक और गुणात्मक प्रकृति का होगा। इस प्रकार के अध्ययन को गुणात्मक शोध प्रक्रिया विधियों की सहायता से किया जाएगा। इसके विपरित, यदि आप इन सेवाओं के उपयोग का स्तर अर्थात् इन सेवाओं को उपयोग करने वाले लोगों की संख्या आदि को जाँचना चाहते हैं, तो इसमें मुख्य रूप से परिमाणात्मक प्रक्रिया विधि का उपयोग होगा, चाहे यह कुछ भागों में व्याख्यात्मक प्रकार की ही क्यों न हो। यदि आपका ध्यान इन सेवाओं के उपयोग के स्तर को रोगियों के व्यक्तिगत लक्षणों के संबंध में निर्धारित करने पर हो, तो यह अध्ययन सह संबंधी और परिमाणात्मक अध्ययन के रुप में वर्गीकृत किया जाएगा। व्याख्यात्मक अध्ययन के मामलों में उपयोग में लाई गई प्रक्रिया विधि की तुलना में इसकी प्रक्रिया विधि भिन्न प्रकार की होगी। इसी प्रकार से यदि आपका उद्देश्य इन सेवाओं की प्रभावशीलता को ढूँढने का है, तो यह अध्ययन फिर से सह-संबंधी अध्ययन में वर्गीकृत किया जाएगा, और अध्ययन रूपरेखा, डेटा एकत्रीकरण की विधियाँ और विश्लेषण आदि परिमाणात्मक प्रक्रिया विधि के अनुसार होंगे। अतः आपके लिए यह जानना महत्वपूर्ण है कि जिस प्रकार से आप एक शोध समस्या का निर्माण करते हैं, वह आपकी शोध यात्रा में सम्मिलित होने वाले सभी चरणों का निर्धारण करेगा।

एक समस्या का निर्माण करना एक अध्ययन के लिए एक 'इनपुट' की तरह होता है और इसका आउटपुट- शोध रिपोर्ट की विषयवस्तु की गुणवत्ता और स्थापित संबंधों तथा कार्य की वैध्यता आदि के रूप में होता है, जो पूर्ण रुप से इस पर निर्भर होता है। अतः कंप्यूटरों के विषय में एक प्रसिद्ध उक्ति 'गार्बेज इन, गार्बेज आउट' शोध समस्याओं पर समान रुप से लागू होती है।

प्रारंभ में, आप अत्यधिक भ्रमित हो सकते हैं लेकिन यह एक सामान्य बात है और असल में आपकी प्रगति का एक चिन्ह है। याद रखिए, भ्रम अक्सर उत्पन्न होता है, लेकिन बाद में यह स्पष्टता की ओर आप का प्रथम चरण होना सिद्ध होता है। अपनी समस्या के निर्माण के लिए अपना समय लें। शोध समस्या तथा प्रश्नों के विषय में आप जितने अधिक स्पष्ट होते जाएँगे, यह विधि बाद में आपके लिए कार्य को उतना ही अधिक सरल बना देगी। याद रखें कि यह सर्वाधिक महत्वपूर्ण चरण है।

शोध समस्याओं के स्रोत

यदि आपने अभी तक एक शोध विषय का चयन नहीं किया है और कहाँ से शुरुआत करें, यह नहीं जानते हैं, तो यह भाग आपके लिए विशेष तौर पर प्रासंगिक हो सकता है। यदि आपने पहले से ही अपना विषय का प्रश्न चुन लिया है, तो अगले भाग पर जाएँ।

सामाजिक विज्ञानों में अधिकतर शोध चार 'पी' के चारों ओर घूमते हैं: पीपल (लोग), प्रॉब्लम (समस्या), प्रोग्राम (योजना) और फिनोमिना (घटना)। वास्तव में, किसी भी शैक्षणिक या पेशेवर क्षेत्र को यदि ध्यान से देखा जाए, तो यह प्रदर्शित होगा कि अधिकतर शोध अध्ययन इन 4 पी के चारों ओर घूमते हैं। अलग-अलग अध्ययनों में इन चारों में से किसी एक के ऊपर का महत्व बदलता रहता है, लेकिन सामान्यतया क्रियात्मक रूप से अधिकतर शोध अध्ययन, इनमें से दो 'पी' के एक संयोजन पर आधारित होते हैं। आप लोगों के एक समूह या एक समुदाय, जैसे कि लोगों का चयन (पीपल), कुछ निश्चित मुद्दों और उनके जीवन से जुडी समस्याओं को जाँचने, किसी मुद्दे, समस्या (प्रॉब्लम) के लिए उनके दृष्टिकोण को परखने, निरंतरता कि जाँच करने या घटना की उपस्थिति को स्थापित करने (फिनोमिना) या किसी बाहरी प्रभाव (प्रोग्राम) की प्रभावशीलता का मूल्यांकन करने या इसे जाँचने के लिए कर सकते हैं। आपका ध्यान एक मुद्दे, जुड़ाव संबंध या घटना आदि के अध्ययन पर हो सकता है, उदाहरण के लिए, बेरोजगारी और गली मोहल्लों में होने वाले अपराध, धूम्रपान और कैंसर, प्रजनन क्षमता और मृत्युदर, अपराध और गली मोहल्लों में होने वाला अपराध, या शैक्षणिक उपलब्धि और घरेलू वातावरण के बीच के संबंध का अध्ययन व्यक्तियों, समूहों, समुदायों या संगठनों से एकत्रित जानकारी के आधार पर किया जाता है। इन अध्ययनों में संबंध या कार्यकत्व की खोज और उसको स्थापित करने के लिए जोर दिया जाता है।

छात्रों का दृष्टिकोण

इसी प्रकार से, आप कार्यक्रमों के विभिन्न पहलुओं, जैसे कि इनकी प्रभावशीलता, संरचना, इनकी आवश्यकता, उपभोक्ता संतुष्टि आदि का अध्ययन कर सकते हैं। इनके निर्धारण के लिए आपको लोगों के माध्यम से जानकारी एकत्र करना आवश्यक है।

प्रत्येक शोध अध्ययन के दो पहलू होते हैं: लोग आपको 'अध्ययन जनसंख्या' उपलब्ध कराते हैं। जबकि समस्यायें, कार्यक्रम तथा घटनाएँ उस विषय क्षेत्र का गठन करती हैं, जिसके विषय में जानकारी एकत्र की जानी है। तालिका 4.1 में इस विषय को विस्तृत ढंग से रेखांकित किया गया है, जो एक समस्या के विभिन्न पहलुओं की जानकारी देती है।

आप एक समस्या, कार्यक्रम या एक घटना का अध्ययन किसी भी शिक्षण क्षेत्र में या किसी भी पेशेवर दृष्टिकोण से कर सकते हैं, उदाहरण के लिए, आप स्वास्थ्य, शिक्षा, सामाजिक कार्य, औद्योगिक प्रबंधन, सार्वजनिक स्वास्थ्य, नर्सिंग, स्वास्थ्य प्रोत्साहन, कल्याण आदि क्षेत्रों में संचालित कार्यक्रमों की प्रभावशीलता का अध्ययन कर सकते हैं या फिर आप एक समस्या को स्वास्थ्य, व्यापार, कल्याण के दृष्टिकोण से देख सकते हैं। इसी प्रकार से आप उपरोक्त क्षेत्रों में किसी भी कार्यक्रम के विषय में उपभोक्ताओं के विचारों को इकट्ठा कर सकते हैं।

किसी भी रुचिपूर्ण विषय की पहचान के लिए आप अपने स्वयं की शैक्षणिक शाखा या पेशेवर क्षेत्र की जाँच चार 'पी' के संदर्भ में करें। उदाहरण के लिए, यदि आप स्वास्थ्य के क्षेत्र में एक विद्यार्थी हैं, तो

स्वास्थ्य के प्रत्येक उपक्षेत्र में कई प्रकार के मुद्दे, स्थितियाँ, संबंध, प्राप्त हो सकते हैं, जिनकी जाँच आप कर सकते हैं। किसी बीमारी के फैलने के विषय में कुछ मामले, दवाइयों की आदत से छुटकारा पाने की प्रक्रियाएँ, एक प्रतिरक्षी कार्यक्रम, किसी उपचार की प्रभावशीलता, उपभोक्ताओं की संतुष्टि या उनसे संबंधित मुद्दों के स्तर, जो किसी स्वास्थ्य कार्यक्रम विशेष से जुड़े हुए हों आदि आपको शोध समस्याओं कि एक वृहद् परास उपलब्ध करा सकते हैं। सामान्य प्रकार से इसी प्रकार से शिक्षा के क्षेत्र में कई प्रकार के मुद्दे उपलब्ध है, जैसे, शिक्षक के प्रति विद्यार्थियों का संतोष के भाव, एक अच्छे शिक्षक के लक्षण, विद्यार्थियों के शैक्षणिक उपलब्धियों पर उनके घरेलू वातावरण का प्रभाव और उच्च शिक्षा में स्नातकोत्तर विद्यार्थियों की पर्यवेक्षण आवश्यकताएँ आदि।

तालिका 4.1 एक शोध समस्या के पहलू

एक अध्ययन के पहलू	के बारे में सूचना	का अध्ययन	अध्ययन की महत्ता
अध्ययन जनसंख्या	लोग	व्यक्तियों, संगठनों, समूहों, समुदायों	यह आपको आवश्यक सूचना उपलब्ध कराते हैं या आप इनसे या इन विषय में सूचनाएं एकत्र करते हैं
विषय क्षेत्र	समस्या	लोगों के एक समूह के द्वारा सामना किए जाने वाले मुद्दे और समस्याएं; घटनाओं, जुड़ाव, आवश्यकताओं, लक्षणों, जनसांख्यिकीय विवरण, सेवा प्रदान की प्रक्रिया इत्यादि	अपने सेवा शोध प्रश्नों के उत्तर ढूंढने के लिए संकलित की जाने वाली आवश्यक सूचनायें
	कार्यक्रम	विषय वस्तु प्रदत्त सेवाएं, प्रशासनिक ढांचा, सेवा के परिणाम, ग्राहक संतुष्टि, उपभोक्ताओं के विवरण, सेवा प्रदाताओं के विवरण, प्रभावशीलता, लागत लाभ इत्यादि	
	घटना	कारण एवं प्रभाव, संबंध, एक घटना का स्वयमेव अध्ययन इत्यादि	

कोई भी अन्य शैक्षणिक या पेशेवर क्षेत्र जैसे मार्केटिंग रिसर्च, सामाजिक कार्य, सामुदायिक मनोविज्ञान, पर्यटन आदि को भी उप-क्षेत्रों में बांटा जा सकता है, और इनको एक सशक्त शोध समस्या के रूप में जाँचा जा सकता है। अधिकतर क्षेत्र उपरोक्त वर्गीकरण के हिसाब से ठीक बैठते हैं, यद्यपि क्षेत्र से क्षेत्र के बीच में कुछ विशिष्ट समस्याएँ और कार्यक्रम वृहद् तौर पर भिन्नता रख सकते हैं।

चार 'पी' की यह अवधारणा परिमाणात्मक तथा गुणात्मक शोध दोनों पर ही लागू होती है, यद्यपि इस अवस्था में इनके बीच में मुख्य अंतर इनकी विशिष्टता, विभक्तिकरण, सटीकता तथा एकाग्रता आदि के स्तर में होता है। गुणात्मक शोध में यह लक्षण जानबूझकर अत्यधिक ढीले रखे जाते हैं, ताकि जैसे-जैसे आप आगे बढ़ें, तो आप अधिक से अधिक जानकारी प्राप्त कर सकें, जो आपको कुछ प्रासंगिक लगती हों । आप अपने आप को किसी

भी प्रकार से किसी सीमा के द्वारा बाधित नहीं होने दें, जो कि आपकी अन्वेषण की क्षमता को सीमित करती हो। गुणात्मक शोध में एक शोध समस्या के निर्माण के लिए एक पृथक अनुभाग को आगे के अध्याय में दिया गया है, जो कि आपको इस प्रक्रिया से संबंधित आगे का मार्गदर्शन प्रदान करता है।

शोध समस्या के चयन में ध्यान में रखने योग्य बातें

जब एक शोध समस्या या विषय का चयन किया जाए, तो ऐसी कई ध्यान में रखने योग्य बातें हैं, जिनका ख्याल रखना चाहिए, जो यह सुनिश्चित करने में आपकी सहायता करती हैं कि आपका अध्ययन प्रबंधन योग्य होगा और आप सदैव प्रेरित रहेंगे:

- **रुचि** – एक समस्या के चयन में यह सबसे महत्वपूर्ण ध्यान में रखने योग्य बात होनी चाहिए। शोध का कार्य अधिकतर अधिक समय लेने वाला और परिश्रमपूर्ण होता है और यदि आप कोई ऐसा विषय ले लें जिसमें आपकी अधिक रुचि नहीं है, तो आवश्यक उत्साह को बनाए रखना और इसको पूर्ण करने में पर्याप्त समय तथा उर्जा लगाना, आपके लिए अत्यंत कठिन हो सकता है।
- **परिमाण** – शोध की प्रक्रिया के विषय में आपके पास पर्याप्त ज्ञान होना चाहिए ताकि आप अपने मन में प्रस्तावित अध्ययन को पूर्ण करने में किए जाने वाले कार्य को एक कल्पना के रूप में देख सकें। विषय को कुछ इस प्रकार से एकाग्र करें कि यह प्रबंधन योग्य, विशिष्ट तथा स्पष्ट हो जाए। यह अत्यंत महत्वपूर्ण है कि आप एक ऐसे विषय का चयन करें जिसको आप उपलब्ध समय तथा संसाधनों के अंतर्गत प्रबंधित कर सकें। चाहे आप एक विवरणात्मक अध्ययन कर रहे हों, आपको इसके परिमाण के बारे में सावधानीपूर्वक विचार करना होगा।
- **धारणाओं का मापन** – यदि आप अपने अध्ययन में (परिमाणात्मक अध्ययन में) एक **धारणा** का उपयोग कर रहे हों, तो यह सुनिश्चित करें कि आप उसके संकेतों और उनके मापन के विषय में स्पष्ट हैं, उदाहरण के लिए यदि आप एक स्वास्थ्य प्रोत्साहन कार्यक्रम या किसी देश में एक आश्रयस्थान की खोज में जुटे व्यक्तियों के लिए पुनर्वासन कार्यक्रम की प्रभावशीलता का मापन करना चाहते हैं, या यादृच्छिक स्वास्थ्य परीक्षण कार्यक्रम आदि की प्रभावशीलता का मापन करना चाहते हैं, तो आपको इस बारे में स्पष्ट होना चाहिए कि प्रभावशीलता का मापन किसके द्वारा होगा और यह किस प्रकार उसे मापित करेगा। अपनी शोध समस्या में उन धारणाओं का उपयोग न करें जिनके मापन के विषय में आप आश्वस्त न हों। इसका यह अर्थ नहीं है कि आप अध्ययन के प्रगति के दौरान एक मापन योग्य प्रक्रिया विधि का निर्माण नहीं कर सकते। चूँकि अधिकतर विकासात्मक कार्य अध्ययन के दौरान ही किया जाएगा अतः यह आपके लिए अत्यंत आवश्यक है कि आप इस अवस्था में धारणाओं के मापन के विषय में तर्कसंगत ढंग से स्पष्ट रहें।
- **विशेषज्ञता का स्तर** – यह सुनिश्चित करें कि आपके पास उस कार्य के लिए एक विशेषज्ञता का उचित स्तर उपलब्ध है, जिसको आप प्रस्तावित कर रहे हैं। अध्ययन के द्वारा आपके द्वारा किए जानेवाले तथ्यों का लागू होना सुनिश्चित करें और आप इस संबंध में अपने शोध पर्यवेक्षक से भी सहायता प्राप्त कर सकते हैं, लेकिन याद रखें अधिकतर कार्य आपको स्वयं ही करना है।
- **प्रासंगिकता** – एक पेशेवर के रूप में जो विषय आपके लिए प्रासंगिक हों, उन विषयों का चयन करें। यह सुनिश्चित करें कि आपका अध्ययन वर्तमान ज्ञान के भंडार में कुछ अतिरिक्त जोड़ने का कार्य कर रहा है। यह वर्तमान कमियों को दूर करे और नीतिगत निर्माण के लिए उपयोगी साबित हो। यह आपको अध्ययन में अपनी रुचि बनाए रखने में सहायता करेगा।
- **डेटा की उपलब्धता** – यदि आपका विषय द्वितीयक स्त्रोतों (जैसे ऑफिस रिकॉर्ड, ग्राहक रिकॉर्ड, जनगणना या अन्य प्रकाशित रिपोर्ट इत्यादि) से जानकारी के एकत्रीकरण की प्रक्रिया को सम्मिलित करता है, तो यह सुनिश्चित करें कि आपको यह डेटा उपलब्ध हो, और वह आपके अपने विषय को अंतिम रूप देने से पहले एक सही रूपरेखा में आपको मिले।
- **नैतिकता संबंधी मुद्दे** – शोध समस्या के निर्माण के समय एक अन्य महत्वपूर्ण ध्यान में रखने योग्य बात इनमें सम्मिलित नैतिकता संबंधी मुद्दे होते हैं। एक शोध समस्या को संचालित करते समय प्रभावित हो जाने सम्बन्धी मुद्दे सामने उपस्थित हो सकते हैं, जैसे, अध्ययन जनसंख्या का कुछ प्रश्नों से विपरित ढंग से (प्रत्यक्ष या अप्रत्यक्ष तौर पर) प्रभावित हो जाना; बाहरी हस्तक्षेप से वंचित हो जाना; संवेदनशील

तथा निजी जानकारी को साझा करने की अपेक्षा करना; या सामान्य तौर पर प्रयोगात्मक 'गिनीपिग' की तरह व्यवहार किया जाना आदि। समस्या के निर्माण की अवस्था में जनसंख्या समूह को यह नैतिकता संबंधी मुद्दे किस प्रकार प्रभावित कर सकते हैं और किस प्रकार से नैतिकता संबंधी समस्याएँ हल की जा सकती है, इन विषयों को समग्र तौर पर जाँचने की आवश्यकता होती है।

एक शोध समस्या के निर्माण में शामिल होने वाले चरण

शोध समस्या का निर्माण, एक शोध यात्रा के सबसे महत्वपूर्ण भाग के रूप में समझा जाता है, क्योंकि आपकी शोध परियोजना की गुणवत्ता तथा प्रासंगिकता संपूर्ण रुप से इस पर निर्भर करती है। जैसा कि पहले बताया गया है, वह प्रत्येक चरण जो कि एक शोधयात्रा के *'कैसे'* भाग को सम्मिलित करता है (चित्र 2.1) वह इस तरीके पर निर्भर होता है कि आप किस प्रकार से अपनी शोध समस्या का निर्माण कर रहे हैं। यह चरण इतना महत्वपूर्ण होने के बावजूद अन्य पुस्तकों में विशिष्ट मार्गदर्शन के रूप में इसके बारे में बहुत थोड़ा-सा ही लिखा गया है, इस कार्य को वृहद रूप में शोध प्रक्रिया विधि के शिक्षकों के ऊपर या फिर विद्यार्थियों द्वारा स्वयं द्वारा सीखे जाने पर छोड़ दिया जाता है। इस पुस्तक की एक महत्वपूर्ण ताकत यह है कि यह सिफारशी होने का ठप्पा लगने का डर होने के बावजूद शुरुआत करने वाले विद्यार्थी को एक ही जगह पर कुछ अत्यंत विशिष्ट चरणबद्ध मार्गदर्शक तत्व उपलब्ध कराती है।

शोध समस्या के निर्माण की प्रक्रिया में कई चरण विद्यमान होते हैं। जिस विषय में अध्ययन किया जा रहा हो और शोध प्रक्रिया विधि का अनुपालन हो रहा हो यह उस वृहद विषय क्षेत्र के अंतर्गत सुसंगत ज्ञान के स्तर की मांग करता है। प्रासंगिक साहित्य का एक संक्षिप्त पुनरावलोकन इस ज्ञान के आधार को वृहद करने में अत्यंत सहायक होता है। बिना इस प्रकार के ज्ञान के विषय क्षेत्र को स्पष्ट और उचित तौर पर विभक्त करना अत्यंत कठिन है, यदि आप यह नहीं जानते कि किस विशिष्ट विषय, विचार, प्रश्न या मुद्दों पर आप शोध करना चाहते हैं (विद्यार्थियों के बीच में यह एक असाधारण बात नहीं है) तो आप जिस विषय के बारे में अन्वेषण करना चाहते हैं, उसके विषय में निम्नलिखित चरणों को पढ़ना आपके लिए अत्यंत सहायक होगा। यह आपको एक विषय क्षेत्र के चयन तथा उसमें उपस्थित विभिन्न मुद्दों के प्रति ध्यान एकाग्र करने में अत्यंत सहायक होगा, जो कि अंततः अध्ययन के लिए आपकी समस्या का आधार बन जाएगा।

चरण 1 **अपनी रुचि के वृहद क्षेत्र या विषय क्षेत्र की पहचान करें।** इससे पहले कि आप अपनी शोधयात्रा का आरंभ करें, इसकी शुरुआत में ही आपके लिए यह कर लेना अत्यंत महत्वपूर्ण है। स्वयं से पूछें कि वह कौनसी बात है जो कि एक पेशेवर के तौर पर मुझे अत्यधिक रुचि पूर्ण लगती है। लेखक के मत में उस क्षेत्र के विषय में सोचना और शोध करना एक अच्छा विचार रहेगा, जिसमें आप अपना स्नातक कर चुके हैं। यह आपको एक रूचिपूर्ण विषय के चयन में सहायक होगा। उदाहरण के लिए, वह विषय जो कि आपके लिए भविष्य में उपयोगी हो सकता है, यदि आप एक सामाजिक कार्य के विद्यार्थी हैं. जो कि युवा कल्याण, शरणार्थियों या घरेलू हिंसा आदि विषयों पर अपने स्नातक के बाद कार्य करने के इच्छुक हैं, तो आप इनमें से किसी एक क्षेत्र में शोध हेतु विषय का चयन कर सकते हैं, या यदि आप मार्केटिंग पढ़ रहे हैं, तो आप उपभोक्ताओं के व्यवहार के विषय में शोध कर सकते हैं, या सार्वजनिक स्वास्थ्य के एक विद्यार्थी के रूप में, जो एचआईवी एड्स के रोगियों के साथ काम करना चाहते हैं, आप एचआईवी एड्स से संबंधित विषय क्षेत्र में शोध का संचालन कर सकते हैं, या फिर आप एक शिक्षक के रूप में कार्य करने के विषय में भी सोच सकते हैं।

शोध सवाल का सही जवाब

चरण 2 **इस क्षेत्र को उपक्षेत्रों में विभक्त करें।** शुरुआत में आप यह महसूस करेंगे कि उपरोक्त वृहद् क्षेत्र के कई पहलू हैं, जैसे कि युवा कल्याण, शरणार्थी, घरेलू हिंसा, उपभोक्ता व्यवहार और आजादी आदि। उदाहरण के लिए, घरेलू हिंसा के क्षेत्र में इसके कई पहलू और इससे जुड़े कई मुद्दे शामिल हैं, जैसा कि चित्र 4.1 में प्रदर्शित किया गया है।

जितना अधिक आप एक क्षेत्र के विषय में सोचते और पढ़ते हैं, उतने ही उपक्षेत्र आप पहचानते जाते हैं। उदाहरण के लिए आप शराब की लत के वृहद् क्षेत्र का अध्ययन कर सकते हैं (चित्र 4.2 में चरण 2 देखें)। क्षेत्रों की अपनी सूची को तैयार करते समय आपको अन्य लोगों

से भी सुझाव लेने चाहिए, जिनको उस क्षेत्र और आप के विषय क्षेत्र के साहित्य के विषय में कुछ ज्ञान है। तब आप अगली अवस्था के लिए आगे बढ़ सकते हैं, जहाँ पर आप उस विषय वस्तु का चयन करेंगे, जो कि आप की जाँच का आधार बन जाएगी।

चरण 3 **उस विषय वस्तु का चयन करें जो कि आपके लिए सर्वाधिक रुचिपूर्ण है।** न तो यह एक सुझाव देने योग्य बात है न ही आपके लिए एक सरल और सहज कार्य है कि आप सभी प्रकार के क्षेत्रों को अध्ययन में सम्मिलित कर लें। अपनी सूची से कुछ मुद्दों, प्रश्नों, उपक्षेत्रों का चयन करें, जिनके विषय के बारे में आपको जुनून है। आपकी रूचि आपके चयन का सबसे महत्वपूर्ण निर्धारक तत्व होनी चाहिए, पिछले अनुभाग में चर्चित किये अनुसार भले ही वहाँ अन्य विचार मौजूद हो सकते हैं। इसको निर्धारित करने का एक तरीका यह है कि आप उन्मूलन की प्रक्रिया के द्वारा प्रारंभ करें। अपनी सूची पर जाएँ और उन सभी क्षेत्रों, मुद्दों और प्रश्नों को हटाएँ जिनमें आप बहुत अधिक रुचि नहीं रखते। आप यह पाएँगे कि एक समय के बाद इस प्रक्रिया के पश्चात्, आपके लिए विकल्पों को हटाना अत्यंत दुरूह कार्य हो जाएगा। आपको तब तक इस प्रक्रिया को जारी रखना है जब तक कि आप उस विकल्प तक न पहुँच जाएँ जो आपके पास उपलब्ध समय, आपकी विशेषज्ञता के स्तर और अन्य अध्ययन के लिए आवश्यक संसाधनों के अनुसार प्रबंधन योग्य हो। एक बार जब आपको विश्वास हो जाए कि आपने कुछ ऐसा चयन किया है, जिसके विषय में आप जोश और उत्साह से भरे हुए हैं, और जिसको आप प्रबंधित कर सकते हैं, तब आप अगले चरण पर जाने के लिए पूर्ण रूप से तैयार हैं।

चरण 4 **शोध प्रश्नों को उठाएँ।** इस चरण पर स्वयं से पूछें कि वह क्या बात है, जिसे मैं इस क्षेत्र के विषय में ढूँढना चाहता हूँ। अपने द्वारा चयनित क्षेत्र से संबंधित जो भी प्रश्न आपके मन में आते हैं, उनकी एक सूची बनाएँ और यदि आप सोचते हैं कि ऐसे क्षेत्र प्रबंधन योग्य हो सकते हैं, तो चरण 3 में बताई गई उन्मूलन की प्रक्रिया को एक बार फिर से दोहराएँ।

चरण 5 **उद्देश्य बनाएँ।** अब आपके शोध प्रश्नों के आधार पर आपके प्रमुख उद्देश्यों तथा उप-उद्देश्यों का निर्माण किया जाना चाहिए। उद्देश्य और शोध प्रश्नों में मुख्य अंतर, उस लेखन प्रणाली के विषय में है, जिस प्रणाली से ये लिखे जाते हैं। शोध प्रश्न सामान्य तौर पर वे प्रश्न होते हैं। उद्देश्य इन प्रश्नों को क्रिया अभिविन्यास वाली उक्तियाँ का उपयोग कर व्यवहारिक उद्देश्यों में रूपांतरित कर देते हैं, जैसे 'पाने के लिए', 'निर्धारित करने के लिए', 'निश्चित करने के लिए', जाँचने के लिए आदि। कुछ शोधार्थी इस प्रक्रिया को उल्टे तरीके से व्यवहार में लाना पसंद करते हैं, अर्थात् वह उद्देश्य से शुरू करते हैं और फिर उनसे शोध प्रश्न बनाते हैं। कुछ शोधार्थी केवल शोध प्रश्नों से ही संतुष्ट हो जाते हैं, और उद्देश्यों को नहीं बनाते हैं। यदि आप केवल उद्देश्य ही रखना चाहते हैं, तो यह सर्वथा उचित है, लेकिन अपने मन में यह बात अवश्य रखें, कि शोध प्रस्ताव के विषय में आपके संस्थान की आवश्यकताएँ क्या हैं। उद्देश्य के निर्माण में मार्गदर्शन के लिए अगले भाग को देखें:

चरण 6 **अपने उद्देश्यों का मूल्यांकन करें।** अब अपने शोध कार्य के द्वारा उनकी व्यवहार्यता को निश्चित करने हेतु अपने उद्देश्यों की जाँच करें। इनको समय, संसाधन, वित्तीय तथा मानवीय और तकनीकी विशेषज्ञता के आधार पर जाँचें।

चरण 7 **दोबारा जाँचना।** एक बार फिर से वापस जाएँ, और इस बारे में अंतिम तौर पर निर्णय लें, कि क्या आप इस अध्ययन में पर्याप्त रूप से रुचि रखते हैं या नहीं। और आपके पास इस अध्ययन को करने के लिए पर्याप्त रूप से संसाधन उपलब्ध हैं या नहीं। स्वयं से पूछें कि क्या मैं सही मायने में इस अध्ययन के विषय में वास्तविक तौर पर उत्साहित हूँ? क्या मेरे पास इस अध्ययन को करने के लिए पर्याप्त रूप में संसाधन उपलब्ध है? इन प्रश्नों के उत्तर विचारपूर्ण ढंग से और वास्तविकता के आधार पर देने की कोशिश करें। यदि इनमे से किसी प्रश्न के लिए आपका उत्तर 'नहीं' में है, तो अपने उद्देश्यों को एक बार पुनः देखें।

चित्र 4.1 घरेलू हिंसा के विषय क्षेत्र को उपक्षेत्रों में विभक्त करना

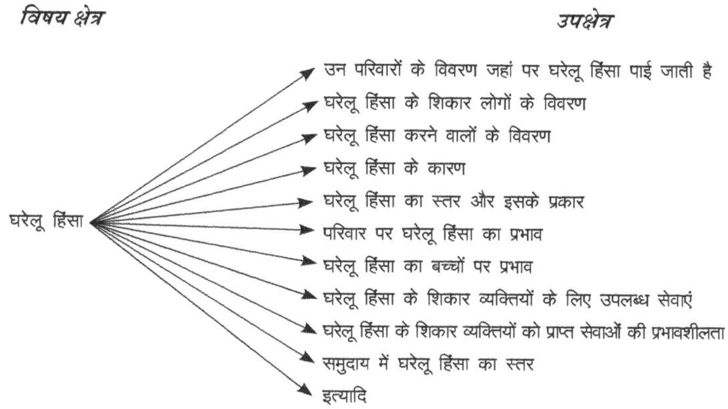

चित्र 4.2–4.4 शैक्षणिक शाखाओं (स्वास्थ्य, सामाजिक कार्य, सामाजिक विज्ञान और सामुदायिक विकास आदि) से उदाहरणों को चरण 1 से 7 तक व्यवहार में लाने की प्रक्रिया को दर्शाते हैं।

शोध उद्देश्यों का निर्माण

अपने अध्ययन में अपने द्वारा इच्छित परिणामों को पाने के लिए आप उद्देश्य निर्धारित करते हैं, क्योंकि यह उद्देश्य पाठक को इस विषय में सूचना देते हैं कि आप अध्ययन में क्या प्राप्त करना चाहते हैं, अतः इनको स्पष्ट और विशिष्ट ढंग से शब्दों में उतारना अत्यंत आवश्यक हो जाता है।

मुख्य उद्देश्य और उप-उद्देश्यों के बीच में स्पष्टता से अंतर स्थापित करना अत्यंत महत्वपूर्ण है। मुख्य उद्देश्य आपके अध्ययन के केन्द्रिय क्षेत्र की ओर जोर देता है। यह मुख्य चुनाव तथा संबंधों से संबंधित है, जिनको आप ढूँढना अथवा स्थापित करना चाहते हैं। उप-उद्देश्य किसी विषय के कुछ विशिष्ट पहलू से संबंधित होते हैं, जिसको आप अपने अध्ययन के मुख्य ढाँचे के अंतर्गत अन्वेषण प्रक्रिया के द्वारा ढूँढना चाहते हैं।

उप-उद्देश्यों को अकों के क्रम में सूचीबद्ध किया जाना चाहिए। इनको स्पष्टता के साथ तथा असंग्दिग्ध शब्दों में लिखा जाना चाहिए। यह सुनिश्चित करें कि प्रत्येक उपक्षेत्र में अध्ययन का एक पहलू समाहित हो। अभिविन्यास संबंधित शब्दों और क्रियाओं का उपयोग करें। जब आप अपने उद्देश्यों को लिख रहे हों, तो उद्देश्यों को इन शब्दों के साथ शुरू करना चाहिए, जैसे 'निर्धारित करना' 'ढूँढना' 'निश्चित करना' 'अन्वेषण करना' इत्यादि।

जिस प्रकार से मुख्य उद्देश्यों तथा उप-उद्देश्यों को लिखा जाता है, वह इस बात को निर्धारित करता है कि आपका शोध किस प्रकार से वर्गीकृत किया जाएगा (अन्य शब्दों में, विवरणात्मक, सह-संबंधी या प्रयोगात्मक)। आपके उद्देश्य की शब्दावली उद्देश्य को पाने के लिए आपके द्वारा अपनाए गए शोध रूपरेखा के प्रकार का निर्धारण करती है, अतः इस बारे में अत्यंत सावधान रहें कि आप किस प्रकार से अपने उद्देश्यों की शब्दावली का निर्धारण कर रहे हैं। शोध के प्रकार के बजाए उद्देश्यों को इस प्रकार से अभिव्यक्त किया जाना चाहिए कि उनकी शब्दावली स्पष्ट, आपके पाठकों को, आपके मन में उपस्थित भावों को संपूर्ण और विशिष्ट ढंग से परिचित कराएँ। अस्पष्टता, अविशिष्टता और अपूर्णता के लिए न तो आपके उद्देश्यों की शब्दावली में कोई भी स्थान होना चाहिए न ही आपके द्वारा संचारित विचारों में । चित्र 4.5 शोध समस्या के प्रकार के संबंध में उद्देश्यों की शब्दावली के लक्षण प्रदर्शित करता है।

यदि आपका अध्ययन प्राथमिक तौर पर विवरणात्मक है, तो आपके मुख्य उद्देश्य के द्वारा आप के अध्ययन के मुख्य बिंदु को स्पष्ट तौर पर विवरणित किया जाना चाहिए, और यहाँ तक कि उसमें संगठन और उसके स्थल का भी नाम लिया जाना चाहिए, जब तक कि इन्हें गोपनीय रखे जाने का कोई प्रावधान न हो। उदाहरण के लिए (संगठन का नाम) के द्वारा प्रदान किए गए उपचार कार्यक्रमों के प्रकार का विवरण शराब की लत वाले व्यक्तियों जो कि (स्थान का नाम) में हों, या स्वास्थ्य सेवाओं के विषयों में समुदाय के विचारों के विषय

उदाहरण 1: मान लीजिए आप शराब की लत के क्षेत्र में एक अध्ययन संचालित करना चाहते हैं। अपनी शोध समस्या के निर्माण के लिए निम्नलिखित चरणों का अनुसरण करें।

चरण 1

मुख्य विषय क्षेत्र की पहचान करें

शराब की लत

चरण 2

उपक्षेत्रों में विभाजन करें

1 शराब की लत वाले व्यक्तियों के विवरण
2 शराब की लत के मामले
3 शराब की लत लगने की प्रक्रिया
4 परिवार पर शराब की लत का प्रभाव
5 शराब की लत वाले व्यक्तियों के लिए सामुदायिक दृष्टिकोण
6 एक उपचार मॉडल की प्रभावशीलता
इत्यादि

चरण 3

अपने रूचि के क्षेत्रों का चयन करें

परिवार पर शराब की लत के प्रभाव

चरण 4

शोध प्रश्नों को उठाएं

1 वैवाहिक संबंधों पर शराब की लत के क्या प्रभाव होते हैं
2 यह किस प्रकार से बच्चों के जीवन के विभिन्न पहलुओं को प्रभावित करता है
3 परिवार की वित्तीय स्थिति पर इसके क्या प्रभाव है?

चरण 5

उद्देश्यों का निर्माण करें

मुख्य उद्देश्य
परिवार पर शराब की लत के प्रभाव प्रभावों को ढूंढना
1 विशिष्ट उद्देश्य
2 वैवाहिक संबंधों पर शराब की लत के प्रभाव को निश्चित करना
3 उन तरीकों का निर्धारण करना जिनके अनुसार शराब की लत बच्चों के जीवन के विभिन्न पहलुओं को प्रभावित करती है
4 परिवार की वित्तीय स्थिति पर शराब की लत के प्रभाव आदि को खोजना

चरण 6

यह सुनिश्चित करें

निम्नलिखित बिंदुओं के प्रकाश में इन उद्देश्यों को देखें
1 इन को प्राप्त करने में लगने वाले कार्य
2 आपके पास उपलब्ध समय
3 आपके पास उपलब्ध वित्तीय संसाधन
4 इस क्षेत्र में आपकी और आप के शोध पर्यवेक्षक की तकनीकी विशेषज्ञता

चरण 7

दोबारा जांच करें

1 क्या आप अध्ययन में वास्तविकता में रुचि रखते हैं
2 क्या आप उद्देश्यों से पूर्ण रुप से सहमत है
3 क्या आपके पास पर्याप्त मात्रा में संसाधन उपलब्ध है
4 क्या अध्ययन को करने के लिए आपके पास तकनीकी विशेषज्ञता उपलब्ध है

चित्र 4.2 एक शोध समस्या के निर्माण में सम्मिलित चरण- शराब की लत

उदाहरण 2: मान लीजिए आप प्रजनन क्षमता तथा मृत्यु दर के बीच के संबंध का अध्ययन करना चाहते हैं। निम्नलिखित चरणों का पालन करें।

चरण 1

मुख्य विषय क्षेत्र की पहचान करें

प्रजनन क्षमता और मृत्युदर

→

चरण 2

उपक्षेत्रों में विभाजन करें

1 प्रजनन क्षमता और मृत्यु दर के रुझान
2 प्रजनन क्षमता के व्यवहार के निर्धारक तत्व
3 प्रजनन क्षमता और मृत्यु दर के बीच में संबंध
4 मृत्यु दर पर स्वास्थ्य संबंधित सेवाओं का प्रभाव
5 प्रजनन क्षमता व्यवहार पर गर्भनिरोधकों का प्रभाव

→

चरण 3

अपनी रुचि के क्षेत्रों का चयन करें

प्रजनन क्षमता और मृत्यु दर के बीच में संबंध

→

चरण 4

शोध प्रश्नों को उठाएं

1 जब मृत्यु दर कम होती जाती है तो प्रजनन क्षमता में क्या परिवर्तन आता है
2 मृत्यु दर में कमी के प्रारंभ और प्रजनन क्षमता में कमी के प्रारंभ के बीच में समय का अंतर कितना होता है
3 प्रजनन क्षमता में कमी के लिए उत्तरदाई कारक क्या है

→

चरण 5

उद्देश्यों का निर्माण करें

प्रजनन क्षमता और मृत्यु दर के बीच के संबंध का अन्वेषण करना
मुख्य उद्देश्य

1 मृत्यु दर में कमी के संबंध में प्रजनन क्षमता में कमी के स्तर का पता लगाना
2 प्रजनन क्षमता में कमी और मृत्यु दर में कमी के बीच में समय के अंतर को निश्चित करना
3 उन कारकों की पहचान करना जो कि प्रजनन क्षमता में परिवर्तनों को प्रभावित कर सकते हैं
4 जनसंख्या के सामाजिक आर्थिक और जनसांख्यिकीय लक्षणों के बीच में संबंध का अन्वेषण करना और प्रजनन क्षमता तथा मृत्यु दर में बदलाव के स्तर

→

चरण 6

यह सुनिश्चित करें

निम्नलिखित कारकों के प्रभाव में उद्देश्यों को देखें

1 आवश्यक किये जाने वाले कार्य
2 आपके पास उपलब्ध समय
3 आपके पास उपलब्ध वित्तीय संसाधन
4 आपके और आपके पर्यवेक्षक की क्षेत्र में तकनीकी विशेषज्ञता

→

चरण 7

दोबारा जांच करें

1 क्या आप इस अध्ययन में सचमुच रुचि रखते हैं
2 क्या आप उद्देश्यों के साथ सहमत हैं
3 क्या आपके पास उचित संसाधन उपलब्ध है
4 क्या इस अध्ययन को करने के लिए आपके पास तकनीकी विशेषज्ञता है

चित्र 4.3 एक शोध समस्या का निर्माण-मृत्युदर तथा प्रजनन क्षमता के बीच संबंध

उदाहरण 3: मान लीजिए कि आप स्वास्थ्य के क्षेत्र में एक अध्ययन का संचालन करना चाहते हैं, तो निम्नलिखित चरणों का पालन करें:

चरण 1

मुख्य विषय क्षेत्र की पहचान करें

स्वास्थ्य

चरण 2

उपक्षेत्रों में विभाजन करें

1 समुदाय को प्राप्त स्वास्थ्य सेवाएं
2 सेवाओं की प्रभावशीलता
3 सेवाओं की लागत
4 लोगों को उपलब्ध स्वास्थ्य बीमा योजनाएं
5 स्वास्थ्य पेशेवरों का प्रशिक्षण
6 स्वास्थ्य संबंधी व्यवहारों में नैतिकता का अनुपालन
7 स्वास्थ्य सेवाओं के लिए उपभोक्ताओं के दृष्टिकोण
8 स्वास्थ्य सेवाओं को प्रदान करने में समुदाय की प्रतिक्रिया शीलता इत्यादि

चरण 3

अपनी रुचि के क्षेत्रों का चयन करें

स्वास्थ्य सेवाओं को प्रदान करने में सामुदायिक प्रतिक्रियाशीलता

चरण 4

शोध प्रश्नों को उठाएं

1 सामुदायिक प्रतिक्रियाओं को स्वास्थ्य प्रशासक, स्वास्थ्य सेवा प्रदाता और उपभोक्ता किस प्रकार से वर्णित करते हैं?
2 सामुदायिक प्रतिक्रियाशीलता किस प्रकार से प्राप्त की जा सकती है?
3 सामुदायिक प्रतिक्रियाशीलता रणनीति की प्रभावशीलता के मूल्यांकन के लिए किन संकेतकों का उपयोग किया जा सकता है?

चरण 5

उद्देश्यों का निर्माण करें

मुख्य उद्देश्य: स्वास्थ्य सेवाओं के प्रदान करने में सामुदायिक प्रतिक्रियाशीलता की रणनीतियों की प्रभावशीलता का मूल्यांकन

विशिष्ट उद्देश्य

1 किस प्रकार से स्वास्थ्य प्रशासक, नियोजक, सेवा प्रदाता और सेवा उपभोक्ता सामुदायिक प्रतिक्रियाशीलता की अवधारणा को समझते हैं?
2 इसको निश्चित करना स्वास्थ्य सेवाओं में सामुदायिक प्रतिक्रियाशीलता की अवधारणा के कार्यान्वयन की रणनीतियों को पहचानना
3 सामुदायिक प्रतिक्रियाशीलता के कार्यान्वयन में उपयोग में लाई जाने वाली नीतियों की प्रभावशीलता के मूल्यांकन के लिए संकेतकों के एक समूह का विकास करना

चरण 6

यह सुनिश्चित करें

निम्नलिखित के प्रकाश में अपने **उद्देश्यों को देखें**

1 किए जाने वाले कार्य
2 आपके पास उपलब्ध समय
3 आपके पास उपलब्ध वित्तीय संसाधन
4 आपकी और आपके पर्यवेक्षक की क्षेत्र में तकनीकी विशेषज्ञता

चरण 7

दोबारा जांचें

1 क्या आप अध्ययन में सचमुच रुचि रखते हैं?
2 क्या आप उद्देश्यों के साथ सहमत हैं?
3 क्या आपके पास समुचित संसाधन उपलब्ध हैं?

चित्र 4.4 एक शोध समस्या को लेकर एकाग्रता स्थापित करना– स्वास्थ्य

में अन्वेषण जो कि (स्वास्थ्य केंद्र संभाग का नाम) द्वारा (स्थान का नाम) में प्रदान की जा रही हों। संगठन की पहचान और इसके स्थान की पहचान महत्वपूर्ण है, क्योंकि कुछ सेवाएँ किसी स्थान या संगठन के लिए विशेष प्रकार की हो सकती हैं और यह उसी प्रकार की जनसंख्या में अन्य संगठनों के द्वारा प्रदान सेवाओं का प्रतिनिधित्व नहीं करती है।

यदि आपका अध्ययन की प्रकृति सह संबंधी है, तो चित्र 4.5 में प्रदर्शित प्रथम तीन लक्षणों के अतिरिक्त, अध्ययन के मुख्य उद्देश्य की शब्दावली में चरों को भी समाहित करना चाहिए, जिनके बीच में सह संबंध स्थापित किया जा रहा हो, (उदाहरण परिवार की भूमिकाओं में आप्रवासन के प्रभाव या विद्यार्थियों की समझ पर पड़ने वाले विभिन्न शिक्षण विधियों के प्रभाव आदि)।

यदि आपके अध्ययन का जोर समग्र तौर पर एक परिकल्पना के परीक्षण में है तो मुख्य उद्देश्य की शब्दावली में संबंध की दिशा का भी संकेत दिया जाना चाहिए। जिसका परीक्षण हो रहा हो, (उदाहरण के लिए, यह देखना कि क्या युवाओं की बेरोजगारी में वृद्धि होने से गली, मोहल्ले में होने वाले अपराधों की संख्या में वृद्धि होती है? या यह प्रदर्शित करना की ग्रामीण ऑस्ट्रेलिया में ग्रामीण लोगों को प्रदान की गई मातृ तथा बाल स्वास्थ्य सेवाओं के प्रावधान नवजात मृत्युदर में कमीं लाएँगे?)

चित्र 4.5 उद्देश्यों के लक्षण

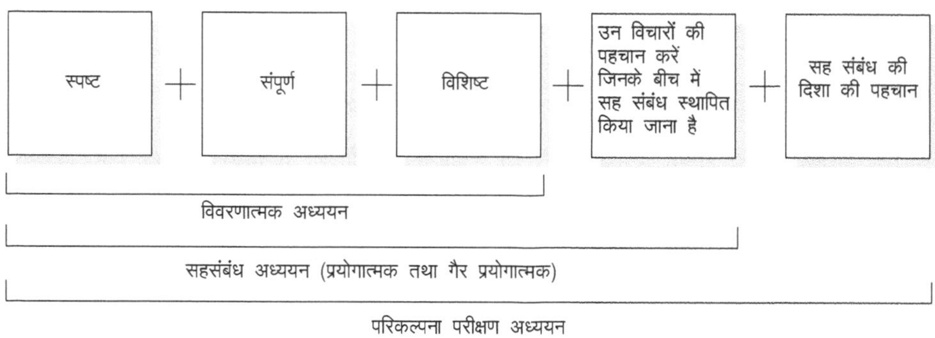

अध्ययन जनसंख्या

अभी तक हमने अध्ययन के केवल एक ही पहलू पर ध्यान केंद्रित किया है और वह है शोध समस्या, लेकिन सामाजिक विज्ञान के प्रत्येक अध्ययन में **अध्ययन जनसंख्या** का एक दूसरा पहलू भी होता है, जिससे शोध प्रश्नों के विषय में उत्तर पाने के लिए आवश्यक जानकारी प्राप्त की जाती है।

जैसे-जैसे आप एक शोध समस्या के किसी बिंदु पर एकाग्र हो जाते हैं, उसी प्रकार से आपको विशेष तौर पर और स्पष्टता से इस विषय में निर्णय करने की आवश्यकता है, कि आपकी अध्ययन जनसंख्या में कौन-से समूह सम्मिलित होंगे, ताकि आप उचित प्रतिक्रिया देने वालों का एक सेट तैयार कर सकें।

मान लीजिए आपने एक समुदाय में रहने वाले नौजवान लोगों की आवश्यकता को निश्चित करने हेतु एक अध्ययन की रूपरेखा का निर्माण किया है। अध्ययन जनसंख्या के संदर्भ में कुछ प्रश्नों के सबसे पहले उत्तर देने की आवश्यकता आपको होगी, वह हैं:

मेरे विचार में एक नौजवान व्यक्ति कौन है? आपको यह निर्णय करना होगा कि मापन योग्य संदर्भों में आपकी प्रतिक्रिया देने वाले व्यक्ति किस आयु समूह से आने चाहिए; क्या यह लोग 15 और 18, 15 और 20, या 15 और 25 वर्ष की उम्र के बीच के लोग हैं? आप किसी अन्य समूह में रुचि रखना चाहेंगे? आपको यह निर्णय करने की आवश्यकता, अपनी यात्रा का प्रारंभ करने से पहले ही होगी। एक बार उम्र समूह का निर्णय करने के पश्चात जोकि आपके नौजवान व्यक्तियों के समूह को सम्मिलित करें, वह अगला प्रश्न, जिसका उत्तर देने की आपको आवश्यकता है, वह यह है कि क्या आप दोनों ही लिगों को इस अध्ययन में शामिल

करना चाहेंगे, या किसी एक लिंग से ही आप इस अध्ययन को संबंधित रखना चाहेंगे? इसके अतिरिक्त ध्यान में रखने योग्य एक अन्य बात यह है कि इस समुदाय को कौन-से व्यक्ति बनाते हैं? आपको प्रतिक्रिया देने वालों का चयन किस भौगोलिक क्षेत्र और जातीय पृष्ठभूमि के लोगों के बीच में करना चाहिए?

आइए अब एक अन्य उदाहरण लें। मान लीजिये आप अप्रवासियों के बसने की प्रक्रिया के विषय में कुछ अन्वेषण करना चाहते हैं। अपनी अध्ययन जनसंख्या की पहचान के एक भाग के रूप में आपको निर्णय करना होगा कि आप किन्हें अप्रवासी मानें? क्या ये वह व्यक्ति हैं, जो 5, 10, 15, 20 साल पहले अप्रवासी बने हैं। आपको उन देशों को भी ध्यान में रखने की आवश्यकता होगी, जिनसे यह आप्रवासी आए हैं। क्या आप अपने प्रतिक्रिया देने वालों का चयन बिना उनके मूल देश को ध्यान में रखे हुए करेंगे? या फिर केवल उन्हीं लोगों का चयन करेंगे, जो कि किसी देश विशेष से आए हुए हैं? आपको अध्ययन जनसंख्या के विषय में अपनी परिभाषा को कुछ बिंदुओं के अनुसार एकाग्र करना होगा, जैसा कि आपने अपनी शोध समस्या के साथ किया है। अगले भाग में यह सारे मुद्दे विस्तृत तौर पर व्याख्या के अंतर्गत लाए गए हैं। परिमाणात्मक शोध में आपको अपनी शोध समस्या और अध्ययन जनसंख्या दोनों को ही कुछ बिंदुओं पर एकाग्र करना होता है, और उनको जितना अधिक हो सके उतना ही अधिक विशिष्ट बनाना होता है, ताकि आपके पाठकगण इनके विषय में स्पष्ट ज्ञान हासिल कर सकें। गुणात्मक अध्ययन में प्रक्रिया विधि के 'अन्वेषणात्मक' दार्शनिक आधार को प्रतिविम्बित करते हुए अध्ययन जनसंख्या तथा शोध समस्या को दोनों को ही ढीला और लचीला रहना चाहिए, ताकि यदि कोई नई परिस्थितियाँ उत्पन्न हो तो भिन्न प्रकार के प्रचूर डेटा के एकत्रीकरण में आवश्यक स्वतंत्रता सुनिश्चित की जा सके।

कार्यान्वयन परिभाषाओं की स्थापना करना

समस्या की व्याख्या करते समय आप कुछ निश्चित शब्दों तथा मदों का उपयोग कर सकते हैं, जो वस्तुतः मापन में कठिन समझे जाते हों या और जिनको समझना, प्रतिक्रिया देने वाले एक व्यक्ति से दूसरे व्यक्ति में भिन्नता रखता हो। शोध समस्या में नियमों, संकेतकों के कुछ सेट या कुछ मापक स्केल आदि का विकास करके उनकी व्याख्या करना तथा उनको स्थापित करना आवश्यक है, ताकि इन शब्दों और मदों का आप एक स्पष्ट अर्थ स्थापित कर सके। कभी-कभी यह भी महत्वपूर्ण होता है कि उस अध्ययन जनसंख्या की स्पष्ट तौर पर व्याख्या की जाये, आप जिस अध्ययन जनसंख्या से आवश्यक सूचनाएँ प्राप्त करना चाह रहे हों। जब आप उन धारणाओं की व्याख्या करते हैं, जिनको आप अपनी समस्या में उपयोग में लाने की योजना बना रहे हैं, और/ या अध्ययन जनसंख्या की मापन योग्य पहचान करने में इनका उपयोग कर रहे हैं, तो इनको **कार्यान्वयन संबंधी परिभाषाएँ** या **संचालन संबंधी परिभाषाएँ** कहते हैं। आपको यह समझना चाहिए कि यह कार्यान्वयन संबंधी परिभाषाएँ, जिनका विकास आप करते हैं, केवल अध्ययन के उद्देश्य के लिए हैं और यह कानूनी परिभाषाओं और अन्य लोगों के द्वारा उपयोग की जाने वाली परिभाषाओं से भिन्न हो सकती है। इन धारणाओं को आप जो अर्थ देते हैं, वह केवल आप के अध्ययन के उद्देश्य के लिए है, और किसी भी प्रकार की अस्पष्टता को हटाने के लिए है, जो कि अपने प्रतिक्रिया देने वाले व्यक्तियों के चयन और उनके साथ संवाद स्थापित करते समय आपके मन में आती है,क्योंकि इन धारणाओं को लेकर भिन्न भिन्न व्यक्तियों की समझ भिन्न भिन्न हो सकती है। अतः आपकी कार्यान्वयन संबंधी परिभाषाएँ आपके पाठकों को इस विषय में सूचना देंगी कि आपका, किसी धारणा से वस्तुतः अर्थ क्या है, जो कि आपने अपने अध्ययन में उपयोग में लाई है। आइए, अब कुछ अध्ययनों से एक उदाहरण लें, जहाँ पर मुख्य उद्देश्य निम्न प्रकार से हैं:

1. ऑस्ट्रेलिया में गरीबी रेखा से नीचे रहने वाले बच्चों की संख्या का पता करना
2. आप्रवासियों के बीच में पारिवारिक भूमिकाओं पर आप्रवासन के प्रभाव को देखना
3. नौजवान लोगों की सहायता के लिए निर्मित किए गए पुनः प्रशिक्षण कार्यक्रमों की प्रभावशीलता का मापन करना

यद्यपि यह उद्देश्य स्पष्ट तौर पर इन अध्ययनों के मुख्य जोर देने वाले बिंदुओं से आपका परिचय कराते हैं, लेकिन यह अध्ययन किए जाने वाले मुख्य चरों और अध्ययन जनसंख्या के संदर्भ में विशिष्ट प्रकार के

नहीं होते हैं। आप गरीबी की रेखा से नीचे रहने वाले बच्चों की संख्या की गणना तब तक नहीं कर सकते जब तक कि आप यह निर्णय ना कर लें, कि गरीबी रेखा को कौन-से कारक बनाते हैं, और इसका निर्धारण कैसे किया जाता है? आप अप्रवासियों की पारिवारिक भूमिकाओं में आप्रवासन के प्रभाव का तब तक पता नहीं कर सकते जब तक आप यह न पता लगा लें कि 'पारिवारिक भूमिकाएँ क्या है' और आप प्रभावशीलता का मापन तब तक नहीं कर सकते जब तक कि आप यह निर्धारित न कर लें, कि इसमें में प्रभावशीलता का अर्थ क्या है। इसके विपरित यह उतना ही महत्वपूर्ण है कि आप सटीक तौर पर यह निर्णय कर लें कि बच्चों, आप्रवासियों या नौजवान लोगों के समूह से आप का क्या अर्थ है? किस उम्र के व्यक्ति को आप एक बच्चा मानेंगे? आप किसे एक नौजवान मानेंगे? और आप किस व्यक्ति को एक अप्रवासी का दर्जा देंगे? इसके अतिरिक्त, क्या आप प्रत्येक देश से आए आप्रवासियों को इस अध्ययन में शामिल करेंगे, या केवल कुछ ही को? कई मामलों में आपको उनके परिपेक्ष्य में संचालन संबंधी परिभाषाएँ बनानी पड़ती है, जिन चरों और धारणाओं का आप अध्ययन कर रहे हैं, और उस अध्ययन जनसंख्या के लिए भी जो कि आप के अध्ययन के लिए जानकारी का स्तोत्र बनती है। तालिका 4.2, उपरोक्त उदाहरणों के लिए धारणाओं और जनसंख्या समूहों की एक सूची प्रदर्शित करती है, जिनका कार्यान्वयन होना है। इन को स्पष्ट तौर पर संचालन संबंधी परिभाषाओं के विकास के द्वारा व्याख्या के अंतर्गत लाने से किसी भी प्रकार की अस्पष्टता तथा भ्रम की स्थिति से आपका बचाव होगा।

संचालन संबंधी परिभाषाएँ दैनिक जीवन में आने वाले शब्दों और शब्दकोष अथवा कानूनी परिभाषाओं से अलग हो सकती हैं। यह अर्थ या तो आपके अध्ययन जनसंख्या या फिर आपके द्वारा अध्ययन की जाने वाली धारणाओं को पहचानने में सहायक नहीं हो सकता है। यद्यपि दैनिक जीवन में आप 'बच्चे', 'नौजवान', 'अप्रवासी' आदि शब्दों को सामान्य तौर पर उपयोग में लाते हैं, लेकिन जब आप शोध अध्ययन कर रहे हों, तो इनका उपयोग विशिष्ट तौर पर करने के लिए सचेत रहें। आपको अपनी स्वयं की परिभाषाओं के साथ कार्य करना होगा।

कार्यान्वयन संबंधी परिभाषाएँ, अध्ययन जनसंख्या और उपयोग में लाई गई अभी धारणाओं को एक कार्यान्वयन योग्य अर्थ प्रदान करती हैं। अपनी प्रक्रियाओं को अत्यंत स्पष्ट बनाकर ही आप इनका विवरण देना, व्याख्या करना, जाँच करना, परीक्षण करना आदि क्रियाएँ कर सकते हैं। यह याद रखना महत्वपूर्ण है कि यह निर्णय लेने के लिए कोई नियम विद्यमान नहीं है कि क्या एक संचालन संबंधी परिभाषा वैध है अथवा नहीं। आपकी परिभाषाओं की उचितता के विषय में आपके तर्कों को अन्य लोगों को संतुष्ट करने योग्य होना चाहिए।

तालिका 4.2 अवधारणाओं और अध्ययन जनसंख्या का कार्यान्वयन

	अध्ययन किए जाने वाली अवधारणाएं		**अध्ययन की जानेवाली जनसंख्या**	
अध्ययन	**अवधारणा**	**मुद्दे**	**अध्ययन जनसंख्या**	**मुद्दे**
1	गरीबी रेखा	'गरीबी रेखा' किस से मिलकर बनी है?	बच्चे	आप एक बच्चा किसे मानेंगे?
2	पारिवारिक भूमिकाएं	'पारिवारिक भूमिकाओं' में क्या सम्मिलित है?	अप्रवासी	आप एक अप्रवासी किसे मानेंगे?
3	प्रभावशीलता	'प्रभावशीलता' में क्या सम्मिलित है?	नौजवान	आप एक नौजवान व्यक्ति किसे मानेंगे?
आपको यह करना चाहिए:	अवधारणाओं का कार्यान्वयन- क्रियात्मक परीक्षण एवं मापने योग्य शब्दों में 'गरीबी रेखा', 'पारिवारिक भूमिकाओं' और 'प्रभावशीलता' की व्याख्या करनी चाहिए।		अध्ययन जनसंख्या का कार्यान्वयन- पहचानने योग्य शब्दों 'बच्चे', 'अप्रवासी', और 'नौजवान' आदि की व्याख्या	

गुणात्मक शोध में एक शोध समस्या का निर्माण करना

गुणात्मक के खिलाफ संख्यात्मक संशोधन

जिस प्रकार से आप अपनी शोध समस्या का निर्माण करते हैं, उसके द्वारा गुणात्मक तथा परिमाणात्मक अध्ययन के बीच में अंतर स्थापित होना प्रारंभ होता है। परिमाणात्मक अध्ययन में आप जितना संभव हो उतना अधिक विशिष्ट होने की कोशिश करते हैं और अपने अध्ययन के परिमाण को अधिक से अधिक केंद्रित करने की कोशिश करते हैं, और एक ऐसे ढाँचे का निर्माण करते हैं, जिसके अंतर्गत आप अपने शोध को सीमित कर सकें। इसके विपरित, गुणात्मक अध्ययन में क्षेत्र, प्रक्रियाओं तथा संरचना में यह विशिष्टता होने की आवश्यकता नहीं होती है, इसके बजाय आपको लचीलापन, खुलापन तथा नए विचारों को समाहित करने के लिए स्वतंत्रता की तथा शुरुआत में शामिल किए गए कुछ पहलुओं को अध्ययन से हटाने की आवश्यकता होती है, जिनको आप बाद में प्रासंगिक न समझते हों। शुरुआती अवस्था में आप केवल अपने अध्ययन के मुख्य केन्द्रिय भागो और कुछ विशिष्ट पहलुओं को पहचान सकते हैं, जिन के विषय में आप जानना चाहते हैं।

गुणात्मक मनोवैज्ञानिक शोध

एक बार मैंने एक विद्यार्थी का पर्यवेक्षण किया जो कि ध्यान की कमी और अति सक्रियता (एडीएचडी) के विकार से पीड़ित लोगों के अध्ययन में रूचि रखती थी। जैसा कि वह कहती थी, कि वह यह जानना चाहती थी कि 'परिवार में एक एडीएचडी विकार वाले बच्चे के होने का अर्थ क्या है?' वस्तुतः उसको मेरा पहला प्रश्न यह था 'इससे क्या अर्थ है' से तुम्हारा अर्थ क्या है? वह कुछ क्षण चुप रही और फिर उसने कहा कि 'इसका अर्थ है वह है जो कि इसका अर्थ है'। मैंने उससे मुझको एक प्रतिक्रिया देने वाले व्यक्ति की तरह समझने के लिए कहा और उस बारे में मुझसे प्रश्न पूछने के लिए कहा। उसने मुझसे पूछा कि 'एक एडीएचडी वाले बच्चे के होने का क्या अर्थ है' जिस पर मेरा उत्तर था कि 'मैं तुम्हारा प्रश्न नहीं समझता हूँ'। 'क्या तुम मुझे 'इस का अर्थ क्या है' के अर्थ की व्याख्या कर सकती हो? उसको इस वाक्य की व्याख्या करना अत्यंत कठिन लगा और उसने तुरंत प्रश्न के साथ जुड़ी हुई उस समस्या को महसूस किया। उसने जो सोचा था वह उसके मन में बिल्कुल स्पष्ट था, लेकिन वह व्याख्या करने में अत्यंत कठिन था। उसके दिमाग में क्या चल रहा था उसकी व्याख्या करने में उसे और समय लगा। आगे होने वाली चर्चा में, यद्यपि वह अपने मन में उपस्थित कुछ बातों की व्याख्या कर सकी थी, लेकिन उसने महसूस किया वह अपने प्रारंभिक प्रश्न के साथ एक प्रतिक्रिया देने वाले व्यक्ति के पास जाकर यह प्रश्न नहीं पूछ सकती थी।

वह विद्यार्थी एक ऐसे परिवार को जानती थी जिसमें एक एडीएचडी से पीड़ित बच्चा था, जिसके कारण संभवतया उसकी इस विषय में रुचि जागृत हुई थी। मैंने उसे सुझाव दिया कि उसको माता के साथ बात करनी चाहिए, उसने बातें की और उसके लिए अत्यंत आश्चर्यजनक बात थी, कि माता ने भी उससे वही प्रश्न किया, जो कि मैंने उससे किया था। मैंने उसे सलाह दी कि उसे एडीएचडी पर कुछ साहित्य पढ़ना चाहिए और दो परिवारों के साथ अनौपचारिक बातचीत करनी चाहिए, जिनमें एडीएचडी से पीड़ित कोई बच्चा हो। हमने एक अकेली माँ वाले और माता पिता के द्वारा बच्चे की जिम्मेदारी संभालने वाले किसी दूसरे परिवार का चयन करने का निर्णय लिया। उसको परिवार में एडीएचडी से पीड़ित एक बच्चे के पालन पोषण के संबंध में उपस्थित, 'इसका क्या अर्थ है' विषय को समझने और प्रतिबिंबित करने वाले पहलुओं तथा मुद्दों को रिकॉर्ड करने की सलाह दी गई। उपरोक्त क्रिया को कर लेने के पश्चात उसने पहलुओं और मुद्दों से सम्बंधित साढ़े तीन पृष्ठों की एक लंबी सूची का निर्माण किया, जो कि उसके अनुसार 'इसका क्या अर्थ है' से सम्बंधित विषय से उसकी समझ को प्रदर्शित करती थी। उसने इन पहलुओं और मुद्दों के चारों ओर कुछ विशिष्ट प्रश्न तैयार नहीं किए। इन्होने केवल उस पृष्ठभूमि को तैयार करने का कार्य किया, जो यदि प्रतिक्रिया देने वाले ऐसे कुछ मुद्दों या पहलुओं के संबंध में चर्चा नहीं करते कि 'परिवार में एडीएचडी वाले बच्चे के होने का क्या अर्थ है?' तो उन्हें संभावित प्रतिक्रिया देने वाले व्यक्तियों के सामने उठाया जा सकता था।

सूची के द्वारा 'इसका क्या अर्थ है' के विषय में उसकी सोच में अत्यधिक स्पष्टता जागृत हुई और इसने परिवारों के साथ किये गये साक्षात्कारों के समय एक आधार के रूप में कार्य किया। पर्यवेक्षण के कार्यक्रमों के दौरान उसने कई बार यह बताया है कि धारणात्मक ढाँचे के बिना वह इतना सब करने में सक्षम नहीं होती। आपको इसको साक्षात्कार मार्गदर्शिका के तौर पर समझ कर भ्रमित नहीं होना चाहिए। यह सूची विचारों के एक धारणात्मक निर्माण की तरह है, जो यदि आपका संभावित प्रतिक्रिया देने वाले व्यक्तियों के साथ पर्याप्त संवाद नहीं हो रहा हों तो एक पृष्ठभूमि की तरह कार्य करती है और चर्चाओं के लिए एक आधार बन जाती है।

गुणात्मक अध्ययन में प्राथमिक तौर पर प्रेरणात्मक तर्कों का उपयोग किया जाता है। परिमाणात्मक अध्ययन के विपरित, जहाँ पर एक शोध समस्या डेटा संकलन के पहले ही कथन के रूप में रख दी जाती है, गुणात्मक शोध में डेटा संकलन के बहुत समय बाद शोध समस्या को कई बार बदल कर बनाया जाता है। यह शोध समस्या और डेटा संकलन की रणनीतियाँ, जिस प्रकार आवश्यक हो, उस प्रकार से संपूर्ण डेटा संकलन की प्रक्रिया के दौरान या तो किसी घटना की 'समग्रता' को आत्मसात करने के लिए या फिर अत्यधिक गहन अध्ययन के कुछ निश्चित पहलुओं का चयन करने के द्वारा बनाई जाती है। यह लचीलापन यद्यपि आपको कुछ लाभ प्रदान करता है, लेकिन प्राप्त हुई जानकारी परिमाणात्मकता के संदर्भ में, कुछ अन्य समस्याओं को भी जन्म देती है। यह संभव है कि डेटा एकत्रीकरण की प्राथमिक तथा अंतिम अवस्था के दौरान आपकी खोज के क्षेत्र में बहुत बड़ी भिन्नता हो। प्रारंभिक विकास की अवस्थाओं में कई शोधार्थी स्मरण करने हेतु एक ढाँचे (जाँच के लिए एक धारणा का ढांचा) का निर्माण करते हैं, ताकि वह यह सुनिश्चित कर सकें कि प्रतिक्रिया देने वालों के व्यक्तियों के साथ चर्चा करते समय मुख्य मुद्दे या पहलओं को, सम्मिलित किया गया है कि नहीं। यदि आवश्यकता हो तो जैसे-जैसे अध्ययन बढ़ता जाता है, इस ढाँचे में अन्य मुद्दों और विषय वस्तु को सम्मिलित किया जा सकता है। यह प्रश्नों की एक सूची नहीं होती, बल्कि यह कुछ स्मरणपत्र होते हैं, जिनका उपयोग केवल तभी किया जाता है, जब कि किसी कारणवश प्रतिक्रिया देने वालों के साथ इनकी चर्चा ना हो पाए।

ऊपर दिए गए उदाहरण को देखें जो कि एक गुणात्मक अध्ययन में शोध समस्या के निर्माण की प्रक्रिया का विस्तृत विवरण देता है। गुणात्मक अध्ययन में आपको एक शोध समस्या के निर्माण की आवश्यकता नहीं होती है, जैसा कि परिमाणात्मक अध्ययन में आपको होती है। हालाँकि, यह अत्यंत महत्वपूर्ण है कि आप एक अवधारणात्मक ढाँचे का निर्माण अवश्य कर लें, जो कि प्रतिक्रिया देने वालों के साथ की गई चर्चाओं के आधार के रूप में कार्य कर सके। विशेष तौर पर उन मामलों में, जहाँ पर प्रतिक्रिया देने वाले बढ़ चढ़ कर हिस्सा न ले रहे हों। गुणात्मक शोध में आपको अपने जाँच के ढाँचे के विषय में खुले और लचीले रहने की आवश्यकता है, ताकि आप अपने द्वारा एकत्र डेटा में गहनता और प्रचुरता का समावेश कर सकें।

आपकी सफलता के लिए शोध

सारांश

शोध की प्रक्रिया में एक समस्या का निर्माण करना सबसे महत्वपूर्ण चरण है। रूपरेखा के शब्दों में यह केवल एक नीव ही होती है जिसपर संपूर्ण अध्ययन का आधार रखा जाता है। इसमें किसी भी प्रकार की कोई कमियां होने से, वे आपके अध्ययन की वैधता और इसकी विश्वसनीयता को नकारात्मक रूप से प्रभावित कर सकती हैं।

ऐसे कुछ विशिष्ट मार्गदर्शक तत्व नहीं है, लेकिन इस अध्याय में कुछ मॉडल अवश्य दिए गए हैं जो कि एक शुरुआत करने वाले विद्यार्थी के लिए उपयोगी ढाँचे का कार्य कर सकते हैं। सात चरणों वाला मॉडल, आपको अपने रूचि के वृहद् क्षेत्र को एकाग्र करने में सहायक सिद्ध होता है, ताकि, इस बात का विशिष्ट तौर पर निर्णय करने में सक्षम हो सके कि आप अध्ययन में क्या चाहते हैं। इस मॉडल की प्रकृति कार्यान्वयन संबंधी है, और यह एक तर्कपूर्ण क्रम का अनुसरण करता है, जो कि एक शुरुआत करने वाले विद्यार्थी को एक शोध समस्या के निर्माण करने के दौरान आने वाली जटिलताओं से एक सरल तथा सुगमता

से समझने योग्य ढंग से परिचित करवाता है। परिमाणात्मक अध्ययन में आपको अपनी शोध यात्रा के मार्ग का निर्धारण पहले से ही करने की आवश्यकता होती है। यह संचालन मानचित्र आपका मार्गदर्शक बन जाता है। हालाँकि, गुणात्मक शोध में यात्रा खुली और किसी भी मार्ग विशेष के कड़े अनुपालन से बिल्कुल मुक्त रहती है। परिमाणात्मक अध्ययन में यह महत्वपूर्ण है कि आप समस्याओं के संदर्भ में एकाग्र रहकर प्रक्रिया से गुजरे। आप जिन उद्देश्यों के सेट का निर्माण करते हैं, उनसे आपके और उनके परिणाम आदि का निर्धारण होता है, अतः आपके लिए आवश्यक है कि आप अपने अध्ययन के उद्देश्य को स्पष्ट तौर पर निर्धारित करें। उद्देश्य चाहे वह मुख्य उद्देश्य हो या उपउद्देश्य हों, उनको विशिष्ट होना चाहिए और इन्हें किसी भी प्रकार की अस्पष्टता से मुक्त होना चाहिए, और प्रत्येक उद्देश्य को अध्ययन के किसी न किसी पहलू से जुड़ा होना चाहिए। अपने उद्देश्यों को लिखते समय क्रिया आधारित शब्दों का उपयोग करें।

गुणात्मक शोध में एक शोध समस्या के निर्माण की क्रिया एक भिन्न पथ अपनाती है। जिस समस्या के संबंध में उत्तर पाने का प्रस्ताव आप दे रहे हों, आप उसकी सटीक प्रकृति तथा स्तर का पूर्व निर्धारण नहीं करते हैं। आप जैसे-जैसे उसके विषय में तथ्यों का संकलन करते रहते हैं, वैसे-वैसे इसमें सदैव यथेष्ट परिवर्तन करते रहते हैं। हालाँकि, क्षमतावान प्रतिक्रिया देने वालों के साथ मुद्दों की चर्चा की पृष्ठभूमि के रूप में यह समस्या के विभिन्न पहलुओं के लिए एक धारणात्मक ढाँचे के विकास में आपकी सहायता अवश्य करता है।

आपके द्वारा अध्ययन में प्रस्तावित की जाने वाली धारणाओं के लिए, कार्यान्वयन संबंधी परिभाषाओं का विकास करना अत्यंत महत्वपूर्ण है। यह उस विषय में स्पष्टता बढ़ाने में सहायक होता है, जिन मुद्दों पर आप अन्वेषण करना चाह रहे हैं, और जिस अध्ययन जनसंख्या से आप जानकारी एकत्र करना चाहते हैं। यह महत्वपूर्ण है कि आप मुख्य चरों, जो कि आप अध्ययन में प्रस्तावित कर रहे हो, तथा अध्ययन जनसंख्या, दोनों को कार्यान्वित करें।

आपके सोचने के लिए

- इस अध्याय की शुरुआत में दिए गए शब्दों से स्वयं को पुनः परिचित करवाएँ और यदि आप इनके अर्थ या इनमें से किसी के अनुप्रयोगों के विषय में अनिश्चित हैं तो पाठ से आगे बढ़ने से पहले एक बार उनको अवश्य देखें।
- दो या अधिक संभावित शोध प्रश्नों की पहचान करें, जो कि आपके स्वयं की शैक्षणिक या विषय क्षेत्र से संबंध रखते हों और जो कि 4 पी में से प्रत्येक के अंतर्गत सम्मिलित किए जा सकें। (जैसा कि तालिका 4.1 में रेखांकित किया गया है): पीपल, प्रॉब्लम्स, प्रोग्राम्स, फिनोमिना।
- प्रत्येक परिकल्पना संबंधी शोध प्रश्नों के लिए उन धारणाओं तथा अध्ययन जनसंख्या की पहचान करने का प्रयास करें, जिनको कार्यान्वयन के तरीके से परिभाषित किया जाना है। यदि ऐसा नहीं किया गया तो उन समस्याओं का विचार करें जो कि आपके सामने उपस्थित हो सकती हैं।
- अपनी रुचि के एक वृहद विषय क्षेत्र का चयन करें और इसको उपक्षेत्रों में विभाजित करें।

चूँकि अब आप इस अध्याय को पढ़ चुके हैं, अतः निम्न प्रश्नों के उत्तर देने का प्रयास करें

- गुणात्मक तथा परिमाणात्मक अध्ययन में एक शोध समस्या के निर्माण में उपस्थित अंतरों को वृहद् तौर पर रेखांकित करें।
- अपनी रुचि के एक विषय क्षेत्र का चयन करें और इसको कुछ उपक्षेत्रों के अनुसार विभाजित करें, जैसा कि चित्र 4.1 में सुझाया गया है।
- अपनी रुचि के क्षेत्र का चयन करें और एक शोध समस्या के निर्माण की प्रक्रिया का मानचित्र बनाएँ।
- उद्देश्यों को लिखते समय आपको किन बातों का ख्याल रखना चाहिए?

5

चरों की पहचान करना

इस अध्याय में आप निम्नलिखित तथ्यों के बारे में जानेंगे

- चर और धारणाएँ क्या हैं और ये किस प्रकार भिन्न हैं
- धारणाओं को क्रियाशील चरों में कैसे परिवर्तित करें
- निमित्त, शोध की रूप-रेखा और मापन की इकाई के दृष्टिकोण से चरों के प्रकार
- मापक पैमानों के प्रकार: सांकेतिक या वर्गीकरणीय, क्रम सूचक या श्रेणीमय, अंतराल और अनुपातिक

महत्वपूर्ण शब्द

सक्रिय चर, गुण चर, निरपेक्ष चर, निमित्त चर, अनुपातिक, अनुपातिक पैमाना, अन्तक्षेपी चर, निर्भर चर, द्विभक्तिकरण, बाह्य चर, स्वतंत्र स्थिर चर मापक की इकाई, मापक पैमाने, सांकेतिक पैमाना क्रम, पैमाना बहुभक्तिकरण चर, अंतराल पैमाना अविरल चर

इस अध्याय के अंत में आपको निम्नलिखित की समझ हो जाएगी

- विभिन्न दृष्टिकोणों से विभिन्न प्रकार के चर
- शोध में चरों का स्थान
- धारणाओं को चरों में परिवर्तित करने के तरीके
- विभिन्न प्रकार के मापक पैमाने

अगर वह मौजूद है, तो उसे मापा जा सकता है। (Babbie 1989:105)

परिमाणात्मक शोध में एक शोध समस्या के निरूपण की प्रक्रिया में, ध्यान में रखने योग्य वह महत्वपूर्ण बातें जो आपको मन में रखनी चाहिए: अपना शोध करते समय क्या आप एक धारणा (या अवधारणा) पर शोध कर रहे हैं, अथवा नहीं; और क्या आप एक परिकल्पना का परीक्षण कर रहे हैं, अथवा नहीं। धारणाएँ और परिकल्पनाएँ दोनों ही इनके व्यवहार्य होने तक आपके ऊपर एक अतिरिक्त जिम्मेदारी डाल देती हैं। धारणाओं को व्यवहार के मानदंडों के अनुरूप व्यवहार योग्य होना आवश्यक है और परिकल्पनाओं का निर्माण और उनके परिणामों को एक विशिष्ट तरीके से संचारित करना आवश्यक है। पिछले अध्याय में हमने यह स्थापित किया था कि धारणाएँ अत्यंत व्यक्तिपरक होती हैं क्योंकि उनको लेकर अलग अलग व्यक्तियों में अलग अलग समझ हो सकती है। अतः इस प्रकार से ये एक समान रूप से (अतः सही तरीके से) मापनयोग्य नहीं होती हैं। एक शोध में यह महत्वपूर्ण है कि जो धारणाएँ उपयोग में लाई जाएँ उनको मापन योग्य मानदंडों के अंतर्गत व्यवहार में लाया जाए, ताकि प्रतिक्रिया देने वाले की समझ में विचलनों को यदि पूर्ण रूप से हटाया न जा सके तो उसे घटाया तो अवश्य जा सके। धारणाओं को व्यवहार में लाने के लिए तकनीकों के उपयोग, चरों के विषय में ज्ञान और उनका मापन इस परिवर्तिता को कम करने और आपकी शोध समस्या को सटीक बनाने में सहायता करता है।

चर क्या होता है?

चाहे हम यह स्वीकार करें या न करें हम सभी अपने जीवन में निरंतर कुछ मूल्यवान निर्णय लेते रहते हैं; जैसे कि 'यह खाना शानदार है', 'मैं पिछली रात अच्छी तरह से नहीं सो पाया', 'मैं यह पसंद नहीं करता' और 'मेरे ख्याल से यह आश्चर्यजनक है' आदि। यह सभी निर्णय हमारी अपनी पसंदों, संकेतकों और हमारी जाँचों पर आधारित होते हैं। क्योंकि यह निर्णय आपके भावों औरआपकी पसंद को प्रदर्शित करते हैं। अतः यह जिस आधार पर ये उत्पन्न होते हैं, वह व्यक्ति से व्यक्ति में बहुत अधिक भिन्नता रखता है। ऐसी कोई भी एक समान मापन पद्धति नहीं है जिससे कि इनको सही तरीके से मापा जा सके। एक विशिष्ट प्रकार का खाना किसी व्यक्ति के द्वारा शानदार और किसी दूसरे व्यक्ति के द्वारा वही खाना बेहद बुरा कहा जा

सकता है, और कुछ चीज़ें किसी व्यक्ति को अत्यंत आश्चर्यजनक और दूसरे को बेहद बुरी प्रतीत हो सकती है। जब लोग अपने भावों और अपनी पसंद को अभिव्यक्त करते हैं तो ऐसा वह अपने दिमाग में बनाई गई कुछ निश्चित कसौटियों के आधार पर या अपनी अपेक्षाओं के सापेक्ष करते हैं, यदि आपको उनके निर्णय के ऊपर प्रश्न करना हो तो आप यह पाएँगे कि उनके निर्णय कुछ संकेतों और/या अपेक्षाओं पर निर्भर हैं, जोकि उनको किसी घटना या वस्तु के विषय में एक उपसंहांर पर पहुँचने और उसके विषय में एक विशेष मत अभिव्यक्त करने में सहायता करते हैं।

आइए अब इसे एक पेशेवर संदर्भ में ध्यान में लाने की कोशिश करें:

- 'यह कार्यक्रम *प्रभावी* है'।
- 'यह कार्यक्रम *प्रभावी* नहीं है'।
- 'हम अपने ग्राहकों को एक *गुणवत्ता* वाली सेवा प्रदान कर रहे हैं'।
- 'यह समय की *बर्बादी* है'।
- 'इस संस्थान में महिलाओं के प्रति *भेदभावपूर्ण* व्यवहार किया जाता है'।
- 'इस कार्यालय में कोई भी *जवाबदेही* नहीं है'।
- 'यह उत्पाद *सही* तरीके से कार्य नहीं कर रहा है'।

दरअसल यह सब तरजीह या पसंद न होकर कुछ निर्णय हैं, जिनकी घोषणा करने के लिए एक बहुत ही मजबूत आधार की आवश्यकता होती है। उदाहरण के लिए, यदि आप यह पता करना चाहते हैं कि कोई कार्यक्रम प्रभावी है या कोई सेवा गुणवत्ता वाली है, या किसी कार्यक्रम कार्यालय में भेदभाव की भावना विद्यमान है, आपको इस विषय में सावधान रहने की आवश्यकता है, क्योंकि ऐसे निर्णय न्यायपूर्ण और मजबूत आधार पर आधारित होने चाहिए। यह आधार हमें एक मापन पद्धति के उपयोग करने का अधिकार देता है, और इस मापन पद्धति में चरों के विषय में ज्ञान एक महत्वपूर्ण भूमिका निभाता है।

एक छवि, अनुभव या धारणा जो मापन करने के योग्य है– और इसप्रकार वह विभिन्न प्रकार के मान रखने में सक्षम है– एक **चर** कहलाती है। कर्लिंगर (1986:27) के अनुसार एक चर वह गुण है जो विभिन्न मान रखता है। इसको प्रचुरता से रखने पर चर वह मान है जो बदलता रहता है... एक चर वह प्रतीक है जिसके साथ कुछ अंक और मान संबंधित होते हैं। ब्लैक और चैम्पियन (1976:34) ने चर को यह कहकर परिभाषित किया है 'विश्लेषण की कुछ तर्कसंगत इकाइयाँ, जो किन्हीं मानों के सेट में से कोई भी संख्या के समान मान रख सकती है'। अतः चर एक ऐसी धारणा है जो **मापन स्केल** के चार में से किसी भी एक स्केल में मापित की जा सकती है, जिसके मापन की यथार्थता में विभिन्न स्तर होते हैं (मापन स्केल इस अध्याय में बाद में विवरण सहित दिए गए हैं)।

हालाँकि कुछ विद्वान ऐसे हैं जो यह विश्वास रखते हैं कि वैज्ञानिक विधियाँ अनुभूतियों, पसंद, गुणों और भावनाओं को मापने में अक्षम होती हैं। इस पुस्तक के लेखक के मत के अनुसार इनमें से अधिकतर को मापा जा सकता है, यद्यपि ऐसी कुछ परिस्थितियाँ होती हैं जहाँ इनको कुछ उचित संकेतों के द्वारा अप्रत्यक्ष रूप से मापा जाना चाहिए, न कि प्रत्यक्ष रूप से। यह भाव और निर्णय वास्तविक जीवन में प्रेक्षित किए गए व्यवहारों पर आधारित होते हैं, यद्यपि यह व्यवहार किस स्तर पर निर्णय को प्रभावित करें यह व्यक्ति से व्यक्ति पर निर्भर करता है। कोहन और नेगेल (1966:352) के अनुसार:

> वस्तुतः ऐसे कई लेखक, जो मापन और मानों के सन्दर्भ में यह विश्वास करते हैं, 'यह सुंदर है', 'यह अच्छा है' या 'इस कार्य को कर लेना चाहिए' इस तरह के सभी निर्णयों पर वैज्ञानिक विधियाँ आधारभूत ढंग से लागू न होने योग्य होती हैं... क्योंकि इस प्रकार के सभी निर्णय कुछ भी अभिव्यक्त न करके केवल भाव, स्वाद, व्यक्तिगत पसंद आदि को अभिव्यक्त करते हैं, अतः इस प्रकार के निर्णयों को सत्य अथवा असत्य नहीं कहा जा सकता (अपवाद के रूप में केवल वे व्यक्ति जो स्वयं अपनी व्यक्तिगत अभिव्यक्ति से दूसरों को बताता है)... सभी प्रकार की मानवीय कार्यवाहियाँ अर्थहीन हो जाएँगी, यदि हमने इस प्रकार का दृष्टिकोण अपनाया कि प्रत्येक नैतिक और भाववाचक निर्णय अन्य प्रकार के निर्णयों की तुलना में सत्य या असत्य की कसौटी पर नहीं कसे जा सकते हैं।

एक धारणा और चर के बीच में भिन्नता

धारणा और चर के बीच में मुख्य अंतर उसकी मापन योग्यता का होना होता है। धारणाएँ मानसिक छवियाँ या अनुभूतियाँ होती हैं और अतः उनके अर्थ वृहद स्तर पर व्यक्ति से व्यक्ति में भिन्न होते हैं, जबकि चर मापने योग्य होते हैं।

यद्यपि, वस्तुतः, इनका मापन सटीकता के विभिन्न स्तरों के अनुसार परिवर्तित होता है, जो इस बात पर निर्भर करता है कि कौन-सा मापन पैमाना उपयोग में लाया गया है। एक धारणा को वस्तुतः मापा नहीं जा सकता, जबकि चर का मापन मजबूत आधार वाली/सटीक या भाववाचक/वस्तुनिष्ठ इकाइयों के आधार पर किया जा सकता है। धारणाएँ वे भाववाचक प्रतिबिंब होती हैं, जो यदि इसी प्रकार से मापित किए जाएँ तो वस्तुतः विभिन्न प्रतिक्रिया देने वालों की प्रतिक्रियाओं की तुलना करते समय विभिन्न प्रकार की समस्याओं को जन्म देंगे। यंग (1966:18) के अनुसार:

> यदि योगदान से प्राप्त यह डेटा समान तरीके से वर्गीकृत किया जाना है तो प्रत्येक योगदाता को धारणाओं की समान समझ होनी चाहिए और इससे प्राप्त जानकारियों को एकत्र करके इनकी जाँच या इनका पुनरुत्पादन किया जाना चाहिए। वर्गीकरण और तुलना अवधारणाओं में व्यक्त की गई श्रेणियों की एकसमान तथा सटीक परिभाषाओं की माँग करते हैं।

अतः यह महत्वपूर्ण है की धारणाओं को चरों में परिवर्तित किया जाए (चाहे सीधे तौर पर अथवा कुछ सांकेतिक मानों के सेट के आधार पर) क्योंकि इन का मापन किया जा सकता है, चाहे ये किसी एक मापक स्केल (सांकेतिक, क्रमवाचक, अंतराल और आनुपातिक) से दूसरे स्केल पर सटीकता के वृहद स्तरों पर भिन्नता रखते हों। सारिणी 5.1 इनके बीच में भिन्नता प्रदर्शित करने के लिए धारणाओं और चरों के उदाहरणों को प्रदर्शित करती हैं।

तालिका 5.1 अवधारणाओं और चरों के उदाहरण

अवधारणा	चर
• प्रभावशीलता	• लिंग (पुरुष / स्त्री)
• संतुष्टि	• दृष्टिकोण
• प्रभाव	• आयु (x दिन, y महीने)
• बेहतरीन	• आय ($-- प्रतिवर्ष)
• उच्च सफलता पाने वाला	• वजन (--किलोग्राम)
• आत्मभिमान	• ऊंचाई (--सेंटीमीटर)
• धनवान	• धर्म (कैथोलिक, प्रोटेस्टेंट, यहूदी, मुस्लिम)
• घरेलू हिंसा	• आदि
• शराब के उपभोग और स्वरूप	
• आदि	
– व्यक्तिपरक छाप, – विभिन्न लोगों के बीच में इसकी समझ को लेकर कोई समानता नहीं – इस प्रकार से इसका मापन नहीं किया जा सकता	– मापन योग्य है यद्यपि पैमाने से पैमाने और चर से चर के बीच में सटीकता के स्तर भिन्नता रखते हैं, (उदाहरण के लिए दृष्टिकोण- व्यक्तिप्रक, आय- वस्तुनिष्ठ)

धारणाओं को चरों में परिवर्तित करना

यदि आप अपने शोध में किसी धारणा का उपयोग कर रहे हैं तो आपको इसे व्यवहार में लाने की प्रक्रिया को ध्यान में रखना होगा – अर्थात् यह किस प्रकार मापी जा सकेगी। अधिकतर मामलों में एक धारणा को व्यवहार योग्य बनाने के लिए आपको संकेतों को पहचानने की प्रक्रिया से गुजरना होता है – धारणा को प्रतिबिंबित करने वाली कसौटियों का एक सेट – जो उसके बाद चरों में परिवर्तित किया जा सकता है। धारणा के लिए संकेतकों के विकल्प का चयन एक शोधकर्ता की पसंद के अनुसार भिन्नता रख सकता है, लेकिन जो भी विकल्प चयन किये जाए, उनके धारणा के अनुसार कुछ तर्कसंगत आधार होने चाहिए।

कुछ धारणाएँ जैसे कि 'धनवान होना' (संपत्ति के परिपेक्ष्य में) आसानी से संकेतों और फिर चरों में परिवर्तित किए जा सकते हैं। उदाहरण के लिए, कोई व्यक्ति धनवान है या नहीं यह निर्णय वस्तुनिष्ठ ढंग से करने के लिए एक व्यक्ति को सर्वप्रथम संपत्ति के संकेतों के विषय में निर्णय लेना होगा। मान लीजिए कि हम आय और परिसंपत्तियों को संकेत मानकर इस विषय में निर्णय लेते हैं। आय पहले से ही चर है अतः इसको मुद्रा की किसी इकाई जैसे कि डॉलर आदि में मापा जा सकता है, अतः आपको इसे चर में परिवर्तित करने की आवश्यकता नहीं है। यद्यपि किसी व्यक्ति के पास संग्रहित परिसम्पत्तियाँ उसके धनवान होने के संकेत हैं, लेकिन यह धारणाओं के वर्गीकरण के अंतर्गत आती हैं अतः आपको इसे और आगे संकेतक में परिवर्तित करने की आवश्यकता होगी। उदाहरण के लिए, आवास, नाम, कार, और निवेश परिसंपत्तियों के कुछ संकेतक हैं। इन सब में से प्रत्येक के मूल्य को डॉलर में परिवर्तित करना, किसी व्यक्ति के कुल परिसंपत्तियों का कुल मूल्य प्रदान करेगा। इसके आगे, एक स्तर निर्धारित करें, एक समुदाय के सदस्यों के द्वारा स्वामित्व वाली परिसंपत्तियों के औसत और उनके वेतन के विषय में उपलब्ध सूचनाओं के आधार पर एक स्तर निर्धारित करें, जोकि वर्गीकरण के लिए एक आधार का कार्य करेगा। इसके बाद आय संबंधी सूचना और परिसंपत्तियों के कुल मूल्य के विषय में विश्लेषण करें ताकि आप इस बारे में निर्णय कर सकें कि क्या कोई व्यक्ति धनी व्यक्ति के रूप में वर्गीकृत किया जा सकता है अथवा नहीं। इन धारणाओं को व्यवहार में लाना जैसे कि प्रभावशीलता या किसी कार्यक्रम का प्रभाव आदि और अधिक कठिन हो सकता है। सारिणी 5.2 कुछ उदाहरण प्रदर्शित करती है जो कि धारणाओं को चरों में परिवर्तित करने की प्रक्रिया को समझने में आपकी सहायता करेंगे। यह नोट करें कि इन उदाहरणों में केवल कुछ ही संकेतक लिए गए हैं। इसके अलावा निर्णय स्तरों के लिए सेट किए गए मान ऐच्छिक हैं, और इनकी कोई अनुभवजन्य वैध्यता नहीं है।

परिमाणात्मक और गुणात्मक शोध के बीच में एक प्रमुख अंतर चरों से संबंधित क्षेत्र में है। जैसे कि गुणात्मक शोध अधिकतर अनुभूतियों, विश्वासों, भाव आदि के शोध से संबंधित होते हैं, अतः आप इन सब में सभी प्रतिक्रिया देने वालों के लिए एक समानता स्थापित करने का प्रयास नहीं करते हैं, और इसलिए माप और चर अधिक महत्ता नहीं रखते हैं। इसके विपरित चूँकि परिमाणात्मक शोध में संपूर्ण ध्यान शोध जनसंख्या में सामान्यताएँ खोजने पर ही रहता है, अतः मापन और चर एक महत्वपूर्ण भूमिका अदा करते हैं।

चरों के प्रकार

चरों को विभिन्न प्रकार से वर्गीकृत किया जा सकता है। यहाँ पर दिया गया वर्गीकरण चरों को 3 भिन्न प्रकारों से देखने के फलस्वरूप निर्मित हुआ हैं। (चित्र 5.1 देखें)

- औपचरिक संबंध
- शोध की रूपरेखा
- मापन की इकाई

औपचरिक संबंध के दृष्टिकोण से

जो शोध एक औपचरिक संबंध या किसी जुड़ाव के अन्वेषण का प्रयास करता है, उनमें चार प्रकार के चर कार्य करते हैं, (चित्र 5.2 देखें)

- वे चर जो किसी घटना, स्थिति या परिस्थिति में *परिवर्तन* लाने के लिए उत्तरदायी हैं
- *परिणामी चर*, जो एक परिवर्तन चर के प्रभाव, असर या परिणाम होते हैं

तालिका 5.2 अवधारणा को चरणों में बदलना

अवधारणाएं → संकेतक → चर

अवधारणाएं	**संकेतक**	**चर**	
		चर	**निर्णय के स्तर (व्यवहारी कृत परिभाषाएं)**
धनवान/निर्धन →	→ 1. आय 2. सभी परिसंपत्तियों की कीमत	1. प्रतिवर्ष आय 2. आवासों, कारों और निवेशों की कुल कीमत	धनवान माने गए: 1. यदि आय >200000 प्रति वर्ष 2. यदि परिसंपत्तियों की कुल कीमत >200000
उच्च शैक्षणिक उपलब्धियां	1. परीक्षाओं में प्रदर्शन 2. क्रियात्मक कार्य/क्षेत्र कार्यवाहियों में प्रदर्शन 3. प्रशिक्षण प्रस्तुतीकरण में प्रदर्शन 4. समग्र प्रदर्शन आदि	1. परीक्षाओं में प्राप्तांक 2. क्रियात्मक कार्य/ क्षेत्र संबंधी कार्यों में प्राप्तांक 3. प्रशिक्षण प्रस्तुतीकरण में प्राप्तांक 4. कुल प्राप्तांक	अत्यधिक सफल माने गए 1. यदि >85% 2. यदि >85% 3. यदि >85% 4. यदि >85%
प्रभावशीलता (एक स्वास्थ्य कार्यक्रम की)	1. सेवाओं के उपयोग के स्वरूप में बदलाव 2. समुदाय की रुग्णता स्वरूप में बदलाव 3. किसी विशिष्ट समय अवधि में रोग के प्रकरणों में बदलाव 4. बाल मृत्यु दर में बदलाव 5. बच्चों के पोषण स्तर में बदलाव वजन, लंबाई, प्रकरण इत्यादि	1. रोगियों की संख्या में प्रतिमाह बढ़ोतरी अथवा घटाव 2. रुग्णता के स्वरूप में बदलाव 3. रुग्णता के सामान्य वर्गीकरण में बदलाव 4 रोग होने के प्रकरणों में प्रतिमाह बढ़ोतरी अशता घटाव 5. विशिष्ट मृत्यु दर में बदलाव 6. समुदाय की अपरिष्कृत मृत्यु दर में बढ़ोतरी या घटाव 7. समुदाय में 5 साल तक के बच्चों में वजन, ऊंचाई और रोग प्रकरणों में बदलाव	प्रभावशील माना गया. 1. 1 साल के बाद रोगियों की संख्या में 25% इजाफा हो जाता है 2. रुग्णता के स्वरूप में बदलाव एक विशेषज्ञ समूह के अनुसार महत्वपूर्ण है 3. 1 साल के पश्चात रोग प्रकरणों में 30% की कमी आती है 4. अपरिष्कृत मृत्यु दर साल के अंत में 0.05 तक गिर जाती है या विशेषज्ञों के समूह के द्वारा कोई महत्वपूर्ण बदलाव हुआ समझा जाता है 5. विशेषज्ञों के समूह के अनुसार 5 साल तक के बच्चों में रोग प्रकरणों में महत्वपूर्ण घटाव और वजन तथा ऊंचाई में महत्वपूर्ण बढ़त देखी जाती है

चित्र 5.1 चरों के प्रकार

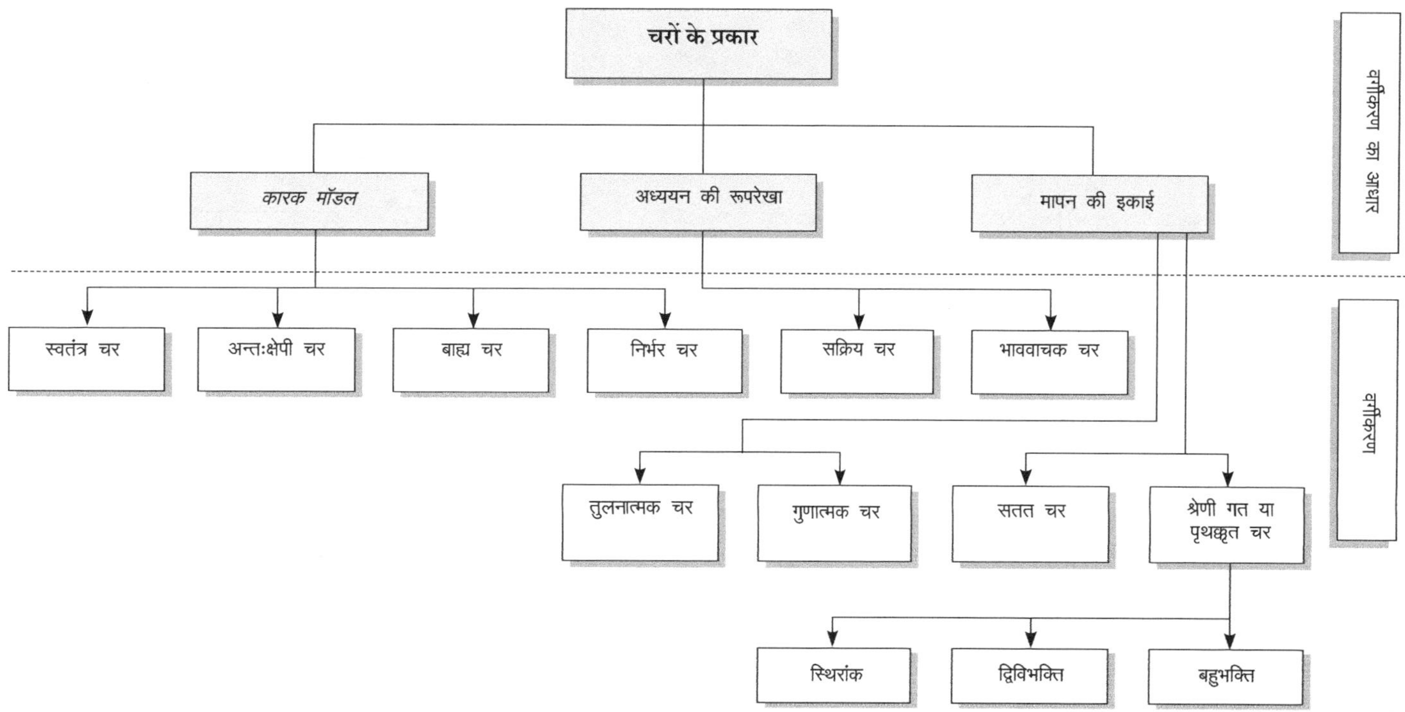

टिप्पणी: एक वर्गीकरण आधार के पार कोई वर्गीकरण एक दूसरे के लिए विशिष्ट नहीं होता परंतु एक वर्गीकरण आधार के अंदर का वर्गीकरण विशिष्ट होता ह। एक अध्ययन के अंदर एक स्वतंत्र चर एक सक्रिय चर हो सकता है, या एक परिमाणात्मक या एक गुणात्मक चर हो सकता है, और यह एक निरंतर या एक श्रेणीमय चर भी हो सकता है, परंतु यह एक निर्भर या एक बाह्य या एक हस्तक्षेप करने वाला चर नहीं हो सकता।

- वे चर जो कारण और प्रभाव चरों के बीच में की कड़ी को *प्रभावित* करते हैं अथवा उन पर *असर* डालते हैं; और
- संयोजक या कड़ी चर, जो कुछ परिस्थितियों में कारण और प्रभाव चरों के बीच के संबंध को पूर्ण करने के लिए आवश्यक हैं

चित्र 5.2 एक कारक संबंध में चरों के प्रकार

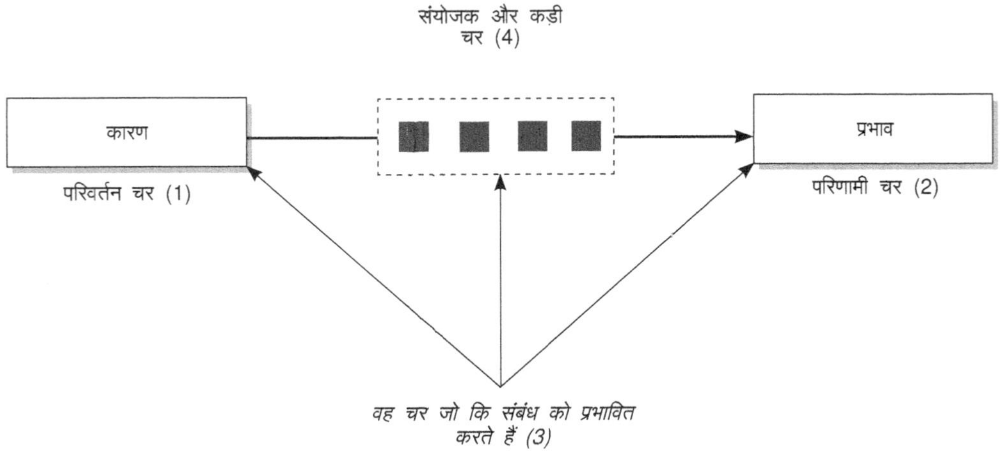

चित्र 5.3 एक कारक संबंध में स्वतंत्र, निर्भर और बाह्य चर

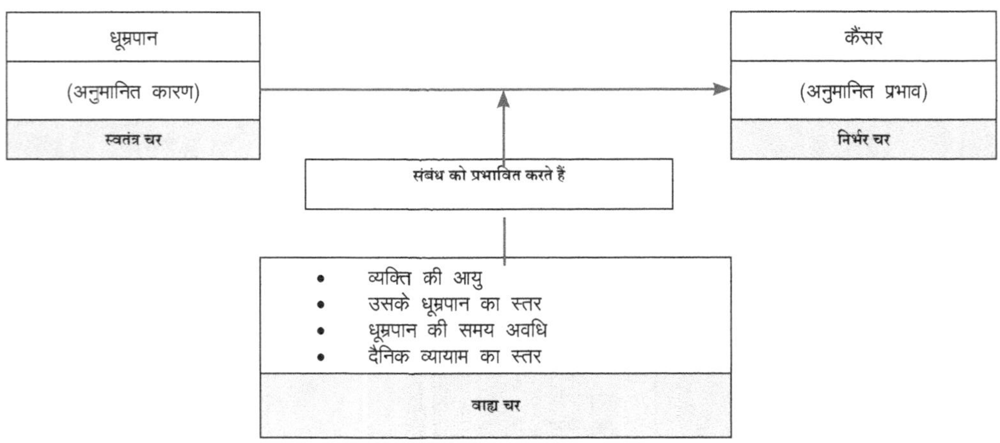

शोध शब्दावली में, परिवर्तन चर, स्वतंत्र चर कहलाते हैं, परिणामी/ प्रभाव चर आश्रित चर कहलाते हैं, कारण – प्रभाव संबंध को प्रभावित करने वाले अमापित चर, बाह्य चर कहलाते हैं, और वह चर जो कारण-और-प्रभाव संबंध के बीच में एक कड़ी का कार्य करते हैं वे अन्तःक्षेपी चर कहलाते हैं। विस्तार में विवरण नीचे दिया गया है।

1. **स्वतंत्र चर** – वह कारक जो किसी घटना या परिस्थिति में बदलाव लाने के लिए उत्तरदायी समझा जाता है
2. **निर्भर चर** – एक स्वतंत्र चर के लागू होने से लाया गया परिणाम या परिवर्तन
3. **बाह्य चर** – वास्तविक परिस्थितियों में कार्य करने वाले कई अन्य प्रकार के कई कारक निर्भर चर को प्रभावित कर सकते हैं। ये कारक जो शोध में मापित नहीं किए जाते, स्वतंत्र और निर्भर चरों के बीच के संबंध के परिमाण या दृढ़ता को बढ़ा अथवा घटा सकते हैं।
4. **अन्तःक्षेपी चर** – कभी-कभी इन्हें मिश्रित चर भी कहा जाता है (Grinnell 1988:203), यह स्वतंत्र और निर्भर चरों को जोड़ते हैं। कुछ विशेष परिस्थितियों में स्वतंत्र एवं निर्भर चरों के बीच के संबंध को किसी अन्य चर के हस्तक्षेप के बिना स्थापित नहीं किया जा सकता। कारक, या स्वतंत्र, चर का अनुमानित प्रभाव केवल एक अन्तःक्षेपी चर की उपस्थिति में ही संभव होता है।

इस वर्गीकरण की व्याख्या करने के लिए आइए कुछ उदाहरण लेते हैं। मान लीजिए कि आप धूम्रपान और कैंसर के बीच के संबंध का शोध करना चाहते हैं। आप यह मान लेते हैं कि कैंसर होने का कारण धूम्रपान है। अध्ययनों से पता चला है कि वहाँ कई कारक हैं जो इस संबंध को प्रभावित करते हैं, जैसे प्रतिदिन पी जाने वाली सिगरेट की संख्या या तंबाकू की मात्रा, धुम्रपान की समय अवधि, धूम्रपान करने वाले की आयु, उसकी खानपान संबंधी आदतें और उस व्यक्ति द्वारा किए जाने वाले व्यायाम की अवधि आदि। यह सभी कारक तंबाकू द्वारा कैंसर की उत्पत्ति के स्तर को प्रभावित करते हैं। यह विभिन्न चर इस संबंध के परिमाण को बढ़ा अथवा घटा सकते हैं।

इस उदाहरण में धूम्रपान का स्तर एक स्वतंत्र चर है, और कैंसर की उत्पत्ति एक निर्भर चर है, और अन्य चर जो इस संबंध को सकारात्मक तथा नकारात्मक ढंग से प्रभावित कर सकते हैं, वे अन्तःक्षेपी चर हैं। चित्र 5.3 देखें।

आइए अब एक अन्य उदाहरण लें। मान लीजिए कि आप एक मैरिज काउंसलिंग एजेंसी के ग्राहकों पर उनके द्वारा वैवाहिक समस्याओं के हेतु शादी के परामर्श सेवा के प्रभाव का अध्ययन करना चाहते हैं। चित्र 5.4 उन चरों के सेट को प्रदर्शित करता है जो इस सलाह सेवा और व्यवाहिक जीवन की समस्याओं के बीच के संबंध के शोध में उपस्थित हैं।

इस संबंध के शोध के समय यह माना गया है कि सलाह देने की सेवा, वैवाहिक समस्याओं को कुछ हद तक प्रभावित करेगी। अतः सलाह देने की इस सेवा का प्रकार एक स्वतंत्र चर है, और वैवाहिक समस्याओं के स्तर पर एक निर्भर चर हैं। इस संबंध का परिमाण और इसकी शक्ति, सकारात्मक और नकारात्मक ढंग से, अन्य कई प्रकार के कारकों से प्रभावित हो सकती है, जो इस शोध के विषय नहीं हैं। यह बाह्य चर, बच्चे का जन्म, दंपत्ति की आर्थिक स्थिति में सुधार, परिस्थिति में बदलाव के लिए इस दंपत्ति को मिलने वाली प्रेरणा, किसी अन्य व्यक्ति का इनके बीच में आ जाना, दोस्तों अथवा रिश्तेदारों की तरफ से आने वाला दबाव और आत्मानुभूति आदि हो सकते हैं। बाह्य चर, जो दोनों प्रकार से कार्य करते हैं, इस संबंध की मजबूती को बढ़ा अथवा घटा सकते हैं।

चित्र 5.5 में दिया गया उदाहरण आपको अन्तःक्षेपी चरों को समझने में सहायता करेगा। मान लीजिए कि आप प्रजनन क्षमता और मृत्यु दर के बीच के संबंध का शोध करना चाहते हैं। आपका उद्देश्य यह पता करना है कि जब मृत्यु दर कम होती है, तो प्रजनन क्षमता के साथ क्या होता है। जनसांख्यिकीय संक्रमण के इतिहास से यह प्रदर्शित होता है, कि प्रजनन क्षमता के स्तर में कमीं, मृत्यु दर में कमी के उपरांत होती है।

यद्यपि प्रजनन क्षमता में कमी के समान स्तर को प्राप्त करने में लगा समय, देश से देश के बीच वृहद स्तर पर भिन्नता रखता है। जैसा कि स्पष्ट है, प्रजनन क्षमता और मृत्यु दर के बीच में कोई सीधा संबंध नहीं है। मृत्यु दर में कमी के साथ प्रजनन क्षमता केवल तभी कम होगी, जब लोग अपने परिवार के आकार को सीमित रखने की कोशिश करेंगे। इतिहास यह प्रदर्शित करला है कि बहुसंख्यक कारणों से (जिनका विवेचन इस पुस्तक के विषय के बाहर की बात है), लोगों ने अपनी प्रजनन क्षमता को नियंत्रित करने के लिए एकाधिक तरीके अपनाए हैं, जिससे कि उनकी प्रजनन क्षमता के स्तर में गिरावट आई है। अतः गर्भनिरोधक

चित्र 5.4 सलाह और वैवाहिक जीवन की समस्याओं में चरों के सेट

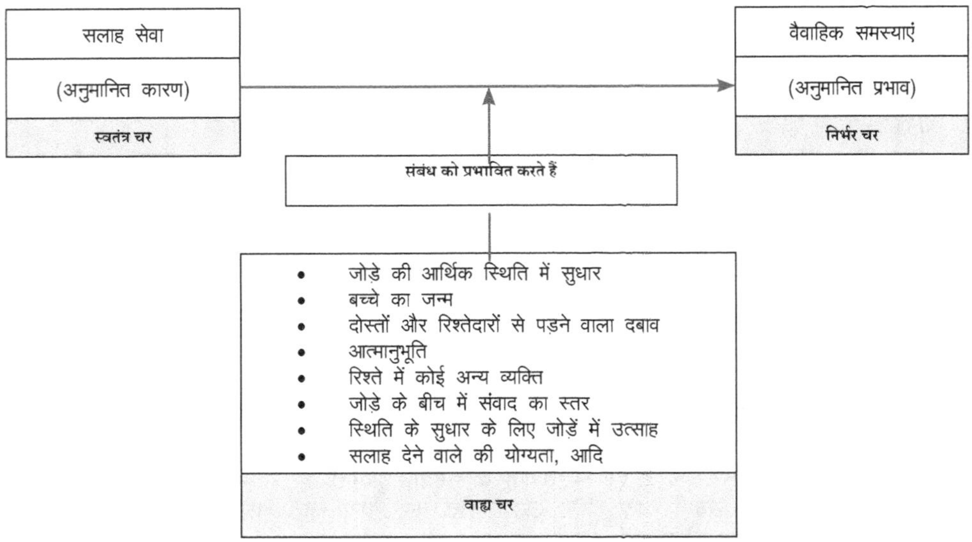

चित्र 5.5 स्वतंत्र, निर्भर, बाह्य एवं अन्तःक्षेपी चर

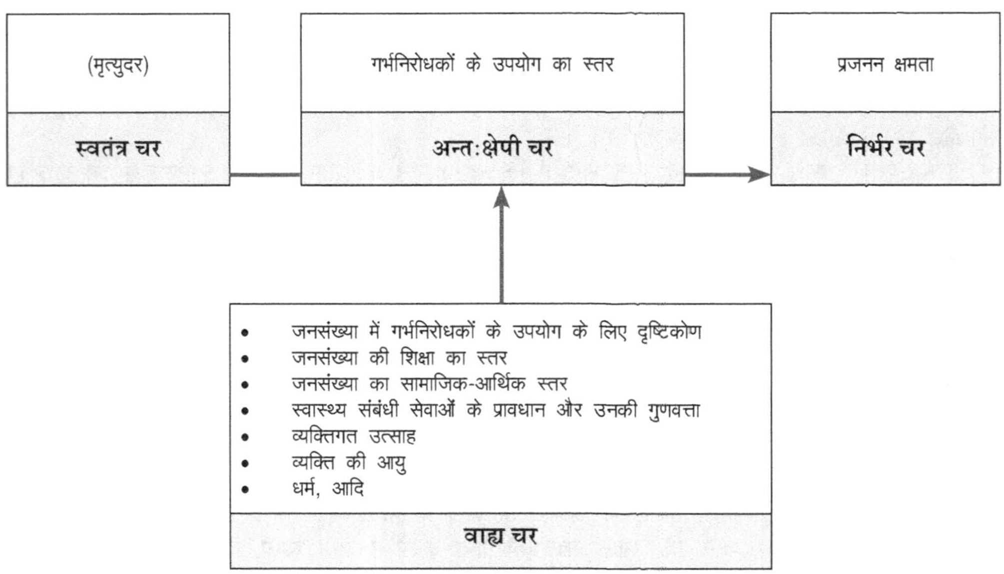

विधियों का अन्तःक्षेप इस संबंध को पूर्ण करता है, जितना अधिक गर्भनिरोधकों का उपयोग किया गया उतनी ही अधिक प्रजनन क्षमता के स्तर में गिरावट देखी गई है, और जितनी अधिक जल्दी लोगों द्वारा गर्भनिरोधक तरीकों को अपनाया गया है, उतनी ही जल्दी यह गिरावट सामने आई है। गर्भनिरोधकों के उपयोग का स्तर अन्य कई कारणों से भी प्रभावित होता है। उदाहरण के लिए गर्भनिरोधकों के प्रति नजरिया, शिक्षा का स्तर, सामाजिक आर्थिक स्तर, और धर्म और स्वास्थ्य संबंधी सेवाओं के प्रावधान तथा उनकी गुणवत्ता आदि। यह सभी बाह्य चरों के रूप में वर्गीकृत किए गए हैं।

इस उदाहरण में मृत्यु दर में गिरावट को प्रजनन क्षमता में गिरावट होने का एक कारण माना गया है। अतः मृत्यु दर एक स्वतंत्र चर है और प्रजनन क्षमता, एक निर्भर चर है। लेकिन यह संबंध केवल तभी पूरा हो पाएगा जब अन्य चर अन्तःक्षेप करता है, अर्थात् गर्भनिरोधकों का उपयोग होता है। मृत्यु दर में गिरावट (विशेष तौर पर बाल मृत्यु दर) परिवार के आकार को बढ़ाती है, और परिवार के आकार में वृद्धि परिवारों में कई प्रकार के सामाजिक, आर्थिक और मनोवैज्ञानिक दबाव का सृजन करती है, जो अंततः छोटे परिवारों के प्रति रुझान को बढ़ाने का कार्य करते हैं। गर्भनिरोधकों को अपनाने के व्यवहार के द्वारा दृष्टिकोण में यह परिवर्तन व्यवहार में लाया जाता है। यदि लोग गर्भ निरोधक नियंत्रण के तरीके नहीं अपनाते हैं, तो वास्तव में मृत्यु दर में परिवर्तन प्रतिबिंबित नहीं होगा। विकासशील देशों में जनसंख्या विस्फोट की स्थिति प्राथमिक तौर पर गर्भनिरोधकों की स्वीकार्यता में कमीं होने के कारण हुई है। गर्भनिरोधकों के उपयोग के स्तर प्रजनन क्षमता में गिरावट के स्तर को निर्धारित करते हैं। किसी जनसंख्या द्वारा गर्भनिरोधकों को अपनाने का स्तर कई कारकों पर निर्भर करता है। जैसा कि पहले बताया गया है, इस कारक मॉडल में प्रजनन क्षमता का स्तर एक निर्भर चर है और गर्भ निरोधक के उपयोग का स्तर एक अन्तःक्षेपी चर है। मृत्युदर का स्तर एक स्वतंत्र चर है और कुछ अमापित चर जैसे कि दृष्टिकोण, शिक्षा, आयु, धर्म और सेवाओं की गुणवत्ता आदि बाह्य चर हैं। अन्तःक्षेपी चर के न होने पर स्वतंत्र एवं निर्भर चरों के बीच के संबंध पूर्ण नहीं होते हैं।

एक शोध रूप-रेखा के दृष्टिकोण से

एक शोध जो कि जुड़ाव अथवा निमित्त की जाँच करता है, वह एक नियंत्रित/ काल्पनिक प्रयोग हो सकता है या फिर वह एक छद्म-प्रयोग या पूर्वव्यापी या अप्रयोगात्मक शोध हो सकता है। नियंत्रित प्रयोगों में स्वतंत्र (कारक) चर शोधकर्ता अथवा किसी अन्य व्यक्ति, जो इस सेवा को प्रदान कर रहा हो, के द्वारा प्रस्तावित अथवा जोड़े-तोड़े जा सकते हैं। इन परिस्थितियों में चरों के दो प्रकार के सेट मौजूद हैं (चित्र 5.6 देखें)।

- **सक्रिय चर** – वह चर जो जोड़े-तोड़े, परिवर्तित या नियंत्रित किए जा सकते हैं।
- **भाववाचक चर** – यह वह चर हैं जो जोड़े तोड़े, परिवर्तित या नियंत्रित नहीं किए जा सकते, और जो एक शोध जनसंख्या के गुणों को प्रतिबिंबित करते हैं, उदाहरण के लिए, आयु, लिंग, शिक्षा और आय आदि।

चित्र 5.6 सक्रिय एवं भाववाचक चर

अध्ययन अन्तःक्षेप	*अध्ययन जनसंख्या*
• विभिन्न शिक्षण मॉडल • प्रयोगात्मक अन्तःक्षेप • कार्यक्रम सेवा इत्यादि	• आयु • लिंग • उत्साह का स्तर • दृष्टिकोण • धर्म इत्यादि
सक्रिय चर	भाववाचक चर
एक शोधकर्ता जोड़-तोड़, नियंत्रण और मापन कर सकता है	*एक शोधकर्ता जोड़-तोड़ नियंत्रण और मापन नहीं कर सकता है*

मान लीजिए एक शोध की रूप-रेखा की सापेक्षिक प्रभावशीलता की जाँच को मापने के लिए तीन शिक्षण मॉडल (ए, बी और सी) तैयार किये गये हैं। इन मॉडलों की संरचना और विषयवस्तु भिन्न हो सकती है, और किसी भी मॉडल को किसी भी जनसंख्या समूह के सापेक्ष परीक्षित किया जा सकता है। एक जनसंखया समूह में एक मॉडल की विषयवस्तु संरचना और परीक्षण योग्यता, विभिन्न शोधार्थियों के अनुसार बदल सकती है। इसके विपरित एक शोधार्थी का किसी छात्र जनसंख्या के गुणों पर कोइ् भी नियंत्रण नहीं हो सकता, जैसे कि उनकी आयु, लिंग या शोध के लिए प्रेरणा आदि । शोध जनसंख्या के यह गुण, गुणवाचक चर कहलाते हैं। हालाँकि ये एक शोधार्थी शिक्षण मॉडल को परिवर्तित और/ या नियंत्रित करने में सक्षम नहीं होते हैं। फिर भी वह यह निर्णय कर सकते हैं कि एक शिक्षण मॉडल को किन घटकों से मिलकर बनना है, और छात्र जनसंख्या समूहों में से किस समूह में इसका परीक्षण किया जाना उपयुक्त रहेगा (यदि यादृच्छिकीकरण का उपयोग न किया जाए)।

मापन की इकाई के दृष्टिकोण से

मापन की इकाई के दृष्टिकोण से चरों के वर्गीकरण की दो अन्य विधियाँ हैं।

- क्या मापन की इकाई वर्गीकृत है (जैसा कि सांकेतिक और क्रमवाचक पैमानों में होता है) या सतत प्रकृति की है (जैसा कि अंतराल और आनुपातिक पैमानों में होता है)?
- क्या यह गुणात्मक है (जैसा कि सांकेतिक और क्रमवाचक पैमानों में होता है) या परिमाणात्मक प्रकृति की है (जैसा कि अंतराल और आनुपातिक पैमानों में होता है)?

समग्र तौर पर 'श्रेणीगत और गुणात्मक' और 'सतत और परिमाणात्मक' चरों के बीच में बहुत कम अंतर विद्यमान है। इनके बीच के यह सूक्ष्म अंतर की व्याख्या नीचे की गई है।

श्रेणीगत चर का मापन सांकेतिक या क्रमवाचक मापन पैमाने पर होता है, जबकि सतत चर का मापन या तो एक अंतराल पर या एक आनुपातिक स्केल पर किया जाता है तीन प्रकार के श्रेणीगत चरों की व्याख्या की गई है।

- **स्थिर चर** – इनमें केवल एक ही श्रेणी या मान होता है, उदाहरण के लिए टैक्सी, वृक्ष या जल।
- **द्विविभक्तिकरण चर** – इसमें दो श्रेणियाँ होती हैं जैसे कि पुरुष/ महिला, हाँ/ नहीं, अच्छा/ बुरा, हेड/ टेल, ऊपर/ नीचे, धनवान/ निर्धन इत्यादि।
- **बहुभक्तिकरण चर** – यह दो से अधिक श्रेणियों में विभाजित किया जा सकता है, उदाहरण के लिए धर्म (क्रिस्चियन मुस्लिम, हिन्दू), राजनीतिक पार्टियाँ (मजदूर, उदारपंथी, रूढ़िवादी) और गुण (बहुत अधिक अनुकूल, अनुकूल, अनिश्चित, प्रतिकूल, बहुत अधिक प्रतिकूल) आदि

स्थिर चरों में, इसके विपरित, मापन में एक सततता होती है, उदाहरण के लिए आयु, आय और दृष्टिकोण संबंधी प्राप्तांक। यह जिस पैमाने पर मापे जा रहे हों, उसमें यह कोई भी मान धारण कर सकते हैं। आयु को वर्षों, महीनों और दिनों में मापा जाता है, इसी प्रकार से आय को डॉलर या सेंट में मापा जाता है।

गुणात्मक चर कई प्रकार से श्रेणीगत चरों के समान ही होते हैं, क्योंकि दोनों ही सांकेतिक और क्रमवाचक मापन पैमाने को उपयोग में लाते हैं। इनमें कुछ अंतर भी हैं, उदाहरण के लिए एक सतत पैमाने पर किए गए मापन के आधार पर श्रेणियों का विकास करना संभव है, जैसे कि एक जनसंख्या की आय को डॉलर और सेंट में मापना, और फिर कुछ श्रेणियाँ जैसे कि कम मध्यम और उच्च आय वर्ग का विकास करना। आय का डॉलर और सेंट में मापन को एक सतत चर के मापन के रूप में वर्गीकृत किया गया है, जबकि कम, मध्यम और उच्च आदि श्रेणियों में इनका व्यक्तिपरक मापन एक गुणात्मक चर है।

हालाँकि यह भेदांतर उपस्थित है, फिर भी अधिकतर प्रयोगात्मक उद्देश्यों के लिए श्रेणीगत और गुणात्मक चरों या सतत और परिमाणात्मक चरों के बीच में कोई अंतर नहीं होता है। सारिणी 5.3, विभिन्न प्रकार के चरों के बीच में स्थित अंतर और समानता को प्रदर्शित करती है।

तालिका 5.3 श्रेणीगत/सतत और तुलनात्मक/गुणात्मक चर

शैलीगत			सतत	गुणात्मक	तुलनात्मक
स्थिरांक	**द्विविभक्तिकृत**	**बहुभक्तिकृत**			
• जल • वृक्ष • टैक्सी	• हां/नहीं • अच्छा/बुरा • धनवान/निर्धन • दिन/रात्रि • पुरुष/स्त्री • गरम/ठंडा	दृष्टिकोण • अत्यधिक सहमत • सहमत • अनिश्चित • असहमत • अत्यधिक असहमत राजनीतिक दल • मजदूर • उदार पंथी • रुढ़िवादी • आयु[ए] • वृद्ध • बालक • किशोर • आय[ए] • उच्च • मध्यम • निम्न	आय ($) आयु (वर्ष) वजन (किलोग्राम)	लिंग • स्त्री • पुरुष शिक्षा का स्तर • उच्च • औसत • निम्न आयु[ए] • वृद्ध • किशोर • बालक आय • उच्च • मध्यम • निम्न तापमान[सी] • गर्म • ठंडा	शिक्षा का स्तर : ____ पूरे किए गए वर्ष आयु[ए] ____ वर्ष/महीना आय[बी] ____ $ प्रतिवर्ष तापमान[सी] ____ डिग्री सेंटीग्रेट या फॉरेनहाइट

(ए) गुणात्मक श्रेणियों में वर्गीकृत किया जा सकता है, जैसे कि वृद्ध, युवा, बच्चे, या एक निरंतर पैमाने पर परिमाणात्मक श्रेणियों में वर्गीकृत किया जा सकता है, उदा साल, महीने और दिनों में।
(बी) डॉलर और सेंट में परिमाणात्मक रूप से मापा जा सकता है, साथ-साथ श्रेणियों में गुणात्मक रूप में मापा जा सकता है, जैसे, उच्च, मध्यम और निम्न।
(सी) अलग अलग पैमानों पर डिग्री (सेल्सियस, फारेनहाइट) में परिमाणात्मक रूप से मापा जा सकता है, या गुणात्मक श्रेणियों में मापा जा सकता है, जैसे, गर्म और ठंडा।

एक शुरुआती छात्र के लिए यह समझना आवश्यक है कि जिस प्रकार से एक चर को मापा जाता है, वह, उसके बाद शोध के आगे के स्तरों पर किए जानेवाले विश्लेषण के प्रकार को निर्धारित करता है, जैसे सांख्यिकीय प्रक्रियाएँ; जो डेटा पर लागू की जाती हैं, और जिस प्रकार से डेटा से कुछ समझा जाता है, और उन परिणामों तक पहुँचा जाता है, जिनको अंततः संचारित करना होता है। आप शायद प्रारंभ में यह अनुमान न लगा सकें कि आप की रिपोर्ट की संपूर्ण रूप-रेखा विभिन्न चरों के मापन पर निर्भर रहेगी, अर्थात् इस बात पर कि आपने किस प्रकार के प्रश्न किये हैं और प्रतिक्रियाओं को किस प्रकार से रिकॉर्ड किया है। जिस प्रकार से आप अपने शोध में चरों का मापन करते हैं, चाहे यह शोध परिमाणात्मक हो अथवा गुणात्मक प्रकार का हो, वह इस बात का निर्धारण करता है कि आपका शोध कितना सफल होगा। अतः यह बेहद महत्वपूर्ण है कि आप चरों के मापन पैमाने के विषय में अवश्य जानें।

मापन पैमानों के प्रकार

जिस फ्रेम में हम प्रत्येक वस्तु के समा जाने की उम्मीद करते हैं वह केवल हमारे द्वारा ही निर्मित हो सकता है; लेकिन हम इसको बेतरतीब ढंग से ही निर्मित नहीं कर सकते, हम इसको एक मापन प्रक्रिया के अंतर्गत बनाते हैं, ताकि हम इसको अभिव्यक्त कर सकें; अतः इसी कारण से हम तथ्यों को सही मायनों में, बिना इनके विशिष्ट गुणों को परिवर्तित किए हुए, बैठा सकते हैं। (Poincare 1952:xxv)

मापन किसी भी जाँच की प्रक्रिया का केंद्रीय भाग होता है। आदर्श और दर्शन, जो जाँच के प्रत्येक तरीके के आधार होते हैं, उनके अतिरिक्त गुणात्मक और परिमाणात्मक शोध अध्ययन के बीच में सबसे महत्वपूर्ण अंतर, प्रतिक्रिया देने वालों व्यक्तियों से जानकारी एकत्र करते समय उपयोग में लाए गए मापन के प्रकारों में निहित होता है।

गुणात्मक शोध अक्सर शोध प्रश्नों के उत्तर पाने के लिए विस्तृत कथनों का उपयोग करते हैं, जबकि परिमाणात्मक शोध में यह उत्तर अधिकतर किसी-न-किसी पैमाने (सांकेतिक, क्रम-सूचक, अंतराल या आनुपातिक) में ढूंढें जाते हैं। यदि इनमे से किसी एक पैमाने के द्वारा डेटा एकत्रीकरण के समय सूचना एकत्र न की जा सके, तो इनको विश्लेषण के समय मापन पैमानों के उपयोग के द्वारा चरों में रूपांतरित करके जानकारी को ज्ञात किया जाता है। इन पैमानों पर मापन या तो गुणात्मक श्रेणियों के जरिये या मापन की एक सटीक इकाई के जरिए किया जाता है। वह पैमाने जिनमें मापन की इकाइयाँ (अंतराल और आनुपातिक) होती हैं, उनको और अधिक सटीक, व्यक्तिपरक और सही माना जाता है। इसके विपरित सांकेतिक और क्रम सूचक पैमाने अधिकतर भाववाचक समझे जाते हैं, और अतः इनमें मापन की इकाइयाँ न होने के कारण इनको सटीक तरीके से नहीं समझा जाता। अन्य स्थितियों के समान रहने की स्थिति में, एक चर की मापन इकाई में जितना अधिक संशोधन किया जाएगा, दूसरे लोग उतना ही अधिक विश्वास आपके परिणामों में व्यक्त किया जा सकेगा। भौतिक और सामाजिक विज्ञानों के बीच में एक मुख्य अंतर इनमें उपयोग की जाने वाली मापन इकाइयाँ और इनसे जुड़ी हुई महत्ता की डिग्री है। भौतिक विज्ञान में मापों को निरपेक्ष रूप से सटीक और सही होना चाहिए, जबकि सामाजिक विज्ञानों में यह अत्यंत भाववाचक से परिमाणात्मक परास के भीतर निहित होती है। सामाजिक विज्ञानों में मापन की सटीकता पर दिया जाने वाला जोर एक शाखा से दूसरी शाखा के बीच बहुत बड़े स्तर पर परिवर्तित होता रहता है। एक मानव विज्ञानी सामान्यतया मापन की 'विषयपरक' इकाइयों का उपयोग करता है, जबकि एक अर्थशास्त्री या एक महामारी विज्ञानी, सामान्यतया 'वस्तुपरक' मापन पर ध्यान केंद्रित करता है।

विभिन्न प्रकार के चरों के मापन के लिए सामाजिक विज्ञान में दो प्रकार की मुख्य वर्गीकरण प्रणालियाँ हैं। इनमें से एक S. S. Stevens के द्वारा (1946 में; Stevens 1951 देखें) और दूसरी Duncan (1984) के द्वारा विकसित की गई। Smith (1991:72) के अनुसार, Duncan (1984) ने वैज्ञानिकों की रुचि के बढ़ते हुए क्रम में पाँच प्रकार के मापन प्रस्तावित किये हैं: सांकेतिक वर्गीकरण, क्रमवाचक मापन, आधारभूत मापन, आनुपातिक मापन और संभाव्यता मापन आदि। Duncan (1984: viii) Stevens के वर्गीकरण के विषय में निम्न बातें लिखते हैं:

> पैमानों के प्रकारों से संबंधित मत जो 1946 में S. S. Stevens के द्वारा प्रस्तावित किया गया था, ने सांकेतिक, क्रमवाचक, अंतराल और आनुपातिक मापन के पैमानों पर ध्यान केंद्रित किया। इन प्रकारों से सम्बंधित उनके उदाहरणों में से कुछ कुछ बेहद भ्रामक हैं – विशेष तौर पर मनोवैज्ञानिक परीक्षण स्कोर से संबंधित उदाहरण ।

हालाँकि Bailey (1978:52) यह मानते हैं कि S. S. Stevens ने मापों के स्तरों के वर्गीकरण के क्षेत्र में एक विस्तृत तौर पर अपनाया गया वर्गीकरण निर्मित किया था। चूँकि उनकी पुस्तक एक प्रारंभिक छात्र के लिए लिखी गई है और Stevens का वर्गीकरण बेहद सरल है, अतः यही इस अध्याय के अंतर्गत विवेचन के लिए उपयोग में लाया गया है। Stevens ने विभिन्न प्रकार के मापन पैमानों को 4 श्रेणियों में विभाजित किया:

- सांकेतिक या वर्गीकरण पैमाना
- क्रम सूचक या क्रमवाचक पैमाना
- अंतराल पैमाना
- आनुपातिक पैमाना

तालिका 5.4 चार मापन पैमानों के उदाहरण और गुण

मापन पैमाने	उदाहरण	पैमाने के गुण
सांकेतिक या वर्गीकरण सम्बन्धी	वृक्ष, आवास, टैक्सी आदि लिंग पुरुष/स्त्री दृष्टिकोण सहमत/ असहमत राजनीतिक पार्टी • मजदूर • उदारवादी • लोकतांत्रिक • हरित मानसिक विकार • साइजोफ्रेनिया से पीड़ित • पागल • अवसाद के विकार से पीड़ित इत्यादि. धर्म • ईसाई • इस्लाम • हिंदू इत्यादि	प्रत्येक उप समूह में एक लक्ष्य अथवा गुण है जो कि सभी वर्गीकृत उपसमूहों में समान है।
क्रम सूचक या क्रमवाचक	आय • औसत से अधिक • औसत • औसत से कम सामाजिक आर्थिक स्तर • उच्च • मध्यम • निम्न दृष्टिकोण • दृढ़ता से सहमत • सहमत • अनिश्चित • असहमत • दृढ़ता से असहमत लीकर्ट दृष्टिकोण संबंधी पैमाना (पाठ 10 देखें)	इसमें एक संकेत पैमाने के गुण विद्यमान है उदाहरण के लिए व्यक्ति, समूह आदि एक उप समूह के अंतर्गत वर्गीकृत किए गए हैं और उनमें एक समान गुणधर्म हैं। प्लस • उप समूहों का परस्पर एक संबंध है • यह अपने सापेक्षिक परिमाण के क्रम में या तो आरोही अथवा अवरोही क्रम में व्यवस्थित किए गए हैं।
अंतराल	तापमान • सेल्सियस • फॉरेनहाइट थरस्टोन दृष्टिकोण संबंधी पैमाना (पाठ 10 देखें)	इसमें एक क्रम सूचक पैमाने के सभी गुण विद्यमान हैं (जो कि एक सांकेतिक पैमाने को भी सम्मिलित करता है) प्लस • इसमें मापन की एक इकाई एक ऐच्छिक प्रारंभ और अंतिम बिंदु के साथ है।
आनुपातिक	लंबाई: सेंटीमीटर	इसमें एक अंतराल पैमाने के सभी गुण विद्यमान हैं
	आय: $	प्लस
	आयु वर्ष/ महीने	• इसमें प्रारंभ बिंदु शून्य पर स्थित है।
	वजन: किलोग्राम	
	व्यवहार स्कोर: गुत्तमान पैमाना (पाठ 10 देखें)	

माप तराजू

सांकेतिक और श्रेणीगत पैमाना

एक सांकेतिक पैमाना व्यक्तियों, वस्तुओं और प्रतिक्रियाओं का वर्गीकरण एक समान लक्षणों अथवा गुण धर्मों के आधार पर करना सक्षम करता है। ऐसे व्यक्तियों, वस्तुओं और प्रतिक्रियाओं को उपसमूहों की एक बड़ी संख्या में इस प्रकार से विभाजित किया जाता है कि उपसमूह का प्रत्येक सदस्य एक समान लक्षण अथवा गुणधर्म साझा करें। एक सांकेतिक पैमाने पर मापे गए चर में विविधता के स्तर के आधार पर एक, दो या उससे अधिक उपश्रेणियाँ हो सकती हैं। उदाहरण के लिए, पानी और टैक्सी का एक ही उप-समूह है जबकि लिंग चर को दो श्रेणियों; पुरुष एवं स्त्री में विभाजित किया जा सकता है। ऑस्ट्रेलिया की राजनीतिक पार्टियों को इसी तरीके से चार मुख्य श्रेणियों; मजदूर, उदारवादी, लोकतांत्रिक और हरित आदि में वर्गीकृत किया जा सकता है। जो स्वयं को या तो किसी प्रकार की सदस्यता या विश्वास से होने से जोड़ते हैं, वह मजदूर में वर्गीकृत किए गए हैं, जैसे कि मज़दूर पार्टी; जो खुद को उदारपंथियों के साथ जुड़ा हुआ महसूस करते हैं, उनको उदारपंथी श्रेणी में रखा गया है, और इसी प्रकार से अन्य वर्गीकरण किए गए हैं। एक श्रेणी के लिए चुना गया नाम विचारमूलक है, लेकिन प्रभावशाली संचरण के लिए यह सबसे अच्छा है कि वह नाम चुना जाए जो किसी श्रेणी के गुणधर्म को प्रदर्शित करे।

> सांकेतिक पैमाने के द्वारा किया गया वर्गीकरण यह सुनिश्चित करता है कि व्यक्ति, वस्तुएँ और प्रतिक्रियाएँ जो एक ही उपसमूह के अंतर्गत आती हों, उनमें एक सनान गुणधर्म, लक्षण आदि ही वर्गीकरण के आधार बनें। उपसमूह जिस क्रम में सूचीबद्ध किए गए हैं, वह कोई अंतर स्थापित नहीं करता है, क्योंकि समूहों के बीच में कोई भी क्रम-संबंध विद्यमान नहीं है।

क्रम सूचक और क्रमवाचक पैमाना

एक क्रम सूचक पैमाने में सांकेतिक पैमाने के सभी गुण गुणधर्म निहित होते हैं - जैसे कि व्यक्तियों, वस्तुओं, प्रतिक्रियाओं का या कुछ समान लक्षणों के आधार पर गुणों का उपसमूहों में किया गया वर्गीकरण - लेकिन यह उप-समूहों को एक निश्चित क्रम में भी रखता है। यह इस प्रकार से आरोही या अवरोही क्रम में डाले जाते हैं ताकि उप-श्रेणी, चर विविधता के परिमाण को प्रतिबिंबित करें। उदाहरण के लिए, आय को या तो परिमाणात्मक रूप से (डॉलर अथवा सेंट में), या गुणात्मक रूप से कुछ श्रेणियों के उपयोग जैसे औसत से अधिक, औसत और औसत से कम आदि के द्वारा मापित किया जा सकता है। (ये श्रेणियाँ परिमाणात्मक पद्धतियों के आधार पर भी विकसित की जा सकती हैं; उदाहरण के लिए $10000 से नीचे की राशि को औसत से नीचे और $10000 से $25000 की राशि को औसत और $25000 से ऊपर की राशि को औसत से अधिक के अनुसार वर्गीकृत किया जा सकता है। 'औसत से अधिक' श्रेणी यह संकेत देती है कि इसमें शामिल किए गए लोग औसत श्रेणी के लोगों से अधिक आमदनी रखते हैं, औसत श्रेणी वाले लोगों की आमदनी औसत से कम श्रेणी वाले लोगों से अधिक है। आमदनी की यह उपश्रेणियाँ परस्पर लोगों की आमदनी के परिमाण के संदर्भ में जुडी हुई हैं, लेकिन इनका परिमाण ही स्वयं में परिमाणात्मक नहीं है, अतः 'औसत से अधिक' और औसत या औसत और औसत से कम श्रेणियों के बीच में अंतर स्थापित नहीं किया जा सकता। सामाजिक-आर्थिक स्तर और क्रमवाचक पैमाने पर मापे गए अन्य चरों आदि के लिए भी यह कथन सत्य साबित होता है।

संक्षिप्त तौर पर एक क्रमवाचक पैमाने में इसके अपने गुणधर्मों के अलावा सांकेतिक पैमाने के सभी लक्षण और गुणधर्म होते हैं। लक्षण और गुणधर्मों के परिमाणों के क्रम में उपश्रेणियों को व्यवस्थित किया जाता है इसके अतिरिक्त उप-श्रेणियों के बीच की 'दूरी' समान नहीं हो सकती है, क्योंकि मापन की कोई परिमाणात्मक इकाई यहाँ पर निर्धारित नहीं होती है।

अंतराल पैमाना

एक अंतराल पैमाने में क्रमवाचक पैमाने के सभी लक्षण होते हैं, अर्थात् एक उप-श्रेणी से सम्बंधित व्यक्ति और प्रतिक्रियाओं में कुछ एक समान लक्षण होते हैं और उप-श्रेणियों को आरोही या अवरोही क्रम में

व्यवस्थित किया जाता है। इसके अतिरिक्त, चर की व्यापकता के संबंध में व्यक्तियों और प्रतिक्रियाओं को समान अंतराल पर रखने में सक्षम करने हेतु अंतराल पैमाना एक मापन इकाई का उपयोग करता है। इस पैमाने में एक प्रारंभिक तथा अंतिम बिंदु होता है और यह समान दूरी पर स्थित इकाइयों/ अंतराल में विभाजित होता है। प्रारंभिक और अंतिम बिंदु और इनके बीच इकाइयों और अंतराल की संख्या एक पैमाने से पैमाने के बीच भिन्न भिन्न होती है। सेल्सियस और फॉरेनहाइट पैमाने, एक अंतराल पैमाने के उदाहरण हैं। सेल्सियस प्रणाली में प्रारंभिक बिंदु जोकि प्रशीतन बिंदु कहलाता है, 0 डिग्री सेल्सियस है, और अंतिम बिंदु जो कि क्वथनांक कहलाता है, वह 100 डिग्री सेल्सियस होता है। प्रशीतन और क्वथनांक के बीच की दूरी को 100 समान दूरी के अंतराल, जिनको डिग्री कहा जाता है, में विभाजित किया जाता है। फारेनहाइट प्रणाली में प्रशीतन बिंदु 32 डिग्री फारेनहाइट और क्वथनांक 212 डिग्री फारेनहाइट होता है, और इन दो बिंदुओं के बीच की दूरी को 180 समान दूरी के अंतराल में विभक्त किया जाता है। प्रत्येक डिग्री और अंतराल, तापमान को मापने की इकाई है। जितनी अधिक डिग्री होगी, उतना ही अधिक तापमान होगा। चूँकि प्रारंभिक और अंतिम बिंदु ऐच्छिक होते हैं तथा यह निरपेक्ष नहीं होते अतः आप यह नहीं कह सकते कि 60 डिग्री सेल्सियस 30 डिग्री सेल्सियस की तुलना में 2 गुना अधिक गर्म तापमान है, या 30 डिग्री फारेनहाइट 10 डिग्री फारेनहाइट से तीन गुना ज्यादा गर्म तापमान है। इसका अर्थ यह है कि इस मान पर कोई भी अंक गणितीय गणना कार्यान्वित नहीं की जा सकती, बल्कि यह गणना केवल इस रीडिंग के अंतर को दृष्टिगत रखते हुए ही की जा सकती है। उदाहरण के लिए यदि दो वस्तुओं ए और बी के बीच में तापमान का अंतर 15 डिग्री सेल्सियस है और दो अन्य वस्तुओं सी और डी के बीच में तापमान का अंतर 45 डिग्री सेल्सियस है, तो आप यह कह सकते हैं कि सी और डी के बीच में तापमान का अंतर ए और बी के बीच मे तापमान के अंतर से 3 गुना है। थरस्टोन पैमाने पर किसी मामले को लेकर लोगों के दृष्टिकोणों के मापने की प्रक्रिया इसके समान ही है। हालाँकि, लीकर्ट पैमाना किसी दृष्टिकोण की निरपेक्ष तीव्रता का मापन नहीं करता है, लेकिन यह सामान्य तौर पर किसी अन्य व्यक्ति से इसके संबंध को मापित करता है।

संक्षिप्त में, अंतराल पैमाना एक सापेक्षिक पैमाना है, अर्थात् यह व्यक्तियों अथवा प्रतिक्रियाओं की स्थिति को एक दूसरे के संबंध में मापे जाने वाले चरों के परिमाण के सापेक्ष प्रदर्शित करता है। अतः एक अंतराल पैमाने में वह सभी गुण होते हैं जो एक क्रमवाचक पैमाने में हैं, और इसमें इसकी एक मापक इकाई होती है, जिसका प्रारंभ और अंतिम बिंदु स्वैच्छिक होता है।

अनुपात पैमाना

एक अनुपात पैमाने में एक सांकेतिक, क्रमवाचक और अंतराल पैमानों के सभी गुण होते हैं। इसमें एक प्रारंभ बिंदु होता है जिसे शून्य पर रखा जाता है। अतः यह एक निरपेक्ष पैमाना है - अंतरालों के बीच में अंतर सदैव शून्य बिंदु से ही मापा जाता है, इसका अर्थ यह है कि अनुपात स्केल पैमाना अंकगणितीय गणनाओं के लिए भी उपयोग में लाया जा सकता है। आमदनी, आयु, ऊँचाई और वजन आदि का मापन, इस पैमाने पर मापन के कुछ उदाहरण हैं। एक व्यक्ति जो 40 साल का है, वह एक 20 साल के लड़के से दुगनी आयु का है, एक व्यक्ति जो प्रतिवर्ष $60,000 कमा रहा है, वह $20,000 कमाने वाले व्यक्ति की अपेक्षा 3 गुना अधिक कमा रहा है।

सारांश

एक धारणा अथवा अनुभूति की समझ और इसका अर्थ, प्रतिक्रिया देने वाले विभिन्न लोगों में अलग-अलग हो सकता है, अतः इसका मापन सुसंगत नहीं माना जा सकता है। चरों के वर्गीकरण का कुछ आधार होता है, अतः इनके अर्थ और इनकी समझ के विषय में बहुत कम असंगतता होती है। धारणाएँ मानसिक अनुभूतियाँ होती हैं, जबकि चर या तो व्यक्तिपरक अथवा तटस्थ तरीकों से इनमें से किसी एक पैमाने पर मापे जाने योग्य होते हैं। जब आप एक धारणा को चर में बदलते हैं तो आप उसका वर्गीकरण मापन के आधार पर करते हैं, और इससे उसको समझने हेतु अंतर्निहित परिवर्तिता को कम से कम रख पाते हैं। जब आप एक

धारणा को प्रत्यक्ष तौर पर मापने में अक्षम होते हैं, तो आपको सर्वप्रथम इसको संकेतों में और फिर चरों में परिवर्तित करने की आवश्यकता है।

परिमाणात्मक और गुणात्मक शोध में जिस प्रकार से आवश्यक जानकारियाँ एकत्र की जाती हैं, वह इनके बीच में सबसे बड़ा अंतर स्थापित करती हैं। गुणात्मक शोध में मापन की इकाइयों के तौर पर अधिकतर विस्तृत और कथनात्मक विवरणों का उपयोग किया जाता है, जबकि परिमाणात्मक शोध ऊपर दिए गए चार पैमानों में से किसी एक पैमाने पर प्रतिक्रियाओं के मापन पर जोर देता है। यद्यपि गुणात्मक शोध डेटा संकलन के दौरान विस्तृत कथनों पर अधिक जोर देता है, अतः कुछ मामलों मे यह विश्लेषण के समय, जो मुख्य विचार प्रवाह संचरित कर रहे हों, उसके आधार पर वर्गीकृत किए जाते हैं। हालाँकि कुछ ऐसे मौके भी होते हैं, जब आप मौखिक विवरण और प्राक्कथनों को अपने तर्कों और प्रमाणों के सृजन हेतु उपयोग करना पसंद करते हैं।

विभिन्न प्रकार के चर और वे किस प्रकार स्थापित किए जाते हैं, उनके संबंध में ज्ञान परिमाणात्मक शोध में एक महत्वपूर्ण भूमिका निभाते हैं। एक शोध समस्या में धारणा को बनाने की प्रक्रिया में और अधिक स्पष्टता और विशिष्टता लाने और परिकल्पना के निर्माण और शोध उपकरणों के विकास के लिए चर महत्वपूर्ण होते हैं। डेटा का विश्लेषण किस प्रकार किया जा सकता है यह इस विषय को प्रभावित करते हैं, जैसे, कौन-से सांख्यिकीय परीक्षण लागू किए जा सकते हैं, और इनसे क्या अर्थ निकल सकते हैं, डेटा का प्रस्तुतीकरण किस प्रकार किया जा सकता है, और इनसे क्या उपसंहार प्राप्त किए जा सकते हैं। इसके अतिरिक्त डेटा संकलन के चरण में जिस प्रकार से चरों का मापन किया जाता है वह इस बात का निर्धारण करता है कि क्या किसी शोध को परिमाणात्मक कहा जाए अथवा इसको गुणात्मक श्रेणी में रखा जाए। एक शुरुआती छात्र के लिए यह समझना महत्वपूर्ण है कि चरों को मापने के विभिन्न तरीकों को समझना अत्यंत आवश्यक है और साथ ही शोध में होने वाले इसके प्रभाव को समझना भी महत्वपूर्ण है। एक चर को तीन दृष्टिकोणों से वर्गीकृत किया जा सकता है, क्योंकि ये परस्पर एकांतिक नहीं होते हैं: कारक संबंध, शोध की रूप-रेखा और मापन की इकाई। कारक संबंध के दृष्टिकोण से एक चर को चार में से एक श्रेणी में वर्गीकृत किया जा सकता है। स्वतंत्र, निर्भर बाह्य और अन्तःक्षेपी। यदि हम चर को मापन की इकाई के दृष्टिकोण से जाँचें, तो इसे श्रेणीगत और सतत या गुणात्मक और परिमाणात्मक श्रेणियों में वर्गीकृत किया जा सकता है।

सामाजिक विज्ञानों में चार मापन पैमाने उपयोग में लाए जाते हैं, सांकेतिक, क्रमवाचक, अंतराल और आनुपातिक। कोई भी धारणा जो इन पैमानों पर मापित हो सके, वह चर कहलाती है। मापक पैमाने, अत्यंत उच्च व्यक्तिपरक प्रतिक्रियाओं और ऐसी प्रतिक्रियाओं के वर्गीकरण को सक्षम बनाते हैं, जिनको अत्यंत सटीकता के साथ मापित किया जा सकता है। एक मापन पैमाने पर चर को मापने का विकल्प इन बातों पर निर्भर करता है कि आपके शोध के उद्देश्य क्या है और आप किस प्रकार से पाठकों को अपनी खोजों के विषय में संचारित करना चाहते हैं।

आपके सोचने के लिए

- इस अध्याय के शुरुआत में दिए गए शब्दों से स्वयं को पुनः परिचित करवाएँ और यदि आप इनके अर्थ या इनमें से किसी के लागू होने के विषय में अनिश्चित हैं तो अध्याय से आगे बढ़ने से पहले एक बार फिर से उनको देखें।
- आपको अपने लेक्चर का मूल्यांकन करने के लिए कहा गया है। यह निर्धारित करें कि आप शिक्षण के किस पहलू को महत्वपूर्ण मानेंगे और किस प्रकार इनको प्रतिबिंबित करने वाले संकेतकों के सेट का विकास करेंगे।
- आत्माभिमान व्यवहार में लाने के लिए एक कठिन धारणा है। सोचिए कि किस प्रकार से आप व्यक्तियों के समूह में आत्माभिमान के स्तर में परिवर्तिता निर्धारित करने के लिए संकेतकों के एक सेट का विकास करेंगे।
- इस अध्याय में विकसित की गई चरों की व्याख्या का सूक्ष्मता से परीक्षण करें। आप इनमें क्या बदलाव प्रस्तावित करना चाहेंगे।

अब जबकि आप इस अध्याय को पढ़ चुके हैं, तो निम्न प्रश्नों के उत्तर देने का प्रयास करें:

- एक धारणा और चर के बीच में स्थित अंतर की व्याख्या करें।
- विभिन्न दृष्टिकोणों के आधार पर चरों की व्याख्या करें।
- बाह्य और अन्तःक्षेपी चरों के बीच में क्या अंतर है?
- विभिन्न प्रकार के मापन पैमाने क्या है? शोध रूप-रेखा में इनसे कौन-से उद्देश्य सिद्ध होते हैं?

6

परिकल्पना का निर्माण करना

इस अध्याय में आप निम्नलिखित तथ्यों के बारे में जानेंगे

- परिकल्पना की परिभाषा
- आपके शोध में परिकल्पना के कार्य
- परिकल्पनाओं की परीक्षा किस प्रकार से की जाती है
- एक परिकल्पना का निर्माण कैसे करें
- विभिन्न प्रकार की परिकल्पनाएँ और उनके अनुप्रयोग
- परिकल्पना की परीक्षा करने के दौरान किस प्रकार से गलतियाँ हो सकती हैं
- गुणात्मक शोध में परिकल्पना का उपयोग

महत्वपूर्ण शब्द

वैकल्पिक परिकल्पना,	तुक्के,	परिकल्पना,
बिंदु प्रधान परिकल्पना,	प्रधानता,	शून्य परिकल्पना,
व्यव्हारयोग्य,	शोध परिकल्पना,	टाइप । त्रुटि,
टाइप ॥ त्रुटि,	एक विमीय,	वैध

इस अध्याय के अंत में आपको निम्नलिखित की समझ हो जाएगी

- शोध में परिकल्पना का स्थान
- परिकल्पना का परीक्षण
- परिकल्पना के प्रकार
- परिकल्पना के परीक्षण में होने वाली गलतियाँ

> [वैज्ञानिक इतिहास में] लगभग सभी बड़े क़दम 'प्रकृति के विषय में पूर्वानुमान' के द्वारा लिए गए हैं, अर्थात् एक परिकल्पना के आविष्कार के द्वारा, जो यद्यपि जाँचने योग्य होते थे, लेकिन अक्सर छोटी बुनियाद के साथ शुरू किये गए थे (T. H. Huxley, Cohen & Nagel 1966:197 से उद्धृत)।

परिकल्पना की परिभाषा

परिमाणात्मक शोध में एक शोध समस्या के निर्माण में दूसरा सबसे महत्वपूर्ण ध्यान में रखने योग्य कारक एक **परिकल्पना** का निर्माण करना है। परिकल्पनाएँ शोध समस्या के लिए स्पष्टता, विशेषता और एकाग्रता लाने का कार्य करती है, लेकिन यह अध्ययन विशिष्ट नहीं कही जा सकती हैं। आप बिना एकल औपचारिक परिकल्पना का निर्माण किए एक वैध अन्वेषण नहीं कर सकते हैं। इसके विपरित एक शोध अध्ययन के संदर्भ में आप जितना उचित समझते हों, उतनी परिकल्पनाओं का निर्माण कर सकते हैं। कुछ लोग ऐसा मानते हैं कि अन्वेंषण करने के लिए व्यक्ति को परिकल्पना का निर्माण अवश्य करना चाहिए। हालाँकि इस पुस्तक के लेखक के मत में यह बात ठीक नहीं है। प्राथमिक तौर पर परिकल्पना का उद्गम 'तुक्कों' के एक सेट से होता है, जिनको अध्ययन में परीक्षित किया जाता है, और कोई व्यक्ति इन 'तुक्कों' अथवा पूर्वानुमान के बग़ैर भी एक पूर्ण रूप से वैध अध्ययन कर सकता है, हालाँकि महामारी विज्ञान संबंधी अध्ययनों में अन्वेषण के दायरे को कम करने के लिए परिकल्पना का निर्माण करना अत्यंत महत्वपूर्ण है। परिकल्पना का महत्व उनके द्वारा शोध अध्ययन में दिशा, विशिष्टता और एकाग्रता लाने से संबंधित है। वह एक शोधार्थी को यह बताती है कि किस प्रकार की सूचनाएँ एकत्र की जानी चाहिए और परिणाम-स्वरूप अध्ययन में अधिक एकाग्रता किस प्रकार से लाई जानी चाहिए।

शोध सवालों और परिकल्पना

कल्पना कीजिए कि आप एक घुड़दौड़ देख रहे हैं और एक तुक्के पर शर्त लगाते हैं कि कोई विशेष घोड़ा जीत जाएगा। घुड़दौड़ के ख़त्म होने के बाद ही आप यह जान पाएँगे कि क्या आपके द्वारा लगाया गया वह तुक्का सही था या नहीं।

एक उदाहरण लेते हैं, मान लीजिए कि आप यह तुक्का लगाते हैं कि आपकी कक्षा में धूम्रपान न करने वाले विद्यार्थियों की तुलना में धूम्रपान करने वाले विद्यार्थी ज्यादा हैं। अपने तुक्के को परीक्षित करने के लिए या तो आप संपूर्ण कक्षा के विद्यार्थियों से यह पूछेंगे अथवा आप उन विद्यार्थियों में से कुछ से ही यह पूछेंगे कि वह धूम्रपान करते हैं या नहीं, और फिर आप यह निष्कर्ष निकाल सकते हैं कि आपके द्वारा पूछा व सोचा गया अनुमान सही था या नहीं।

आइए अब एक थोड़ा-सा भिन्न उदाहरण लें। मान लीजिए कि आप सार्वजनिक स्वास्थ्य के क्षेत्र में कार्य करने वाले कर्मचारी हैं। आपके मन में अपने नैदानिक अनुभव के आधार पर यह छवि है कि एक परिस्थिति-

विशेष की उच्च दर एक विशिष्ट जनसंख्या उपसमूह से आने वाले लोगों में पाई जाती है। आप सर्वप्रथम यह जानना चाहते हैं कि क्या आपका अनुमान सही है अथवा नहीं, और दूसरा यह कि इस परिस्थिति के संभावित कारण क्या हैं। ऐसे कई कारण हो सकते हैं, प्रत्येक कारण को खोजने के लिए आपको अत्यधिक समय और संसाधनों की आवश्यकता होगी। अतः अपने विकल्पों को सीमित करने के लिए अपने क्षेत्रीय ज्ञान के आधार पर आप उस कारण को पहचान सकें, जो आपके मत में सबसे अधिक संभावित कारण हो सकता है। इसके बाद आप जानकारी के आधार पर एक अध्ययन की रूपरेखा तैयार कर सकते हैं, जो आपके अनुमान की जाँच करने हेतु आवश्यक हैं। यदि जाँच के उपरांत आप यह निष्कर्ष निकालने में समर्थ रहे कि जनसंख्या उप-समूह में मानी गई परिस्थिति की प्रचुरता है, और माना गया कारण वस्तुतः एक सत्य कारण है, तो इस दृष्टि से आपके अनुमान सही साबित होंगे।

इन उदाहरणों में आपने एक सही तुक्के अथवा अनुमान से शुरुआत की थी। इस मामले (घुड़दौड़) में आपने एक घटना के होने का इंतजार किया और अन्य दो घटनाओं में आपने अपने अनुमान की वैधता की जाँच के लिए एक अध्ययन की रूपरेखा तैयार की, और एक सावधानी-भरे अन्वेषण के बाद ही अनुमानों की वैधता के विषय में आप अपने निष्कर्ष पर पहुँचते हैं।

परिकल्पनाएँ इसी प्रकार के तर्क पर आधारित होती हैं। एक शोधार्थी के रूप में आप घटनाओं, स्थितियों, जनसंख्या में किसी परिस्थिति विशेष की प्रचुरता, किसी कार्यक्रम विशेष के परिणाम के विषय में नहीं जानते हैं, लेकिन कुछ निश्चित अनुमानों और तुक्कों के आधार पर आप एक अनुमानित स्थिति का निर्माण अवश्य कर सकते हैं। सूचनाओं को एकत्र करके आप इनका परीक्षण करते हैं, जो आपको यह निष्कर्ष निकालने में सक्षम करती हैं कि आपके द्वारा लगाया गया अनुमान सही है अथवा नहीं। जाँच की प्रक्रिया में तीन में से कोई एक परिणाम हो सकते हैं। आपका तुक्का सही सिद्ध हो सकता है या यह आंशिक रूप से सही अथवा ग़लत भी हो सकता है। जाँच की इस प्रक्रिया के बिना आप अपने अनुमान की वैधता के विषय में कुछ भी निष्कर्ष नहीं निकाल सकते हैं।

अतः एक परिकल्पना परिस्थितियों या घटनाओं संबंधी सत्य की वास्तविकता आदि के विषय में एक तुक्का, अनुमान, शक, संदेह या एक विचार है, जिसके विषय में आप कुछ भी नहीं जानते हैं। एक शोधार्थी इन अनुमानों, संदेशों, कथनों और तुक्कों को परिकल्पना के रूप में लेता है और ये उसकी संपूर्ण जाँच प्रक्रिया का आधार बन जाते हैं। अधिकतर अध्ययनों में परिकल्पनाएँ या तो भूतकाल में किए गए अध्ययन के या आपके स्वयं के या किसी और के अवलोकनों के आधार पर बनाई जाती हैं।

परिकल्पना की बहुत सारी परिभाषाएँ दी गई हैं Kerlinger (1986:17) के अनुसार, 'एक परिकल्पना दो या दो से अधिक चरों के बीच में एक अनुमान पर आधारित संबंध के विषय में कथन होते है। Webster के *तीसरे नये अंतर्राष्ट्रीय शब्दकोश (1976)* में एक परिकल्पना को निम्न प्रकार से परिभाषित किया गया है:

> 'तर्कसंगत परिणाम पाने के लिए बिना किसी विश्वास के माना गया एक प्रस्ताव, स्थिति अथवा सिद्धांत और इस तरीके से तर्कों, जो कि जाने जा चुके हैं अथवा जाने जा सकते हैं, के साथ इसकी विश्वसनीयता की जाँच के लिए लगाया गया अनुमान परिकल्पना के दायरे में आता है'।

Black और Champion (1976:126) परिकल्पना को निम्न प्रकार से परिभाषित करते हैं, 'किसी वस्तु, जिसकी वैधता अधिकांशतः अज्ञात है, के लिए एक अस्थाई कथन करना, परिकल्पना होती है'। एक अन्य परिभाषा में Bailey (1978:35) परिकल्पना को निम्न प्रकार से परिभाषित करते हैं:

> 'यह एक प्रस्ताव है जो एक परीक्षण योग्य स्वरूप में प्रस्तुत किया जाता है, और जो दो या दो से अधिक चरों के बीच में विशेष संबंध का पूर्वानुमान लगाता है। अन्य शब्दों में, यदि हम सोचते हैं कि यह संबंध उपस्थित है, तो सबसे पहले हम परिकल्पना तैयार करते हैं और फिर क्षेत्र में जाकर उस परिकल्पना का परीक्षण करते हैं।

Grinnell (1988:200) के अनुसार:

> एक परिकल्पना को इस प्रकार से लिखा जाता है कि वह वैध और विश्वसनीय डेटा के आधार पर सिद्ध या खंडित की जा सके। हम अपने अध्ययन को इस डेटा को प्राप्त करने के लिए संचालित करते हैं।

उपरोक्त परिभाषाओं से यह जाहिर है कि परिकल्पना के कुछ विशेष गुण होते हैं:

1. यह एक अनुमानित प्रस्ताव होता है।
2. इसकी वैधता अज्ञात होती है।
3. अधिकतर मामलों में यह दो या अधिक चरों के बीच में स्थित संबंध को दिखाती है।

परिकल्पना के कार्य

जैसाकि पहले बताया गया है, एक परिकल्पना का विशिष्ट रूप से होना, किसी अध्ययन के लिए आवश्यक नहीं है, जबकि कुछ शोधकर्ता ऐसा सोचते हैं कि एक अध्ययन को करने के लिए परिकल्पना की आवश्यकता होती है। हालाँकि शोध समस्या को लेकर स्पष्टता लाने हेतु एक परिकल्पना महत्वपूर्ण होती है। विशिष्ट रूप से परिकल्पना निम्नलिखित कार्य करती है:

- एक परिकल्पना का निर्माण आपको इस बात की व्याख्या करने के लिए बाध्य करता है कि आप क्या ढूँढना चाहते हैं और इस प्रकार से यह आपके अध्ययन में विशिष्टता और स्पष्टता का समावेश करती है।
- एक परिकल्पना के निर्माण के लिए आवश्यक विशिष्टता और स्पष्टता आपके द्वारा आवश्यक जानकारियों का एकत्र किया जाना और अध्ययन में एकाग्रता के समावेश आदि को सुनिश्चित करती है। यह आपके अध्ययन की वैधता को भी बढ़ाती है, क्योंकि इसका यह सुनिश्चित करना कि आप वही माप रहे हैं जिसको मापने के लिए आपने अध्ययन की शुरुआत की थी, इसकी विश्वसनीचता को बढ़ाता है।
- चूँकि यह अध्ययन में एकाग्रता का समावेश करती है, अतः एक परिकल्पना अध्ययन की उद्देश्यपरकता को बढ़ाती है।
- एक परिकल्पना का परीक्षण आपको विशेष तौर पर यह निष्कर्ष निकालने हेतु सक्षम बनाता है कि सत्य क्या है या असत्य क्या है, और इस प्रकार से यह आपको सिद्धांत के निर्माण में योगदान देता है।

परिकल्पना का परीक्षण

परिकल्पना के परीक्षण के लिए आपको एक ऐसी प्रक्रिया से गुजरना होगा, जो तीन चरण समाहित करती है: (1) परिकल्पना का निर्माण करना; (2) उचित प्रमाण इकट्ठा करना; और (3) परिकल्पना की वैधता पर निष्कर्ष निकालने के लिए प्रमाण का विश्लेषण करना। चित्र 6.1 इस प्रक्रिया को रेखाचित्र के रूप में दिखाता है। प्रमाणों को विश्लेषित करने के पश्चात ही आप यह निष्कर्ष निकाल सकते हैं, कि आपका तुक्का या परिकल्पना सत्य था या असत्य था। परंपरागत रूप से जब आप एक परिकल्पना के विषय में निष्कर्ष निर्धारित करते हैं, तो आप विशिष्ट तौर पर उसके सही होने अथवा ग़लत होने के विषय में एक कथन का विकास करते हैं, कि 'परिकल्पना सही है' या 'परिकल्पना ग़लत है', अतः यह अत्यंत महत्वपूर्ण है कि आप अपनी परिकल्पना को सफाई, सटीकता और परीक्षण योग्य रूप में ही बनाएँ। अपनी परिकल्पना की वैधता के विषय में किसी निष्कर्ष पर पहुँचने के लिए आप किस प्रकार से अपने प्रमाणों को इकट्ठा करते हैं, यह एक केंद्रीय महत्व का कारक है, और अतः आपके अध्ययन की रूपरेखा, नमूने, डेटा संकलन विधि, डेटा विश्लेषण और निष्कर्षों के संचरण का वैध, उचित और बिना किसी झुकाव के होना अत्यंत आवश्यक है। यदि परिकल्पना के परीक्षण के लिए उपयोग में लाए गए अध्ययन रूपरेखा नमूना लेने की प्रक्रिया, डेटा संकलन के तरीके आदि अनुचित हों, तो परिकल्पना की वैधता का परीक्षण और इससे कोई भी निष्कर्ष निकालने की प्रक्रिया अर्थहीन हो जाती है। एक परिकल्पना का परीक्षण करते समय आपको संपूर्ण शोध विधि के उचित होने के विषय में निश्चित हो जाने की आवश्यकता होती है।

परिकल्पना के गुण

एक परिकल्पना के निर्माण के समय दिमाग में रखी जाने वाली बहुत सी विचारणीय बातें हैं, क्योंकि यह एक वैध परीक्षण के लिए अत्यंत महत्वपूर्ण सिद्ध होती है। अतः परिकल्पना में उद्धृत किए गए शब्दों में कुछ ऐसे

चित्र 6.1 एक परिकल्पना का परीक्षण करने की विधि

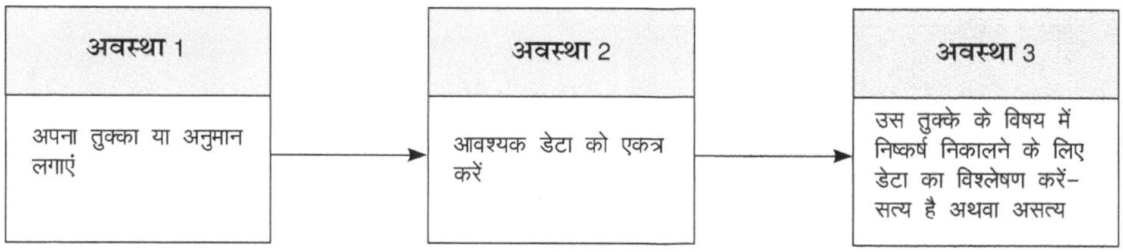

गुण होने चाहिए, ताकि वह आपके लिए इनकी वैधता सुनिश्चित करना सरल कर सके।

सर्वप्रथम, एक परिकल्पना को सरल, सटीक और धारणा के परिपेक्ष्य में बिल्कुल स्पष्ट होना चाहिए। परिकल्पना के निर्माण में अस्पष्टता का कोई स्थान नहीं है, क्योंकि किसी भी प्रकार की अस्पष्टता आपकी परिकल्पना की जाँच को लगभग असंभव बना देगी। यह 'एक विमीय' होनी चाहिए– अर्थात् इसको एक समय में एक ही अनुमान या संबंध का परीक्षण करना चाहिए। एक अच्छी परिकल्पना के निर्माण के लिए आपको विषय क्षेत्र से पूर्ण रूप से परिचित होना चाहिए (साहित्य का पुनरावलोकन इस संबंध में आपकी अत्यंत सहायता करेगा)। समस्या के लिए आपकी अंतर्दृष्टि जितनी अधिक विकसित होगी उतना ही सरल एक परिकल्पना को बनाना होगा, उदाहरण के लिए:

एक कक्षा में छात्रों की औसत उम्र छात्राओं की औसत उम्र से अधिक है।

उपरोक्त परिकल्पना स्पष्ट, विशिष्ट और परीक्षण के लिए सरल है। यह आपको बताती है कि आप किसकी तुलना का प्रयास कर रहे हैं (कक्षा की औसत आयु), कौन से जनसंख्या समूहों के बीच में तुलना की जा रही है (छात्र-छात्राएँ), और आप क्या ढूँढना चाहते हैं (क्या पुरुष छात्रों की औसत उम्र अधिक है)।

आइए अब एक अन्य उदाहरण लें:

समाज में होने वाली आत्महत्याओं की दर सामाजिक जुड़ाव के सापेक्ष व्युत्क्रमानुपाती होती है। (Black & Champion 1976: 126)

यह परिकल्पना स्पष्ट और विशिष्ट प्रकार की है, लेकिन इसका परीक्षण करना अत्यधिक कठिन है। इस परिकल्पना के तीन पहलू हैं; आत्महत्या की दर, व्युत्क्रमानुपाती, जो इस संबंध की दिशा के विषय में एक अनुमान प्रस्तुत करते हैं, और सामाजिक जुड़ाव। आत्महत्या की दर और इन दो कारकों के बीच में संबंध स्थापित करना कि यह व्युत्क्रमानुपाती है अथवा इसका उल्टा है, परिमाणात्मक रूप से सरल है। लेकिन सामाजिक जुड़ाव की भावना का परीक्षण करना, इनकी अपेक्षा अधिक कठिन है। सामाजिक जुड़ाव की भावना को कौन से कारक निर्धारित करते हैं? यह किस प्रकार मापा जा सकेगा? यह समस्या इस परिकल्पना के परीक्षण को अत्यधिक कठिन बना देती है।

दूसरा, एक परिकल्पना को *परीक्षण योग्य* होना चाहिए। डेटा को एकत्र करने और उसके विश्लेषण के लिए पद्धतियों और तकनीकों को उपलब्ध होना चाहिए। एक ऐसी परिकल्पना का निर्माण करने में कोई लाभ नहीं है, जिसको परीक्षित न किया जा सके, क्योंकि इसकी जाँच के लिए तकनीकें उपलब्ध नहीं है। हालाँकि इसका आवश्यक रूप से यह अर्थ नहीं है कि जिन परिकल्पनाओं के लिए परीक्षण हेतु कोई भी तकनीकें अथवा पद्धतियाँ न हों, उनका निर्माण नहीं किया जाना चाहिए। अपने शोध को करने के दौरान आप इसके परीक्षण हेतु नई तकनीकें इजाद कर सकते हैं।

तीसरा, एक परिकल्पना को इस प्रकार से बनाया जाना चाहिए कि इसका ज्ञान प्रणालियों की वर्तमान मुख्यधारा से संबंध प्रदर्शित हो। आपकी परिकल्पना का ज्ञान प्रणालियों की वर्तमान धाराओं से उभरना अत्यंत आवश्यक है। और चूँकि यह शोध का एक महत्वपूर्ण कार्य है, अतः इस मायने में यह एक लाभ की स्थिति उत्पन्न करता है। यह लाभ तभी अर्जित किया जा सकता है, जब परिकल्पना का मूल ज्ञान प्रणालियों की वर्तमान धाराओं से उभरता हो।

अंततः एक परिकल्पना को व्यवहार में लाने योग्य होना चाहिए, इसका अर्थ यह है कि इसकी अभिव्यक्ति मापन योग्य होनी चाहिए। यदि यह मापन योग्य न हो तो इसका परीक्षण नहीं हो पाएगा, और इसलिए इससे कोई भी निष्कर्ष निकालना संभव नहीं हो पाएगा।

परिकल्पना के प्रकार

सैद्धांतिक तौर पर केवल एक प्रकार की परिकल्पना ही होनी चाहिए, अर्थात् शोध परिकल्पना, जो आपके अन्वेषण का आधार हो। हालाँकि, वैज्ञानिक परीक्षणों में चली आ रही परिपाटी और परिकल्पना के निर्माण के समय उपयोग में लाई जाने वाली शब्दावली के कारण परिकल्पना को विभिन्न प्रकार से वर्गीकृत किया गया है। मोटे तौर पर परिकल्पना की दो श्रेणियाँ हैं:

1. शोध परिकल्पना
2. वैकल्पिक परिकल्पना

एक **वैकल्पिक परिकल्पना** का निर्माण वैज्ञानिक समूहों में एक परंपरा की तरह होता है। इसका मुख्य कार्य संबंध के विषय में अत्यंत विशिष्ट तौर पर व्याख्या करना है, जो सत्य मानी जाती है, जब शोध परिकल्पना ग़लत साबित होती है। एक तरीके से, एक वैकल्पिक परिकल्पना, शोध परिकल्पना के विलोम होती है। परंपरागत रूप से एक शून्य परिकल्पना या बिना अंतर वाली परिकल्पना को एक वैकल्पिक परिकल्पना के रूप में निर्मित किया जाता है।

आइए अब एक उदाहरण लें। मान लीजिए आप नवजात शिशु मृत्यु दर पर पड़ने वाले मातृ एवं बाल स्वास्थ्य सेवाओं (एमसीएच) और पोषण संबंधी पूरक भोजन (एनएस) के विभिन्न संयोजनों के प्रभाव का परीक्षण करना चाहते हैं। यह परीक्षण करने के लिए आप एक 'टू बाई टू फेक्टोरियल प्रयोगात्मक रूपरेखा' (चित्र 6.2 देखें) अपनाते हैं। इस अध्ययन ढाँचे के अंतर्गत आप एक परिकल्पना को विभिन्न प्रकार से बना सकते हैं। उदाहरण के लिए:

1. विभिन्न उपचार उपकरणों के बीच में नवजात मृत्युदर के स्तर में कोई भी अंतर नहीं होगा (शून्य परिकल्पना को अधिकतर H_0 से प्रदर्शित किया जाता है)।
2. केवल एमसीएच उपचार समूह एनएस उपचार समूह या नियंत्रित समूह की तुलना में एमसीएच और एनएस उपचार समूह नवजात मृत्युदर में अधिक कमीं दर्ज करेंगे।
3. पाँच सालों में एमसीएच उपचार समूह में नवजात मृत्युदर 30 प्रति 1000 के स्तर पर पहुँच जाएगी।
4. पाँच सालों की अवधि के बाद ही एनएस समूह की तुलना में एमसीएच उपचार समूह की नवजात मृत्युदर में आने वाली कमीं तीन गुना अधिक होगी।

चित्र 6.2 एमसीएच, एनएस और नवजात मृत्युदर में सम्बन्ध के अध्ययन हेतु टू बाई टू फेक्टोरियल प्रयोग

शोध कार्यप्रणाली

		मातृ एवं बाल स्वास्थ्य सेवाएं एमसीएच	
		हाँ	नहीं
पोषण संबंधी पूरक भोजन (एनएस)	हाँ	एमसीएच + एनएस	एनएस
	नहीं	एमसीएच	नियंत्रण

आइए अब एक अन्य उदाहरण लें, मान लीजिए आप एक समुदाय में लैंगिक विभिन्नताओं के संबंध में धुम्रपान संबंधी स्वरूपों का अध्ययन करना चाहते हैं। निम्नलिखित परिकल्पनाएँ निर्मित की जा सकती हैं:

1. अध्ययन जनसंख्या में पुरुष एवं महिला धूम्रपान करने वालों के अनुपात में कोई महत्वपूर्ण अंतर नहीं है।
2. अध्ययन जनसंख्या में पुरुषों की तुलना में महिलाएँ अधिक धूम्रपान करती हैं।
3. अध्ययन जनसंख्या में कुल 60% स्त्रियाँ और 30% पुरुष धूम्रपान करते हैं।
4. अध्ययन जनसंख्या में धूम्रपान करने वाली महिलाएँ, धूम्रपान करने वाले पुरुषों की संख्या से दो गुनी हैं।

इन दोनों उदाहरणों में, जिस प्रकार से प्रथम परिकल्पना का निर्माण किया गया है, वह यह संकेत देता है कि नवजात मृत्युदर पर विभिन्न उपचार उपकरणों के प्रभाव के स्तर का या पुरुष और महिला धूम्रपान करने वालें के अनुपात में कोई अंतर नहीं है। जब आप एक परिकल्पना का निर्माण, यह अनुमान लगाते हुए करते हैं कि दो परिस्थितियों, समूहों, परिणामों या किसी परिस्थिति या घटना का होने आदि के बीच में कोई अंतर नहीं है, तो इसको **शून्य परिकल्पना** कहा जाता है। और इसको अधिकतर H_0 के रूप में लिखा जाता है।

प्रत्येक उदाहरण में दूसरी परिकल्पना यह अर्थ देती है कि नवजात मृत्युदर पर विभिन्न उपचार के उपकरणों के प्रभाव के स्तर में या जनसंख्या में पुरुष और महिला धूम्रपान करने वालों के अनुपात में अंतर है, यद्यपि इस अंतर का परिमाण स्पष्ट नहीं है। वह परिकल्पना जिसमें एक शोधार्थी अनुमान करता है कि कोई अंतर है, लेकिन वह इसका परिमाण नहीं बता पाता, तो उस परिकल्पना को **अंतर की परिकल्पना** कहते हैं।

एक शोधार्थी को समुदाय में धूम्रपान के व्यवहार या उपचार कार्यक्रम, और धूम्रपान की स्थिति और इसके संभावित परिणामों के विषय में पर्याप्त मात्रा में ज्ञान और सटीक परिमाणात्मक इकाइयों का अनुमान हो सकता है। दोनों उदाहरणों के सेट में तीसरे प्रकार की परिकल्पना की जाँच करें: नवजात मृत्युदर 30 प्रति 1000 और स्त्री और पुरुष धूम्रपान करने वालों का अनुपात क्रमशः 60% और 30% है। इस प्रकार की परिकल्पना **बिंदु प्रधान परिकल्पना** कहलाती है।

दोनों ही उदाहरणों में चौथे प्रकार की परिकल्पना, एमसीएच और एनएस कार्यक्रमों के विभिन्न संयोजनों का प्रभाव एक निर्भर चर (नवजात मृत्युदर) पर या विभिन्न जनसंख्या समूहों में पुरुष एवं स्त्री के बीच में एक घटना (धूम्रपान की प्रधानता) के बीच में संबंध को रखती है। इस प्रकार की परिकल्पना, निर्भर चर पर विभिन्न उपचार समूहों के प्रभाव के संदर्भ में संबंध के स्तर का अनुमान (पाँच साल के बाद एनएस उपचार समूहों की तुलना में एमसीएच समूहों में तीन गुना अधिक) या विभिन्न जनसंख्या समूहों में घटना की प्रधानता (पुरुष धूम्रपान करने वालों की तुलना में धूम्रपान करने वाली दोगुनी महिला) का अनुमान लगाती है। इस प्रकार की परिकल्पना को **साहचर्य परिकल्पना** कहते हैं।

यह नोट करें कि चित्र 6.3 में शून्य परिकल्पना को शोध परिकल्पना के अंतर्गत अंतरविहीन परिकल्पना की तरह वर्गीकृत किया गया है। शून्य परिकल्पना के साथ किसी प्रकार की भी परिकल्पना, एक जाँच का आधार बन सकती है। जब एक शून्य परिकल्पना अन्वेषण का आधार बनती है, तो इसे शोध परिकल्पना समझा जाता है।

एक परिकल्पना के परीक्षण में होने वाली गलतियाँ

जैसा कि पहले भी बताया गया है, एक परिकल्पना एक अनुमान है जो ग़लत या सही सिद्ध हो सकती है। किसी परिकल्पना के संदर्भ में कई कारणों से एक ग़लत निष्कर्ष पर पहुँचा जाना भी संभावित होता है। परिकल्पना की वैधता के विषय में ग़लत निष्कर्ष निकाले जा सकते हैं, यदि:

- चयनित अध्ययन की रूपरेखा ग़लत हो।
- नमूना लेने की प्रक्रिया ग़लत हो।
- डेटा एकत्र करने की विधि ग़लत हो
- विश्लेषण ग़लत हो
- सांख्यकीय प्रक्रियाएँ, जो लागू की जाए, वह ग़लत हों
- निकाले गए निष्कर्ष ग़लत हों।

शून्य परिकल्पना

चित्र 6.3 परिकल्पना के प्रकार

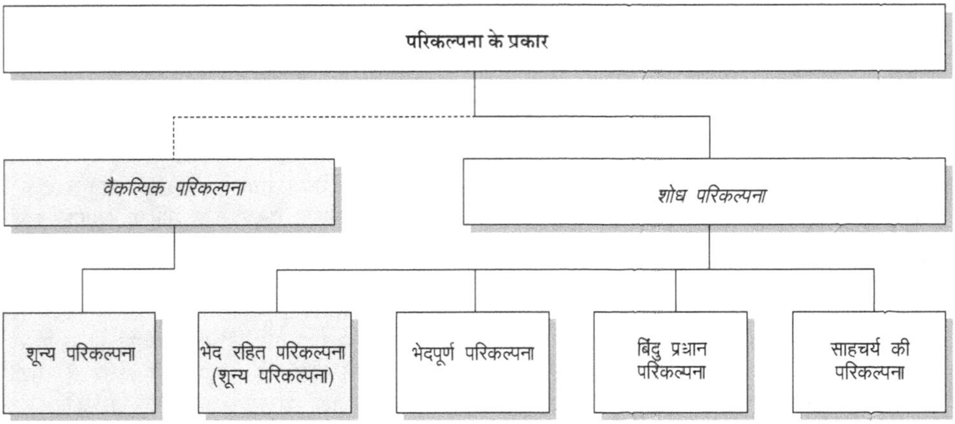

शोध प्रक्रिया के इनमें से कोई भी, कुछ या ये सभी पहलू, आपके अध्ययन में कुछ लापरवाह गलतियों के लिए उत्तरदाई हो सकते हैं, जो निष्कर्षों को अक्सर ग़लत दिशा में मोड़ देते हैं। अतः उपरोक्त पहचाने गए कारणों को दृष्टिगत रखते हुए परिकल्पना के परीक्षण के दौरान गलतियाँ होने की संभावना सदैव बनीं रहती है। चित्र 6.4 गलतियों के प्रकार प्रदर्शित करता है, जो एक परिकल्पना के परीक्षण के समय परिणाम स्वरूप उपस्थित हो सकते हैं।

अतः एक परिकल्पना के विषय में निष्कर्ष निकालते समय, दो प्रकार की गलतियाँ हो सकती हैं:

- जब एक शून्य परिकल्पना सत्य हो तब इसका खंडन करना **टाइप I त्रुटि** कहलाता है।
- एक शून्य परिकल्पना को स्वीकार करना जबकि यह असत्य हो, **टाइप II त्रुटि** कहलाता है।

गुणात्मक शोध में परिकल्पना

गुणात्मक और परिमाणात्मक शोध के बीच में एक अंतर यह है कि यह अंतर अध्ययन के समय परिकल्पना के उपयोग के स्तर से स्थापित होता है, क्योंकि गुणात्मक अध्ययनों के लक्षणों के अंतर्गत घटनाक्रमों के

चित्र 6.4 परिकल्पना परीक्षण में टाइप I और टाइप II त्रुटियां

जब एक शून्य परिकल्पना वस्तुतः

जब आप का निर्णय है:	सही	गलत
स्वीकृत	सही निर्णय	टाइप II त्रुटि
अस्वीकृत	टाइप I त्रुटि	सही निर्णय

विवरण देने, उनको समझने तथा विभिन्न प्रकार के पहलू खोजने के लिए श्रेणीगत एवं व्यक्तिपरक मापक प्रक्रियाओं पर ध्यान दिया जाता है। अतः परिकल्पना का निर्माण का न तो अधिक सुझाव दिया जाता है, न ही इसे बड़े स्तर पर अभ्यास में लाया जाता है। इसके अतिरिक्त, क्योंकि एक परिकल्पना के परीक्षण में आवश्यक विशिष्टता के स्तर गुणात्मक शोध में अधिक उपयोगी नहीं होते, अतः परिकल्पना का परीक्षण करना कठिन हो जाता है। इसका अर्थ यह कदापि नहीं है कि आप गुणात्मक शोध में परिकल्पना का निर्माण नहीं कर सकते; हालाँकि, एक समस्या की ग़ैर विशिष्टता तथा पद्धतियाँ और प्रक्रियाएँ, इस क्षेत्र में परिकल्पना के निर्माण को बहुत कम अभ्यास योग्य तथा सुझाव योग्य बना देती हैं। यहाँ तक कि परिमाणात्मक अध्ययन में भी परिकल्पना के निर्माण का अभ्यास और इससे जुड़ा महत्व, एक शैक्षणिक शाखा से दूसरी शैक्षणिक शाखा पर परिवर्तित होता रहता है। उदाहरण के लिए परिकल्पनाएँ सबसे अधिक महामारी विज्ञान संबंधी शोधों में और एक घटना के कारण प्रभाव को स्थापित करने के संबंध में की गई शोधों में प्रचुर मात्रा में पायी जाती हैं, जहाँ संभावित कारणों की सूची में से कुछ संभावित कारकों को चुनना महत्वपूर्ण होता है, ताकि कारण और प्रभाव संबंध का विशिष्ट अध्ययन किया जा सके। सामाजिक विज्ञानों में परिकल्पना का निर्माण करना अधिकतर शोधार्थी और शैक्षणिक शाखा पर निर्भर करता है, जबकि शैक्षणिक शाखाओं के अंतर्गत यह परिमाणात्मक और गुणात्मक शोध प्रतिमानों के बीच में परिवर्तित होता रहता है।

सारांश

परिकल्पनाएँ यद्यपि महत्वपूर्ण होती हैं, लेकिन अध्ययन के लिए यह विशिष्ट तौर पर आवश्यक नहीं है। किसी परिकल्पना के निर्माण के बिना भी एक पूर्ण रूप से वैध अध्ययन किया जा सकता है। परिकल्पनाएँ शोध अध्ययन में स्पष्टता, विशिष्टता और एकाग्रता लाने के लिए महत्वपूर्ण हैं।

एक परिकल्पना एक अनुमानित कथन है, जिसको शोध अध्ययन के माध्यम से जाँच के दायरे में लाया जाता है। परिकल्पना के निर्माण के समय यह महत्वपूर्ण होता है कि इसका सरल, विशिष्ट और धारणा के रूप में स्पष्ट होना सुनिश्चित किया जा सके, इसकी जाँच की जा सके, यह ज्ञान प्रणालियों की वर्तमान धाराओं से उद्धृत हो और इसको व्यवहार में लाया जा सके।

मोटे तौर पर परिकल्पना की दो श्रेणियाँ हैं: शोध परिकल्पना और एक वैकल्पिक परिकल्पना। एक शोध परिकल्पना को, आगे यह किस प्रकार से निर्मित होती है, इस आधार पर, शून्य परिकल्पना और बिंदु परिकल्पना, अंतर परिकल्पना और साहचर्य परिकल्पना में वर्गीकृत किया जा सकता है।

गुणात्मक एवं परिमाणात्मक शोध में एक मुख्य अंतर परिकल्पना के उपयोग के स्तर का और इनसे जुड़ी महत्ता का होता है। गुणात्मक शोध में अन्वेषण के उद्देश्य के कारण और सूचनाएँ प्राप्त करने के लिए पद्धतियों के उपयोग के कारण परिकल्पना का उपयोग नहीं किया जाता, और इनको वस्तुतः कोई भी महत्व नहीं दिया जाता, हालाँकि, परिमाणात्मक अध्ययन में इनका उपयोग प्रचुर संख्या में होता है। यद्यपि यह एक शैक्षणिक शाखा से दूसरी शैक्षणिक शाखा में और शोधार्थी से शोधार्थी के बीच परिवर्तित होता है, समग्र रूप से यह कहा जा सकता है कि यदि अध्ययन का उद्देश्य 'तब खोज करना हो जबकि बहुत कम ज्ञात हो' तो परिकल्पनाएँ अधिकतर नहीं बनाई जाती। हालाँकि, यदि अध्ययन का उद्देश्य किसी अनुमान का परीक्षण, कारण और प्रभाव या साहचर्य जाँचने का या किसी कारक की प्रधानता की वैधता को जाँचने का या इसकी उपस्थिति को जाँचने का हो, तो परिकल्पना का निर्माण किया जा सकता है।

एक परिकल्पना का परीक्षण अर्थहीन हो जाता है यदि आपके अध्ययन का कोई भी पहलू – कोई रूपरेखा, नमूना लेने की प्रक्रिया, डेटा एकत्र करने की पद्धति, डेटा का विश्लेषण, लागू की गयी सांख्यकीय विधियाँ या निकाले गए निष्कर्ष– ग़लत हों या अनुचित हों। यह प्रक्रिया एक परिकल्पना के ग़लत परीक्षण का परिणाम दे सकती है। टाइप I त्रुटि तब होती है जब आप एक शून्य परिकल्पना को उसके सही होने के बावजूद खंडित करते हैं, और तब इसको अस्वीकार नहीं किया जाना चाहिए; और टाइप II त्रुटि तब प्रकाश में आती है, जब आप एक शून्य परिकल्पना को उस समय स्वीकार कर लेते हैं; जबकि यह सत्य होती है और जब इसको स्वीकार नहीं किया जाना चाहिए।

आपके सोचने के लिए

- इस अध्याय की शुरुआत में दिए गए शब्दों से स्वयं को पुनः परिचित करवाएँ और यदि आप इनके अर्थ या इनमें से किसी के लागू होने के विषय में अनिश्चित हैं तो अध्याय से आगे बढ़ने से पहले एक बार उनको देखें।
- किस स्तर तक आप यह सोचते हैं कि सामाजिक शोध में परिकल्पना का उपयोग प्रासंगिक है?
- ऐसी दो या तीन परिकल्पनाएँ बनाएँ जो आपके स्वयं के रुचि वाले क्षेत्रों से संबंधित हों और उन कारकों को ध्यान में रखें जो इनकी वैधता को प्रभावित कर सकते हैं।

अब जबकि आप इस अध्याय को पढ़ चुके हैं, तो निम्न प्रश्नों के उत्तर देने का प्रयास करें:

- परिकल्पना क्या हैं और शोध अध्ययन में इनके क्या कार्य हैं?
- परिकल्पना परीक्षण की वैधता कई पूर्व शर्तों पर निर्भर होती हैं। यह शर्तें क्या हैं?
- विभिन्न प्रकार की परिकल्पनाएँ कौन-सी हैं? शून्य परिकल्पना का मुख्य कार्य क्या है?
- परिकल्पना के परीक्षण में दो प्रकार की गलतियाँ कौन-सी होती हैं? इनकी व्याख्या कीजिए।

एक शोध परियोजना का विकास करना: प्रारंभिक विद्यार्थियों के लिए अभ्यासों का एक सेट

प्रयोग्यता ज्ञान का सार है। हालांकि सैद्धांतिक ज्ञान और इसकी प्रयोग्यता के बीच में सदैव कुछ अंतर विद्यमान रहता है। केवल अभ्यास के द्वारा इस अंतर को कम किया जा सकता है। एक शुरुआत करने वाला विद्यार्थी जो सैद्धांतिक ज्ञान को लागू करना चाहता हो, उसे दिशा और निर्देश की जरूरत होती है। अभ्यासों का यह सेट, जिसमें से प्रत्येक किसी ना किसी व्यावहारिक चरण से जुड़ा होता है, इसी विश्वास को मन में रखते हुए विकसित किया गया है कि इनके जरिए कार्य करने से वह आपके एक शोध परियोजना के विकास में सहायक होगा।

इस अभ्यास का एक मुख्य लक्ष्य आपको एक वृहद कार्यकारी ढांचे को प्रदान करना है, जो शोध प्रक्रिया के प्रत्येक चरण को व्यवहार में लाने के लिए केंद्रीय भूमिका निभाता है। अधिकतर मामलों में तुलनात्मक एवं गुणात्मक अध्ययनों के लिए पृथक अभ्यास प्रदान किए जाते हैं, अतः आप कौन सी प्रक्रिया को अपनाने वाले हैं, इसके बारे में आप का पूर्व में ही जान लेना अत्यंत आवश्यक है। प्रत्येक अभ्यास के अंतर्गत, प्रक्रियाओं से जुड़े हुए मुख्य मुद्दों के कुछ संक्षिप्त अनुस्मारक और प्रश्नों की एक श्रेणी दी गई है, जो कि आपको प्रक्रियाओं के विषय में सूचना और अपने अध्ययन के विकास के लिए एक संरचना प्रदान करने में सहायक होगी।

इन प्रश्नों के उत्तर और इन उठाए गए मुद्दों के विषय में जागरूकता, आपको अपने शोध प्रस्ताव को लिखने के लिए संपूर्ण सुझाए गए ढांचे को पूर्ण करने की स्थिति में रखेगी।

एक शुरुआत करने वाले विद्यार्थी के लिए इन अभ्यासों को अत्यंत सोच विचार और सावधानी से समझना अत्यंत आवश्यक है।

बधाई हो!

अब आपने यह सीख लिया है कि 'अपनी शोध यात्रा की ओर पहला कदम कैसे बढ़ाएं'। इस समय तक एक शोध समस्या का निर्माण किस प्रकार से करें, इस विषय पर आपकी समझ तर्कसंगत ढंग से बहुत अच्छी होनी चाहिए। एक शोध समस्या के निर्माण की प्रक्रिया का पालन करके वास्तविक रूप से अपने ज्ञान और कुशलता को अभ्यास में लाने के लिए आपको पूर्ण रूप से तैयार होना चाहिए। यह अध्याय आपकी रुचि के अनुसार एक शोध समस्या के निर्माण में आपकी सहायता करने के लिए तैयार किया गया है। शुभकामनाएं!

अभ्यास I: शोध समस्या का निर्माण

परिमाणात्मक अध्ययन

अब चूकि आप उन सभी अध्यायों से गुजर चुके हैं, जो कि शोध प्रक्रिया के प्रथम चरण के विषय में लिखे गए हैं, अतः यह अभ्यास आपको एक शोध समस्या के निर्माण के लिए अपने ज्ञान को प्रयोग में लाने का अवसर देता है, जो कि आपकी रुचि के अनुसार है। जैसा कि आप जानते हैं की सामाजिक शोधों का सबसे महत्वपूर्ण पहलू एक शोध समस्या का चयन करना है। अतः यह अभ्यास आपको अपनी शोध समस्या के निर्माण में प्रश्नों और मुद्दों को उठाकर विभिन्न परिणामों और पहलुओं की सटीकता से जांच करने में सहायता करेगा जो कि आपके द्वारा अध्ययन में प्रस्तावित किए गए है। यह अध्याय आपको एक शोध समस्या में मार्गदर्शन देने हेतु एक निर्देशक ढांचा प्रदान करने हेतु तैयार किया गया है। यह ध्यान में रखें कि इस अभ्यास में उठाए गए प्रश्न और मुद्दे नैदानिक ना होकर सांकेतिक और निर्देशक प्रवृत्ति के होते हैं। अतः आप को इनके साथ कार्य करते समय आलोचनात्मक एवं नवाचारी होने की आवश्यकता है। एक शोध समस्या के विषय में सावधानी के साथ प्राप्त की गई जानकारी मानवीय एवं वित्तीय संसाधनों की बर्बादी को वृहद स्तर पर बचा सकती हैं।

एक शोध समस्या को स्पष्ट तौर पर रखा जाना चाहिए, और इसकी प्रकृति विशिष्ट होनी चाहिए। इस अवस्था में तकनीकी विशेषज्ञता की उपलब्धता, वित्तीय संसाधनों और समय और इनकी प्रासंगिकता के संदर्भ में अध्ययन की संभाव्यता को ध्यान में रखा जाना चाहिए। उन अध्ययनों में, जो कि एक कारक संबंध और जुड़ाव आदि को स्थापित करने की कोशिश करते हैं, उनके स्वतंत्र (कारक) और निर्भर (प्रभाव) चर का मापन सटीक तौर पर होना अत्यंत महत्वपूर्ण है, और इसलिए इसको अत्यंत गंभीरतापूर्वक ध्यान में रखा जाना चाहिए। यदि आपने पहले से ही एक समस्या का चयन कर लिया है, तो आपको इस प्रक्रिया को अपनाने की आवश्यकता नहीं है।

अपने रुचि के विषय क्षेत्र के अनुसार एक वृहद विषय क्षेत्र पहचानने से शुरुआत करें। उदाहरण के लिए स्वास्थ्य, शिक्षा, अपराध, अप्रवासन, सार्वजनिक स्वास्थ्य, पर्यटन, मनोरंजन, अभिभावकता, अपराध, सामाजिक न्याय इत्यादि। इस अध्ययन का निर्माण अपने अध्ययन के आधार को बनाने के लिए अपनी रुचि के क्षेत्र/उपक्षेत्र के चयन हेतु गहन अध्ययन में सहायता करने हेतु किया गया है। इस पुस्तक का अध्याय 4 आपको इस अभ्यास को करने में सहायक होगा।

चरण 1: अपने शैक्षणिक शाखा के अंतर्गत आने वाले अपनी रुचि के अध्ययन संबंधी वृहद क्षेत्र का चुनाव करें।

क्षेत्र चुनने के पश्चात् अगला चरण, उसके विभिन्न पहलुओं को पहचानने हेतु उसका विच्छेदन करना है। उदाहरण के लिए यदि आप्रवासन आपका वृहद रुचि क्षेत्र है, तो आप्रवासन के कुछ पहलू और उप क्षेत्र निम्नलिखित प्रकार से हो सकते हैं:

- आप्रवासी लोगों के सामाजिक आर्थिक एवं जनसांख्यिकीय विवरण
- आप्रवासन के कारण
- आप्रवासियों की समस्याएं
- आप्रवासियों को प्रदत्त सेवाएं
- आप्रवासन को लेकर अप्रवासियों के दृष्टिकोण
- आप्रवासियों को लेकर मेज़बान समुदायों के दृष्टिकोण
- संस्कृति संक्रमण और घुलने मिलने के स्तर
- मेजबान देश में जातीय भेदभाव की स्थिति

या शायद आप सार्वजनिक स्वास्थ्य कार्यक्रम का अध्ययन करने में रुचि ले सकते हैं। अपने द्वारा अध्ययन किए जा सकने वाले पहलुओं की पहचान करने के लिए इसको अधिक से अधिक संभावित ढंग से सूक्षमता से विच्छेदित करें। जैसे-जैसे वह आपके सामने आते हैं, आप उनकी सूची बनाएं। उदाहरण के लिए

- लक्ष्य समूह का सामाजिक आर्थिक और जनसांख्यिकीय विवरण
- समुदाय की रुग्णता और मृत्यु दर के स्वरूप
- कार्यक्रम की उपयोगिता के स्तर और उसकी प्रकृति
- समुदाय पर एक कार्यक्रम के प्रभाव
- किसी विशेष स्वास्थ्य विकास रणनीति की प्रभावशीलता

या आपकी रुचि अपराधियों का अध्ययन करने में हो सकती है। अपराध के कुछ पहलू हैं:

- बेरोजगारी, उजड़े हुए घर और शहरीकरण से संबंधित अपराधीकरग
- अपराध के विवरण
- अपराध के कारण
- विभिन्न प्रकार की उपचार संबंधी रणनीतियां

चरण 2: चरण 1 में चयनित वृहद क्षेत्र का विच्छेदन उतने पृथक और सूक्ष्म ढंग से उपक्षेत्रों में करें जितना की संभव हो सके।

1. ______________________________
2. ______________________________
3. ______________________________
4. ______________________________
5. ______________________________

> इन सभी क्षेत्रों का अन्वेषण ना तो सुझाने योग्य न ही व्यवहार्य है। केवल उन उपक्षेत्रों का चुनाव करें, जो कि आपके द्वारा समय, वित्तीय, विशेषज्ञता आदि संबंधी बाध्यताओं के अंतर्गत संभव हों। अपने उपक्षेत्र के चुनाव के लिए एक तरीका यह है कि आप हटाने की प्रक्रिया के साथ शुरुआत करें, उन उपक्षेत्रों को हटा दें, जिनमें आप रुचि नहीं रखते। अंत में यह करना आपके लिए कठिन हो सकता है, लेकिन आपको तब तक उन क्षेत्रों को हटाते रहने की आवश्यकता है, जब तक कि आप इन प्रतिबंधों के साथ आसानी से निभाये जा सकने वाले एक उपक्षेत्र का चयन न कर लें। यहां तक कि केवल एक उपक्षेत्र भी आपको एक वैध और बेहद गहन अध्ययन प्रदान कर सकता है।

चरण 3: उपरोक्त उपक्षेत्रों में से एक उपक्षेत्र अथवा अनेक उपक्षेत्रों का चुनाव करें, जिनमें आप अपना अध्ययन करना चाहेंगे।

1. ______________________________
2. ______________________________
3. ______________________________

चरण 4: प्रत्येक चुने गए क्षेत्र में आप कौन से शोध प्रश्नों के उत्तर दिए जाने की अपेक्षा करते हैं? (जितना संभव हो उतना सटीक और स्पष्ट रहें। आप एक अथवा जितने अधिक उपक्षेत्र चाहे चयन कर सकते हैं)

उपक्षेत्र	अध्ययन के द्वारा उत्तर दिए जाने वाले शोध प्रश्न
1a	1 ....
	2 ....
	3 ....
1b	1 ....
	2 ....

1 (a) ______________________________
(b) ______________________________
(c) ______________________________
(d) ______________________________
(e) ______________________________

2 (a) ______________________________
(b) ______________________________
(c) ______________________________
(d) ______________________________
(e) ______________________________

3 (a) ______________________________
(b) ______________________________
(c) ______________________________
(d) ______________________________
(e) ______________________________

> अध्ययन के माध्यम से उत्तर दिए गये शोध प्रश्न आपके उद्देश्यों का आधार बनते हैं। अब आपको अपने शोध उद्देश्यों का निर्माण करने की आवश्यकता है। इसे करने में क्रिया-आधारित शब्दों का उपयोग करें। शोध प्रश्नों और उद्देश्यों में मुख्य अंतर उनके लिखे जाने को लेकर होता है। प्रश्नों को प्रश्न पूछने के ढंग से लिखा जाता है, और उद्देश्य, एक कार्य की संभावित उपलब्धि को लेकर दिए गए कथन होते हैं।
>
> आपके मुख्य उद्देश्य को आपके अध्ययन के समग्र ध्यान रखने योग्य विषय वस्तु उप उद्देश्यों और कुछ विशिष्ट पहलुओं का संकेत देना चाहिए। उद्देश्यों को अंकगणितीय ढंग से सूचीबद्ध किया जाना चाहिए इन को स्पष्ट तौर पर साफ-सुथरे ढंग से शब्दांकित किया जाना चाहिए यह सुनिश्चित करें कि प्रत्येक उद्देश्य अध्ययन का केवल एक ही पहलू समाहित करें

चरण 5: अपने शोध प्रश्नों के आधार पर अपने अध्ययन के मुख्य उद्देश्यों और उपउद्देश्यों का निर्माण करें।

मुख्य उद्देश्य (आपके अध्ययन का मुख्य लक्ष्य को प्रकट करने वाला):

____

____

____

____

उप उद्देश्य (आप के अध्ययन के विभिन्न पहलुओं को प्रकट करने वाला):

1. ______________________________
2. ______________________________
3. ______________________________
4. ______________________________
5. ______________________________

चरण 6: अपने अध्ययन के निम्नलिखित पहलुओं को सावधानीपूर्वक ध्यान में रखें

कार्य	इसमें क्या समाहित है	लगने वाला समय	अनुमानित लागत	आवश्यक तकनीकी विशेषज्ञता	ज्ञान और कुशलता में कमी
साहित्य पुनरावलोकन					
उपकरण निर्माण					
डेटा एकत्रीकरण					
डेटा विश्लेषण					
प्रारूप रिपोर्ट					
अंतिम रिपोर्ट					

अब आपने अपने अध्ययन के उद्देश्य का विकास कर लिया है। थोड़ा समय निकालकर इन के आपने अपने अध्ययन के उद्देश्यों का विकास कर लिया है। इसके बारे में सोचने के लिए थोडा समय लें। इस विषय में स्पष्ट हो जाए कि इसमें कौन-कौन सी प्रक्रियाएं सम्मिलित हैं, वास्तविक तौर पर कितने समय की आवश्यकता है और अपने अध्ययन को करने के लिए आपको किन कौशल्यों की आवश्यकता है। एक बार फिर से इन क्षेत्रों को सावधानी पूर्वक ध्यान में लाएं

चरण 7: दो बार जांच करें:

- क्या आप अध्ययन में सही मायने में रुचि रखते हैं?
  हां □ नहीं □ अनिश्चित □
- क्या आप अध्ययन के उद्देश्य से सहमत हैं?
  हां □ नहीं □ अनिश्चित □
- क्या आप इस विषय में निश्चित है कि आप इस अध्ययन को करना चाहते हैं?
  हां □ नहीं □ अनिश्चित □
- क्या आपके पास पर्याप्त संसाधन उपलब्ध हैं?
  हां □ नहीं □ अनिश्चित □
- क्या आपकी पहुँच एक उचित अध्ययन जनसंख्या तक है?
  हां □ नहीं □ अनिश्चित □

यदि उपरोक्त किन्ही प्रश्नों के उत्तर नहीं या अनिश्चित हो तो चयनित पहलुओं को सावधानीपूर्वक पुनः जांच के अंतर्गत लाएं और अपने उद्देश्यों में समुचित बदलाव करें। आपके मत में, इस अध्ययन की सैद्धांतिक और क्रियात्मक रूप से क्या प्रासंगिकता है, निवर्तमान ज्ञान में आप का अध्ययन किस प्रकार से योगदान देगा और किस प्रकार से यह आपके पेशे में अन्य पेशेवरों तथा कार्यक्रम विकास और नीति निर्धारण में सहायक होगा।

सैद्धांतिक प्रासंगिकता:

क्रियात्मक प्रासंगिकता:

अब आपने अपनी समस्या का निर्धारण कर लिया है अतः अब आपके लिए अपने उद्देश्य शोध प्रश्नों और परिकल्पनाओं को जांचने की आवश्यकता इस कारण से है कि क्या आपने उनके निर्माण में किसी प्रकार की अवधारणाओं का उपयोग किया है। जब आप अवधारणाओं को चरों में परिवर्तित करते हैं तो चरों के विषय में आपकी समझ एक महत्वपूर्ण भूमिका निभाती है। अवधारणाएं अत्यधिक व्यक्तिपरक होती है क्योंकि व्यक्ति से व्यक्ति पर इनकी समझ बदलती है, और इस प्रकार से यह मापन योग्य नहीं होती है। कोई भी अवधारणा अनुभूति या कल्पना जिसका मापन चार में से किसी एक मापन स्केल (सांकेतिक, क्रमवाचक, अंतराल या अनुपात) पर किया जा सके, वह चर कहलाते हैं। अध्ययन में उपयोग में लाई गई अवधारणा के लिए यह महत्वपूर्ण है कि वह मापन योग्य अर्थों में व्यवहार में लाई जा सकने वाली हों, ताकि अध्ययन जनसंख्या की उनके विषय में समझ में भिन्नताओं के स्तर को यदि पूर्ण रूप से समाप्त ना किया जा सके तो कम से कम तो अवश्य किया जा सके।

इस अवस्था में जब आपने अपने उद्देश्य का निर्माण कर लिया है तो आपके लिए यह सूचना महत्वपूर्ण है कि किस प्रकार से किसी अवधारणा को व्यवहार में लाया जाएगा, जो कि उद्देश्यों, शोध प्रश्नों और परिकल्पना में उपयोग में लायी गयी हैं, उनके संकेत क्या है और वह किस प्रकार से मापित किए जाएंगे। एड्स पर आधारित एक स्वास्थ्य शिक्षा कार्यक्रम के संबंध में प्रभावशीलता की अवधारणा को आपके द्वारा किस प्रकार व्यवहार में लाया जा सकता है, यह सुझाव निम्नलिखित तालिका में दिया गया है। यह प्रभावशीलता के संकेतकों को सूची बद्ध करती है (आप अन्य संकेतक ले सकते हैं) और यह संकेत का मापन करने वाले चरों का निर्धारण करती है, और चरों के लिए मापन की इकाईयों का विवरण देती है।

चरण 8: अपनी अवधारणाओं को व्यवहार में लाएं

अवधारणा ⟶	संकेतक ⟶	चर ⟶	मापन की इकाई
प्रभावशीलता	एड्स के प्रति जागरूकता	जागरूकता	स्वास्थ्य शिक्षा कार्यक्रम के पहले और बाद या सापेक्ष जनसंख्या के अनुपात में बदलाव:
	एड्स के बारे में ज्ञान	ध्यान अभ्यास	एड्स के विभिन्न पहलुओं के विषय में ज्ञान और उनके बारे में जागरूकता
	गर्भनिरोधकों का उपयोग (अभ्यास)		सुरक्षित सेक्स के लिए गर्भनिरोधकों का उपयोग

अभ्यास का यह भाग आपके अध्ययन में उपयोग की गयी प्रमुख अवधारणाओं को व्यवहार में लाने के लिए सहायता करने हेतु निर्मित किया गया है। चरों के विषय में अतिरिक्त सूचना के लिए अध्याय 5 देखें।

उद्देश्य/शोध प्रश्न/ परिकल्पनाएं	मुख्य अवधारणाएं	संकेतक	चर	मापन की इकाई

अपनी अध्ययन जनसंख्या की एक व्यवहारिक तथा कार्यकारी परिभाषा का विकास अत्यंत महत्वपूर्ण है। उदाहरण के लिए, आप किसे एक रोगी, एक अप्रवासी, एक नौजवान, एक मनोवैज्ञानिक, एक शिक्षक, एक अपराधी या ईसाई मानेंगे? व्यवहारिक परिभाषाएं नमूने के चयन और अध्ययन जनसंख्या के क्षेत्र सम्बन्धी अस्पष्टता को हटाकर अधिक से अधिक लक्ष्यपूर्ण करने में सहायता करती हैं।

चरण 9: अपनी अध्ययन जनसँख्या की व्यवहारिक रूप से व्याख्या करें।

____

____

____

____

यदि आप एक परिकल्पना का निर्माण *नहीं* कर रहे हों तो इस संभाग को छोड़ दें।

कुछ लोग ऐसा मानते हैं कि अन्वेंषण करने के लिए व्यक्ति को परिकल्पना का निर्माण अवश्य करना चाहिए। हांलाकि, परिकल्पनाएं शोध समस्या के लिए स्पष्टता, विशिष्टता और एकाग्रता लाने का कार्य करती है, लेकिन यह अध्ययन विशिष्ट नहीं कहा जा सकता है, लेकिन इस पुस्तक के लेखक के मत में यह बात ठीक नहीं है। आप बिना एकल औपचारिक परिकल्पना का निर्माण किए हुए एक वैध अन्वेषण कर सकते हैं। इसके विपरित एक शोध अध्ययन के संदर्भ में आप जितना उचित समझते हो, उतनी परिकल्पनाओं का निर्माण कर सकते हैं।

तुलनात्मक शोध में एक शोध समस्या के निर्माण में ध्यान में रखने योग्य दूसरा सबसे महत्वपूर्ण कारक एक परिकल्पना का निर्माण करना है। महामारी विज्ञान संबंधी अध्ययनों में अन्वेंषण के दायरे को कम करने के लिए एक व्यक्ति को परिस्थिति के अन्वेंषण हेतु संभावित कारण को ध्यान में रखते हुए परिकल्पना का निर्माण करना चाहिए।

प्राथमिक तौर पर परिकल्पना का उद्गम 'तुक्कों'के एक सेट से होता है, जिनका अध्ययन में परीक्षण किया जाता है, और कोई व्यक्ति इन तुक्को अथवा पूर्वानुमान के बगैर भी एक पूर्ण रूप से वैध अध्ययन कर सकता है, परिकल्पना का महत्व उनके द्वारा शोध अध्ययन में दिशा विशिष्टता और एकाग्रता लाने

से संबंधित होता है। वह एक शोधार्थी को यह बताती हैं की किस प्रकार की जानकारी एकत्र की जानी चाहिए और परिणाम स्वरूप अध्ययन में अधिक एकाग्रता किस प्रकार से लाई जानी चाहिए।

अतः एक परिकल्पना घटनाओं, सम्बन्ध या परिस्थितियों आदि के विषय में एक तुक्का, अनुमान, शक, संदेह या एक विचार है जिसके विषय में आप यह जानने के लिए अन्वेंषण करते हैं कि 'क्या आप सही हैं'। यदि यह सही सिद्ध होती है तो आपका अनुमान सही सिद्ध होता है, अतः आप यह सिद्ध करते हैं कि आपकी परिकल्पना सही थी, अन्यथा आप अपनी परिकल्पना को असत्य सिद्ध करते हैं।

एक परिकल्पना को मिथ्या सिद्ध करना महत्वपूर्ण है, या उस को सही सिद्ध करने से भी अधिक महत्वपूर्ण है, क्योंकि परिकल्पना का निर्माण उस आधार पर किया जाता है, 'जो आपके द्वारा साधारणतया सही समझा जाता है'। आपका इसे मिथ्या सिद्ध करना आपसे पहले के शोधार्थियों द्वारा कुछ न खोजे गए पहलूओं को खोज कर, कुछ नए पहलुओं को उजागर कर सकता है। एक परिकल्पना को अवधारणा के तौर पर साधारण, स्पष्ट, विशिष्ट और परीक्षण योग्य तथा व्यवहारिक ढंग से व्यक्त करने योग्य होना चाहिए। परिकल्पना को लिखने का एक विशिष्ट तरीका होता है, जिस से आपको परिचित होने की आवश्यकता है। (अध्याय 6 देखें)

चरण 10: प्रत्येक उप उद्देश्य/शोध प्रश्न के लिए अपनी परिकल्पना या परिकल्पनाओं का निर्माण करें।

उद्देश्य/शोध प्रश्न	परिकल्पनाएं जिनका परीक्षण होना है

गुणात्मक अध्ययन

जैसा कि पहले बताया गया है कि गुणात्मक और परिमाणात्मक शोध अध्ययनों में अंतर उस बिंदु से प्रारंभ होता है, जहां से एक विधि के अंतर्गत आप सोचना और अपनी शोध समस्या को बनाना शुरु करते हैं। गुणात्मक अध्ययनों में इस बात को तरजीह दी जाती है, कि शोध समस्या व्यापक और लचीलापन लिए हुए हों और जैसे जैसे जानकारी एकत्रित की जाएं वैसे वैसे निरंतर निर्मित की जाएँ। डेटा संग्रहण की प्रक्रिया के दौरान यदि आप अपने अध्ययन के व्यापक क्षेत्र से संबंधित कुछ रुचि पूर्ण बातें पाते हैं, तो आप उन पहलुओं को जोड़ते हैं, और नए दृष्टिकोण को अपने अध्ययन में शामिल करने के लिए अपने लक्षित उद्देश्यों में बदलाव सम्मिलित करते हैं।

लचीलापन गुणात्मक शोध का एक महत्वपूर्ण संबल है, लेकिन यह भी महत्वपूर्ण है कि आप अपने अध्ययन के मामलों और प्रश्नों के लिए अवधारणागत ढांचे का विकास करें,, क्योंकि जो आप खोजना चाहते हैं, उस विषय में विशिष्टता न होना अक्सर आपकी प्रतिक्रिया देने वालों के लिए समस्याएं सृजित कर सकता है। कई लोग बिना कोई प्रोत्साहन दिए, किसी क्षेत्र विशेष के विभिन्न पहलुओं को स्पष्ट करने की स्थिति में नहीं होते या फिर वह उस स्थिति में सुविधाजनक महसूस नहीं करते। इस तरह की परिस्थितियों के लिए यह महत्वपूर्ण है कि आप अपने परीक्षण के लिए अपने दिमाग में एक पूर्ण रूप से तैयार ढांचा बना लें। इसमें कोई संदेह नहीं कि आप डेटा संग्रहण करते समय और प्रतिक्रिया देने वालों से बात करते समय यह ढांचा विकसित कर सकते हैं, लेकिन अध्ययन की शुरुआती अवस्था में

प्राप्त सूचनाओं को लेकर पूर्णता और तुलनात्मकता के संदर्भ में यह विधि, समस्याएं सृजित कर सकती है। आप इस अवधारणा के ढांचे का निर्माण करके इन समस्याओं को कम से कम कर सकते हैं। यह भी महत्वपूर्ण है कि आप बिना किसी झुकाव या उनकी सोच को प्रभावित किये बिना विशिष्ट शब्दावली में 'प्रतिक्रिया देने वालों' से वार्तालाप करें।

याद रखें ये वे प्रश्न नहीं हैं, जिन्हें आप अपने प्रतिक्रिया देने वालों से पूछेंगे। यह केवल मामलों को उठाने के लिए कुछ अनुस्मारक या प्रश्नों के रूप में वार्तालाप है, यदि प्रतिक्रिया देने वाले बहुत अधिक खुलकर नहीं बता पा रहे हों।

गुणात्मक शोध में निम्नलिखित बातें रुचि के कुछ व्यापक क्षेत्र समझे जाएंगे:

- परिवार में एडीएचडी से पीड़ित बच्चे के होने का क्या अर्थ है?
- यह समुदाय कितना लचीलापन रखता है?
- इस विषय में समुदाय की प्रतिक्रियाएं क्या है?
- एचआईवी एड्स के साथ रहना किस प्रकार का अनुभव है?
- सुनामी अथवा एक बड़ी आगजनी की घटना के बाद समुदाय ने किस प्रकार स्वयं को संभाला?

चरण 1: अध्ययन के उस व्यापक क्षेत्र का चयन करें जिसमें आपकी रुचि है या एक प्रश्न का चयन करें जिसका उत्तर आप इस शोध अध्ययन के द्वारा पाना चाहते हैं।

____

____

____

____

चरण 2: जब आपने अपना मुख्य शोध प्रश्न या अध्ययन का व्यापक क्षेत्र चुन लिया हो तो आप उन सभी प्रश्नों को सूचीबद्ध करें, जिनके उत्तर आप जानना चाहते हैं। इसके अतिरिक्त उन सभी मामलों को सूचीबद्ध करें, जिनको आप अपने प्रतिक्रिया देने वालों के साथ चर्चा में लाना चाहते हैं। इस अवस्था में आपका साहित्यिक पुनरावलोकन, अन्य लोगों के साथ की गई चर्चा, जो कि संभावित प्रतिक्रिया देने वालों के साथ की गई हो और उनसे मिलने वाली सलाहें अत्यंत सहायक सिद्ध होगी।

प्रश्न ______________________________________

____

____

____

____

विषय ______________________________________

____

____

____

____

चरण II

शोध रूपरेखा की अवधारणा तैयार करना

इस परिचालन चरण में दो अध्याय शामिल हैं:

- अध्याय 7: शोध की रूपरेखा
- अध्याय 8: अध्ययन रूपरेखा का चयन करना

7

शोध की रूपरेखा

इस अध्याय में आप निम्नलिखित तथ्यों के बारे में जानेंगे

- शोध रूपरेखा का क्या अर्थ है
- शोध रूपरेखा के महत्त्वपूर्ण कार्य
- अपनी स्वयं के शोध की रूपरेखा तैयार करते समय ध्यान में रखने योग्य मुद्दे
- कारक सिद्धांत और शोध रूपरेखा

महत्वपूर्ण शब्द

अवसर चर,	नियंत्रित समूह,	प्रयोग समूह,
बाह्य चर,	स्वतंत्र चर,	मिलान करना,
भिन्नता का सिद्धांत,	यादृच्छिक त्रुटियाँ,	यादृच्छिककरण,
शोध की रूपरेखा,	अध्ययन की रूपरेखा,	उपचार समूह

इस अध्याय के अंत में आपको निम्नलिखित की समझ हो जाएगी

- शोध रूपरेखा और सामाजिक शोध में इसके कार्य
- कारक सिद्धांत और प्रयोगात्मक रूपरेखा के बीच में संबंध
- घटनाओं में बदलाव लाने वाले उत्तरदायी कारक
- प्रभाव आकलन अध्ययनों में बाह्य चर के प्रभावों के परिमाण का निर्धारण

यदि आप अपनी शोध समस्या के विषय में स्पष्ट हैं तो आपकी यह उपलब्धि प्रशंसनीय है। आपने अपनी शोधयात्रा के सबसे महत्वपूर्ण और कठिन भाग को पार कर लिया है। आप *क्या* अध्ययन करना चाहते हैं, यह निर्णय करने के पश्चात आपको यह निर्णय करना हैं कि आप अपने अध्ययन को *किस प्रकार* संचालित करेंगे। अपनी यात्रा आरंभ करने से पहले ऐसे कई प्रश्न है जिनके उत्तर दिए जाने की आवश्यकता होती है। इन प्रश्नों के उत्तर प्राप्त करने के लिए आप *किन* विधियों का अनुपालन करेंगे शोध प्रक्रिया के विभिन्न संभागों को पूर्ण करने के लिए आप आवश्यक कार्यों को *किस प्रकार* पूर्ण करेंगे। एक अध्ययन को करने के लिए प्रक्रिया के दौरान आपको क्या करना चाहिए और क्या नहीं करना चाहिए, इन प्रश्नों के उत्तर आधारभूत ढंग से शोध रूपरेखा के केंद्रिय भाग तैयार करते हैं।

शोध रूपरेखा क्या है?

एक शोध रूपरेखा वह मार्गदर्शक पथ है, जिसके अनुसरण का निर्णय आप अपनी शोध यात्रा के दौरान, शोध प्रश्नों के उत्तरों की वैधता, उद्देश्यपरकता, सटीकता और जितना अधिक संभव हो सके आर्थिक संसाधनों की कम से कम खपत आदि को सुनिश्चित करने के लिए करते हैं। यह एक प्रक्रिया तथा संचालन योजना है जिसके द्वारा शोध प्रक्रिया के दौरान विभिन्न विधियों और प्रक्रियाओं क विवरण दिया जा सकता है। यह प्रक्रिया इन सभी कारकों को निर्धारित करती है। Kerlinger (1986:279) के अनुसार:

रिसर्च डिजाइन

> एक शोध रूपरेखा शोध प्रश्नों या समस्याओं के उत्तर प्राप्त करने हेतु अन्वेषण के लिए एक योजना, संरचना और रणनीति है। यह योजना शोध की संपूर्ण योजना या कार्यक्रम को इंगित करती है। इसमें परिकल्पना लिखने से लेकर, संचालन संबंधी निहितार्थ और डेटा के अंतिम विश्लेषण तक एक अन्वेषक कौन-कौन से कार्य करेगा, इसकी रूपरेखा समाहित होती है।

Thyer (1993:94): के अनुसार

> एक परंपरागत शोध रूपरेखा इस विषय में एक ब्लूप्रिंट या विस्तृत योजना होती है कि एक शोध अध्ययन को किस प्रकार पूर्ण किया जाना है, इसमें चरों को अध्ययन के लिए व्यवहार योग्य बनाना, ताकि इनका मापन किया जा सके, अध्ययन के लिए रुचि अनुसार नमूने का चयन करना, परिकल्पना के परीक्षण और परिणामों के विश्लेषण के लिए आधार के रूप में उपयोग किये जाने हेतु डेटा को एकत्र करना आदि प्रक्रियाएँ शामिल होती हैं।

Selltiz et al. (1962:50) के अनुसार:

> एक शोध रूपरेखा, डेटा को एकत्र करने और उनका विश्लेषण किए जाने के लिए परिस्थितियों को इस प्रकार से व्यवस्थित करना है कि इसका उद्देश्य शोध के उद्देश्य में प्रासंगिकता और प्रक्रियाओं में आर्थिक सीमाओं का ध्यान रखे जाने की तरफ रहे।

एक शोध रूपरेखा एक योजना होती है, जिसके माध्यम से आप स्वयं के लिए यह निर्णय लेते हैं और उन निर्णयों को दूसरों को बताते हैं कि आप किस प्रकार की अध्ययन रूपरेखा का उपयोग करने के लिए प्रस्तावित करने वाले हैं, आप अपनी प्रतिक्रिया देने वालों से किस प्रकार से जानकारी एकत्र करेंगे, आप प्रतिक्रिया देने वालों का किस आधार पर चयन करेंगे, आपके द्वारा एकत्र की गई जानकारी किस प्रकार से विश्लेषित की जानी है, और आप अपने पाए गए निष्कर्षों को किस प्रकार से संचारित करेंगे। इसके अतिरिक्त इस शोध यात्रा में विभिन्न पहलुओं, जैसे कि 'यह कैसे किया गया', इस विषय के उत्तरों में अंतर्निहित प्रत्येक निर्णय से संबंधित तर्कसंगत व्याख्या के विवरण आप कैसे देंगे। अपने न्यायपूर्ण तर्कों और व्याख्या आदि को करने के लिए आपको साहित्यिक पुनरवलोकन के आधार पर उनका गठन करना होगा। आपको स्वयं और दूसरों को भी यह भरोसा दिलाना होगा कि जो मार्ग आपने चुना है, वह कुछ वैध और विश्वसनीय परिणाम प्रस्तावित करेगा।

एक शोध रूपरेखा के कार्य

ऊपर दी गई परिभाषाएँ यह सुझाव देती हैं कि शोध रूपरेखा के दो प्रमुख कार्य हैं। इनमें से पहला प्रक्रियाओं के पहचाने जाने और/या इनके विकास और एक अध्ययन को करने में आवश्यक आपूर्ति और परिवहन संबंधी व्यवस्थाओं को करने से संबंधित है, और दूसरा कार्य इन प्रक्रियाओं में गुणवत्ता की महत्ता पर वैधता, उद्देश्यपरकता और सटीकता सुनिश्चित करने हेतु ज़ोर देता है। अतः एक अध्ययन रूपरेखा से आप:

- अपने अध्ययन को पूर्ण करने हेतु आवश्यक विभिन्न प्रक्रियाओं और कार्यों को प्रारंभ करने के लिए एक संचालन योजना की धारणा तैयार करना।
- यह सुनिश्चित करना कि यह प्रक्रियाएँ शोध प्रश्नों के संदर्भ में वैध, उद्देश्यपरक और सटीक उत्तर प्राप्त करने हेतु समुचित हों। Kerlinger (1986:280) इस कार्य को **भिन्नता का नियंत्रण** कहते हैं।

आइए अब इन कार्यों में से पहले कार्य को लें। शोध रूपरेखा ने आपके, आप के पर्यवेक्षक के और अन्य अध्यायकों के लिए उन प्रक्रियाओं का विवरण देने का कार्य करना चाहिए, आपने जिनको उपयोग में लाने की योजना बनाई गई है और वे कार्य जो आप शोध प्रश्नों के उत्तर प्राप्त करने के लिए करने वाले हैं। एक शोध रूपरेखा की सबसे महत्वपूर्ण आवश्यकताओं में से एक आवश्यकता, सभी विवरणों को स्पष्टता से उपलब्ध कराना है, ताकि अध्यायकगण अनुपालन योग्य विधियों और उनके अनुपालन के तौर तरीकों को भलिभाँति समझ सकें। इस प्रकार के विवरण अत्यधिक स्पष्टता के साथ लिखे जाने चाहिए, ताकि यदि कोई इसी प्रकार के अध्ययन को करना चाहे तो वह आपके द्वारा अनुसरण किए गए मार्ग का बिल्कुल उसी प्रकार से अनुसरण कर सके। एक अध्ययन रूपरेखा में, अतः, निम्नलिखित को शामिल करना चाहिए:

- शोध रूपरेखा का नाम स्वयमेव– अर्थात्, 'क्रॉस सेक्शनल', 'पहले और बाद' में 'परिमाणात्मक', 'नियंत्रित प्रयोग', या 'यादृच्छिक नियंत्रण' (अध्याय 8 कुछ सामान्य तौर पर उपयोग में लाए जाने वाले अध्ययन रूपरेखा का विवरण देता है)
- अध्ययन के निम्नलिखित पहलुओं के विषय में विस्तृत सूचनाएँ प्रदान करना (इनके विवरण इस पुस्तक के आगे आने वाले अध्यायों में दिए गए हैं):
  - अध्ययन जनसंख्या में कौन शामिल होंगे?
  - अध्ययन जनसंख्या को किस प्रकार पहचाना जाएगा?
  - क्या संपूर्ण जनसंख्या या इसके एक नमूने को अध्ययन में चयन किया जाएगा?
  - यदि किसी नमूने का चयन किया जाए तो इस समूह से किस प्रकार से संपर्क स्थापित किया जाएगा?
  - आवश्यक अनुमतियाँ किस प्रकार से ली जाएँगी?

– डेटा एकत्रीकरण की कौन-सी विधि का उपयोग किया जाएगा और क्यों?
– प्रश्नमाला के संदर्भ में प्रतिक्रियाओं को किस प्रकार वापस किया जाएगा?
– यदि प्रतिक्रिया देने वालों के कुछ प्रश्न हों तो उनको आपसे किस प्रकार संपर्क स्थापित करना चाहिए?
– साक्षात्कार के मामलों में यह साक्षात्कार किन जगहों पर संचालित किए जाएँगे?
– नैतिकता संबंधी मामलों का ध्यान किस प्रकार रखा जाएगा?

कारक सिद्धांत और अध्ययन की रूपरेखा

आइए अब अध्ययन रूपरेखा के दूसरे कार्य की ओर देखें। यह सुनिश्चित करना कि- अपनाई गई विधियाँ शोध प्रश्नों के संदर्भ में वैध, उद्देश्यपरक और सटीक उत्तर प्रदान करने हेतु पर्याप्त हैं। सामाजिक विज्ञानों में ऐसे कई कारक होते हैं, जो किसी घटना की प्रकृति में परिवर्तन के लिए उत्तरदायी होते हैं, क्योंकि हम ऐसे बहुत सारे कारकों के संपर्क में आते हैं, जिनके ऊपर हमारा कोई भी नियंत्रण नहीं होता है। यह कारक एक घटना को कई प्रकार से और कई तरीकों से प्रभावित कर सकते हैं, हालांकि अधिकतर अध्ययनों में आप केवल एक ही कारक (स्वतंत्र चर) या कभी-कभी दो कारकों का अध्ययन कर लेते हैं। यदि आप अध्ययन में और अधिक स्वतंत्र चरों को शामिल करेंगे, तो इसकी रूपरेखा और अधिक जटिल, खर्चीली और प्रबंधन हेतु सर्वथा अयोग्य हो जाएगी। वह सभी चर जिनका निर्भर चर के साथ कोई जुड़ाव है, लेकिन वह आपके अध्ययन के विषय के अंतर्गत नहीं हैं वह बाह्य चर कहलाते हैं। कारक सिद्धांत आपको चर के विभिन्न समुच्चयों को समझने में सहायक होता है, जो निर्भर चर में बदलाव लाते हैं। यह चर की विभिन्न श्रेणियों के प्रभाव को निर्धारित करने और उनको पृथक करने में भी सहायक होता है, ताकि आप स्वतंत्र चर के प्रभाव को वैधता, उद्देश्यपरकता और सटीकता के साथ निर्धारित कर सकें। इसकी व्याख्या के लिए, आइए अब कुछ उदाहरणों का परीक्षण करें।

मान लीजिए कि आप एक वैवाहिक सुझाव देने वाली सेवा की प्रभावशीलता का परीक्षण करना चाहते हैं, जो एक एजेंसी द्वारा प्रदान की जाती है। अर्थात् आप उस स्तर का परीक्षण करना चाहते हैं, जिस पर यह सेवा अपने ग्राहकों के वैवाहिक समस्याओं का निदान करने में सहायक रही हैं। इस प्रकार के संबंध का अध्ययन करते समय आपको यह समझना आवश्यक है कि वास्तविक जीवन में ऐसे बहुत सारे कारक हो सकते हैं, जो आपके इस अध्ययन के परिणामों को प्रभावित कर सकते हैं। उदाहरण के लिए आपकी एजेंसी में सुझाव पाने के लिए आने वाले दिनों के दौरान आपके ग्राहक को एक बेहतर नौकरी मिल सकती है। यदि कोई व्यक्ति इन वैवाहिक समस्याओं को लेकर आपके पास आर्थिक कठिनाई के कारण आया है, और अब धन संबंधी समस्याएँ सुलझ चुकी हैं तो यह उसके वैवाहिक जीवन संबंधी समस्याओं को कम करने में एक कारक की भांति कार्य कर सकता है। इसके विपरित, यदि ग्राहक अपनी नौकरी खो बैठता है, तो उसकी आर्थिक समस्याओं में वृद्धि होने के कारण उसकी वैवाहिक समस्याएँ तीव्र अथवा कम दोनों ही हो सकती हैं, अर्थात् कुछ जोड़ों में, एक अनुभव किए गए वित्तीय खतरे के कारण वैवाहिक समस्याएँ बढ़ सकती हैं, जबकि अन्यों के लिए यह समस्याएँ और अधिक निकट आने का एक माध्यम बन सकती हैं। कुछ परिस्थितियों में किसी के वैवाहिक जीवन में सुधार की स्थिति का उसको प्राप्त सुझाव आदि से बहुत कम संबंध हो सकता है, और यह सुधार लगभग पूर्ण रूप से आर्थिक परिस्थितियों में बदलाव के कारण उपस्थित होता है। अन्य घटनाएँ जैसे दंपत्ति के जीवन में एक नवजात बच्चे का आगमन या दंपत्ति के द्वारा की गई आत्म अनुभूति (जिसमें उनमें से दोनों ही स्वतंत्र रूप से पहुँचे हों) वह भी एक दंपत्ति के बीच में वैवाहिक जीवन संबंधी समस्याओं के स्तर और प्रकृति को प्रभावित कर सकता है। चित्र 7.1 में बाह्य चरों की श्रेणी में अन्य संभावित कारक सूचीबद्ध किए गए हैं। यह सूची किसी भी दृष्टि से पूर्ण सूची नहीं है।

विवाह और सलाह के उदाहरण को जारी रखते हुए, यह समझ में आता है कि कारकों के ऐसे समुच्चय हैं जो सलाह और वैवाहिक समस्याओं के बीच में सम्बन्ध को प्रभावित कर सकते हैं। वे हैं:

1. सुझाव देना स्वयमेव (स्वतंत्र चर)
2. सुझाव देने की सेवा के अतिरिक्त कोई कारण जो वैवाहिक समस्याओं के स्तर में सकारात्मक अथवा नकारात्मक बदलाव सृजित कर सकता है। (बाह्य चर)

3. वैवाहिक समस्याओं के स्तर में बदलाव या कोई भी बदलाव नहीं। (निर्भर चर)
4. कभी-कभी प्रश्नों के संदर्भ में, वैवाहिक समस्याओं पर प्रतिक्रियाओं को देने वाले व्यक्तियों के या तो मूड के अनुसार या फिर प्रश्नों में अस्पष्टता के कारण दी गई प्रतिक्रियाओं में भिन्नता उपस्थित होती हैं। कुछ प्रतिक्रिया देने वाले किसी प्रश्न विशेष के सन्दर्भ में अपनी वैवाहिक समस्याओं को अधिक बढ़ा चढ़ाकर या कम आंक कर बता सकते हैं, और ऐसा उस समय उनकी मानसिक परिस्थिति के कारण होता है। कुछ प्रतिक्रिया देने वाले बिलकुल समान परिस्थिति में होने के बावजूद, कुछ ग़ैर विशिष्ट अस्पष्ट प्रश्नों के संबंध में इस आधार पर भिन्नता से प्रतिक्रियाएँ दे सकते हैं कि वह प्रश्नों को किस प्रकार समझते हैं। (अवसर या यादृच्छिक चर)

सहसंबंध और करणीय

चित्र 7.1 एक सलाह सेवा और वैवाहिक समस्याओं के स्तरों के सम्बन्ध को प्रभावित करने वाले कारक

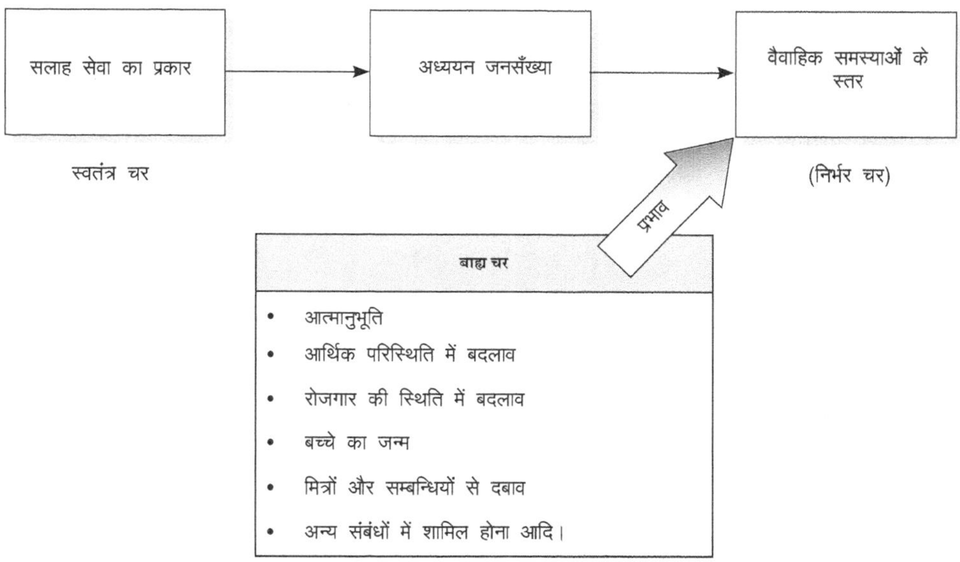

जैसा कि अध्याय 5 में पहले से ही व्याख्या की गई है, कोई भी चर जो एक बदलाव के लिए उत्तरदायी होता है, उसको *स्वतंत्र चर* कहा जाता है। इस उदाहरण में सुझाव देने की क्रिया एक स्वतंत्र चर है। जब आप एक कारण और प्रभाव संबंध का अध्ययन करते हैं, तो आप केवल एक स्वतंत्र चर के प्रभाव का अध्ययन करते हैं। कभी-कभी आप दो स्वतंत्र चरों के प्रभाव का अध्ययन करते हैं, और कभी-कभी दो से अधिक (दुर्लभ तौर पर)। लेकिन यह अध्ययन रूपरेखाएँ अत्यधिक जटिल होती हैं।

इस उदाहरण में, सुझाव देने की सेवा *वैवाहिक समस्याओं के स्तर* में परिवर्तन हेतु एक अनुमानित कारण थी, अतः वैवाहिक समस्याओं के स्तर एक *निर्भर चर* हैं, क्योंकि वैवाहिक समस्याओं के स्तर में होने वाले बदलाव सुझाव देने की क्रिया पर निर्भर है।

वैवाहिक समस्याओं और सुझाव देने की क्रिया के बीच के संबंध को प्रभावित करने वाले अन्य सभी कारक बाह्य चर कहलाते हैं। सामाजिक विज्ञानों में बाह्य चर प्रत्येक अध्ययन में कार्य करते हैं, और इनको अध्ययनों से अलग नहीं किया जा सकता है। हालांकि, इनको कुछ हद तक नियंत्रित किया जा सकता है, इस अध्याय के बाद के भाग में इनको नियंत्रित करने की कुछ विधियाँ दी गई हैं, तथापि बाह्य चर के द्वारा उत्पन्न किए गए प्रभावों का परीक्षण करना संभव है। यह अध्ययन रूपरेखा में एक **नियंत्रित समूह** को रखकर किया जाता है। नियंत्रित समूह का एकमात्र कार्य निर्भर चरों पर बाह्य चरों के प्रभाव को परिमाणात्मक रूप से निर्धारित करना है।

निर्भर चरों में यह बदलाव, जो प्रतिक्रिया देने वालों के मूड या शोध उपकरण में निहित अस्पष्टता के कारण उत्पन्न होते हैं, उनको **यादृच्छिक** चर या **अवसर चर** कहा जाता है, और इस प्रकार से उत्पन्न गलतियाँ अवसर या यादृच्छिक गलतियाँ कहलाती हैं। अधिकतर मामलों में अवसर चरों का शुद्ध प्रभाव नगण्य मान लिया जाता है, क्योंकि बढ़ा-चढ़ाकर प्रतिक्रिया देने वालों के द्वारा उत्पन्न प्रभाव, कम आंक कर प्रतिक्रिया देने वालों से कट जाता है, और यह शोध उपकरण में अस्पष्ट प्रश्नों की प्रतिक्रियाओं के संदर्भ में भी सत्य बात है।

अतः किसी भी कारक संबंध में निर्भर चर में होने वाले बदलाव तीन प्रकार के चरों के कारण माने जा सकते हैं:

निर्भर चर में परिवर्तन	=	स्वतंत्र चर के कारण हुए परिवर्तन	±	बाह्य चर के कारण हुए परिवर्तन	±	अवसर चर या यादृच्छिक चर के कारण हुए परिवर्तन

आइए अब एक अन्य उदाहरण में मान लीजिए कि आप विद्यार्थियों की समझ के स्तर पर विभिन्न शिक्षण मॉडलों के द्वारा हुए प्रभाव का अध्ययन करना चाहते हैं, और आप विभिन्न अध्ययन रूपरेखाओं का अनुपालन करते हैं। इस अध्ययन में विद्यार्थियों की समझ में बदलाव के स्तर न ही केवल शिक्षण मॉडल के कारण हो सकते हैं, बल्कि अन्य कई प्रकार के कारणों से हो सकते हैं, जो चित्र 7.2 में दिए गए हैं:

चित्र 7.2 शिक्षण मॉडल और समझ के बीच में सम्बन्ध

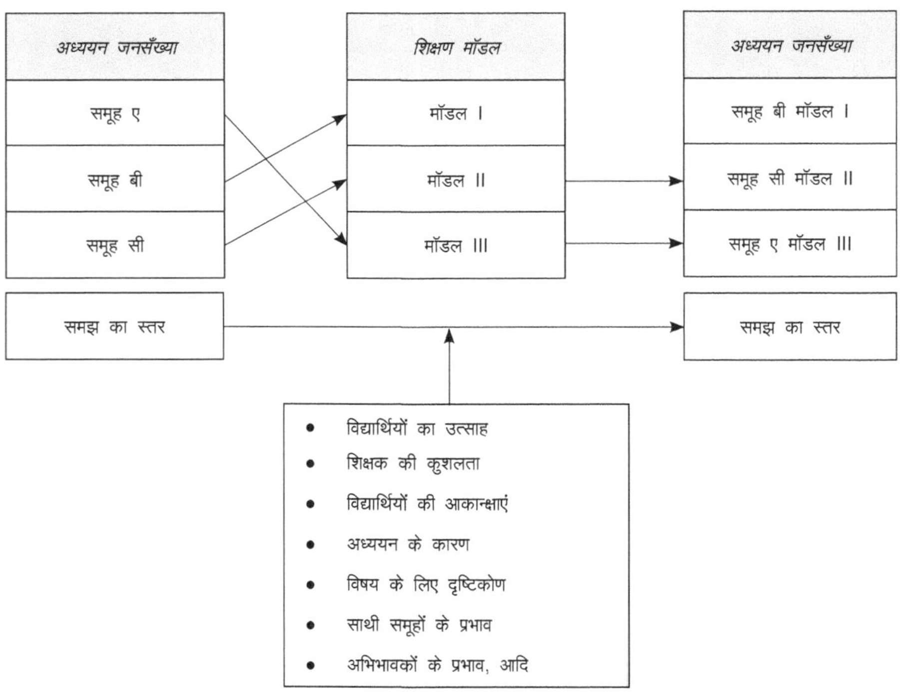

[समझ के स्तर में बदलाव]

= [शिक्षण मॉडल के कारण हुआ बदलाव]
± [बाह्य चरों के कारण हुए बदलाव]
± [अवसर चरों के कारण हुए बदलाव]

वास्तव में, किसी भी अध्ययन में, जो एक कारक संबंध को स्थापित करने का प्रयत्न कर रहा हो, आप यह पाएँगे कि निर्भर चरों में परिवर्तन लाने के लिए तीन प्रकार के चरों के समुच्चय उत्तरदायी हैं। इनको एक समीकरण के रूप में निम्न प्रकार से अभिव्यक्त किया जा सकता है:

[परिणामी चरणों में परिवर्तन]

= [परिवर्तन चर के कारण हुआ बदलाव]
± [बाह्य चर के कारण हुआ बदलाव]
± [अवसर या यादृच्छिक चर के कारण हुआ बदलाव]

इसको (शोध शब्दावली में) निम्न प्रकार से अभिव्यक्त किया जा सकता है

[निर्भर चर में परिवर्तन]

= [स्वतंत्र चर के कारण हुआ बदलाव]
± [बाह्य चर के कारण हुआ बदलाव]
± [अवसर चर के कारण हुआ बदलाव]

या फिर सांख्यिकीय/तकनीकी शब्दों में इसे निम्न प्रकार से व्यक्त किया जा सकता है

[कुल भिन्नता]

= [स्वतंत्र चर के कारण भिन्नता]
± [बाहरी चर के कारण विचरण]
± [यादृच्छिक या अवसर भिन्नता]

चूँकि यह संपूर्ण परिवर्तन तीनों घटकों के संयोजित प्रभावों का मापन करता है, अतः इनमें से प्रत्येक के व्यक्तिगत प्रभाव को पृथक करना कठिन होता है। (चित्र 7.3 देखें)। एक शोधार्थी के रूप में, क्योंकि आपका उद्देश्य स्वतंत्र चर के द्वारा उत्पन्न बदलाव का निर्धारण करना है, अतः आपको यह सुनिश्चित करना आवश्यक है कि अध्ययन की रूपरेखा के निर्माण के समय यह ध्यान रखा जाए कि स्वतंत्र चर को सर्वाधिक अवसर मिले, जिससे वह निर्भर चर पर अपना पूर्ण प्रभाव दिखा सके, और जो प्रभाव बाह्य और अवसर चरों के कारण हो, यदि संभव हो तो उनको कम से कम किया जा सके, या फिर उनका परिमाणात्मक निर्धारण करके उनको हटाया जा सके। और इसी सिद्धांत को Kerlinger (1986:286) **मैक्समिनकॉन भिन्नता का सिद्धांत** कहते हैं।

सर्वाधिक महत्वपूर्ण प्रश्नों में से एक यह है कि: हम किस प्रकार से बाह्य और अवसर चरों के द्वारा उत्पन्न प्रभावों को कम से कम कर सकते हैं? इसका सामान्य उत्तर यह है कि अधिकतर परिस्थितियों में हम ऐसा नहीं कर सकते हैं, हालांकि इनका परिमाणात्मक निर्धारण किया जा सकता है। जैसा कि पहले बताया गया है, एक नियंत्रित समूह को रखे जाने का एकमात्र उद्देश्य, बाह्य चरों के द्वारा उत्पन्न प्रभाव द्वारा बदलावों का मापन करना है। अक्सर अवसर चरों के प्रभाव को उदासीनता प्रभाव के कारण शून्य अथवा नगण्य मान लिया जाता है। जैसा कि विवरण दिया गया है, अवसर भिन्नता प्रमुख रूप से दो स्त्रोतों, प्रतिक्रिया देने वालों और अध्ययन उपकरणों के द्वारा उत्पन्न होती है। यह माना जाता है कि यदि कुछ प्रतिक्रिया देने वाले, निर्भर चर को सकारात्मक ढंग से प्रभावित करें तो अन्य इसको नकारात्मक ढंग से प्रभावित करेंगे। उदाहरण के लिए, यदि कुछ प्रतिक्रिया देने वाले किसी मामले के विषय में अपने दृष्टिकोण में अत्यधिक सकारात्मक हों, क्योंकि

चित्र 7.3 कुल परिवर्तन के घटक: स्वतंत्र, बाह्य और अवसर

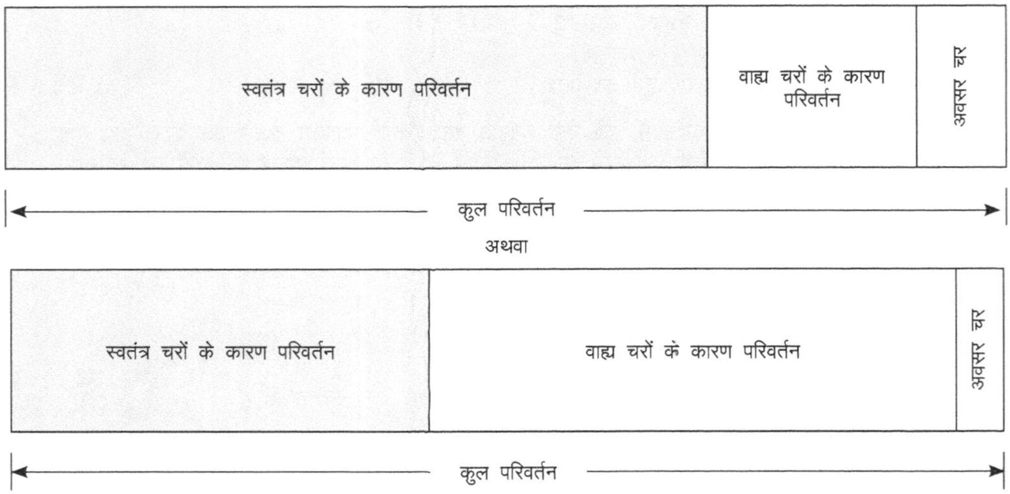

वह स्वतंत्र प्रकृति के या सकारात्मक झुकाव वाले व्यक्तित्व हैं, तो वे अन्य लोगों द्वारा बाध्य किये जाते हैं, जो अत्यंत नकारात्मक होते हैं। (क्योंकि वह अत्यंत रुढ़िवादी और नकारात्मक रुझान वाले व्यक्तित्व होते हैं।) अतः यह दोनों समूह एक दूसरे के दृष्टिकोण को काट देंगे, और शुद्ध प्रभाव शून्य ही समझा जाएगा। हालांकि, यदि एक अध्ययन जनसंख्या में अधिकतर व्यक्ति या तो नकारात्मक अथवा सकारात्मक ढंग से रुझान रखें, तो अध्ययन के परिणामों में एक व्यवस्थागत त्रुटि उत्पन्न हो जाएगी। यदि एक शोध उपकरण समान रूप से विश्वसनीय नहीं हो (उदाहरण के लिए यह मापने योग्य कारक का सही ढंग से मापन नहीं कर पा रहा हो) तो अध्ययन में एक व्यवस्थागत रझान की स्थिति उत्पन्न हो सकती है।

भौतिक विज्ञानों में एक शोधार्थी बाह्य चारों को नियंत्रित कर सकता है, क्योंकि यह प्रयोग अधिकतर प्रयोगशालाओं के भीतर ही होते हैं। लेकिन इसके विपरित सामाजिक विज्ञानों में समाज ही प्रयोगशाला होता है, जिसके ऊपर शोधार्थी का नियंत्रण न के बराबर होता है, क्योंकि कोई भी शोधार्थी बाह्य चरों और उनके प्रभाव के ऊपर नियंत्रण नहीं रखता, जैसा कि ऊपर के अंश में बताया गया है, अतः अधिकतर परिस्थितियों में इनको कम नहीं किया जा सकता। सबसे अच्छा विकल्प यह है कि उनके प्रभाव का नियंत्रित समूह के माध्यम से परिमाणात्मक निर्धारण कर लिया जाए, यद्यपि एक नियंत्रक समूह का प्रयोग में रखा जाना एक समस्या के सृजन को सुनिश्चित करता है, जिसके अंतर्गत बाह्य चरों का नियंत्रित तथा प्रयोग समूहों, दोनों पर एक-समान प्रभाव होता है। कुछ परिस्थितियों में इनके प्रभाव को हटाया जा सकता है (यह वहाँ संभव है, जहाँ केवल एक या दो चरों का निर्भर चर पर स्पष्ट प्रभाव दिखता हो)

बाह्य चरों के नियंत्रित तथा प्रयोगात्मक समूहों पर समान प्रभाव को सुनिश्चित करने हेतु और उन चरों को हटाने के लिए दो विधियों का उपयोग किया जाता है, जो नीचे दी गई हैं:

1. **यह सुनिश्चित करना कि बाह्य चरों का नियंत्रित और प्रयोगात्मक समूहों पर समान प्रभाव पड़ रहा है।**
   यह मान लिया जाता है कि यदि दो समूह परिमाणात्मक हों तो जिन स्तरो तक बाह्य चर निर्भर चर को प्रभावित करेगा, वह दोनों ही समूहों में समान होंगे। ऐसी दो विधियाँ हैं जो नियंत्रित तथा प्रयोगात्मक समूहों का परस्पर परिमाणात्मक होना सुनिश्चित करती हैं। यद्रिछ्करण और मिलान करना (अध्याय 8 में व्याख्या की गई है)
2. **बाह्य चरों को हटाना या इनको पृथक करना।** कभी-कभी बाह्य चरों को हटाना या इनको अन्य अध्ययन रूप-रेखाओं में निर्मित करना संभव होता है। यह अधिकतर तब किया जाता है जब इस बात के पर्याप्त प्रमाण मौजूद हैं कि बाह्य चरों का निर्भर चर के साथ एक उच्च स्तर का सहसंबंध हो। इसको प्राप्त करने हेतु दो विधियाँ उपयोग में लाई जाती है:

(क) **अध्ययन की रूपरेखा में बाह्य चर का निर्माण करना।** इस धारणा की व्याख्या के लिए आइए एक उदाहरण लें। मान लीजिए आप एक जनसंख्या समूह में मातृत्व स्वास्थ्य सेवा के नवजात मृत्युदर पर प्रभाव का अध्ययन करना चाहते हैं। यह माना जा सकता है कि नवजात मृत्युदर पर बच्चों के पोषण स्तर का भी एक महत्वपूर्ण प्रभाव पड़ता है। मातृत्व स्वास्थ्य सेवाओं के प्रभाव का अध्ययन स्वयमेव करने के लिए आप स्वतंत्र चर के साथ बाह्य चर के प्रभाव का अध्ययन पृथक तौर पर और संवादात्मक तौर पर कर सकते हैं। आप एक दो-गुना-दो फैक्टोरियल डिजाइन को अपनाते हैं जो कि चित्र 7.4 में दिखाया गया है। इस प्रकार से पृथक और संवादात्मक तौर पर स्वतंत्र चर के साथ बाह्य चर के प्रभाव का अध्ययन कर सकते हैं।

(ख) **चरों को हटाना।** इसको समझने के लिए आइए एक अन्य उदाहरण लें। मान लीजिए कि आप एक स्वास्थ्य शिक्षण कार्यक्रम के अंतर्गत, किसी समुदाय विशेष में रह रहे स्वदेशी और विदेशी ऑस्ट्रेलिया के नागरिकों के संबंध में, किसी विशेष बीमारी के उपचार के विषय में दृष्टिकोणों और विश्वासों पर होने वाले प्रभाव का अध्ययन कर रहे हैं। क्योंकि दृष्टिकोण और विश्वास, संस्कृति से संस्कृति में अत्यधिक भिन्नता रखते हैं, अतः विदेशी और देशी ऑस्ट्रेलियाई समूह के रूप में अध्ययन करना, एक सटीक परिदृश्य प्रदान नहीं करेगा। इस प्रकार के अध्ययनों में यह उचित है कि अध्ययन जनसंख्या की सांस्कृतिक भिन्नता को हटाया जाए। यह चयन और आबादी को अलग से अध्ययन करके या विश्लेषण के समय में संस्कृति-विशिष्ट दलों के निर्माण से अध्ययन आबादी में सांस्कृतिक भिन्नता को खत्म करने के लिए उपयुक्त है।

प्रयोगात्मक डिजाइन

चित्र 7.4 रूपरेखा का निर्माण

		मातृ स्वास्थ्य	
		हाँ	नहीं
पोषक पूरक खाद्य पदार्थ	हाँ	मातृ स्वास्थ्य + पोषक पूरक खाद्य पदार्थ	पोषक पूरक खाद्य पदार्थ
	नहीं	मातृ स्वास्थ्य	नियंत्रित

सारांश

इस अध्याय में आपने शोध रूपरेखा के कार्यों के विषय में पढ़ा। एक शोध रूपरेखा दो महत्वपूर्ण कार्य कार्यान्वित करती हैं: (1) अध्ययन को करने के लिए क्रियाविधि को विस्तृत तौर पर समझाना; और (2) कारक के मामलों में स्वतंत्र चरों का निर्भर चरों पर प्रभाव होने के अधिकतम अवसर उपलब्ध करना, जबकि बाह्य चर और अवसर चरों का प्रभाव कम से कम हो, या फिर इसका परिमाणात्मक आकलन हो जाए। प्रथम कार्य के परिपेक्ष्य में, एक शोध रूपरेखा को संपूर्ण शोध यात्रा की प्रक्रिया की आपूर्ति परिवहन संबंधी विवरणों को रेखांकित करना चाहिए। आपको विस्तृत तौर पर यह बताना चाहिए कि आप क्यों और किस प्रकार की अध्ययन रूपरेखा उपयोग में लाने हेतु प्रस्तावित कर रहे हैं, आपके प्रतिक्रिया देने वाले व्यक्ति कौन होंगे और वे किस प्रकार चयन किए जाएँगे, आप कितने लोगों के साथ आवश्यक जानकारी प्राप्त करना प्रस्तावित करते हैं, आप जानकारी को किस प्रकार एकत्रित करेंगे और उनका विश्लेषण किस प्रकार से करेंगे। आपको प्रत्येक पहलू के लिए पना न्याय-संगत तर्कपूर्ण आधार और व्याख्या प्रदान करना होगा, और जहाँ तक संभव हो उनको साहित्यिक पुनरवलोकन द्वारा समर्थित करना होगा।

द्वितीय कार्य 'भिन्नता पर नियंत्रण' के द्वारा, जबकि परस्पर संबंध कारक की स्थापना की जा रही हो, आप अपने पर्यवेक्षक को और अध्यायकों को इस विषय में आश्वस्त करते हैं कि आपने अपने अध्ययन को इस प्रकार से सृजित किया है कि स्वतंत्र चर के निर्भर चर को प्रभावित करने की अधिकतम अवसर हैं, और बाह्य तथा अवसर चर के प्रभाव कम से कम है, परिमाणात्मक रूप से निर्धारित हैं और/या नियंत्रित हैं (मैक्समिकॉन भिन्नता का सिद्धांत)।

अनियंत्रित समूह के बिना किया गया एक अध्ययन कुल परिवर्तन को (स्वतंत्र चर के द्वारा किए गए परिवर्तन) ± (बाह्य चरों के द्वारा किए गए परिवर्तन) ± (अवसर चरों के द्वारा किए गए परिवर्तन) एक घटना या परिस्थिति में मापता है। एक नियंत्रित समूह को रखने का उद्देश्य बाह्य तथा अवसर चरों के प्रभाव का परिमाणात्मक निर्धारण करना होता है। अध्ययन रूपरेखा, शोध रूपरेखा का एक भाग है। शोध रूपरेखा में आपूर्ति परिवहन संबंधी अन्य विवरण भी होते हैं, जो अध्ययन को पूर्ण करने हेतु प्रस्तावित किए जाते हैं।

आपके सोचने के लिए

गुणात्मक शोध के क्षेत्र में करणीय

- इस अध्याय के शुरुआत में दिए गए शब्दों से स्वयं को पुनः परिचित करवाएँ और यदि आप इनके अर्थ या इनमें से किसी के लागू होने के विषय में अनिश्चित हैं तो अध्याय से आगे बढ़ने से पहले एक बार उनको देखें।
- कारकत्व के संबंध में मुख्य चरों के उदाहरण देने के लिए अपने स्वयं के अध्ययन क्षेत्र से कुछ उदाहरण दें। (अध्याय 5 को पुनः देखना इस संदर्भ में आपके लिए उपयोगी हो सकता है)
- अपनी रुचि के क्षेत्र से एक या दो उदाहरण 'मैक्समीनकॉन' भिन्नता के सिद्धांत के लागू करने के प्रदर्शन हेतु पहचाने।

चूँकि आप इस अध्याय को पढ़ चुके हैं, अतः अब निम्न प्रश्नों के उत्तर देने का प्रयास करें

- एक उदाहरण देकर पारस्परिक संबंध या कारकों के अध्ययन के समय निर्भर चर को प्रभावित करने वाले चरों के तीन समुच्चयों की व्याख्या करें।
- शोध रूपरेखा के मुख्य कार्य क्या हैं? कोई अध्ययन प्रारंभ करने से पूर्व एक शोध रूपरेखा का होना महत्वपूर्ण क्यों है?
- एक कार्यक्रम के प्रभाव का अध्ययन करते समय आप बाह्य चरों के प्रभाव का परिमाणात्मक निर्धारण किस प्रकार से करेंगे?
- शोध रूपरेखा के अंतर्गत व्याख्या किए जाने के लिए अध्ययन के आवश्यक पहलुओं की पहचान करें।
- क्या आप बाह्य चरों के प्रभाव को, एक प्रभाव आकलन अध्ययन करते समय हटा सकते हैं? यदि हाँ, तो कैसे?
- जब कारकत्व के विषय में मनन कर रहे हों, तो वह कौन से विषय हो सकते हैं, जो कि अध्ययन हेतु गुणात्मक विधि का चयन करने पर डेटा एकत्रीकरण के संदर्भ में उभरते हैं?

8

अध्ययन रूपरेखा का चयन करना

इस अध्याय में आप निम्नलिखित तथ्यों के बारे में जानेंगे

- परिमाणात्मक तथा गुणात्मक अध्ययन रूपरेखाओं के बीच में अंतर
- परिमाणात्मक शोध में आम अध्ययन रूपरेखाएँ और इनका उपयोग कब किया जाए
- गुणात्मक शोध में आम रूपरेखाएँ और इनका उपयोग कब किया जाए
- विभिन्न अध्ययन रूपरेखाओं की शक्तियाँ तथा कमजोरियाँ

महत्वपूर्ण शब्द

क्रिया शोध,
पूर्व-और-बाद अध्ययन रूपरेखा,
समूह अध्ययन,
अनुप्रस्थ अध्ययन रूपरेखा
प्रयोगात्मक अध्ययन रूपरेखा,
अनुदैर्ध्य अध्ययन,
पैनल अध्ययन,
छद्म-प्रयोगात्मक अध्ययन,
प्रतिगामी प्रभाव,
रुझान अध्ययन
बाद-केवल रूपरेखा,
अंध अध्ययन,
अनुकूलन प्रभाव,
दोगुनी-अंध अध्ययन,
नारीवादी शोध,
कुपोषण प्रभाव,
पॉवर गैप,
प्रतिक्रियात्मक प्रभाव,
पूर्वव्यापी अध्ययन,
संघर्षण,
केस अध्ययन,
नियंत्रण अध्ययन,
प्रयोगात्मक मृत्युदर,
केन्द्रित अध्ययन,
अप्रयोगात्मक अध्ययन,
प्रत्याशित अध्ययन रूपरेखा,
प्रतिवर्ती जर्नल,
अर्ध-प्रयोगात्मक अध्ययन,

इस अध्याय के अंत में आपको निम्नलिखित की समझ हो जाएगी

- परिमाणात्मक तथा गुणात्मक शोध रूपरेखाओं को कौन-से कारक अलग करते हैं
- परिमाणात्मक तथा गुणात्मक शोधों में सामान्य अध्ययन रूपरेखाएँ कौन-सी हैं
- प्रत्येक अध्ययन रूपरेखा की शक्तियाँ तथा कमजोरियाँ क्या-क्या हैं
- एक अध्ययन रूपरेखा का चयन करते समय ध्यान में रखने योग्य बातें

परिमाणात्मक तथा गुणात्मक अध्ययन रूपरेखाओं के बीच अंतर

इस अध्याय में हम परिमाणात्मक तथा गुणात्मक शोध में उपयोग में लायी जाने वाली सबसे सामान्य अध्ययन रूपरेखा के विषय में चर्चा करेंगे। समग्र रूप से, परिमाणात्मक शोधों में गुणात्मक शोध की अपेक्षा कई प्रकार की अध्ययन रूपरेखाओं का उपयोग किया जाता है। परिमाणात्मक अध्ययन रूपरेखाएँ विशिष्ट, सुगठित, वैधता और विश्वसनीयता के लिए परीक्षित होती है और इनको स्पष्ट तौर पर पहचाना जा सकता है तथा इनकी व्याख्या की जा सकती है। गुणात्मक अध्ययनों की शोध रूपरेखाओं में या तो यह लक्षण नहीं होते या फिर इस प्रकार के लक्षण उनमें कम मात्रा में मौजूद होते हैं। यह कम विशिष्ट और सटीक होती है और इनकी संरचनात्मक गहनता भी समान नहीं होती है। गुणात्मक रूपरेखाएँ Maxwell (2013:3) के द्वारा निम्नलिखित शब्दों में वर्णित की गई है:

> गुणात्मक अध्ययन की रूपरेखा को तैयार करने के लिए, आप पहले से निर्धारित एक तर्कसंगत रणनीति का विकास (या इसे उधार लेने की क्रिया आदि) नहीं कर सकते और इसको विश्वास पूर्वक कार्यान्वित भी नहीं कर सकते। एक अच्छे पैमाने पर आपको शोध रूपरेखा के निर्माण तथा पुनर्निर्माण करने की आवश्यकता होती है, और यही मेरे रूपरेखा मॉडल का मुख्य तर्क आधार है। गुणात्मक शोध रूपरेखा परिमाणात्मक शोध की तुलना में बहुत अधिक वृहद स्तर पर 'इस कार्य को खुद करें' प्रकार का कार्य होता है, बजाय की यह एक तुरत-फुरत कार्य में लाई जा सकने वाली पद्धति है, जो कि रूपरेखा के विभिन्न घटकों के बीच में आगे और पीछे घूमते रहने की प्रक्रिया के दौरान, इन दोनों के एक दूसरे के विषय में परिणामों के आकलन से संबंधित होती है। यह एक पूर्व निर्धारित प्रारंभिक बिंदु से प्रारंभ नहीं होती या एक तयशुदा चरणों के क्रम से आगे नहीं बढ़ती, लेकिन यह केवल रूपरेखा के विभिन्न घटकों के बीच में अंतर्संबंध और अंतः संपर्क आदि समाहित करती है।

प्रत्येक स्वरूप में दार्शनिक दृष्टिकोणों के बीच में अंतर, अध्ययन के उद्देश्यों के साथ संयोजित होकर एक बड़े और वृहद स्तर पर जाँच के प्रकार, तौर तरीके तथा उस में ध्यान देने योग्य विषयों का निर्धारण करते हैं, जो उसके पश्चात् अध्ययन रूपरेखा के संगठनात्मक पहलुओं का निर्धारण करते हैं। गुणात्मक शोध में मुख्य ध्यान देने योग्य बात एक समूह में लोगों के स्थितियों, भाव, दृष्टिकोण, अनुभूतियों, मूल्य, विश्वासों और अनुभवों आदि को समझना, व्याख्या करना, खोज करना, ढूंढना और स्पष्ट करना होता है। इसलिए अध्ययन रूपरेखाएँ अक्सर वियोजक तर्क पर आधारित होती है न कि अनुगमनात्मक तर्क पर, यह प्रकृति में लचीली तथा आकस्मिक होती हैं, और इनके कार्यान्वयन के संबंध में अक्सर अरैखिक और अक्रमवाचक होती हैं। अध्ययन रूपरेखाएँ मुख्य रूप से लोगों के चयन को समाहित करती है, जिनसे एक खुली जाँच के ढांचे के द्वारा जानकारी इकट्ठा की जाती हैं, और ढूंढ ली जाती हैं। अध्ययन के क्षेत्र से सम्बंधित प्राचल और जानकारी एकत्र करने के तरीके तथा प्रक्रियाएँ अक्सर लचीली और सदैव विकसित होते रहने वाली होती हैं, अतः अधिकतर गुणात्मक रूपरेखाएँ, संरचना के संदर्भ में, परिमाणात्मक रूपरेखा की तुलना में सुसंगठित और क्रमबद्ध नहीं होती हैं। इसके विपरित परिमाणात्मक शोध में जो जानकारी एकत्र की जानी हो, उनके मापन और वर्गीकरण संबंधी आवश्यकताएँ इस बात की मांग करती हैं कि अध्ययन रूपरेखा अधिक सुसंगठित, दृढ़, स्थाई तथा पूर्व निर्धारित हो, ताकि जानकारी और उसके वर्गीकरण की वैधता तथा विश्वसनीयता को सुनिश्चित किया जा सके।

गुणात्मक अध्ययनों में शोध रूपरेखा और डेटा एकत्रीकरण के तरीकों के बीच का अंतर बहुत कम स्पष्ट होता है। परिमाणात्मक अध्ययन रूपरेखाओं तथा डेटा एकत्रीकरण के बीच में अधिक स्पष्टता और अंतर रखते हैं। गुणात्मक शोध में इन दोनों के बीच में एक अधिव्यापन की अवस्था विद्यमान होती है। कुछ रूपरेखाएँ आधारभूत ढंग से डेटा एकत्रीकरण की विधियाँ ही होते हैं, उदाहरण के लिए गहन साक्षात्कार करना एक रूपरेखा होने के साथ ही साथ डेटा एकत्रीकरण की विधि भी है, और इसी प्रकार का संबंध मौखिक इतिहास तथा प्रतिभागियों के प्रेक्षण आदि में भी पाया जाता है।

गुणात्मक शोध में यह अंतर स्थापित करने वाले कुछ लक्षणों में से एक प्रतिक्रिया देने वाले व्यक्तियों से सादृश्यता की धारणा के अनुसार चलना है, जहाँ पर एक शोधार्थी के रूप में आप अपनी समझ के विषय में प्रतिक्रिया देने वाले व्यक्ति से स्थितियों के प्रस्तुतीकरण, अनुभवों, अनुभूतियों और निष्कर्षों के सन्दर्भ में सहमति प्राप्त करने के लिए हरसंभव प्रयास करते हैं। परिमाणात्मक शोध में प्रतिक्रिया देने वालों से सादृश्यता एक महत्वपूर्ण स्थान नहीं रखती। कभी-कभी इसे अध्ययन में भाग लेने वाले व्यक्तियों के साथ परिणामों को बाँटने या उनके बीच में प्रचारित करने के द्वारा प्राप्त हुआ मान लिया जाता है।

गुणात्मक शोध में परिमाणात्मक शोध की अपेक्षा अध्ययन जनसंख्या तथा शोधार्थी के बीच में पावर गैप अत्यंत न्यून होता है, क्योंकि ऐसा शोध की संरचना और जिस परिस्थिति में डेटा एकत्रित किया जा रहा है, उस स्थिति की अनौपचारिकता के कारण होता है। परिमाणात्मक शोध में शोध रूपरेखा के विषय में पर्याप्त विवरण उपलब्ध कराए जाते हैं, ताकि जाँच करने और आने वाले समय में विश्वसनीयता सुनिश्चित करने हेतु इस शोध को दोहराने में कोई समस्या उत्पन्न न हो। गुणात्मक शोध में अध्ययन रूपरेखा या अध्ययन के अन्य संरचनात्मक पहलुओं पर बहुत कम ध्यान दिया जाता है, अतः अध्ययन रूपरेखा को पुनः दोहराने की प्रक्रिया और इसके परिणामों को पुनः दोहराने की प्रक्रिया लगभग असंभव हो जाती है।

रूपरेखा के संदर्भ में गुणात्मक तथा परिमाणात्मक अध्ययन के बीच में अंतर, शोधार्थी के किसी विशेष दिशा में झुकाव होने की संभावना से संबंधित होता है। लचीलेपन तथा नियंत्रण की अनुपलब्धता के कारण अध्ययनों में इसकी जाँच करना अधिक कठिन है। गुणात्मक अध्ययनों में शोधार्थी के किसी विशेष दिशा या विषय-वस्तु की ओर झुकाव की जाँच करना, अधिक कठिन माना जाता है।

प्रत्येक स्वरूप में अध्ययन रूपरेखा विभिन्न विषय-वस्तुओं की खोज के लिए उचित होती है। गुणात्मक शोध में अध्ययन रूपरेखा किसी पहलू में विभिन्नता और विविधता को ढूंढने के लिए अधिक उपयुक्त होती है, जबकि परिमाणात्मक शोध में यह इस विभिन्नता और विविधता के स्तरों की खोज के अधिक अनुकूल मानी जाती है। यदि आपकी रुचि मूल्य, विश्वासों, समझ, अनुभूतियों, अर्थ इत्यादि के अध्ययन में है, तब गुणात्मक अध्ययन रूपरेखाएँ आपके लिए अधिक उपयोगी हैं, क्योंकि यह आपको अत्यधिक लचीलापन प्रदान करती हैं। इसके विपरित यदि आपका ध्यान इस विभिन्नता के परिमाण के मापन पर है, कि कितने लोगों में एक विशेष मूल्य, विश्वास आदि पाया जाता है, तब परिमाणात्मक रूपरेखाएँ अधिक उचित होती है। अच्छे परिमाणात्मक शोध के

लिए यह महत्वपूर्ण है कि जब कि आप किसी घटना में विविधता तथा विभिन्नता के स्तर और प्रकृति का निर्धारण कर रहे हों, आप परिमाणात्मक कौशलों को गुणात्मक कौशलों के साथ संयोजित करें। लेखक के अनुसार गुणात्मक–परिमाणात्मक–गुणात्मक विधि शोध के लिए व्यापक तथा अत्यधिक ध्यान देने योग्य है। इसमें विविधता के फैलाव के निर्धारण के लिए गुणात्मक प्रक्रियाओं की सहायता से शुरुआत की जाती है, परिमाणात्मक प्रक्रियाओं का उपयोग इस फैलाव के परिमाणात्मक निर्धारण हेतु किया जाता है और फिर गुणात्मक प्रक्रियाओं पर वापस जाकर प्रेक्षित स्वरूपों की व्याख्या की जाती है। जैसा कि पहले कहा गया है, आपको कभी भी स्वयं को या तो गुणात्मक या फिर परिमाणात्मक रूपावली के अंतर्गत सीमित नहीं करना चाहिए। यद्यपि आपकी अपनी पसंद किसी विशेष प्रक्रिया के विषय में हो सकती है, और यही वह उद्देश्य है जिसे परिमाणात्मक तथा गुणात्मक अध्ययन रूपरेखा के बीच में चयन किये गये विकल्प को निर्धारित करना चाहिए। यदि आप पहले से ही (पूर्व अध्ययन या क्रियात्मक ज्ञान के कारण) अपनी रूचि के क्षेत्र में विविधता की प्रकृति के विषय में जानते हैं, तो उसके स्तर के विषय में केवल परिमाणात्मक प्रक्रियाओं के उपयोग के द्वारा ही ज्ञान को निर्धारित किया जा सकता है। अधिकतर मामलों में जहाँ पर आप दोनों को ढूंढना चाहते हैं, वहां आपको दोनों प्रकार के विधानों में अनुपालन करने वाली विधियों का उपयोग करने की आवश्यकता होगी।

परिमाणात्मक शोध में अध्ययन रूपरेखा

परिमाणात्मक अध्ययन में उपयोग में लाई गई सभी प्रकार की अध्ययन रूपरेखाओं को तीन भिन्न पहलुओं के द्वारा जाँच कर वर्गीकृत किया जा सकता है।

1. अध्ययन जनसंख्या के साथ संपर्कों की संख्या
2. अध्ययन की सन्दर्भ समय अवधि
3. अन्वेंषण की प्रकृति

यह पहलू वर्गीकरण के स्वैच्छिक आधार हैं, अतः इनकी व्याख्या करने में उपयोग की गई शब्दावली सार्वत्रिक नहीं है। हालांकि प्रत्येक वर्गीकरण आधार के अंतर्गत आने वाली रूपरेखाओं के नाम सार्वत्रिक रूप से उपयोग में लाए जाते हैं। यह ध्यान रखें कि प्रत्येक श्रेणी के अंतर्गत आने वाली रूपरेखाएँ 'परस्पर विशिष्ट' हैं, अर्थात् यदि कोई अध्ययन विशेष प्रकृति में अनुप्रस्थ प्रकार का है, तो यह उसी समय एक पूर्व-और-पश्चात या एक अनुदैर्ध्य अध्ययन नहीं हो सकता लेकिन यह एक प्रयोगात्मक या अप्रयोगात्मक अध्ययन हो सकता है और साथ ही साथ यह एक पूर्वव्यापी अध्ययन या प्रत्याशी अध्ययन हो सकता है। (चित्र 8.1 देखें)।

यह अध्याय कुछ सामान्य तौर पर उपयोग में लाने जाने वाले रूपरेखाओं पर आधारित एक भाग के साथ समाप्त होता है, जो एक निश्चित दर्शनशास्त्र या प्रक्रिया विधि पर आधारित है, और जिन्होंने अपने स्वयं के नाम अर्जित किए हैं।

संपर्कों की संख्या के आधार पर अध्ययन की रूपरेखाएँ

अध्ययन जनसंख्या में संपर्कों की संख्या के आधार पर रूपरेखाओं को तीन समूहों में वर्गीकृत किया जा सकता है:

1. अनुप्रस्थ अध्ययन
2. पूर्व और पश्चात अध्ययन
3. अनुदैर्ध्य (लॉन्गिट्यूडिनल) अध्ययन

चित्र 8.1 अध्ययन रूपरेखा के प्रकार

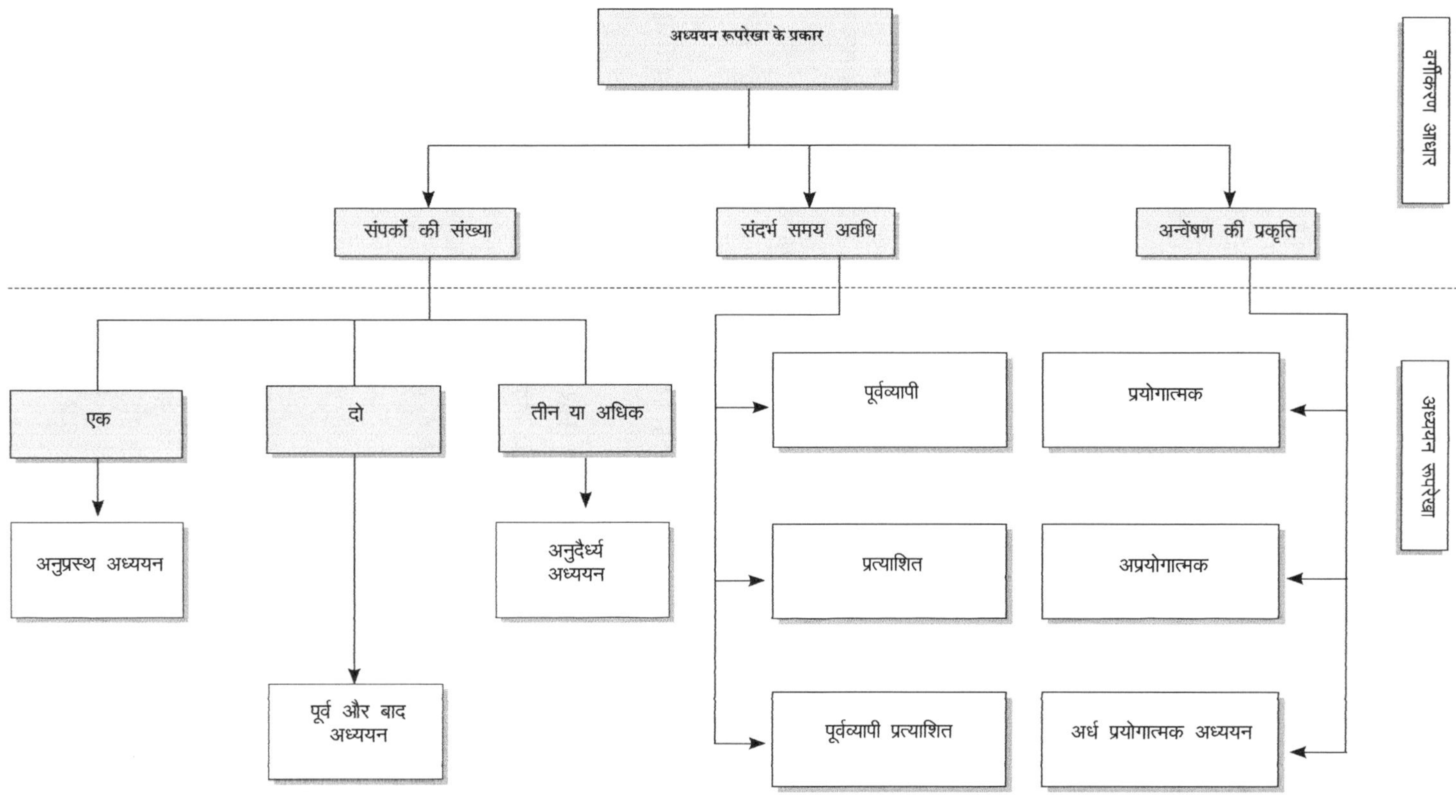

अनुप्रस्थ अध्ययन रूपरेखा

अनुप्रस्थ अध्ययन जिन्हें एक-शॉट या स्तर अध्ययनों के रूप में भी जाना जाता है, सामाजिक विज्ञान में उपयोग में लाई जाने वाली सर्वाधिक साधारण रूपरेखाओं में से एक है। यह रूपरेखाएँ उन अध्ययनों के लिए सबसे अधिक उपयुक्त है जो किसी घटना, स्थिति, समस्या, दृष्टिकोण या मुद्दे के प्रसार की खोज, उस जनसंख्या की अनुप्रस्थ काट ले कर करते हैं। अध्ययन के समय जो 'समग्र वस्तुस्थिति' हो, इस प्रकार के अध्ययन उनका पता करने में उपयोगी होते हैं। इनको एक समय में एक अनुप्रस्थ काट लेकर, किसी घटना के अध्ययन हेतु निर्मित किया जाता है (Babbie 1889:89) इस प्रकार के अध्ययन, अध्ययन जनसंख्या और जाँच के समय, दोनों के विषय में, अनुप्रस्थ प्रकार के होते हैं।

रूपरेखा के संदर्भ में एक अनुप्रस्थ अध्ययन अत्यंत साधारण होता है। जो आप पहचानना चाहते हैं, उसके विषय में आप निर्णय करते हैं, अध्ययन जनसंख्या को पहचानते हैं, एक नमूने का चयन करते हैं (यदि आपको आवश्यकता हो) और आवश्यक जानकारी के विषय में पता करने हेतु अपनी प्रतिक्रिया देने वाले व्यक्तियों से संपर्क साधते हैं। उदाहरण के लिए एक अनुप्रस्थ रूपरेखा निम्नलिखित विषयों के अध्ययन के लिए सबसे अधिक उपयुक्त होगी:

अनुप्रस्थ अध्ययन

- ऑस्ट्रेलिया में यूरेनियम के खनन को लेकर अध्ययन जनसंख्या के दृष्टिकोण
- पश्चिमी ऑस्ट्रेलिया में अप्रवासियों के सामाजिक आर्थिक जनसांख्यिकीय लक्षण
- ऑस्ट्रेलिया में एचआईवी पॉजिटिव मामलों की घटनाएँ
- युवा लोगों के बीच घर ना होने की समस्या के कारण
- एक संगठन द्वारा प्रदान की जा रही सेवा की गुणवत्ता को सुनिश्चित किया जाना
- गली मोहल्लों में होने वाले अपराधों पर बेरोजगारी का प्रभाव (इसको पूर्व और पश्चात के अध्ययन के तौर पर भी लिया जा सकता है)
- स्कूल में किसी बच्चे के शैक्षणिक प्रदर्शन और उसके घरेलू वातावरण के बीच में संबंध
- समानता के मामले को लेकर समुदाय के दृष्टिकोण
- एक शहर में बेरोजगारी का स्तर
- किसी उत्पाद के साथ ग्राहक संतुष्टि की भावना
- सड़क दुर्घटनाओं से बचाव के लिए यादृच्छिक श्वास परीक्षण की प्रभावशीलता (यह एक पूर्व और बाद अध्ययन के रूप में भी लिया जा सकता है)
- एक समुदाय की स्वास्थ्य संबंधी आवश्यकतायें
- छात्रों के उनकी लाइब्रेरी में उपलब्ध सुविधाओं को लेकर दृष्टिकोण

जैसे कि यह अध्ययन, अध्ययन जनसंख्या के साथ केवल एक ही संपर्क रखते हैं, अतः परिमाणात्मक रूप से इन अध्ययनों को करने में कम खर्च होता है, और यह विश्लेषण करने में सरल है। हालांकि, इनकी सबसे बड़ी हानि यह है कि यह बदलाव को परावर्तित नहीं कर सकते। बदलावों को वापिस करने के लिए कम से कम दो डेटा एकत्रीकरण बिंदु होने चाहिए, अर्थात् समान जनसंख्या में अनुप्रस्थ अध्ययन, समय के दो बिंदुओं पर होना चाहिए।

पूर्व और पश्चात अध्ययन रूपरेखा

पूर्व और पश्चात रूपरेखा (जोकि पूर्व परीक्षण तथा परीक्षण (बिफोर एंड आफ्टर) बाद रूपरेखा के नाम से भी जानी जाती है) का मुख्य लाभ यह है कि यह स्थिति, घटना, मुद्दों, समस्याओं या दृष्टिकोणों में हुए बदलाव का मापन कर सकती है। यह कार्यक्रम की प्रभावशीलता या प्रभाव को मापने के लिए सर्वाधिक उपयुक्त रूपरेखा है। पूर्व तथा पश्चात रूपरेखा को एक समान जनसंख्या में अनुप्रस्थ डेटा एकत्रीकरण के बिंदुओं के दो सेट के तौर पर वर्णित किया जा सकता है, ताकि चरों या घटनाओं के संदर्भ में समय के दो बिंदुओं पर बदलाव का मापन किया जा सके। इस बदलाव का मापन, घटनाओं या चरों में भिन्नता की तुलना, किसी प्रकार के हस्तक्षेप के पूर्व तथा पश्चात में (चित्र 8.2 देखें) करके की जा सकती है। एक पूर्व तथा

चित्र 8.2 पूर्व तथा बाद पूर्व-परीक्षण/बाद परीक्षण अध्ययन रूपरेखा

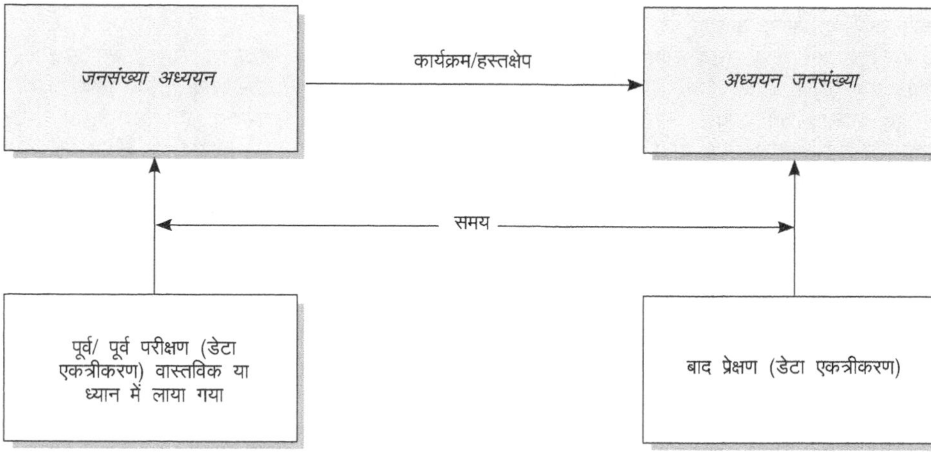

पूर्व परीक्षण पश्चात् परीक्षण

पश्चात अध्ययन अनुप्रस्थ अध्ययन की तरह की ही प्रक्रिया अपनाकर किया जा सकता है। केवल इसमें दो अनुप्रस्थ डेटा सेट होते हैं, और दूसरा यह कि इसे एक निश्चित समय अंतराल के बाद किया जाता है। यह किस प्रकार सेट किया गया है इस तथ्य पर आधारित होकर, एक पूर्व तथा पश्चात अध्ययन एक प्रयोग अथवा अप्रयोग के रूप में हो सकता है। यह मूल्यांकन अध्ययनों में सर्वाधिक साधारण तौर पर उपयोग में लाई जाने वाली रूपरेखा है। डेटा एकत्रीकरण बिंदुओं के दो सेट के बीच में निर्भर चर के संदर्भ में अंतर को कार्यक्रम का प्रभाव समझा जाता है। इस रूपरेखा के उपयोग से अध्ययन किए गए कुछ विषयों के उदाहरण निम्न प्रकार से हैं:

- एक संगठन द्वारा प्रदान की जा रही सेवा में प्रशासनिक पुनर्गठन का प्रभाव
- वैवाहिक परामर्श सेवा की प्रभावशीलता
- विद्यालयीन विद्यार्थियों के बीच यौन संबंधी व्यवहार पर यौन शिक्षा के प्रभाव
- युवाओं के बीच में दवाओं के उपयोग और दवाओं के ज्ञान के संबंध में जागरुकता कार्यक्रम का प्रभाव
- किसी संगठन के कर्मचारियों की उत्पादकता पर धन संबंधी प्रोत्साहन का प्रभाव
- विश्वविद्यालयों में शिक्षण की गुणवत्ता पर वर्धित वित्त पोषण का प्रभाव
- नवजात मृत्युदर पर माता तथा बाल स्वास्थ्य सेवाओं का प्रभाव
- सड़क दुर्घटनाओं पर यादृच्छिक श्वास परीक्षण का प्रभाव
- किसी उत्पाद की बिक्री पर पड़ने वाला विज्ञापन का प्रभाव

पूर्व तथा पश्चात रूपरेखा का एक मुख्य लाभ किसी घटना हस्तक्षेप के प्रभाव को देखना या किसी घटना के द्वारा लाए गए बदलाव का मापन और किसी हस्तक्षेप के प्रभाव को देखने में सक्षम होना है। हालांकि, कुछ ऐसी हानियाँ भी हो सकती है, जो व्यक्तिगत और सामूहिक रूप से प्रत्येक अध्ययन में उपस्थित नहीं होती। किसी विशेष हानि का उपस्थित होना, अन्वेषण की प्रकृति, अध्ययन जनसंख्या, डेटा एकत्रीकरण की विधि आदि पर निर्भर करती है। यह हानियाँ निम्नलिखित को समाहित करती हैं:

- चूँकि अध्ययन जनसंख्या से दो संपर्कों को स्थापित करके डेटा के दो सेट एकत्रित किए जाने चाहिए, अतः यह अध्ययन अत्यंत खर्चीला और कार्यान्वयन में और अधिक कठिन हो जाता है। इसके अतिरिक्त पूर्ण होने में इसे अधिक समय अवधि की आवश्यकता होती है। विशेष तौर पर यदि आप एक प्रयोगात्मक रूपरेखा का उपयोग कर रहे हो, जिसमें आपको तब तक प्रतीक्षा करनी होती है, जब तक आपका हस्तक्षेप आपके द्वारा डेटा के दूसरे सेट को एकत्र करने से पहले पूर्ण ना हो जाए।

- कुछ मामलों में दो संपर्कों के बीच अधिक समय गुजरने पर अध्ययन जनसंख्या में कमी हो सकती है। यह संभव है कि कुछ लोग, जिन्होंने पूर्व परीक्षण में भागीदारी की थी, वह उस क्षेत्र विशेष से बाहर निकल जाएँ या अन्य कारणों के कारण प्रयोग से हट जाएँ।
- इस रूपरेखा की कुछ मुख्य सीमाओं में से एक सीमा, इसके अत्यधिक साधारण स्वरूप को लेकर है, क्योंकि यह संपूर्ण बदलाव का मापन करती है। आप यह निर्धारित नहीं कर सकते कि निर्भर चर में आए हुए बदलाव को उत्पन्न करने के लिए क्या स्वतंत्र या वाह्य चर उत्तरदायी हैं। इसके अतिरिक्त पृथक तौर पर स्वतंत्र तथा वाह्य चरों के योगदानों का परिमाणात्मक निर्धारण करना भी संभव नहीं है।
- अध्ययन जनसंख्या की उम्र पर निर्भर होते हुए तथा यदि पूर्व- और- पश्चात डेटा एकत्रीकरण के बीच बहुत बड़ा समय का अंतर है तो अध्ययन जनसंख्या में हुए बदलाव के इस परिपक्वता के कई कारण हो सकते हैं। यह विशेष तौर पर सत्य बात है जब आप छोटे बच्चों पर अध्ययन कर रहे हों। इस परिपक्वता का प्रभाव, यदि यह निर्भर चर से महत्वपूर्ण ढंग से सहसंबंध रखता हो, तो प्रेक्षण के बाद प्रतिबिंबित होता है, और इसे **परिपक्वता प्रभाव** के नाम से जाना जाता है।
- कभी-कभी उपकरण स्वयमेव प्रतिक्रिया देने वालों को प्रशिक्षण देता है। इसे उपकरण के **प्रतिक्रिया प्रभाव** के नाम से जाना जाता है उदाहरण के लिए यदि आप एक जनसंख्या में दबाव संबंधी जागरूकता के सृजन के लिए तैयार किए गए कार्यक्रम के प्रभाव को देखना चाहते हैं, तो इसे करने के लिए आप एक प्रश्नोत्तरी का निर्माण करें, जिसमें कि विभिन्न दवाओं को सूचीबद्ध किया गया है, और जिसमें प्रतिक्रिया देने वालों से यह पूछा जाए कि क्या उन्होंने कभी इन दवाओं के विषय में सुना है। परीक्षण पूर्व अवस्था में एक प्रतिक्रिया देने वाला व्यक्ति जब उन प्रश्नों के उत्तर देता है, जिनमें विभिन्न दवाओं के नाम सम्मिलित होते हैं, तो वह इन दवाओं के विषय में जागरुक होता है, और यह जागरुकता परीक्षण के बाद की अवस्था में उसकी प्रतिक्रियाओं में प्रतिबिंबित होती है। अतः शोध उपकरण, स्वयमेव, अध्ययन जनसंख्या को शिक्षण देने का कार्य करता है। अतः इस प्रकार से वह निर्भर चर को प्रभावित करता है। इस प्रभाव का एक अन्य उदाहरण गर्भनिरोधक विधियों के विषय में प्रतिक्रिया देने वालों की जागरूकता, परिवार नियोजन शिक्षण कार्यक्रम के प्रभाव के मापन के संदर्भ में आयोजित एक अध्ययन रूपरेखा से संबंधित है। अधिकतर कार्यक्रम, जो कि किसी कार्यक्रम के कारण प्रतिभागियों की जागरूकता पर हुए प्रभाव के मापन के लिए तैयार किए जाते हैं, एक कठिन समस्या का सामना करते हैं, जो कि कुछ स्तर तक जागरुकता के स्तर में बदलाव से संबंधित होता हैं, और ऐसा इस प्रतिक्रिया प्रभाव के कारण होता है।
- एक अन्य हानि, तब उपस्थित हो सकती है जब आप किसी शोध उपकरण को दो बार किसी जनसंख्या के दृष्टिकोण को किसी मुद्दे के विषय में एक संभावित दृष्टिकोण संबंधी बदलाव को लेकर एक शोध उपकरण का उपयोग करते हैं। कभी-कभी लोग स्वयं को दृष्टिकोण परीक्षण से पहले मापन पैमाने के कुछ चरम बिंदुओं पर रख देते हैं, चाहे वह किसी भी कारण से हो, परीक्षण के बाद अक्सर वे लोग इस पैमाने के मध्य भाग में स्थांतरित हो जाते हैं। (चित्र 8.3 देखें) वे ऐसा महसूस कर सकते हैं कि वह परीक्षण पूर्व अवस्था में अत्यधिक नकारात्मक अथवा सकारात्मक हो गए थे, अतः परीक्षण के बाद के समय में उनके दृष्टिकोण में बदलाव आता है, और प्रश्नोत्तरी अथवा साक्षात्कार की प्रतिक्रिया में किसी दृष्टिकोण की केवल अभिव्यक्ति से ही ऐसा हो जाता है। इस प्रकार का यह प्रभाव **प्रतिगामी प्रभाव** कहलाता है।

अनुदैर्ध्य अध्ययन रूपरेखा

पूर्व-और-पश्चात अध्ययन रूपरेखा किसी घटना, परिस्थिति, समस्या, दृष्टिकोण और अन्य कारक में बदलाव के स्तर के मापन के लिए उचित होती है, लेकिन यह बदलाव के स्वरूप के अध्ययन में कम ही सहायक होती है। समय के संबंध में बदलाव के स्वरूप के निर्धारण के लिए एक अनुदैर्ध्य रूपरेखा का उपयोग किया जाता है। उदाहरण के लिए, जब आप एक समय अंतराल में किसी कार्यक्रम का हिस्सा बनने वाले लोगों के अनुपात का अध्ययन करने की इच्छा रखते हैं। **अनुदैर्ध्य अध्ययन** (लॉन्गीट्यूडिनल स्टडी) तब भी उपयोगी साबित हो सकते हैं, जब आप निरंतर तथ्यात्मक जानकारी एकत्र करने की आवश्यकता रखते हो। श्रम की मांग, आप्रवासन, किसी बीमारी के उत्पन्न होने में हुए बदलाव या मृत्यु दर में हुए बदलाव या एक जनसंख्या के रुग्णता और प्रजनन क्षमता के स्वरूप में हुए बदलाव आदि के संबंध में आप रुझानों का अध्ययन करना चाह सकते हैं।

चित्र 8.3 प्रतिगामी प्रभाव

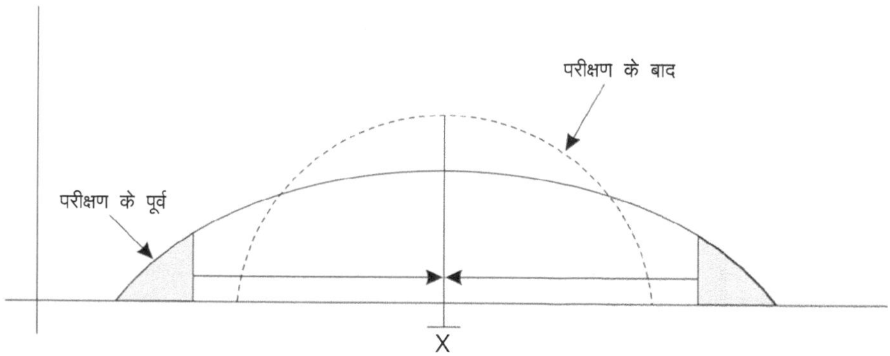

चित्र 8.4 अनुदैर्ध्य अध्ययन रूपरेखा

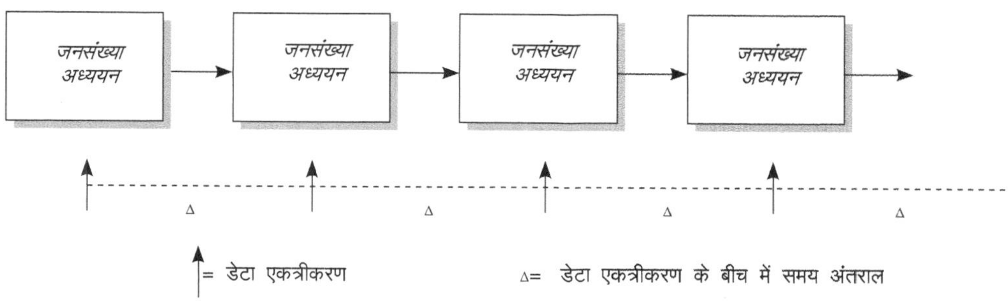

अनुदैर्ध्य विरुद्ध अनुप्रस्थ अध्ययन

अनुदैर्ध्य अध्ययनों में अध्ययन जनसंख्या से कई बार, कुछ नियमित समय अंतरालों पर, अधिकतर लंबे समय के पश्चात्, आवश्यक जानकारी एकत्र करने हेतु (चित्र 8.4 देखें) मिला जाता है। यह समय अंतराल निश्चित नहीं होते, अतः अध्ययन से अध्ययन की अवधि में अंतर हो सकता है, और कभी-कभी यह समयाँतराल हफ्तों से भी छोटे या कभी-कभी 1 वर्ष की अवधि से भी अधिक हो सकते हैं। समय अंतराल के आकार के बावजूद, प्रत्येक बार एकत्र गई की गई जानकारी समान प्रकार की होती है।

यद्यपि समान जनसंख्या से ही डेटा को एकत्र किया जाता है लेकिन यह आवश्यक नहीं कि यह डेटा समान प्रतिक्रिया देने वाले व्यक्तियों से उद्धृत हो। एक अनुदैर्ध्य अध्ययन को दोहराए गए कई अनुप्रस्थ अध्ययनों की एक श्रेणी के रूप में देखा जा सकता है।

अनुदैर्ध्य अध्ययन में पूर्व-और-बाद अध्ययनों के समान ही कुछ हानियाँ होती हैं। कुछ मामलों में यह इनसे कहीं अधिक बड़े स्तर पर होती है। इसके अतिरिक्त, अनुदैर्ध्य अध्ययन अनुकूलन प्रभाव से भी पीड़ित हो सकते हैं। यह प्रभाव एक स्थिति को दिखाता है जिसके अनुसार यदि प्रतिक्रिया देने वाले एक ही व्यक्ति को बार-बार संपर्क किया जाए, तो वे यह जान जाते हैं कि उनसे क्या आशा की जा रही है, और वह बिना सोचे समझे इन प्रश्नों के उत्तर देने लगते हैं, या वे इस परीक्षण में अपनी रुचि खो देते हैं, जिससे कि सदैव समान परिणाम उपस्थित होता है।

अनुदैर्ध्य अध्ययनों का मुख्य लाभ यह है कि यह एक शोधार्थी को बदलाव के स्वरूप के मापन और तथ्यात्मक जानकारी की प्राप्ति में सहायक होता है, जिसमें एक नियमित और निरंतर आधार पर जानकारी के एकत्र किए जाने की आवश्यकता होती है, जिससे इस परीक्षण की सटीकता बढ़ जाती है।

संदर्भ की अवधि पर आधारित अध्ययन रूपरेखाएँ

संदर्भ अवधि वह समय अंतराल है, जिसमें एक अध्ययन, किसी घटना, स्थिति, घटना या समस्या आदि का अन्वेंषण करता है। इस दृष्टिकोण से अध्ययनों को निम्न प्रकार से वर्गीकृत किया जाता है:

- पूर्व प्रभावी
- प्रत्याशित
- पूर्वव्यापी-प्रत्याशित

पूर्व प्रभावी अध्ययन रूपरेखा

पूर्व प्रभावी अध्ययन एक घटना, स्थिति, समस्या या मुद्दे का अन्वेषण करता है, जो कि भूतकाल में हो चुका है। यह अध्ययन साधारणतया या तो उस समय अंतराल में उपलब्ध डेटा के द्वारा या उस परिस्थिति के विषय में प्रतिक्रिया देने वाले व्यक्ति की याददाश्त के आधार पर किया जाता है (चित्र 8.5a)। उदाहरण के लिए निम्नलिखित विषय किए गए अध्ययन पूर्व प्रभावी अध्ययनों की तरह वर्गीकृत किए गए हैं:

- बीसवीं शताब्दी के पूर्वार्ध में ग्रामीण तथा टॉरस स्ट्रेट आईलैंडर लोगों के ऑस्ट्रेलिया में रहने की परिस्थितियाँ
- यूरोप में दोगुनीतीय विश्वयुद्ध के पहले भूमि का उपयोग
- 1915 और 1945 के बीच की अवधि में देशांतरीय गतिविधियों का एक ऐतिहासिक विश्लेषण
- बेरोजगारी के स्तर और गली मोहल्ले में होने वाले अपराधों के बीच में संबंध (जिस प्रकार से डेटा का संग्रहण होता है उसके आधार पर यह पूर्व प्रभावी और प्रत्याशित दोनों ही प्रकार का हो सकता है। यदि दोगुनीतीयक स्त्रोतों से, भूतकाल से सम्बंधित डेटा एकत्रित किया गया है, तो यह एक पूर्व प्रभावी अध्ययन कहलाएगा। यदि डेटा एक निरंतर आधार पर किसी संबंध के विषय में अन्वेषण आधार बनाने के लिए एकत्र किया गया है, तो यह एक प्रत्याशित अध्ययन कहलाएगा।)

प्रत्याशित अध्ययन रूपरेखा

प्रत्याशित अध्ययनों का अर्थ किसी घटना, परिस्थिति, समस्या, दृष्टिकोण या परिणाम के भविष्य में होने की संभावित अपेक्षाओं से है (चित्र 8.5 b)। इस प्रकार के अध्ययन किसी घटना के परिणाम या 'क्या होने की संभावना है' इस विषय को स्थापित करने का प्रयास करते हैं। प्रयोगों को अधिकतर प्रत्याशित अध्ययनों के तौर पर वर्गीकृत किया जाता है, क्योंकि इनमें शोधार्थी को अध्ययन जनसंख्या पर इसके प्रभाव को दर्ज करने के लिए एक हस्तक्षेप के लिए प्रतीक्षा करने की आवश्यकता होती है। निम्नलिखित को प्रत्याशित अध्ययनों के तौर पर वर्गीकृत किया गया है:

- क्षेत्रीय परिस्थितियों के अंतर्गत माता तथा बच्चे से संबंधित स्वास्थ्य सेवाओं का प्रभाव नवजात मृत्युदर के संबंध में निर्धारण करना
- वैवाहिक समस्याओं के स्तरों के सम्बन्ध में परामर्श सेवाओं के प्रभावों को निर्धारित करना
- सड़क पर होने वाली दुर्घटनाओं से बचाव पर यादृच्छिक श्वास परीक्षण के प्रभाव को निर्धारित करना
- ऑस्ट्रेलिया में बच्चों के शैक्षणिक उपलब्धियों के स्तरों पर पिता की भूमिका के प्रभावों के विषय में पता करना
- ऑस्ट्रेलिया में आप्रवासन के स्तर के सम्बन्ध में प्रवजन नीति में हुए बदलाव के प्रभावों को ज्ञात करना

पूर्वव्यापी-प्रत्याशित अध्ययन रूपरेखा

पूर्वप्रभावी-प्रत्याशित अध्ययनों में किसी घटना के भूतकाल के रुझानों पर ध्यान केन्द्रित किया जाता है और इनका भविष्य के सन्दर्भ में अध्ययन किया जाता है। डेटा का कुछ भाग हस्तक्षेप से पहले के उपलब्ध अभिलेखों से पूर्व प्रभावी ढंग से संग्रह किया जाता है और उसके बाद अध्ययन जनसंख्या पर इस हस्तक्षेप के प्रभाव को निश्चित किया जाता है (चित्र 8.5)।

इस श्रेणी के अंतर्गत एक अध्ययन को वर्गीकृत किया गया है, जब आप एक हस्तक्षेप के प्रभाव का मापन बिना किसी नियंत्रण समूह के करते हैं। वास्तव में अधिकतर पूर्व तथा- पश्चात अध्ययन, यदि बिना किसी नियंत्रण के संचालित किए जायें– जहाँ पर हस्तक्षेप को लाने से पहले समान जनसंख्या से एक आधार रेखा का निर्माण किया गया हो– तब इसको पूर्व प्रभावी-प्रत्याशित अध्ययनों के रूप में वर्गीकृत किया जाएगा। रुझान संबंधी अध्ययन, जो कि पूर्वानुमाननों के आधार बनते हैं, वे भी इस श्रेणी में आते हैं। पूर्व प्रभावी प्रत्याशित अध्ययनों के कुछ उदाहरण निम्न प्रकार से हैं:

- सड़क पर दुर्घटनाओं में यादृच्छिक श्वास परीक्षण के प्रभाव
- एक संगठन ने कर्मचारियों की उत्पादकता पर प्रोत्साहन राशियों का प्रभाव
- नवजात मृत्युदर पर माता तथा बच्चे संबंधी स्वास्थ्य सेवाओं का प्रभाव
- उत्पाद की बिक्री पर विज्ञापन का प्रभाव

चित्र 8.5 संदर्भ समयावधि के आधार पर अध्ययन रूपरेखाओं का वर्गीकरण ए) पूर्व व्यापी; बी) प्रत्याशित; सी) पूर्व व्यापी-प्रत्याशित

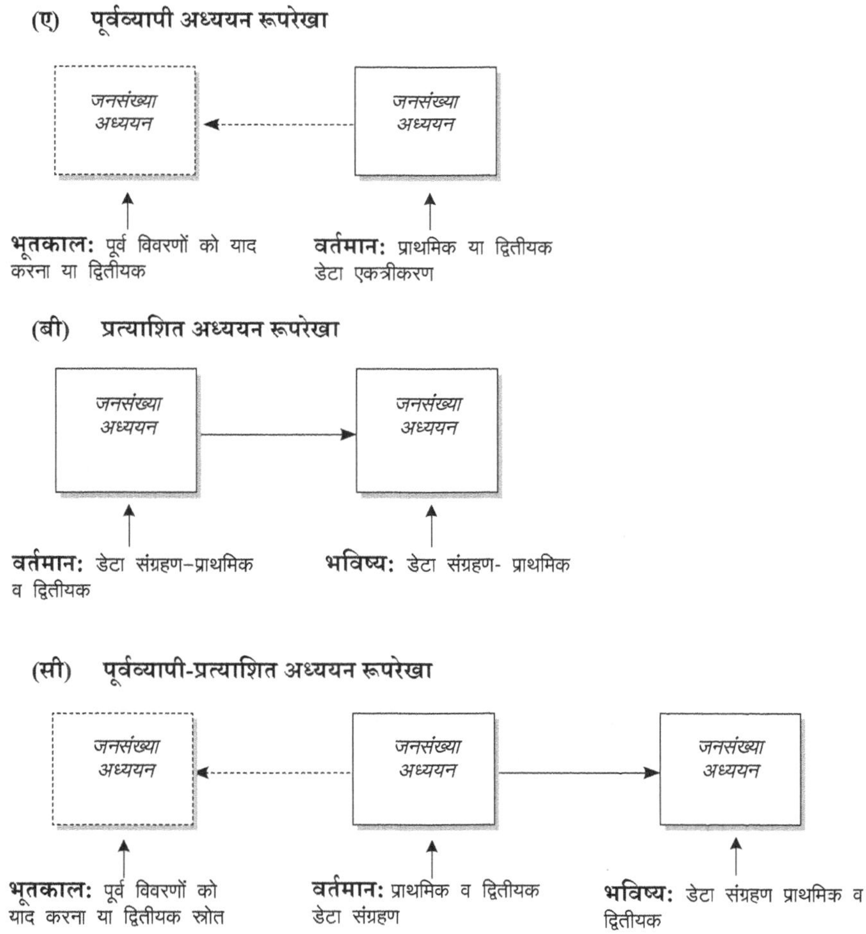

अन्वेषण की प्रकृति पर आधारित अध्ययन रूपरेखाएँ

परिमाणात्मक शोध में अन्वेषण की प्रकृति के आधार पर अध्ययन रूपरेखाओं को निम्न प्रकार से वर्गीकृत किया जा सकता है:

- प्रयोगात्मक
- अप्रयोगात्मक
- अर्ध-प्रयोगात्मक

इन अंतरों को समझने के लिए आइए कुछ उदाहरणों को ध्यान में रखें। मान लीजिए कि आप निम्नलिखित का परीक्षण करना चाहते हैं:

छात्रों की समझ के स्तर पर किसी विशेष शिक्षण पद्धति के प्रभाव सड़क दुर्घटनाओं के स्तर पर किसी कार्यक्रम जैसे यादृच्छिक श्वास परीक्षण की प्रभावशीलता एचआईवी पॉजिटिव लोगों के उपचार में ऐजीडोथाईमीडीन (एजेडटी) जैसी दवा की उपयोगिता आदि का अध्ययन। इस प्रकार की परिस्थितियों में एक कारण तथा प्रभाव होना माना गया है। इन संबंधों का अध्ययन करने के लिए दो तरीके हैं। पहले तरीके में शोधार्थी (या कोई और) हस्तक्षेप का परिचय देता है, जो कि बदलाव का 'कारण' माना जाता है, और शोधार्थी तब तक प्रतीक्षा करता है जब तक कि यह उत्पन्न न हो चुका हो– या इस बदलाव को उत्पन्न करने के लिए पर्याप्त समय दिया गया हो। दूसरे तरीके में, शोधार्थी का एक घटना का प्रेक्षण करना और उस कारण को स्थापित करने की कोशिश करने में सम्बन्धी क्रियाएँ होती हैं, जो इसका कारण रहा है। इस उदाहरण में, शोधार्थी प्रभाव/प्रभावों और परिणाम/परिणामों से शुरुआत करता है और कारण के निर्धारण के लिए प्रयास करता है। यदि पहले तरीके से इस संबंध का अध्ययन कर लिया जाए, तो कारण से प्रारंभ करके प्रभावों की स्थापना तक इसे एक **प्रयोगात्मक अध्ययन** कहते हैं। यदि दूसरे मार्ग का अनुसरण किया जाए- अर्थात् प्रभावों से प्रारंभ कर के कारण को देखा जाए, तो इसको एक **प्रयोगात्मक अध्ययन** कहते हैं। चित्र 8.6 देखें।

पहले मामले में शोधार्थी या किसी और के द्वारा स्वतंत्र चर को 'प्रेक्षित' किया जा सकता है, इसका 'परिचय' दिया जा सकता है, इसको 'नियंत्रित' किया जा सकता है, या इसको 'परिवर्तित' किया जा सकता है। जबकि बाद वाले में ऐसा नहीं हो सकता, क्योंकि माना गया कारण पहले ही उपस्थित हो चुका है। इसके बजाय, शोधार्थी पूर्व प्रभावी रीति से कारण और परिणामों के बीच की कड़ियों को जोड़ता है। एक अर्ध-प्रयोगात्मक अध्ययन या छद्म- प्रयोगात्मक अध्ययन में प्रयोगात्मक तथा अप्रयोगात्मक दोनों प्रकार के अध्ययनों के गुण होते हैं। इस प्रकार के अध्ययन का एक भाग प्रयोगात्मक और दूसरा अप्रयोगात्मक हो सकता है।

एक प्रयोगात्मक अध्ययन को नियंत्रित या प्राकृतिक वातावरण में संचालित किया जा सकता है। नियंत्रित वातावरण में किए गए एक प्रयोग में एक शोधार्थी या कोई और व्यक्ति, एक हस्तक्षेप अथवा उद्दीपन का सृजन करके इसके प्रभावों को अध्ययन करता है। यदि अध्ययन जनसंख्या, किसी नियंत्रित परिस्थिति, जैसे एक कमरे के अंदर हो तो इस प्रकार के प्रयोग नियंत्रित प्रयोग कहलाते हैं। 'प्राकृतिक' वातावरण में हुए एक प्रयोग के लिए अध्ययन जनसंख्या को इसके स्वयं के वातावरण के हस्तक्षेप के सामने रखा जाता है।

प्रयोगात्मक अध्ययन को आगे इस आधार पर वर्गीकृत किया जाता है कि क्या अध्ययन जनसंख्या को यादृच्छिक ढंग से विभिन्न उपचार समूहों में बाटा गया है या नहीं। परिमाणात्मक रूपरेखा के साथ सबसे बड़ी समस्याओं में से एक समस्या है (जिनमें आप दो या दो से अधिक समूहों की तुलना करते हैं) कि इनमें निश्चितता का अभाव होता है, जिससे कि विभिन्न दृष्टिकोण से हर समूह वस्तुतः परिमाणात्मक हो जाते हैं, परंतु उपचार के दृष्टिकोण से यह तुलना के योग्य नहीं हो पाते। यादृच्छीकरण की प्रक्रिया को समूहों के उपर परिमाणात्मक बनाने हेतु सुनिश्चित करने के लिए तैयार किया जाता है। एक वृक्ष एक रूपरेखा में अध्ययन जनसंख्या और प्रयोगात्मक उपचार दोनों पूर्व निर्धारित नहीं होता; अपितु इनको यादृच्छिक ढंग से बांटा जाता है (चित्र 8.7 देखें)। प्रयोग में यादृच्छिक ढंग से विभाजन का अर्थ है कि किसी भी व्यक्ति या अध्ययन जनसंख्या के एक समूह की इकाई के पास समान तथा स्वतंत्र अवसर है, किसी भी प्रयोगात्मक या नियंत्रण समूह के भाग बनने के लिए है या बहुसंख्यक उपचार उपकरणों के मामलों में, किसी भी उपचार के किसी भी जनसांख्यिकीय समूह में शामिल किये जाने का एक समान तथा स्वतंत्र अवसर उपलब्ध रहता है। यहाँ पर यह ध्यान में रखना महत्वपूर्ण है कि यादृच्छीकरण की धारणा हमारे द्वारा चर्चा के अंतर्गत लायी जाने वाली किसी भी प्रयोगात्मक रूपरेखा में लागू की जा सकती है।

चित्र 8.6 प्रयोगात्मक तथा अप्रयोगात्मक अध्ययन

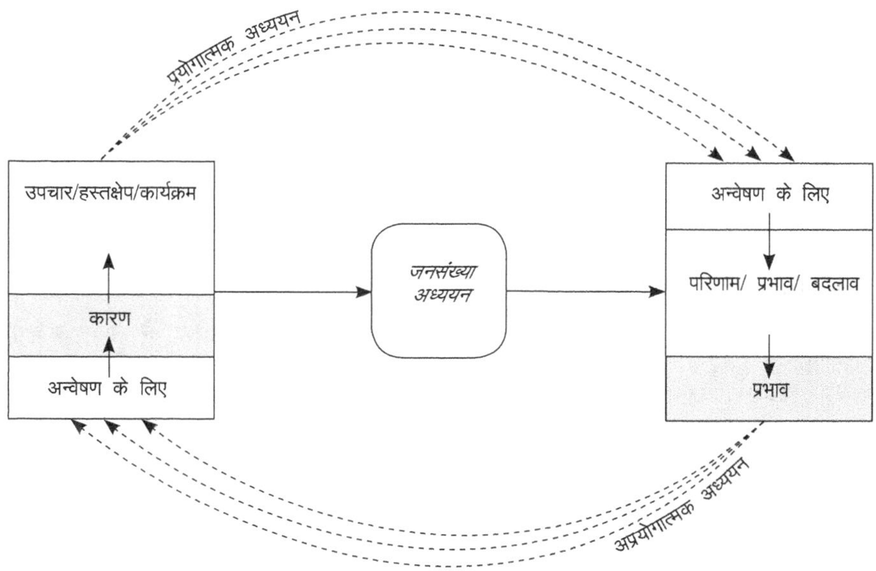

चित्र 8.7 प्रयोगों में यादृच्छिकरण

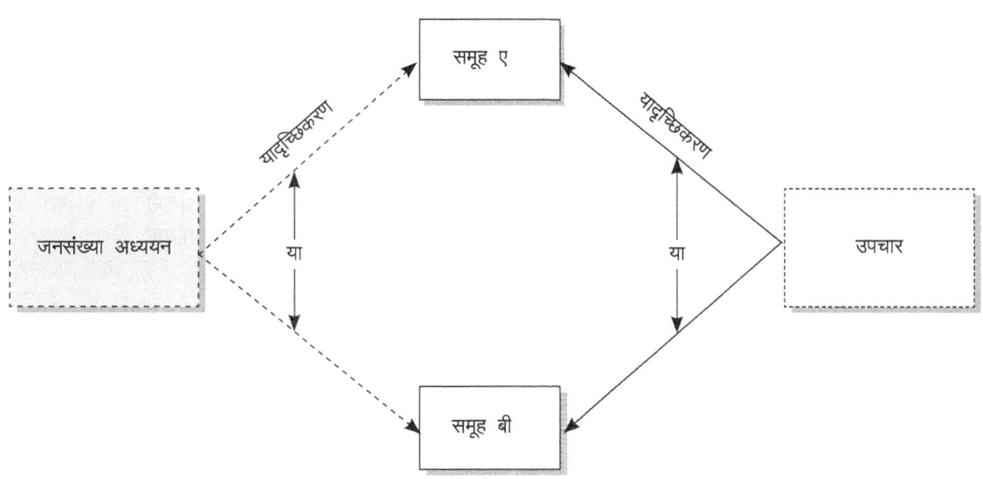

प्रयोगात्मक अध्ययन रूपरेखा

प्रयोगात्मक रूपरेखाओं के ऐसे बहुत से प्रकार हैं, कि उन सभी को इस पुस्तक के विषय क्षेत्र के अंतर्गत समाहित नहीं किया जा सकता। इसलिए यह भाग, सर्वसाधारण तौर पर सामाजिक विज्ञानों, मानविकी,

सार्वजनिक स्वास्थ्य, विपणन, शिक्षा, महामारी विज्ञान, सामाजिक कार्य और अन्य क्षेत्रों में उपयोग की जाने वाली कुछ रूपरेखाओं के विवरण तक सीमित रखा गया है:

- केवल बाद में प्रयोगात्मक रूपरेखाएँ
- पूर्व और पश्चात प्रयोगात्मक रूपरेखाएँ
- नियंत्रण समूह रूपरेखाएँ
- दोगुनी नियंत्रण रूपरेखाएँ
- तुलनात्मक रूपरेखाएँ
- मिलान नियंत्रण प्रयोगात्मक रूपरेखाएँ
- प्लेसेबो रूपरेखा

केवल बाद में प्रयोगात्मक रूपरेखा

एक केवल बाद में वाली रूपरेखा में शोधार्थी यह जानता है कि जनसंख्या किसी हस्तक्षेप के सामने उजागर हो रही है, या उजागर हो चुकी है, और वह जनसंख्या पर इस हस्तक्षेप के प्रभाव का अध्ययन करना चाहता है। इस रूपरेखा में, आधारभूत जानकारी (परीक्षण से पहले या अवलोकन से पहले) प्रतिक्रिया देने वाले व्यक्ति की हस्तक्षेप से पहले की यादाश्त के आधार पर निर्मित की जाती है, या फिर इसका निर्माण दोगुनीतीयक स्रोत या वर्तमान उपलब्ध अभिलेखों के आधार पर किया जाता है (चित्र 8.8)। निर्भर चर में हुए परिवर्तन पहले आधारभूत और बाद के डेटा सेट के बीच में अंतर के द्वारा 'निर्मित' किए जाते हैं। तकनीकी दृष्टि से यह एक हस्तक्षेप के प्रभाव को मापने का गलत तरीका है, क्योंकि इसमें बाद के परीक्षण की तुलना करने के लिए कोई भी उचित आधारभूत डेटा उपलब्ध नहीं होता। एक अन्य मुख्य समस्या यह है कि यह दोनों डेटा सेट कड़ाई से तुलना करने योग्य नहीं होते हैं, उदाहरण के लिए, निर्भर चर में आए कुछ परिवर्तन दो डेटा सेट के संकलन के तरीके में होने वाले अंतर के कारण उत्पन्न होते हैं।

इस रूपरेखा के साथ अन्य समस्या यह है, यह कि यह बाह्य चरों के कारण उत्पन्न परिवर्तन के साथ ही साथ संपूर्ण परिवर्तन का मापन करती है, अतः यह एक हस्तक्षेप के शुद्ध प्रभाव को पहचान नहीं पाती। हालांकि, यह रूपरेखा प्रभाव मूल्यांकन अध्ययनों में वृहद् तौर पर उपयोग में लाई जाती है, क्योंकि वास्तविक जीवन में कई प्रकार के कार्यक्रम, कार्यक्रम के नियोजन की अवस्था में नियोजित मूल्यांकन के लाभ के बिना ही संचालित किए जाते हैं, यद्यपि यह स्थिति तेजी से परिवर्तित हो रही है, और इन मामलों में क्रम का कड़ाई से अनुसरण करना बिल्कुल भी संभव नहीं हो पाता है, अर्थात् आधारभूत जानकारी का संग्रहण, कार्यक्रम का कार्यान्वयन और फिर कार्यक्रम का मूल्यांकन करना आदि संभव नहीं हो पाता है। अतः एक मूल्यांकन करने वाले व्यक्ति के पास इस रूपरेखा को अपनाने के अलावा कोई अन्य विकल्प शेष नहीं रहता है।

क्रियात्मक रूप से, इस रूपरेखा की पर्याप्तता हस्तक्षेप को लाए जाने से पहले एक घटना की प्रचुरता के विषय में तर्कसंगत ढंग से सटीक डेटा की उपलब्धि पर निर्भर करती है। इसे कुछ मामलों तथा घटनाओं जैसे कि सड़क दुर्घटनाओं पर यादृच्छिक श्वास परीक्षण के प्रभाव, किसी जनसंख्या की मृत्यु दर पर एक स्वास्थ्य कार्यक्रम के प्रभाव, एक उत्पाद की बिक्री पर किसी विज्ञापन का प्रभाव, किसी जनसंख्या की प्रजनन क्षमता पर मृत्यु दर में कमी पर पड़ने वाले प्रभाव या आप्रवासन के स्तरों पर आप्रवासन नीति के परिवर्तनों के कारण होने वाले प्रभाव आदि से समझा जा सकता है। इस तरह की परिस्थितियों में यह अपेक्षा की जाती है, कि अध्ययन के अंतर्गत उपस्थित घटना के विषय में सही 'रेकोर्ड दर्ज किए जाएँ, ताकि यह निर्धारित किया जा सके कि रुझानों में हुए परिवर्तन मुख्यतया हस्तक्षेप को लाए जाने के कारण हुए हैं, या फिर नीतिगत परिवर्तन के कारण हुए हैं।

पूर्व तथा पश्चात प्रयोगात्मक रूपरेखा

पूर्व तथा पश्चात रूपरेखा पूर्व प्रेक्षण को पूर्वव्यापी ढंग से निर्मित करने की समस्या को अध्ययन जनसंख्या में हस्तक्षेप को लाए जाने से पहले ही स्थापित करके दूर कर देती है, (चित्र 8.2 देखें)। और फिर, जब एक कार्यक्रम संपूर्ण रूप से कार्यान्वित कर दिया जाता है, या यह माना जाता है कि इसका जनसंख्या पर

प्रभाव हो चुका है, तब हस्तक्षेप के कारण होने वाले प्रभाव को देखने के लिए "बाद के" अवलोकन को लिया जाता है, (चित्र 8.9 देखें)।

चित्र 8.8 परवर्ती रूपरेखा

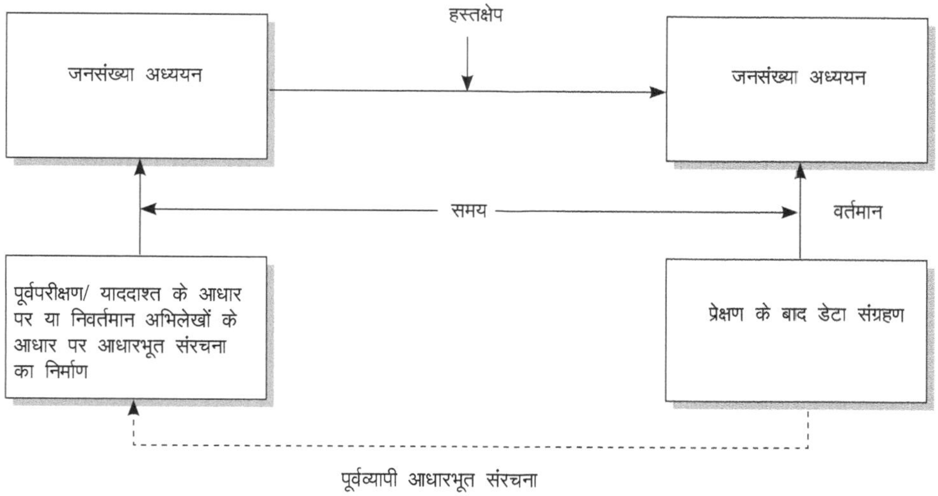

चित्र 8.9 एक पूर्व तथा बाद रूपरेखा के द्वारा परिवर्तन का मापन

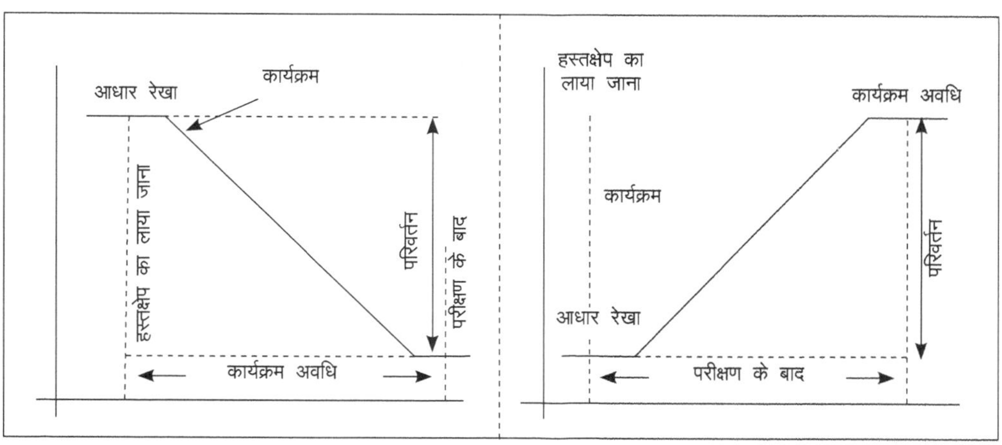

पूर्व तथा पश्चात रूपरेखा 'केवल बाद में' रूपरेखा से संबंधित सिर्फ एक समस्या का निराकरण करती है; वह है, पूर्व तथा पश्चात परीक्षणों की तुलनात्मकता फिर भी यह व्यक्ति को कार्यक्रम में हस्तक्षेप के कारण होने वाले प्रभाव को आंशिक रूप से या संपूर्ण रूप से निष्कर्ष निकालने में सक्षम नहीं करती है। इस समस्या के निराकरण के लिए एक नियंत्रित समूह का उपयोग किया जाता है। पूर्व तथा पश्चात रूपरेखाएँ, इस अध्याय के शुरुआत में पूर्व तथा पश्चात अध्ययन रूपरेखा संबंधी चर्चा के दौरान पहचानी गई कुछ समस्याओं

से भी प्रभावित हो सकती हैं, पूर्व तथा पश्चात रूपरेखा में हस्तक्षेप के प्रभाव की गणना निम्न प्रकार से की जा सकती है:

[निर्भर चर में परिवर्तन]
= ['बाद' के अवलोकन में निर्भर चर का स्तर] - [पूर्व अवलोकन में निर्भर सरकार चर का स्तर]

नियंत्रित समूह रूपरेखा

नियंत्रित रूपरेखा का उपयोग करने वाले एक अध्ययन में शोधार्थी एक के बजाय दो जनसंख्या समूहों का चुनाव करता है: एक **नियंत्रित समूह** तथा एक **प्रयोगात्मक समूह**, (चित्र 8.10)। यह समूह प्रत्येक पहलू के अनुसार जितना अधिक हो सके उतना ही तुलना के लिए योग्य माने जाते हैं, केवल हस्तक्षेप को छोड़कर (जिसको परिवर्तन लाने के लिए उत्तरदाई कारक माना जाता है)। प्रयोगात्मक समूह हस्तक्षेप प्राप्त करता है या इसे हस्तक्षेप के सामने खुला किया जाता है, जबकि नियंत्रित समूह में ऐसा नहीं किया जाता। सर्वप्रथम, दोनों समूहों में एक ही समय पर पूर्व प्रेक्षण किए जाते हैं, इसके बाद प्रयोगात्मक समूह में हस्तक्षेप को लाया जाता है। जब यह मान लिया जाता है कि हस्तक्षेप का प्रभाव हो चुका है, तब दोनों समूहों में 'बाद' का अवलोकन नोट किया जाता है। निर्भर चर के संदर्भ में समूहों के बीच के पूर्व तथा पश्चात अवलोकनों में पाया गया कोई भी अंतर हस्तक्षेप के कारण उत्पन्न हुआ माना जाता है। प्रयोगात्मक समूह में निर्भर चर (Ye) में आये हुए संपूर्ण परिवर्तन की गणना निम्नलिखित प्रकार से की जाती है:

$$Ye = Ea - Eb$$

जहाँ पर Ea प्रयोगात्मक समूह में 'बाद' वाला अवलोकन है और Eb प्रयोगात्मक समूह पर किया गया पूर्व अवलोकन है। अन्य शब्दों में,

$Ea - Eb =$ (कार्यक्रम हस्तक्षेप का प्रभाव) $\pm$ (वाह्य चरों का प्रभाव) $\pm$ (अवसर चरों का प्रभाव)
$\pm$ (अवसर चरों का प्रभाव)

नियंत्रित समूह में निर्भर चर में हुए संपूर्ण परिवर्तन की गणना निम्न प्रकार से की जाती है:

$$Yc = Ca - Cb$$

जहाँ Ca नियंत्रित समूह में 'बाद' का अवलोकन है, और Cb नियंत्रित समूह में 'पूर्व' का अवलोकन है। अन्य शब्दों में,

$Ca - Cb =$ [वाह्य चरों का प्रभाव] $\pm$ [अवसर चरों का प्रभाव]

नियंत्रित तथा प्रयोगात्मक समूहों के बीच में अंतर की गणना निम्न प्रकार से की जा सकती है।

$$Ye - Yc = (Ea - Eb) - (Ca - Cb)$$

जिसका अर्थ है,

{(कार्यक्रम हस्तक्षेप का प्रभाव) $\pm$ (प्रयोगात्मक समूहों में वाह्य चरों का प्रभाव) $\pm$ (प्रयोगात्मक समूहों में अवसर चरों का प्रभाव) (नियंत्रित समूह में वाह्य चरों का प्रभाव) $\pm$ (नियंत्रित समूह में अवसर चरों का प्रभाव)}

सामान्य अंकगणितीय विधियों के द्वारा हस्तक्षेप के प्रभाव के परिमाण का पता लगाया जा सकता है, अतः किसी हस्तक्षेप के प्रभाव, प्रयोगात्मक तथा नियंत्रित समूहों के बीच निर्भर चरों में पूर्व तथा पश्चात अवलोकनों में स्थित अंतर के बराबर होते हैं।

यह याद रखना महत्वपूर्ण है, कि नियंत्रित समूहों का मुख्य उद्देश्य वाह्य चारों के प्रभाव का परिमाणात्मक निर्धारण करना होता है। यह केवल हस्तक्षेप के प्रभाव के निर्धारण हेतु ही आपको सहायता करता है।

चित्र 8.10 नियंत्रण प्रयोगात्मक रूपरेखा

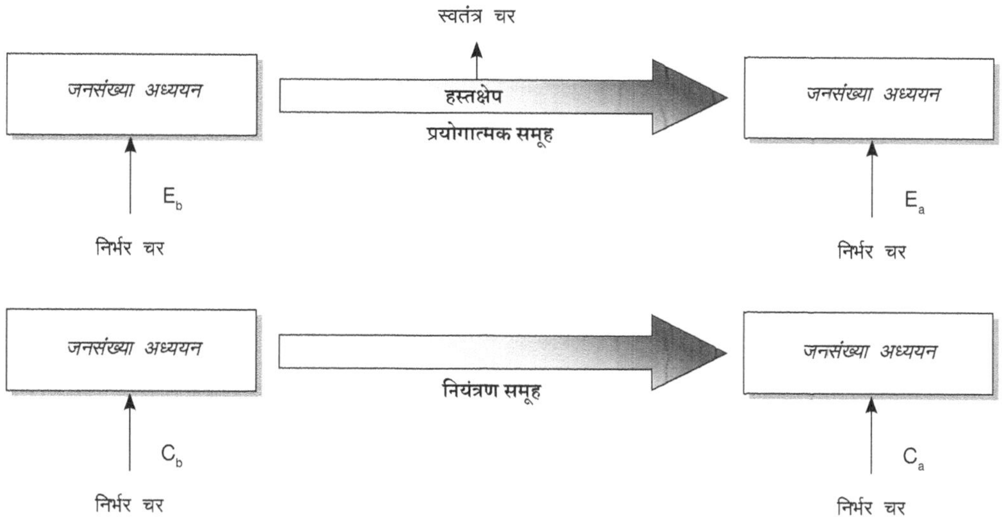

दोगुनी नियंत्रित रूपरेखा

यद्यपि दोगुनी नियंत्रित रूपरेखा आपको वाह्य चरों के द्वारा उत्पन्न किए गए प्रभाव के परिमाणात्मक निर्धारण में सहायता करती है, लेकिन यह अन्य प्रभावों को अलग नहीं कर सकती, जो कि शोध उपकरणों (जैसे कि प्रतिक्रियात्मक प्रभाव) या प्रतिक्रिया देने वाले व्यक्तियों (उदाहरण के तौर पर परिपक्वता या प्रतिगामी प्रभाव या प्लेसेबो प्रभाव) के द्वारा उत्पन्न होते हैं)। जब आपको इन प्रभावों को पहचानने और इनको पृथक करने की आवश्यकता हो, तब एक दोगुनी नियंत्रित रूपरेखा की आवश्यकता पड़ती है।

दोगुने नियंत्रित अध्ययनों में, आपके पास एक के बजाए दो नियंत्रित समूह होते हैं। उदाहरण के तौर पर किसी उपकरण के प्रतिक्रियात्मक प्रभाव के परिमाणात्मक निर्धारण के लिए आप पूर्व अवलोकन में से एक नियंत्रित समूह को निकाल देते हैं, (चित्र 8.11).

आप विभिन्न प्रभावों की गणना निम्नलिखित प्रकार से कर सकते हैं:

$Y''e - Y'e =$ (कार्यक्रम हस्तक्षेप का प्रभाव) ± (वाह्य चरों का प्रभाव) ± (प्रतिक्रियात्मक प्रभाव) ± (यादृच्छिक प्रभाव)
$Y''cl - Y'cl =$ (बाह्य चरों का प्रभाव) ± (प्रतिक्रियात्मक प्रभाव) ± (यादृच्छिक प्रभाव)
$Y''c2 - Y'cl =$ (वाह्य चरों का प्रभाव) ± (यादृच्छिक प्रभाव)

(यहाँ पर यह ध्यान रखें कि बाद वाला समीकरण $Y''c2 - Y'cl$ है, और यह $Y''c2 - Y'c2$ नहीं है, क्योंकि दूसरे नियंत्रण समूह के लिए कोई भी पूर्व अवलोकन नहीं लिया गया है) इनमे निम्न प्रकार से अंतर हैं:

$Y''e - Y'e - (Y''c1 - Y'c1) =$ कार्यक्रम हस्तक्षेप का प्रभाव
$Y''cl - Y'cl - (Y''c2 - Y'cl) =$ प्रतिक्रियात्मक प्रभाव

कार्यक्रम हस्तक्षेप के शुद्ध प्रभाव की गणना बिल्कुल उसी तरीके से की जा सकती है जैसे पूर्व में बताए गए नियंत्रित समूह रूपरेखा के लिए की जाती है।

तुलनात्मक रूपरेखा

कभी-कभी आप विभिन्न उपचार उपकरणों की प्रभावशीलता की तुलना करने का प्रयास करते हैं, और इस प्रकार की परिस्थितियों में एक तुलनात्मक रूपरेखा उचित सिद्ध होती है।

चित्र 8.11 द्वि-नियंत्रण रूपरेखा

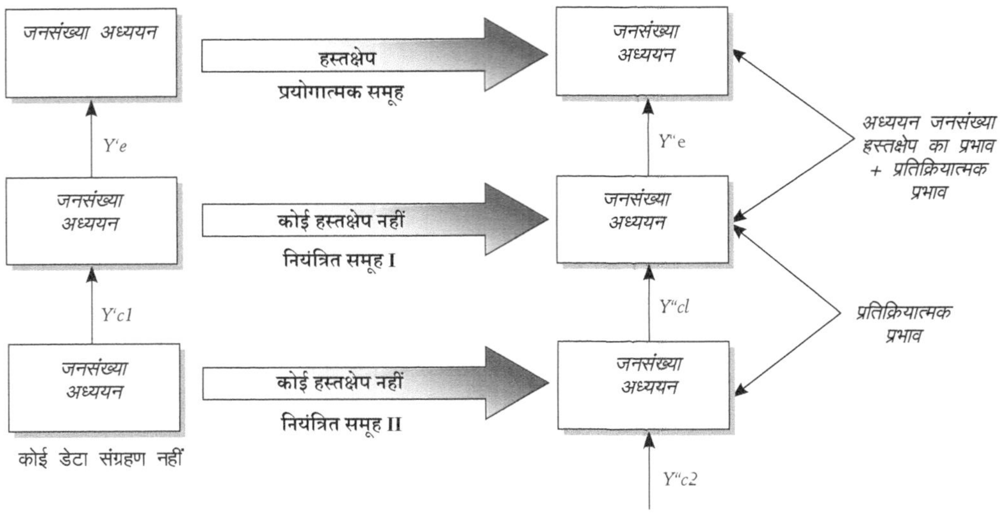

जैसा कि अधिकतर रूपरेखाओं के साथ है, तुलनात्मक अध्ययन रूपरेखा के साथ एक अध्ययन को प्रयोगात्मक या अप्रयोगात्मक ढंग से किया जा सकता है। तुलनात्मक प्रयोगात्मक रूपरेखा में अध्ययन जनसंख्या को समूहों की समान संख्या में विभाजित किया जाता है, जितनी परीक्षण के लिए उपचारों की संख्या होती है, प्रत्येक समूह के लिए निर्भर चर के सापेक्ष आधार रेखा की स्थापना की जाती है, और इसके बाद विभिन्न समूहों में विभिन्न उपचार मॉडल लाए जाते हैं। एक निश्चित समय के उपरांत जब यह पता चलता है, कि उपचार मॉडलों का प्रभाव उत्पन्न हो चुका है, तो निर्भर चर में हुए किसी भी परिवर्तन को निर्धारित करने के लिए बाद के अवलोकन लिए जाते हैं। विभिन्न जनसंख्या समूहों में निर्भर चर में हुए परिवर्तन के स्तर की विभिन्न हस्तक्षेपों की सापेक्षिक प्रभावशीलता की स्थापना के लिए तुलना की जाती है जो कि विभिन्न उपचार उपकरण प्राप्त कर रहे होते हैं।

तुलनात्मक रूपरेखा के अप्रयोगात्मक प्रकार में, पहले से ही विभिन्न हस्तक्षेप प्राप्त कर रहे समूहों को पहचाना जाता है, और निर्भर चर के सापेक्ष केवल बाद के अवलोकन को कार्यान्वित किया जाता है। पूर्व परीक्षण डेटा सेट या तो प्रत्येक समूह में उपस्थित अध्ययन जनसंख्या से उपचार के लाए जाने से पहले की अवधि से संबंधित आवश्यक जानकारी को याद करने को पूछ कर निर्मित किया जाता है, या फिर इन जानकारी को उपस्थित अभिलेखों के निचोड़ से प्राप्त किया जाता है। कभी-कभी पूर्व परीक्षण अवलोकन निर्मित ही नहीं किए जाते हैं, इस अनुमान पर कि यदि समूह तुलना के योग्य है, तो आधार रेखा को एक समान होना चाहिए। चूँकि प्रत्येक समूह की एक ही समान आधार रेखा मानी जाती है, अतः बाद के अवलोकन में हुआ अंतर हस्तक्षेप के कारण उत्पन्न हुआ माना जाता है।

इसका उदाहरण देने के लिए कल्पना करें कि आप एक कक्षा के विद्यार्थियों की समझ के स्तर के आधार पर तीन शिक्षण मॉडल ए, बी और सी की प्रभावशीलता की तुलना करना चाहते हैं (चित्र 8.12)। इस अध्ययन को करने के लिए, आप कक्षा को तीन समूहों (एक्स, वाई, जेड) को यादृच्छिकीकरण की प्रक्रिया के द्वारा विभाजित करते हैं, ताकि आप इनकी तुलनात्मकता को सुनिश्चित किया जा सकें।

इन समूहों को शिक्षण मॉडल में लाने से पहले, आप प्रत्येक समूहों की चयनित विषय की समझ के लिए एक आधार रेखा की स्थापना करते हैं। इसके पश्चात् आप प्रत्येक समूह को चयनित विषय को पढ़ाने के लिए विभिन्न शिक्षण मॉडल में लाते हैं। इसके बाद आप विषय वस्तु की समझ के स्तर को विभिन्न समूहों में मापते हैं। मान लीजिए, विषय वस्तु को पढ़ाये जाने से पहले समूह x का औसत समझ का स्तर Xa है, और विषय वस्तु पढ़ाए जाने के पश्चात् समूह का औसत समझ का स्तर X'a है। अतः मॉडल ए के कारण

चित्र 8.12 तुलनात्मक प्रयोगात्मक रूपरेखा

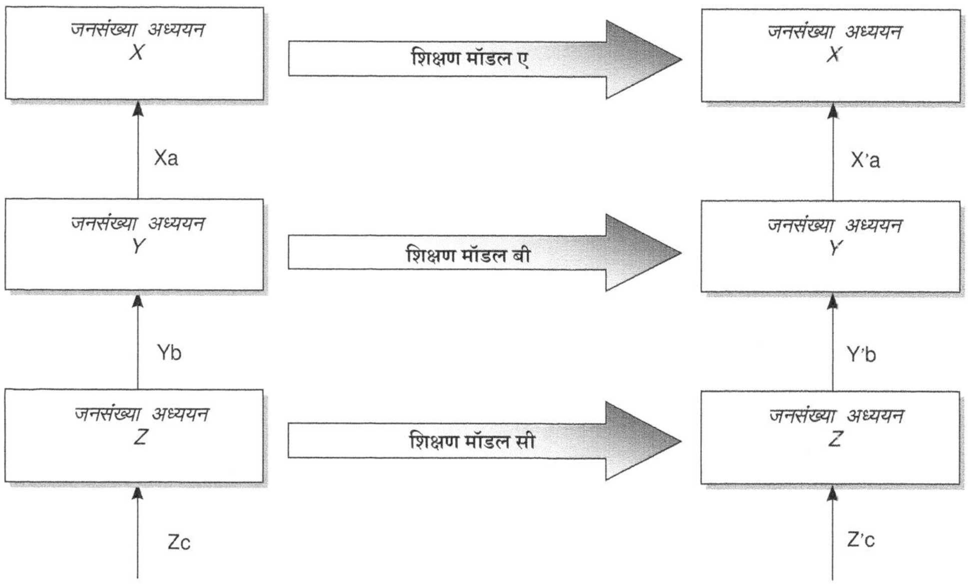

समझ के स्तर में परिवर्तन X'a–Xa, उत्पन्न होता है। इसी प्रकार से समूह Y तथा Z में आए परिवर्तन Y'b–Yb और Z'c–Zc, क्रमशः शिक्षण मॉडल B और C के द्वारा उत्पन्न किए जाते हैं। तीनों समूहों में औसत समझ के स्तर में हुए परिवर्तन की तुलना यह जानने के लिए की जाती है, कि इनमें से कौन सा शिक्षण मॉडल सबसे अधिक प्रभावी है। यहाँ पर यह ध्यान रखें कि वाह्य चर सभी समूहों में समझ के स्तरों को समान रूप से प्रभावित करेंगे, क्योंकि यह समूह यादृच्छिक ढंग से बनाए गए हैं।

इस अध्ययन को एक अप्रयोगात्मक अध्ययन की तरह संचालित करना भी संभव है, और ऐसा केवल प्रत्येक समूह को तीन शिक्षण मॉडलों में से किसी एक मॉडल के सामने लाकर और फिर 'बाद' के अवलोकन लेकर किया जा सकता है। समझ के स्तरों में अंतर को शिक्षण मॉडल में अंतर के कारण उत्पन्न हुआ माना जाता है, क्योंकि यह माना जाता है की विषय वस्तु की समझ के मौलिक स्तर के सापेक्ष, यह तीन समूह, तुलना के योग्य होते हैं।

मिलान नियंत्रण प्रयोगात्मक रूपरेखा

तुलनात्मक समूहों का निर्माण अधिकतर अध्ययन जनसंख्या में प्रासंगिक गुणों के सापेक्ष उनकी संपूर्ण तुलनात्मकता के आधार पर किया जाता है, जैसे कि सामाजिक, आर्थिक स्तर, किसी निश्चित परिस्थिति की प्रचुरता में उपलब्धियाँ, अध्ययन जनसंख्या में किसी समस्या का स्तर आदि। मिलान अध्ययनों में तुलनात्मकता व्यक्ति से व्यक्ति के आधार पर निर्धारित की जाती है, अध्ययन जनसंख्या से दो व्यक्तियों का मिलान किया जाता है, जो कि कुछ चयनित गुणों और/या परिस्थितियों, जैसे कि उम्र, लिंग या बीमारी के प्रकार आदि के सापेक्ष लगभग समान होते हैं, और फिर प्रत्येक को एक पृथक समूह में बांट दिया जाता है (अधिकतर मिलान एक सरलता से पहचाने जाने योग्य गुण के आधार पर किया जाता है)। मिलान नियंत्रण प्रयोग के मामलों में, एक बार जब दो समूह बनाए जाते हैं, तो शोधार्थी यादृच्छिकीकरण या अन्य प्रकार से यह निर्धारित करता है कि किस समूह को नियंत्रित समूह माना जाए, और किसे प्रयोगात्मक समूह माना जाए। मिलान रूपरेखा कई प्रकार की चुनौतियों को जन्म देती है।

- जब एक से अधिक चरों के साथ किया जाए तो मिलान की कठिनता बढ़ जाती है।
- जो चर मापन के लिए अत्यधिक कठिन माने जाते हैं, तब उनका मिलान अत्यधिक कठिन होता है, जैसे कि दृष्टिकोण या मत।
- कभी-कभी यह जानना अत्यधिक कठिन होता है कि मिलान के आधार के तौर पर किस चर का चयन किया जाए। आप अपने निर्णय पूर्व खोजों के आधार पर करने में सक्षम हो सकते हैं, या फिर चर के लिए अपनी पसंद के निर्धारण के लिए आपको एक प्राथमिक अध्ययन करना पड़ सकता है।

मिलान नियंत्रित रूपरेखा सबसे आम रूप में नई दवाइयों के परीक्षण के लिए उपयोग में लाई जाती है।

प्लेसेबो डिजाइन

एक बीमारी से उबरने में किसी रोगी का यह विश्वास कि वह उपचार प्राप्त कर रहा है, उसके ठीक होने की प्रक्रिया में एक महत्वपूर्ण भूमिका निभा सकता है, चाहे वह उपचार अप्रभावी ही क्यों ना हो। यह मनोवैज्ञानिक प्रभाव **प्लेसेबो प्रभाव** कहलाता है। प्लेसेबो रूपरेखा इस प्रभाव के स्तर के निर्धारण के लिए प्रयास करती है। एक **प्लेसेबो अध्ययन** में दो या तीन समूह होते हैं, जो कि इस बात पर निर्धारित किए जाते हैं कि शोधार्थी नियंत्रण समूह को अध्ययन में रखना चाहता है या नहीं (चित्र 8.13)। यदि शोधार्थी एक नियंत्रित समूह रखने का निर्णय लेता है, तो प्रथम समूह उपचार प्राप्त करता है। द्वितीय समूह प्लेसेबो उपचार प्राप्त करता है, और तीसरा, जो कि नियंत्रण समूह है, उसे कुछ नहीं दिया जाता। यह निर्णय, कि कौन सा समूह उपचार प्लेसेबो या नियंत्रण समूह होगा, यादृच्छिकीकरण के द्वारा भी किया जा सकता है।

परिमाणात्मक शोध में उपयोग में लाई जाने वाली अन्य रूपरेखाएँ

ऐसी कुछ अध्ययन रूपरेखाएँ हैं, जो कि ऊपर चर्चाओं के अंतर्गत लाई गई व्याख्या के अंतर्गत वर्गीकृत की जा सकती है, लेकिन उनकी अद्वितीयता तथा प्रचुरता के कारण इन प्रकारों ने प्रसिद्धि हासिल कर ली हैं, अतः इनको पृथक रूप से नीचे दिया गया है:

चित्र 8.13 प्लेसेबो रूपरेखा

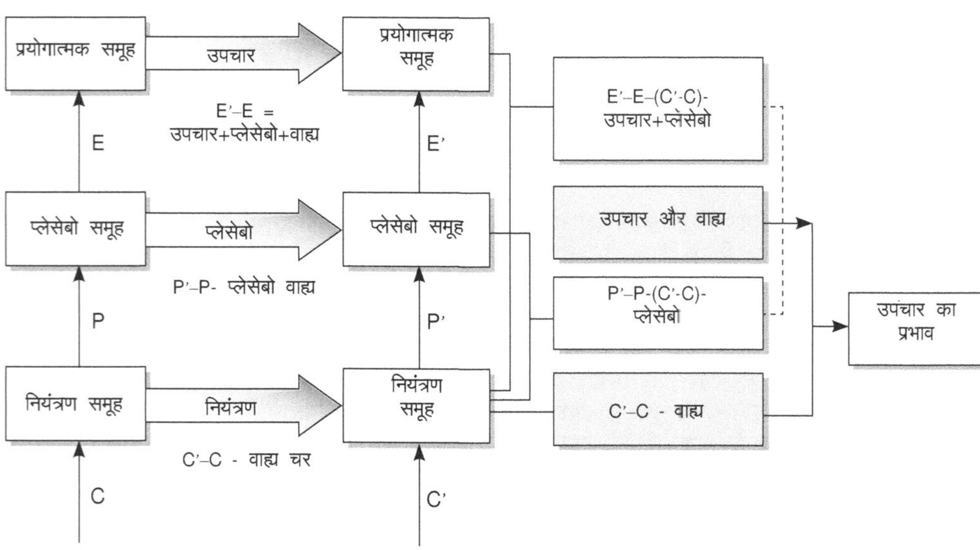

ऑनलाइन सर्वेक्षण

विशेष तौर पर संचार के परिपेक्ष्य में डिजिटल तकनीकी में प्रगति और इसके बढ़ते हुए उपयोग ने इसके सामाजिक शोधों में उपयोग में लाए जाने के एक अद्वितीय अवसर का सृजन किया है। पिछले कुछ वर्षों में सामाजिक मुद्दों के विषय में शोध करने में **ऑनलाइन सर्वेक्षण** के उपयोग की संख्या में एक बहुत बड़ी वृद्धि होती देखी गई है। अन्य सभी शोध पद्धतियों के समान ही ऑनलाइन सर्वेक्षण शोध के अपने कुछ लाभ और हानियाँ होती हैं, यह पद्धति कुछ शोध परियोजनाओं के लिए कार्य में लाई जा सकती है लेकिन सभी शोध उद्देश्यों के लिए इसका उपयोग उचित नहीं माना जा सकता (सू और रिटर, 2012:1)। ऑनलाइन सर्वेक्षण के लिए तीन साधारण विकल्प है: ईमेल, वेबसाइट और मोबाइल फोन। इन सब माध्यमों के द्वारा डेटा संग्रहण समान प्रकार की विकास की प्रक्रिया का अनुसरण करता है, जैसा कि एक सामान्य प्रश्नमाला में होता है। आप किसी सॉफ्टवेयर के उपयोग के द्वारा प्रश्नमाला का विकास करते हैं, और इसको एक इंटरनेट सर्वर में एक प्रतिक्रिया देने वाले व्यक्ति के द्वारा देखने के लिए सुरक्षित रख देते हैं, और ऐसा इंटरनेट के द्वारा किया जाता है। एक क्षमतावान प्रतिक्रिया देने वाले व्यक्ति के रूप में आप प्रश्नमाला को लिंक के द्वारा पुनः प्राप्त करते हैं, और उसी प्रकार से इसमें लिखे गए प्रश्नों के उत्तर देते हैं, जैसा कि आप सामान्य प्रश्न माला में करते हैं। अंतर केवल एक ही है कि सामान्य प्रश्न माला में आप अपने हाथों से प्रश्नों को पूर्ण करते हैं, और ऑनलाइन प्रश्नमाला में आप कंप्यूटर के कीबोर्ड का उपयोग करते हैं Sue और Reiter (2012: अध्याय 1)।

Sue और Reiter (2012: अध्याय 1) ने ऐसी कई परिस्थितियों की पहचान की है, जिनमें ऑनलाइन सर्वेक्षण का संचालन करना इच्छित समझा जाता है। ऑनलाइन सर्वेक्षण उस समय बहुत ही उपयोगी साबित हो सकते है, जब आपको एक बहुत बड़े और भौगोलीय ढंग से विविध नमूने का अध्ययन करना है। यह बहुत तेज और सस्ते तरीकों में आता है। हालांकि, इनके उपयोग में कई प्रकार की बाधाएँ हो सकती है। सर्वप्रथम तो यह है कि प्रत्येक व्यक्ति के पास इंटरनेट या मोबाइल फोन तक पहुंच नहीं है, अतः ऑनलाइन सर्वेक्षण सभी प्रकार के जनसांख्यिकीय समूहों के लिए उपयोग में नहीं लाए जा सकते। इसके अतिरिक्त वह जनसंख्या जिसमें इंटरनेट और मोबाइल फोन तक पहुंच है, उसके लक्षण या गुणों में सामान्य जनसंख्या की तुलना में अंतर हो सकता है। अतः यह सामान्य जनसंख्या का सही मायने में प्रतिनिधित्व करने लायक नहीं होते हैं। एक यादृच्छिक नमूने का चयन करना भी असंभव है, क्योंकि इंटरनेट का उपयोग करने वाले व्यक्तियों के लिए नमूनों की कोई भी रूपरेखा उपलब्ध नहीं है। इंटरनेट का उपयोग करने के लिए भी शोधार्थी को डिजिटल सर्वेक्षण के विकास के दौरान समुचित तकनीकी ज्ञान और कुशलता रखनी आवश्यक है। लेकिन यदि आपके पास आवश्यक तकनीकी विशेषज्ञता है, और आपके मार्ग में अन्य किसी भी प्रकार के अवरोध नहीं हैं, तो सामाजिक शोधों के लिए इंटरनेट का उपयोग त्वरित, कुशल तथा कम लागत वाला होता है।

बेन गोलडक्रे पर प्रयोगिक औषध का प्रभाव

Sue और Reiter (2012; 14) के अनुसार, जब हम ईमेल सर्वेक्षण के विषय में बात करते हैं, तो हमारा अर्थ यह होता है की ये सर्वेक्षण सॉफ्टवेयर के उपयोग के द्वारा सृजित किए जाते हैं, और यह सर्वेक्षण प्रतिक्रिया देने वाले व्यक्तियों के द्वारा ईमेल आमंत्रण में एक लिंक के माध्यम से देखे जाते हैं। इस प्रकार के सर्वेक्षण सबसे आम तौर पर उपयोग में लाए जाने वाले ऑनलाइन सर्वेक्षण होते हैं, क्योंकि कोई भी व्यक्ति, जो ऑनलाइन सर्वेक्षण सॉफ्टवेयर तक पहुंच रखता है, जैसे कि सर्वेमंकी, ज़ूमरेंग या इंस्टैंट सर्वे आदि, वह व्यक्ति ईमेल सर्वेक्षण का सृजन कर सकता है। ईमेल तथा इंटरनेट सर्वेक्षण के बीच में मुख्य अंतर इस बात में होता है कि किस प्रकार से एक व्यक्ति प्रतिक्रिया देने वाला व्यक्ति सर्वेक्षण प्रश्नमाला तक पहुंचता है। एक ईमेल सर्वेक्षण में यह पहुंच, ईमेल में प्रदान किए गए एक लिंक के द्वारा सुनिश्चित की जाती है, जबकि इंटरनेट सर्वेक्षण में प्रश्नमाला एक व्यक्ति वेब पृष्ठ पर या तो पृष्ठ पर कहीं पर पोस्ट किए गए लिंक के द्वारा या एक पॉप अप या क्रॉल-इन लिंक द्वारा दिखाई जाती है।

Sue और Reiter (2012: 17,18) के अनुसार स्मार्टफोन और कंप्यूटर टैबलेट के विकास के द्वारा मोबाइल सर्वेक्षण का क्षेत्र परिवर्तित हो चुका है। पहले जहाँ मोबाइल सर्वेक्षण में, प्राथमिक रूप से प्रतिक्रिया देने वाले व्यक्तियों को, क्रमानुसार एक लिखित संदेश भेजना होता था Sue और Reiter (2012:19)। आज के परिदृश्य में तकनीकी विकास के साथ ऐसे कार्यक्रम विकसित किए जा चुके हैं, जो कि आपको संपूर्ण ऑनलाइन सर्वेक्षण, स्मार्ट फोन और टैबलेट पर सर्वेक्षण करने में सक्षम बनाते हैं।

ऑनलाइन सर्वेक्षण

एक ईमेल, वेबसाइट या मोबाइल सर्वेक्षण का संचालन करने के लिए आपको एक सॉफ्टवेयर और वेब आधारित सर्वेक्षण होस्ट के द्वारा प्रदान की गई सेवा की आवश्यकता होती है (Sue और Reiter, 2012:20)। बाजार में ऐसे कई वेब आधारित सर्वेक्षण होस्ट मौजूद हैं, जो विभिन्न प्रकार के सर्वेक्षण सॉफ्टवेयर प्रदान करते हैं। अपनी परिस्थिति के अनुसार इनकी उपयुक्तता को निर्धारित करने के लिए आपको कुछ शोध करने की आवश्यकता होगी। इसके अतिरिक्त आपको समग्र रूप से इनके द्वारा सूचित उपयोग की शर्तों और नियमों को ध्यान में रखने की आवश्यकता होगी, जो कि अनुप्रयोग सेवा प्रदाता के द्वारा निर्धारित किये जाते हैं, और जिनका उपयोग आप करना चाहते हैं। इससे पहले कि आप एक ऑनलाइन अध्ययन करना शुरू करें, आपको समग्र रूप से सभी तकनीकी तथा आपूर्ति परिवहन संबंधी पहलुओं को ध्यान में रखने की आवश्यकता है। यहाँ पर बहुत कुछ सोचने को है, और आपको सलाह दी जाती है कि किसी ऑनलाइन सर्वेक्षण को करने के लिए किसी सेवा से जुड़ने से पहले विशेष तौर पर इन सर्वेक्षणों से जुड़े हुए संदर्भों को अच्छी तरीके से पढ़ लें।

क्रॉसओवर तुलनात्मक प्रयोगात्मक रूपरेखा

कुछ पेशेवरों के द्वारा नियंत्रण समूह पर उपचार ना करना अनैतिक माना जाता है। इसके अलावा, यह नियंत्रण समूह में उपस्थित कुछ व्यक्तियों के द्वारा अस्वीकार्य समझा जा सकता है, जिसके कारण वह प्रयोग से बाहर निकल सकते हैं और/या कहीं और से उपचार प्राप्त करने का प्रयास कर सकते हैं। उपरोक्त विवरण में से पहले वाला विकल्प प्रयोगात्मक मृत्यु दर को बढ़ाता है, और दूसरा विकल्प अध्ययन को खराब कर सकता है। **क्रॉसओवर तुलनात्मक प्रयोगात्मक रूपरेखा** बिना किसी समूह को उपचार उपलब्ध न कराने के विकल्प के बजाए, उनको विकल्प उपलब्ध करा कर, उपचार के प्रभाव का मापन करना संभव करती है। यद्यपि इस रूपरेखा की कुछ विशेष समस्याएँ हैं।

क्रॉसओवर रूपरेखा में, जिसे एबीएबी रूपरेखा भी कहा जाता है (ग्रोनेल, 1993:104) इसमें दो समूह बनाए जाते हैं, इनमें से एक में हस्तक्षेप को लाया जाता है, और कुछ निश्चित समय बाद हस्तक्षेप के प्रभाव का मापन किया जाता है। इसके पश्चात् हस्तक्षेप को क्रॉसओवर किया जाता है, अर्थात् कभी-कभी बारंबार अध्ययन की समय अवधि के दौरान प्रयोगात्मक समूह नियंत्रण सनूह हो जाता है, और नियंत्रण समूह प्रयोगात्मक समूह का स्थान लेता है (चित्र 8.14)। हालांकि इस रूपरेखा में, जनसंख्या समूह में प्रयोगात्मक या नियंत्रण समूह समावेशित नहीं होते, बल्कि केवल कुछ संभाग होते हैं, जिन पर प्रयोगात्मक तथा नियंत्रण प्रेक्षण संचालित किए जाते हैं।

एक मुख्य मुद्दा उपचार के असतत होने से सम्बंधित है। मुख्य प्रश्न यह है कि यदि हस्तक्षेप को प्रयोगात्मक संभागों से हटाया नहीं गया होता तो इसके द्वारा क्या प्रभाव उत्पन्न किया गया होता, अर्थात्, उपचार के समग्र प्रभाव को उपचार में निरंतरता का ना होना किस प्रकार प्रभावित करेगा।

दोहराई गई अनुप्रस्थ रूपरेखा

कार्यात्मक रूप से एक व्यक्ति केवल उन्हीं कार्यक्रमों की जाँच करता है, जो या तो पहले से ही उपस्थित होते हैं, या फिर जिनमें हस्तक्षेप के अनुसार क्लाइंट विभिन्न अवस्थाओं में होते हैं। इस प्रकार के कार्यक्रमों की प्रभावशीलता का मूल्यांकन एक परंपरागत प्रयोगात्मक रूपरेखा के अंतर्गत करना असंभव होता है, क्योंकि एक आधार रेखा की स्थापना नहीं की जा सकती। क्योंकि हस्तक्षेप पहले से ही लाया जा चुका होता है, इसका अर्थ है, किसी कार्यक्रम में अभी-अभी नियुक्त किए गए लोगों के एक समूह के चयन का सामान्य तरीका और उनका अनुसरण करना अधिक समय ले सकता है, जब तक की हस्तक्षेप पूर्ण ना हो जाए। इस प्रकार की परिस्थितियों में ऐसे क्लाइंट का चुनाव करना संभव है, जो कि आपके अध्ययन के आधार के निर्माण के लिए कार्यक्रम की विभिन्न अवस्थाओं में होते हैं' (चित्र 8.15)।

दोहराई गई अनुप्रस्थ रूपरेखा इस अनुमान पर आधारित होती है कि विभिन्न कार्यक्रम की विभिन्न अवस्थाओं में प्रतिभागी उनके सामाजिक, आर्थिक– जनसांख्यिकीय लक्षणों के आधार पर एक समान होते हैं, और जिस समस्या के लिए वह हस्तक्षेप के लिए प्रयासरत है, वे उनके आधार पर भी समान होते हैं। एक हस्तक्षेप की

चित्र 8.14 क्रॉसओवर प्रयोगात्मक रूपरेखा

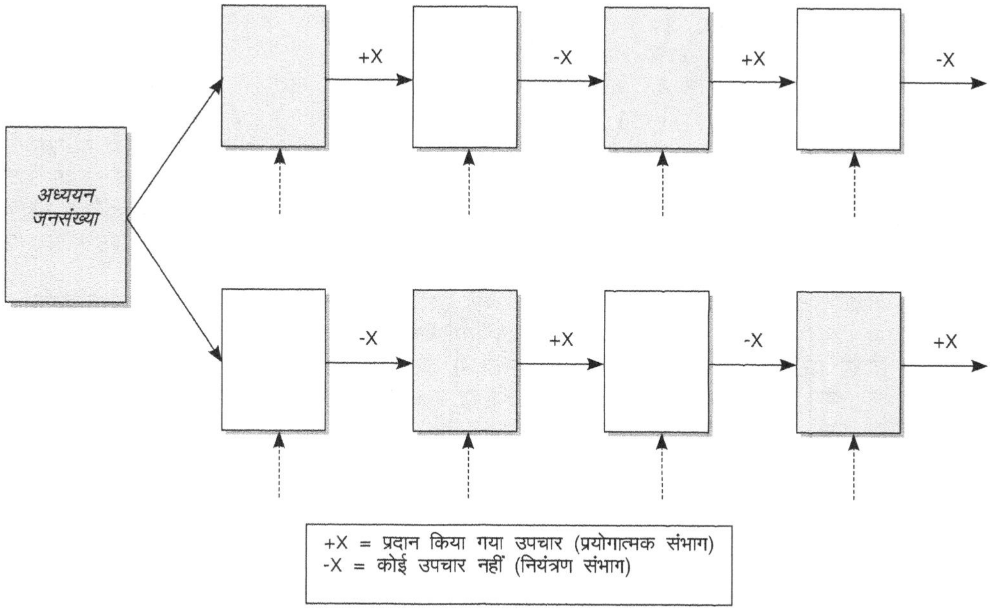

चित्र 8.15 दोहराई गई अनुप्रस्थ रूपरेखा

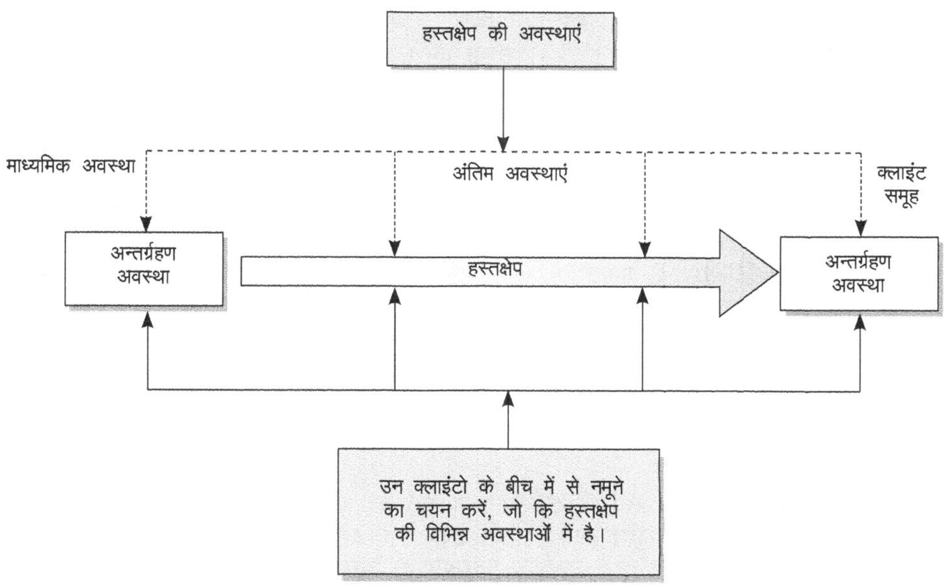

प्रभावशीलता का मूल्यांकन हस्तक्षेप की विभिन्न अवस्थाओं में क्लाइंट के एक नमूने को लेकर किया जाता है। ग्राहकों के बीच में इन्टेक और अंतिम अवस्था में निर्भर चर के बीच में अंतर को हस्तक्षेप का प्रभाव माना जाता है।

रुझान का अध्ययन

यदि किसी समय अवधि के लिए आप एक रुचि के क्षेत्र से संबंधित घटना, परिस्थिति, दृष्टिकोण या तथ्यों में परिवर्तन की रूपरेखा तैयार करना चाहते हैं तो अन्वेषण की पद्धति के रूप में रुझान अध्ययन सबसे अधिक उचित प्रकार का अध्ययन हैं। रुझान विश्लेषण आपको यह पता करने में सक्षम करता है कि एक जनसांख्यिकीय समूह में भूतकाल में क्या हुआ था, वर्तमान में क्या हो रहा है, और भविष्य में क्या होगा। अध्ययन के अंतर्गत एक घटना के सापेक्ष यह रूपरेखा भूतकाल में कई डेटा परीक्षणों के साथ वर्तमान या हाल ही के भूतकाल संबंधी घटनाओं का चयन समावेशित करती है, और फिर यह भविष्य के रुझानों के संदर्भ में कुछ निश्चित प्रकार के अनुमान लगाती है। एक प्रकार से आप भूतकाल, वर्तमानकाल तथा भविष्य के समय के विभिन्न बिंदुओं पर प्रेक्षित किए जा रहे रुझानों के विषय में अनुप्रस्थ प्रेक्षणों का संग्रहण कर रहे होते हैं। अनुप्रस्थ प्रेक्षणों से आप परिवर्तन के स्वरूप के विषय में निष्कर्ष निकालते हैं।

रुझान अध्ययन वर्तमान तथा भूत काल के रुझानों को एक बड़े चित्र के रूप में स्थापित करके पूर्वानुमान करने का एक उपयोगी तरीका है। इस प्रकार से यह नियोजन में एक मूल्यवान योगदान देता है। अध्ययन के अंतर्गत किसी घटना के रुझानों को अध्ययन जनसंख्या के अन्य लक्षणों के साथ सह-संबंधित किया जा सकता है। उदाहरण के लिए आप आयु, लिंग, आमदनी या प्रजातीयता के संदर्भ में किसी अध्ययन जनसंख्या की राजनीतिक पसंद में परिवर्तन को जाँचना चाह सकते हैं। इस रूपरेखा को पूर्वव्यापी प्रत्याशित रूपरेखा के तौर पर भी वर्गीकृत किया जा सकता है।

सामूहिक अध्ययन

सामूहिक अध्ययन एक जनसंख्या के उपसमूह के अंतर्गत कुछ सामान्य लक्षणों पर आधारित होते हैं, जैसे जन्म का वर्ष, स्नातक होने या शादी के वर्ष आदि। मान लीजिए, आप एक अकाउंटेंटो के बैच के रोजगार स्वरूप का अध्ययन करना चाहते हैं, जो वर्ष 1985 में विश्वविद्यालय से स्नातक बने या 1970 में विवाहित हुई महिलाओं की प्रजनन क्षमता संबंधी व्यवहार का अध्ययन करना चाहते हैं। अकाउंटेंटो के कैरियर पथ के अध्ययन के लिए आप उन सभी अकाउंटेंटो से संपर्क करेंगे, जिन्होंने 1985 में विश्वविद्यालय से स्नातक की उपाधि ली थी, ताकि आप उनके रोजगार संबंधी इतिहास के विषय में पता कर सकें। इसी प्रकार आप वर्ष 1970 में विवाहित हुई महिलाओं की प्रजनन क्षमता संबंधी इतिहास का अन्वेषण भी करेंगे। यह दोनों प्रकार के अध्ययन या तो एक अनुप्रस्थ या अनुदैर्ध्य रूपरेखा की भांति किए जा सकते हैं। यदि आप एक अनुप्रस्थ रूपरेखा का चयन कर रहे हैं, तो आप आवश्यक जानकारी को एक ही बार में इकट्ठा करना चाहेंगे, लेकिन यदि आप एक अनुदैर्ध्य रूपरेखा का चयन करते हैं, आप अध्ययन समय अवधि के विभिन्न बिंदुओं पर आवश्यक जानकारी संग्रहण रूपरेखा के दौरान करेंगे। इन दोनों रूप रेखाओं की अपनी शक्तियाँ तथा कमजोरियाँ हैं। अनुदैर्ध्य रूपरेखा के मामलों में यह महत्वपूर्ण नहीं है कि आवश्यक जानकारी एक समान प्रतिक्रिया देने वालों से ही इकट्ठा की जाए, यद्यपि यह महत्वपूर्ण होता है कि सभी प्रतिक्रिया देने वाले व्यक्ति, जिसका अध्ययन हो रहा हो, वे एक समूह से ही हों, अर्थात् ऊपर दिए गए उदाहरणों में प्रतिक्रिया देने वालों को या तो 1985 में स्नातक होना चाहिए, या 1970 में विवाहित होना चाहिए।

पैनल अध्ययन

पैनल अध्ययन रुझान तथा सामूहिक अध्ययनों के समान ही होते हैं। केवल एक अपवाद यह है कि अनुदैर्ध्य होने के अतिरिक्त यह प्रकृति में प्रत्याशित होते हैं, और इसमें जानकारी समान प्रतिक्रिया देने वाले व्यक्तियों से ही संग्रहित की जाती है। रुझान तथा सामूहिक अध्ययनों में अनुप्रस्थ पद्धतियों से जानकारी एकत्र की जा सकती है, और प्रेक्षण बिंदु पूर्वव्यापी ढंग से निर्मित किए जा सकते है। मान लीजिए, आप एक समुदाय में घरेलु सामानों के संदर्भ में खर्चे के स्वरूप में हुए परिवर्तन का अध्ययन करना चाहते हैं। इसे करने के लिए आप कुछ परिवारों का चयन करेंगे, ताकि आप पता कर सकें कि, मान लीजिए, वे प्रत्येक पखवाड़े में घरेलु सामानों पर कितना धन खर्च करते हैं। आप खर्चे के स्वरूप नें हुए परिवर्तन का निर्धारण करने

के लिए एक समय अवधि के भीतर समान परिवारों से समान जानकारी एकत्र करते रहेंगे। इसी प्रकार से किसी समुदाय में रुग्णता के स्वरूप का अध्ययन करने के लिए एक पैनल अध्ययन रूपरेखा भी उपयोग में लाई जा सकती है।

अंध अध्ययन

अंध अध्ययन की धारणा तुलना योग्य तथा प्लेसेबो रूपरेखाओं के संबंध में उपयोग में लाई जाती है, और यह उन अध्ययनों में लागू होती है, जो कि एक किसी दवाई या हस्तक्षेप की प्रभावशीलता के मापन के लिए तैयार किए गए हैं। एक अंध अध्ययन में अध्ययन जनसंख्या इस विषय में ज्ञान नहीं रखती कि क्या वह वास्तविक अथवा छद्म उपचार प्राप्त कर रहे हैं, या तुलनात्मक परीक्षणों के मामलों में उन्हें इस बात का ज्ञान नहीं होता कि वे कौन सा उपचार प्राप्त कर रहे हैं। एक अंध अध्ययन रूपरेखा के उपयोग करने का मुख्य उद्देश्य प्रतिभागियों को उपचारों के विषय में ज्ञान ना देकर प्लेसेबो प्रभाव को पृथक करना होता है।

दोगुना-अंध अध्ययन

दोगुना-अंध अध्ययन अंध अध्ययनों के ही समान होते हैं, लेकिन इनमे शोधार्थी से प्रयोगात्मक तथा प्लेसेबो समूहें की पहचान छुपाकर शोधार्थी के किसी विशेष दिशा में झुकाव को हटाने का प्रयास किया जाता है। अन्य शब्दों में, दोगुना-अंध अध्ययन में न तो शोधार्थी न ही अध्ययन प्रतिभागी इस विषय में जानते हैं कि कौन वास्तविक उपचार प्राप्त कर रहा है, और कौन छद्म उपचार प्राप्त कर रहा है, या वह कौन सा उपचार प्राप्त कर रहे हैं।

गुणात्मक शोध में अध्ययन रूपरेखा

यह अनुभाग गुणात्मक शोध में साधारण तौर पर कुछ रूपरेखाओं का एक संक्षिप्त विवरण देता है। लेखक परिमाणात्मक तथा गुणात्मक रूपरेखा को पृथक करना पसंद नहीं करेंगे, लेकिन ऐसा इस कारण से किया गया है ताकि शोध में एक नए आए व्यक्ति को इसकी बेहतर समझ मिले। यह अपने दिमाग में रखें, क्योंकि यह कई बार दोहराया जा चुका है, कि कई गुणात्मक अध्ययन रूपरेखाएँ परिमाणात्मक शोध अध्ययनों में बहुत ही प्रचुर मात्रा में उपयोग में लायी जाती हैं। इनकी गहरी समझ के लिए आपको गुणात्मक अध्ययनों पर कुछ किताबों को पढने की सलाह दी जाती है।

केस अध्ययन

केस अध्ययन, हालांकि, एक मुख्य रूप से गुणात्मक अध्ययन रूपरेखा है, लेकिन यह परिमाणात्मक शोध में भी वृहद तौर पर प्रचलित है। एक केस का अर्थ एक व्यक्ति, किसी समूह, एक समुदाय, एक घटना, एक प्रकरण, एक घटना या जनसंख्या के एक उपसमूह एक शहर अथवा नगर आदि से हो सकता है। एक केस अध्ययन के रूप में माने जाने के लिए यह महत्वपूर्ण है कि यह केस अध्ययन कुल अध्ययन जनसंख्या को एक ही इकाई के रूप में व्यवहार में लाएँ।

केस अध्ययन रूपरेखा में जिस केस का चयन आप करते हैं, वह एक समग्र, सकल तथा सघन पहलुओं के अन्वेषण का आधार बन जाता है, जिनको आप पता करना चाहते हैं। यह एक तरीका है जिसमें एक विशेष घटना या कुछ सावधानी पूर्वक चयनित केसों को अत्यधिक गहनता से अध्ययन के अंतर्गत लाया जाता है (Gilbert, 2008:36)। Burns (1997:364) के अनुसार, एक केस स्टडी के रूप में कसौटी पर खरे साबित होने के लिए इसको एक बद्ध प्रणाली वाला होना चाहिए, जो कि स्वयं में ही एक निकाय हो। एक केस अध्ययन को एक बद्ध विषय/ इकाई, जो कि विषय वस्तु का अत्यधिक सटीकता से प्रतिनिधित्व करती हो या अत्यंत वास्तविक हो, पर अपनी एकाग्रता सुनिश्चित करनी चाहिए। Grinel (1981:302) के

सामूहिक अध्ययन

अनुसार एक केस अध्ययन डेटा संग्रहण और विश्लेषण की अत्यधिक ल्चीली और खुली तकनीक के गुणों से पहचाना जाता है।

केस अध्ययन रूपरेखा इस अनुमान पर आधारित होती है, कि अध्ययन के अंतर्गत लाया गया केस, एक निश्चित प्रकार के आदर्श का है, और, अतः, एक केस किसी समूह से सम्बंधित घटनाओं और परिस्थितियों के विषय में संपूर्ण अंतर्दृष्टि प्रदान करने का कार्य करता है। Burns (1997:365) के अनुसार, 'केस अध्ययन में ध्यान का केंद्र केस की विशेष जटिलता में केंद्रित होता है, न कि उस जनसंख्या समूह से जुड़े सभी प्रकार के केसों पर'। अतः एक केस का चुनाव करते समय आप अधिकतर उद्देश्यात्मक, आलोचनात्मक या जानकारी अभिविन्यास वाले नमूने लेने की तकनीकों का उपयोग करते है।

यह उन जगहों पर बेहद उपयोगी रूपरेखा है, जहाँ पर आप एक ऐसे क्षेत्र में अन्वेषण करना चाहते हैं, जिसके विषय में बहुत कम ज्ञान है, जहाँ पर आप एक घटना, परिस्थिति, प्रकरण, साइट, समूह या समुदाय के विषय में एक समग्र समझ विकसित करना चाहते हैं। Gilbert के अनुसार (2008:36), केस अध्ययन रूपरेखा का लाभ यह है कि संभाव्यता की सीमा से परे इसमें एक शोध अत्यधिक विस्तृत हो सकता है, जबकि एक बहुत बड़े नमूने का अध्ययन किया जा रहा हो। लेकिन इसके साथ ही साथ एक हानि यह है कि यह अत्यधिक कठिन है, और इससे प्राप्त परिणामों को साधारण तौर पर विभिन्न परिस्थितियों में लागू करना अक्सर अत्यधिक कठिन या असंभव समझा जाता है। यह रूपरेखा तब अत्यधिक प्रासंगिक साबित होती है, जब किसी अध्ययन का उद्देश्य उस विषय की पुष्टि करने या उसका परिमाणात्मक निर्धारण करने के बजाय अत्यंत गहनता से अन्वेषण करना और समझ को विकसित करने का होता है। यह रूपरेखा केसों, प्रक्रियाओं और वार्तालाप संबंधी गतिशील निकायों का एक सिंहावलोकन तथा उनके विषय में गहन समझ प्रदान करता है, जो एक अध्ययन की इकाई के अंतर्गत आते हैं। लेकिन यह अध्ययन किए गए केस के समान अन्य केसों के अतिरिक्त सभी प्रकार के अन्य केसों के विषय में सार्वत्रिकता से लागू होने का दावा नहीं करता।

इस रूपरेखा में आप एक यादृच्छिक नमूने के चयन न करने का प्रयास करते हैं, बल्कि आप उसी केस का चयन करते हैं, जो कि जितना अधिक संभव हो सके, केस से सम्बंधित समग्र समझ को विकसित करने के लिए उतनी जानकारी प्रदान कर सके। जब एक प्रकरण अथवा घटन का अध्ययन कर रहे हों, तो आप सभी उपलब्ध स्त्रोतों से जानकारीओं को एकत्र करने का प्रयास, इनको संपूर्णता से समझने के लिए करते हैं। यदि आपके अध्ययन का केंद्र, एक समूह अथवा समुदाय है, तो आप इसके सदस्यों के साथ पर्याप्त मात्रा में समय बिताना चाहिए, ताकि आप उनके विषय में किसी भी प्रकार की जानकारी एकत्र करने से पहले उनके साथ एक बहुत अच्छा और मित्रवत व्यवहार बना सकें।

यद्यपि आप एकल विधि का उपयोग कर सकते हैं, लेकिन गहनता से साक्षात्कार, डेटा के संग्रहण के लिए कई प्रकार की विधियों का उपयोग, जैसे कि द्वितीयक अभिलेखों से जानकारी प्राप्त करना, परीक्षणों से डेटा का संग्रहण, फोकस समूह तथा समूहों के साक्षात्कार के द्वारा जानकारी का संग्रहण करना, एक केस अध्ययन के महत्वपूर्ण पहलुओं में से कुछ पहलू हैं। हालांकि, यह महत्वपूर्ण है कि विश्लेषण के समय आप केस को एक एकल सत्ता के रूप में मानते रहें।

मौखिक इतिहास

मौखिक इतिहास को अध्ययन रूपरेखा के बजाए एक डेटा एकत्रीकरण की पद्धति अधिक माना जाता है। हालांकि, गुणात्मक शोधों में यह अनुभूतियों, अनुभवों, घटनाओं के वृतांतो व्यक्तियों द्वारा देखे गए ऐतिहासिक ज्ञान आदि के अध्ययन की एक पद्धति बन चुके हैं। यह किसी विषय वस्तु के संपूर्ण परिदृश्य का किसी व्यक्ति के शब्दों में वर्णन है। मौखिक इतिहास, ऐतिहासिक तथा वर्तमान जानकारी, व्यक्तिगत अनुभवों तथा अध्ययन समूह या इकाइयों के सदस्यों के मतों के आधार पर मतों प्राप्त करने, रिकॉर्ड करने, प्रस्तुत करने तथा उनसे अर्थ निकालने की प्रक्रिया कहलाती है। यह मत और अनुभव प्रत्यक्ष गवाहों के द्वारा उपलब्ध प्रमाण या अन्य स्त्रोतों से प्राप्त जानकारी जैसे कि वृद्ध जनों, पूर्वजों, सांस्कृतिक मान्यताओं और कहानियों के माध्यम से समय के एक बिंदु से दूसरे बिंदु तक यात्रा करती हैं। Richie के अनुसार (2003:19) मौखिक इतिहास के केंद्र भाग में याददाश्त होती है, जिससे अर्थ निचोड़ा और संरक्षित किया जा सकता है। यदि सामान्य

तौर पर कहा जाए, तो मौखिक इतिहास ऐतिहासिक महत्ता वाले याददाश्त आधारित वृतांत और व्यक्तिगत कमेंट्री को रिकॉर्ड किए गए साक्षात्कार के द्वारा संग्रहित करती है। Burns (1997:368) के अनुसार, यह अधिकतर 'प्रथम पुरुष वृतांत' होते हैं, जिन्हें शोधार्थी एक व्यक्ति के गहन साक्षात्कार की पद्धति का उपयोग करके एकत्र करता है। रूपरेखा के संदर्भ में, यह बहुत सामान्य प्रकार के होते हैं, आप सबसे पहले इस विषय में निर्णय लेते हैं कि आप किस प्रकार के वृत्तांत, अनुभव, अनुभूति या ऐतिहासिक घटना के विषय में पता करना चाहते हैं। उसके बाद आपको व्यक्तियों या स्त्रोतों को पहचानने की आवश्यकता होती है। यह एक जोखिम वाली तथा अत्यधिक समय लेने वाली प्रक्रिया हो सकती है, जो कि आपको आवश्यक जानकारी प्रदान करने में सबसे अधिक उपयुक्त साबित हो सकती है। उसके बाद इनके विश्लेषण तथा अर्थ ज्ञात करने के लिए उनसे जानकारी का संग्रहण करते हैं।

केस अध्ययन

फोकस समूह/सामूहिक साक्षात्कार

गुणात्मक शोध में **फोकस समूह** रणनीति का एक प्रकार होते हैं, जिनमें दृष्टिकोण मतों या अनुभूतियों को किसी मुद्दे उत्पाद सेवा या कार्यक्रम आदि के विषय में जानकारी की खोज किसी समूह के सदस्य के बीच में आयोजित एक स्वतंत्र तथा खुले विवेचन के द्वारा की जाती है। फोकस समूह और सामुहिक साक्षात्कार 'प्रदत्त' सामूहिक विवेचन होते हैं, जिनमें एक शोध करने वाला व्यक्ति कुछ मुद्दों को उठाता है, और प्रश्नों को पूछता है, जो कि समूह के सदस्यों के बीच में एक चर्चा को जन्म देते हैं। इसकी कम लागत के कारण, यह लगभग प्रत्येक पेशेवर क्षेत्र या शैक्षणिक क्षेत्र में जानकारी प्राप्त करने का एक लोकप्रिय तरीका बन चुका है। सामाजिक राजनीतिक तथा व्यवहारिक वैज्ञानिक बाजार शोध, उत्पाद परीक्षण एजेंसी तथा अर्बन और शहरी नियोजन विशेषज्ञ विभिन्न परिस्थितियों के लिए अक्सर इस रूपरेखा का उपयोग करते हैं। उदाहरण के लिए बाजार शोधों में यह रुपरेखा विस्तृत तौर पर ग्राहकों के उत्पादों के संबंध में तथा उत्पाद की गुणवत्ता के विषय में, इसकी स्वीकार्यता और तथा गुणवत्ता को कैसे सुधारा जाए और इस प्रकार से उत्पाद की बिक्री कैसे बढ़ाई जाए इत्यादि के सम्बन्ध में उपयोग में लाई जाती है। फोकस समूह रचनात्मक तथा योगात्मक मूल्यांकन में भी अत्यधिक प्रचलित होते हैं, और इनका प्रयोग सामाजिक कार्यक्रमों तथा सेवाओं के विकास के लिए भी किया जाता है। यह सामाजिक तथा शहरी नियोजन में एक महत्वपूर्ण उपकरण के तौर पर मुद्दों, विकल्पों, विकास की रणनीतियों और भविष्य की योजनाओं तथा विकास संबंधित दिशाओं का ज्ञान करने के लिए उपयोग में लाये जाते हैं। रूपरेखा के तौर पर यह बेहद सरल होता है, एक विद्यार्थी के रूप में आप कुछ लोगों के एक समूह का चयन करते हैं, जिनके विषय में आप सोचते हैं कि आप को जो खोजना है उस विषय की चर्चा करने में यह सर्वाधिक सक्षम हैं। इस समूह में अत्यधिक उच्च प्रशिक्षित पेशेवरों या समुदाय में रहने वाले औसत व्यक्ति आदि हो सकते हैं, और यह चयन पूर्ण रूप से फोकस समूह के उद्देश्यों पर निर्भर करता है। फोकस समूह के निर्माण में समूह का आकार एक महत्वपूर्ण ध्यान में रखने योग्य बात है, इसको न तो बहुत ही बड़ा होना चाहिए, न ही बहुत छोटा क्योंकि यह चर्चा के स्तर तथा उसकी महत्ता, गुणवत्ता को नकारात्मक ढंग से प्रभावित करता है। लगभग 8 से 10 लोग इष्टतम माने जाते हैं। आपको सावधानीपूर्वक इन मुद्दों को पहचानने की आवश्यकता है, और अतिरिक्त प्रासंगिक मुद्दों को उभरने देने की प्रत्येक अवसर उपलब्ध कराने की भी आवश्यकता है। आपको समूह से सलाह लेकर चर्चा को रिकॉर्ड करने की विधि पर निर्णय लेना होता है। इसमें अत्यधिक सामान्य विषय जैसे कि समय सीमाओं को निर्धारित करना, जब समूह मिल सकें और कुछ अन्य अधिक जटिल विषय वस्तुएँ जैसे कि 'सहमति पर कैसे पहुंचे', यदि समूह में असहमति बन रही हो, आदि शामिल हैं। आप इन चर्चाओं को रिकॉर्ड करते हैं, और यह रिकॉर्डिंग आपके द्वारा पता की जाने वाले विषयों और निष्कर्षों के विश्लेषण का आधार बन जाता है। एक फोकस समूह और सामूहिक साक्षात्कार के बीच में मुख्य अंतर चर्चा में लाए जाने वाले मुद्दों के सापेक्ष विशिष्टताओं के स्तर को लेकर होता है। फोकस समूह में चर्चा में लाए गए मुद्दे सामूहिक साक्षात्कार की अपेक्षा अधिक विशिष्ट तथा एकाग्र प्रकार के होते हैं, और वृहद स्तर पर इनको शोधार्थी के द्वारा पूर्व निर्धारित किया जाता है। एक सामूहिक साक्षात्कार में समूह के सदस्यों को वह चर्चा करने देते हैं, जिसकी वह इच्छा करते हैं। हालाँकि, एक शोधार्थी के रूप में आप की भूमिका उनको उस विषय वस्तु से जोड़े रखने की है, जो कि आपकी रुचि का है और जो समूह के द्वारा महत्वपूर्ण विषय के तौर पर पहचाना गया है। अन्य रूपरेखाओं

से तुलना करने पर देखा जाये तो यह कम लागत और समय में पूर्ण हो जाने वाली रूपरेखा है। इस माध्यम से उत्पन्न हुई जानकारी विस्तृत तौर पर समझी जा सकती हैं, और ज्ञान के भंडार को विभिन्न वृहद् मुद्दों के अन्वेषण के लिए उपयोग में लाया जा सकता है। हालांकि, इसमें निहित एक हानि यह है कि यदि चर्चा को सावधानीपूर्वक निर्देशित नहीं किया गया, तो यह अध्ययन उन लोगों के मतों को अधिक प्रभुता से प्रतिबिंबित करता है, जो कि समूह में अपना प्रभुत्व स्थापित करने की प्रवृति रखते हैं। यह रूपरेखा विभिन्न मुद्दों के संबंध में विविधता भरे मतों के खोजे जाने का एक बेहद उपयोगी तरीका है, लेकिन यह आपको तब सहायता नहीं करेगा, जब आप इस विविधता के स्तर या परिमाणों का पता करना चाहते हों।

प्रतिभागी प्रेक्षण

मौखिक इतिहास

प्रतिभागी प्रेक्षण गुणात्मक अध्ययनों में सामाजिक वार्तालाप या किसी घटना के संबंध में जानकारी एकत्रित करने की एक अन्य रणनीति है, इसे अधिकतर समूहों के सदस्यों के साथ एक निकटता पूर्ण वार्तालाप की परिस्थिति का विकास करके या उस स्थिति में रहकर किया जाता है, जिसका अध्ययन किया जा रहा हो। यद्यपि, मुख्यतया यह एकमात्र गुणात्मक शोध रूपरेखा है, लेकिन इसका उपयोग परिमाणात्मक शोध में भी किया जाता है, जो कि इस बात पर निर्भर करता है कि जानकारी किस प्रकार से उत्पन्न की गई है, और रिकॉर्ड की गई है। गुणात्मक शोध में एक प्रेक्षण को सदैव वर्णनात्मक फॉर्मेट में रिकॉर्ड किया जाता है जबकि परिमाणात्मक शोध में या तो इसको श्रेणियों के रूप में या फिर किसी पैमाने पर रिकॉर्ड किया जाता है। यह उपरोक्त दोनों विधियों का संयोजन भी हो सकता है, जिसमें कुछ वर्गीकरण और कुछ वर्णन या वर्गीकरण के साथ एक विस्तृत व्याख्या उपस्थित रहती है। आप एक वर्णनात्मक रिकॉर्डिंग को श्रेणी गत रिकॉर्डिंग में भी बदल सकते हैं, और ऐसा आप विश्लेषण और वर्गीकरण के द्वारा करते हैं। इसके अतिरिक्त, प्रेक्षण के ही अतिरिक्त जहाँ पर आप एक प्रेक्षक की भांति जानकारी को उत्पन्न करते हैं, जानकारी अन्य विधियों जैसे की अनौपचारिक साक्षात्कार लेना, गहन साक्षात्कार लेना, सामूहिक विवेचन, भूअभिलेख तथा मौखिक इतिहास के द्वारा भी एकत्र की जा सकती है। विभिन्न विधियों के उपयोग करने से प्रतिभागी परीक्षण के द्वारा एकत्रित जानकारी की प्रचुरता में वृद्धि होती है। एक रूपरेखा के तौर पर, यह एक बेहद सरल रूपरेखा है। एक शोधार्थी के रूप में आप किसी समूह की गतिविधियों में शामिल हो जाते हैं, समूह के सदस्यों के साथ एक मित्रवत संबंध का सृजन करते हैं, और फिर उनकी सहमति प्राप्त कर लेने के बाद उत्सुकता से स्थितियों, वार्तालाप, साइट और घटनाओं आदि का प्रेक्षण करते हैं। आप इस फॉर्मेट में विस्तृत नोट तैयार कर सकते हैं, उन सभी बातों की विस्तृत नोट तैयार कर सकते हैं जो कि आपने प्रेक्षित की हैं, और जो आप के लिए और आपकी परिस्थितियों में सबसे अधिक उपयुक्त हों। आप यदि आवश्यकता हो तो डेटा एकत्र करने की अन्य विधियों का उपयोग करके भी जानकारी को एकत्र कर सकते हैं। आप अपने परीक्षणों के रिकॉर्ड तथा अन्य विधियों के द्वारा एकत्र डेटा का विश्लेषण इनसे निहितार्थ तथा निष्कर्ष निकालने हेतु करते हैं।

प्रतिभागी प्रेक्षण का मुख्य लाभ यह है कि आप एक समूह के साथ या किसी घटना में पर्याप्त समय बिताते हैं। और आपको अत्यधिक गहन, प्रचुर तथा अत्यधिक सटीक जानकारी प्राप्त होती है। लेकिन मुख्य हानि यह है कि यदि आप अत्यधिक सावधान ना रहें तो आप स्वयं के द्वारा उत्पन्न कुछ किसी विशेष दिशा में झुकाव की स्थिति उत्पन्न कर सकते हैं।

फोकस समूह

समग्र शोध

समग्र शोध विधि भी एक अध्ययन रूपरेखा के बजाय एक दर्शन की तरह अधिक समझी और मानी जाती है। यह रूपरेखा इस दर्शन पर आधारित है कि हमारे जीवन में बहुसंख्यक कारक आपस में परस्पर कार्य करते हैं। हम किसी भी घटना को एक या दो दृष्टिकोणों के माध्यम से नहीं समझ सकते हैं। किसी परिस्थिति या घटना को समझने के लिए आपको इसकी संपूर्णता से अर्थात् इसके प्रत्येक दृष्टिकोण को समग्र रूप से सम्मिलित करते हुए देखने की आवश्यकता है। आप जब किसी स्थिति को विभिन्न दृष्टिकोणों से खोजना चाहें, तो आप किसी भी रूपरेखा का उपयोग कर सकते हैं, और बहुसंख्यक विधियों का उपयोग प्रचुर मात्रा में होता है तथा इच्छित होता है।

सामुदायिक चर्चा फोरम

सामुदायिक चर्चा फोरम किसी समुदाय से संबंधित मुद्दों तथा समस्याओं के संबंध में उस समुदाय के सदस्यों के मतों दृष्टिकोणों और या विचारों का पता करने के लिए निर्माण किए जाते हैं। किसी समुदाय के सदस्यों के संबंध में मुद्दों के विषय में निर्णय लेने के लिए सामुदायिक भागीदारी को सुनिश्चित करने हेतु, यह एक बहुत ही लोकप्रिय तरीका है। इस प्रकार के फोरम एक समुदाय के लिए शहरी नियोजन विकल्पों के विकास और सामुदायिक स्वास्थ्य कार्यक्रमों, सामुदायिक यातायात प्रबंधन के संबंध में मुद्दों को हल करने के लिए, समुदाय के सदस्यों की भागीदारी को सुनिश्चित करने हेतु, ढांचागत विकास और क्षेत्र के लिए भविष्य की दिशाओं के निर्धारण और नए उठाए गए कदमों के विषय में समुदायों को जानकारी देने के लिए के लिए उपयोग में लाए जाते हैं।

सामुदायिक फोरम सामूहिक विवेचन के समान ही होते हैं, लेकिन यह एक बड़े पैमाने पर अर्थात् भागीदार प्रतिभागियों की संख्या के आधार पर बड़े स्तर पर किए जाते हैं। इसके अतिरिक्त, सामूहिक विवेचन में प्रतिभागियों का चयन कर सकते हैं, लेकिन सामुदायिक फोरम में प्रतिभागियों का स्वयं पर आधारित चयन होता है, क्योंकि यह मुद्दों और हितों में रुचि रखने वाले प्रत्येक व्यक्ति के लिए खुले रहते हैं। एक शोधार्थी के रूप में आप एक स्थानीय समुदाय के रहने वाले व्यक्तियों को इस प्रकार के फोरम के गठन की जानकारी देने के लिए अधिकतर स्थानीय मीडिया का उपयोग करते हैं। यह रूपरेखा मुद्दों और संबंधित विषयों के प्रसार के विषय में जानकारियाँ हासिल करने के लिए एक उपयोगी तरीका है। सामुदायिक स्तर पर यह कम लागत वाला और बेहद त्वरित गति वाला तरीका है, लेकिन इससे जुड़ी हुई कुछ हानियाँ भी हैं। उदाहरण के लिए यह संभव है कि कुछ अनैतिक लोग एक फोरम में हो रहे विवेचन में प्रभुत्व स्थापित कर इसकी दिशा बदल दें और यह भी समान प्रकार से संभव है कि कुछ अवसरों पर इन फोरम में बहुत ही कम उपस्थिति हो। इस प्रकार की परिस्थितियाँ समुदाय के वास्तविक दृष्टिकोण को प्रतिबिंबित करने में बाधक सिद्ध होती हैं।

विचारात्मक जर्नल लॉग

आधारभूत ढंग से इस रूपरेखा में एक शोधार्थी के रूप में आप जब भी कोई भी विषय नोट करें किसी से बात करें, किसी गतिविधि में हिस्सेदारी लें या किसी ऐसी विषय वस्तु का परीक्षण करें, जो कि आपको उस विषय को समझने में मदद करती है, जिसको आप समझना चाहते हैं, और जो आपकी इच्छित विषय वस्तु का ज्ञान अर्जित करने में सहायता कर रही हो, तब इन सभी बातों को एक विचारात्मक जर्नल लॉग में दर्ज करके रखें। यह विचारात्मक रिकॉर्ड इसके पश्चात् आप के द्वारा पाए गए परिणामों तथा निष्कर्षों के आधार के रूप में कार्य करते हैं। आप एक विचारात्मक जर्नल का उपयोग केवल डेटा एकत्रीकरण की विधि के तौर पर भी कर सकते हैं, या फिर इसको अन्य विधियों जैसे कि साक्षात्कार लेना, सामूहिक साक्षात्कार या द्वितीयक स्त्रोतों आदि के संयोजन के साथ भी उपयोग में लाया जा सकता है।

सहभागी निरीक्षण

सामान्य तौर पर उपयोग में लाई जाने वाली दर्शन से संचालित अन्य प्रकार की रूपरेखाएँ

शोध के लिए कई प्रकार की अन्य विधियाँ हैं, जिन्होंने शोध साहित्य में विशेष स्थान प्राप्त किया है। हालांकि, यह स्वयमेव में एक रूपरेखा नहीं होती हैं, लेकिन यह सामाजिक शोध में एक विशेष दर्शन संबंधी दृष्टिकोण के साथ आगे बढ़ती है, यह हैं; क्रिया शोध, नारीवादी शोध, प्रतिभागी शोध, सहयोगात्मक अनुसन्धान। यदि कड़ाई से इस विषय में बात की जाए तो इनके किसी न किसी संभाग के रूप में या तो परिमाणात्मक अथवा गुणात्मक शोध प्रक्रियाओं का कुछ न कुछ पुट रहता है। यद्यपि इनको मुख्यतया गुणात्मक रूपरेखाओं के अंतर्गत ही समझा जाता है, इनके प्राधान्य और किसी विशेष उदाहरण में इनके संभावित उपयोग के कारण ही इनको एक पृथक श्रेणी में रखने की आवश्यकता जन्म लेती है। यह रूपरेखाएँ पद्धतियों पर आधारित होने के बजाय दर्शन पर अधिक आधारित होती है। उदाहरण के लिए क्रिया शोध इस प्रकार के एक दर्शन के

द्वारा संचालित होता है, कि शोध का किसी न किसी भाग का अनुसरण किसी समुचित क्रिया के द्वारा होना चाहिए, ताकि जीवन या सेवा में सुधार की उपलब्धि की जा सके। नारीवादी शोध जिस दर्शन से प्रभावित रहता है, वह सामाजिक विज्ञान शोध में पुरुष की ओर झुकाव वाले निष्कर्षों के प्राधान्य का विरोध करता है तथा इनको चुनौती देता है, और यह विश्वास करता प्रतीत होता है कि महिलाओं के विषय से जुड़े मुद्दों के विषय में किए जाने वाले शोध सर्वोत्तम ढंग से केवल महिलाओं द्वारा ही समझे और कार्यान्वित किये जा सकते हैं, और इन पर महिलाओं के द्वारा ही सर्वोत्कृष्ट शोध किए जा सकते हैं। प्रतिभागी शोध तथा सहयोगात्मक अनुसन्धानों के लिए शोध की प्रक्रिया में शोध प्रतिभागियों या समुदाय का सम्मिलित होना, एक अंतर्निहित दर्शन समझा जाता है। इन सभी रूपरेखाओं का एक महत्वपूर्ण पहलू यह है कि यह शोध प्रक्रिया में शोध के प्रतिभागियों को सम्मिलित करने का प्रयास करते हैं। शोध के परिणामों को इसके बाद कुछ निश्चित मुद्दों और समस्याओं के सापेक्ष वर्तमान स्थितियों को बताने के लिए उपयोग में लाया जाता है, और इनका सामना करने के लिए रणनीति के विकास हेतु एक मजबूत आधार का निर्माण करने में इनसे सहायता ली जाती है।

क्रिया (क्रियात्मक) शोध

जैसा कि नाम से ही पता चलता है, इस शोध के दो घटक होते हैं; क्रिया तथा शोध (चित्र 8.16)। शोध क्रिया के लिए एक उपकरण की भांति होता है, जो या तो आपकी क्रियाविधि में सुधार करने के लिए होता है या किसी समस्या या मुद्दे का हल निकालने हेतु कोई कार्यवाही करना होता है। चूँकि क्रिया शोध कोई क्रिया करने की इच्छा के मार्गदर्शन के तहत कार्य करता है, अतः सही मायने में कहा जाए, तो यह स्वयमेव एक रूपरेखा नहीं है। अधिकतर क्रिया शोध किसी सेवा की गुणवत्ता में सुधार करने से संबंधित होता है।

इसका कार्यान्वयन संबंधित क्षेत्रों की पहचान, विकल्पों के विकास और उनको प्रेक्षित करने हेतु और नई विधियों के साथ प्रयोग करने हेतु किया गया है।

नेटनोग्राफी क्या है?

क्रिया शोध दो प्रकार की परंपराओं का अनुसरण करती हुई प्रतीत होती है, ब्रिटिश परंपरा क्रिया शोध को सुधार तथा अभ्यासों की प्रगति के रूप में देखने की प्रवृत्ति रखती है (Carr और Kemmis, 1986), जबकि अमेरिकन परंपरा में इसका उद्देश्य एक व्यवस्थित डेटा संग्रहण होता है, जो कि सामाजिक परिवर्तन के लिए आधार प्रदान करता है (Bogdan और Biklen 1992)।

चित्र 8.16 क्रिया शोध रूपरेखा

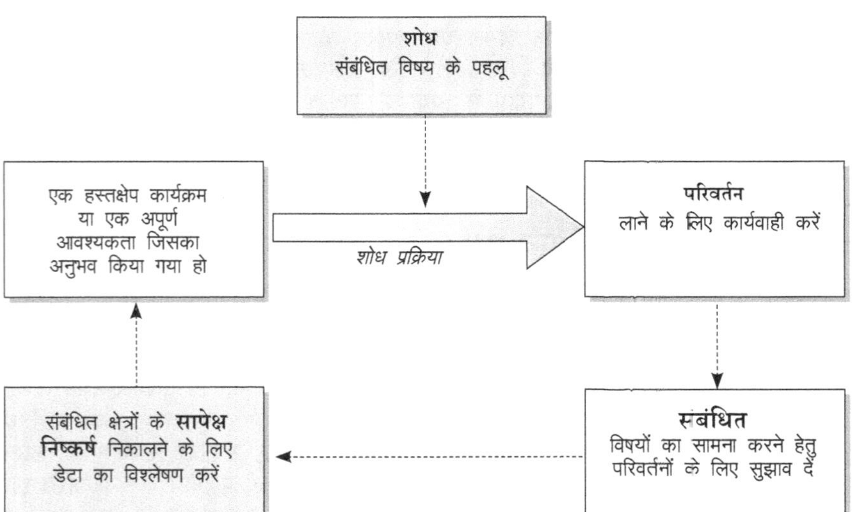

क्रिया शोध प्रतिभागी शोध तथा सहयोगात्मक अनुसन्धान के साथ कुछ समानताएँ स्थापित करते हुए, सामुदायिक विकास के दर्शन पर आधारित है, जो कि इसमें समुदाय के सदस्यों के सम्मिलित होने का प्रावधान सुनिश्चित करती है। इन तीनों विधियों के दो मुख्य लक्षण हैं, समुदाय की समस्या के पहचाने जाने से समस्या के हल करने तक की संपूर्ण प्रक्रिया में समुदाय की भागीदारी तथा उसका समावेशन करना है। डेटा का संग्रहण एक शोध प्रक्रिया के द्वारा किया जाता है, जो कि या तो परिमाणात्मक, गुणात्मक और या मिश्रित प्रकार का हो सकता है, और परिवर्तनों की उपलब्धि क्रियाओं के द्वारा की जाती है। ये क्रियाएँ या तो किसी संस्थान के अधिकारी द्वारा की जाती हैं, या क्रिया शोध के मामले में समुदाय के द्वारा स्वयं की जाती है, या प्रतिभागी शोध के मामलों में समुदाय के सदस्यों द्वारा सहयोगात्मक क्रिया की जाती है। क्रिया शोध के दो मुख्य केंद्रित बिंदु हैं।

1. एक वर्तमान कार्यक्रम या हस्तक्षेप का अध्ययन, जो वर्धित प्रभावोत्पादकता और/ या कुशलता में संभावित सुधार के क्षेत्रों को पहचानने के लिए किया जाता है। इसके निष्कर्ष इन परिवर्तनों को लाने के आधार बन जाते हैं।
2. एक पेशेवर व्यक्ति समुदाय या क्लाइंट समूह के बीच में किसी नजरअंदाज की गई समस्या या अनपेक्षित मुद्दे की पहचान करता है, और नई सेवा या हस्तक्षेप के लाए जाने का औचित्य साबित करने के लिए शोध प्रमाणों को इकट्ठा किया जाता है। शोध तकनीकें समस्या की प्रचुरता या किसी मुद्दे की महत्ता को स्थापित करने का कार्य करती हैं, ताकि इनका सामना करने के लिए समुचित क्रियाएँ की जा सके।

नारीवादी शोध

नारीवादी शोध को एक नारीवादी सिद्धांत दर्शन आधार के रूप में समझा जा सकता है, जो कि सभी प्रकार की जांचों और नारीवादी हितों को आधार प्रदान करता है और एक मार्गदर्शक ढांचें के रूप में कार्य करता है। नारीवादी शोध, परंपरागत शोधों से तीन प्रकार से अंतर रखता है:

1. इसका मुख्य केंद्रबिंदु नारियों के अनुभव तथा उनके दृष्टिकोण से संबंधित है, यह उन शोध प्रक्रियाओं का उपयोग करता है, जिनका उद्देश्य इन विषयों का अन्वेषण करना है।
2. यह सक्रिय रूप से शोधार्थी तथा प्रतिक्रिया देने वाले व्यक्तियों के बीच में शक्ति के असंतुलन को कम करने या उसे पूर्ण रूप से हटाने का प्रयास करता है।
3. नारीवादी शोध का उद्देश्य पुरुष तथा महिलाओं के बीच में सामाजिक असमानता की स्थिति में परिवर्तन लाना है। वस्तुतः नारीवादी शोध को लैंगिक समानता के क्षेत्र में एक क्रिया शोध की तरह वर्गीकृत किया जा सकता है, जो कि महिलाओं से संबंधित मुद्दों और उनके हितों के संदर्भ में जागरूकता के सृजन हेतु शोध तकनीकों का उपयोग करती हैं, और इसके अतिरिक्त यह उन क्रियाओं को बढ़ावा देती हैं, जो कि लिंगों के बीच में समानता को प्रोत्साहन देते हैं।

क्रिया-शोध

नारीवादी शोध में कोई भी अध्ययन रूपरेखा उपयोग में लाई जा सकती है।

प्रतिभागी शोध और सहयोगात्मक शोध

जैसा कि पहले भी वर्णन किया गया है, लेखक के अनुसार ये वास्तव में रूपरेखाएं नहीं होती, अपितु दर्शन दृष्टिकोण का अर्थ रखती है, जो शोध की प्रक्रिया में शोध में भागीदारी करने वाले व्यक्तियों के सक्रिय जुड़ाव की वकालत करती है। **प्रतिभागी शोध** तथा **सहयोगात्मक शोध** दोनों ही शोधार्थी तथा शोध के प्रतिभागियों के बीच में बनी खाई को कम से कम करने के सिद्धांत पर आधारित है, जिसमें समुदाय के बढ़-चढ़ कर हिस्सा लेने और समावेशन पर जोर दिया जाता है, ताकि उनकी आवश्यकताओं के अनुसार शोध के परिणामों की प्रासंगिकता को अधिक से अधिक किया जा सके। यह माना जाता है कि इस प्रकार का जुड़ाव समुदाय द्वारा शोध के परिणामों को स्वीकार करने की संभाव्यता को बढ़ा देगा और यदि आवश्यकता हो तो इसके

सामने अवरोधों के रूप में उपस्थित समस्याओं तथा मुद्दों को हल करने से संबंधित उनकी इच्छा तथा जुड़ाव के स्तर को भी बढ़ाएगा। आप एक परिमाणात्मक अथवा गुणात्मक अध्ययन को इन पहलुओं के आधार पर कार्यान्वित कर सकते हैं, लेकिन मुख्य तौर पर आपका जोर लोगों के अधिक से अधिक आपके साथ जुड़ने, सहयोग करने तथा शोध की प्रक्रिया में भागीदारी करने पर होना चाहिए। एक प्रकार से यह रूपरेखाएँ सामुदायिक विकास मॉडल पर आधारित होती हैं, जिनमें एक समुदाय का अधिक से अधिक जुड़ना, सलाह की प्रक्रिया, नियोजन में उनकी भागीदारी और शोध कार्य का कार्यान्वयन आदि अत्यधिक महत्वपूर्ण माने जाते हैं। आप केवल एक शोधार्थी ही नहीं हैं बल्कि एक सामुदायिक संगठनकर्ता की भांति कार्य करते हैं, जो कि समुदाय से एक सक्रिय भागीदारी की उम्मीद करता है।

एक शोधार्थी के रूप में आप दो भिन्न स्तरों पर कार्य करते हैं (1) सामुदायिक संगठन और (2) शोध। एक समुदाय व्यवस्थापक के रूप में आप समुदाय के जुड़ाव तथा भागीदारी की उम्मीद करते हैं, और समुदाय की मांगों और आवश्यकताओं को पहचानने, उनकी प्राथमिकताएँ तय करने, इनसे संबंधित हल खोजने, रणनीतियों की योजना बनाने और इन सभी उद्देश्यों को पूर्ण करने हेतु कार्य करते हैं। शोध के परिपेक्ष्य में, आपकी मुख्य जिम्मेदारी समुदाय की सलाह के साथ शोध कार्य और प्रक्रियाओं का विकास करना और इनके परिणामों को समुदाय के सदस्यों के साथ बाँटने की होती है। इन दोनों स्तरों पर शोध के प्रतिभागियों की सलाह, लेना, इस रूपरेखा का एक निरंतर चलने वाला और एकीकृत संभाग है।

सारांश

इस अध्याय में परिमाणात्मक तथा गुणात्मक शोध के संदर्भ में विभिन्न प्रकार की अध्ययन रूपरेखाओं की जाँच की गई है। प्रत्येक अध्ययन रूपरेखा के लिए परिस्थितियों के संबंध में वर्णन दिए गए हैं, जैसे कि उपयोग करने के लिए किस रूपरेखा का चयन करना उचित है, उनकी कमजोरियाँ तथा शक्तियाँ क्या हैं और इनके कार्यान्वयन में अपनाई जाने वाली प्रक्रियाएं कौनसी हैं। परिमाणात्मक शोध में विभिन्न प्रकार की अध्ययन रूपरेखाओं की तीन दृष्टिकोणों से जाँच की गई है। इन पहलुओं का वर्णन करने के लिए उपयोग में लाई गई शब्दावली लेखक की अपनी स्वयं की है, लेकिन अध्ययन रूपरेखाओं के नाम सार्वत्रिक रूप से उपयोग में लाए जाते हैं। प्रत्येक श्रेणी में विभिन्न अध्ययन रूपरेखाएँ परस्पर अनन्य प्रकार की हैं, लेकिन ऐसा एक श्रेणी के अंतर्गत नहीं है।

ये तीन पहलू हैं, संपर्कों की संख्या, प्रासंगिक समय अवधि और अन्वेषण की प्रकृति। प्रथम में अनुप्रस्थ अध्ययन, पूर्व तथा पश्चात अध्ययन और अनुदैर्ध्य अध्ययन सम्मिलित हैं, दूसरा अध्ययनों को पूर्वप्रभावी प्रत्याशित तथा पूर्वप्रभावी प्रत्याशित अध्ययनों की तरह वर्गीकृत करता है। तीसरे में अध्ययनों का वर्गीकरण, प्रयोगात्मक, अप्रयोगात्मक और अर्ध प्रयोगात्मक अध्ययनों की तरह किया गया है।

'केवल-बाद में' प्रयोगात्मक रूपरेखा, पूर्व तथा पश्चात प्रयोगात्मक रूपरेखा, नियंत्रण रूपरेखा तुलनात्मक रूपरेखा, मिलान नियंत्रण, प्लेसेबो रूपरेखा आदि जैसी रूपरेखाओं का वर्णन विस्तृत रूप से किया गया है। यह अध्याय परिमाणात्मक शोध में उपयोग में लाई जाने वाली कुछ सर्वाधिक सामान्य रूपरेखाओं का भी वर्णन करता है। इनमें ऑनलाइन सर्वेक्षण, क्रॉसओवर परिमाणात्मक रूपरेखा, रुझान अध्ययन, सामूहिक अध्ययन, पैनल अध्ययन, अंध तथा द्विअंध अध्ययन सम्मिलित हैं। गुणात्मक अध्ययन रूपरेखाएँ परिमाणात्मक शोधों की तरह से प्रयोग में लाए जाने वाली रूपरेखाओं की तरह विशिष्ट, सटीक तथा स्पष्ट तौर पर वर्णित नहीं होती हैं। इसके अतिरिक्त अध्ययन रूपरेखा और डेटा संग्रहण की पद्धतियों के बीच में एक अधिव्यापन की अवस्था रहती है। कुछ रूपरेखाओं को बेहद आसानी से डेटा संग्रहण की पद्धतियों के अंतर्गत माना जा सकता है। गुणात्मक शोध में सबसे सामान्य तौर पर उपयोग में लाई जाने वाली कुछ रूप रेखाएँ हैं; केस अध्ययन रूपरेखा, मौखिक इतिहास, फोकस समूह अध्ययन, प्रतिभागी प्रेक्षण, सामुदायिक विवेचन फोरम और विचारात्मक जरनल लॉग आदि।

शोध के लिए चार अतिरिक्त विधिया वर्णित की गई है; क्रिया शोध, नारीवादी शोध, प्रतिभागी शोध, सहयोगात्मक शोध। यद्यपि सभी वास्तविक रूपरेखा नहीं कहलाई जा सकती, लेकिन इन्होंने अपनी एक अलग पहचान धारण की है। क्रिया तथा नारीवादी शोध या तो परिमाणात्मक रूप ढंग से या फिर गुणात्मक ढंग से किए जा सकते हैं, लेकिन प्रतिभागी तथा सहयोगात्मक शोध अधिकतर गुणात्मक प्रकृति के होते हैं।

स्त्रीवादी संशोधन

आपके सोचने के लिए

- इस अध्याय की शुरुआत में दिए गए शब्दों से स्वयं को पुनः परिचित करवाएँ और यदि आप इनके अर्थ या इनमें से किसी के लागू होने के विषय में अनिश्चित हैं, तो अध्याय से आगे बढने से पहले उनको एक बार देख लें।
- अपनी स्वयं की रुचि के क्षेत्र से संबंधित दो या तीन परिस्थितियों की पहचान करें, जहाँ पर आप यह सोचते हैं की गुणात्मक अध्ययन रूपरेखायें अधिक लाभदायक हो सकती है, और इस बात को ध्यान में रखे कि ऐसा किस कारण से हो सकता है।
- अपने स्वयं के शैक्षणिक क्षेत्र या पेशेवर क्षेत्र से एक उदाहरण दें, जहाँ पर प्रयोगात्मक, नियंत्रण प्लेसेबो समूह उपयोग में लाये गये हों और इनसे संबंधित नैतिक मुद्दों का अन्वेषण करें।

चूँकि अब आप इस अध्याय को पढ़ चुके हैं, अतः निम्न प्रश्नों के उत्तर देने का प्रयास करें

- परिमाणात्मक प्रथा गुणात्मक अध्ययन रूपरेखाओं के बीच में क्या अंतर है?
- इस पुस्तक में अध्ययन रूपरेखा की प्रकारात्मकता तीन पहलुओं से विकसित की गई है। आलोचनात्मक ढंग से इन तीन पहलुओं की वैधता की जाँच करें।
- निम्नलिखित का विवरण दें:
    - प्रतिगामी प्रभाव
    - परिपक्वता प्रभाव
    - प्रतिक्रियात्मकता प्रभाव
- एक प्रयोगात्मक अध्ययन में नियंत्रण समूह किस उद्देश्य से रखा जाता है?
- प्रयोगात्मक तथा अप्रयोगात्मक अध्ययनों के बीच में क्या अंतर है?
- यादृच्छिकरण क्या है, और एक अध्ययन में यह किस उद्देश्य की पूर्ति करता है?

सहभागी संशोधन क्या है?

अभ्यास II: एक अध्ययन डिजाइन की परिकल्पना करना

परिमाणात्मक अध्ययन के लिए

> अभ्यास I ने आप किस बात का शोध करना चाहते हैं इस बारे में स्पष्ट कल्पना देकर आपको अपने शोध समस्या को विकसित करने में मदद की थी। अब अगला चरण इस बारे में है कि इसको आगे कैसे ले जाना है। अभ्यास II को इस चरण को लेने में आपकी मदद करने हेतु डिजाइन किया गया है। इसमें संपूर्ण योजना पर निर्णय लेना और प्रक्रियाओं और विधियों का चयन करना शामिल है जो आप अपनी शोध यात्रा में उपयोग किये जाने के लिए प्रस्तावित कर रहें हैं। आपकी योजना और प्रक्रियाओं का विस्तृत विवरण आपके अध्ययन डिजाइन का केंद्रबिंदु बनता है।
>
> एक अध्ययन का डिजाइन केवल डिजाइन का ही वर्णन करता है, अर्थात अध्ययन डिजाइन का वह प्रकार जिसे आप अपनाने के लिए प्रस्तावित कर रहे हैं। उदाहरण के लिए, चाहे वह अध्ययन अनुप्रस्थ हो, सहसंबंधात्मक हो या प्रयोगात्मक हो। यह आपको परिचालन प्रक्रिया के विवरण भी प्रदान कर रहा है, जो अध्ययन की आबादी से जानकारी एकत्रित करने के लिए आवश्यक है। यह अभ्यास आपको आपके अध्ययन की ताकत और कमजोरियों की गंभीरता से परीक्षण करके आपके अध्ययन के लिए बनाये गये डिजाईन के चयन को उचित ठहराने के लिए आपके तर्क आगे रखने में मदद करता है और इसप्रकार आपको सर्वश्रेष्ठ और व्यवहार्य संरचना डिजाइन का चयन करने में सक्षम करता है। यह अभ्यास आपको अन्य परिचालनीय प्रक्रियाओं के बारे में भी विचार करने के लिए चुनौती देता है, जैसे, आपके अध्ययन की आबादी की पहचान और संपर्क करने की प्रक्रिया की और आपके संभावित प्रतिक्रिया देनेवालों से आवश्यक जानकारी प्राप्त करने की आपकी योजना की रूपरेखा बनाना, इसप्रकार यह आपकी यात्रा के लिए मार्ग का मानचित्र बनाने में आपकी मदद करता है।
>
> गुणात्मक अध्ययनों के लिए यह प्रक्रिया इसी समान है, परंतु सामग्री के मामलों में भिन्न है।
>
> इस अभ्यास में उठाये गये मुद्दे आपको आपके अध्ययन के डिजाइन की संकल्पना तैयार करने में मदद करेंगे। अध्याय 8 इस अभ्यास के माध्यम से कार्य करते समय परिमाणात्मक और गुणात्मक दोनों शोधों में संदर्भ प्रदान करने के लिए अध्ययन डिजाइन के विभिन्न प्रकारों का वर्णन करता है।

अ: म्निलिखित प्रश्नों के जवाब देने से आपको आपके अध्ययन के डिजाइन का विकास करने में मदद मिलेगी (चरण II)।

1. आप अपने अध्ययन के संचालन के लिए जिस डिजाइन को अपनाने का प्रस्ताव रख रहें है क्या वह प्रकृति में अनुप्रस्थ, अनुदैर्घ्य, प्रयोगात्मक या तुलनात्मक है? यदि संभव हो तो डिजाइन का वर्णन करने वाली एक आकृति बनाएं।

____

____

____

2. आपने इस डिजाइन का चयन क्यों किया?

____

____

____

3. आपकी राय में इस डिजाइन की ताकत क्या-क्या हैं?

4. इस डिजाइन की कमजोरियाँ और सीमाएं क्या-क्या हैं?

कमजोरियाँ:

सीमाएँ:

5. आपकी अध्ययन आबादी का गठन कौन करता है?

6. क्या आप अपने अध्ययन की आबादी में प्रत्येक प्रतिक्रिया देनेवाले की पहचान करने में सक्षम होंगे?
हाँ □ नही □

(अ) यदि हाँ, तो उन्हें कैसे पहचाना जायेगा?

(आ) यदि नही, तो आप उनके संपर्क में आने के लिए क्या योजना बना रहे हैं?

7. क्या आप एक नमूने का चयन करने की योजना बना रहें हैं?
हाँ □ नही □

दोनों ही मामलों में अपने निर्णय के लिए कारण का वर्णन कीजिये।

8. आप अपने प्रतिक्रिया देनेवाले से जानकारी कैसे एकत्रित करेंगे (उदा., साक्षात्कार, प्रश्नावली)?

(अ) आपने डेटा के संग्रहण के लिए इस विधि का चयन क्यों किया?

(आ) आपकी राय में उसकी ताकत और कमजोरियाँ क्या-क्या हैं?

ताकत:

कमजोरियाँ:

(इ) यदि आप साक्षात्कार ले रहें है तो उसे कहाँ आयोजित किया जायेगा?

(ई) यदि आप प्रश्नावली को डाक द्वारा भेजने की विधि का उपयोग कर रहें हैं:

(i) आप अपने संभावित प्रतिक्रिया देनेवालों के पते कहाँ से प्राप्त करेंगे?

(ii) क्या आप उस प्रश्नावली के साथ उनका पता लिखा और टिकट लगा लिफाफा भेजेंगे?
हाँ □ नही □

(iii) प्रतिक्रिया की दर यदि कम होती है तो क्या आप एक स्मरणपत्र भेजेंगे?
हाँ □ नही □

(iv) यदि वहाँ उनके कोई प्रश्न हों तो वे लोग आपसे कैसे संपर्क करेंगे?

उपरोक्त जानकारी के आधार पर अपने अध्ययन डिजाइन का वर्णन कीजिये। (आगे के मार्गदर्शन के लिए अध्याय 8 की मदद लीजिये)

गुणात्मक अध्ययनों के लिए

अभ्यास II के टेम्पलेट

अ. निम्नलिखित प्रश्नों के जवाब देने से आपको आपके शोध यात्रा के लिए एक मानचित्र का विकास करने में मदद मिलेगी।

1. आप अपना अध्ययन किस भौगोलिक क्षेत्र, समुदाय, समूह या आबादी के समूह में चालू करना पसंद करेंगे?

2. आप उस क्षेत्र, समुदाय या समूह में प्रवेश पाने के लिए क्या योजना बना रहें हैं? आप किस नेटवर्क का उपयोग करने की योजना बना रहें हैं (यदि कोई हो तो)?

3. आपने इस समूह का चयन क्यों किया?

4. आप आवश्यक जानकारी को किनसे प्राप्त करेंगे? (आपके प्रतिक्रिया देनेवाले लोग कौन होंगे?)

5. यदि आप द्वितीयक स्त्रोत से डेटा एकत्र कर रहें हैं, तो क्या आपने उसके उपलब्धता के बारे में जाँच कर ली है?

   हाँ　　नही □　　लागू नही होता □

6. क्या आपने उनमें आवश्यक जानकारी की उपलब्धता की जाँच कर ली है?

   हाँ　　नही □　　लागू नही होता □

7. यदि आप अलग-अलग व्यक्तियों से जानकारी एकत्र कर रहें हैं तो आप कितने लोगों से संपर्क करेंगे?

8. इन व्यक्तियों का चयन करने का आधार क्या होगा?

____

____

____

9. आप आवश्यक जानकारी को कैसे एकत्रित करेंगे? उन सभी विधियों की एक सूची बनाइये जिनका इस्तेमाल करने की आपने योजना बनाई है।

____

____

____

चरण III

डेटा संग्रहण के लिए एक उपकरण का निर्माण करना

इस परिचालन चरण में तीन अध्याय शामिल हैं:

- अध्याय 9: डेटा संग्रहण की विधि का चयन करना
- अध्याय 10: दृष्टिकोणात्मक पैमाने के उपयोग से डेटा संग्रहण
- अध्याय 11: एक शोध उपकरण की विश्वसनीयता और वैधता की स्थापना करना

9

डेटा संग्रहण हेतु एक विधि का चयन करना

इस अध्याय में आप निम्नलिखित तथ्यों के बारे में जानेंगे

- परिमाणात्मक, गुणात्मक तथा मिश्रित विधियों में डेटा संग्रहण की विधि के बीच में अंतर
- जानकारीऑं के एके के मुख्य तरीके
- प्राथमिक स्त्रोत का उपयोग करके डेटा का एकत्रीकरण
    - प्रेक्षण
    - साक्षात्कार
    - प्रश्नमाला
- गुणात्मक शोध में डेटा संग्रहण की विधियाँ
- द्वितीयक स्त्रोतों का उपयोग करके डेटा का एकत्रीकरण करना

महत्वपूर्ण शब्द

बंद प्रश्न,	विषय वस्तु का विश्लेषण,	प्रावरण पत्र,
द्वि-मुखिय प्रश्न,	उन्नयन प्रभाव,	केंद्रीय प्रवृत्ति सम्बन्धी गलती,
फोकस समूह, हालो प्रभाव,	होथोर्न प्रभाव,	गहन साक्षात्कार,
साक्षात्कार अनुसूची,	मुख्य प्रश्न,	प्राक्कथन,
गैर-प्रतिभागी प्रेक्षण,	प्रेक्षक झुकाव,	खुले प्रश्न,
मौखिक इतिहास,	प्रतिभागी प्रेक्षण,	प्रतिक्रिया दर,
प्राथमिक डेटा,	प्राथमिक स्त्रोत,	प्रश्नमाला,
द्वितीयक डेटा,	द्वितीयक स्त्रोत,	स्वचयनात्मक झुकाव,
संरचनात्मक साक्षात्कार,	असंरचनात्मक साक्षात्कार	

इस अध्याय के अंत में आपको निम्नलिखित की समझ हो जाएगी

- प्राथमिक तथा द्वितीयक डेटा के बीच में अंतर
- डेटा एकत्रीकरण के विभिन्न तरीके और उनकी लाभ तथा हानियाँ
- खुले और बंद प्रश्नों से संबंधित लाभ तथा हानियाँ
- एक प्रश्नमाला या साक्षात्कार अनुसूची का विकास किस प्रकार से करें
- डेटा को गुणात्मक परिमाणात्मक या मिश्रित विधियों के द्वारा एकत्रित करना

डेटा एकत्रीकरण के परिमाणात्मक, गुणात्मक और मिश्रित विधि शोध के तरीकों के बीच में अंतर

डेटा एकत्रीकरण के अधिकतर तरीकों का उपयोग उन अध्ययनों में किया जा सकता है, जिनको गुणात्मक, परिमाणात्मक या मिश्रित विधियों के अंतर्गत वर्गीकृत किया गया है। तथ्यात्मक रूप से यह विशिष्ट तरीका जो कि डेटा एकत्रीकरण के लिए उपयोग में लाया जाता है, एक वृहद स्तर पर अध्ययन के वर्गीकरण का निर्धारण करता है। अपने शोध प्रश्नों के उत्तर प्राप्त करने के लिए एक शोधार्थी की तरह खोज करते समय आपको उपलब्ध गहनता तथा स्वतंत्रता और डेटा को एकत्र करने में उपयोग में लाए गए तरीके तथा इस प्रक्रिया की संरचना में स्वतंत्रता तथा लचीलेपन और जांच में अंतर्निहित दर्शनों द्वारा लगाए गए अवरोधों के द्वारा मुख्य रूप से यह अंतर निर्धारित होता है। परिमाणात्मक अध्ययन में इन प्रतिबंधों की ओर झुकाव होता है, जबकि गुणात्मक अध्ययनों में इनके विरुद्ध विचारधारा चलती है। मिश्रित विधि अध्ययनों में संबंधित प्रतिबंध या लचीलापन इस बात पर निर्भर होते हैं कि क्या और कैसे विशिष्ट तरीके अपनाए गए हैं। एक विधि का परिमाणात्मक, गुणात्मक या मिश्रित तरीकों से वर्गीकरण निम्नलिखित प्रश्नों के विषय में आपके उत्तरों पर निर्भर करता है:

शोध विधि वीडियो

- शोध के लिए आपकी विधि किस दर्शन शास्त्र संबंधी ज्ञान पद्धति पर आधारित है।
- जानकारी को किस प्रकार से एकत्र किया गया
- क्या यह डेटा एकत्रीकरण के एक संरचनात्मक या असंरचनात्मक/ लचीले फॉर्मेट को अपनाकर या इन दोनों के एक संयोजन को अपना कर एकत्र की गई?
- क्या डेटा एकत्रीकरण के दौरान चर्चा में लाए गए प्रश्न या मुद्दे पूर्व निर्धारित या डेटा एकत्रीकरण की प्रक्रिया के दौरान विकसित किए गए?

- जो जानकारी आपने इकट्ठा की, उनको कैसे रिकॉर्ड किया गया? क्या यह एक विस्तृत कथनात्मक श्रेणीगत परिमाणात्मक स्वरूप में थी, या फिर एक पैमाने पर थी?
- जानकारी का विश्लेषण किस प्रकार से किया गया?
- क्या यह विस्तृत श्रेणीगत या अंकगणितीय विश्लेषण के आधार पर की गई?
- आप अपने पाए गए परिणामों को किस प्रकार संचारित करने का प्रस्ताव करते हैं? क्या आप इनको एक विस्तृत या विश्लेषणात्मक तरीके से लिखना चाहते हैं?
- अध्ययन को करने में कितने प्रकार के विभिन्न तरीकों का उपयोग किया गया?

यदि उपरोक्त प्रश्नों के संबंध में आपके उत्तर कुछ इस प्रकार से हैं कि आपने एक दार्शनिक ज्ञान पद्धति का उपयोग किया, जिसमें अनुभववाद समाहित था, आपने एक संगठनात्मक और लचीले फॉर्मेट के माध्यम से जानकारी का संग्रहण किया, आपने डेटा संग्रहण की प्रक्रिया के दौरान चर्चा के लिए मुद्दों को पहचाना, आपने विस्तृत तथा कथनात्मक फॉर्मेट में जानकारी को रिकॉर्ड किया, और इनको श्रेणीगत और विस्तृत विश्लेषण के लिए रखा और आपने पाए गए परिणामों को गैर विश्लेषणात्मक तरीके से संचारित किया, तो यह शोध की प्रक्रिया गुणात्मक प्रकार की कहलाती है, अन्यथा उसे परिमाणात्मक कहते हैं। यदि आपने एक से अधिक तरीकों का उपयोग किया है, गुणात्मक या परिमाणात्मक या दोनों, तब यह एक मिश्रित अध्ययन विधि है। उदाहरण के लिए, यदि एक प्रेक्षण को कथनात्मक या विस्तृत फॉर्मेट में रिकॉर्ड किया गया है, तो यह गुणात्मक जानकारी बन जाती है, लेकिन यदि इसे श्रेणीगत स्वरूप या एक स्केल के अनुसार रिकॉर्ड किया गया है, तो इसे परिमाणात्मक जानकारी के तौर पर वर्गीकृत किया जाएगा, और इन दोनों पद्धतियों के उपयोग का अर्थ मिश्रित पद्धति वर्गीकरण के अंतर्गत आएगा। साक्षात्कार के द्वारा संग्रहित डेटा के लिए भी समान बात लागू होती है एक संरचनात्मक साक्षात्कार जो कि विस्तृत, वर्णनात्मक या कथनात्मक तरीके से रिकॉर्ड किया गया है, एक गुणात्मक पद्धति बन जाता है, लेकिन एक संरचनात्मक साक्षात्कार में यदि जानकारी को प्रतिक्रिया श्रेणीयों के अंतर्गत रिकॉर्ड किया गया हो, या यदि वर्णनात्मक प्रतिक्रियाओं से श्रेणियों का विकास और उनका परिमाणात्मक निर्धारण किया गया हो, तो इसे एक परिमाणात्मक पद्धति कहेंगे। खुले प्रश्नों के उत्तर में वर्णनात्मक प्रतिक्रियाओं के प्राप्त होने पर इन्हें गुणात्मक प्रकार का कहा जाएगा, लेकिन यदि प्रतिक्रियाएँ अंको के स्वरूप में है, तो इनको परिमाणात्मक माना जाएगा। यदि आप श्रेणियों का विकास करते हैं, और एक खुले प्रश्न की प्रतिक्रिया, वर्णनात्मक प्रतिक्रिया के विश्लेषण के एक भाग के रूप में श्रेणियाँ बनाने की प्रक्रिया का परिमाणात्मक निर्धारण करते हैं, तो यह एक परिमाणात्मक विश्लेषण के अंतर्गत आता है। फोकस समूह, मौखिक इतिहास, प्राक्कथन, सामूहिक साक्षात्कार आदि में उत्पन्न हुआ डेटा सदैव गुणात्मक प्रकृति का होता है। हालांकि, आप इस डेटा को श्रेणीगत विश्लेषण में रख सकते हैं, जो कि बाद में परिमाणात्मक विश्लेषण हो जाता है। संक्षिप्त तौर पर, परिमाणात्मक तथा गुणात्मक तरीकों में अंतर तीन बातों पर निर्भर करता है, डेटा किस प्रकार संग्रहित किया गया, इसका विश्लेषण किस प्रकार से किया गया और परिणामों को किस प्रकार से संचारित किया गया।

जानकारी के संग्रहण की मुख्य विधियाँ

एक परिस्थिति, व्यक्ति, समस्या या घटना के संबंध में जानकारी एकत्र करने की दो मुख्य विधियाँ हैं। जब आप एक शोध अध्ययन करते हैं, अधिकतर स्थितियों में आपको आवश्यक जानकारी संग्रहित करनी होती है, हालांकि, कभी-कभी आवश्यक जानकारी पहले से ही उपलब्ध होती है, और केवल इनको इनका निचोड़ निकालने की आवश्यकता होती है। जानकारी एकत्रीकरण के इन वृहद तरीकों के आधार पर डेटा को निम्नलिखित प्रकार से वर्गीकृत किया जा सकता है:

- प्राथमिक डेटा
- द्वितीयक डेटा

प्रथम तरीके से जानकारी को एकत्र करना प्राथमिक स्त्रोत से डेटा संग्रहित करना कहलाता है, जबकि दूसरी विधि में उपयोग में लाए गए स्त्रोत द्वितीयक स्त्रोत कहलाते हैं। प्राथमिक स्त्रोतों के उदाहरणों में किसी समुदाय के प्रथम उपलब्ध दृष्टिकोण का पता करना शामिल है, जैसे कि समुदाय का स्वास्थ्य सेवाओं के

विषय में दृष्टिकोण, किसी समुदाय की स्वास्थ्य संबंधी आवश्यकताओं का निर्धारण, किसी सामाजिक कार्यक्रम का मूल्यांकन, एक संगठन के कर्मचारियों के नौकरी संबंधी संतुष्टि का निर्धारण और एक श्रमिक के द्वारा प्रदत्त सेवाओं की गुणवत्ता का निर्धारण आदि इसमें शामिल हैं।

इसके विपरित किसी जनगणना से एक जनसंख्या की आयु, लिंग, संरचना संबंधी जानकारी को प्राप्त करना, एक समुदाय की रुग्णता और मृत्यु दर के स्वरूप के विषय में पता करने के लिए अस्पताल के अभिलेखों का उपयोग करना, किसी संगठन के अभिलेखों का इस संगठन की गतिविधियों के विषय में पता करने के लिए उपयोग में लाना और ऐतिहासिक तथा अन्य प्रकार की जानकारी एकत्र करने के लिए आर्टिकल, जरनल, पत्रिकाओं, पुस्तकों और आवधिक पत्रों से डेटा का संग्रहण द्वितीयक स्त्रोतों से प्राप्त जानकारी के तौर पर वर्गीकृत किया जाता है। सारांश के तौर पर, प्राथमिक स्त्रोत प्रथम उपलब्ध जानकारी प्रदान करते हैं, और द्वितीयक शोध सेकंड हैंड डेटा प्रदान करते हैं। चित्र 9.1 डेटा संग्रहण की विभिन्न विधियों को दिखाता है।

डेटा संग्रहण के तरीके द्वितीयक स्त्रोत प्राथमिक शुरुआत अभिलेख प्रेक्षण साक्षात्कार करना प्रश्नमालाएँ प्रतिभागी संरचनात्मक चिट्ठी के तौर पर भेजी गई प्रश्नमालाएँ सरकारी प्रकाशन पूर्व में की गई शोध जनगणना निजी अभिलेख क्लाइंट इतिहास सेवा अभिलेख गैर प्रतिभागी संरचनात्मक सामूहिक प्रश्नमाला ऑनलाइन प्रश्नमाला चित्र 9.1 डेटा संग्रहण के तरीके।

डेटा संग्रहण का कोई भी तरीका सौ प्रतिशत सही और विश्वसनीय जानकारी प्रदान नहीं करता। संग्रहित डेटा की गुणवत्ता कई अन्य कारकों पर निर्भर करती है, जिनकी पहचान हम प्रत्येक तरीके की चर्चा करते समय करेंगे। एक शोधार्थी के रूप में आपकी कुशलता इस बात में निहित है कि आपकी इन कारकों को

चित्र 9.1 डेटा संग्रहण की विधियाँ

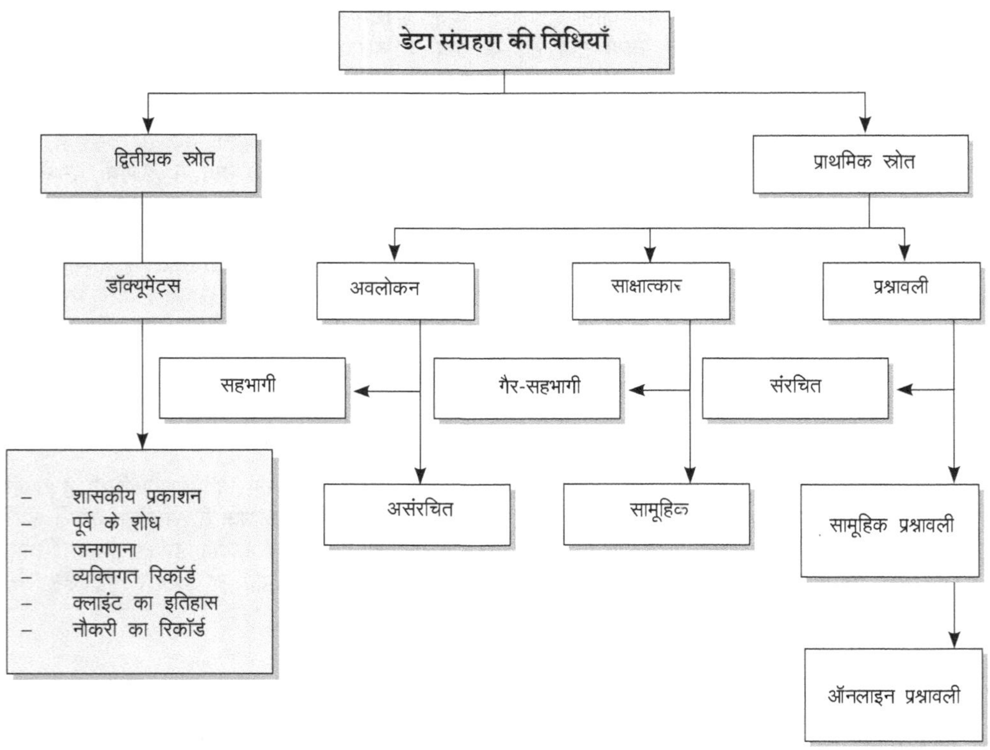

ध्यान में रखने की क्षमता क्या है, जो कि आपके डेटा की गुणवत्ता को प्रभावित कर सकते हैं। अनुभवी तथा नवीन शोधार्थियों के बीच में मुख्य अंतर इस बात में निहित होता है कि उनकी इन कारकों को नियंत्रित करने की क्षमता क्या है। अतः एक शुरू करने वाले शोधार्थी के लिए यह महत्वपूर्ण है कि वह इन कारकों के विषय में जागरुक रहे।

प्राथमिक स्रोतों का उपयोग करके डेटा का संग्रहण करना

प्राथमिक डेटा के संग्रहण के लिए कई विधियों का उपयोग किया जा सकता है। किसी विशेष तरीके के चयन का विकल्प अध्ययन के उद्देश्य, उपलब्ध संसाधनों और शोधार्थी की कुशलता पर निर्भर करता है। ऐसे कई समय होते हैं जब कि अध्ययन के उद्देश्यों की प्राप्ति के लिए सर्वाधिक उचित तरीकों को उपयोग में नहीं लाया जा सकता, क्योंकि कुछ अवरोध आपके आड़े आते हैं, जैसे कि संसाधनों की कमी या आवश्यक कुशलता की कमी आदि। इस प्रकार की परिस्थितियों में आपको इन समस्याओं के विषय में जागरुक रहने की आवश्यकता है, और इस बारे में भी कि यह जिस प्रकार से डेटा की गुणवत्ता को सीमित कर सकते हैं। डेटा संग्रहण के तरीके का चयन करते समय अध्ययन जनसंख्या के सामाजिक आर्थिक-जनसांख्यिकीय लक्षणों की एक महत्वपूर्ण भूमिका होती है। आपको शैक्षणिक स्तर, उम्रों के स्वरूप, सामाजिक आर्थिक स्तर और प्रजातीय पृष्ठभूमि जैसे लक्षणों के विषय में जितना अधिक हो सके, जानना चाहिए। यदि संभव हो तो अध्ययन जनसंख्या के रुचियों, किसी विषय के प्रति दृष्टिकोण, अध्ययन में भागीदारी आदि विषय क्षेत्रों के विषय में जानना सहायक होता है। कुछ जनसंख्यायें, कई कारणों से, डेटा संग्रहण के किसी विशेष तरीके के साथ सहज महसूस नहीं कर पाती हैं, जैसे कि उनका साक्षात्कार करना, या फिर वे प्रश्नमाला में स्वयं को अभिव्यक्त करने में सुविधाजनक महसूस नहीं कर पाते हैं। इसके अतिरिक्त कम साक्षर लोग किसी विशेष प्रकार के डेटा संग्रहण के तरीके के अंतर्गत अपने से अधिक साक्षर लोगों की तुलना में अत्यंत भिन्नता से प्रतिक्रियाएँ दे सकते हैं। आपके डेटा की गुणवत्ता का एक अन्य महत्वपूर्ण निर्धारक तत्व वह तरीका है, जिस प्रकार से प्रतिक्रियाक्षम व्यक्तियों को अध्ययन के उद्देश्य और उसकी प्रासंगिकता की व्याख्या की जाती है। डेटा संग्रहण का कोई भी तरीका उपयोग में लाया जाए, यह सुनिश्चित कर लें कि प्रतिक्रिया देने वाले व्यक्ति, अध्ययन के उद्देश्य और उसकी प्रासंगिकता को स्पष्ट तौर पर समझे। यह विशेष तौर तब महत्वपूर्ण हो जाता है, जब आप डेटा के संग्रहण के लिए एक प्रश्नमाला का उपयोग करते हैं। चूँकि साक्षात्कार की परिस्थिति में आप किसी प्रतिक्रिया देने वाले व्यक्ति के द्वारा उठाए गए प्रश्नों के उत्तर उन्हें दे सकते हैं, लेकिन प्रश्नमाला के मामलों में आपको यह अवसर नहीं मिलता। आगे आने वाले भागों में डेटा संग्रहण के प्रत्येक तरीके को उसके लागू किये जाने के दृष्टिकोण और परिस्थिति में उसकी उपयुक्तता के आधार पर चर्चा के अंतर्गत लाया गया है, और सभी प्रकार की संबंधित समस्याओं तथा सीमाओं की चर्चा की गई है।

प्रेक्षण

प्राथमिक डेटा के संग्रहण का एक तरीका **प्रेक्षण** होता है। यह किसी वार्तालाप या घटना के होने को उद्देश्यपूर्ण व्यवस्थित और चयनात्मक ढंग से देखने और सुनने की एक प्रक्रिया है। ऐसी कई परिस्थितियाँ होती है, जहां पर प्रेक्षण डेटा संग्रहण का सबसे उचित तरीका माना जाता है। उदाहरण के लिए, जब आप एक समूह में होने वाले वार्तालाप, किसी जनसंख्या के पोषण स्वरूप का अध्ययन, किसी कर्मचारी के द्वारा किए गए कार्य का निर्धारण या किसी व्यक्ति के व्यक्तित्व संबंधी गुण या व्यवहार का अध्ययन करना चाहते हैं। यह उन परिस्थितियों में भी उचित है, जहां पर जानकारी का पूर्ण और या सटीक सारांश, प्रश्न पूछ कर नहीं निकाला जा सकता। चूँकि या तो प्रतिक्रिया देने वाले व्यक्ति सहयोगात्मक रवैया नहीं रखते हैं, या फिर वह उत्तरों के प्रति जागरुक नहीं होते है, क्योंकि उनके लिए इस वार्तालाप से अपने आप को अलग करना कठिन प्रतीत हो रहा होता है। सारांश के तौर पर, जब आप व्यक्तियों की अनुभूतियों के बजाय, उनके व्यवहार के लिए अधिक रुचि रखेंगे या फिर जब प्रतिक्रिया देने वाले लोग इस वार्तालाप में इस प्रकार से सम्मिलित रहेंगे कि वह उस विषय वस्तु के विषय में वस्तुनिष्ठ जानकारी प्रदान करने में असमर्थ हो जाए, तब आवश्यक जानकारी संग्रहित करने के लिए प्रेक्षण सबसे अच्छा तरीका है।

प्रेक्षण के प्रकार

दो प्रकार के प्रेक्षण होते हैं:

- प्रतिभागी प्रेक्षण
- गैर-प्रतिभागी प्रेक्षण

प्रतिभागी प्रेक्षण तब किया जाता है, जब आप एक शोधार्थी के रूप में किसी प्रेक्षण के अंतर्गत लाए गए समूह की गतिविधियों में भागीदारी करते हैं, बिल्कुल वैसे ही जैसे कि उस समूह के सदस्य बिना इस जानकारी के कि उनको प्रेक्षित किया जा रहा है, भागीदारी करते हैं। उदाहरण के लिए, व्यवसायिक चिकित्सा के एक विद्यार्थी के रूप में आप साधारण जनसंख्या की व्हीलचेयर पर चलने वाले लोगों के प्रति, प्रतिक्रियाओं के अध्ययन में रुचि रख सकते हैं, ऐसा करने के लिए आप एक विकलांग व्यक्ति के तौर पर खुद को दिखा सकते हैं, जिसके कारण आपको व्हीलचेयर के उपयोग की आवश्यकता होती है। जब आप एक सार्वजनिक क्षेत्र में व्हीलचेयर का उपयोग करते हैं, तो आप अपने सामने आने वाले लोगों की प्रतिक्रियाओं का प्रेक्षण करते हैं। जब उचित हो तब आप अपने अध्ययन के लिए समुचित प्रेक्षण नोट्स बनाते हैं, या फिर यह मान लीजिए कि आप इस विषय में अध्ययन करना चाहते हैं कि एक कैदी को जेल में रहना कैसा लगता है। इसे करने के लिए एक प्रकार से आप अपने उद्देश्य की पूर्ति के लिए एक कैदी बन जाते हैं। आप बिल्कुल वैसे ही रहना शुरु कर देते हैं, जैसे कि कैदी रहते हैं, और अपने अध्ययन के उद्देश्यों की उपलब्धि के लिए आवश्यक जानकारी का संग्रहण करते हैं, या फिर मान लीजिए आप किसी दूरस्थ क्षेत्र में किसी प्रजाति के ऊपर अध्ययन करना चाहते हैं, और ऐसा करने के लिए आप वहां जाकर उनके साथ रहते हैं, और जिस प्रकार के डेटा की आपको आवश्यकता है, उसे संग्रहित करते हैं। कई 'मनुष्य जाति विज्ञान' संबंधी अध्ययनों को इस तरीके का उपयोग करके संचालित किया गया है।

गैर-प्रतिभागी प्रेक्षण, इसके विपरित यह एक अन्य तरीका है, जिसमें एक शोधार्थी के तौर पर आप समूह की गतिविधियों में सम्मिलित नहीं होते हैं, बल्कि एक निष्क्रिय प्रेक्षण लेने वाले व्यक्ति के तौर पर उनकी गतिविधियों को देखते और सुनते हुए निष्कर्ष निकालते हैं। उदाहरण के लिए, आप किसी चिकित्सालय में नर्सों के द्वारा की जाने वाली गतिविधियों का अध्ययन करना चाह सकते हैं। एक प्रेक्षक के रूप में आप उनके द्वारा की जाने वाली गतिविधियों को देख सकते हैं, उनका अनुसरण कर सकते हैं और उनको रिकॉर्ड कर सकते हैं। कई प्रेक्षण लेने के पश्चात आप उन गतिविधियों के विषय में निष्कर्ष निकाल सकते हैं, जो कि नर्सें किसी अस्पताल में करती है। किसी भी व्यवस्था में किन्ही भी व्यवसायिक समूहों को इसी प्रकार से प्रेक्षित किया जा सकता है।

डेटा संग्रहण के एक तरीके के रूप में प्रेक्षण के उपयोग में समस्याएँ

डेटा संग्रहण के एक तरीके के रूप में प्रेक्षण का उपयोग, कई प्रकार की समस्याओं से ग्रसित हो सकता है, लेकिन इसका मतलब यह नहीं है कि इनमें से सभी प्रत्येक परिस्थिति में होती ही हैं। लेकिन एक शुरुआती विद्यार्थी के रूप में आपको इन गंभीर समस्याओं के विषय में जागरुक रहना चाहिए:

- जब व्यक्ति और समूह इस बारे में जागरूक रहते हैं कि उनका प्रेक्षण किया जा रहा है तो वे अपना व्यवहार बदल सकते हैं। स्थिति के अनुसार, यह परिवर्तन सकारात्मक तथा नकारात्मक हो सकता है, यह बढ़ सकता है या कम हो सकता है। उदाहरण के लिए, उनकी उत्पादकता- और ऐसा कई कारणों से हो सकता है। व्यक्तियों अथवा समूहों के व्यवहार में जब उनके प्रेक्षित किए जाने के कारण परिवर्तन होता है, तो इसे **हॉथोर्न प्रभाव** कहते हैं। इस प्रकार की परिस्थिति में प्रेक्षण का उपयोग, कुछ विरूपण ला सकता है। जो प्रेक्षित किया गया है, वह उनके सामान्य व्यवहार का प्रतिनिधित्व नहीं करता है।
- प्रेक्षण करने वाले व्यक्ति के किसी विशेष दिशा में झुकाव की संभावना सदैव विद्यमान रहती है। यदि कोई प्रेक्षक निष्पक्ष न हो तो वह इस झुकाव की स्थिति का शिकार हो सकता है, और इस प्रकार प्राप्त किए गए प्रेक्षणों और अनुमानों की जांच का कोई भी आसान तरीका उपलब्ध नहीं है।

- प्रेक्षक से प्रेक्षक के अनुसार प्रेक्षणों से निकाले गए अर्थ भिन्न हो सकते हैं।
- अधूरे प्रेक्षणों की संभावना हो सकती है और/या ऐसी रिकॉर्डिंग की भी जो कि रिकॉर्ड करने के तरीके के साथ भिन्न प्रकार की होती जाती है। एक प्रेक्षक उत्सुकता से देख सकता है, लेकिन ऐसा वह विस्तृत रिकॉर्डिंग के नुकसान पर करते हैं। एक विपरित समस्या तब हो सकती है जब प्रेक्षक विस्तृत प्रकार के नोट्स बना रहे हो, लेकिन ऐसा करने में वह वार्तालाप के दौरान कहे गए कुछ महत्वपूर्ण अंशों को ध्यान में रखने से चूक सकता है।

वह परिस्थितियाँ, जिनमें प्रेक्षण लिए जा सकते हैं

प्रेक्षण दो परिस्थितियों में लिए जा सकते हैं।

- प्राकृतिक
- नियंत्रित

किसी समूह को बिना इसकी सामान्य गतिविधियों में हस्तक्षेप के प्रेक्षित करना प्राकृतिक परिस्थितियों के अंतर्गत प्रेक्षण कहलाता है। किसी समूह में किसी प्रकार के संदीपन को प्रतिक्रिया उत्पन्न करने तथा इस प्रतिक्रिया को प्रेक्षित करने के लिए लाना नियंत्रित परिस्थितियों में प्रेक्षण कहा जाता है।

प्रेक्षणों को रिकॉर्ड करना

प्रेक्षणों को रिकॉर्ड करने के कई तरीके हैं। रिकॉर्डिंग के तरीके का चयन, प्रेक्षण के उद्देश्य पर निर्भर करता है। जिस प्रकार से एक प्रेक्षण रिकॉर्ड किया जाता है, वह इस बात से भी निर्धारित होता है कि यह अध्ययन परिमाणात्मक है अथवा गुणात्मक। गुणात्मक शोध में कथनात्मक और विवरणात्मक रिकॉर्डिंग को मुख्यता उपयोग में लाया जाता है, लेकिन यदि आप एक परिमाणात्मक अध्ययन कर रहे हैं, तो आप एक प्रेक्षण को श्रेणीगत स्वरूप या एक सांख्यिक पैमाने पर रिकॉर्ड करेंगे। अपने मन में यह बात रखें कि रिकॉर्डिंग के प्रत्येक प्रेक्षण के तरीके के अपने लाभ और हानियाँ होती हैं।

कथनात्मक रिकॉर्डिंग में शोधार्थी अपने स्वयं के शब्दों में वार्तालाप संबंधी विवरण को रिकॉर्ड करता है। इस प्रकार की रिकॉर्डिंग स्पष्ट तौर पर गुणात्मक शोध के अधीन होती है। अधिकतर शोधार्थी वार्तालाप का प्रेक्षण करते समय कुछ संक्षिप्त नोट्स तैयार करते हैं, और फिर प्रेक्षण को पूर्ण करने के बाद तुरंत कथनात्मक रूप में विस्तृत नोट बनाते हैं। इसके अतिरिक्त कुछ शोधार्थी वार्तालाप के अर्थ जानने का प्रयास करते हैं, और इनसे निष्कर्ष निकालते हैं। कथनात्मक रिकॉर्डिंग का सबसे बड़ा लाभ यह है कि यह वार्तालाप के संदर्भ में गहन अंतर्दृष्टि प्रदान करती है। हालांकि, एक हानि यह है कि इसमें एक प्रेक्षक अपने प्रेक्षण में किसी विशेष दिशा या स्थिति की ओर झुकाव रख सकता है। अतः प्रेक्षण से पाए गए अर्थ और निकाले गए निष्कर्ष भी किसी विशेष दिशा या स्थिति की ओर झुक सकते हैं। इसके अतिरिक्त, निकाले गए अर्थ और निष्कर्ष व्यक्तिपरक होते ही हैं, जो कि शोधार्थी के दृष्टिकोण को प्रतिबिंबित करते हैं। इसके अतिरिक्त, यदि शोधार्थी का संपूर्ण ध्यान केवल प्रेक्षण पर है, तो वह वार्तालाप के दौरान उल्लिखित किसी महत्वपूर्ण जानकारी को रिकॉर्ड करना भूल सकते हैं। इसके आगे, रिकॉर्डिंग की प्रक्रिया के दौरान वार्तालाप का कुछ भाग छूट सकता है। अतः अपूर्ण रिकॉर्डिंग और/ या प्रेक्षण की संभावना सदैव बनी रहती है। इसके अतिरिक्त, जब विभिन्न प्रेक्षक इस कार्य में जुटे होते हैं, तब कथनात्मक रिकॉर्डिंग की परिमाणात्मकता, एक समस्या के रूप में सामने आ सकती है। कुछ प्रेक्षक कभी-कभी वार्तालाप या किसी घटना के विभिन्न पहलुओं को रेटिंग देने के लिए एक पैमाना विकसित करते हैं। प्रेक्षक शोधार्थी के द्वारा विकसित एक पैमाने पर रिकॉर्डिंग की जाती है।

यह पैमाना एक, दो या तीन विमीय हो सकता है, जो इस बात पर निर्भर करता है कि प्रेक्षण का उद्देश्य क्या है। उदाहरण के लिए चित्र 9.2 में दिखाए गए पैमाने में पैमाने का निर्माण एक समूह के अंतर्गत वार्तालाप की प्रकृति को रिकॉर्ड करने के लिए किया गया है। इसमें तीन दिशाएँ हैं: सकारात्मक, नकारात्मक तथा तटस्थ। किसी प्रेक्षण की प्रक्रिया में पैमानों के उपयोग का मुख्य लाभ यह है कि आपको नोट्स लेने में

चित्र 9.2 सामूहिक वार्तालाप को एक तीन–दिशा वाले रेटिंग पैमाने पर प्रेक्षित/रिकॉर्ड करना

एक समूह में वार्तालाप की प्रकृति का अध्ययन

वार्तालाप के पहलू			*सकारात्मक*			*तटस्थ*			*नकारात्मक*		
भागीदारी	5	4	3	2	1	0	1	2	3	4	5
घनिष्ठता	5	4	3	2	1	0	1	2	3	4	5
विश्वास	5	4	3	2	1	0	1	2	3	4	5
आक्रामकता	5	4	3	2	1	0	1	2	3	4	5
अध्ययन को छोड़ने की प्रवृत्ति	5	4	3	2	1	0	1	2	3	4	5
मित्रवत व्यवहार	5	4	3	2	1	0	1	2	3	4	5
पृथकता	5	4	3	2	1	0	1	2	3	4	5

अपना अधिक समय खर्च नहीं करना पड़ता और इसके कारण आप प्रेक्षण लेने पर अपना संपूर्ण ध्यान केंद्रित कर सकते हैं। इसके विपरित पैमाने के उपयोग के साथ जुड़ी एक समस्या यह है कि यह वार्तालाप के संबंध में विशिष्ट तथा गहन जानकारी को प्रदान नहीं करता। इसके अतिरिक्त यह निम्नलिखित में से किसी भी प्रकार की गलतियों का शिकार हो सकता है:

- जब तक कि प्रेक्षक किसी वार्तालाप के आकलन की अपनी क्षमता के विषय में अत्यधिक आत्मविश्वास ना रखता हो, वह पैमाने पर चरम स्थितियों को नजरअंदाज करने की प्रवृत्ति रख सकते हैं, और अधिकतर पैमाने के मध्यम भागो का ही उपयोग कर सकते हैं। इस प्रवृत्ति के द्वारा उत्पन्न यह गलती **केंद्रीय प्रवत्ति संबंधी गलती** कहलाती है।
- कुछ प्रेक्षक किसी पैमाने के कुछ निश्चित भागों को अधिक पसंद कर सकते हैं, बिल्कुल उसी प्रकार से जैसे कि कुछ शिक्षक अत्यधिक कड़ाई से अंक प्रदान करते हैं, जबकि अन्य इसमें उदारता दिखाते हैं। जब प्रेक्षकों की प्रवृत्ति एक वार्तालाप को रिकॉर्ड करते समय स्केल के किसी विशेष भाग को उपयोग करने की होती है तो इस प्रक्रिया को **उन्नयन प्रभाव** के नाम से जाना जाता है।
- एक अन्य प्रकार की गलती, जो उपस्थित हो सकती है, वह इस बात से सम्बंधित है कि कोई प्रेक्षक वार्तालाप के किसी एक पहलू पर किसी व्यक्ति को रेटिंग देता है, और यह संपूर्ण प्रक्रिया उसके वार्तालाप के किसी अन्य पहलू पर उस व्यक्ति को रेटिंग देने को प्रभावित कर देती है। एक बार फिर से, इसी तरह की एक बात शिक्षण के संबंध में कही जा सकती है, जबकि किसी एक विषय में विद्यार्थी के प्रदर्शन के मूल्यांकन का प्रभाव, विद्यार्थी के द्वारा किसी अन्य विषय में किए गए प्रदर्शन के मूल्यांकन की रेटिंग पर पड़ जाता है। इस प्रकार के प्रभाव को **हालो** प्रभाव कहा जाता है।

कभी-कभी एक प्रेक्षक अपने प्रेक्षणों को श्रेणीगत रिकॉर्डिंग का उपयोग करके रखने का निर्णय ले सकता है। श्रेणियों के प्रकार तथा उनकी संख्या, वार्तालाप के प्रकार और प्रेक्षण को किस प्रकार वर्गीकृत करें, इसके विषय में प्रेक्षक की पसंद पर निर्भर करती है। इसके कुछ उदाहरण निष्क्रिय/ सक्रिय (दो श्रेणियाँ), अंतर्मुखी/

बहिर्मुखी (दो श्रेणियाँ), हमेशा/कभी कभी/कभी नहीं (तीन श्रेणियाँ) या दृढ़ता से सहमत/सहमत/अनिश्चित/असहमत/दृढ़ता से असहमत आदि (पांच श्रेणियाँ) हैं। एक प्रेक्षण को रिकॉर्ड करने के लिए श्रेणियों का उपयोग करना पैमानों के संबंध में उपस्थित समस्याओं के समान ही समस्याएँ उत्पन्न करता है।

प्रेक्षणों को एक वीडियो कैमरा या अन्य इलेक्ट्रॉनिक उपकरणों का उपयोग करके भी रिकॉर्ड किया जा सकता है, और फिर इनका विश्लेषण किया जाता है। इस प्रकार से वार्तालाप को रिकॉर्ड करने का लाभ यह है कि एक प्रेक्षक वार्तालाप से कुछ भी अर्थ या कोई भी निष्कर्ष निकालने से पहले इसको कई बार देख सकता है, और वह अधिक वस्तुनिष्ट निष्कर्षों पर पहुंचने के लिए वार्तालाप को देखने के लिए अन्य पेशेवर शोधार्थियों को भी आमंत्रित कर सकता है। हालांकि, इससे जुड़ी एक हानि यह है कि कुछ लोग कैमरे के सामने असुविधाजनक स्थिति महसूस कर सकते हैं, या भिन्नता से व्यवहार कर सकते हैं, अतः एक वार्तालाप किसी स्थिति का सत्य प्रतिबिंब नहीं समझा जा सकता है।

अपने प्रेक्षण के लिए रिकॉर्डिंग के किसी विशेष तरीके का चयन करना, प्रेक्षण के उद्देश्य, वार्तालाप की जटिलता और प्रेक्षित की जाने वाली जनसंख्या के प्रकार आदि कारकों पर निर्भर करती है। इन कारकों को ध्यान में रखना, अपने प्रेक्षण की रिकॉर्डिंग के तरीके पर निर्णय से लेने से पहले अत्यंत महत्वपूर्ण है।

साक्षात्कार

साक्षात्कार लेना लोगों से जानकारी को एकत्र करने के लिए उपयोग में लाया जाने वाला एक सामान्य तरीका है। साक्षात्कार की कई परिभाषाएँ हैं, लेकिन विशेष तौर पर यह या तो आमने-सामने या अन्य प्रकार से दो या दो से अधिक व्यक्तियों के बीच में किसी विशिष्ट उद्देश्य को ध्यान में रखते हुए, व्यक्ति से व्यक्ति का वार्तालाप होता है, Monnette et. al. (1986:156) के अनुसार एक साक्षात्कार में, साक्षात्कार करने वाले व्यक्ति के द्वारा प्रतिक्रिया देने वाले व्यक्ति से प्रश्न पूछा जाना और उनके उत्तरों को रिकॉर्ड करने की प्रक्रिया समाहित होती है। Burns (1997:329) के अनुसार एक साक्षात्कार में, शाब्दिक आदान प्रदान होता है, जो अक्सर आमने-सामने किया जाता है, यद्यपि इसमें टेलीफोन का उपयोग किया जा सकता है, जिसके अंतर्गत साक्षात्कार करने वाला व्यक्ति दूसरे व्यक्ति की जानकारी, विश्वासों और मतों को प्रकाश में लाने का प्रयास करता है।

एक शोधार्थी के रूप में जब आप एक प्रतिक्रिया देने वाले व्यक्ति का साक्षात्कार करते हैं, तो आपको अपने प्रश्नों के स्वरूप तथा उनके विषय वस्तु के विषय में निर्णय लेने की स्वतंत्रता होती है, और यह स्वतंत्रता इस विषय में भी होती है कि आप अपने शब्दों का चयन किस प्रकार से करें। आप उन प्रश्नों के पूछे जाने के निर्णय किस प्रकार से और किस क्रम में ले आदि। प्रश्न पूछने की प्रक्रिया या तो अत्यधिक लचीली हो सकती है, जहां पर एक साक्षात्कार करने वाले व्यक्ति की तरह आप के पास प्रश्नों के विषय में सोचने तथा उन का निर्माण करने की स्वतंत्रता, अन्वेषण के अंतर्गत लाए गए मुद्दों के चारों ओर उठने वाले विचारों को लेकर होती है, या फिर यह कड़ी हो सकती है, जिसके अनुसार, पहले से ही निर्धारित प्रश्नों को ही मन में रखते हुए, उनके शब्दों के क्रम और ये प्रश्न जिस तरीके से पूछे जाने हैं, उस तरीके को ध्यान में रखते हुए उन्हें पूछने की जरूरत होती है। जैसा कि चित्र 9.3 में दिखाया गया है, लचीलेपन के स्तर के अनुसार साक्षात्कार को विभिन्न श्रेणियों में वर्गीकृत किया गया है।

असंरचनात्मक साक्षात्कार

साक्षात्कार

असंरचनात्मक साक्षात्कार की मुख्य शक्ति इसके प्रारूप, विषय वस्तु, प्रश्न शब्दों और क्रम के विषय में संपूर्ण स्वतंत्रता से होती है। आप इस विषय में स्वतंत्र होते हैं कि आप कुछ भी पूछें और उस स्वरूप के अंतर्गत पूछें, जो कि उस परिस्थिति के लिए प्रासंगिक हो। आपको अपने शब्दों के उपयोग और प्रतिक्रिया देने वाले व्यक्तियों को अपने प्रश्नों की व्याख्या देने के तरीके के संबंध में भी पूर्ण स्वतंत्रता होती है। आप क्षणिक उद्दीपन के आधार पर प्रश्नों को बना सकते हैं और मुद्दों को उठा सकते हैं, और यह इस बात पर निर्भर करता है कि चर्चा के संदर्भ में आपके मन में बारबार कौन कौन से विचार उठ रहे हैं। असंरचनात्मक साक्षात्कार गहनता तथा व्यापकता से अन्वेषण करने में और किसी परिस्थिति, घटना, मुद्दे या समस्या के विषय में

चित्र 9.3 साक्षात्कार के प्रकार

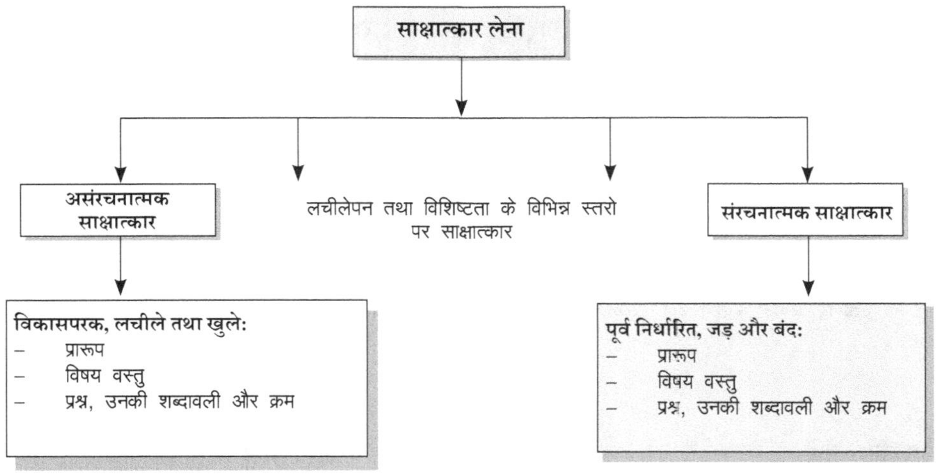

गहराई से पता लगाने में अत्यधिक उपयोगी होते हैं। यह विविधता भरी और गहन जानकारी प्रदान करते हैं और विविधता तथा विभिन्नता की पहचान के लिए सबसे अधिक उपयुक्त होते हैं। हालांकि, उनके संचालन में अत्यधिक उच्च स्तर की कुशलता के कारण इनसे संबंधित एक हानि उत्पन्न होती है। असंरचनात्मक साक्षात्कार परिमाणात्मक तथा गुणात्मक दोनों प्रकार के शोधों में प्रचलित हैं। आपके प्रश्न की प्रतिक्रिया में इनके द्वारा प्रदत्त जानकारी को किस प्रकार उपयोग में लाए जाने की संभावना है, इसके अनुसार इन दोनों में अंतर स्थापित होता है।

परिमाणात्मक शोधों में आप प्रतिक्रियाओं से प्रतिक्रिया वर्गीकरण बनाते हैं, जिनको उसके बाद कोड के रूप में बदला जाता है, और इनका परिमाणात्मक निर्धारण किया जाता है। गुणात्मक शोध में प्रतिक्रियाएँ वर्णनकर्ता के रूप में और अक्सर, प्रतिशब्दों के रूप में उपयोग में लाई जाती है, और इनको आपके तर्कों, लिखने के प्रवाह और तर्क के क्रम के साथ एकीकृत किया जा सकता है। चूँकि असंरचनात्मक साक्षात्कार मुख्यतया गुणात्मक शोध में उपयोग में लाए जाते हैं, अतः इनको अधिक विस्तृत ढंग से गुणात्मक शोध में डेटा संग्रहण के तरीकों संबंधी विषय के अंतर्गत इस अध्याय के बाद वाले भागों में समझाया गया है।

संरचनात्मक साक्षात्कार

संरचनात्मक साक्षात्कार में साक्षात्कार अनुसूची में निर्दिष्ट प्रश्नों के क्रम और समान शब्द भंडार का उपयोग करते हुए शोधार्थी प्रश्नों के एक पूर्व निर्धारित सेट को पूछता है। एक **साक्षात्कार अनुसूची** खुले (मुक्त उत्तर वाले) तथा बंद (सीमित उत्तर वाले) प्रश्नों की एक लिखित सूची होती है, जो कि मानकीकृत शब्दावली, अर्थ तथा उस पर आधारित समझ के लिए समग्रता से पूर्व परीक्षित होती है और जिसको एक साक्षात्कार करने वाले व्यक्ति द्वारा व्यक्ति से व्यक्ति के बीच में वार्तालाप (यह एक आमने सामने का, टेलीफोन द्वारा या अन्य इलेक्ट्रॉनिक माध्यम से हो सकता है) करने के लिए तैयार किया जाता है। यहां पर यहां ध्यान रखें कि साक्षात्कार अनुसूची, डेटा के संग्रहण के लिए एक शोध उपकरण/उपकरण कही जा सकती है, जबकि साक्षात्कार डेटा संग्रहण का एक तरीका होता है।

संरचनात्मक साक्षात्कार का एक मुख्य लाभ यह है कि यह एक समान जानकारी प्रदान करता है, जो कि डेटा की परिमाणात्मकता को सुनिश्चित करती हैं। संरचनात्मक साक्षात्कार लेना असंरचनात्मक साक्षात्कार लेने के तरीके की अपेक्षा कुछ कम साक्षात्कार कौशल्यों की मांग करता है।

प्रश्नमाला

एक **प्रश्नमाला** प्रश्नों की एक लिखित सूची है, जिनके उत्तर प्रतिक्रिया देने वाले व्यक्तियों द्वारा रिकॉर्ड किए जाते हैं। अतः प्रतिक्रिया देने वाले व्यक्ति प्रश्नों को पढ़ते हैं, जो अपेक्षित है, वह अर्थ उनसे निकालते

चित्र 9.4 कहाँ जाएँ? आप्रवासियों के बीच में व्यावसायिक गतिशीलता का एक अध्ययन

इस अध्ययन के लिए तैयार की गई प्रश्नावली बातचीत के निम्नलिखित बयान से प्रारंभ होती है:

व्यक्तिगत परिस्थितियाँ, और शैक्षणिक एवं व्यावसायिक पृष्ठभूमि बहुत अधिक सीमा तक किसी व्यक्ति की व्यावसायिक गतिशीलता का निर्धारण करती है। यह बात आप्रवासियों के लिए विशेष रूप से सत्य है। इसीलिए हम आपसे आपके और आपकी पारिवारिक पृष्ठभूमि के बारे में कुछ प्रश्न पूछना चाहेंगे। इन कारकों का ज्ञान उनके प्रतिनिधित्व का मूल्यांकन करने के लिए भी महत्वपूर्ण है जिन्होंने इस अध्ययन में भाग लिया था और आपकी पृष्ठभूमि के संबंध में व्यावसायिक गतिशीलता की सीमा, प्रकृति और कारण को समझने के लिए भी महत्वपूर्ण है। हम आपके द्वारा इन प्रश्नों के उत्तर देने के लिए आपका सम्मान करते हैं क्योंकि आप जो जानकारी प्रदान कर रहें हैं वह हमारे लिए अत्यंत मूल्यवान है। हम इस बात पर जोर देना चाहेंगे कि आपकी प्रतिक्रियाएं हमारे लिए अत्यधिक मूल्यवान है और हम आपके द्वारा प्रश्नों के उत्तर दिए जाने के लिए आपकी अत्यंत सराहना करते हैं। यद्यपि, यदि आप किसी विशेष प्रश्न का उत्तर देना नहीं चाहते हैं तो हम आपके निर्णय की कद्र करेंगे। हम आपको आश्वासन दे सकते हैं कि आपके जवाबों को पूर्ण रूप से गुप्त रखा जायेगा और उनका किसी भी अन्य प्रयोजन के लिए इस्तेमाल नहीं किया जायेगा।

पारिवारिक पृष्ठभूमि के बारे में प्रश्न पूछने से पहले इस प्रश्नावली में निम्नलिखित बयान डालें गये थे:

प्रश्नावली

अब हम आपके परिवार के बारे में कुछ प्रश्न पूछना चाहेंगे। आप्रवजन के बाद व्यवसाय के प्रति आपकी पसंद आपके परिवार की परिस्थिति को प्रभावित कर सकती है। पुनः हम आपकी प्रतिक्रिया के बारे में पूर्ण गुप्तता रखेंगे।

ऑस्ट्रेलिया में उनकी पात्रता की मान्यता के संबंध में प्रतिक्रिया देनेवाले के अनुभवों को सुनिश्चित करने से पहले निम्नलिखित बयान उन्हें पूछताछ के लिए सहज महसूस करायेंगे:

अन्य कारकों के अलावा शैक्षणिक और व्यावसायिक पात्रता की मान्यता किसी नये देश में एक व्यक्ति के व्यावसायिक गतिशीलता का निर्धारण करने में एक अत्यंत महत्वपूर्ण भूमिका निभाती है। इस विभाग में हम आपकी पात्रता को मान्यता दिलवाने की प्रक्रिया के बारे में आपकी राय जानना चाहेंगे।हम इस बात को भी जानना चाहेंगे कि आप इसके निष्कर्ष के बारे में कितने संतुष्ट या असंतुष्ट हैं। यदि आप असंतुष्ट है तो हम इसका कारण जानना चाहेंगे, क्योंकि यह जानकारी निर्णयकर्ताओं को उस प्रक्रिया में सुधार लाने में मदद कर सकती है। पुनः, हम आपको आश्वस्त करते हैं कि आपके जवाबों को पूर्ण रूप से गोपनीय रखा जायेगा। हालाँकि, यदि आप फिर भी महसूस करते हैं कि आप किसी प्रश्न विशेष का जवाब नहीं देना चाहते तो उसे निःसंकोच बतायें।

चित्र 9.5 व्यावसायिक पुनर्नियुक्ति: राज्य के शासकीय कर्मचारियों के बॅच में एक अध्ययन

व्यावसायिक पुनर्नियुक्ति: राज्य के शासकीय कर्मचारियों के बीच में एक अध्ययन

प्रतिक्रिया देनेवाले की सामाजिक-आर्थिक जनसंख्यात्मक पृष्ठभूमि के बारे में सवाल पूछने से पहले प्रश्नावली में निम्नलिखित बयान डाला गया:

उन कर्मचरियों की स्थिति को समझने के लिए जिन्होंने पिछले तीन वर्षों के दौरान राज्य के शासकीय विभागों में व्यावसायिक पुनः नियुक्ति का अनुभव किया है, हम आपकी पृष्ठभूमि के बारे में कुछ प्रश्न पूछना चाहेंगे। आपके जवाब हमें व्यवसाय के प्रकार का निर्धारण करने में मदद करेंगे जहाँ पुनः नियुक्ति हुई है उन कर्मचरियों की पृष्ठभूमि भी जो इनके द्वारा प्रभावित हुए हैं। यदि आप किसी प्रश्न का जवाब नहीं देना चाहते हैं तो कृपया संकोच न करें, यद्यपि हम आपको आश्वासन देते हैं कि आपके जवाब हमारे लिए आपके करियर पथ में हुए बदलाव की प्रकृति और सीमा को निश्चित करने के लिए अत्यंत महत्वपूर्ण हैं। हम आपको पुनः आश्वस्त करते हैं कि आप जो भी जानकारी हमें प्रदान करते हैं उसे पूरी तरह से गोपनीय रखा जायेगा।

व्यावसायिक इतिहास के बारे में प्रश्नों को पूछने से पहले निम्नलिखित बयान कहे गयें:

हम आपके कार्य इतिहास के बारे में कुछ प्रश्न पूछना चाहेंगे। इन प्रश्नों के उत्तर हमें उस कार्य के प्रकार की तुलना करने में सक्षम करेंगे जो आप पुनः नियुक्ति के बाद कार्यक्षेत्र में प्रवेश करने के समय से कर रहे थे। यह हमें आपके पुनः नियुक्ति के पहले और बाद के कार्यों में आये बदलाव की प्रकृति और सीमा की स्थापना की करने में मदद करेगा। पुनः, यदि आप किसी प्रश्न का जवाब नहीं देना चाहते हैं तो कृपया संकोच न करें। हालाँकि इन प्रश्नों के उत्तर हमारे लिए अत्यंत महत्वपूर्ण हैं। हम आपकी दी हुई जानकारी को गुप्त रखने का आश्वासन देते हैं।

पुनः नियुक्ति के बारे में प्रश्नों को पूछने से पहले प्रश्नावली में निम्नलिखित बयान कहे गयें:

निम्नलिखित प्रश्न आपसे आपकी नौकरी में पुनः नियुक्ति के पहले के और बाद के विभिन्न पहलुओं के बारे में आपकी राय व्यक्त करने के लिए कहते हैं। आपके जवाब हमें आपके कार्य और पारिवारिक स्थिति के विभिन्न पहलुओं पर पड़नेवाले प्रभाव को मापने के लिए मदद करेंगे। हम आपकी निष्पक्ष राय की कदर करते हैं। आश्वस्त रहें कि आपकी प्रतिक्रियाएं पूर्ण रूप से गुप्त रहेंगी।

हैं और फिर अपने उत्तरों को लिख देते हैं। साक्षात्कार अनुसूची और प्रश्नमाला के बीच में केवल एक ही अंतर यह है कि पूर्व वाले में साक्षात्कार करने वाला व्यक्ति प्रश्न पूछता है और यदि आवश्यकता हो तो उनकी व्याख्या करता है, और प्रतिक्रिया देने वालों के उत्तरों को एक साक्षात्कार अनुसूची में रिकॉर्ड करता है, और बाद वाले में प्रतिक्रिया देने वाले व्यक्तियों द्वारा खुद ही उनके उत्तर रिकॉर्ड किए जाते हैं। यह पृथक्करण इन दो तरीकों की शक्तियों तथा कमजोरियों और उनके संबंधित डेटा संग्रहण में उपयोग की दृष्टि से महत्वपूर्ण है।

एक प्रश्नमाला में, चूँकि कोई भी प्रतिक्रिया देने वाले व्यक्तियों को प्रश्नों के अर्थ समझाने के लिए उपस्थित नहीं होता, अतः यह महत्वपूर्ण है कि प्रश्न स्पष्ट तथा समझने में आसान हों। इसके अतिरिक्त, एक प्रश्नमाला की रूपरेखा इस प्रकार से होनी चाहिए कि यह पढ़ने में आसान हो और आंखों को अच्छी लगे और प्रश्नों के क्रम का अनुकरण, करने में आसान हो। एक प्रश्नमाला को वार्तालाप करने के ढंग के अनुसार विकसित किया जाना चाहिए। इसका अर्थ यह है कि प्रतिक्रिया देने वाले व्यक्तियों को यह अनुभव होना चाहिए कि उनसे कोई बात कर रहा है। एक प्रश्नमाला में किसी प्रकार के संवेदनशील प्रश्न या फिर कोई ऐसे प्रश्न,

जिनके उत्तर देने के संबंध में प्रतिक्रिया देने वाले व्यक्ति हिचकिचाहट महसूस करें, को प्रश्न की प्रासंगिकता की व्याख्या करने वाले एक वार्ता प्राक्कथन सहित होना चाहिए। यह एक अच्छा विचार है कि इन कथनों के लिए वास्तविक प्रश्नों से उनको अलग दिखाने हेतु अलग फॉन्ट का उपयोग किया जाए। चित्र 9.4 तथा 9.5 में दिए गए उदाहरण, लेखक द्वारा दो विद्यार्थियों की सहायता से किए गए, एक हाल ही के सर्वेक्षण से लिए गए हैं जो कि उपरोक्त बिंदुओं में से कुछ की व्याख्या करते हैं।

एक प्रश्नमाला के प्रशासन के तरीके

एक प्रश्नमाला को कई प्रकार से प्रशासित किया जा सकता है। आपके द्वारा किये हुये प्रशासन के किसी विशेष तरीके का चयन जनसंख्या का मूल्यांकन करने में सरलता और उसके संबंध में आपके ऊपर पड़ने वाले प्रभाव पर निर्भर करता है कि प्रतिक्रिया देने वाले व्यक्ति आपके अध्ययन में किस प्रकार से भागीदारी करना पसंद करेंगे। वे विभिन्न तरीके, जिस प्रकार से आप एक प्रश्नमाला को प्रशासित कर सकते हैं, नीचे दिए गए हैं:

- **मेल की गई प्रश्नमाला।** जानकारी एकत्र करने का सबसे सामान्य तरीका, संबंधित प्रतिक्रिया देने वाले व्यक्तियों को मेल के द्वारा प्रश्नमालाएँ भेजना है। वस्तुतः, इस तरीके में पहले यह माना जाता है कि आपके पास प्रतिक्रिया देने वाले व्यक्तियों के पते होने चाहिए। पते प्राप्त करना इतना आसान नहीं हो सकता है, अतः इस तरीके से डेटा संग्रहित करने का निर्णय लेने से पहले इस बात को सुनिश्चित करें कि आपके क्षमतावान प्रतिक्रिया देने वाले व्यक्तियों के पते आपके पास उपलब्ध हों। अधिकतर यह एक अच्छा विचार है कि प्रश्नमाला के साथ एक पूर्व भुगतान किया हुआ, अपना पता लिखा हुआ लिफाफा, भेजा जाए, क्योंकि यह प्रतिक्रिया देने की दर को बड़ा सकता है। मेल की गई प्रश्नमाला के साथ एक आवरण पत्र (नीचे देखें) होना चाहिए। इस तरीके के साथ एक मुख्य समस्या प्रतिक्रिया देने की दर कम होने की होती है। अत्यंत कम प्रतिक्रिया देने की दर के मामलों में अध्ययन की जानेवाली जनसंख्या पर परिणामों का लागू होना अत्यंत सीमित होता है।
- **सामूहिक प्रशासन।** प्रश्नमाला को प्रकाशित करने के सर्वोत्तम तरीकों में से एक इस तरीके में किसी निकाय के अंतर्गत बद्ध श्रोताओं, जैसे कि किसी कक्षा में विद्यार्थी, एक कार्यक्रम में हिस्सा लेने वाले कुछ लोग, कार्यक्रम में प्रतिभागी या किसी स्थान पर जमा लोग, को प्राप्त करना होता है। इस तरीके से अत्यंत उच्च प्रतिक्रिया दर सुनिश्चित की जाती है, क्योंकि आप अपने अध्ययन में कुछ ऐसे व्यक्तियों को पाएँगे जो कि इसमें हिस्सेदारी करने से मना कर दें। इसके अतिरिक्त, चूँकि अध्ययन जनसंख्या के साथ आपका एक व्यक्तिगत संपर्क है, अतः आप अध्ययन के उद्देश्य प्रसंग तथा महत्ता की व्याख्या कर सकते हैं, और यदि प्रतिक्रिया देने वाले व्यक्तियों को कुछ प्रश्न हैं, तो उनके स्पष्टीकरण दे सकते हैं। लेखक की यह सलाह है कि अध्ययन के लिए आपके सामने एक बद्ध श्रोतागण होने चाहिए। इस अवसर को न खोएँ– यह डेटा संग्रहण का सबसे त्वरित तरीका है, जो अत्यधिक उच्च प्रतिक्रिया दर सुनिश्चित करता है, और पोस्ट करने में खर्च होने वाले आपके धन को बचाता है।

वेब सर्वेक्षण पद्धति

- **ऑनलाइन प्रश्नमाला।** संचार तकनीकी में प्रगति के साथ आपके शोध प्रश्नों के उत्तरों की प्राप्ति हेतु जानकारी संग्रहण के लिए ऑनलाइन प्रश्नमाला का उपयोग करना एक अत्यंत सामान्य बात हो चुकी है। आप एक प्रश्नमाला का निर्माण उसी प्रकार से करते हैं जैसे कि आप सामान्य तौर पर इस उद्देश्य के लिए निर्मित कार्यक्रम का उपयोग करके करते हैं (अध्याय 8 देखें)। मुख्य अंतर यह है कि व्यक्तिगत रूप से इनको देने, सामूहिक रूप से वितरित करने या व्यक्तिगत रूप से मेल करने के बजाए आप या तो इन प्रश्नमालाओं को वेबसाइट पर डाल देते हैं, या क्षमतावान प्रतिक्रिया देने वाले व्यक्तियों की पहुंच सुनिश्चित करने और उनकी प्रतिक्रिया लेने के लिए, अपने ईमेल में उनको एक लिंक प्रदान करते हैं। इसी तरीके से आप मोबाइल फोन पर भी प्रश्नमालाएँ भेज सकते हैं। एक उचित कार्यक्रम का उपयोग करके आप ऑनलाइन प्रश्नमालाओं के जरिए संग्रहित डेटा का विश्लेषण कर सकते हैं। इससे पहले कि आप डेटा संग्रहण के इस तरीके का उपयोग करें, आपके लिए आपके द्वारा उपयोग में लाई जाने वाली प्रक्रिया तथा कार्यक्रम से परिचित होना अत्यंत महत्वपूर्ण है। ईमेल

करने या मोबाइल फोन पर इनको भेजने के मामलों में आपको प्रतिक्रिया देने वाले व्यक्तियों के ईमेल पते या फ़ोन नंबर संग्रहित करने की आवश्यकता होगी।

- **सार्वजनिक स्थलों पर प्रशासन।** कभी-कभी आप एक प्रश्नमाला को सार्वजनिक स्थलों जैसे शॉपिंग सेंटर, स्वास्थ्य केंद्र, अस्पतालों, विद्यालयों या पब आदि में भी प्रकाशित कर सकते हैं। वस्तुतः ऐसा करना इस बात पर निर्भर करता है कि आप किस प्रकार की अध्ययन जनसंख्या की आकांक्षा कर रहे हैं, और इस प्रकार की अध्ययन जनसंख्या के पाए जाने की संभावना कहां पर है। अधिकतर क्षमतावान प्रतिक्रिया देने वाले व्यक्तियों को अध्ययन के उद्देश्य की व्याख्या तब की जाती है, जब उन तक पहुंचा जाता है, और उसी समय अध्ययन में उनकी भागीदारी के लिए उनसे प्रार्थना की जाती है। थोड़ा-बहुत अधिक समय लेने वाली गतिविधि होने के अतिरिक्त, इस तरीके में सामूहिक रूप से प्रश्नमाला को प्रकाशित करने जैसे सभी लाभ निहित रहते हैं।

साक्षात्कार अनुसूची और एक प्रश्नमाला के बीच में चयन करना

एक प्रश्नमाला तथा साक्षात्कार अनुसूची के बीच में अपनी पसंद को चुनना महत्वपूर्ण है, और इसको समग्रता से ध्यान में रखने की आवश्यकता होती है, क्योंकि इन दोनो तरीकों की शक्तियाँ और कमियाँ, परिणामो की वैधता को प्रभावित कर सकती है। अन्वेषण की प्रकृति और अध्ययन जनसंख्या के सामाजिक-आर्थिक जनसांख्यिकीय लक्षण, इस पसंद के संबंध में निर्णय लेने में केंद्रीय भूमिका निभाते हैं। एक साक्षात्कार अनुसूची और प्रश्नमाला के बीच में चयन करना निम्नलिखित कसौटी पर आधारित होना चाहिए:

- **अन्वेषण की प्रकृति।** यदि अध्ययन ऐसे मुद्दों के विषय में है जिनके विषय में प्रतिक्रिया देने वाले व्यक्ति, अन्वेषण करने वाले व्यक्ति के साथ चर्चा करने में असुविधा महसूस करें, तो एक प्रश्नमाला एक अधिक अच्छा विकल्प साबित होती है, क्योंकि इसमें किसी का नाम जाहिर ना होने का भरोसा होता है। यह कुछ ऐसे मामले हो सकते हैं जिनमें दवाओं के उपयोग, लैंगिकता, अपराधिक गतिविधियों में संलिप्तता और निजी वित्त संबंधी विवरण आदि पर अध्ययन किया जा रहा हो। हालांकि, ऐसी परिस्थितियाँ भी कभी-कभी उत्पन्न होती हैं, जहां पर प्रतिक्रिया देने वाले व्यक्तियों के साक्षात्कार के द्वारा संवेदनशील मुद्दों पर अधिक अच्छी जानकारीएँ प्राप्त की जा सकती है। यह अध्ययन जनसंख्या के प्रकार और साक्षात्कारकर्ता की कुशलता ऊपर निर्भर करता है। आपको इस बारे में खोजने और निर्णय लेने की आवश्यकता है कि आपके अध्ययन और प्रतिक्रिया देने वाले व्यक्तियों के संबंध में कौन सा तरीका अधिक अनुकूल रहेगा।
- **अध्ययन जनसंख्या का भौगोलिक वितरण।** यदि क्षमतावान प्रतिक्रिया देने वाले एक वृहद् भौगोलिक क्षेत्र में फैले हुए हैं, तो आप के पास प्रश्नमाला के उपयोग के अलावा कोई भी अन्य तरीका शेष नहीं रहता, क्योंकि इन परिस्थितियों में साक्षात्कार का आयोजन करना अत्यंत खर्चीला हो जाएगा।
- **अध्ययन जनसंख्या का प्रकार।** यदि अध्ययन जनसंख्या निरक्षर, अत्यधिक कम उम्र की या अत्यधिक वृद्ध, विकलांग आदि है, तो आपके पास प्रतिक्रिया देने वाले व्यक्तियों के साक्षात्कार लेने के अतिरिक्त कोई भी विकल्प शेष नहीं रहता।

प्रश्नमाला के लाभ

एक प्रश्नमाला के निम्नलिखित लाभ होते हैं:

- **यह कम खर्चीली होती है क्योंकि आप प्रतिक्रिया देने वाले व्यक्तियों का साक्षात्कार नहीं ले रहे हैं।** आप अपना समय बचाते हैं और साथ ही मानवीय तथा वित्तीय संसाधनों की भी बचत करते हैं। प्रश्नमाला का उपयोग, इसलिए, परिमाणात्मक रूप से सुविधाजनक तथा सस्ता सिद्ध होता है, विशेष तौर पर तब, जबकि एक अध्ययन जनसंख्या में यह सामूहिक रूप से प्रकाशित किया जाए।
- **यह अनामिता का अधिक लाभ देती है।** चूँकि प्रतिक्रिया देने वाले व्यक्तियों और साक्षात्कार लेने वाले व्यक्ति के बीच में आमने सामने कोई भी बातचीत नहीं होती, अतः यह तरीका अधिक अनामिता की स्थिति प्रदान करता है। कुछ परिस्थितियों में, जहां पर संवेदनशील प्रश्न पूछे जाते हैं, यह तरीका सटीक जानकारी प्राप्त करने की संभाव्यता की वृद्धि करने में सहायक सिद्ध होता है।

एक प्रश्नमाला से संबंधित हानियाँ

यद्यपि प्रश्नमाला से संबंधित कई प्रकार की हानियाँ हैं, परंतु यह नोट करना महत्वपूर्ण है कि इस तरीके का उपयोग करके की गयीं सभी डेटा संग्रहण प्रक्रियाओं में यह हानियाँ प्रतिबिंबित नहीं होती हैं। किसी विशेष हानि की प्रचुरता कई अन्य कारकों पर निर्भर करती है। हालांकि, आपको इन हानियों के डेटा की गुणवत्ता पर पड़नेवाले संभावित प्रभाव को समझने के लिए इस विषय में जागरुक रहने की आवश्यकता है। इनमे से कुछ हानियाँ निम्न प्रकार से दी गई है:

- **लागू होने की सीमित क्षमता।** इसे लागू करने में एक मुख्य हानि यह है कि यह उसी अध्ययन जनसंख्या में लागू की जा सकती है जो कि पढ़ और लिख सकते हैं। यह उन जनसंख्या समूहों में उपयोग में नहीं लाई जा सकती, जहां पर छोटे बच्चे, वृद्ध जन या विकलांग व्यक्ति होते हैं।
- **कम प्रतिक्रिया दर।** प्रश्नमालाएँ अपनी कम प्रतिक्रिया दर के कारण अत्यंत समस्याप्रद मानी जाती है, अर्थात् लोग अक्सर उनको भरकर वापस भेजना सुनिश्चित नहीं कर पाते। यदि आप एक प्रश्नमाला के उपयोग की योजना बना रहे हैं, तो यह ध्यान में रखें कि चूँकि प्रत्येक व्यक्ति प्रश्नमाला को भरकर वापस नहीं भेजेगा, अतः इस प्रभाव के कारण आपके नमूने का आकार कम हो जाएगा। प्रतिक्रिया दर कई कारकों पर निर्भर करती है: अध्ययन से सम्बंधित नमूने में लिए गए सदस्यों की रुचि, प्रश्नमाला की रूपरेखा और उसकी लंबाई, उद्देश्य की व्याख्या करने वाले शब्दों की गुणवत्ता अध्ययन के उद्देश्य तथा उसकी प्रासंगिकता की व्याख्या करने वाले शब्दों और प्रश्नमाला की आपूर्ति करने के लिए उपयोग में लाई गई प्रक्रिया विधि की गुणवत्ता आदि। आपको स्वयं को भाग्यवान समझना चाहिए, यदि आप 50% प्रतिक्रिया दर प्राप्त कर लें, और कभी-कभी तो यह 20% से भी कम हो सकती है। हालांकि, जैसा कि उद्धृत किया गया है, प्रतिक्रिया दर उस समय एक समस्या के रूप में उत्पन्न नहीं होती है, जब एक सामूहिक परिस्थिति के अंतर्गत प्रश्नमाला का प्रशासन किया गया हो।
- **स्वचयनात्मक झुकाव।** चूँकि प्रश्नमाला को प्राप्त करने वाले लोगों में से प्रत्येक व्यक्ति इसको वापस नहीं लौटाता है, अतः इसके कारण एक स्वचयनात्मक झुकाव की स्थिति उत्पन्न हो जाती है। जो लोग प्रश्नमाला को लौटाते हैं, उनके दृष्टिकोण या प्रेरणायें, उन लोगों से भिन्न होते हैं जो कि इनको वापस नहीं लौटा पाते। अतः यदि प्रतिक्रिया दर बहुत कम है, तो पाए गए परिणाम संपूर्ण अध्ययन जनसंख्या का सही ढंग से प्रतिनिधित्व नहीं करते हैं।
- **मुद्दों के स्पष्टीकरण के अवसरों की कमी।** यदि किसी कारण से प्रतिक्रिया देने वाले व्यक्ति कुछ प्रश्नों को नहीं समझ पाते हैं, तो उनके पास उनके अर्थ के स्पष्टीकरण के लिए कोई भी अवसर विद्यमान नहीं होता है, जब तक कि वह शोधार्थी से संपर्क ना करें (जो कि अक्सर नहीं हो पाता)। यदि विभिन्न प्रतिक्रिया देने वाले व्यक्ति, प्रश्नों को भिन्न भिन्न तरीके से समझें, तो यह प्रदान की गई जानकारी की गुणवत्ता को प्रभावित करता है।
- **त्वरित प्रतिक्रियाओं के लिए कोई अवसर ना होना।** मेल की गयीं प्रश्नमालाएँ तब अनुचित होती है, जब कि त्वरित प्रतिक्रियाओं की आवश्यकता होती है, क्योंकि अधिकतर प्रतिक्रिया देने वाले व्यक्ति, उत्तर देने से पहले, संपूर्ण प्रश्नमाला पर एक नजर डालते हैं। यह उनको उत्तर देने से पहले, मन में उपस्थित उत्तर को देने के लिए समय उपलब्ध कराता है, जिसके कारण इस समय में, वह अपने कुछ प्रश्नों के उत्तर परिवर्तित कर सकते हैं।
- **किसी प्रश्न के विषय में दी गई प्रतिक्रिया अन्य प्रश्नों के विषय में दी गई प्रतिक्रियाओं से प्रभावित हो सकती है।** चूँकि उत्तर पढ़ने से पहले प्रतिक्रिया देने वाले सभी प्रश्नों को पढ़ सकते हैं (जो कि अक्सर होता है), अतः किसी प्रश्न विशेष के संबंध में उत्तर देने का तरीका, उनके अन्य प्रश्नों के विषय में ज्ञान से प्रभावित हो सकता है।
- **अन्य लोग उत्तरों को प्रभावित कर सकते हैं।** मेल की गयीं प्रश्नमालाओं के संबंध में प्रतिक्रिया देने वाले, प्रतिक्रिया देने से पहले, अन्य लोगों के साथ सलाह मशवरा कर सकते हैं। जिन परिस्थितियों में अन्वेषण करने वाला व्यक्ति केवल अध्ययन जनसंख्या के मतों के बारे में पता करना चाहता है, उन परिस्थितियों में यह तरीका अनुचित होता है। यद्यपि प्रतिक्रिया देने वाले व्यक्तियों से उनके अपने मतों को अभिव्यक्त करने की प्रार्थना करना, इस विषय में सहायक हो सकता है।

- **किसी प्रतिक्रिया को अन्य प्रकार की जानकारी के साथ जोड़कर नहीं देखा जा सकता।** साक्षात्कार के द्वारा संग्रहित जानकारी, कभी-कभी डेटा संग्रहण के अन्य तरीकों जैसे प्रेक्षण आदि के द्वारा प्राप्त जानकारी से संबंधित करके देखी जा सकती हैं। हालांकि, एक प्रश्नमाला में यह लाभ नहीं मिलता।

साक्षात्कार के लाभ

- **जटिल परिस्थितियों के लिए अधिक उचित।** जटिल तथा संवेदनशील क्षेत्रों के अध्ययन के लिए यह सर्वाधिक उचित तरीका है, क्योंकि साक्षात्कार लेने वाले व्यक्ति के पास संवेदनशील प्रश्नों को पूछने से पहले प्रतिक्रिया देने वाले व्यक्ति को तैयार करने और जटिल प्रश्नों को उसे व्यक्तिगत रूप से समझाने के अवसर सदैव विद्यमान रहते हैं।
- **गहन जानकारी को एकत्र करने में उपयोगी होना।** एक साक्षात्कार की परिस्थिति में पूछताछ की प्रक्रिया के द्वारा अन्वेषण करने वाले व्यक्ति के लिए गहन जानकारी प्राप्त करना संभव होता है। अतः उन परिस्थितियों में, जहां पर गहन जानकारी प्राप्त की जानी आवश्यक होती है, डेटा संग्रहण के लिए साक्षात्कार लेना एक पसंदीदा विधि है।
- **जानकारी को जोड़कर देखा जाना।** प्रेक्षण तथा गैर मौखिक प्रतिक्रियाओं से प्राप्त जानकारी को साक्षात्कार लेने वाला व्यक्ति जोड़ कर देख सकता है, जोकि प्रतिक्रियाओं से प्राप्त होती है।
- **प्रश्नों की व्याख्या की जा सकती है।** ऐसा बहुत कम होता है कि एक प्रश्न को समझने में गलतफहमी हो जाए, क्योंकि साक्षात्कार लेने वाला व्यक्ति या तो प्रश्न को पुनः दोहरा देता है या फिर प्रतिक्रिया देने वाले के सामने, प्रश्न को इस प्रकार से रखता है कि वह उसके द्वारा आसानी से समझा जा सके।
- **यह व्यापक तौर पर लागू होने योग्य है।** एक साक्षात्कार को लगभग किसी भी प्रकार की जनसंख्या, बच्चों, विकलांगों, निरक्षर या वृद्ध लोगों के साथ उपयोग में लाया जा सकता है।

साक्षात्कार की हानियाँ

- **बहुत अधिक समय लेने वाला और खर्चीला।** यह विशेष तौर पर तब होता है जब कि क्षमतावान प्रतिक्रिया देने वाले व्यक्ति, एक विस्तृत भौगोलिक क्षेत्र में फैले हुए होते हैं। हालांकि, यदि आपके सामने परिस्थिति कुछ इस प्रकार से हैं कि आप एक ऑफिस, एक अस्पताल या एक ऐसी एजेंसी में साक्षात्कार ले रहे हैं, जहां पर क्षमतावान प्रतिक्रिया लेने वाले, किसी सेवा को पाने के लिए आ रहे हैं, तब उस प्रकार की व्यवस्था में उनका साक्षात्कार करना, कम खर्चीला और कम समय लेने वाला हो सकता है।
- **डेटा की गुणवत्ता वार्तालाप की गुणवत्ता पर निर्भर करती है।** एक साक्षात्कार में साक्षात्कार लेने वाले व्यक्ति तथा देने वाले व्यक्ति के बीच में वार्तालाप की गुणवत्ता, प्राप्त होने वाली जानकारी की गुणवत्ता को प्रभावित करने की संभावना रखती है। इसके अतिरिक्त, क्योंकि प्रत्येक साक्षात्कार में वार्तालाप अलग अलग प्रकार से होता है, अतः विभिन्न साक्षात्कारों से प्राप्त जानकारी वृहद् तौर पर भिन्नताएँ रख सकती हैं।
- **डेटा की गुणवत्ता, साक्षात्कार लेने वाले व्यक्ति की गुणवत्ता पर निर्भर करती है।** एक साक्षात्कार की स्थिति में उत्पन्न हुए डेटा की गुणवत्ता साक्षात्कार लेने वाले व्यक्ति के अनुभव, कुशलता और वचनबद्धता से प्रभावित होती है।
- **डेटा की गुणवत्ता में उस समय भिन्नता उत्पन्न हो सकती है जब कई साक्षात्कार लेने वाले व्यक्ति साक्षात्कार संचालित करते हैं।** कई साक्षात्कार लेने वाले व्यक्तियों को अध्ययन में लगाना, पिछले दो बिंदुओं में पहचानी गई समस्याओं को वर्धित कर सकता है।
- **शोधार्थी के झुकाव की संभावना।** एक साक्षात्कार की परिस्थिति में शोधार्थी के, या तो प्रश्नों के निर्माण में और/या प्रतिक्रियाओं के अर्थ समझने को लेकर झुकाव से प्रभावित होने की संभावना सदैव रहती है। यदि साक्षात्कार, एक व्यक्ति अथवा कई व्यक्तियों के द्वारा संचालित किए जाएँ, और वे अवैतनिक या स्वयंसेवी प्रकृति के हों तो यह भी संभव है कि शोधार्थी के अतिरिक्त, ये व्यक्ति प्रतिक्रियाओं के अर्थ समझने के

तरीके में झुकाव प्रदर्शित कर सकते हैं, प्रतिक्रिया श्रेणियों का चयन कर सकते हैं या प्रतिक्रिया देने वाले व्यक्तियों के द्वारा अभिव्यक्त मतों के सारांश देने के लिए शाब्दिक चयन कर सकते हैं।

आवरण पत्र की विषय-वस्तु

यह एक अनिवार्य बात है कि आप अपने द्वारा मेल की गयी प्रश्नमाला के साथ एक आवरण पत्र लिखें। इसमें आपको अत्यंत संक्षिप्त तौर पर:

- अपना और जिस संस्थान का प्रतिनिधित्व आप करते हैं, उसका परिचय देना चाहिए,
- दो या तीन वाक्यों में अध्ययन के मुख्य उद्देश्य का विवरण देना चाहिए,
- अध्ययन की प्रासंगिकता की व्याख्या देनी चाहिए,
- कुछ सामान्य निर्देशों को संप्रेषित करना चाहिए,
- यह संकेत करना चाहिए कि अध्ययन में भागीदारी स्वैच्छिक है। यदि प्रश्नमाला प्राप्त करने वाला व्यक्ति, प्रश्नमाला पर अपनी प्रतिक्रिया नहीं देना चाहता, तो उसको इसका पूर्ण अधिकार है।
- प्रतिक्रिया देने वाले व्यक्तियों को उनके द्वारा प्रदान की गई जानकारी के लिए नाम न जाहिर होने देने के विषय में भरोसा दिलाना चाहिए।
- यदि उनके कुछ प्रश्न हों तो उन्हें पूछने में सुविधा के लिए अपना संपर्क नंबर प्रदान करना चाहिए
- प्रश्नमाला के लिए वापसी पता और इसकी वापसी के लिए एक अंतिम समय सीमा देनी चाहिए।
- उनको अध्ययन में भागीदारी के लिए धन्यवाद प्रेषित करना चाहिए।

प्रश्नों के प्रकार

जिस विधि के द्वारा आप एक प्रश्न का निर्माण करते हैं (खुले और बंद) और इसके निर्माण में एक साक्षात्कार अनुसूची या प्रश्नमाला के लिए शब्दों का चयन करते हैं, वह अत्यधिक महत्वपूर्ण भूमिका निभाती है, क्योंकि यह आपके प्रतिक्रिया देने वाले व्यक्तियों के द्वारा प्रदान की गई जानकारी के प्रकार तथा उनकी गुणवत्ता को प्रभावित करती हैं। अतः, प्रश्नों की शब्दावली तथा उनके प्रारूप, स्पष्ट, सटीक, उचित, प्रासंगिक और किसी भी तरह की समस्याओं से पूर्ण रूप से मुक्त होने चाहिए, जोकि इस अध्याय के अंत में प्रभावी प्रश्नों का निर्माण भाग में वर्णित की गयी हैं। अतः आपके लिए यह जानना महत्वपूर्ण है कि सामाजिक शोध में सामान्य तौर पर पूछे जाने वाले प्रश्नों के प्रकार और उनकी संबंधित शक्तियाँ तथा कमजोरियाँ क्या हैं। आपको इनके निर्माण में उपयोग में लाई जाने वाली शब्दावली के गुणों के विषय में भी जानने की आवश्यकता है। यह भाग उनके प्रकार, लक्षणों, निर्माण की प्रक्रिया और जिस प्रकार से शब्दों का उपयोग होता है, से जुड़ी सामान्य समस्याओं के विषय से संबंधित है। सामाजिक शोध में दो प्रकार के प्रश्न साधारणतया उपयोग में लाए जाते हैं:

- खुले प्रश्न (मुक्त उत्तर वाले प्रश्न); और
- बंद प्रश्न (सीमित उत्तर वाले प्रश्न)

एक **खुले प्रश्न** में शोध उपकरण में संभावित प्रतिक्रिया श्रेणियाँ नहीं प्रदान की जाती। प्रश्नमाला के मामलों में प्रतिक्रिया देने वाले व्यक्ति अपने शब्दों में उत्तर लिखते हैं, लेकिन साक्षात्कार अनुसूची के मामलों में अन्वेषण करने वाला व्यक्ति या तो प्रतिशब्द के तौर पर या फिर एक सारांश के रूप में उत्तरों को रिकॉर्ड करता है। **बंद प्रश्नों** में संभावित उत्तर, प्रश्नमाला या अनुसूची में रखे जाते हैं और प्रतिक्रिया देने वाले व्यक्ति या अन्वेषण करने वाले व्यक्ति द्वारा उस श्रेणी पर टिक लगाया जाता है जो कि प्रतिक्रिया देने वाले व्यक्ति के उत्तर का सर्वोत्तम ढंग से वर्णन करती है। अधिकतर मामलों में, यह बुद्धिमानी होती है कि किसी प्रतिक्रिया, को सम्मिलित करने के लिए 'अन्य/कृपया व्याख्या करें' आदि श्रेणियाँ डाली जाएँ जो कि सूची में नहीं होती हैं। चित्र 9.6 में दिखाए गए प्रश्न, बंद प्रश्नों के उदाहरण हैं। यही प्रश्न खुले प्रश्नों के तौर पर भी पूछे जा सकते हैं, जैसा कि चित्र 9.7 में दिखाया गया है।

जब यह निर्णय करना हो कि क्या किसी चर के विषय में जानकारी प्राप्त करने के लिए खुले अथवा बंद प्रश्नों का उपयोग किया जाए, तो उत्पन्न की गई जानकारी के उपयोग की योजना कैसे बनाई जाएँ, इस विषय को दृश्य के रूप में कल्पना में लाएँ। यह महत्वपूर्ण है क्योंकि जिस प्रकार से आप प्रश्नों का निर्माण करते हैं, वह प्रतिक्रियाओं के वर्गीकरण के लिए उपयोग में लायी जाने वाली मापन की इकाई का निर्धारण करता है। मापन की इकाई, तदनंतर यह निर्धारित करती है कि डेटा पर किस प्रकार की सांखिकीय प्रक्रियाओं को लागू किया जाना चाहिए, और यह उस तरीके को भी निर्धारित करती है, जिसके तहत जानकारी का विश्लेषण और उनका प्रदर्शन किया जाता है।

सर्वेक्षण के प्रश्न लेखन

आइए अब एक उदाहरण ले जो कि आमदनी चर के विषय में पूछे गए प्रश्नों के विषय में है। बंद प्रश्नों में, आमदनी को गुणात्मक रूप से श्रेणियों, जैसे कि औसत से ऊपर, औसत, औसत से नीचे आदि में रिकॉर्ड किया जा सकता है, या परिमाणात्मक रूप से श्रेणियों, जैसे कि $10000 से नीचे, $10000 से 19999 डॉलर। इत्यादि में वर्गीकृत किया जा सकता है। गुणात्मक तथा परिमाणात्मक श्रेणियों के संबंध में आपका चयन, आमदनी के मापन की इकाई को प्रभावित करता है (गुणात्मक प्रक्रिया में क्रमवाचक पैमाने और परिमाणात्मक प्रक्रिया में आनुपातिक मापन के पैमाने का उपयोग होता है) जो कि अंततः सांख्यिकीय प्रक्रियाओं के लागू होने को प्रभावित करता है। उदाहरण के लिए, आप चित्र 9.6 में दिखाए गए प्रश्न सी (ए) के संबंध में मिली प्रतिक्रियाओं से एक व्यक्ति की औसत आमदनी की गणना नहीं कर सकते, न ही आप आमदनी की मीडियन या मोडल श्रेणियों की गणना कर सकते हैं। प्रश्न सी से संबंधित प्रतिक्रियाओं से आप आमदनी की मोडल श्रेणी की सही ढंग से गणना कर सकते हैं, लेकिन इससे आप मीन या मोडियन आमदनी की गणना नहीं कर सकते (इस प्रकार की गणनायें, अधिकतर कुछ निश्चित अनुमानों के आधार पर की जाती हैं)। चित्र 9.7 में प्रश्न सी की प्रतिक्रियाओं से, जहां पर प्रतिक्रिया देने वाले व्यक्ति की आमदनी को सटीक ढंग से डॉलर में रिकॉर्ड किया गया है, वहां अत्यधिक सटीकता से आमदनी के विभिन्न विवरणों की गणना की जा सकती है। इसके अतिरिक्त, आमदनी पर कोई भी जानकारी किसी भी प्रकार से प्रदर्शित की जा सकती है। एक दिए गए अध्ययन समूह के लिए आप सटीकता से मीन, मीडियन या मोड की गणना कर सकते हैं। यही बात एक खुले प्रश्न की प्रतिक्रिया से प्राप्त अन्य किसी भी जानकारी के बारे में भी सत्य होती है।

बंद प्रश्नों में श्रेणियों को विकसित होने के पश्चात आप उन्हें परिवर्तित नहीं कर सकते; अतः जब आप उनका विकास कर रहे हों, तब आपको उनके विषय में अत्यंत सुनिश्चित होने की आवश्यकता होती है। यदि आप एक खुला प्रश्न पूछ रहें हैं, तो श्रेणियाँ विश्लेषण के समय आप किसी भी स्वरूप में जितनी चाहे उतनी श्रेणियां विकसित कर सकते हैं।

खुले तथा बंद प्रश्नों से संबंधित लाभ तथा हानियाँ

विभिन्न परिस्थितियों में खुले तथा बंद, दोनों प्रकार के प्रश्नों के अपने लाभ और हानियाँ होती हैं। कुछ सीमा तक, इनके लाभ तथा हानियाँ इस बात पर निर्भर करते हैं कि क्या वह एक साक्षात्कार में उपयोग में लाए जा रहे हैं, या फिर एक प्रश्नमाला में, या क्या वह तथ्यों तथा मतों के विषय में जानकारी ज्ञात करने के लिए उपयोग में लाए जा रहे हैं। एक नियम के तौर पर, बंद प्रश्न, तथ्यात्मक जानकारी को प्रकाश में लाने के लिए और खुले प्रश्न मतों, दृष्टिकोण और अनुभूतियों को ज्ञात करने के लिए अत्यंत उपयोगी होते हैं। खुले तथा बंद प्रश्नों का चयन उद्देश्य, जिसके लिए जानकारी के अंशो का उपयोग होना है, अध्ययन जनसंख्या जिनसे जानकारी प्राप्त की जानी है, के प्रकार, परिणामों का संचार करने के लिए प्रस्तावित फॉर्मेट और अध्यायकों के सामाजिक आर्थिक पृष्ठभूमि के अनुसार किया जाना चाहिए।

खुले प्रश्नों के निम्नलिखित लाभ तथा हानियाँ हैं:

- यदि एक अनुभवी साक्षात्कार लेने वाले व्यक्ति के द्वारा साक्षात्कार के समय उपयोग में लाये जाएँ, तो खुले प्रश्न गहन जानकारी प्रदान करते हैं। एक प्रश्नमाला के सन्दर्भ में, खुले प्रश्न अत्यधिक प्रचुर जानकारी प्रदान कर सकते हैं, बस केवल यह सुनिश्चित हो कि प्रतिक्रिया देने वाले व्यक्ति अपने मतों की अभिव्यक्ति के समय सुविधाजनक महसूस करते हैं, और उपयोग में लाई जाने वाली भाषा में प्रवाहमयी ढंग से संवाद करते हों। इसके विपरित, खुले प्रश्नों के विश्लेषण अत्यधिक कठिन होते हैं। शोधार्थी को अधिकतर अन्य प्रक्रियाओं – **विषय वस्तु विश्लेषण** – से डेटा के वर्गीकरण के लिए गुजरना पड़ता है।

चित्र 9.6 बंद प्रश्नों के उदाहरण

ए. उचित श्रेणी में टिक लगा कर अपनी उम्र का संकेत दें।

15 के नीचे □
15 से 19 वर्ष □
20 से 24 वर्ष □

बी. आप अपने वर्तमान वैवाहिक स्थिति का वर्णन किस प्रकार से करेंगे?

विवाहित □
एकल □
डिफेक्टो □
तलाकशुदा □
प्रथक रहने वाले □

सी. आप की औसत वार्षिक आमदनी कितनी है?

$10000 के नीचे □
$10000 से 19999 डॉलर □
$20000 से 29999 डॉलर □
$30000 से 39999 डॉलर □
40000 से ऊपर □

या

सी(ए). आप किस प्रकार से अपनी वार्षिक औसत आमदनी को श्रेणीबद्ध करेंगे?

औसत से ऊपरे □
औसत □
औसत से नीचे □

डी. आपके मत में एक अच्छे प्रशासक के गुण क्या है?

निर्णय लेने में सक्षम होते हैं □
त्वरित निर्णय लेने वाले होते हैं □
सुनने में सक्षम होते हैं □
भेदभाव रहित होते हैं □
अंतर्वैयक्तिक संचार में कुशल होते हैं □
अन्य, कृपया व्याख्या करें

____

____

चित्र 9.7 खुले प्रश्नों के उदाहरण

ए. आपकी वर्तमान आयु क्या है? _________ वर्ष

बी. आप अपने वर्तमान वैवाहिक स्थिति का वर्णन किस प्रकार से करेंगे? _________

सी. आप की औसत वार्षिक आमदनी कितनी है? _________ डॉलर

डी. आपके मत में एक अच्छे प्रशासक के गुण क्या हैं? _________

1 _________

2 _________

3 _________

4 _________

5 _________

- एक प्रश्नमाला में खुले प्रश्न, प्रतिक्रिया देने वाले व्यक्तियों को, स्वयं को मुख्य तौर पर अभिव्यक्त करने का अवसर देते हैं, जिससे जानकारी का एक विविधता भरा भंडार प्राप्त होता है। इसलिए प्रतिक्रिया देने वाले व्यक्तियों को एक सूची में से उत्तर चयन करने के लिए किसी भी प्रकार से अनुकूलित नहीं किया जाता है। मुक्त चयन संबंधी हानि यह है कि एक प्रश्नमाला में कुछ प्रतिक्रिया देने वाले व्यक्ति स्वयं को अभिव्यक्त करने में सक्षम नहीं होते हैं, अतः इसलिए जानकारी लुप्त हो सकती हैं।
- चूँकि खुले प्रश्न प्रतिक्रिया देने वाले व्यक्तियों को स्वयं को अभिव्यक्त करने में स्वतंत्रता प्रदान करते हैं, अतः यह आभासी तौर पर अन्वेषण करने वाले व्यक्ति के झुकाव की संभावना को हटा देते हैं (अन्वेषण करने वाले व्यक्ति का झुकाव, प्रतिक्रिया देने वालों को प्रस्तुत, प्रतिक्रिया स्वरूप के माध्यम से आता है)। इसके विपरित खुले प्रश्नों में साक्षात्कार करने वाले व्यक्ति के किसी विशेष दिशा में झुकाव की अत्यधिक संभावनाएँ होती है।

बंद प्रश्नों के निम्नलिखित लाभ और हानियाँ हैं:

- बंद प्रश्नों की मुख्य हानियों में से एक यह है कि इनके द्वारा प्राप्त जानकारी गहनता और विविधता में कमतर होती हैं।
- अन्वेषण करने वाले व्यक्ति के किसी दिशा में झुकाव की एक अत्यधिक संभावना होती है, क्योंकि शोधार्थी केवल उन्हीं प्रतिक्रिया स्वरूप को ही सूचीबद्ध कर सकते हैं, जिनमें उनकी रुचि है या फिर जो उनके मन में शोध उपकरण का विकास करते समय आते हैं। चाहे 'अन्य' श्रेणियाँ प्रश्नमाला में रखी जाए, अधिकतर लोग सामान्य तौर पर दी गयीं प्रतिक्रियाओं की सूची में से ही प्रतिक्रियाओं का चुनाव करते हैं, अतः पाए गए परिणाम अभी भी शोधार्थी के किसी विशेष दिशा में झुकाव को प्रतिबिंबित कर सकते हैं।
- एक प्रश्नमाला में, दिया गया प्रतिक्रिया स्वरूप या प्रश्न, प्रतिक्रिया देने वाले व्यक्तियों की सूची को अनुकूलित कर सकता है, और इसलिए, दिए गए उत्तर सही मायनो में प्रतिक्रिया देने वाले व्यक्तियों के मतों को प्रतिबिंबित नहीं करते हैं। इसके बजाय, यह शोधार्थी के मत, सहमति और असहमति के स्तर या एक स्थिति के विश्लेषण को प्रतिबंधित कर सकते हैं।
- पहले से बनी बनाई प्रतिक्रियाओं की एक सूची के उत्तर देने की सरलता, प्रतिक्रिया देने वाले व्यक्तियों के मन में एक प्रवृत्ति उत्पन्न कर सकती है और ऐसा साक्षात्कार करने वालों के साथ भी हो सकता है, जिसके अंतर्गत वह किसी मुद्दे के विषय में गहनता से सोचें बिना एक श्रेणी या कुछ श्रेणियों में एक टिक का निशान लगा देते हैं।
- बंद प्रश्न, चूँकि पहले से बनी बनाई श्रेणियाँ प्रदान करते हैं, जिनके अंतर्गत प्रतिक्रिया देने वालों के द्वारा विद्यार्थी के द्वारा पूछे गए प्रश्नों के उत्तर दिए जाते हैं, अतः यह प्रश्न, यह सुनिश्चित करने में सहायता करते हैं कि शोधार्थी द्वारा चाही गई जानकारी प्राप्त कर ली गई है और पाई गई प्रतिक्रियाएँ विश्लेषित करने में भी अधिक आसान है।

प्रभावी प्रश्नों का निर्माण

जिस प्रकार से आप प्रश्न पूछते हैं, वह एक वृहद स्तर पर इस बात को निर्धारित करता है कि आप अपने प्रतिक्रिया देने वाले व्यक्तियों से किस प्रकार की प्रतिक्रियाएँ प्राप्त करने वाले हैं। प्रतिक्रियाओं के रूप में, आपके आउटपुट और उनकी गुणवत्ता आपको प्रतिक्रिया देने वाले व्यक्तियों से पूछे गए प्रश्नों के रूप में एक इनपुट पर निर्भर करती है। आपके प्रश्नों की शब्दावली और उनकी टोन इसलिए अत्यंत महत्वपूर्ण है। आपको इस विषय में सावधान रहना चाहिए कि आप किस प्रकार से प्रश्नों का निर्माण करें। प्रश्नों का निर्माण करते समय मन में रखने के लिए कुछ सुझाव और ध्यान में रखने योग्य बातें निम्नलिखित प्रकार से दी गई है:

- **सदैव साधारण तथा सामान्य जीवन की भाषा का उपयोग करें।** आपके प्रतिक्रिया देने वाले व्यक्ति उच्च स्तर की शिक्षा प्राप्त किए हुए न हों, ऐसा हो सकता है। यदि ऐसा हो भी, तो भी यह हो सकता है कि वह कुछ 'सामान्य' तकनीकी प्रचलित शब्दों के विषय में नहीं जानते हों, जिनके विषय में आप अत्यंत अभ्यस्त हैं। विशेष तौर पर एक प्रश्नमाला में, इस विषय में अतिरिक्त सावधानी रखें कि आप उन शब्दों का उपयोग करना सुनिश्चित करें, जिनको आपके प्रतिक्रिया देने वाले व्यक्ति समझ जाएँगे, क्योंकि बाद में आपके पास उनको प्रश्नों की व्याख्या देने के लिए कोई अवसर नहीं रहेगा। एक पूर्व परीक्षण को यह प्रदर्शित करना चाहिए कि प्रतिक्रिया देने वालों के द्वारा क्या समझा गया और क्या नहीं। उदाहरण के लिए, क्या आपके परिवार में कोई डिप्सोमैनीयेक है? Bailey (1978:100)

इस प्रश्न में कई प्रतिक्रिया देने वाले व्यक्ति, चाहे वह उच्च शिक्षित ही क्यों न हों, डिप्सोमैनीयेक शब्द को नहीं समझेंगे और अतः वह या तो जवाब नहीं देंगे या फिर बिना समझे इस प्रश्न का उत्तर दे देंगे।

- **अस्पष्ट प्रश्नों का उपयोग ना करें।** एक अस्पष्ट प्रश्न वह प्रश्न है जो कि एक से अधिक अर्थ रखता है, जोकि विभिन्न प्रतिक्रिया देने वाले व्यक्तियों द्वारा विभिन्न प्रकार से समझा जा सकता है। इसके कारण परिणामों के रूप में विभिन्न उत्तर प्राप्त होते हैं, जो कि इसे और जानकारी से एक वैध निष्कर्ष प्राप्त करने को असंभव नहीं तो कम से कम कठिन अवश्य बना देते हैं। निम्नलिखित प्रश्न इस समस्या को रेखांकित करते हैं:

  क्या आप का कार्य आपके लिए कठिन हो गया, क्योंकि आप एक बच्चे की मां बनने वाली थी? (Moser और Kalton, 1989:323)

  हाँ ☐ नहीं ☐

सर्वेक्षण में सभी महिलाओं से यह प्रश्न पूछा गया। जो महिलाएँ गर्भवती नहीं थी, उन्होंने 'नहीं' पर टिक किया। 'नहीं' का अर्थ यह था कि वह गर्भवती नहीं थी और जो महिलाएँ गर्भवती थीं और जिन्होंने 'नहीं' पर टिक किया, उनकी इस प्रतिक्रिया से अर्थ यह निकला कि गर्भावस्था की स्थिति से उनके कार्य में कठिनता नहीं उत्पन्न हुई। इस प्रश्न में अन्य अस्पष्टताएँ भी थीं। यह कार्य के प्रकार और गर्भावस्था की अवस्था को विशेष तौर पर अभिव्यक्त नहीं करता।

क्या आप अपनी कैंटीन से संतुष्ट हैं? (Moser और Kalton, 1989:319)

यह प्रश्न भी अस्पष्ट है, क्योंकि यह प्रतिक्रिया देने वाले व्यक्तियों से कैंटीन के उन पहलूओं का संकेत करने के विषय में नहीं पूछता, जिन के विषय में वह संतुष्ट अथवा असंतुष्ट हो सकते हैं। यह पहलु सेवा, कीमतों, भौतिक सुविधाओं, स्टाफ के व्यवहार या भोजन की गुणवत्ता इत्यादि से जुड़े हो सकते हैं। प्रतिक्रिया देने वाले व्यक्तियों के मन में, जबकि वह इस प्रश्न का उत्तर दे रहे हो, इन सभी पहलुओं में से कोई ना कोई बात हो सकती है। या फिर इस प्रश्न में भिन्न प्रकार से शब्द रखे जाने चाहिए थे। उदाहरण के लिए, 'समग्र रूप से, क्या आप अपनी कैंटीन के विषय में संतुष्ट हैं?

- **द्विस्तरीय प्रश्नों को ना पूछें।** द्विस्तरीय प्रश्न एक ऐसा प्रश्न है जिसके अंदर एक और प्रश्न निहित होता है। इस प्रकार के प्रश्न के साथ एक मुख्य समस्या यह है कि एक व्यक्ति यह नहीं जान पाता है कि किस

प्रश्न का उत्तर प्रतिक्रिया देने वाले व्यक्ति द्वारा दिया गया है। कुछ प्रतिक्रिया देने वाले प्रश्न के दोनों भागों के उत्तर देते हैं, और अन्य इनमें से कुछ किसी एक का ही उत्तर दे पाते हैं।

अपनी प्रत्येक यात्रा में आप कितना समय गुजारते हैं और ऐसा अप कितने बार करते हैं?

यह प्रश्न पश्चिमी ऑस्ट्रेलिया में एक सर्वेक्षण के दौरान, एक अस्पताल में बच्चों के देखभाल की सेवा की आवश्यकता के निर्धारण हेतु किया गया था। इस प्रश्न के दो भाग है: आप कितनी बार यात्रा करते हैं और प्रत्येक यात्रा में आप कितना समय लगाते हैं। इस प्रकार के प्रश्न में कुछ प्रतिक्रिया देने वाले पहले भाग का उत्तर दे सकते हैं, जबकि अन्य दूसरे भाग का और कुछ अन्य दोनों भागों के उत्तर दे सकते हैं। संयोग से यह प्रश्न भी अस्पष्ट है, जिसके कारण यह समय की अवधि के सन्दर्भ में 'कितने बार जाते हैं' इस प्रश्न का उत्तर नहीं देता है। क्या यह एक सप्ताह, एक पखवाडा, एक माह या एक वर्ष है?

क्या आपके संभाग में प्रजातीय अल्पसंख्यकों और महिलाओं के लिए कोई विशेष नियुक्ति नीति है? (Bailey, 1978:97)

यह प्रश्न एक द्विस्तरीय प्रश्न है, जिसमें यह प्रतिक्रिया देने वाले व्यक्तियों से यह संकेत करने को कहता है कि क्या उनके कार्यालय में दो जनसांख्यिकीय समूहों, प्रजातीय अल्पसंख्यकों और महिलाओं के लिए कोई विशेष नियुक्ति नीति है? एक 'हाँ' प्रतिक्रिया का अर्थ, आवश्यक रूप से यह नहीं होता है कि इस कार्यालय में दोनों समूहों के लिए एक विशेष युक्ति नीति है।

- **दिशा देने वाले प्रश्नों को न पूछें।** दिशा देने वाले प्रश्न, वह प्रश्न हैं, जो कि अपनी विषय-वस्तु, प्रारूप और शब्दावली के कारण एक प्रतिक्रिया देने वाले व्यक्ति को किसी विशेष दिशा में उत्तर देने के लिए प्रेरित कर देते हैं। इस प्रकार के प्रश्न अनुमान के आधार पर तैयार किए जाते हैं। और यह प्रतिक्रिया देने वाले व्यक्तियों को या तो सकारात्मक व नकारात्मक उत्तर देने हेतु प्रेरित करते हैं।

  बेरोजगारी बढ़ रही है, क्या ऐसा नहीं हो रहा है?

  धूम्रपान करना बुरा है, क्या ऐसा नहीं है?

  पहली समस्या यह है कि यह प्रश्न न होकर केवल कथन है, क्योंकि यह कथन सुझाता है कि 'बेरोजगारी बढ़ रही है' और 'धुम्रपान बुरा है', प्रतिक्रिया देने वाले यह महसूस करते हैं कि, प्रश्न करने वाले व्यक्ति से असहमत होने को गलत समझा जा सकता है, विशेष तौर पर यदि वह अनुभव करें कि शोधकर्ता एक प्राधिकृत व्यक्ति है, और यह कि यदि वह कह रहा हो/ रही हो कि बेरोजगारी बढ़ रही है या धूम्रपान बुरा है, तो ऐसा ही होना चाहिए। यह अनुभूति कि यह एक 'सही' उत्तर है लोगों को उनकी वस्तुस्थिति के सापेक्ष, विरोधाभासी तरीके से प्रतिक्रिया देने के लिए 'बलपूर्वक' बाध्य कर सकता है।

- **ऐसे प्रश्न न पूछे जो कि पूर्वानुमान पर आधारित हों।** इस प्रकार के प्रश्नों में शोधार्थी यह मान लेते हैं कि प्रतिक्रिया देने वाले व्यक्ति, एक विशेष श्रेणी से सम्बन्ध रखते हैं, और इसी अनुमान के आधार पर वह उनसे जानकारी प्राप्त करने का प्रयास करते हैं।

  आप एक दिन में कितनी सिगरेट पी जाते हैं? (Moser और Kalton, 1989:325)

  आप किस प्रकार के गर्भनिरोधकों का उपयोग करते हैं?

  यह दोनों प्रश्न बिना इस बात को निर्धारित किए हुए पूछे गए थे कि 'क्या प्रतिक्रिया देने वाले व्यक्ति धूम्रपान करते हैं' या 'वह काम क्रिया में सक्रिय हैं या नहीं'। इस प्रकार की परिस्थितियों में महत्वपूर्ण होता है की सबसे पहले यह निर्धारित किया जाए कि क्या एक प्रतिक्रिया देने वाला व्यक्ति उस श्रेणी में विद्यमान है, जिसमें आप शोध कर रहे हों?

परिमाणात्मक शोध में एक शोध उपकरण का निर्माण करना

एक शोध उपकरण अथवा उपकरण का निर्माण एक शोध परियोजना का अत्यधिक महत्वपूर्ण पहलू होता है। क्योंकि आप परिणामों या निष्कर्षों के माध्यम से जो कुछ भी कहते हैं, वह उस जानकारी पर निर्भर करता है, जिसको आप संग्रहित करते हैं और जो डेटा आप संग्रहित करते हैं वह संपूर्ण रूप से उन प्रश्नों पर निर्भर करता है जो कि आप प्रतिक्रिया देने वाले व्यक्तियों से पूछते हैं। कंप्यूटरों के बारे में एक प्रसिद्ध उक्ति 'गारबेज इन गारबेज आउट' डेटा संग्रहण पर भी लागू होती है। शोध उपकरण एक अध्ययन के लिए इनपुट प्रदान करते हैं और इसलिए आउटपुट की गुणवत्ता और उसकी वैधता, परिणाम आदि पूर्ण रूप से इस पर निर्भर करते हैं।

इसकी अत्यधिक महत्ता के बावजूद, लेखक की ज्ञान की सीमाओं के अंतर्गत, शुरुआत करने वाले शोधार्थियों के लिए इस विषय में कोई भी विशिष्ट मार्गदर्शक तत्व विद्यमान नहीं हैं कि 'एक शोध उपकरण को कैसे निर्मित करें'। विद्यार्थियों को इसे अपने शोध पर्यवेक्षक के मार्गदर्शन में सीखने के लिए छोड़ दिया गया है। नीचे दिए गए मार्गदर्शक तत्व, शुरुआत करने वाले शोधार्थियों के लिए विशेष तौर पर, एक वृहद तरीके को रेखांकित करते हैं। इसमें अंतर्निहित सिद्धांत आपके द्वारा उपयोग में लाए जाने वाले उपकरण की वैधता सुनिश्चित करता है, इस प्रकार से कि आप अपनी प्रतिक्रिया देने वालों से जो भी प्रश्न पूछ रहे हैं, वह आपके अध्ययन के उद्देश्यों से सीधे तौर पर संबंध रखते हों। अतः साफ तौर पर बताए जाने वाले उद्देश्य, शोध प्रश्न और परिकल्पनाएँ आपके शोध उपकरण की वैधता को सुनिश्चित करने में एक अत्यंत महत्वपूर्ण भूमिका निभाते हैं, क्योंकि सुझाए गए तरीके में, प्रत्येक प्रश्न में निहित उपकरण इनसे ही उत्पन्न हुआ होता है। यह सुझाव दिया जाता है कि एक शुरुआत करने वाले शोधार्थी को शोध उपकरण के विकास के समय निम्नलिखित तरीकों को अपनाना चाहिए:

चरण 1 यदि आपने यह पहले नहीं किया है तो सभी विशिष्ट उद्देश्यों, शोध प्रश्नों और परिकल्पनाओं में यदि कोई ऐसे हैं, जिनका परीक्षण किया जाना हो, को साफ तौर पर वर्णित करें, और इनको अलग-अलग सूचीबद्ध करें।

चरण 2 प्रत्येक उद्देश्य, शोध प्रश्न या परिकल्पना के लिए सभी संबंधित प्रश्नों को सूचीबद्ध करें, जिनके उत्तर आप अपने अध्ययन के द्वारा पाना चाहते हैं।

चरण 3 प्रत्येक प्रश्न को लें, जिन्हें आपने चरण दो में पहचाना है, और इनके उत्तर देने के लिए आवश्यक जानकारी को सूचीबद्ध करें।

चरण 4 उन प्रश्नों का निर्माण करें, जिनको आप अपनी प्रतिक्रिया देने वाले व्यक्तियों से आवश्यक जानकारी प्राप्त करने हेतु पूछना चाहते हैं।

उपरोक्त प्रक्रिया में आप यह पाएँगे कि कई प्रकार के प्रश्नों के लिए एक ही प्रकार की जानकारी आवश्यक है, इस प्रकार की परिस्थितियों में वे प्रश्न केवल एक ही बार पूछे जाने चाहिए इस प्रक्रिया को समझने के लिए तालिका 9.1 का अध्ययन करें, जिसके लिए हमने अध्याय 4 में पहले से ही उद्देश्यों के एक सेट का विकास चित्र 4.4 किया है। यहां पर यह ध्यान रखें कि कुछ प्रश्नों से प्रत्येक शोध, उद्देश्य, प्रश्न या परिकल्पना जुड़ी हुई होती है जो कि आप प्रतिक्रिया देने वाले व्यक्तियों से पूछते हैं। अन्य शब्दों में, प्रत्येक प्रश्न को किसी एक उद्देश्य, शोध, प्रश्न या परिकल्पना से जोड़ा जा सकता है, जो आप अपनी प्रतिक्रिया देने वाले व्यक्तियों से पूछते हैं, और यह आपके शोध उपकरण की वैद्यता को प्रवर्धित करता है। अधिकांश समय आपको एक उद्देश्य या शोध प्रश्न के इरादे को संपूर्ण रूप से फलीभूत करने के लिए एक से अधिक प्रश्न पूछने पड़ सकते हैं।

निजी तथा संवेदनशील प्रश्न पूछना

सामाजिक विज्ञानों में कभी-कभी व्यक्ति को इस प्रकार के प्रश्न पूछने पड़ सकते हैं, जो कि निजी प्रकृति के हों कुछ प्रतिक्रिया देने वाले व्यक्ति इस तरीके को आक्रामक पा सकते हैं। इस बात के विषय में जागरुक होना महत्वपूर्ण है, क्योंकि यह तरीका जानकारी की गुणवत्ता को प्रभावित कर सकता है, या साक्षात्कार को ही

समाप्त करने या प्रश्नमालाओं को वापस किए जाने के परिणाम के रूप में सामने आ सकता है। शोधार्थियों ने इस समस्या को हल करने के लिए कई प्रकार की विधियों का उपयोग किया है, लेकिन यह कहना अत्यधिक कठिन है कि कौन सा तरीका सबसे अच्छा है। ब्रेडबर्न और सूडमान (1979:12-13) के अनुसार, सभी प्रकार के आक्रामक प्रश्नों के संदर्भ में, कोई भी डेटा संग्रहण का तरीका, अन्य तरीकों से अधिक उत्कृष्ट नहीं है। यदि कोई व्यक्ति 'फेस वैल्यू' के आधार पर परिणामों को स्वीकार करें, तो कुछ निश्चित परिस्थितियों के अंतर्गत प्रत्येक डेटा संग्रहण का तरीका सर्वोत्तम होता है।

संवेदनशील या आक्रामक प्रश्नों को पूछने के लिए सर्वोत्तम तकनीक के संदर्भ में दो विपरित मत उभरते प्रतीत होते हैं, जो कि उस तरीके पर आधारित हैं, जिस प्रकार से कि एक प्रश्न पूछा जाता है। प्रत्यक्ष या अप्रत्यक्ष प्रत्यक्ष तरीके का एक लाभ यह है कि कोई व्यक्ति इस बरे में निश्चित हो सकता है कि एक सकारात्मक उत्तर सटीक है। जो लोग अप्रत्यक्ष तरीके का समर्थन करते हैं वह इस बात पर विश्वास करते हैं कि प्रत्यक्ष तौर पर प्रश्न पूछना प्रतिक्रिया देने वाले व्यक्तियों को संभावित तौर पर आक्रामक लग सकता है, और इसलिए वह गैर संवेदनशील प्रश्नों के भी उत्तर देने से बचना चाह सकते हैं। अप्रत्यक्ष तरीके से निजी प्रश्नों को पूछने के कुछ तरीके निम्नलिखित प्रकार से दिए गए हैं:

- चित्रों और कार्टून आदि को प्रदर्शित करके
- किसी प्रतिक्रिया देने वाले व्यक्ति को एक वाक्य को पूर्ण करने को कह कर
- प्रतिक्रिया देने वाले व्यक्ति को कुछ कार्डों को छांटने के लिए कहकर जिनमें कुछ कथन लिखे हो
- यादृच्छिक उपकरणों का उपयोग करके

इन विधियों की विस्तृत व्याख्या इस पुस्तक के परिक्षेत्र के बाहर की बात है।

प्रश्नों के क्रम

एक प्रश्नमाला अथवा एक साक्षात्कार अनुसूची में प्रश्नों के क्रम महत्वपूर्ण होते हैं, क्योंकि यह जानकारी की गुणवत्ता और अध्ययन में प्रतिक्रिया देने वाले व्यक्तियों की भागीदारी को लेकर उनकी इच्छा और रुचि को प्रभावित करते हैं। इसके अतिरिक्त, ऐसे दो प्रकार के मत हैं जो कि प्रश्नों के क्रम रखने के सर्वोत्तम तरीके सुझाते हैं। पहला यह है कि प्रश्नों को एक यादृच्छिक क्रम में पूछा जाना चाहिए और दूसरा यह कि इस क्रम को एक तर्क युक्त ढंग से, अध्ययन के उद्देश्य के आधार पर, आगे बढाया जाना चाहिए। लेखक का यह विश्वास है कि दूसरा तरीका अधिक अच्छा है, क्योंकि यह प्रतिक्रिया देने वाले व्यक्ति को धीमे-धीमे अध्ययन की सामान्य विषय वस्तु से प्रारंभ करके जटिल विषय वस्तुओं की ओर आगे बढ़ाकर ले जाता है। यह तरीका प्रतिक्रिया देने वाले व्यक्ति की रुचि को बनाए रखता है, और धीमे धीमे उनको प्रश्नों के उत्तर देने के लिए प्रोत्साहित करते रहता है। हालांकि, यादृच्छिक विधि उन परिस्थितियों में उपयोगी है, जहां पर शोधार्थी प्रतिक्रिया देने वाले व्यक्तियों को किसी मुद्दे के विभिन्न पहलुओं के विषय में सहमति अथवा असहमति अभिव्यक्त करते हुए देखना चाहते हैं। इन मामलों में कथनों को या प्रश्नों को तर्कपूर्ण ढंग से सूचीबद्ध करना, एक प्रतिक्रिया देने वाले व्यक्ति को, शोधार्थी द्वारा अभिव्यक्त कथनों के माध्यम से अनुकूलन प्रदान कर सकता है।

एक शोध उपकरण का पूर्व-परीक्षण

अपने शोध उपकरण का निर्माण करने के पश्चात, चाहे वह एक साक्षात्कार अनुसूची हो या फिर एक प्रश्नमाला हो, यह महत्वपूर्ण है कि यह आप वास्तविक डेटा संग्रहण के लिए इसका उपयोग करने से पहले, इसका प्रेक्षण कर लें। एक शोध उपकरण को पूर्व परीक्षित करना, प्रतिक्रिया देने वाले व्यक्तियों के द्वारा प्रत्येक प्रश्न की समझ की आलोचनात्मक जांच से संबंधित होता हैं। लोगों के एक समूह में, एक पूर्व परीक्षण, आपकी अध्ययन जनसंख्या के समान ही, वास्तविक क्षेत्रीय परिस्थितियों के अंतर्गत किया जाना चाहिए। इसका उद्देश्य डेटा संग्रहण न होकर केवल उन समस्याओं को पहचानना है, जो कि प्रतिक्रिया देने वाले व्यक्तियों को प्रश्नों

तालिका 9.1 शोध उपकरण के निर्माण के लिए मार्गदर्शन परिमाणात्मक शोध एक स्वास्थ्य कार्यक्रम में सामुदायिक प्रतिक्रियात्मकता के मूल्यांकन के लिए एक अध्ययन

उद्देश्य/शोध प्रश्न/ परिकल्पनाएँ चरण 1 →	मुख्य और संबंधित शोध प्रश्न चरण 2 →	आवश्यक सूचना चरण 3 →	प्रश्न चरण 4
1 स्वास्थ्य प्रशासकों आयोजकों सेवा प्रदाताओं और स्वास्थ्य सेवाओं के उपभोक्ताओं के बीच में सामुदायिक प्रतिक्रियात्मकता की अवधारणा की समझ का पता करना	सामुदायिक प्रतिक्रियात्मकता' क्या है? जब लोग 'सामुदायिक प्रतिक्रियात्मकता' का शब्द का उपयोग करें तो इसका अर्थ क्या होता है? →	1 'सामुदायिक प्रतिक्रियात्मकता' का दृष्टिकोण →	प्र.1.1 आप 'सामुदायिक प्रतिक्रियात्मकता' शब्द का उपयोग कब करते हैं? इससे आप का क्या अर्थ है? प्र.1.2 जब आप 'सामुदायिक प्रतिक्रियात्मकता' शब्द का उपयोग स्वास्थ्य सेवाओं की आपूर्ति के संबंध में करते हैं तो आपके मन में क्या छवि आती है? प्र.1.3 आपके मत में 'सामुदायिक प्रतिक्रियात्मकता' के गुण धर्म क्या हैं? प्र.1.4 आपके मत में सामुदायिक विकास और 'सामुदायिक प्रतिक्रियात्मकता' के बीच में क्या अंतर है?
2 स्वास्थ्य सेवाओं की आपूर्ति में सामुदायिक प्रतिक्रियात्मकता को प्रवर्धित करने के लिए आवश्यक रणनीतियों की पहचान करना 3 सामुदायिक प्रतिक्रियात्मकता को प्रवर्धित करने हेतु रणनीतियों की प्रभावशीलता के मूल्यांकन के लिए संकेतकों के एक सेट का विकास करना	स्वास्थ्य प्रशासकों, नियोजकों, सेवा प्रदाताओं और स्वास्थ्य सेवाओं के उपभोक्ताओं के बीच में 'सामुदायिक प्रतिक्रियात्मकता' संबंधी अनुभवों में क्या अंतर है? →	2 व्यवसायिक अवस्था, अर्थात्, स्वास्थ्य प्रशासक, नियोजक, सेवा प्रदाता या उपभोक्ता → 3 उम्र, लिंग, शिक्षा →	प्र.2.1 स्वास्थ्य प्रशासक • नियोजक • सेवा प्रदाता • स्वास्थ्य उपभोक्ता प्र.3.1 आपकी आयु क्या है?............................... प्र.3.2 क्या आप महिला हैं.................. पुरुष हैं.................... प्र.3.3 आपकी उच्चतम शैक्षणिक उपलब्धि, जो आपने प्राप्त की हो, क्या है?..............................

को समझने और उनसे अर्थ निकालने के विषय में हो सकती है। आपका उद्देश्य यह पहचानना है कि प्रश्न में समझ को लेकर और उस तरीके को लेकर कुछ समस्याएँ हैं क्या, जिस प्रकार से प्रश्न की शब्दावली का गठन किया गया है; जिन बातों का यह संचार करता है उनकी उचितता क्या है; क्या विभिन्न प्रतिक्रिया देने वाले व्यक्ति एक प्रश्न को भिन्न भिन्न रूप से समझते हैं और यह स्थापित करने के लिए कि क्या उनकी समझ इससे भिन्न है, जो कि आप उनको कहना चाह रहे हों। यदि समस्याएँ हैं, तो उनको और अधिक स्पष्ट और सटीक बनाने के लिए आपको शब्दों को पुनः परीक्षित करने की आवश्यकता है।

डेटा संग्रहण के लिए पूर्व आवश्यकताएँ

इससे पहले कि आप क्षमतावान प्रतिक्रिया देने वाले व्यक्तियों से जानकारी प्राप्त करना शुरू करें, यह आवश्यक है कि आप उनके निम्न लक्षणों के विषय में सुनिश्चित हो जाए:

- आवश्यक जानकारी बांटने के लिए उनके मन में उत्साह– प्रतिक्रिया देने वाले व्यक्तियों के लिए यह अत्यंत आवश्यक है कि वह आपके साथ जानकारी को बांटने के इच्छुक हों। आपको उनको प्रोत्साहित करने का प्रत्येक प्रयास, साक्षात्कार के समय या प्रश्नमाला के साथ भेजे गए आवरण पत्र और या प्रश्नमाला में दिए गए वार्तालाप कथनों के जरिए, अध्ययन की प्रासंगिकता तथा उसके उद्देश्यों को सामान्य शब्दों में स्पष्ट तौर पर व्याख्या करके करना चाहिए।
- प्रश्नों की स्पष्ट समझ– प्रतिक्रिया देने वाले व्यक्तियों को यह अवश्य समझना चाहिए कि उनसे प्रश्नों के माध्यम से क्या अपेक्षा की जा रही है। यदि प्रतिक्रिया देने वाले किसी प्रश्न को स्पष्ट तौर पर नहीं समझ पाते हैं, तो उनके द्वारा दिए गए दी गई प्रतिक्रियाएँ या तो गलत, या फिर अप्रासंगिक, या निरर्थक हो सकती हैं।
- आवश्यक जानकारी को धारण करना– यह एक पूर्व आवश्यकता है कि प्रतिक्रिया देने वाले व्यक्तियों के पास खोजी जाने वाली जानकारी होनी चाहिए। यह बात उस समय विशेष महत्व की होती है, जब आप एक तथ्यात्मक या तकनीकी जानकारी को खोज रहे होते हैं। यदि प्रतिक्रिया देने वाले व्यक्ति के पास वह आवश्यक जानकारी नहीं हैं, तो वह उनको प्रदान करने में असमर्थ होते हैं।

गुणात्मक शोध में डेटा संग्रहण के तरीके

डेटा संग्रहण के परिमाणात्मक तथा गुणात्मक विधियों के बीच में एक स्पष्ट पृथक्करण करना कठिन तथा अनुचित दोनों होता है, क्योंकि इनके बीच में अधिव्यापन होता है। इनके बीच में मुख्य अंतर उस तरीके के आधार पर किया जाता है, जिसमें इन विधियों को वास्तविक डेटा संग्रहण स्थितियों में लागू किया जाता है। परिमाणात्मक शोध में इन विधियों का उपयोग, प्रतिक्रिया देने वाले व्यक्तियों से पूछे जाने वाले प्रश्नों के मानकीकरण, उनके प्रारूप से दृढ़ता से जुड़ाव, और एक प्रक्रिया का अनुपालन, जो कि परीक्षित और पूर्व निर्धारित है, और प्रक्रिया तथा प्रश्नों की वैद्यता तथा विश्वसनीयता को सुनिश्चित करने की मांग करता है। हांलाकि, डेटा संग्रहण की विधियाँ गुणात्मक शोध में एक ही परिपाटी का अनुकरण करती हैं, जो कि परिमाणात्मक शोध की विधियों के लगभग विपरित है। शब्दावली, क्रम तथा इन प्रश्नों का स्वरूप न तो पूर्व निर्धारित होते हैं, न ही मानकीकृत होते हैं। गुणात्मक विधियाँ शोधार्थी के व्यवहार में प्रारूप और लचीलेपन तथा स्वतंत्रता आदि गुणों को प्रदर्शित करती हैं। जैसा कि पिछले अध्याय में उद्धरित किया गया है, अधिकतर गुणात्मक अध्ययन रूप रेखाएँ प्रक्रिया विधि पर आधारित होती हैं, अर्थात् डेटा संग्रहण की विधि, रूपरेखा का निर्धारण करती हुई प्रतीत होती है। कुछ परिस्थितियों में अध्ययन रूपरेखा को डेटा संग्रहण की विधि से पृथक करना अत्यधिक कठिन हो जाता है। उदाहरण के लिए, गहन साक्षात्कार प्राक्कथन और मौखिक इतिहास, रूप रेखाएँ और डेटा संग्रहण की विधियाँ दोनों ही हैं। यह स्थिति कुछ लोगों को भ्रमित कर सकती है, लेकिन इस अध्याय में इनको विधियों के तौर पर वर्णित किया गया है, न कि रूपरेखा के तौर पर। गुणात्मक शोध में डेटा संग्रहण की की विभिन्न विधियाँ निम्नलिखित तीन श्रेणियों में वर्गीकृत की जा सकती है, यह है:

चित्र 9.8 असंरचित साक्षात्कार के प्रकार

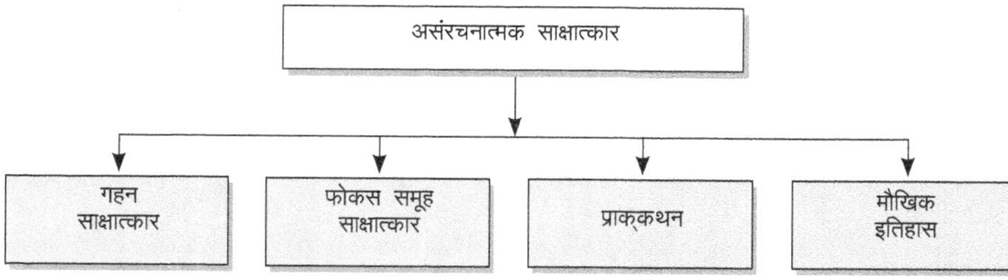

1. असंरचनात्मक साक्षात्कार
2. प्रेक्षण; और
3. द्वितीयक स्रोत

असंरचनात्मक साक्षात्कार

असंरचनात्मक साक्षात्कार लेना गुणात्मक शोध में डेटा संग्रहण का एक अत्यंत सामान्य तरीका है। असंरचनात्मक साक्षात्कार अधिकतर लक्षणों पर आधारित होते हैं, जो कि गुणात्मक शोध के दर्शनों के आधार हैं। यह प्रारूप के संदर्भ में लचीले होते हैं, खोज के संदर्भ में गहन होते हैं, जड़ सीमाओं से मुक्त होते हैं और यदि आवश्यकता हो तो यह अपने पूर्व निर्धारित मार्ग से विचलन करने हेतु स्वतंत्रता रखते हैं। इसके अतिरिक्त यह संरचनात्मक साक्षात्कारों से इस तरीके से भिन्न होते हैं कि इनमें निर्मित डेटा उत्पन्न होता है और इसका विश्लेषण किया जाता है और यह भिन्नता उस ढंग को लेकर होती है, जिसके अनुसार परिणामों को संचारित किया जाता है।

किसी विषय वस्तु तथा प्रारूप में लचीलापन, स्वतंत्रता, सहजता होना असंरचनात्मक साक्षात्कार के सभी प्रकारों के अंतर्गत हुए वार्तालाप का आधार बनती है। यह वार्तालाप एक व्यक्ति से एक व्यक्ति, शोधार्थी और प्रतिक्रिया देने वाले व्यक्ति या सामूहिक शोधार्थी और प्रतिक्रिया देने वाले व्यक्तियों के एक समूह के स्तर पर हो सकते हैं। ऐसे कई प्रकार के असंरचनात्मक साक्षात्कार होते हैं जो कि गुणात्मक शोध में प्रचलित हैं: गहन साक्षात्कार करना फोकस समूह साक्षात्कार प्राक्कथन और मौखिक इतिहास। इनमें से प्रत्येक का नीचे एक संक्षिप्त विवरण दिया गया है। विस्तृत समझ के लिए पाठकों को ग्रंथ सूची में दी गई प्रासंगिक पुस्तकों का अध्ययन करना चाहिए।

गहन साक्षात्कार

गहन साक्षात्कार की सैद्धांतिक नीव उस परंपरा में है, जिसे व्याख्यात्मक परिपाटी के तौर पर जाना जाता है। टेलर और बोगडान (1998:77) के अनुसार, गहन साक्षात्कार करना, शोधार्थी और जानकारी देने वाले व्यक्तियों के बीच में दोहराए जाने वाले आमने सामने के वार्तालाप होते हैं, जो कि उनके जीवन अनुभवों या घटनाओं के उनके अपने शब्दों में अभिव्यक्त किए गए दृष्टिकोणों की समझ की ओर निर्देशित होते हैं। यह परिभाषा गहन साक्षात्कार के दो महत्वपूर्ण गुणों को रेखांकित करती है: यह शोधार्थी और उनके जानकारी प्रदाताओं के बीच एक आमने-सामने के, दोहराए जाने वाले के वार्तालाप को सम्मिलित करता है और इसका उद्देश्य बाद वाले व्यक्ति के दृष्टिकोण को समझना होता है, क्योंकि इस विधि में बार-बार संपर्क स्थापित करना सम्मिलित है, अतः जानकारी प्रदान करने वाले व्यक्ति के साथ एक लंबा समय बिताया जाता है। यह माना जाता है कि शोधार्थी और जानकारी प्रदान करने वाले के बीच घनिष्ठता बढ़ जाएगी और दोनों के बीच में संबंधित समझ और विश्वास का स्तर, अंततः गहन तथा सटीक जानकारी को प्रदान करने में प्राप्त करने में सहायक होगा। इस प्रकार की रूपरेखा में गहन साक्षात्कार लेना अत्यंत सरल होता है।

आप उन व्यक्तियों का चुनाव करते हैं, जिनके विषय में आप यह सोचते हैं कि वह आप को सर्वोत्तम जानकारी प्रदान कर सकते हैं और आप उनके साथ संपर्क, अध्ययन के विभिन्न पहलुओं की व्याख्या करने, उनकी सूचित सहमति भागीदारी हेतु लेने, उनके अपेक्षित जुड़ाव के संबंध में व्याख्या करने और यह निर्णय लेने हेतु करते हैं कि कहां और कब साक्षात्कार लिए जाएँ। आपके द्वारा अपनी प्रतिक्रिया देने वाले व्यक्तियों के साथ की गई चर्चाओं का विस्तृत विवरण रखना अत्यंत महत्वपूर्ण होते हैं। आपको यह निर्णय करने की आवश्यकता है कि आप इन विस्तृत विवरणों को कैसे और कब रिकॉर्ड करने जा रहे हैं, और किस प्रकार से यह रिकॉर्ड की गई सामग्री प्रतिक्रिया देने वाले व्यक्ति को उनकी पुष्टि और जांच हेतु दी जाने वाली है।

फोकस समूह साक्षात्कार

फोकस समूह साक्षात्कार और गहन साक्षात्कार के बीच में केवल एक अंतर यह है कि पहले वाला एक समूह में किया जाता है और दूसरा एक व्यक्ति के साथ किया जाता है। एक फोकस समूह साक्षात्कार में आप लोगों के एक समूह के अनुभवों, अनुभूतियों और समझ की खोज करते हैं, जिनके पास किसी परिस्थिति या घटना के विषय में कुछ एक समान प्रकार के अनुभव होते हैं। उदाहरण के लिए, आप किसी प्रासंगिक समूह में मुद्दों पर खोज कर सकते हैं, जैसे कि घरेलू हिंसा, शारीरिक विकलांगता या ऑस्ट्रेलिया में अनाथालय की खोज आदि। इसका उद्देश्य उन लोगों के अनुभव और मतों का पता लगाना है, जिन्होंने सामूहिक रूप से एक घटना या परिस्थिति का अनुभव किया है। फोकस समूह साक्षात्कार में चर्चा के विषय वस्तुओं के वृहद क्षेत्र पहले से ही या तो शोधार्थी द्वारा या समूह के द्वारा विकसित किए जाते हैं। यह केवल चर्चा के लिए एक वृहद खांचे को प्रदान करने का कार्य करते हैं, जिसका अनुपालन विशिष्ट चर्चा बिंदुओं के विषय में किया जाता है, जो कि चर्चा के दौरान उभरते हैं। फोकस समूह के सदस्य इन मुद्दों के विषय में चर्चा करते समय अपने मतों को अभिव्यक्त करते हैं। शोधार्थी के तौर पर आपको यह सुनिश्चित करने की आवश्यकता है कि जो भी अभिव्यक्त किया जाए अथवा चर्चा में लाया जाए, उसको सटीक ढंग से रिकॉर्ड भी किया जाए। रिकॉर्डिंग के उस तरीके का उपयोग करें जो कि आपको सर्वाधिक अनुकूल प्रतीत होता है। आप चर्चाओं को ऑडियो टेप में रिकॉर्ड कर सकते हैं, किसी और व्यक्ति से इस चर्चा को रिकॉर्ड करने के लिए कह सकते हैं या फिर सत्र के तुरंत बाद आप स्वयं उसको रिकॉर्ड कर सकते हैं। यदि आप चर्चा के समय अपने स्वयं के नोट्स ले रहे हैं तो आपको इस विषय में सावधान रहना चाहिए कि आप किसी महत्वपूर्ण जानकारी को रिकॉर्ड करने से ना चूक जाएँ, क्योंकि उस वक्त आप चर्चा में संलग्न रहते हैं। आपके फोकस समूह से प्राप्त जानकारी को एक उचित आधार प्रदान करने और इसको सही करने, इसकी जांच करने तथा इसकी पुष्टि करने के लिए आप अपने लेख तैयार कर सकते हैं और ऐसा आपको करना चाहिए।

शोध साक्षात्कार

कथन

जानकारी एकत्र करने का कथनात्मक तरीका फोकस समूह की तुलना में कम प्रारूप समावेशित करता है। **कथनों** में लगभग कोई भी पूर्व निर्धारित विषय वस्तु नहीं होती, सिवाय उस विषय वस्तु के, जिसे शोधार्थी किसी व्यक्ति को सुनकर खोजने की कोशिश करते हैं, जो कि अपने जीवन के संबंध में किसी घटना के वृतांत को पुनः उनको बताते हैं। विशिष्ट तौर पर, वह व्यक्ति किसी घटना या परिस्थिति के विषय में अपनी कहानी बताते हैं और आप एक विद्यार्थी के रूप में उसको निष्क्रिय ढंग से सुनते रहते हैं। कभी-कभी ऐसा होता है कि आप व्यक्ति को सक्रिय सुनने की तकनीकों के द्वारा प्रोत्साहित करने की कोशिश करते हैं, अर्थात् आप कुछ शब्दों का उपयोग करते हैं, जैसे 'ओहो', 'हम्म्म', 'हाँ', 'ठीक है' और जिस प्रकार से उचित हो उस प्रकार से सर हिला कर अपनी प्रतिक्रिया देते हैं। आधारभूत ढंग से आप उस व्यक्ति को स्वतंत्र रूप से बिना किसी अवरोध के बात करने देते हैं। कथन उन परिस्थितियों के लिए डेटा संग्रहण के अत्यंत शक्तिशाली तरीके हैं जो कि संवेदनशील प्रकृति की होती हैं। उदाहरण के लिए, आप उन लोगों पर बाल व्याभिचार के प्रभाव के विषय में पता लगाना चाह सकते हैं, जिनको इसका अनुभव हुआ है। एक शोधार्थी के रूप में आप इन व्यक्तियों को उनके अनुभवों को कथनात्मक ढंग से अभिव्यक्त करने के लिए

कहते हैं। आप इन व्यक्तियों को उनके अनुभवों को कथनात्मक ढंग से कहने और वह किस प्रकार प्रभावित हुए हैं यह बताने के लिए कहते हैं। कथनों का एक चिकित्सीय प्रभाव भी हो सकता है; अर्थात् कभी-कभी केवल अपनी कहानी को बताने से ही व्यक्ति को सहज महसूस करने में सहायता मिल सकती है। घटना के संदर्भ में कुछ उपचार करने वाले विशेषज्ञ कथनात्मक उपचार में विशेषज्ञता हासिल करते हैं, लेकिन यहां हम कथन के तरीके से, एक डेटा संग्रहण के तरीके के रूप में संबंधित हैं।

जैसा कि फोकस समूह साक्षात्कार के साथ होता है, आपको एक रिकॉर्डिंग प्रणाली का चयन करने की आवश्यकता होती है, जो कि आपके लिए सर्वोत्तम हो। कथनात्मक सत्र को पूर्ण करने के बाद आपको अपने विस्तृत नोट्स के लेख तैयार करने और प्रतिक्रिया देने वाले व्यक्ति को वापस देने की आवश्यकता होती है ताकि वह इनकी जांच कर सकें।

मौखिक इतिहास

मौखिक इतिहास विधि कथनों की तरह ही, अक्रिय तथा सक्रिय दोनों प्रकार की सुनने की विधियों का उपयोग करती है। मौखिक इतिहास, हालांकि, सामान्यतया किसी ऐतिहासिक घटना या प्रकरण के विषय में सीखने या किसी संस्कृति, परंपराओं और कहानी के विषय में जानकारी को अर्जित करने के लिए उपयोग में लाई जाती हैं, जो पीढ़ी दर पीढ़ी स्थानांतरित होती चली जा रही हैं। कथन विधि किसी व्यक्ति के निजी अनुभव से अधिक संबंधित होती है, जबकि मौखिक इतिहास, ऐतिहासिक, सामाजिक या सांस्कृतिक घटनाओं के विषय में संबंधित होते हैं।

मान लीजिए, आप उन व्यक्तियों के अनुभव के विषय में पता करना चाहते हैं जो कि यूरोप में द्वितीय विश्व युद्ध के पश्चात अपने स्थानों से विस्थापित कर दिए गए/उनमें से कुछ लोगों से बात करने और उनकी कहानियों को प्रकाश में लाने की प्रक्रिया होती है जो युद्ध के बाद उन जीवन अनुभवों के विषय में निष्कर्षों का आधार बन जाती है। या फिर मान लीजिए कि आप 1964 में ग्रामीण तथा टोरस स्ट्रैट आईलैंड के लोगों के जीवन परिस्थितियों के विषय में पता करना चाहते हैं। ऐसा करने के लिए, आप उन व्यक्तियों से बात करेंगे जो कि उस समय अवधि में जीवित थे, और उनसे उस समय के जीवन के विषय में पूछेंगे। असंरचनात्मक साक्षात्कार करने की प्रक्रिया से डेटा संग्रहण करना, उन परिस्थितियों में अत्यंत उपयोगी होता है, जहां पर गहन जानकारी की आवश्यकता होती है, या उस क्षेत्र के विषय में बहुत कम ज्ञात होता है। साक्षात्कार करने वाले व्यक्ति को अनुमन्य लचीलेपन के कारण यह एक अत्यधिक लाभ की स्थिति पैदा करता है, जिसके अंतर्गत वह प्रतिक्रिया देने वाले व्यक्ति से जानकारी को पूछता है, क्योंकि यह अत्यंत प्रचुर जानकारी को प्रकाश में लाने का कार्य करता है।

चूँकि यह गहन जानकारी प्रदान करता है, इसलिए यह तकनीक अधिकतर, शोधार्थियों द्वारा संरचनात्मक शोध उपकरण के निर्माण के लिए प्रयोग में लाई जाती है। इसके विपरित, चूँकि एक असंरचनात्मक साक्षात्कार प्रतिक्रिया देने वाले व्यक्तियों से पूछे जाने वाले विशिष्ट प्रश्नों को सूचीबद्ध नहीं करता है, अतः पूछे गए प्रश्नों की परिमाणात्मकता और प्राप्त प्रतिक्रियाएँ एक समस्या के रूप में सामने आ सकती हैं। चूँकि शोधार्थी साक्षात्कार के दौरान अनुभव अर्जित करता है, अतः प्रतिक्रिया देने वाले व्यक्तियों से पूछे जाने वाले प्रश्न परिवर्तित होते रहते हैं, इसलिए प्रारंभ में जिन लोगों का साक्षात्कार किया गया है, उनसे प्राप्त जानकारी के प्रकार, उन लोगों से बिल्कुल भिन्न होते हैं, जिनका साक्षात्कार अंत में किया जाता है। इसके अतिरिक्त, यह स्वतंत्र अध्ययन में अन्वेषणकर्ता के किसी विशेष दिशा में झुकाव को भी उत्पन्न कर सकता है। डेटा संग्रहण के लिए एक साक्षात्कार मार्गदर्शिका का उपयोग, आपसे एक शोधार्थी के रूप में, एक संरचनात्मक साक्षात्कार के उपयोग की तुलना में बहुत अधिक कुशलता की मांग करता है।

प्रेक्षण

गुणात्मक शोध में डेटा संग्रहण के लिए उपयोग में लाए जाने वाला अन्य तरीका है। परिमाणात्मक तथा गुणात्मक शोध में प्रेक्षण की तकनीक के उपयोग के बीच में अंतर इस बात में निहित है कि क्या प्रेक्षित किया जाना है, कैसे प्रेक्षित किया जाना है और रिकॉर्डिंग और प्रक्रिया के द्वारा उत्पन्न डेटा के विश्लेषण में

निहित लचीलेपन और स्वतंता के स्तर किस प्रकार से हैं। गुणात्मक शोध में आपके पास प्रेक्षण के लिए लगभग कोई भी ढांचा नहीं होता है, और रिकॉर्डिंग को एक वर्णनात्मक और कथनात्मक स्वरूप में किया जाता है। परिमाणात्मक अध्ययन में प्रेक्षण का उपयोग, एक पूर्व निर्धारित ढांचे का अनुकरण करता है, और इस में रिकॉर्डिंग या तो श्रेणीगत ढंग से या एक पैमाने पर की जाती है। आप गुणात्मक शोध में डेटा संग्रहण के एक तरीके के रूप में प्रतिभागी और गैर प्रतिभागी दोनों प्रकार के प्रेक्षण ले सकते हैं। डेटा संग्रहण के एक तरीके के रूप में प्रेक्षण की विषय वस्तु को इस अध्याय के शुरुआती भाग में उचित रूप से स्थान दिया गया है।

कथा अनुशंधान क्या है?

द्वितीयक स्रोत

ऐसे कई स्रोत हैं जो कि आपके गुणात्मक शोध अध्ययन के लिए डेटा प्रदान कर सकते हैं। ये स्रोत इस अध्याय के अंत में चर्चा में लाए गए हैं। इनके उपयोग में एकमात्र अंतर परिमाणात्मक और गुणात्मक शोध के संदर्भ में जानकारी का निचोड़ निकालने, उनका विश्लेषण करने तथा उनको संचारित करने के विषय में है।

गुणात्मक शोध में एक शोध उपकरण का निर्माण करना

गुणात्मक शोध में डेटा को पूर्व निर्धारित प्रश्नों के एक समुच्य के माध्यम से संग्रहित नहीं किया जाता है, बल्कि जांच के विभिन्न क्षेत्रों के विषय में विभिन्न मुद्दों को उठाकर ऐसा किया जाता है। अतः इस प्रकार से ऐसे कोई भी पूर्व निर्धारित प्रश्नों के समूह नहीं होते हैं जो कि आपको अपनी प्रतिक्रिया देने वाले व्यक्तियों से पूछने होते हैं। हालांकि, कई लोग मुद्दों और चर्चा में लाने वाले बिंदुओं की एक अस्थाई सूची का निर्माण कर लेते हैं, जिनके विषय में वे प्रतिक्रिया देने वाले व्यक्तियों से चर्चा करना चाहते हैं या वह उस स्थिति के लिए तैयार रहना चाहते हैं, जो वह चर्चा करना चाहते हैं, और यदि वह विषय चर्चा के दौरान उभर ही नहीं पाया हो। मुद्दों की यह अस्थाई विकसित सूची **साक्षात्कार मार्गदर्शिका** कहलाती है। यह एक शोध उपकरण है जिसका उपयोग गुणात्मक रूप रेखाओं में एक आधार के रूप में किया जाता है। लेखक के मत में, विशेष तौर पर प्रारंभिक शोधार्थियों के लिए यह महत्वपूर्ण है कि वह जांच के क्षेत्रों को ऐच्छिक रूप से समावेशित करने और प्रतिक्रिया देने वाले व्यक्तियों के सन्दर्भ में जानकारी की परिमाणात्मकता को बनाए रखने के लिए एक साक्षात्कार मार्गदर्शिका का विकास अवश्य करें। यहां पर ध्यान रखें कि गहन साक्षात्कार लेना, गुणात्मक शोध में एक अध्ययन रूपरेखा और डेटा संग्रहण का एक तरीका, दोनों ही है, और साक्षात्कार मार्गदर्शिका एक शोध उपकरण है, जिसका उपयोग इस रूपरेखा में डेटा के संग्रहण के लिए किया जाता है। हाल ही में लेखक के द्वारा गहन साक्षात्कार और फोकस समूह प्रक्रिया विधियों के उपयोग के द्वारा, एक अवधारणात्मक सेवा आपूर्ति मॉडल का निर्माण पारिवारिक सुझाव समावेशन तथा जुड़ाव से सम्बंधित बाल सुरक्षा सेवाओं को प्रदान करने से सम्बंधित विषय वस्तु पर एक अध्ययन संचालित किया गया। यह परियोजना एक मॉडल के निर्माण के लिए तैयार की गई थी। जिसका उपयोग क्षेत्र श्रमिकों द्वारा परिवार में बाल सुरक्षा से संबंधित मुद्दों के लिए किया जा सकता है। इसको प्रारंभ करते हुए लेखक ने विभिन्न स्तरो पर कार्य करने वाले स्टाफ सदस्यों और क्लाइंट समूहों के साथ कई गहन साक्षात्कार लिए ताकि वे उन मुद्दों तथा चर्चा के बिंदुओं के विषय में अपने मन में कुछ विचार उत्पन्न कर सकें, जिनको वह स्टाफ तथा क्लाइंट आदि के साथ चर्चा में उठाना महत्वपूर्ण समझते हैं। गहन साक्षात्कार के आधार पर संभावित विषयों तथा मुद्दों की एक सूची तैयार की गई। यह सूची, जो कि साक्षात्कार मार्गदर्शिका है, व्यक्तियों तथा फोकस समूह से आवश्यक जानकारी संग्रहित करने का आधार बन गई, ताकि धारणात्मक मॉडल का निर्माण किया जा सके। फिर भी, फोकस समूहों को सेवा की आपूर्ति से संबंधित किसी भी प्रकार के मुद्दे को उठाने के लिए प्रोत्साहित किया गया और उन परिस्थितियों में, जहां चर्चा से कोई भी निष्कर्ष नहीं निकल पाया, वहां पर चर्चा को निम्नलिखित विषय वस्तुओं के चारों ओर रखा गया, जोकि फोकस समूह और गहन साक्षात्कार के द्वारा उपयोग में लाई जाने वाली साक्षात्कार मार्गदर्शिका का केंद्रीय भाग बनाती थी।

- आप उस समय पारिवारिक संलग्नता और भागीदारी की धारणा से क्या समझते हैं, जब आप एक बच्चे के विषय में निर्णय ले रहे होते हैं ?
- इसमें भागीदारी के स्तर तथा उनकी प्रकृति क्या होनी चाहिए?
- इसकी उपलब्धि किस प्रकार से की जा सकती है?
- आप निर्णय लेने की प्रक्रिया में परिवारों को भागीदार बनाने के लाभों के विषय में क्या सोचते हैं?
- आपके मत में इससे संबंधित हानियाँ क्या है?
- इस धारणा के विषय में आपका मत क्या है?
- परिवार को भागीदार बनाने के लिए एक कृषि श्रमिक क्या कर सकता है?
- किस प्रकार से इस मॉडल की सफलता और असफलता का मापन किया जा सकता है?
- बच्चों को मिलने वाली वर्तमान सेवाओं को यह मॉडल किस प्रकार से प्रभावित कर सकता है? किसी मॉडल के ढांचे के अंतर्गत, सामूहिक रूप से कार्य करने के लिए, स्टाफ को क्या अतिरिक्त प्रशिक्षण दिए जाने की आवश्यकता है?
- मॉडल की प्रभावशीलता के मापन के लिए कौन से संकेतक उपयोग में लाए जा सकते हैं?

यहां पर ध्यान रखें कि इन विषयों में केवल चर्चा के शुरुआती बिंदुओं को सामने रखा गया है, उस परिस्थिति में, जबकि समूह के सदस्य के द्वारा उठाए गए मुद्दे पूर्ण रूप से अनुपस्थित है। समूह के सदस्यों को इस बात के लिए प्रोत्साहित किया गया था कि वह इस अनुभूत मॉडल के संबंध में जो भी वह चाहें, उस बात की चर्चा करें। सभी 'एक से एक' गहन साक्षात्कार और फोकस समूह चर्चाओं को ऑडियो टेप में रिकॉर्ड किया गया, और इनका विश्लेषण इन चर्चाओं में उभरने वाली मुख्य विषय वस्तु की पहचान के लिए किया गया।

द्वितीयक स्रोतों के उपयोग के द्वारा डेटा संग्रहित करना

अभी तक हमने डेटा संग्रहण के प्राथमिक स्रोतों के विषय में चर्चा की है, जहां पर आवश्यक डेटा या तो आप की या किसी और व्यक्ति के द्वारा आपके मन में उपस्थित किसी विशिष्ट उद्देश्य की पूर्ति हेतु किया जाता है। ऐसे कुछ मामले होते हैं जबकि आपके क्षेत्र का डेटा पहले से ही किसी और व्यक्ति के द्वारा संग्रहित किया जाता है या यह पहले से ही किसी संगठन के रिकॉर्ड रखने की प्रक्रिया के भाग के रूप में उपस्थित होता है, और आपको अपने अध्ययन के उद्देश्य की पूर्ति के लिए आवश्यक जानकारी का सार तैयार करने की आवश्यकता होती है। निम्नलिखित सूची संभावित द्वितीयक स्रोतों के विषय में कुछ विचार देती है, जिससे कि श्रेणियों के रूप में समूहबद्ध किया गया है:

- **सरकारी और अर्धसरकारी प्रकाशन** – ऐसे कई सरकारी तथा अर्ध सरकारी संगठन है जो कि नियमित आधार पर जनता तथा रुचि रखने वाले समूहों के सदस्यों के उपयोग के लिए विविध क्षेत्रों के विषय में डेटा का संग्रहण और इसका प्रकाशन करते हैं। कुछ साधारण उदाहरण जनगणना, जीवंत सांखिकीय पंजीकरण, श्रमिक बल सर्वेक्षण, स्वास्थ्य रिपोर्ट, आर्थिकी पूर्वानुमान और जनसांख्यिकीय जानकारी आदि हैं। पूर्व शोध कुछ विषयों के लिए, शोध अध्ययन के एक वृहद क्षेत्र के द्वारा आपको आवश्यक जानकारी मिल सकती है, जो कि पहले से ही अन्य लोगों के द्वारा विकसित किए जा चुके हैं, ।
- **निजी रिकॉर्ड** – कुछ लोग ऐतिहासिक तथा निजी रिकॉर्ड, उदाहरण के लिए डायरी आदि लिखते हैं, जोकि आपको वह जानकारी उपलब्ध करा सकते हैं, जिसकी आपको आवश्यकता है।
- **मास मीडिया** – समाचार पत्रों, पत्रिकाओं, इंटरनेट और अन्य माध्यमों में प्रकाशित रिपोर्ट डेटा के अन्य अच्छे स्रोतों में से कुछ हैं।

शोध अध्ययनों के गुणात्मक परिमाणात्मक और मिश्रित सभी प्रकार के तरीके, डेटा संग्रहण के एक तरीके के रूप में द्वितीयक स्रोतों का उपयोग कर सकते हैं। गुणात्मक शोध में आप अधिकतर वर्णनात्मक और कथनात्मक जानकारी (जैसे एक घटना के ऐतिहासिक वृतांत से प्राप्त जानकारी, विश्वास तथा अंधविश्वास के विषय में एक कहानी के विवरण या किसी क्षेत्र का विवरण) का सार प्राप्त करते हैं। परिमाणात्मक अध्ययन

में जानकारी अधिकतर सांख्यिक या श्रेणी के स्वरूप में निकाली जाती हैं। मिश्रित विधि संबंधी तरीके में यह इस बात पर निर्भर होती हैं कि किस तरीके का उपयोग किया जा रहा है। सभी परिस्थितियों में जहां पर आप द्वितीयक स्त्रोतों का उपयोग करते हैं, आपको पहले यह निर्णय लेने की आवश्यकता है कि आप को किस प्रकार की जानकारी की आवश्यकता है, यह कहां उपलब्ध होगी और इसका सार कैसे प्राप्त किया जाए। यह एक अच्छा विचार हो सकता है कि आप अपनी आवश्यकताओं को सर्वोत्तम तरीके से संतुष्ट करने वाले फॉर्मेट में आवश्यक जानकारी को रिकॉर्ड करने के लिए एक फॉर्मेट का विकास करें।

द्वितीयक स्त्रोतों से संग्रहित किये गये डेटा के साथ जुड़ी समस्याएँ

जब द्वितीयक स्त्रोतों से प्राप्त डेटा का उपयोग किया जाता है, तो आपको सावधान रहने की आवश्यकता होती है, क्योंकि इसकी उपलब्धता, फॉर्मेट और डेटा की गुणवत्ता के साथ कुछ समस्याएँ हो सकती हैं। इन समस्याओं के स्तर, स्त्रोत से स्त्रोत के अनुसार भिन्नता रखते हैं। जब इस प्रकार के डेटा का उपयोग कर रहे हों, तो वह मुद्दे निम्नलिखित प्रकार से हैं जो आपको अपने मन में रखने चाहिए:

- **वैधता और विश्वसनीयता** – स्त्रोत से स्त्रोत पर जानकारी की वैधता अत्यंत भिन्नता रख सकती है। उदाहरण के लिए जनगणना से प्राप्त जानकारी के निजी डायरी से प्राप्त जानकारी की तुलना में अधिक वैध तथा विश्वसनीय होने की संभावना अधिक है।
- **निजी झुकाव** – निजी डायरी, समाचार पत्र और पत्रिकाओं से प्राप्त जानकारी में एक निजी झुकाव संबंधी समस्या हो सकती है, क्योंकि इनके लेखक द्वारा शोध रिपोर्ट से अपेक्षित जानकारी की तुलना में कम गंभीरता और वस्तुनिष्ठता दिखा सकते हैं।
- **डेटा की उपलब्धता** – शुरुआत करने वाले शोधार्थियों के लिए यह मानना बेहद सामान्य बात है कि आवश्यक डेटा उपलब्ध होगा, लेकिन आप इस प्रकार के अनुमान नहीं लगा सकते, और आपको यह अनुमान नहीं लगाने चाहिए, इसलिए यह सुनिश्चित करना महत्वपूर्ण है कि आपके अपने अध्ययन में आगे बढ़ने से पहले आवश्यक डेटा उपलब्ध हो।
- **फॉर्मेट** – द्वितीयक स्त्रोतों से प्राप्त डेटा को उपयोग करने का निर्णय लेने से पहले यह उतना ही महत्वपूर्ण है कि वह उपलब्ध डेटा एक आवश्यक फॉर्मेट में उपलब्ध हो, उदाहरण के लिए यह हो सकता है कि आपको 23-35, 34-48 और इसके बाद की अन्य श्रेणियों में उम्र के संबंध में विश्लेषण करने हैं, लेकिन आप के स्त्रोत में, उम्र को 21-24 25-29 और इसके बाद की अन्य श्रेणियों में वर्गीकृत किया हुआ हो सकता है।

सारांश

इस अध्याय में आप डेटा संग्रहण की विभिन्न विधियों के विषय में सीख चुके हैं। एक परिस्थिति घटना, मुद्दे या लोगों के समूह के विषय में संग्रहित जानकारी या तो प्राथमिक स्त्रोत से या द्वितीयक स्त्रोतों से प्राप्त की जा सकती है। प्राथमिक स्त्रोत वह स्त्रोत हैं, जिनके अंतर्गत आप अध्ययन के विशिष्ट उद्देश्यों की पूर्ति हेतु प्रतिक्रिया देने वाले व्यक्तियों से जानकारी का संग्रहण करते हैं। इनमें साक्षात्कार लेना, प्रेक्षण करना और प्रश्नमाला के उपयोग आदि सम्मिलित हैं। अन्य सभी स्त्रोत जहां पर आवश्यक जानकारी पहले से ही उपलब्ध रहती हैं उनको द्वितीयक स्त्रोतों कहा जाता है, जैसे कि सरकारी प्रकाशन, रिपोर्ट, पहले किए गए शोध आदि। डेटा संग्रहण के तरीकों में परिमाणात्मक तथा गुणात्मक शोध अध्ययन के संदर्भ में एक वृहद् तौर पर अधिव्यापन की स्थिति होती है। इनमे अंतर इस बात में निहित है कि किस प्रकार से जानकारी उत्पन्न की जाती हैं, उनको रिकॉर्ड किया जाता है और उनका विश्लेषण किया जाता है। परिमाणात्मक शोध में जानकारी, अधिकतर मामलों में पूर्व निर्धारित प्रश्नों के एक सेट के माध्यम से उत्पन्न की जाती हैं और या तो प्रतिक्रियाओं को श्रेणीगत फॉर्मेट में रिकॉर्ड किया जाता है या विषय वस्तु विश्लेषण कहलाने वाली प्रक्रिया के माध्यम से विश्लेषण के समय श्रेणियों का विकास किया जाता है। इस प्रकार प्राप्त जानकारी, उसके पश्चात डेटा प्रसंस्करण की प्रक्रिया से गुजरती है और इसे कई प्रकार की सांख्यकीय प्रक्रियाओं से गुजारा जाता है। गुणात्मक शोध में आवश्यक जानकारी प्रश्नों की एक श्रेणी के द्वारा उत्पन्न होती है, जो कि पूर्व निर्धारित तथा

पूर्व शब्दांकित नहीं होती हैं। इसके अतिरिक्त, जानकारी की रिकॉर्डिंग, एक वर्णनात्मक फॉर्मेट में की जाती है, और मुख्य विषय वस्तुओं की पहचान के लिए विषय वस्तु विश्लेषण, विश्लेषण का मुख्य तरीका होता है। संरचनात्मक साक्षात्कार प्रश्नमालाओं का उपयोग और संरचनात्मक प्रेक्षण आदि परिमाणात्मक शोध में डेटा संग्रहण के कुछ सबसे सामान्य तरीके हैं। जबकि गुणात्मक शोध में असंरचनात्मक साक्षात्कार (मौखिक इतिहास, गहन साक्षात्कार और कथन) और प्रतिभागी प्रेक्षण ये प्राथमिक स्त्रोतों से डेटा संग्रहण के मुख्य तरीके हैं।

इंटरनेशनल डेटा अभिलेखागार

डेटा संग्रहण के किसी विशेष तरीके का चयन, जानकारी एकत्र करने के उद्देश्य, एकत्र की जा रही जानकारी के प्रकार, उपलब्ध संसाधन, डेटा संग्रहण के किसी विशेष तरीके के उपयोग से संबंधित आपकी कुशलताओं और आपकी अध्ययन जनसंख्या के सामाजिक-आर्थिक और जनसांख्यिकीय लक्षणों पर निर्भर करता है। प्रत्येक तरीके के अपने लाभ और हानियाँ हैं, और कुछ निश्चित परिस्थितियों के लिए इनमें से प्रत्येक उचित है। डेटा संग्रहण के लिए किसी विशेष तरीके का चयन अपने आप में जानकारी की गुणवत्ता सम्पूर्ण रूप से सुनिश्चित करने के लिए महत्वपूर्ण है, लेकिन डेटा संग्रहण का कोई भी तरीका 100% सटीक जानकारी देने की गारंटी नहीं ले सकता। आपकी जानकारी की गुणवत्ता, कई प्रक्रियाजन्य, परिस्थितिजन्य और प्रतिक्रिया देने वाले व्यक्तियों से संबंधित कारकों पर निर्भर करती है, और शोधार्थी के रूप में आपकी कुशलता डेटा संग्रहण की प्रक्रिया में या तो उनका नियंत्रण करने या फिर इनको कम करने में निहित है।

विभिन्न परिस्थितियों के लिए खुले तथा बंद प्रश्नों का उपयोग उचित हैं। इन दोनों की ही अपनी शक्तियाँ तथा कमजोरियाँ हैं, और इनके विषय में आपको जागरुक रहना चाहिए ताकि आप इनका समुचित तौर पर उपयोग कर सकें।

शोध उपकरण का निर्माण, किसी भी शोध संबंधी कार्य के लिए सबसे महत्वपूर्ण पहलू होता है क्योंकि यह उस जानकारी की प्रकृति और गुणवत्ता को निर्धारित करता है, जिसको आप एकत्रित करते हैं। यह आप के अध्ययन के लिए इनपुट के तौर पर कार्य करता है और इसका आउटपुट, आपके निष्कर्षों की प्रासंगिकता तथा सटीकता संपूर्ण रूप से इस पर निर्भर करती है। एक शोध उपकरण परिमाणात्मक अध्ययन में आपके अध्ययन के उद्देश्यों के प्रकाश में विकसित किए जाने चाहिए। इस अध्याय में सुझाए गए तरीके यह सुनिश्चित करते हैं कि एक उपकरण में प्रश्नों का आपके उद्देश्यों से सीधे तौर पर जुड़ाव हो। आपके प्रश्नों की शब्दावली कई प्रकार की समस्याओं को जन्म देती है और आपको अपने प्रश्नों के निर्माण के समय इनको दिमाग में रखना चाहिए। गुणात्मक शोध में आप शोध उपकरण का विकास नहीं करते हैं, लेकिन यह सुझाव देने योग्य बात है कि आप जिन क्षेत्रों को समावेशित करना चाहते हैं, उनके विषय में एक सैद्धांतिक ढांचे का विकास कर लें, और इसमें अपने प्रतिक्रिया देने वाले व्यक्तियों से डेटा संग्रहण के दौरान नए क्षेत्रों के उभरने की स्थिति में पर्याप्त रिक्त स्थान प्रदान करना भी सुनिश्चित करें।

आपके सोचने के लिए

- इस अध्याय की शुरुआत में दिए गए शब्दों से स्वयं को पुनः परिचित करवाएँ और यदि आप इनके अर्थ या इनमें से किसी के लागू होने के विषय में अनिश्चित हैं, तो इस अध्याय से आगे बढ़ने से पहले एक बार उनको अवश्य देखें।
- अपनी स्वयं की शिक्षण क्षेत्र से दो या तीन उदाहरणों की पहचान करें, जहां पर साक्षात्कार की अपेक्षा एक प्रश्नमाला का उपयोग करना परिमाणात्मक रूप से अधिक अच्छा तरीका होगा, और फिर इस प्रक्रिया को उलटे तौर पर करें।
- ऐसी तीन परिस्थितियों पहचान करें, जहां पर खुले प्रश्नों का उपयोग करना परिमाणात्मक रूप से अच्छा होगा और तीन ऐसी परिस्थितियों की जहां पर बंद प्रश्नों का उपयोग अधिक उपयोगी सिद्ध हो सकता है।
- परिमाणात्मक तथा गुणात्मक शोध में डेटा संग्रहण के तरीकों के बीच में वृहद् तौर पर अधिव्यापन की स्थिति होती है इसके बावजूद यह भिन्न होते हैं। ऐसे कुछ कारकों को सूचीबद्ध करें, जो कि इनमे अंतर स्थापित करते हैं।

चूँकि आप इस अध्याय को पढ़ चुके हैं, अतः अब निम्न प्रश्नों के उत्तर देने का प्रयास करें।

- परिमाणात्मक शोध में डेटा संग्रहण के विभिन्न तरीकों को सूचीबद्ध करें।
- उन समस्याओं के विवरण दें जो कि डेटा की गुणवत्ता को प्रेक्षण के द्वारा संग्रहण में प्रभावित कर सकती है।
- डेटा संग्रहण के लिए प्रश्नमाला बनाम साक्षात्कार लेने की प्रक्रियाओं के लाभ तथा हानियाँ की तुलना करें।
- प्रश्नों के विभिन्न स्वरूप क्या है और इनके संबंधित लाभ और हानियाँ क्या है?
- एक प्रश्नमाला का निर्माण करते समय आपको कौन सी बातें ध्यान में रखनी चाहिए?
- परिमाणात्मक शोध में प्रतिक्रिया देने वाले व्यक्तियों से जानकारी एकत्रित करने के लिए सामान्य तौर पर उपयोग में लाए जाने वाले विभिन्न तरीकों के विस्तृत विवरण दें।
- डेटा संग्रहण के परिमाणात्मक तथा गुणात्मक तरीकों की चर्चा करें, जिनके उपयोग मिश्रित विधि के अंतर्गत कर सकते हैं।

10

दृष्टिकोणात्मक पैमाने के उपयोग से डेटा संग्रहण

इस अध्याय में आप निम्नलिखित तथ्यों के बारे में जानेंगे

- दृष्टिकोणात्मक पैमाने क्या हैं और इनका उपयोग किस प्रकार से किया जाए
- परिमाणात्मक शोध में दृष्टिकोणात्मक पैमानों के कार्य
- एक दृष्टिकोणात्मक पैमाने को विकसित करने में आने वाली कठिनतायें और इनको पार करने के तरीके
- विभिन्न प्रकार के दृष्टिकोणात्मक पैमाने और इनका उपयोग कब किया जाए
- दृष्टिकोणात्मक और मापन पैमानों के बीच में संबंध
- गुणात्मक शोध में दृष्टिकोणों को खोजने के तरीके

महत्वपूर्ण शब्द

दृष्टिकोणात्मक पैमाने, दृष्टिकोणात्मक प्राप्तांक, दृष्टिकोणात्मक मूल्य, दृष्टिकोणात्मक भार, संचयी पैमाना, समान प्रतीत होने वाला अंतराल पैमाना, गटमैन पैमाना, अंतराल पैमाना, लिकेर्ट पैमाना, नकारात्मक कथन, तटस्थ मद, अविशेषक मद, सांख्यिक पैमाना क्रमवाचक पैमाना, सकारात्मक कथन, आनुपातिक पैमाना, कुल रेटिंग पैमाना, थरस्टोन पैमाना

इस अध्याय के अंत में आपको निम्नलिखित की समझ हो जाएगी

- सामाजिक शोध में दृष्टिकोणात्मक पैमानों के प्रकार और इन का निर्माण किस प्रकार से किया जाए
- प्रत्येक पैमाने की शक्तियाँ और कमजोरियाँ
- दृष्टिकोणात्मक पैमाने और मापन पैमानों से इनके संबंध
- गुणात्मक विधियों के माध्यम से व्यवहारों का मापन

परिमाणात्मक तथा गुणात्मक शोध में दृष्टिकोणों का मापन

सामाजिक शोध में एक अत्यंत सामान्य परंपरा, विभिन्न परिस्थितियों, मुद्दों, स्थितियों, नीतियों, समस्याओं या अन्य किसी भी विषय वस्तु के विषय में लोगों के दृष्टिकोणों का अन्वेषण करने के संबंध में होती हैं, जो कि रुचिप्रद हो, और/या दैनंदिन जीवन में हमसे संबंध रखती हो। दृष्टिकोण संबंधी पैमानों की महत्ता, हमारी उस क्षमता पर निर्भर करती हैं जो कि हमें यह पता करने में सहायक होती हैं कि लोग स्थितियों और मुद्दों के विषय में क्या महसूस करते हैं। लोग इनके विषय में क्या महसूस करते हैं, इस बारे में ज्ञान, नई नीतियों और कार्यक्रमों के द्वारा सुधार करने तथा बेहतरी की उपलब्धि के लिए इनके निर्माण हेतु एक महत्वपूर्ण भूमिका निभाता है। उदाहरण के लिए लोग अपने समुदाय में मनोरंजन संबंधी सुविधाओं के विषय में क्या सोचते हैं, समुदाय के सदस्यों की आवश्यकतायें क्या हैं, और उनके लिए यह आवश्यकतायें कितनी महत्वपूर्ण हैं, अपने क्षेत्र के लिए एक शहरी विकास परियोजना के प्रति लोगों का दृष्टिकोण क्या है, विद्यार्थी अपने प्रवक्ता के विषय में क्या सोचते हैं, किसी कार्यक्रम के प्रति लोगों के दृष्टिकोण क्या हैं, एक संस्थान द्वारा प्रदत्त सेवाओं से वह कितने संतुष्ट हैं, इस शहर की यात्रा पर आने वाले पर्यटकों के द्वारा सामना की जाने वाली समस्यायें क्या हैं, इस उत्पाद के विषय में उपभोक्ता क्या सोचते हैं, यह कुछ ऐसी परिस्थितियाँ हैं, जो कि उनके विषय में दृष्टिकोणों का पता करके, अन्वेषित की जा सकती हैं। दृष्टिकोणों का अन्वेषण, एक विस्तृत प्रारूप में किया जा सकता हैं, जहाँ पर आप लोगों को व्याख्या करने, चर्चा करने और उस मुद्दे के प्रति अपने दृष्टिकोणों के विषय में अन्वेषण करने के लिए कहते हैं। यह विस्तृत विवरण उनके दृष्टिकोणों के निर्धारण के आधार के रूप में सामने आता हैं, या आप इनको दृष्टिकोणात्मक पैमानों के माध्यम से अन्वेषित कर सकते हैं।

ऐसे अंतर एक बहुत बड़ी संख्या में होते हैं, जिस प्रकार से परिमाणात्मक तथा गुणात्मक शोध में दृष्टिकोणों का मापन किया जाता हैं। परिमाणात्मक शोध में आप अन्वेषण करने, मापन करने, निर्धारण करने तथा किसी मुद्दे के विभिन्न पहलूओं से जुड़े दृष्टिकोणों को संयोजित करने और इनकी तीव्रता का निर्धारण, एक संकेतक के रूप में करने में समर्थ होते हैं, जोकि समग्र दृष्टिकोणों का प्रतिर्बिबन करता हैं। गुणात्मक शोध में आप केवल दृष्टिकोणों के फैलाव का अन्वेषण करते हैं, और जिस प्रकार के दृष्टिकोण विद्यमान हैं, उनके प्रकारों को स्थापित करते हैं। परिमाणात्मक शोध में यह निर्धारित कर सकते हैं कि समुदाय में

लोगों के दृष्टिकोणों के प्रकार क्या हैं, कितने लोगों का कोई विशेष दृष्टिकोण है, और इन दृष्टिकोणों की तीव्रता क्या है। दृष्टिकोणों और उनकी तीव्रता के मापन के लिए कई तकनीकें विकसित की गई हैं, लेकिन गुणात्मक शोध में इस प्रकार की तकनीकें अभी भी उपस्थित नहीं हैं। ऐसा मुख्यतया इस कारण से है कि गुणात्मक शोध में आप मापन या परिमाणात्मक निर्धारण हेतु कोई प्रयास नहीं करते हैं। दृष्टिकोणात्मक पैमानों की धारणा, इसलिए, परिमाणात्मक अध्ययन में गुणात्मक शोध की अपेक्षा अधिक प्रचुर मात्रा में पाई जाती है।

परिमाणात्मक शोध में दृष्टिकोणात्मक पैमाने

परिमाणात्मक शोधों में तीन प्रकार के पैमाने होते हैं, जिनको दृष्टिकोणों के मापन के लिए विकसित किया गया है। इनमें से प्रत्येक पैमाना, विभिन्न अनुमानों पर आधारित है, और यह अपने निर्माण में अलग-अलग प्रक्रियाओं से गुजरता है। शोध विधियों के एक शुरुआती उपयोग करने वाले व्यक्ति के तौर पर, आपके लिए यह समझना महत्वपूर्ण है कि यह प्रक्रियायें और इनमें अंतर्निहित अनुमान क्या हैं, ताकि आप परिणामों से एक उचित और सटीक अर्थ प्राप्त कर सकें। जैसा कि आप देखेंगे कि एक दृष्टिकोणात्मक पैमाने का निर्माण अत्यंत सरल नहीं है। इन तीन पैमानों में से लिकेर्ट पैमाना निर्माण करने में सबसे अधिक आसान है, अतः इसको सबसे अधिक उपयोग में लाया जाता है। लिकेर्ट स्केल की अपेक्षा थरस्टोन पैमाने का निर्माण करना अधिक कठिन हैं। गटमैन पैमाना थरस्टोन पैमाने से बहुत अधिक जटिल है, और, अतः सामाजिक शोध में यह बहुत कम उपयोग में लाया जाता है, क्योंकि शुरुआत करने वाले विधार्थियों के लिए इसकी प्रासंगिकता अत्यंत मामूली प्रकार की है, अतः इसे इस पुस्तक में सम्मिलित नहीं किया गया है।

दृष्टिकोणात्मक पैमानों के कार्य

यदि आप यह पता करना चाहते हैं कि किसी मुद्दे के प्रति प्रतिक्रिया देने वाले व्यक्तियों के दृष्टिकोण क्या हैं, तो आप या तो एक बंद या एक खुला प्रश्न उनसे पूछ सकते हैं। उदाहरण के लिए, मान लीजिए कि आप एक कक्षा में विद्यार्थियों के उनके प्रवक्ता के प्रति दृष्टिकोणों के विषय में निर्धारित करना चाहते हैं, और आपने उनसे निम्नलिखित प्रश्नों पर प्रतिक्रिया देने के लिए कहा है; 'आपके प्रवक्ता के प्रति आपका दृष्टिकोण क्या है?' यदि आपका प्रश्न खुला है, तो यह प्रत्येक प्रतिक्रिया देने वाले व्यक्ति को प्रवक्ता के प्रति उनके दृष्टिकोणों के विषय में विवरण देने के लिए आमंत्रित करेगा, यदि आपने एक बंद प्रश्न निर्मित किया है, जिसमें कुछ श्रेणियाँ, जैसे अत्यधिक सकारात्मक, सकारात्मक, अनिश्चित, नकारात्मक, अत्यधिक नकारात्मक आदि हैं, तो यह प्रतिक्रिया देने वाले व्यक्तियों का मार्गदर्शन, उनके दृष्टिकोणों को सर्वाधिक उपयुक्त तौर पर दिखाने वाली श्रेणी के चयन में करेंगी। इस प्रकार से प्रश्न पूछना, चाहे यह एक विस्तृत अथवा श्रेणीगत स्वरूप में किया जाए, प्रवक्ता के प्रति एक समग्र दृष्टिकोण की परख करता है। समग्र दृष्टिकोणों को निर्धारित करना, कुछ परिस्थितियों में पर्याप्त हो सकता है, लेकिन अधिकतर अन्य में, जहाँ पर दृष्टिकोणात्मक प्रश्न पूछने का उद्देश्य किसी सेवा या हस्तक्षेप के माध्यम से सुधार की रणनीतियों का विकास करना है, या किसी नीति का निर्माण करना है, अतः अध्ययन के अंतर्गत मुद्दे के विभिन्न पहलुओं पर दृष्टिकोणों का प्रकाशन आवश्यक है।

जैसा कि आप जानते हैं, प्रत्येक मुद्दे के कई पहलू होते हैं, जिसमें प्रवक्ता के प्रति विद्यार्थियों का दृष्टिकोण समाहित होता है। उदाहरण के लिए किसी सेवा विशेष के प्रति एक समुदाय के सदस्यों के दृष्टिकोणों में, सेवा की आवश्यकता के प्रति दृष्टिकोण, इसकी आपूर्ति के तरीके इसकी स्थानिकता, उपयोग करने वालों को प्रदत्त भौतिक सुविधायें, स्टाफ का व्यवहार, स्टाफ की कुशलता, सेवा की प्रभावशीलता तथा इसकी कुशलता और अन्य कई प्रकार के पहलू शामिल होते हैं। अन्य उदाहरणों- जैसे कि संगठन के प्रबंधन के प्रति उसके कर्मचारियों के दृष्टिकोण, कर्मचारियों का व्यवसायिक पुनःपरिनियोजन और अतिरेकता के प्रति कर्मचारियों के दृष्टिकोण, मृत्यु तथा मरने की प्रक्रिया के प्रति परिचारिकाओं के दृष्टिकोण, किसी विशेष उत्पाद के प्रति उपभोक्ताओं के दृष्टिकोण, अपने प्रवक्ता के प्रति विद्यार्थियों के दृष्टिकोण, संगठन के लिए बनाई गयी एक रणनीतिक परियोजना के प्रति स्टाफ के दृष्टिकोण आदि- उनको भी इसी प्रकार से विभाजित किया जा सकता हैं।

प्रतिक्रिया देने वाले व्यक्तियों का अधिकतर विभिन्न पहलुओं के प्रति विभिन्न दृष्टिकोण होता है। केवल तब जबकि आप खुले या बंद प्रश्नों का उपयोग करके, किसी मुद्दे के संबंध में प्रत्येक पहलु के लिए, प्रतिक्रिया देने वाले व्यक्तियों के दृष्टिकोणों के निर्धारण हेतु एक प्रश्न का निर्माण करते हैं, तब आप प्रत्येक पहलु के लिए उनके दृष्टिकोणों के विषय में पता लगा पाते हैं। इस विधि की एक मुख्य सीमा यह है कि यह इन प्रतिक्रियाओं के द्वारा प्रतिक्रिया देने वाले व्यक्ति के समग्र दृष्टिकोण के संबंध में निष्कर्ष निकालना कठिन होता है। पूर्वोक्त उदाहरण लें, जहाँ पर आप एक प्रवक्ता के प्रति विद्यार्थियों के दृष्टिकोणों के विषय में पता करना चाहते हैं। शिक्षण के विभिन्न पहलू हैं: व्याख्याओं की विषय वस्तु, सामग्री का संगठन, विषय वस्तु या सामग्री को संचारित करने की प्रवक्ता की क्षमता, प्रस्तुतीकरण तथा प्रस्तुतीकरण का ढंग, विषय वस्तु के संबंध में ज्ञान, प्रतिक्रियाशीलता, समय की पाबंदी और कई अन्य। विद्यार्थी प्रवक्ता को विभिन्न पहलुओं पर विभिन्न प्रकार से रेटिंग दे सकते हैं, अर्थात् प्रवक्ता को उसके विषय के संबंध में अत्यधिक कुशल और ज्ञानी माना जा सकता हैं, लेकिन विद्यार्थियों के बहुमत के अनुसार उसको एक अच्छा संवाद स्थापित करने वाला व्यक्ति नहीं माना जा सकता। मुख्य समस्या यह है कि हम किस प्रकार प्रवक्ता के प्रति विद्यार्थियों के समग्र दृष्टिकोणों के विषय में पता करें। अन्य शब्दों में, हन किस प्रकार से इन प्रतिक्रियाओं को संयोजित करें, जो कि विभिन्न पहलुओं के बारे में किसी मुद्दे के विषय में एक संकेत के रूप में आती हैं, जो कि समग्र दृष्टिकोण को प्रतिबिंबित करें। दृष्टिकोणात्मक पैमाने इस समस्या से निजात पाने में एक महत्वपूर्ण भूमिका निभाते हैं।

दृष्टिकोणात्मक पैमाने दो प्रकार के प्रमुख कार्य करते हैं: यह किसी मुद्दे अथवा परिस्थिति के विषय में विभिन्न पहलुओं के प्रति प्रतिक्रिया देने वालों के दृष्टिकोणों की तीव्रता को मापते हैं, और एक समग्र संकेतक के रूप में विभिन्न पहलुओं के प्रति दृष्टिकोणों के संयोजन के लिए तकनीकें प्रदान करते हैं। यह किसी मत की अभिव्यक्ति से संबंधित जोखिम को कम कर देते हैं, जबकि प्रतिक्रिया देने वाले व्यक्ति किसी परिस्थिति या मुद्दे में, केवल एक अथवा दो पहलुओं के संबंध में अपने मत से प्रभावित हो रहे हों ।

एक दृष्टिकोणात्मक पैमाने की विकास में आने वाली कठिनाइयाँ

एक दृष्टिकोणात्मक पैमाने के विकास में आपके द्वारा तीन समस्याओं का सामना करने की संभावना होती है:

1. एक मुद्दे या समस्या के प्रति एक दृष्टिकोणों के मापन का प्रयास करते समय उस घटना या मुद्दे के कौन से पहलुओं को समाहित किया जाना चाहिए? उदाहरण के लिए, ऊपर दिए गए उदाहरण में, एक पैमाने पर प्रवक्ता के प्रति विद्यार्थियों के दृष्टिकोणों का पता करने के लिए शिक्षण के किन पहलुओं को सम्मिलित करना चाहिए?
2. एक समग्र परिदृश्य को प्राप्त करने के लिए विभिन्न पहलुओं के संयोजन के लिए कौन सी विधि को अपनाया जाना चाहिए?
3. किस प्रकार से एक व्यक्ति यह सुनिश्चित कर सकता है कि एक पैमाना वही मापित कर रहा है, जो कि उसको मापित करना चाहिए?

पहली समस्या अत्यंत महत्वपूर्ण है, क्योंकि यह वृहद तौर पर तीसरी समस्या का निर्धारण करती है। मुख्य मुद्दे के विषय में, विभिन्न पहलुओं के बारे में, कथन जिस स्तर तक, इनको प्रतिबिंबित करते हैं, वृहद् तौर पर वह, पैमाने की वैधता का निर्धारण करता है। आप तीसरी समस्या को अध्ययन के अंतर्गत मुख्य मुद्दे के साथ, विभिन्न पहलुओं के संबंध में एक तथ्यात्मक कड़ी सुनिश्चित करके हल कर सकते हैं- यह कड़ी जितनी अधिक वृहद होगी, उतनी ही अधिक इसकी वैधता होगी। विभिन्न प्रकार के दृष्टिकोणात्मक पैमाने (लिकेर्ट, थरस्टोन या गटमैन) द्वितीय समस्या के लिए एक उत्तर प्रदान करते हैं। यह आपको उस प्रक्रिया के लिए मार्गदर्शन देते हैं, जो कि एक मुद्दे के विभिन्न पहलुओं के प्रति दृष्टिकोणों के संयोजन की प्रक्रिया होती है। यद्यपि इस प्रक्रिया विधि का अनुसरण करने में कठिनता के स्तर, पैमाने से पैमाने पर भिन्न होते हैं।

दृष्टिकोणात्मक पैमानों के प्रकार

तीन प्रकार के मुख्य दृष्टिकोणात्मक पैमाने दिए गए हैं:

1. कुल रेटिंग पैमाना, जो लिकेर्ट स्केल के नाम से भी जाना जाता है;
2. समान प्रतीत होने वाला अंतराल पैमाना या अंतर संबंधी पैमाना, जो कि थरस्टोन पैमाने के नाम से भी जाना जाता हैं;
3. संचयी पैमाना जिसको गटमैन पैमाने के नाम से भी जाना जाता हैं।

कुल रेटिंग या लिकेर्ट पैमाना

कुल रेटिंग पैमाना, जिसे सामान्य तौर पर लिकेर्ट पैमाने के नाम से जाना जाता है, वह इस अनुमान पर आधारित है कि पैमाने पर प्रत्येक कथन/मत का समान दृष्टिकोणात्मक मूल्य की महत्ता या भार किसी मुद्दे या प्रश्न के प्रति एक दृष्टिकोण को प्रतिबिंबित करने के लिए होती है। यह अनुमान, इस पैमाने की मुख्य सीमा भी है, क्योंकि इस पैमाने पर उपस्थित इन कथनों का दृष्टिकोणात्मक मूल्य कदाचित ही बराबर होता है, उदाहरण के लिए चित्र 10.1 और 10.2 में दिए गए उदाहरणों में 'विषय वस्तु का ज्ञान' उस स्तर के सन्दर्भ में इतना अधिक महत्वपूर्ण नहीं है जो कि प्रवक्ता की प्रति विद्यार्थियों के दृष्टिकोणों को प्रतिबिंबित करता है, क्योंकि 'उसने बहुत से प्रकाशनों में भूमिका निभाई हैं' या 'कुछ विद्यार्थी उन्हें पसंद करते हैं' 'कुछ नहीं करते' लेकिन लिकेर्ट पैमाने पर प्रत्येक हेतु इस प्रकार से व्यवहार किया जाता हैं जैसे कि उसका दृष्टिकोणात्मक भार समान हो। एक विद्यार्थी इस विषय में अधिक चिंता नहीं करता होगा कि 'प्रवक्ता ने बहुत-से प्रकाशनों में अपनी भूमिका निभाई हैं', लेकिन वह इस विषय में अधिक संबंधित हो सकता है कि 'विषय वस्तु के विषय में उसके ज्ञान का स्तर कैसा है', 'वह बहुत अच्छे तरीके से संवाद करता है' और 'वह यह जानता हैं कि पढ़ाया कैसे जाए'।

सर्वेक्षण मंकी: लिकर्ट पैमाने

यह याद रखना महत्वपूर्ण है कि लिकेर्ट पैमाना, स्वयमेव, दृष्टिकोणों का मापन नहीं करता हैं। यह किसी मुद्दे के प्रति उनके दृष्टिकोणों में तीव्रता के अनुसार विभिन्न प्रतिक्रिया देने वाले व्यक्तियों को एक दूसरे के सापेक्ष रखने में सहायक नहीं होता है। यह एक प्रतिक्रिया देने वाले व्यक्ति के दृष्टिकोणों की शक्ति को अन्य व्यक्ति के संबंध में प्रदर्शित अवश्य करता है, लेकिन समग्र दृष्टिकोणों को नहीं दिखाता।

एक लिकेर्ट पैमाने के निर्माण के दौरान ध्यान में रखने योग्य बातें

लिकेर्ट पैमाने का विकास करते समय, ऐसी कई बातें हैं जो ध्यान में रखी जानी चाहिए। सर्वप्रथम, इस बात पर निर्णय लें कि क्या जिस दृष्टिकोण का मापन किया जाना हैं, उसको अध्ययन के अंतर्गत, किसी मुद्दे के प्रति दृष्टिकोणों के सापेक्ष एक, दो या तीन दिशा श्रेणियों में वर्गीकृत करना होगा? (अर्थात् क्या आप अध्ययन जनसँख्या में सकारात्मक, नकारात्मक, तठस्थ स्थितियों का निर्धारण करना चाहते हैं)।

इसके आगे, इस विषय में ध्यान रखें कि क्या आप श्रेणीगत या एक सांख्यिक पैमाने का उपयोग करना चाहते हैं। यह निर्णय इस बात पर आधारित होना चाहिए कि क्या आप यह सोचते हैं कि अध्ययन जनसँख्या स्वयं को एक अंकित पैमाने पर या श्रेणियों के माध्यम से बेहतर ढंग से अभिव्यक्त कर सकती है। बिंदुओं की संख्या या श्रेणियों की संख्या, जो कि एक श्रेणीगत पैमाने में होती हैं, के बारे में निर्णय इस बात पर निर्भर करता है कि आप कितनी सूक्ष्मता से प्रश्न के अंतर्गत आए दृष्टिकोणों की तीव्रता का मापन करना चाहते हैं, और यह जनसँख्या की उस क्षमता पर भी निर्भर करता हैं, जिसके अंतर्गत वह सूक्ष्मता से इनके विषय में भेद कर लेती है। चित्र 10.2 एक सात बिंदु वाला सांख्यिक पैमाना प्रदर्शित करता है, जो कि एक दिशा वाला है। कभी-कभी आप किसी मुद्दे के विषय में विभिन्न स्तरों पर मतों को प्रतिबिंबित करने वाले कथनों का विकास भी कर सकते हैं (चित्र 10.3)। इस प्रकार के मामले में प्रतिक्रिया देने वाले व्यक्ति से उस कथन का चुनाव करने हेतु कहा जाता है, जो कि उनके मत को सबसे अच्छे तरीके से वर्णित कर सके।

चित्र 10.4 उस प्रक्रिया को दिखाता है, जो कि लिकेर्ट पैमाने के निर्माण में उपयोग में लाई जाती है।

चित्र 10.1 एक श्रेणीगत पैमाने का उदाहरण

	प्रवक्ता:	*दृढ़ता से सहमत*	*सहमत*	*अनिश्चित*	*असहमत*	*दृढ़ता से असहमत*
1	विषय को बहुत अच्छी तरीके से जानते हैं	☐	☐	☐	☐	☐
2	शिक्षण के विषय में उत्साह नहीं रखते	☐	☐	☐	☐	☐
3	विद्यार्थियों के प्रति जुड़ाव का प्रदर्शन करते हैं	☐	☐	☐	☐	☐
4	अतार्किक मांगे करते हैं	☐	☐	☐	☐	☐
5	संचार संबंधी कौशल में बहुत कमतर हैं	☐	☐	☐	☐	☐
6	जानते हैं कि किस प्रकार शिक्षण किया जाए	☐	☐	☐	☐	☐
7	सामान्य शब्दों में कठिन सिद्धांतों की व्याख्या कर सकते हैं	☐	☐	☐	☐	☐
8	उन तक पहुंच बनाना अत्यंत कठिन रहता है	☐	☐	☐	☐	☐
9	कुछ विद्यार्थियों के द्वारा पसंद किए जाते हैं और अन्य विद्यार्थियों के द्वारा नहीं	☐	☐	☐	☐	☐
10	उनके साथ घुलना मिलना अत्यंत कठिन है	☐	☐	☐	☐	☐

चित्र 10.2 सात बिंदु वाले अंकित पैमाने का एक उदाहरण

	प्रवक्ता:							
1	विषय वस्तु को भली भांति समझते हैं	7	6	5	4	3	2	1
2	शिक्षण के विषय में अत्यंत उत्साहित हैं	7	6	5	4	3	2	1
3	विद्यार्थियों के लिए कोई जुड़ाव प्रदर्शित नहीं करते	7	6	5	4	3	2	1
4	उनकी मांगे अत्यधिक हैं	7	6	5	4	3	2	1
5	बहुत अच्छी तरीके से संचार स्थापित करते हैं	7	6	5	4	3	2	1
6	वह जानते हैं कि किस प्रकार शिक्षण किया जाए	7	6	5	4	3	2	1
7	सामान्य शब्दों में कठिन सिद्धांतों की व्याख्या कर सकते हैं	7	6	5	4	3	2	1
8	विद्यार्थियों के लिए कदाचित ही उपलब्ध रहते हैं	7	6	5	4	3	2	1
9	कुछ विद्यार्थियों के द्वारा पसंद किए जाते हैं और अन्य विद्यार्थियों के द्वारा नहीं	7	6	5	4	3	2	1
10	उन्होंने कई प्रकाशनों में एक वृहद भूमिका निभाई हैं	7	6	5	4	3	2	1

चित्र 10.3 एक पैमाने का एक उदाहरण जिसमें कथन, दृष्टिकोणों के विभिन्न स्तरों को प्रतिबिंबित करते हैं

1:	प्रवक्ता
(ए)	विषय वस्तु को अत्यधिक कुशलता के साथ जानते हैं
(बी)	विषय वस्तु को सही प्रकार से जानते हैं
(सी)	विषय वस्तु के संबंध में उनको औसत ज्ञान है
(डी)	विषय वस्तु के विषय में नहीं जानते हैं
(इ)	विषय वस्तु के संबंध में उनका ज्ञान अत्यधिक कम है

चित्र 10.4 लिकेर्ट पैमाने के निर्माण की विधि

प्रक्रिया

चरण 1	*उन कथनों को एक साथ इकट्ठा करें अथवा उन का निर्माण करें जो कि प्रश्न के अंतर्गत आए मुख्य मुद्दे के प्रति दृष्टिकोणों को प्रतिबिंबित करते हैं। ये कथन इस प्रकार से शब्दांकित किए जाने चाहिए ताकि वह मुद्दे के प्रति सकारात्मक तथा नकारात्मक दोनों प्रकार के मतों को प्रतिबंधित करें, अर्थात् उनको उस मुद्दे के लिए और उसके विरुद्ध होना चाहिए। यदि आपका पैमाना एक दिशा वाला हैं तो आपको केवल सकारात्मक कथनों की ही आवश्यकता हैं। यह सुनिश्चित करें कि सभी कथन मुख्य मुद्दे से एक तार्किक कड़ी के द्वारा जुड़े हों। आपको यह निर्णय करने की भी आवश्यकता होगी कि क्या आप प्रतिक्रिया देने वाले व्यक्तियों को श्रेणियाँ अथवा एक सांख्यिक पैमाना उपलब्ध कराना चाहते हैं।*
चरण 2	*स्पष्टता के परीक्षण के लिए लोगों के एक छोटे समूह के कथनों का पर्यवेक्षण करें।*
चरण 3	*प्रतिक्रियाओं को कुछ भार- एक सांख्यिक मान- प्रदान करके प्रतिक्रियाओं का विश्लेषण करें। सकारात्मक तथा नकारात्मक कथनों को भिन्न- भिन्न प्रकार से सांख्यिक मान दिए जाते हैं। एक सकारात्मक कथन के लिए उस प्रतिक्रिया को सबसे अधिक प्राप्तांक दिए जाने चाहिए, जो कि सबसे अधिक अनुकूल दृष्टिकोणों का संकेत देती है। उदाहरण के लिए, एक पाँच श्रेणी या पाँच बिंदु वाले पैमाने पर 5 उस प्रतिक्रिया को दिया जाए जो कि सबसे अधिक अनुकूल दृष्टिकोणों का संकेत देती हो, और 1 उस प्रतिक्रिया को जो कि सबसे कम अनुकूल दृष्टिकोणों का संकेत देती हो। इसके विपरित, एक व्यक्ति जो कि एक नकारात्मक कथन से दृढ़ता से सहमत हो जाता है, वह संकेत देता है कि उसका उस मुद्दे के प्रति एक अनुकूल दृष्टिकोण नहीं हैं, अतः इस तरह इस स्कोरिंग को पलट दिया जाता हैं, अर्थात् 1 उस प्रतिक्रिया को दिया जाता हैं, जहाँ पर प्रतिक्रिया देने वाला व्यक्ति, नकारात्मक कथन से दृढ़ता से सहमत होता है, और 5 उस प्रतिक्रिया को जहाँ पर वह इसके साथ दृढता से सहमत नहीं होता है।*
चरण 4	*प्रत्येक प्रतिक्रिया देने वाले व्यक्ति के दृष्टिकोणात्मक प्राप्तांकों की गणना चरण 3 में दी गई सांख्यिक मानों को जोड़कर करें, जो कि प्रतिक्रियाओं के तौर पर, उनके द्वारा प्रत्येक कथन पर दिए गए हैं।*
चरण 5	*प्रत्येक मद के लिए सभी प्रतिक्रिया देने वाले व्यक्तियों के प्राप्तांकों की तुलना करें, ताकि आप अविशेषक मदों को पहचान सकें। एक अविशेषक मद वहाँ पर उपस्थित होता हैं, जहाँ पर उच्च दृष्टिकोणात्मक प्राप्तांक वाले प्रतिक्रिया देने वाले लोगों ने कम दृष्टिकोणात्मक प्राप्तांक प्राप्त करने वाले प्रतिक्रिया देने वाले व्यक्तियों के समान तरीके से ही अपनी प्रतिक्रियायें दी होती हैं, अर्थात् दोनों ही समूहों ने इन कथनों के विषय में एक ही प्रकार से प्रतिक्रियायें दी होती हैं। अविशेषक कथन आपको दृष्टिकोणों के सापेक्ष प्रतिक्रिया देने वाले व्यक्तियों के बीच में अंतर स्थापित करने में सहायता नहीं करते हैं, क्योंकि लगभग प्रत्येक व्यक्ति इनको लेकर समान तरीके से प्रतिक्रिया देता है।*
चरण 6	*अविशेषक मदों को हटायें। अविशेषक मदों को हटायें।*
चरण 7	*एक प्रश्न माला/साक्षात्कार अनुसूची का निर्माण करें, जिसमें कुछ चयनित कथन/मद सम्मिलित हों।*

दृष्टिकोणात्मक प्राप्तांकों की गणना

मान लीजिए कि आपने एक पाँच श्रेणी वाले पैमाने का उपयोग करके, एक कक्षा में विद्यार्थियों के प्रति उनके प्रवक्ता के प्रति दृष्टिकोणों के मापन के लिए एक प्रश्नमाला/ साक्षात्कार अनुसूची का विकास किया है।

चित्र 10.5 में कथन 1 एक सकारात्मक कथन है, अतः यदि एक प्रतिक्रिया देने वाला व्यक्ति 'अत्यधिक सहमत' प्रतिक्रिया पर टिक लगाता है तो उसको इस मद के विषय में उस व्यक्ति की तुलना में अधिक सकारात्मक दृष्टिकोण वाला माना जाएगा, जो कि केवल 'सहमत' पर टिक लगाता है। वह व्यक्ति जो कि सहमत पर टिक लगाता है, उसका दृष्टिकोण उस व्यक्ति की तुलना में अधिक सकारात्मक है, जो कि 'अनिश्चित' विकल्प पर टिक लगाता है और इसी प्रकार से अन्य विकल्प भी समझे जा सकते है। अतः एक व्यक्ति जो कि 'दृढ़ता से सहमत' पर टिक लगाता है, उसको सबसे अधिक प्राप्तांक 5 दिए जाते हैं, क्योंकि इसमें 5 प्रतिक्रिया श्रेणियाँ हैं। यदि वहाँ पर केवल 4 ही श्रेणियाँ होती तो आप उसको 4 अंक देते। तथ्यात्मक रूप से, कोई भी प्राप्तांक दिए जा सकते हैं, जब तक कि प्राप्तांकों में प्रतिक्रिया के स्वरूप की तीव्रता को प्रतिर्बिंबित किया जाता है। और सबसे अधिक प्राप्तांक उस प्रतिक्रिया को दिए जाते हैं, जिसकी सबसे अधिक सकारात्मक तीव्रता होती है।

कथन 2 एक नकारात्मक कथन है। इस मामले में, एक व्यक्ति जो कि 'दृढ़ता से असहमत' पर टिक लगाता है, उसका दृष्टिकोण परिमाणात्मक रूप से सबसे अधिक सकारात्मक है, जो कि इस मद के द्वारा प्रतिर्बिंबित होता हैं, अतः उसे सबसे अधिक 5 दिए जाते हैं। इसके विपरित, प्रतिक्रिया देने वाला व्यक्ति 'दृढ़ता से सहमत' पर टिक लगाता है, उसका उसके विषय में, सबसे कम सकारात्मक दृष्टिकोण है, और इसलिए उसको सबसे कम प्राप्तांक 1 दिया जाता है। यही स्कोरिंग प्रणाली अन्य विकल्पओं के विषय में भी अनुपालित की जाती है।

कथन 9 को नोट करें। ऐसे कुछ व्यक्ति हमेशा होंगे जो कि एक प्रवक्ता को पसंद करते होंगे और कुछ ऐसे होंगे जो कि ऐसा नहीं करेंगे, अतः, इस प्रकार का यह कथन तटस्थ हैं। अतः इस प्रकार के मद को पैमाने पर रखने का कोई बिंदु शेष नहीं रहता, और हमने यहाँ पर इस प्रकार की व्यवस्था केवल उदाहरण देने के उद्देश्य से की है।

किसी व्यक्ति के दृष्टिकोणात्मक प्राप्तांक की गणना किस प्रकार से की जाए, यह उदाहरण के रूप में समझाने के लिए आइए दो प्रतिक्रिया देने वाले व्यक्तियों का एक उदाहरण लेते हैं, जिन्होंने # और @ (चित्र 10.6 देखें) के द्वारा हमारे उदाहरण में विभिन्न कथनों को टिक किया है। आइये, उनके दृष्टिकोणात्मक प्राप्तांकों की गणना करें:

चित्र 10.5 सकारात्मक तथा नकारात्मक कथनों को अंक देना

प्रवक्ता:		एसए	ए	यू	डी	एसडी
1	विषय को अच्छी तरह जानते हैं (+)	5	4	3	2	1
2	शिक्षण के विषय में उत्साह रखते हैं (-)	1	2	3	4	5
3	विद्यार्थियों के लिए जुड़ाव का प्रदर्शन करते हैं (+)	5	4	3	2	1
4	अतार्किक मांगे करते हैं (-)	1	2	3	4	5
5	कमजोर तरीके से संवाद करते हैं (-)					
6	यह जानते हैं कि कैसे पढ़ाया जाना चाहिए (+)					
7	सामान्य शब्दों में कठिन सिद्धांतों की व्याख्या कर सकते हैं (+)					
8	उन तक पहुँच बना पाना अत्यंत कठिन है (-)					
9	कुछ विद्यार्थियों द्वारा पसंद किए जाते हैं और कुछ के द्वारा नहीं (+/-)					
10	उनसे घुलना मिलना अत्यंत कठिन है (-)					

एसए = दृढ़ता से सहमत ए = सहमत यू = अनिश्चित डी = असहमत एसडी = दृढ़ता से असहमत

कथन संख्या	1	2	3	4	5	6	7	8	9	10
प्रतिक्रिया देने वाले @ =	5 +	5 +	3 +	5 +	5 +	4 +	5 +	3 +	2 +	5 = 42
प्रतिक्रिया देने वाले # =	1 +	2 +	1 +	2 +	2 +	2 +	4 +	3 +	2 +	3 = 22

चित्र 10.6 एक दृष्टिकोणात्मक प्राप्तांक की गणना करना

प्रवक्ता:		एसए	ए	यू	डी	एसडी
1	विषय को अच्छी तरह जानते हैं (+)	@				#
2	शिक्षण के विषय में उत्साह रखते हैं (-)		#			@
3	विद्यार्थियों के लिए जुड़ाव का प्रदर्शन करते हैं (+)			@		
4	अतार्किक मांगे करते हैं (-)		#			@
5	संवाद कमजोर तरीके से करते हैं (-)		#			@
6	यह जानते हैं कि कैसे पढ़ाया जाना चाहिए (+)		@		#	
7	सामान्य शब्दों में कठिन सिद्धांतों की व्याख्या कर सकते हैं (+)	@	#			
8	उन तक पहुँच बना पाना अत्यंत कठिन है (-)			@#		
9	कुछ विद्यार्थियों द्वारा पसंद किए जाते हैं और कुछ के द्वारा नहीं (+/-)				@#	
10	उनसे घुलना मिलना अत्यंत कठिन है (-)			#		@

एसए = दृढ़ता से सहमत ए = सहमत यू = अनिश्चित डी = असहमत एसडी = दृढ़ता से असहमत

चित्र 10.7 थरस्टोन पैमाने को निर्मित करने की प्रक्रिया

चरण 1	*प्रश्न के अंतर्गत आए मुद्दे के प्रति दृष्टिकोणों को प्रतिबिंबित करने वाले कथनों को इकट्ठा करें अथवा इनका निर्माण करें।*
चरण 2	*निर्णय लेने वाले व्यक्तियों के पैनल का चयन करें, जो उस क्षेत्र में विशेषज्ञ हों, जिस क्षेत्र में दृष्टिकोणों की तलाश की जा रही है।*
चरण 3	*इन निर्णायक व्यक्तियों को इस प्रार्थना के साथ वह कथन भेजें कि वे अध्ययन के अंतर्गत मुद्दे के प्रति एक दृष्टिकोण को प्रतिबिंबित करने की प्रत्येक कथन की महत्ता को अंक प्रदान करें। उन्हें प्रत्येक कथन को 11 बिंदु वाले पैमाने पर अंक प्रदान करने के लिए कहें।*
चरण 4	*प्रत्येक मद के लिए निर्णय लेने वाले व्यक्तियों से प्राप्त अंकों के मीडियन मान की गणना करें।*
चरण 5	*यदि निर्णायक लोगों के द्वारा किसी विशेष मत को दिए गए अंक पैमाने में बिखरे हुए से लग रहे हैं, तो इससे यह संकेत जाता है कि उस स्तर के विषय में विशेषज्ञों के बीच में भी कोई सहमति नहीं बन पाई है, जिसके अनुसार एक कथन, प्रश्न के अंतर्गत आने वाले मुद्दे के प्रति दृष्टिकोण को प्रतिबिंबित करता है। इस प्रकार के कथनों को हटा दें।*
चरण 6	*बचे हुए कथनों से मदों का चयन करें, जो कि मुद्दे के विभिन्न पहलुओं के विषय में दृष्टिकोणों को सर्वोत्तम तरीके से प्रतिबिंबित करें।*
चरण 7	*उसमें चयनित मदों को सम्मिलित करते हुए एक प्रश्न माला/साक्षात्कार अनुसूची का निर्माण करें।*

यह विश्लेषण दिखाता हैं कि समग्र रूप से, # प्रतिक्रिया देने वाले व्यक्ति की तुलना में @ प्रतिक्रिया देने वाले का प्रवक्ता के प्रति व्यवहार अधिक सकारात्मक है। आप यह नहीं कह सकते की @ प्रतिक्रिया देने वाले व्यक्ति का दृष्टिकोण # प्रतिक्रिया देने वाले व्यक्ति की तुलना में 2 गुना सकारात्मक है (42/22 = 1.91)।

दृष्टिकोणात्मक प्राप्तांक, केवल प्रतिक्रिया देने वाले व्यक्तियों को एक दूसरे के सापेक्ष अवस्थित करता है। यह याद रखे कि लिकेर्ट पैमाना, वास्तव में दृष्टिकोणों का मापन नहीं करता, लेकिन यह आरोही व अवरोही क्रम में, प्रश्न के अंतर्गत आए मुद्दे के प्रति उनके दृष्टिकोणों के सापेक्ष एक व्यक्तियों के समूह को अंक प्रदान करने में आपकी सहायता करता हैं।

समान प्रतीत होने वाला अंतराल या थरस्टोन पैमाना

थर्स्टन पैमाने

लिकेर्ट पैमाने के विपरीत, थरस्टोन पैमाना प्रत्येक कथन के लिए भार या दृष्टिकोणात्मक मान की गणना करता है। एक निर्णय लेने वाले व्यक्तियों के समूह के द्वारा प्रत्येक कथन के लिए भार की गणना, जो कि मीडियन मान के समतुल्य होता है, उनके द्वारा किसी कथन को दी गई रेटिंग के आधार पर की जाती है। प्रत्येक कथन को कथन के दृष्टिकोणात्मक मान के समतुल्य ही दृष्टिकोणात्मक प्राप्तांक दिए जाते हैं, जिसके साथ प्रतिक्रिया देने वाले व्यक्ति सहमति अभिव्यक्त करते हैं (या जिसके लिए वह सकारात्मक ढंग से विचार व्यक्त करते हैं)। चित्र 10.7 में थरस्टोन पैमाने के निर्माण की प्रक्रिया दी गई है।

इस पैमाने का मुख्य लाभ यह है, कि चूँकि प्रत्येक कथन की महत्ता को निर्णय लेने वाले व्यक्तियों के द्वारा निर्धारित किया जाता हैं, अतः यह प्रतिक्रिया देने वाले व्यक्तियों के सापेक्षिक दृष्टिकोणों को प्रदर्शित करने के बजाय निरपेक्षता को प्रतिबिंबित करते हैं। इसलिए यह पैमाना लोगों के दृष्टिकोणों की तीव्रता को सांकेतिक भाषा में अभिव्यक्त करने में सक्षम है, और यह पता करने में भी कि 'क्या तीव्रता में कोई परिवर्तन होने के कारण अध्ययन को पुनः किया जाना चाहिए'। इसके विपरित यह पैमाना निर्माण करने में कठिन है, और इसकी मुख्य आलोचनाओं में से एक यह है कि निर्णय लेने वाले व्यक्ति तथा प्रतिक्रिया देने वाले व्यक्ति, किसी कथन विशेष की महत्ता को अलग अलग ढंग से मूल्यांकित कर सकते हैं, और, इसलिए, प्रतिक्रिया देने वाले व्यक्तियों के दृष्टिकोण सही मायने में प्रतिबिंबित नहीं होते हैं।

संचयी या गटमैन पैमाना

गटमैन पैमाना सबसे कठिनता से निर्मित होने वाले पैमानों में आता है, अतः इसका उपयोग अत्यंत दुर्लभ है। शुरुआती विद्यार्थियों के लिए इस पैमाने की अधिक प्रासंगिकता नहीं है। अतः इस पैमाने को इस पुस्तक में चर्चा के अंतर्गत नहीं लाया गया है।

दृष्टिकोणात्मक पैमाने और मापन पैमाने

विभिन्न दृष्टिकोणात्मक पैमाने विभिन्न प्रकार के मापन पैमानों को उपयोग में लाते हैं। यह जानना महत्वपूर्ण है कि कौन सा दृष्टिकोणात्मक पैमाना किस मापन पैमाने से संबंधित हैं, क्योंकि यह आपको प्रतिक्रिया देने वाले व्यक्तियों के प्राप्तांकों के अर्थ समझने में मदद करता है। तालिका 10.1 मापन पैमाने के संबंध में दृष्टिकोणात्मक पैमानों को प्रदर्शित करती है।

तालिका 10.1 दृष्टिकोणात्मक और मापन पैमानों के बीच में संबंध

दृष्टिकोणात्मक पैमाने	मापन पैमाने
लिकेर्ट पैमाना	क्रमवाचक पैमाना
थरस्टोन पैमाना	अंतराल पैमाना
गटमैन पैमाना	आनुपातिक पैमाना

दृष्टिकोण और गुणात्मक शोध

जैसा कि इस अध्याय के शुरुआती भाग में समझाया गया हैं कि आप केवल दृष्टिकोणों के फैलाव को ही शोध के अंतर्गत कार्यान्वित कर सकते हैं। चाहे आप डेटा संग्रहण की किसी भी विधि का उपयोग करें- गहन साक्षात्कार, फोकस समूह, प्रेक्षण– आप दृष्टिकोणों में विविधता की खोज तो कर सकते हैं, लेकिन अन्य पहलुओं आदि को पता नहीं कर सकते हैं, जैसे, कितने व्यक्तियों का एक विशेष दृष्टिकोण है, किसी व्यवहार विशेष की तीव्रता या एक व्यक्ति का समग्र रूप से दृष्टिकोण क्या हैं, इत्यादि। अतः गुणात्मक विधियाँ दृष्टिकोणों में विविधता की खोज करने की बजाय उनकी तीव्रता की खोज करने के लिए सर्वोत्कृष्ट होती हैं।

सारांश

परिमाणात्मक तथा गुणात्मक शोध के बीच में एक महत्वपूर्ण अंतर दृष्टिकोणों के मापन के लिए विधियों की उपलब्धता, विधियों और तरीकों और प्रक्रिया विधियों की उपलब्धता को लेकर है। लेकिन परिमाणात्मक शोध में ऐसे कई तरीके हैं जो कि दृष्टिकोणों के मापन के लिए प्रयोग में लाए जा सकते हैं, लेकिन इस संदर्भ में गुणात्मक शोध करने के तरीकों में कोई कार्यप्रणाली नहीं होती। इसलिए, प्राथमिक तौर पर, इसका उद्देश्य मापन और परिमाणात्मक निर्धारण करने के बजाय विषय वस्तुओं की व्याख्या करना होता है। यद्यपि गुणात्मक शोध प्रक्रिया विधि के माध्यम से आप एक मुद्दे के संबंध में विविधता और दृष्टिकोणों के फैलाव के विषय में जान सकते हैं, लेकिन आप उनकी तीव्रता और एक समग्र संयोजित संकेतक प्राप्त करने की अवस्था तक नहीं पहुंच पाते हैं।

गटमैन पैमाने

परिमाणात्मक शोध में एक मुद्दे के प्रति दृष्टिकोणों के मापन के लिए दृष्टिकोणात्मक पैमानों का उपयोग किया जाता है। इनकी शक्ति एक मुद्दे के विभिन्न पहलुओं के प्रति दृष्टिकोणों को संयोजित करने की क्षमता में निहित होती हैं और इस बात में भी कि यह समग्र दृष्टिकोणों को प्रतिबंधित करने वाले संकेतक उपलब्ध कराते हैं, हालाँकि दृष्टिकोणात्मक पैमाने के विकास में कुछ समस्यायें होती हैं। आपको यह निर्णय करना होता हैं कि एक मुद्दे के प्रति दृष्टिकोणों के मापन के समय कौन से पहलुओं को सम्मिलित किया जाए, समग्र दृष्टिकोणों के निर्धारण हेतु एक प्रतिक्रिया देने वाले व्यक्ति के द्वारा दी गई प्रतिक्रियायें किस प्रकार से संयोजित की जायें, और किस प्रकार से आप यह सुनिश्चित कर सकते हैं कि विकसित किया गया पैमाना, प्रश्न के अंतर्गत आए मुद्दे के प्रति दृष्टिकोणों को वास्तविक तौर पर मापित करता हैं।

ऐसे तीन प्रकार के पैमाने हैं, जो कि दृष्टिकोणों का मापन करते हैं: लिकेर्ट और थरस्टोन और गटमैन पैमाने। लिकेर्ट पैमाना सबसे साधारण तौर पर उपयोग किया जाता है, क्योंकि इसका निर्माण करना अत्यंत आसान है। इस पैमाने में मुख्य अनुमान यह लगाया जाता है कि प्रत्येक कथन समान रूप से महत्वपूर्ण है। थरस्टोन पैमाने के लिए प्रत्येक मद की महत्ता, निर्णायक मंडल के सदस्यों द्वारा निर्धारित की जाती है।

आपके सोचने के लिए

- इस अध्याय की शुरुआत में दिए गए शब्दों से स्वयं को पुनः परिचित करवाएं और यदि आप इनके अर्थ या इनमें से किसी के लागू होने के विषय में अनिश्चित हैं तो इस अध्याय से आगे बढ़ने से पहले एक बार उनको अवश्य देखें।
- 'किस प्रकार से लिकेर्ट और थरस्टोन पैमाने आपके अपने शिक्षण क्षेत्र में शोध के लिए लागू किए जा सकते हैं', इसके संबंध में कुछ उदाहरणों की पहचान करें।
- विश्व विद्यालय के 7 छात्रों के एक समूह के स्वाभिमान की भावना के मापन के लिए एक 5 बिंदु वाला लिकेर्ट पैमाना विकसित करने का कार्य आप किस प्रकार से करेंगे, और साथ ही वह समस्यायें क्या हैं जिनका सामना आप इस कार्य को करने का प्रयास करते समय कर सकते हैं?

अब, चूँकि आपने यह अध्याय पढ़ लिया है, अतः निम्नलिखित प्रश्नों के उत्तर देने का प्रयास करें

- सामाजिक शोध में दृष्टिकोणात्मक पैमानों के मुख्य लाभ क्या हैं?
- विभिन्न प्रकार के दृष्टिकोणात्मक पैमानों के नाम बतायें और इनके निर्माण में लगाए गए अनुमानों के विषय में बतायें।
- विभिन्न परिस्थितियों की पहचान करें जो कि लिकेर्ट और थरस्टोन पैमानों के द्वारा सामाजिक विज्ञान में दृष्टिकोणों के मापन के लिए उचित हैं।
- एक 5 बिंदु वाले लिकेर्ट स्केल में बेरोजगार नौजवानों के एक समूह के स्वाभिमान के मापन के लिए आप स्वाभिमान के किन पहलुओं को सम्मिलित करेंगे?

11

शोध उपकरण की वैधता और विश्वसनीयता की स्थापना करना

इस अध्याय में आप निम्नलिखित तथ्यों के बारे में जानेंगे

- वैधता की अवधारणा
- परिमाणात्मक शोध में विभिन्न प्रकार की वैधताएँ
- विश्वसनीयता की अवधारणा
- शोध उपकरण की विश्वसनीयता को प्रभावित करने वाले कारक
- परिमाणात्मक शोध में उपकरण की वैधता को निर्धारित करने वाले कारक
- गुणात्मक शोध में वैधता और विश्वसनीयता

महत्वपूर्ण शब्द

समवर्ती वैधता,	विश्वसनीयता,	निर्भरता,
आभासी वैधता,	आंतरिक अनुरूपता,	पुष्टि,
निर्माण की वैधता,	बाह्य अनुरूपता,	विश्वसनीयता,
अंतरणीयता,	वैधता,	विषय-वस्तु की वैधता

इस अध्याय के अंत में आपको निम्नलिखित की समझ हो जाएगी

- सामाजिक शोध में प्रयुक्त वैधता और विश्वसनीयता
- परिमाणात्मक और गुणात्मक शोध में वैधता और विश्वसनीयता
- सामाजिक शोध में वैधता और विश्वसनीयता का पता लगाना
- शोध अध्ययन मे वैधता और विश्वसनीयता को सुनिश्चित करना

पिछले दो अध्यायों में हमने परिमाणात्मक और गुणात्मक तथा मिश्रित शोध विधियों में डेटा संकलन के विभिन्न तरीकों पर चर्चा की। आपके उत्तरदाताओं के पूछे गए प्रश्न आपके शोध और निष्कर्षों पर आधारित हैं। ये प्रश्न 'इनपुट' का निर्माण करके आपके निष्कर्षों (आउटपुट) का निर्माण करते हैं। यह इनपुट एक श्रृंखला के माध्यम से गुजरती है सैंपल का चुनाव, सूचना एकत्रीकरण, डेटा प्रोसेसिंग, सांख्यिकी कार्यप्रणाली अनुप्रयोग उपयोग और रिपोर्ट लिखना और वह ढंग जिसमें ये सब किए गए हैं, आपके निष्कर्षों की शुद्धता और गुणवत्ता को प्रभावित कर सकते हैं। हालांकि, आपके लिए यह महत्वपूर्ण है कि आप अपने परिणामों की गुणवत्ता को स्थापित करने का प्रयास करें। एक शोधार्थी के रूप में, आपको भी दूसरों के द्वारा, आपके शोध प्रश्नों के जवाब खोजने के लिए अपनाए गए प्रक्रियाओं की उपयुक्तता, गुणवत्ता और सटीकता की स्थापना करने को कहा जा सकता है। विस्तृत रूप में, उपयुक्तता और शुद्धता का विचार जो शोध-प्रक्रिया मे लागू किया जाता है, **वैधता** कहलाता है। अध्ययन में किसी स्तर पर अशुद्धता बताई जा सकती है, वैधता की धारणा शोध प्रक्रिया में पूर्ण रूप से अथवा इसके किसी चरण में लागू की जा सकती है: अध्ययन डिजाइन, सैंपलिंग रणनीति, प्राप्त निष्कर्ष, लागू सांख्यिकी प्रविधियाँ अथवा प्रयुक्त मापन प्रक्रिया। विस्तृत रूप में, वैधता के दो दृष्टिकोण हैं:

1. क्या शोध प्रश्न जिनके लिए शोध अन्वेषण किया गया है, इनका उत्तर दे रहे हैं?
2. यदि हाँ, तो क्या यह इन प्रश्नों का उत्तर सही विधियों और कार्य-प्रणालियों का उपयोग करते हुए देने में सक्षम है?

इस अध्याय में हम वैधता की धारणा जिसका उपयोग प्रक्रिया मापन अथवा आपके उत्तरदाता से वांछित सूचना प्राप्ति के लिए शोध उपकरणों के प्रयोग पर चर्चा करेंगे।

परिमाणात्मक और गुणात्मक शोध में वैधता और विश्वसनीयता के संबंध में बहुत बड़ा अंतर है। परिमाणात्मक शोध में परिभाषित और स्थापित ढांचे और डेटा संकलन की विधियों के कारण, वैधता और विश्वसनीयता की धारणा और उनके निर्धारण की विधियाँ भली प्रकार से विकसित हैं। हालांकि, परिमाणात्मक शोध में यह कहना उचित होगा की ये अवधारणाएँ दृढ़ता से उस प्रकार लागू नहीं की जा सकती जिस रूप में वे गुणात्मक शोध में लागू होती हैं, जो अपने लचीलेपन, स्वतंत्रता और सहजता के कारण शोधार्थी को यह पद्धति और डेटा संकलन की क्रिया-विधि की सुविधा प्रदान करती है। गुणात्मक शोध में डेटा संकलन की विधियों के मानकीकरण की स्थापना करना कठिन हो जाता है और, इसी प्रकार उनकी वैधता और विश्वसनीयता भी प्रभावित होती है। इन कठिनाइयों के होते हुए भी, गुणात्मक शोध में वैधता और विश्वसनीयता की स्थापना के लिए कई विधियाँ प्रस्तावित की गई हैं, जो इस अध्याय में विस्तार से दी गई हैं।

वैधता की अवधारणा

वैधता की अवधारणा के परीक्षण के लिए, आइये एक बहुत ही साधारण उदाहरण लेते हैं। कल्पना कीजिये कि आपने एक समुदाय की स्वास्थ्य आवश्यकताओं के निर्धारण के लिए एक अध्ययन का डिजाइन तैयार करना है। यह करने के लिए आपने एक साक्षात्कार सूची विकसित की है। आगे कल्पना कीजिये कि साक्षात्कार सूची में स्थित अधिकांश प्रश्न अध्ययन की जाने वाली आबादी को प्रदान की जा रही स्वास्थ्य सेवाओं के प्रति उनके व्यवहार से संबंधित है। ध्यान रहे कि आपका उदेश्य उनकी स्वास्थ्य आवश्यकताओं के बारे में जानना था, परंतु साक्षात्कार सूची यह ज्ञात कर रही है कि उत्तरदाताओं का स्वास्थ्य सेवाओं के प्रति व्यवहार कैसा है; इस प्रकार, उपकरण वह नहीं माप रहा है जिसके लिए इसका डिजाइन किया गया था। लेखक ने विद्यार्थियों और कम अनुभवी शोधार्थियों में ऐसे कई समान उदाहरणों को पाया है।

इसलिए, मापन प्रक्रिया की शर्तों में, उपकरण की योग्यता ही इसकी मापन की वैधता है जिसके लिए यह डिजाइन किया गया है: 'वैधता को डिग्री के रूप में परिभाषित किया गया है जिसको शोधार्थी ने मापा है जिसके मापन के लिए इसे नियत किया है' Smith (1991:106), Kerlinger (1973:457) के अनुसार, वैधता की साधारणत: परिभाषा प्रश्न द्वारा संक्षिप्त कर दी गई है: क्या हम वह माप रहें है जो हम सोचते हैं कि हम माप रहें है? Babbie (1989:133) ने लिखा है, 'वैधता उस गहनता से संबन्धित है जो आनुभविक अनुरूप माप पूर्णतया विचाराधीन के अंतर्गत सही अर्थ प्रतिबिम्बित करता है'। ये परिभाषाएँ दो महत्त्वपूर्ण प्रश्न उठती है:

- यह कौन निर्धारित करता है कि एक उपकरण वह मापता है जिसके मापन के लिए उसे बनाया गया है?
- यह कैसे स्थापित किया जा सकता है कि एक उपकरण वही मापता है जिसके मापन के लिए उसे बनाया गया है?

निश्चित रूप से पहले प्रश्न का उत्तर वह व्यक्ति है जिसने उस अध्ययन को डिजाइन किया है, रिपोर्ट का पाठक और उस क्षेत्र का विशेषज्ञ। दूसरा प्रश्न अत्यंत महत्त्वपूर्ण है। किस आधार पर आपने (एक शोधार्थी), एक पाठक ने अथवा एक विशेषज्ञ ने यह निर्णय लिया? सामाजिक विज्ञान में शोध उपकरण की वैधता की स्थापना में दो दृष्टिकोण नजर आते हैं। इन दृष्टिकोणों का आधार या तो तर्क है जो शोध उपकरण के निर्माण का आधार है या सांख्यिकी प्रमाण है, जिन्हें उपकरण का प्रयोग करते हुये जानकारी एकत्र की जाती है। तर्क द्वारा वैधता स्थानापन्न जिसमे अध्ययन उदेश्य में प्रत्येक प्रश्न न्यायपूर्वक समाविष्ट होता है, जबकि सांख्यिकी क्रियाविधि से कठोर प्रमाण प्रश्नों और परिणाम चरों के मध्य सहसंबंध प्रदान करता है।

प्रश्नों और उद्देश्यों के मध्य तार्किक मिलान की स्थापना करना सरल और कठिन दोनों ही है। सरल इसलिए है क्योंकि यदि आप इसे अपने आप से जोड़कर देखेंगे तो आसान है, और कठिन इसलिए क्योंकि दूसरों को समझाने के लिए सांख्यिकी प्रमाणों और विशेषज्ञों की कमी को दोषमुक्त नहीं कर पाएँगे। यदि प्रश्न वास्तविक विषय से संबन्धित होंगे तो प्रश्नों और उदेश्य की तार्किक स्थापना करना सरल होगा । उदाहरण के लिए, यदि आप आयु, आय, लंबाई या वजन ज्ञात करना चाहते हैं, तो ऐसे प्रश्नों की वैधता की स्थापना करना सापेक्ष रूप से सरल है, परंतु प्रश्न-समूह निर्माण के लिए, एक कार्यक्रम की प्रभावशीलता, एक मुद्दे के प्रति लोगों के समूह का दृष्टिकोण, अथवा उपभोक्ताओं के समूह का एक संस्था द्वारा प्रदत्त सेवाओं की संतुष्टि की गहनता अधिक कठिन होती है। जब प्रभावशीलता, व्यवहार अथवा संतुष्टि जैसी कम वास्तविक संकल्पनाएँ शामिल होती है, तब आपको अवधारणा के विभिन्न पहलुओं को आवरित करने के लिए कई प्रश्न पूछने तथा वे प्रश्न जो उनको मापते हों उनको प्रदर्शित करने की आवश्यकता होती है। ऐसी परिस्थितियों में वैधता की स्थापना करना अधिक कठिन हो जाता है, विशेषतया गुणवाचक शोध मे जहां आप अधिकांश मनोभावों, अनुभवों, बोध, प्रेरणाओं या कहानियों का अन्वेषण कर रहे होते हैं।

यह याद रखना आवश्यक है कि वैधता की अवधारणा किसी विशेष उपकरण के प्रासंगिक है और यह एक आदर्श स्थिति है जो आप एक शोधार्थी के रूप में प्राप्त करने का लक्ष्य रखते हैं।

परिमाणात्मक शोध में वैधता के प्रकार

परिमाणात्मक शोध में वैधता के तीन प्रकार हैं:

- बाहरी (फ़ेस) और विषयवस्तु (साम्रगी) वैधता
- समवर्ती और पूर्वकथनात्मक वैधता
- निर्मित वैधता

बाहरी और सामग्री (विषयवस्तु) वैधता

विश्वसनीयता और मान्यता

यह निर्णय कि एक उपकरण वही मापता है जिसे मापना उसका कार्य है, यह प्राथमिक रूप में अध्ययन के प्रश्नों और लक्ष्यों के बीच तार्किक सम्बन्धों से जुड़ा हुआ है। हालांकि, बाहरी और सामग्री वैधता का एक मुख्य फ़ायदा यह है कि इसे लागू करना सरल है। प्रत्येक प्रश्न या मद शोध उपकरण पर एक तार्किक संबंध द्वारा उदेश्य से जुडा हुआ होना चाहिए। इस संबंध की स्थापना उस उपकरण की वैधता का संकेतक है। जितना बड़ा संबंध होगा, उपकरण की बाहरी वैधता उतनी ही अधिक होगी। यह समान रूप से महत्त्वपूर्ण है कि मद और प्रश्न मापे जाने वाले सभी मुद्दे अथवा अभिवृति को समाविष्ट करती है। शोध उपकरण के आवरित मुद्दों के विभिन्न पहलुओं की स्थापना उपकरण की सामग्री वैधला का संकेत है। जितना बड़ा आवरण, उतनी उच्च वैधता। इसके अलावा, मुद्दों का आवरण अथवा अभिवृत्ति संतुलित होनी चाहिए, अर्थात प्रत्येक प्रश्न अथवा मदों में समान और पर्याप्त पहलू समवेशी होना चाहिए। सामग्री वैधता का आकलन परिमाण के आधार पर जो विवरण या प्रश्नों के मुद्दों का प्रतिनिधित्व करते हैं, जिनको मापन के लिए माना जाता है, जो एक शोधार्थी के रूप मे आपके द्वारा, आपकी पाठकीयता और इस क्षेत्र के विद्वानों निर्णित किया जाता है। हालांकि, वैधता स्थापना के लिये तार्किक दलील देना आसान है, फिर भी कुछ समस्याएँ हैं:

- यह निर्णय व्यक्तिपरक तर्क पर आधारित होता है; फिर भी, कोई निश्चित निष्कर्ष नहीं निकाला जा सकता है। एक उपकरण के बाहरी और सामग्री कि वैधता के संदर्भ में विभिन्न लोगों की भिन्न राय हो सकती है।
- ये प्रश्न जिस अध्ययन के उद्देश्य को प्रतिबिम्बित करते हैं उसकी गहनता अलग- अलग हो सकती है। यदि शोधकर्ता एक प्रश्न दूसरे के लिए प्रतिस्थानापन्न करता है, तो हो सकता है कि महत्त्व की कड़ी बदल जाए। यहाँ से, उपकरण के लिए चुने गए प्रश्न की वैधता अथवा इसकी गहनता अलग हो सकती है।

समवर्ती और पूर्वकथनात्मक वैधता

'वे परिस्थितियों जहां एक पैमाने को कुछ अवलोकन मानदंड के एक संकेतक के रूप मे विकसित किया जाता है,वहाँ पैमाने की वैधता निष्कर्षों की तुलना अवलोकन मानदंड के साथ करने से ज्ञात की जा सकती है कि यह कितना अच्छा संकेतक है' (Moser & Kalton 1989:35))। जितनी अधिक परिमाणात्मक उतनी अधिक वैधता। कल्पना कीजिये की आप एक ऐसे उपकरण का निर्माण कर रहे है को एक व्यवसाय मे आवेदकों की योग्यता को निर्धारित करेगा। यह भ हो सकता है कि उपकरण कि वैधता अन्य आंकन द्वारा मापी जाए, उदाहरण के लिए एक मनोवैज्ञानिक, अथवा एक भविष्य अवलोकनकर्ता द्वारा करना कि इन आवेदकों ने ये कार्य कितने अच्छे से किए गए हैं। यदि दोनों मूल्यांकन समान है, तो मूल्यांकन के लिए चुनाव करते समय उपकरण के उपयोग की वैधता उच्च मान ली गई। इस प्रकार की तुलना दो प्रकार की वैधताएँ स्थापित करती हैं: पूर्वकथनात्मक वैधता और समवर्ती वैधता। पूर्वकथनात्मक वैधता का निर्णय उपकरण की पूर्वानुमान परिणाम कि डिग्री पर मापा जाता है। समवर्ती वैधता का निर्णय उपकरण की दूसरी आंकन समानान्तर तुलना की गई है। यह प्राय संभव है कि पूर्वकथनात्मक वैधता सहसंबंध के अनुसार गुणांक भविष्यवाणी की स्थिति और कसौटी को प्रदर्शित करे। ऐसे गुणांक को वैधता गुणांक कहा जाता है' (Burns 1997:220)।

निर्मित वैधता

निर्मित वैधता एक ऐसा संकेत है जो शोध उपकरण की गुणवत्ता को मापता है, जिसके लिए यह बना है। यह सांख्यिकी प्रविधियों पर आधारित है। यह घटना में अवलोकन किये गये कुल चरों के लिए प्रत्येक निर्मिती के योगदान को सुनिश्चित करने के द्वारा निर्धारित किया जाता है।

कल्पना कीजिये की आप एक संस्था के कर्मचारियों में नौकरी के प्रति संतुष्टि की डिग्री को मापने में रुचि रखते हैं। आप स्थिति, नौकरी के स्वरूप और परिश्रमिक को जानते हैं, जो नौकरी संतुष्टि के तीन महत्त्वपूर्ण संकेतक है, और प्रश्न पता करने का प्रयास करते हैं कि वे कौन से कारक हैं जो नौकरी के प्रति संतुष्टि के लिए महत्त्वपूर्ण है। पूर्व-परीक्षण के बाद या डेटा विश्लेषण सांख्यिकी प्रविधियों का प्रयोग करके आप कुल चरों (नौकरी संतुष्टि) के लिए प्रत्येक निर्मिती की स्थापना (स्तर, नौकरी की प्रकृति और पारिश्रमिक) करते हैं। इन कारकों का समेकित नौकरी संतुष्टि में योगदान (कुल भिन्नता) उपकरण की उस डिग्री की वैधता का संकेत है। निर्मिती में जितनी ज्यादा गुणों में भिन्नता होगी, उतनी उच्च उपकरण की वैधता होगी।

निर्मित वैधता की एक सबसे बड़ी खामी यह है कि इसमें आपको आवश्यक सांख्यिकी प्रविधियों की जानकारी रखना आवश्यक है।

विश्वसनीयता की अवधारणा

हम अपने जीवन में 'विश्वास' शब्द का प्रयोग अक्सर करते है। जब हम कहते हैं की एक व्यक्ति भरोसेमंद है, तब उसका क्या अर्थ होता है? हमारा अर्थ होता है कि वह विश्वसनीय, सुसंगत, पूर्वानुमेय, स्थिर और ईमानदार है।

विश्वसनीयता की अवधारणा शोध उपकरण के रूप मे भी समान अर्थ लिए है: यदि एक शोध के उपकरण सुसंगत और स्थिर है, इसलिए पूर्वानुमेय और शुद्ध, तब इसे विश्वसनीय कहा जा सकता है।एक उपकरण मे जितनी अधिक सुसंगतता की मात्रा होगी, उतनी ही अधिक विश्वसनीयता होगी। इसलिए, 'एक पैमाना या परीक्षण उस हद तक विश्वसनीय होता है, जिसकी पुनरावृत्ति किये जाने पर भी समान परिणाम प्राप्त होते हैं' (Moser & Kalton 1989:353)।

इसलिए विश्वसनीयता की अवधारणा को इन दो तरह से देखा जा सकता है:

1. उपकरण कितना विश्वसनीय है?
2. यह कितना अविश्वसनीय है?

पहला प्रश्न उपकरण के द्वारा सुसंगत मापन करने की योग्यता पर केन्द्रित करता है। जब आप उसी उपकरण का एक से अधिक बार प्रयोग करते हुये एक समान जानकारी को प्राप्त करते हैं और उसी के समान या वैसी ही परिस्थितियों में उसी के समान या वैसे ही परिणाम प्राप्त करते हैं, तब उस उपकरण को विश्वसनीय माना जाता है। दूसरा प्रश्न उपकरण द्वारा किए गए माप की डिग्री मे आई असंगति पर ध्यान केन्द्रित करता है अर्थात, माप में अत्यंत अंतर जब आप एक से अधिक उपकरण का समान अथवा एक जैसे परिस्थियों मे प्रयोग करते हुए समान सूचना प्राप्त करते हैं। अत: असंगतता की मात्रा में विभिन्न माप इसकी अशुद्धता के परिमाण का संकेत है। यह 'त्रुटि' उपकरण की अविश्वसनीयता का प्रतिबिंब है। इसलिए, विश्वसनीयता शुद्धता अथवा सुनिश्चितता का परिमाण शोध उपकरण में किया गया माप है। उपकरण में 'अशुद्धि' का जितना न्यूनतम परिमाण होगा, उतनी ही अधिक विश्वसनीयता होगी।

आइये एक उदाहरण लेते हैं। कल्पना कीजिये कि आपने एक समुदाय में घरेलू हिंसा का पता लगाने के लिए एक प्रश्नावली विकसित की है। आप इस प्रश्नावली के प्रशासित करते हैं और पाते हैं कि 5 प्रतिशत घरों में घरेलू हिंसा होती है। यदि आप इसका अनुसरण बिना किसी कालावधि के करते हैं, दूसरा सर्वेक्षण उसी आबादी पर समान परिस्थितियों में करते हैं, और पाते हैं कि वहाँ घरेलू हिंसा 15 प्रतिशत है, प्रश्नावली ने परिमाणात्मक परिणाम नहीं दिये हैं, जिसका अर्थ है कि यह अविश्वसनीय है। परिणामों के दो समूहों के मध्य जितना न्यूनतम अंतर होगा, उपकरण की विश्वासनीयता उतनी अधिक होगी।

शोध उपकरण की विश्वसनीयता को प्रभावित करने वाले कारक

सामाजिक विज्ञान में यह असंभव है कि किसी शोध उपकरण की शुद्धता 100 प्रतिशत हो, ऐसा इसलिए नहीं कि कोई शोध उपकरण ऐसा नहीं हो सकता, बल्कि ऐसा होने का कारण यह है कि प्रभावित करने वाले कारकों का नियंत्रण करना असंभव है। इनामे से कुछ कारक इस प्रकार है:

- प्रश्नों की शब्दरचना एक हल्की से द्वि-अर्थी शब्द वाले प्रश्न अथवा वक्तव्य शोध उपकरण की विश्वसनीयता को प्रभावित कर सकते हैं क्योंकि हो सकता है कि उत्तरदाता प्रश्नों को प्रत्येक बार अलग तरीके से व्याख्यित करे, परिणाम स्वरूप प्रतिक्रियाओं में भिन्नता आती है।
- शारीरिक स्थापन साक्षात्कार में उपयोग किए जाने वाले उपकरण की परिस्थिति में, शारीरिक स्थापन में परिवर्तन करना जिससे उत्तरदाता की प्रतिक्रियाओं मे आरंभिक साक्षात्कार में परिवर्तन आता है, जिससे विश्वसनीयता प्रभावित होती है।
- उत्तरदाता की मनोदशा उत्तर देते समय या प्रश्नावली के उत्तर लिखते समय उत्तरदाता की मनोदशा मे हुआ परिवर्तन भी उस उपकरण की विश्वसनीयता को प्रभावित कर सकता है।
- साक्षात्कारकर्ता की मनोदशा जिस प्रकार एक उत्तरदाता की मनोदशा एक साक्षात्कार से दूसरे में परिवर्तित हो सकती है उसी प्रकार साक्षात्कारकर्ता की मनोदशा, प्रेरणा और अंत:क्रिया में भी अंतर आ सकता है, जो उत्तरदाता के उत्तरों को प्रभावित कर सकती है, उसी तरह शोध उपकरण की विश्वसनीयता को भी प्रभावित कर सकती है।
- अंत:क्रिया की प्रकृति एक साक्षात्कार की परिस्थिति में, साक्षात्कारकर्ता और साक्षात्कारदाता के मध्य अंत:क्रिया उत्तरों को महत्त्वपूर्ण ढंग से प्रभावित कर सकती है। साक्षात्कार पुनरावृत्ति के कारण अंत:क्रिया में परिवर्तन होने से अलग-अलग उत्तर दिये जा सकते हैं, जिससे विश्वसनीयता प्रभावित हो सकती है।
- एक उपकरण का प्रतिगमन प्रभाव– जब किसी मुद्दे के प्रति शोध उपकरण का उपयोग किया जाता है तो कुछ उत्तरदाता, अपने विचार व्यक्त करने के बाद, महसूस करते है कि, उनके सामान्य अभिवृत्ति की तुलना में, वे मुद्दे के प्रति अधिक नकारात्मक अथवा अधिक सकारात्मक रहें थे। दूसरी बार संभवत उनके विचार अलग हों, इससे विश्वसनीयता प्रभावित होगी।

परिमणात्मक शोध में उपकरण की वैधता निर्धारित करने की विधियाँ

एक उपकरण की विश्वसनीयता के निर्धारण के लिए कई रास्ते होते हैं, और इनको बाहरी अथवा आंतरिक अनुरूपता प्रविधियों द्वारा वर्गीकृत किया जा सकता है।

बाहरी अनुरूपता प्रविधियाँ

बाहरी अनुरूपता प्रविधियों में दो स्वतंत्र डेटा संकलन की विधियों द्वारा प्राप्त निष्कर्ष की एक दूसरे से तुलना करके उपकरण के मापन की विश्वसनीयता की पुष्टि की जाती है। ये दो तरीके हैं: परीक्षण/पुन: परीक्षण और उसी परीक्षण का समानान्तर रूप।

शोध उपकरण की विश्वसनीयता की स्थापना के लिए परीक्षण/पुन: परीक्षण एक आम प्रयोग किया जाने वाला तरीका है। एक उपकरण एक ही बार प्रयोग (परीक्षण) किया जाता है, और फिर दोबारा (पुन: परीक्षण), उसी तरह की अथवा समान प्रकार की परिस्थियों में प्रयुक्त होता है। परीक्षण और पुन: परीक्षण के स्कोर में अनुपात अथवा अंतर (यह घरेलू हिंसा अथवा बीमारी की घटना जैसे प्रचलन के निष्कर्ष) उस उपकरण की विश्वसनीयता का संकेत देता है जितना बड़ा अनुपात अथवा न्यूनतम अंतर, उतनी ही उपकरण की उच्च विश्वसनीयता। परीक्षण/पुन: परीक्षण का 1 अनुपात अथवा परीक्षण/पुन: परीक्षण का 0 अंतर 100 प्रतिशत विश्वसनीयता (परीक्षण/पुन: परीक्षण में कोई अंतर नहीं) और इसमें से कोई विचलन होना अर्थात कम विश्वसनीयता न्यूनतम अनुपात अथवा बड़ा अंतर होना, उपकरण की विश्वसनीयता कम होना।

जांच/पुन: जांच प्रक्रिया की मुख्य विशेषता यह है कि यह स्वयं से उपकरण की तुलना की अनुमति प्रदान करती है, इस प्रकार उन समस्याओं से बचा जा सकता है जो अन्य उपकरण के प्रयोग से खड़ी हो सकती हैं।

इस प्रक्रिया की मुख्य कमी यह है कि एक उत्तरदाता उन प्रतिक्रियाओं को स्मरण कर सकता जो उसने पहले चरण में दी थी, जो अगली बारी मे उपकरण की विश्वसनीयता को प्रभावित कर सकती है। जब एक उपकरण की प्रकृति प्रतिक्रियाशील होती है, (जब एक उपकरण उत्तरदाता को सचेत कर देता है कि शोधकर्ता क्या जानना चाह रहा है) तो यह तरीका उपकरण की विश्वसनीयता का शुद्ध मूल्यांकन प्रदान नहीं करती। इस समस्या से निजात पाने का तरीका यह है कि दो जाँचों के मध्य समय-सीमा बढ़ा दी जाए, परंतु यह अन्य कारणों से विश्वसनीयता को प्रभावित कर सकता है, जैसे उत्तरदाता की वयस्कता और समान परिस्थितियों को पाने की असंभाव्यता जिनसे उनकी प्रश्नावली अथवा साक्षात्कार सूची पहले निर्देशित थी।

इसी प्रकार की परीक्षण की विधियों में समानान्तर तरीके को अपनाकर आप दो उपकरणों का निर्माण कर सकते हैं जिनका उद्देश्य उसी घटना का माप करना है। तब ये दो उपकरण या तो उसी आबादी के लिए अथवा दो समान आबादियों को निर्देशित होते हैं। एक परीक्षण से प्राप्त परिणामों को दूसरे से प्राप्त परिणामो के साथ तुलना की जाती है। यदि वे समान हैं, तो यह मान लिया जाता है कि उपकरण विश्वसनीय है।

इस प्रक्रिया का मुख्य लाभ यह है कि यह जांच/पुन: जांच प्रक्रिया के दौरान पुनश्च स्मरण की समस्या से ग्रसित नहीं होता। इसके अलावा, दो परीक्षणों के दौरान समय समाप्ती की आवश्यकता नहीं है। एक हानि यह है कि आपको एक की जगह दो उपकरण बनाने पड़ते हैं। इसके अलावा, एक घटना के मापन के लिए दो उपकरणों का निर्माण करना बहुत ही कठिन है। इसमें समान रूप से दो जनसंख्या समूहों और दो परिस्थितियाँ जिसमे परीक्षण निर्देशित किए जाते हैं उन दोनों में तुलना करना कठिन होता है।

आंतरिक अनुरूपता प्रविधियाँ

आंतरिक अनुरूपता प्रविधियों के पीछे विचार यह है कि समान घटना को मापने वाले मद अथवा प्रश्न, यदि वे विश्वसनीय संकेतक हैं, तो अपनी पृथक संख्या के बावजूद एक समान परिणाम देते हैं, अर्थात्, एक उपकरण में कितने प्रश्न होंगे। यदि आप किसी उपकरण की विश्वसनीयता जाँचने के लिए उसमे से कुल मद अथवा प्रश्न यादृच्छिक लेते हैं तो, प्रत्येक खंड के रचित प्रश्नों को समान परिमाण पर अधिक या कम विश्वसनीयता दर्शानी चाहिए। यह इस विचार पर आधारित है कि प्रत्येक मद अथवा प्रश्न किसी घटना के किसी के पहलू का एक संकेतक है, प्रत्येक निर्मित खंड फिर भी घटना के विभिन्न पहलू प्रतिबिम्बित करेगा भले ही यह कम मदों/प्रश्नों पर आधारित हो। अत: यदि हम मदों अथवा प्रश्नों की संख्या कम कर दे तो भी, चाहे जितना भी घटना के कुछ पहलू प्रतिबिम्बित करे, मदों की कम संख्या उपकरण की विश्वसनीयता का संकेत प्रदान करेगी। आंतरिक अनुरूपता प्रविधियाँ तर्क पर आधारित हैं।

अर्ध-विभाजित तकनीक सामान्यत: इस प्रकार के उपकरण की विश्वसनीयता को मापने के लिए प्रयुक्त होती है। इसकी रूपरेखा आधे मदों और अन्य आधे के साथ सहसंबंध और उपकरण के लिए उपयुक्तता तैयार की जाती है, जिनकी रूपरेखा किसी मुद्दे अथवा घटना की अभिवृत्ति को मापने के लिए होती है। प्रश्न अथवा कथन इस प्रकार आधे किए जाते हैं कि अन्य दो प्रश्न अथवा कथन जिनसे माप की जानी है, वे दूसरे आधे भाग में आए। दो भागो से प्राप्त प्राप्तांकों को निर्देशित किया जाता है। दो आधे भागों से उत्पादित (एक सांख्यिकी प्रविधि) दो चीजों के प्राप्तांक से विश्वसनीयता मापी जाती है। चूंकि, उत्पादन प्राप्त सहसंबंध को केवल आधे उपकरण के आधार पर मापा जाता है, इसलिए, यह आवश्यक है कि सही विश्वसनीयता पूरे से मापी जाए। इसे stepped-up विश्वसनीयता कहते हैं। इस विश्वसनीयता द्वारा पूरे उपकरण को सांख्यिकी प्रविधि से मापा जाता है जिसे स्पीयरमैन-ब्राउन फॉर्मूला कहते हैं।

गुणात्मक शोध में वैधता और विश्वसनीयता

परिमाणात्मक और गुणात्मक शोध के बीच असमानता का क्षेत्र वैधता और विश्वसनीयता की अवधारणाओं के प्रयोग और उनको दिए जाने वाले महत्त्व का होता हैं। वाद-विवाद केंद्र होना चाहिये या नहीं, यह गुणात्मक

शोध को एक ढांचा प्रदान करता है, ये अवधारणाएँ गुणात्मक शोध में भी लागू की जा सकती हैं। जैसा कि आप जानते हैं, विस्तृत दृष्टि में वैधता का अर्थ शोध उपकरण की उस योग्यता से है जिन परिणामों के लिए आपने इसे डिजाइन किया है और विश्वसनीयता का अर्थ उन निष्कर्षों से है जो इसके वारंवार प्रयोगों से प्राप्त होते हैं। गुणात्मक शोध में, शोध प्रश्नों के उत्तर बहु-विधि और प्रविधियों द्वारा पाये जाते हैं जो लचीले और उद्भव दोनों होते है, शोध उपकरणों के स्तर को सुनिश्चित करना जिसके साथ-साथ प्रक्रिया कठिन हो जाती है। शोध में नए होने के कारण आप चकित हो सकते हैं कि गुणात्मक शोध में ये अवधारणाएँ कैसे लागू की जा सकती हैं जबकि यह स्तरीय और ढांचेगत पद्धतियाँ और प्रक्रियाएँ वैधता और विश्वसनीयता को जाँचने का आधार हैं, जैसा कि परिमाणात्मक शोध मे परिभाषित किया गया है। आप यह पूछ सकते हैं कि आपको एक उपकरण को मापने की योग्यता कैसे करनी है, इससे क्या अपेक्षित है और यह कैसे सुसंगत होगा जब डेटा संकलन प्रश्न न तो बनाए गए हैं न ही गठित किए गए हैं?

हालांकि, गुणात्मक शोध मे वैधता और विश्वसनीयता को परिभाषित और स्थापित करने का प्रयास किया गया है। Denzin और Lincoln (1994), Guba और Lincoln द्वारा संपादित 'गुणात्मक शोध की एक पुस्तिका,' के एक अध्याय 'गुणात्मक शोध में स्पर्धात्मक प्रतिमान' अध्याय (पृ. 105-117) में गुणात्मक शोध में निर्माण प्रतिमान समानांतर वैधता और विश्वसनीयता के चार मानदंड बताए हैं। उनके अनुसार, इन प्रतिमानों में इसकी विश्वासभाजकता और प्रामाणिकता को अच्छाई अथवा जांच-पड़ताल द्वारा जाँची जा सकती है। Guba और Lincoln के अनुसार, गुणात्मक शोध में विश्वासभाजकता को नजदीकी रूप से चार संकेतकों द्वारा निर्धारित किया जाता है: विश्वसनीयता (समानान्तर आंतरिक वैधता), परिवर्तनीयता (समानान्तर बाहरी वैधता), निर्भरता (समांतर विश्वसनीयता) और निश्चितता (समांतर उद्देशिका)।

Trochim और Donnelly (2007) ने Guba और Lincoln द्वारा दी गई गुणात्मक शोध मे परिभाषित वैधता और विश्वसनीयता की तुलना के चार मानदंड बताए हैं:

तालिका 11.1 शोध पहचानने के लिए मानदंड

परिमाणात्मक शोध की जांच के परंपरागत मानदंड	**गुणात्मक शोध के जाँचने के मानदंड**
आंतरिक वैधता	विश्वसनीयता
बाहरी वैधता	परिवर्तनीयता
विश्वसनीयता	निर्भरता
उद्देशिका	निश्चितता

(Trochim और Donnelly 2007:149)

- विश्वसनीयता Trochim और Donnelly (2007:149) के अनुसार, 'गुणात्मक शोध में गुणात्मक शोध के परिणाम शामिल होते हैं जो शोध में सहभागिता के दृष्टिकोण से विश्वसनीय अथवा मुमकिन होते हैं'। चूंकि, गुणात्मक शोध लोगों की ग्रहणबोधता, अनुभव और विश्वासों के अध्ययन का अन्वेषण करती है, ऐसा विश्वास किया जाता है कि उत्तरदाता शोध निष्कर्षों में अपने विचारों और भावनाओं को शुद्धता से राय बनाकर उनको प्रतिबिम्बित नहीं करता है। अत: विश्वसनीयता, गुणात्मक शोध में वैधता की समानार्थी है, जिसे उत्तरादाता की सादृश्यता अंत: गहराई से निर्णीत किया जाता है जब आपके शोध में जिसने निश्चितता, अनुरूपता, वैधता और मंजूरी के साथ भाग लिया। जाँच-परिणाम में उत्तरादाता का समझौता जितना अधिक होगा, अध्ययन में वैधता उतनी उच्च होगी।
- परिवर्तनीयता यह 'उस डिग्री से संबंधित है जिसमे गुणात्मक शोध के परिणामों का सामान्यीकरण अथवा परिवर्तन अन्य प्रसंगों अथवा व्यवस्था में किया जा सके' (Trochim और Donnelly 2007:149)। हालांकि, प्राथमिक परिवर्तन स्थापन करना कठिन है क्योंकि जो दृष्टिकोण आप गुणात्मक शोध में अपनाते हैं,

किसी हद तक इसे पा सकते हैं यदि आपने बड़े पैमाने और दूसरों द्वारा पूर्णतया अपनाई गई प्रक्रिया का अनुसरण किया है और उसे दोहराया है।

- निर्भरता Guba और Lincoln द्वारा सुझाए गए ढांचे में परिमाणात्मक शोध में विश्वसनीयता की अवधारणा काफी समान है। 'यह इससे संबंधित है कि यदि हम समान प्रक्रिया दोहराते हैं तो वही समान परिणाम प्राप्त होंगे' (Trochim और Donnelly 2007:149)। दोबारा, जैसा कि गुणात्मक शोध लचीलेपन और स्वतन्त्रता की वकालत करता है, इसकी स्थापना करना तब तक कठिन होगा जब तक आप एक व्यापक और विस्तृत रिकॉर्ड प्रक्रिया दूसरों की निर्भरता के स्तर के अनुसार पता लगाकर नहीं लगाते।
- निश्चितता यह, उस डिग्री से संबंधित है जो परिणामों को सूनिश्चित अथवा पोषित कर सके (Trochim और Donnelly 2007:149)। परिमाणात्मक शोध में निश्चितता की अवधारणा काफी समान है। यह तभी संभव है जब शोधार्थी परिणामों की तुलना करने के लिए समान तरीकों का पालन करे।

लेखक के दिमाग में, Guba और Lincoln द्वारा सुझाए गए मॉडल के रूप में गुणात्मक शोध में 'वैधता' और 'विश्वसनीयता' की खोज में स्थापना की कुछ विस्तृत संभावना है, परंतु इसके अधिकतम सफलता का आधार प्रक्रिया की प्रतिकृति और डेटा संकलन की प्रविधि पर आश्रित है, जिसे गुणात्मक शोध में पाना आसान नहीं है।

सारांश

गुणात्मक शोध की गुणवत्ता

परिमाणात्मक और गुणात्मक शोध में एक अंतर इसके उपयोग और वैधता तथा विश्वसनीयता की अवधारणा के महत्त्व से जुड़ा हुआ है। ये अवधारणाएँ, इनका उपयोग और निर्धारण की प्रविधियाँ गुणात्मक शोध की तुलना में परिमाणात्मक शोध में अधिक स्वीकार्य और विकसित हैं। वैधता के मत का अर्थ उन परिस्थितियों से है जहाँ आपके शोध के निष्कर्ष किए गए डिजाइन के अनुसार है। वैधता की धारणा शोध प्रक्रिया के किसी भी दृष्टिकोण पर लागू की जा सकती है। मापन प्रक्रियाओं के साथ, इसका संबंध इससे है कि एक शोध उपकरण वह मापन कर रहा है जिसके लिए इसे बनाया गया है। परिमाणात्मक शोध में, उपकरण की वैधता की स्थापना के लिए दो दृष्टिकोण प्रयोग किए जाते हैं: एक अध्ययन के उद्देश्य और उपकरण में प्रश्न के बीच में तार्किक संपर्क की स्थापना, और इन संपर्कों के निर्धारण के लिए सांख्यिकीय विश्लेषण का उपयोग। परिमाणात्मक शोध में तीन प्रकार की वैधताएँ हैं: बाहरी और सामग्री वैधला, समवर्ती और पूर्वकथनात्मक वैधता तथा, निर्मित वैधता। हालांकि, परिमाणात्मक शोध में वैधता की अवधारणा का प्रयोग विवादास्पद और बहस का मुद्दा है। परिमाणात्मक शोध में 'विश्वसनीयता' जैसा कि Guba और Lincoln (1994) ने वर्णन किया है, ऐसा प्रतीत होता है कि आंतरिक वैधता के मात्र संकेतक है और इसे निष्कर्षों के साथ उत्तरदाता की सुसंगतता की डिग्री के द्वारा मापा जाता है। परिमाणात्मक और परिमाणात्मक शोध में 'वैधता' की स्थापना के विभिन्न तरीके प्रयोग किए हैं।

किसी उपकरण की विश्वसनीयता इसके प्रत्येक समय निरंतर संगत परिणामों से होती है। जब हम किसी उपकरण को समान परिस्थितियों अथवा समान आबादी पर प्रयोग करते हैं और समान परिणाम पाते हैं, तब हम कहते हैं की उपकरण 'विश्वसनीय, है जितने अधिक समान परिणाम, उतनी उच्च विश्वसनीयता। आप विश्वसनीयता को दो तरह से देख सकते हैं: विश्वसनीयता (शुद्धता की मात्रा) और अविश्वसनीयता (अशुद्धता की मात्रा)। प्रश्नों में बहू-अर्थता, डेटा संकलन के भौतिक स्थान में परिवर्तन, उत्तरदाता की उत्तर देते समय मनोदशा, साक्षात्कारकर्ता और साक्षात्कार देने वाले के मध्य अंत:क्रिया, और एक उपकरण के प्रतिगामी प्रभाव वे कारक हैं जो शोध उपकरण की विश्वसनीयता को प्रभावित कर सकते हैं। परिमाणात्मक शोध में 'विश्वसनीयता' का मापन 'निर्भरता' और 'प्रमाणीकरण' होते हैं जैसा कि Guba और Lincoln (1994) ने सुझाया है।

परिमाणात्मक शोध में निर्धारण के लिए बाहरी और आंतरिक स्थिरता प्रक्रियाएँ हैं। जांच/पुन: जांच और समान जांच के समानान्तर रूप दो प्रक्रियाएँ है जो एक शोध उपकरण की बाहरी विश्वसनीयता निर्धारित करते हैं, जबकि शेष-आधी तकनीक आंतरिक स्थिरता प्रक्रिया के अंतर्गत वर्गीकृत की गई है। गुणात्मक शोध में वैधता और विश्वसनीयता के विभिन्न निर्धारक संकेतक के लिए वहाँ कोई निर्धारित प्रक्रिया नहीं है।

आपके सोचने के लिए

- इस अध्याय के आरंभ में दिये गए महत्वपूर्ण-शब्दों से अपने आपको परिचित करायें, और यदि आप कुछ अर्थों अथवा अनुप्रयोगों के बारे में अनिश्चित है तो अगले अध्याय पर जाने से पहले उनको दोबारा पढ़ें।
- इन अवधारणाओं का अन्वेषण करें कि आपके शैक्षिक क्षेत्र अथवा व्यवसाय में विश्वसनीयता और वैधता कैसे लागू होती हैं।
- इस बात पर विचार करें कि निम्नलिखित कारकों की विश्वसनीयता पर प्रभाव को सीमित करने के लिए आप कौन-कौन सी रणनीतियाँ अथवा प्रक्रियाएँ रख सकते हैं:
    - ☐ प्रश्नों की शब्दरचना
    - ☐ स्थानिक वातावरण शोध में निर्धारण के
    - ☐ उत्तरदाता का मिजाज
    - ☐ साक्षात्कारकर्ता का मिजाज
    - ☐ अंत:क्रिया की प्रकृति
    - ☐ उपकरण पर प्रतिपगमन का प्रभाव

अब, जब आप इस अध्याय का अध्ययन कर चुके हैं, तो निम्नलिखित प्रश्नों के उत्तर का प्रयास करें:

- आप शोध में वैधता और विश्वसनीयता का क्या महत्त्व देखते हैं?
- वैधता के विभिन्न प्रकार क्या हैं? उनमें से प्रत्येक के तर्क का वर्णन करें?
- गुणात्मक अध्ययन में वैधता और विश्वसनीयता की अवधारणाओं के अनुप्रयोगों का आलोचनात्मक अध्ययन करें।
- परिमाणात्मक और गुणात्मक शोध में वैधता और विश्वसनीयतता को जाँचने के लिए प्रयुक्त मानदंडों की तुलना कीजिये।

अभ्यास III: शोध उपकरण को विकसित करना

> पुन: बधाई! आप अपनी शोध यात्रा के सबसे महत्त्वपूर्ण चरण की तरफ अग्रसर हैं। सब कुछ इस पर निर्भर करता है की आप इस चरण को कितने अच्छे से लेते हैं, अत: आपको इस संबंध में सतर्क रहने की आवश्यकता है। आपको अपने शोध उपकरण को विकसित करते समय बहुत अधिक सावधान रहकर इसका महत्त्व और गुणवत्ता सुनिश्चित करने की आवश्यकता है क्योंकि आपके शोध का निष्कर्ष पूर्णतया इस पर निर्भर है।

आपके अध्ययन के परिचालन में शोध उपकरण का निर्माण पहला व्यावहारिक कदम है। यह आपके शोध का महत्त्वपूर्ण पहलू है, क्योंकि यह इनपुट का निर्माण करता है; आपके निष्पादन की गुणवत्ता और उपयुक्तता (खोज और निष्कर्ष) पूर्णतया इस इनपुट की गुणवत्ता और उपयुक्तता दोनों पर निर्भर करती है। शोध उपकरण में मद उत्तरदाता से पूछे गए प्रश्न होते हैं। इन प्रश्नों की प्रतिक्रियाएँ कच्चा डेटा बन जाते हैं जिन्हें आपके शोध प्रश्नों का उत्तर पाने के लिए प्रसंस्कृत किया जाता है। कम्प्यूटर की मशहूर कहावत 'कूड़ा अंदर, कूड़ा बाहर' भी समान रूप से शोध उपकरण पर भी लागू होते हैं। काफी हद तक, खोज के निष्कर्ष कच्चे डेटा की गुणवत्ता पर निर्भर करते हैं, जो बदलें में, आपके द्वारा प्रयुक्त शोध उपकरण अथवा विकसित उपकरण पर निर्भर करता है। यदि यह वैध और विश्वसनीय है, तो खोज भी वैध और विश्वसनीय होगी।

शोध उपकरण की गुणवत्ता काफी हद तक आपके शोध अनुभव पर निर्भर करती है। एक आरंभकर्ता के लिए आवश्यक है कि वह अध्याय ९ में सूचित चरणों का अनुसरण करे।

परिमाणात्मक अध्ययन के लिए

परिमाणात्मक शोध के अनुसार आप क्या और कैसे पाना चाहते हैं यह संरचित और पूर्व-निर्धारित है। इस परिचालन चरण के अंतर्गत, आपको यह तय करने की जरूरत है कि अपने उत्तरदाता से क्या प्रश्न पूछने हैं, वे शब्द जो आप प्रयोग करने जा रहें हैं और वह क्रम में होने चाहिए जिसमे प्रश्न पूछे जाएंगे। इस अभ्यास को उपकरण विकास कौशल में सहायता के लिए डिजाइन किया गया है।

आप जिस शोध उपकरण का निर्माण करने जा रहें हैं उनमें से प्रत्येक का उद्देश्यानुसार, शोध प्रश्न और परिकल्पना जो अपने अध्ययन के लिए प्रत्येक वांछित सूचना को विनिर्दिष्ट करते हुये, आवश्यक चरों को पहचानते हुये, और फिर अपने उत्तरदाता से उन चरों के बारे में सूचना प्राप्ति के लिए पूछे जाने वाले प्रश्नों के विकास का यह भी एक रास्ता है।

आपके प्रश्नों के शब्द सरल और स्पष्ट होने चाहिए। प्रमुख प्रश्न अथवा कल्पना भरे प्रश्न न पूछें। असपष्ट प्रश्नों से बचें।

शोध उपकरण की पूर्व-जांच उपकरण निर्माण का एक अविभाज्य अंग है। एक नियमानुसार, पूर्व-जांच एक नमूने पर न करके एक समान आबादी पर करना चाहिए।

चरण । एक अलग कागज पर, नीचे दर्शाई गई तालिका बनाएँ, फिर पहले खंड में अपने सभी उप-उद्देश्य, शोध प्रश्न और परिकल्पना लिखें और अन्य खंडों में वांछित सूचना को सूचीबद्ध करें।

विशिष्ट उद्देश्य/शोध प्रश्न/ परिकल्पना	विशेषतया, आपको क्या सूचना चाहिए?	वांछित चरों की पहचान कीजिये	प्रश्न निर्माण कीजिये (एक अलग कागज के टुकड़े पर)

चरण II विशेषत एक अलग कागज के टुकड़े पर, प्रश्नों के शब्दों और क्रम पर विशिष्ट ध्यान देते हुये, प्रश्न निर्माण कीजिये। अपने मस्तिष्क में प्रत्येक प्रश्न का महत्त्व और अपने अध्ययन के उद्देश्य को ध्यान में रखते हुये न्यायसंगतता का मूल्यांकन कर लेना चाहिए। यदि आप अपने अध्ययन के उद्देश्य के अनुसार प्रश्नों के महत्त्व और न्यायसंगतता का संबंध नहीं कर सकते तो, इसे छोड़ देना चाहिए।

चरण III यदि आप एक प्रश्नावली का निर्माण कर रहें हैं तो, उचित स्थानों पर परसस्पर संवादात्मक बयानों को शामिल करें (अध्याय 9 देखें)।

चरण IV अपने शोध उपकरण के पहले मसौदे के विकास के बाद, स्वयं से प्रश्न पूछें, अर्थात, स्वयं का साक्षात्कार लें अथवा प्रश्नावली को पूरा करें। आपको यह कल्पना करने की आवश्यकता है कि आप उस आबादी के सदस्य हैं जिनसे ये प्रश्न पूछें जाएंगे अथवा प्रश्न पूरे करने के लिए निवेदन किया जाएगा। यदि आप किसी प्रश्न का उत्तर देने में कठिनता महसूस करते हैं, तो इसकी पुन: जांच करें।

चरण V यदि आप एक बार शोध उपकरण से संतुष्ट हो जाते हैं तो, समान आबादी में से कुछ उत्तरदाता से पूर्व-जांच कर लें जिन पर आप अध्ययन करने जा रहें हैं। पूर्व-जांच/क्षेत्र परीक्षण का उदेश्य जानकारी जुटाना नहीं है बल्कि उपकरण की समस्याओं को उजागर करना है। यदि उपकरण एक साक्षात्कार का शेड़यूल है, तो पूर्व-जांच प्रावादियों का साक्षात्कार कर लें कि वे प्रश्नों को समझ पाते हैं कि नहीं। यदि प्रश्न समझ में नहीं आ रहा तो, मालूम करें कि उत्तरदाता क्या नहीं समझ पाया है। यदि यह समस्या कई सारे प्रवादियों के साथ पाई जाती है तो, अपने शब्दों को बदलें। यदि आपका उपकरण एक प्रश्नावली है, पूर्व-जांच उत्तरदाताओं से प्रश्नों के लक्ष्य को पहचानने के लिए कहें जिन्हें समझना कठिन है। उस समस्या पर चर्चा कीजिये जिनको समझने अथवा व्याख्या करने में उनको कठिनाई हुई है। इन चर्चाओं के आलोक में, यदि आवश्यक हो, तो प्रश्नों के शब्दों में परिवर्तन कर दें जिन्हें समझने में उत्तरदाता को कठिनाई हुई है।

व्यायाम III के टेम्पलेट

चरण VI पूर्व-जांच कर ली है और, यदि आवश्यक हो, तो उपकरण में बदलाव करें। कागज का एक टुकड़ा लें और दो खंडों वाली एक तालिका बनाएँ। पहले खंड में प्रत्येक उप-उद्देश्य, शोध प्रश्न और परिकल्पना को अलग से लिखें, और दूसरे में प्रश्नों की संख्या जिसने इन उद्देश्यों, शोध प्रश्नों अथवा परिकल्पना के बारे में सूचना प्रदान की है। दूसरे शब्दों में, प्रश्न का उद्देश्य पूर्ति वाली जानकारी के साथ मिलान करें। यदि किसी प्रश्न को विशिष्ट उद्देश्य, शोध प्रश्न अथवा परिकल्पना से नहीं जोड़ पा रहें हैं तो अवलोकन कीजिये कि इसे क्यों शामिल किया गया था।

चरण VII अपने शोध उपकरण का अंतिम मसौदा तैयार करें। यदि आपका विचार डेटा विश्लेषण के लिए कम्प्युटर का उपयोग करने का है, तब आपको शोध उपकरण पर डेटा कोडिंग के लिए स्थान देना होगा।

गुणात्मक अध्ययन के लिए

यदि आप एक गुणात्मक अध्ययन कर रहें हैं, तब आपको विशिष्ट प्रश्नों का विकास करने की आवश्यकता नहीं है जिन्हें आप अपने संभावित उत्तरदाता के साथ चर्चा करना चाहते हैं। हालांकि, यह महत्त्वपूर्ण है कि आप मुद्दों के उस ढांचे का निर्माण करें जो आपको लगता है कि अध्ययन के उद्देश्यों को अध्ययन के दौरान आवरित करना चाहिए। यदि आपके उत्तरदाता से अधिक कुछ उपलब्ध नहीं होता है तो यह साक्षात्कार गाइड अथवा प्रश्नों का वैचारिक ढांचा आपके साक्षात्कार में आपकी सहायता करेगा। आपका उद्देश्य उत्तरदाता की तरफ से मुद्दे को बाहर लाना है, परंतु यह ढांचा तैयारी की स्थिति में लागू नहीं होता। 'वैचारिक ढांचे का विकास करना' इस विषय के लिए अध्याय 9 देखें।

अभ्यास 1 के भाग के रूप में, आपने अपने उत्तरदाता से चर्चा करने के लिए कुछ बिन्दुओं की एक सूची तैयार की है। वापस उस अभ्यास पर जाये और उस सूची पर जाएँ और उसकी जाँच करें, यदि आवश्यक हो तो इसमें संशोधन करें।

चरण IV
नमूने का चयन

इस परिचालन चरण में एक अध्याय शामिल है:

- अध्याय 12: नमूने का चयन करना

12

नमूने का चयन करना

इस अध्याय में आप निम्नलिखित तथ्यों के बारे में जानेंगे

- गुणात्मक और परिमाणात्मक शोध में नमूने (सेंपल) में अंतर
- नमूने की पारिभाषिक शब्दावली
- नमूने के सैद्धांतिक आधार
- नमूने से प्राप्त किये गए निष्कर्ष को प्रभावित करने वाले कारक
- नमूने के विभिन्न प्रकार:
    - यादृच्छिक/संभावित नमूने डिजाइन
    - अयादृच्छिक/असंभावित नमूने डिजाइन
    - 'मिश्रित' नमूने डिजाइन
- नमूने के आकार की गणना
- संतृप्ति बिंदु की अवधारणा

महत्वपूर्ण शब्द

आकस्मिक नमूने,
समूह नमूने,
डेटा संतृप्ति बिंदु,
गैर-अनुपातिक नमूने,
समान और स्वतंत्र नमूने,
अनुमान, सूचना-सम्पन्न,
निर्णायक नमूने,
नमूने के तत्व

अयादृच्छिक नमूने,
जनसंख्या के माध्य,
जनसंख्या के मापदंड,
अंश नमूने, यादृच्छिक नमूने,
नमूने का आकार,
नमूने की सांख्यिकी,
नमूने के डिजाइन,

नमूने त्रुटि, नमूने ढांचा,
नमूने की जनसंख्या,
नमूने की योजना, नमूने का
यूनिट, संतृप्ति बिन्दु,
स्नोबॅल नमूने, स्तरीकृत नमूने,
अध्ययन की आबादी, वर्गीकृत नमूने
बहु-स्तर समूह नमूने,

इस अध्याय के अंत में आपको निम्नलिखित की समझ हो जाएगी

- गुणात्मक और परिमाणात्मक शोध में विभिन्न नमूनों की डिजाइनना और उनकी संबंधित शक्तियाँ और कमजोरी
- गुणात्मक और परिमाणात्मक शोध में नमूने की डिजाइनना और अभ्यास में उनका प्रयोग करने के तरीके
- परिमाणात्मक शोध में मार्गदर्शन करने वाले सिद्धान्त
- परिमाणात्मक शोध में अध्ययन के लिए इसमे नमूने के आकार के निर्धारण के लिए क्या शामिल होता है
- गुणात्मक शोध में डेटा संकलन में संतृप्ति बिन्दु की अवधारणा
- गुणात्मक शोध में नमूने आकार को क्या निर्धारित करता है

परिमाणात्मक और गुणात्मक शोध में नमूने लेने के अंतर

परिमाणात्मक और गुणात्मक शोध में नमूने का चुनाव दो विरोधी दर्शनों द्वारा मार्गदर्शित किया जाता है। परिमाणात्मक शोध में आप नमूने का इस प्रकार चुनाव करना चाहते हैं कि जो निष्पक्ष हो और चुनी गई जनसंख्या का प्रतिनिधित्व करता हो। गुणात्मक शोध में, कई सारे विचार नमूने के चुनाव को प्रभावित कर सकते हैं, जैसे: महत्त्वपूर्ण प्रावादी तक पहुँच में आसानी, आपका निर्णय कि व्यक्ति को घटना की अधिक जानकारी है, घटना अथवा परिस्थिति की रुचि; व्यक्तियों की श्रेणी के मामले कितने प्ररूपी है; अथवा साधारणतया या पूर्णतया औरों से कितने अलग है। आपका अधिकतम प्रयास होगा कि चुनाव या तो बिलकुल अन्य समूह जैसा होगा अथवा कोई ऐसा जो पूर्णतया भिन्न हो। परिमाणात्मक शोध में ऐसे विचारों के नमूने का चयन करना स्वीकार्य नहीं है।

परिमाणात्मक शोध नमूनों का उद्देश्य आपकी जांच के केंद्रबिंदु के प्रति, उस समूह के बारे में अनुमान प्राप्त करना है जिनमें से आपने नमूने चुने हैं, जबकि गुणात्मक शोध को या तो परिस्थिति, घटना अथवा प्रकरण के बारे में अथवा इस मान्यता पर किसी व्यक्ति के विभिन्न पहलुओं बारे में गहरी जानकारी प्राप्त करने के लिए अध्ययन किया जाता है कि वह व्यक्ति समूह में विशिष्ट है और इसलिए संपूर्ण समूह की अंतर्दृष्टि प्रदान करेगा।

प्रतिरूप: योग्यता और क्वांट

इसीप्रकार, परिमाणात्मक और गुणात्मक शोध में नमूने के आकार का निर्धारण करना दो भिन्न दर्शनों पर आधारित है। परिमाणात्मक शोध में आप पूर्व-निर्धारित नमूने के आकार द्वारा मार्गदर्शित किए जाते हैं, जो कई अन्य विचारों पर उपलब्ध उपकरणों के अलावा उन पर आश्रित होते हैं। हालांकि, गुणात्मक शोध में आपके पास पूर्व-निर्धारित नमूने का आकार नहीं होता, परंतु डेटा संकलन के दौरान आपको संतृप्ति बिंदु तक पहुंचने के लिए इंतजार करना पड़ता है। जब आप नई जानकारी प्राप्त नहीं करते है अथवा यह नगण्य है, तब यह मान लिया जाता है कि आप संतृप्ति बिंदु तक पहुँच गए हैं और आप अन्य उत्तरदाताओं से अतिरिक्त जानकारी प्राप्त करना बंद कर देते हैं।

परिमाणात्मक शोध में नमूने आकार को अध्ययन के प्रकार और संभावित खोज के उपयोग के महत्त्व के अनुसार विचार करके रखा जाता है। वे अध्ययन जिनको नीति गठन, सहयोग अथवा संबंधों, अथवा एक विशाल आकार पर विचारणीय स्थान आंकन संधात स्थापना की जांच करने के लिए डिजाइन किया जाता है। यह इस सिद्धान्त पर आधारित होती है कि नमूने का आकार विविध पृष्ठभूमि के लोगों को समावेशित करेगा, इस प्रकार नमूना अध्ययन की आबादी का प्रतिनिधित्व करेगा। गुणात्मक शोध में नमूना एक महत्त्वपूर्ण भूमिका का निर्वाह नहीं करता है क्योंकि अध्ययन का उद्देश्य केवल एक अथवा कुछ मामलों की विविधता के परिमाण की पहचान करना है न कि इसका विस्तार करना। ऐसी परिस्थितियों में डेटा संतृप्ति बिंदु का निर्धारण नमूने के आकार के दौरान होता है।

परिमाणात्मक शोध में, यादृच्छिकरण के प्रयोग से यह सुनिश्चित किया जाता है कि नमूना चुनी गई आबादी का प्रतिनिधित्व करता है और पक्षपात रहित है। गुणात्मक शोध में नमूने का चयन करने का कोई प्रयास नहीं किया जाता है। आप उद्देश्यपूर्वक 'सूचना-सम्पन्न' प्रावादी का चुनाव करते हैं जो आपको आवश्यकता अनुसार जानकारी प्रदान कर सके। परिमाणात्मक शोध में, इसे पक्षपातपूर्ण नमूने माना जाता है।

अधिकांश नमूने चयन रणनीतियां, जिसमें कुछ असंभावित भी शामिल होते हैं, इस अध्याय में इनका वर्णन किया गया है, जिनका प्रयोग परिमाणात्मक शोध आवश्यकताओं के अनुसार किया जा सकता है। हालांकि, गुणात्मक शोध करते समय केवल असंभावित नमूने की डिजाइनना का प्रयोग किया जा सकता है।

परिमाणात्मक शोध में नमूने का चयन

नमूने के चयन की अवधारणा

आइये नमूने के चयन की अवधारणा के वर्णन के लिए एक उदाहरण लेते हैं। कल्पना कीजिये कि आप अपनी कक्षा के विद्यार्थियों की आयु का माध्य जानने में इच्छुक हैं। इसे ज्ञात करने के दो रास्ते हैं। पहला रास्ता यह है कि कक्षा में सभी विद्यार्थियों से संपर्क किया जाए, उनकी आयु पूछी जाए, उसे जोड़ा जाए और फिर उन्हें कुल विद्यार्थियों से भाग दिया जाए (नमूने माध्य ज्ञात करने की विधि)। दूसरी विधि यह है कि कक्षा के कुछ छात्रों का चुनाव करें, उनसे उनकी आयु पूछें, उसे जोड़ें और फिर उसे कुल पूछे गए छात्रों की संख्या से विभाजित कर दें, जिनसे आपने पूछा है। इससे आप कक्षा की औसत आयु का अंदाजा लगा सकते हैं। उसी तरह से, कल्पना कीजिये कि आप एक शहर में रहने वाले लोगों की औसत आय ज्ञात करना चाहते हैं। कल्पना कीजिये कि शहर में प्रत्येक परिवार के पास जाकर आय पूछने में कितने प्रयास और संसाधन लगेंगे। इसकी बजाय, आप अपनी पूछताछ के आधार पर कुछ परिवारों का चयन कर सकते हैं, और फिर, आपने कुछ परिवारों से जो ज्ञात किया है, उससे शहर में परिवारों की आय का एक **माध्य** पा सकते हैं। यही विधि मतों के सर्वेक्षण में प्रयोग की जाती है। यह एक बहुत ही छोटे लोगों के समूह पर आधारित होती है जिनसे उनके मत के अधिमान के बारे में पूछा जाता है, इन परिणामों के आधार पर, किसी चुनाव का संभावित पूर्वानुमान बताया जाता है।

इसलिए, नमूने का चयन, एक बड़े समूह (नमूने की आबादी) से कुछ नमूने के चयन (एक नमूना) के अनुमान के आधार पर अथवा बड़े समूह के बारे में अज्ञात जानकारी के किसी भाग की पूर्व-संयोजकता, परिस्थिति अथवा परिणाम के चयन की प्रक्रिया है। एक नमूना आबादी का एक छोटा समूह होता है जिसमें आपकी रुचि होती है। आपके अध्ययन का केंद्र शोध के प्रश्नों के उत्तर पाना है क्योंकि उनका संबंध कुल अध्ययन आबादी से है न कि नमूने से। हालांकि, नमूने के चयन की प्रक्रिया से आप अनुमान लगाने का प्रयास करते हैं कि कुल अध्ययन आबादी की परिस्थिति कैसी होने की संभावना है। (चित्र 12.1 देखें)।

कुल आबादी से नमूने के चयन की इस प्रक्रिया के फायदे और नुकसान दोनों हैं। फायदा यह है कि यह समय के साथ-सह वित्तीय और मानव संसाधन बचाता है। हालांकि, नुकसान यह है कि आप आबादी की रुचि की विशेषताओं की जानकारी प्राप्त नहीं कर पाते परंतु आप नमूने के आधार पर उनका अनुमान अथवा पूर्वानुमान लगाते हैं। इसलिए, आपके अनुमान में गलती होने की संभावना होती है।

इसलिए, नमूने चयन करने के कार्य में निश्चित रूप से कुछ लाभ और हानि है। जहां एक तरफ आप समय, धन और संसाधन बचाते हैं, वहीं दूसरी तरफ हो सकता है कि आपको अपने परिणामों में शुद्धता

चित्र 12.1 नमूने का चयन करने की अवधारणा

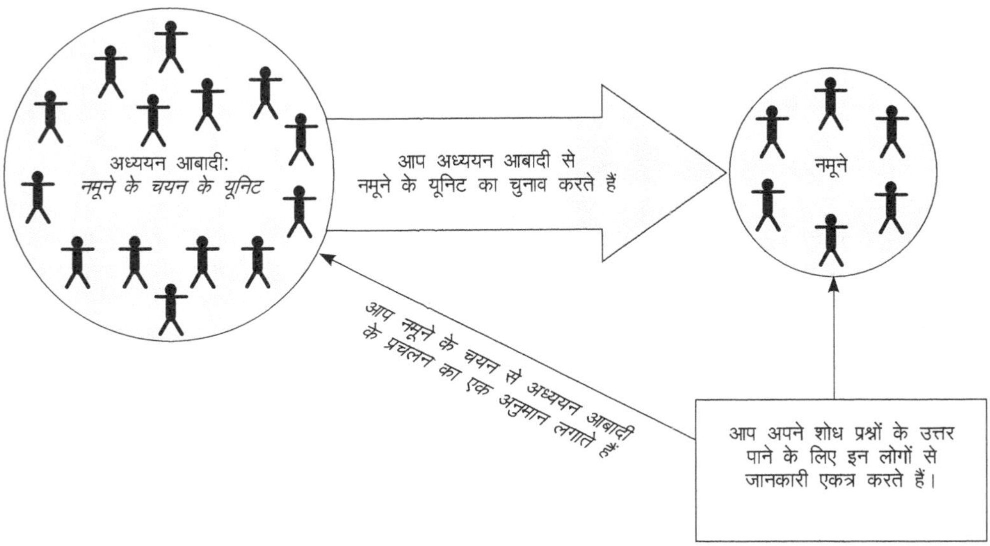

के प्रति समझौता करना पड़े। हालांकि, नमूने के चयन में आप केवल कुल आबादी की वास्तविक प्रचलित स्थिति का केवल एक अनुमान लगाते हैं जिसमें से वह नमूना लिया गया है। यदि आप कुल आबादी के नमूने में से जानकारी के कुछ भाग का पता लगाते हैं, यदि आपका नमूना वास्तव में अध्ययन आबादी का प्रतिनिधित्व करता है और यदि आपकी पूछताछ की विधि ठीक है, तो आपके परिणाम तार्किक रूप से शुद्ध होने चाहिए। परंतु वहाँ गलती की गुंजाइश रहती है। इस गलती की संभावना कि सहनशीलता नमूने चयन में एक महत्त्वपूर्ण सोच-विचार है।

नमूने की शब्दावली

आइये ऊपर लिए गए उदाहरणों पर दोबारा विचार करते हैं जहां हमारा मुख्य उद्देश्य कक्षा की औसत आयु, शहर में रहने वाले परिवारों की औसत आय तथा किसी राज्य अथवा देश के लिए चुनावी परिणाम ज्ञात करना है। आइये कल्पना करते हैं कि आपने नमूने की विधि अपनाई है – आपने इन उद्देश्यों को पाने के लिए कुछ विद्यार्थियों, परिवारों अथवा मतदाताओं का चयन किया। इस प्रक्रिया में, कई सारे पहलूप हैं:

- वह कक्षा, शहर में रहने वाले परिवार अथवा वे मतदाता जिनको आपने नमूने के रूप में चुना है उनको आबादी अथवा अध्ययन आबादी कहा जाता है।
- विद्यार्थियों का छोटा समूह, परिवार अथवा मतदाता जिनसे आप कक्षा की औसत आयु, औसत आय अथवा चुनावी परिणाम की जानकारी प्राप्त करले हैं उन्हें नमूना कहा जाता है।
- विद्यार्थियों, परिवारों अथवा मतदाताओं की संख्या जिनसे आप जानकारी प्राप्त करते हैं उन्हें नमूने का आकार कहते है और प्राय: n अक्षर से दर्शित किया जाता है।
- जिस प्रकार आप विद्यार्थियों, परिवारों अथवा मतदाताओं को चुनते हैं उन्हें नमूने की डिजाइनना अथवा नमूने की योजना कहते हैं।
- प्रत्येक विद्यार्थी, परिवार अथवा मतदाता जो आपके नमूने के चयन का आधार बनाता है उसे नमूने की इकाई अथवा नमूने के तत्त्व कहते हैं।

- प्रत्येक विद्यार्थी, परिवार अथवा मतदाता की सूची को अध्ययन आबादी में नमूने के चयन का ढांचा कहते हैं। यदि अध्ययन आबादी में सभी तत्त्वों की अलग-अलग पहचान नहीं की जा सकती है, तो आप उस अध्ययन आबादी के नमूने के चयन का ढांचा नहीं बना सकते।
- आपको प्राप्त जानकारी प्रावादी (नमूना) से प्राप्त जानकारी पर निर्भर करती हैं जिन्हें नमूने की सांख्यिकी कहते हैं। आपकी नमूने की सांख्यिकी अध्ययन आबादी में विशेषताओं की रुचि के अनुमान का प्रबल आधार बनती है।
- आपका मुख्य उद्देश्य शोध प्रश्नों के उत्तर पाना है क्योंकि वे कुल अध्ययन आबादी से संबन्धित होते हैं, न कि वे नमूने जिनसे आपने जानकारी एकत्र की। नमूने की सांख्यिकी से हम अपनी अध्ययन की आबादी के बारे में संभावित उत्तरों का अनुमान लगाते हैं। नमूने की सांख्यिकी से मिले अनुमानों को जनसंख्या के मापदंड कहा जाता है। मापदंड का एक उदाहरण जनसंख्या माध्य है।

नमूने का चयन करने का सिद्धांत

नमूने के चयन का सिद्धान्त तीन मापदण्डों द्वारा निर्देशित किया जाता है। इनको प्रभावी रूप से समझने के लिए, हम एक अत्यंत साधारण उदाहरण लेंगे। कल्पना कीजिये की चार व्यक्ति हैं A, B, C और D। आगे कल्पना कीजिये की A की आयु 18 वर्ष, B की 20 वर्ष, C की 23 वर्ष और D की 25 वर्ष है। चूंकि उनकी आयु आप जानते हैं, आप उनकी आयु को साधारण रूप से 18+20+23+25=86 जोड़कर और 86 को 4 से विभाजित करके ज्ञात (गणना) कर सकते हैं। इससे A, B, C और D का औसत (माध्य) 21.5 आता है।

अब आइये कल्पना करते हैं कि आप दो व्यक्तियों के नमूने का चुनाव करके इन चारों की औसत आयु का अनुमान ज्ञात करना चाहते हैं। एक सांख्यिकीय दृष्टि में निष्पक्ष नमूने का चयन करने के लिए, हमें यह सुनिश्चित करने की आवश्यकता है कि नमूने में प्रत्येक इकाई का समान और स्वतंत्र चयन करने का अवसर है। यादृछिकरण वह प्रक्रिया है जो आपको यह पाने का अवसर प्रदान करती है। हम यादृछिकरण को प्राप्त करने और जोड़े बनाने के लिए संभाव्यता के सिद्धान्त का प्रयोग करेंगे जिससे हमें दो के छः संभव समुच्यों प्रदान करेंगे: A और B; A और C; A और D; B और C; B और D; और C और D। आइये हम इन नमूने की औसत आयु ज्ञात करने के लिए प्रत्येक जोड़े को लेते हैं:

1. A+B = 18+20 = 38/2 = 19.0 वर्ष
2. A+C = 18+23 = 41/2 = 20.5 वर्ष
3. A+D = 18+25 = 43/2 = 21.5 वर्ष
4. B+C = 20+23 = 43/2 = 21.5 वर्ष
5. B+D = 20+25 = 45/2 = 22.5 वर्ष
6. C+D = 23+25 = 48/2 = 24.0 वर्ष

ध्यान दे इस अधिकांश मामलों में इन नमूनों के आधार पर ज्ञात की गई (नमूने सांख्यिकी) औसत आयु में दो की आयु भिन्न हैं। अब, इन चारों के औसत के साथ नमूने की सांख्यिकियों की तुलना करें – इस जनसंख्या का माध्य (जनसंख्या मापदंड) 21.5 वर्ष है।

कुल छः संभव नमूने के संयोजन में से केवल दो के मामले में नमूने की सांख्यिकी और जनसंख्या माध्य में कोई अंतर नहीं मिला। जिसमें अंतर है, वह नमूने की विशेषता है और इसे नमूने की त्रुटि के नाम से भी जानते हैं। पुनः, नमूने की त्रुटि के आकार में विविधता होती है। आइए नमूने की सांख्यिकी और जनसंख्या माध्य के छः उदाहरणों में से प्रत्येक अंतर पर विचार करते हैं। (तालिका 12.1)

यह विश्लेषण नमूने चयन के महत्त्वपूर्ण सिद्धान्त की ओर संकेत करता है:

> सिद्धान्त 1. अधिकांश मामलों में जहां नमूने का चयन किया जाता है, वहाँ नमूने की सांख्यिकी और वास्तविक जनसंख्या माध्य में अंतर होता है, जो उस नमूने में इकाई के चयन की विशेषता है।

तालिका 12.1 नमूने की सांख्यिकी और जनसंख्या माध्य में अंतर

नमूना	नमूने माध्य (नमूने सांख्यिकी) (1)	जनसंख्या माध्य (जनसंख्या मापदंड) (2)	(1) व (2) में अंतर
1	19.0	21.5	-2.5
2	20.5	21.5	-1.0
3	21.5	21.5	0.0
4	21.5	21.5	0.0
5	22.5	21.5	+1.0
6	24.0	21.5	+2.5

आइये दूसरे सिद्धांत को समझने के लिए उपर्युक्त उदाहरण के साथ चलते हैं, परंतु दो व्यक्तियों के नमूनो की जगह हम तीन नमूने लेते हैं। इन तीनों के चार संभावित संयोजन है जिन्हें इस प्रकार दर्शाया जा सकता है:

1 A+B+C = 18+20+23 = 61/3 = 20.33 वर्ष
2 A+B+D = 18+20+25 = 63/3 = 21.00 वर्ष
3 A+C+D = 18+23+25 = 66/3 = 22.00 वर्ष
4 B+C+D = 20+23+25 = 68/3 = 22.67 वर्ष

आइये अब नमूने की सांख्यिकी और जनसंख्या माध्य में अंतर की तुलना करते हैं (तालिका 12.2)

तालिका 12.1 और तालिका 12.2 में गणना किये गये अंतर की तुलना कीजिये। तालिका 12.1 में जनसंख्या सांख्यिकी और जनसंख्या माध्य में -2.5 और +2.5 वर्षों का अंतर है, जबकि दूसरी तालिका में यह -1.17 और +1.17 वर्ष है।

जनसंख्या सांख्यिकी और जनसंख्या माध्य के अंतर को तालिका 12.2 में घटाया गया है। इस घटाव के लक्षण को नमूने आकार में बढ़ाया जाता है। इसलिए, यह, दूसरे सिद्धांत की तरफ ले जाता है:

तालिका 12.2 नमूने की सांख्यिकी और जनसंख्या माध्य में अंतर

नमूना	नमूने का माध्य (1)	जनसंख्या माध्य (2)	(1) व (2) में अंतर
1	20.33	21.5	-1.17
2	21.00	21.5	-0.5
3	22.00	21.5	+0.5
4	22.67	21.5	+1.17

सिद्धान्त 2.1 नमूने आकार जितना बड़ा, जनसंख्या माध्य का अनुमान उतना अधिक शुद्ध।

नमूने के चयन का तीसरा सिद्धान्त विशेष रूप से नमूने के चयन की संख्या की योजना जैसे स्तरण और समूह नमूने के चयन पर आधारित हैं। इस सिद्धान्त को समझने के लिए, आइये उसी उदाहरण के साथ आगे बढ़ते हैं परंतु थोड़े दूसरे डेटा का प्रयोग करते हैं। कल्पना कीजिए कि चार व्यक्तियों की उम्र में काफी अंतर है: A = 18, B = 26, C = 32 और D =40। दूसरे शब्दों में, हम एक ऐसी जनसंख्या की कल्पना करते हैं जहां व्यक्तियों की आयु बहुत अलग अलग हैं – वे चर जिसमें हमारी रुचि है।

आइये, एक समय में दो और फिर तीन व्यक्तियों के नमूनो का चयन करते हुये वही प्रक्रिया अपनाते हैं। यदि हम उसी प्रक्रिया के माध्यम से कार्य करते हैं (उपर्युक्त वर्णित), तो हम नमूने की दो श्रेणियों के मध्य -7.00 और +7.00 वर्षों और -3.67 और +3.67 की तीन श्रेणियों के नमूनों में अंतर पाएंगे। दोनों मामलों में अंतर की श्रेणी पिछली गणना से अधिक है। यह चार व्यक्तियों की आयु में बड़ा अंतर होने का लक्षण है – जनसंख्या के नमूने का चयन जो आयु के संबंध में विषमजातीयता (विविध अथवा भिन्न) का उदाहरण है। अन्य शब्दों में, यदि आपकी अध्ययन जनसंख्या शोध चर की दृष्टि से दिये गए स्तर की शुद्धता के लिए विषमजातीय है, तो आपको एक बड़े नमूने के चयन की आवश्यकता है जिसकी तुलना समजातीय से की गई थी।

> सिद्धान्त 3. दिये गए नमूने के आकार के लिए, एक जनसंख्या के अध्ययन के चरों में जितना अधिक अंतर होगा, उतना अधिक अंतर नमूने की सांख्यिकीय और वास्तविक जनसंख्या माध्य में होगा।

इन सिद्धांतों को नमूने आकार के निर्धारण के समय एक विशेष शुद्धता के स्तर के लिए, और अपने अध्ययन के श्रेष्ठ उपयुक्त नमूने योजना के चयन में मस्तिष्क में रखना जरूरी है।

एक नमूने से लिए गए अनुमान को प्रभावित करने वाले कारक

उपर्युक्त सिद्धान्त संकेत करते हैं की दो कारक एक नमूने से लिए गए अनुमान की निश्चितता के स्तर को प्रभावित कर सकते हैं:

1. **नमूने का आकार** – छोटे नमूने आकार की अपेक्षा बड़े नमूनों पर आधारित खोजें अधिक निश्चित होती हैं। एक नियम के अनुसार, नमूने का जितना आकार बड़ा, उतनी अधिक शुद्ध खोज।
2. **नमूने आबादी में परिमाण का अंतर** – शोध के अंतर्गत दिये गए नमूने आकार के लिए, विशेषताओं के संबंध में अध्ययन आबादी में जितना अधिक अंतर, उतनी अधिक अनिश्चितता। (तकनीकी शर्तों में, विचलन में जितना अधिक मानक अंतर, आपके अनुमानों में नमूने आकार के लिए उतनी उच्च मानक अशुद्धि)। यदि एक आबादी अध्ययन के अंतर्गत विशेषताओं के संदर्भ में समजातीय है (एक जैसी अथवा समान) एक छोटा नमूने तार्किक रूप से एक अच्छा अनुमान दे सकता है, यदि यह विषमजातीय है (असमान अथवा विविधरूपी), तब आपको समान स्तर की शुद्धता पाने के लिए एक बड़े नमूने के चयन की आवश्यकता पड़ेगी। नि:संदेह, यदि जनसंख्या में सभी तत्व पहचान योग्य हैं, तब सिर्फ एक का चयन भी पूर्ण रूप से शुद्ध अनुमान प्रदान करेगा। एक नियम के अनुसार, शोध के अंतर्गत दिये गए नमूने आकार के लिए, विशेषताओं के संबंध में अध्ययन आबादी में जितना अधिक अंतर होगा, उतनी अधिक अनिश्चितता होगी।

नमूने के चयन के उद्देश्य

जब आप परिमाणात्मक शोध में नमूने का चयन करते हैं तो प्राथमिक लक्ष्य दिये गए नमूने आकार में अनुमानों में अधिकतम परिशुद्धता और अपने नमूने के चयन को पक्षपात से बचाने का होता है। नमूने के चयन में पक्षपात हो सकता है यदि:

- यदि नमूने का चयन एक अयाद्राच्छिक विधि से किया गया है – अर्थात्, यदि चयन चेतन अथवा अचेतन रूप से प्रभावित है;
- नमूने के चयन का ढांचा सूची, अनुक्रमणिका अथवा अन्य आबादी रिकॉर्ड – जो चयन के आधार की पूर्ति करता है, नमूने आबादी को शुद्धता और पूर्ण रूप से समावेशित नहीं करता है;
- नमूने की एक ऐसी आबादी जिसे ढूँढना कठिन हो अथवा जो सहयोग करने से मना कर दे।

नमूने के प्रकार

परिमाणात्मक शोध में नमूने की योजनाओं को इस प्रकार वर्गीकृत किया जा सकता है (चित्र 12.2):

- यादृच्छिक/संभाव्यता नमूने के डिजाइन;
- अयादृच्छिक/असंभाव्यता नमूने के डिजाइन;
- 'मिश्रित' नमूने के डिजाइन

इन तीनों को समझने के लिए, हम प्रत्येक की व्यक्तिगत रूप से चर्चा करेंगे।

यादृच्छिक/संभाव्यता नमूने के डिजाइन

नमूना लेने के विकल्प

किसी डिजाइन को यादृच्छिक नमूना अथवा संभाव्यता नमूना कहने के लिए, यह आवश्यक है कि शोध में नमूने के चयन में प्रत्येक तत्व को एक समान अथवा स्वतंत्र अवसर प्राप्त हो। शुद्धता की अवधारणा इसमें निहित होती है कि आबादी में प्रत्येक चयन की संभावना समान रहेगी, अर्थात्, नमूने में किसी तत्व की पसंद अन्य विचारों जैसे व्यक्तिगत अधिमान द्वारा प्रभावित नहीं होती है। स्वतन्त्रता की अवधारणा का अर्थ है कि नमूने में स्थित एक तत्व दूसरे तत्व की पसंद पर निर्भर नहीं है; अर्थात्, किसी एक तत्व का चयन अथवा अस्वीकरण किसी दूसरे के समवेशी अथवा बहिष्करण को प्रभावित नहीं करता। इन अवधारणाओं को स्पष्ट करने के लिए आइये अपने कक्षा के छात्रों के उदाहरण पर वापस आते हैं।

कल्पना कीजिये कि कक्षा में 80 छात्र हैं। मानिए कि इनमें से 20 छत्र आपके अध्ययन में भाग लेने से मना कर देते हैं। आप अपने अध्ययन में पूरे 80 छात्रों को लेना चाहते हैं, परंतु चूंकि 20 ने भाग लेने से मना कर दिया है, अतः आप केवल 60 छात्रों का नमूने ले सकते हैं। जिन 20 छात्रों ने भाग लेने से मना किया है, उनमें हो सकता है कि जिस मुद्दे पर आप अनवेषण करना चाहते हैं उसमें उनकी तीव्र भावनाएँ हो, परंतु आपकी खोज उनके विचारों को प्रतिबिम्बित नहीं करेंगी। आपके अध्ययन से उनके निष्कासन का अर्थ है कि प्रत्येक 80 छात्रों में से प्रत्येक को चयन करने का समान अवसर नहीं मिलेगा। इसलिए, आपका नमूने पूरी कक्षा का प्रतिनिधित्व नहीं करता है।

इसीप्रकार यही बात एक समुदाय पर लागू होती है। एक समुदाय में, भागीदारी से मनाई के अलावा, आइए यह कल्पना करते हैं कि आपने उस समुदाय में रहने वाले सभी लोगों की पहचान नहीं की हैं। यदि लोगों का एक महत्त्वपूर्ण अनुपात नमूने की आबादी में शामिल नहीं किया जा सकता है क्योंकि या तो उन्हें पहचान नहीं सकते अथवा वे भाग लेने से मना कर देते हैं, तो ऐसे में प्रत्येक नमूने आबादी से लिए गए नमूने को चयन का समान अवसर प्राप्त नहीं होगा। अत: नमूना पूरे समुदाय का प्रतिनिधित्व नहीं करेगा।

स्वतंत्र चयन के अवसर की अवधारणा को समझने के लिए, आइये कल्पना करते हैं कि एक कक्षा में पाँच विद्यार्थी है जो काफी घनिष्ठ मित्र हैं। यदि उनमें से एक का चयन किया जाता है परंतु वह भाग लेने से मना कर देता है क्योंकि अन्य चार का चयन नहीं हुआ, इसलिए आप पर दबाव डाला जाता है कि या तो पांचों को चुनें अथवा किसी को भी नहीं, ऐसे में आपके नमूने को स्वतंत्र नमूने के रूप में नहीं माना जाएगा, क्योंकि किसी एक का चयन अन्य नमूनों के चयन पर निर्भर करता है। ठीक ऐसा ही एक समुदाय में हो सकता है जहां छोटे समूह कहते हैं कि उनमें से सभी भाग लेंगे अन्यथा कोई भी इस अध्ययन में भाग नहीं लेगा। ऐसी परिस्थितियों में जहां आप पर नमूने की आबादी के चयन में किसी के चयन अथवा बहिष्करण के लिए दबाव डाला जाता है, ऐसे में नमूने को स्वतंत्र नहीं मना जाता, अत: यह नमूना आबादी का प्रतिनिधित्व नहीं है। हालांकि, यदि अस्वीकृति व्यावहारिक रूप में बहुत ही कम है, तो यह नमूने को अप्रतिनिधि नहीं बनाएगा। वास्तव में, प्रत्येक जगह ऐसे कुछ लोग होते हैं जो अध्ययन में भाग नहीं लेना चाहते, परंतु आपको केवल तभी चिंता करने की जरूरत है जब इनकी संख्या जरूरत से ज्यादा बड़ी हो।

किसी नमूने को केवल तभी यादृच्छिक/संभावित नमूना माना जा सकता है (और इसलिए अध्ययन के अंतर्गत आबादी का प्रतिनिधि) जब ये दोनों शर्तें पूरी होती हैं। अन्यथा, अध्ययन में पक्षपात होने की संभावना हो सकती है। यादृच्छिक/संभावित नमूने के दो मुख्य लाभ हैं:

चित्र 12.2 परिमाणात्मक शोध में नमूने के प्रकार

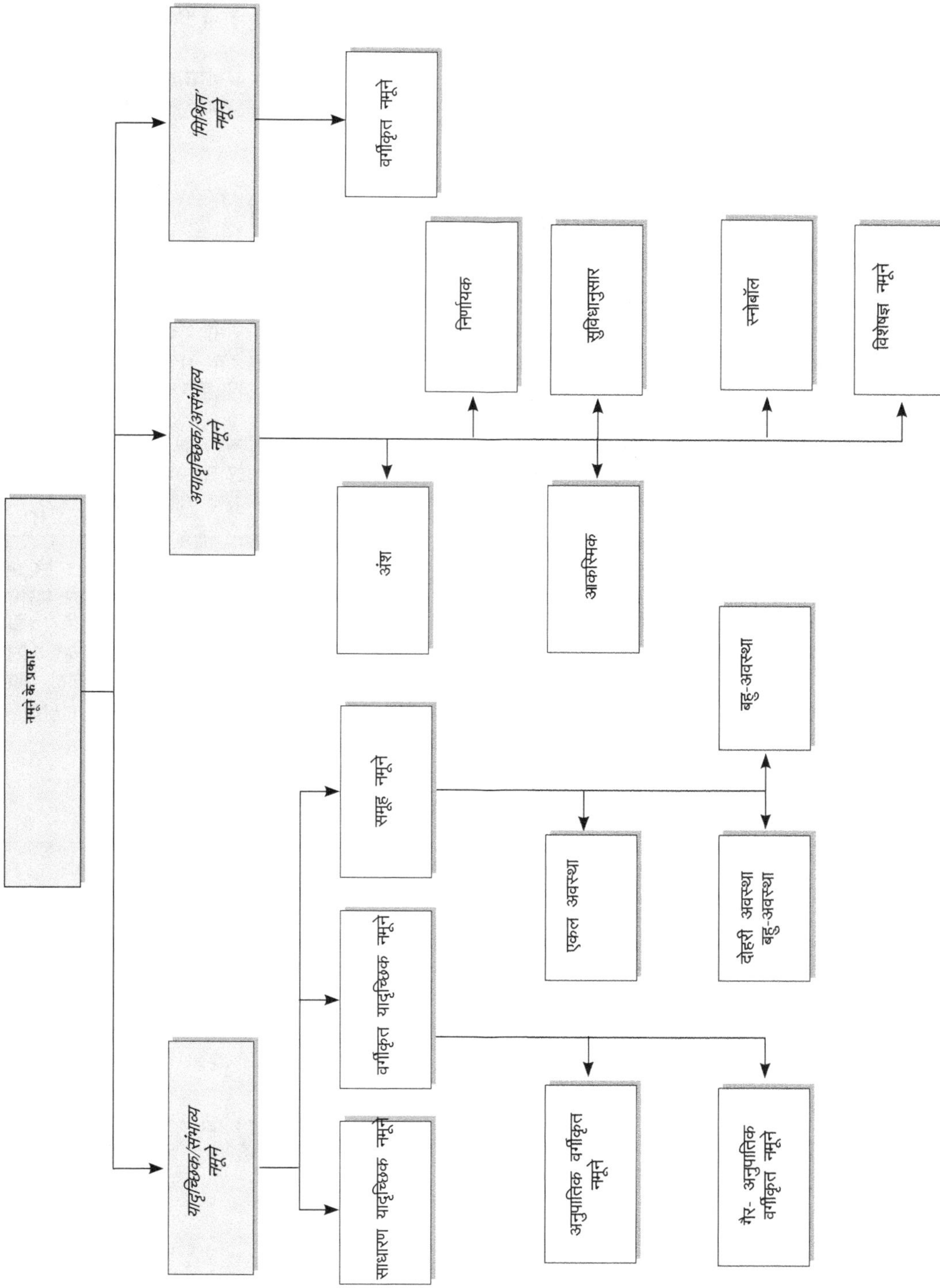

1. चूंकि वे कुल नमूने की आबादी का प्रतिनिधित्व करते हैं, अतः ऐसे नमूनों से निकाले गए अनुमानों को कुल आबादी नमूने के रूप में सामान्यीकरण किया जा सकता है।
2. संभाव्यता के सिद्धान्त पर आधारित केवल कुछ सांख्यिकी परीक्षणों को यादृच्छिक नमूनो से प्राप्त डेटा पर ही लागू किया जा सकता है। इनमें से कुछ परिक्षण निर्णायक सहसंबंध स्थापित करने के लिए महत्वपूर्ण हैं।

यादृच्छिक नमूने लेने की विधियाँ

वे विधियाँ जिनमें से आप यादृच्छिक नमूने ले सकते हैं, उनमें से तीन मुख्य हैं:

1. **फिशबाउल ड्रॉ** – यदि आपकी कुल आबादी कम है, तब ऐसे में सबसे सरल तरीका यह है कि प्रत्येक तत्व को अलग पर्चियों पर नंबर डालकर एक दूसरे से अलग कर दे, सभी पर्चियों को एक बाउल में डाल दे और बिना देखें उनको एक-एक करके उठाने के लिए कहें जब तक चुनी हुई पर्चियाँ नमूने के आकार के बराबर न आ जाए जो आकार आपने चुना है। इस विधि को कुछ लॉटरियों में भी प्रयोग किया जाता है।
2. **कम्प्युटर प्रोग्राम** – इस दिशा में बहुत सारे कम्प्युटर प्रोग्राम हैं, जो यादृच्छिक नमूने का चयन कर सकते हैं।
3. **यादृच्छिक अंकों की बनाई गई तालिका** – अधिकांश शोध प्रणालीविज्ञानों और सांख्यिकियों की पुस्तकों के परिशिष्ट में यादृच्छिक अंकों की बनाई गई तालिका होती है (उदाहरण के लिए देखें, तालिका 12.3)

आइये हम यादृच्छिक अंकों के लिए तालिका 12.3 का उपयोग की व्याख्या करने के लिए एक उदाहरण लेते हैं। कल्पना करते हैं कि आपके नमूने की आबादी में 256 व्यक्ति हैं। प्रत्येक व्यक्ति ओ 1 से 256 तक क्रमांक दें। यदि कई सारे पृष्ठ हैं तो, यादृच्छिक रूप से किसी भी पृष्ठ से शुरू करें। फिर प्रारंभिक कॉलम को चुनें (अंकों के पाँच कॉलम के 1 से 10 तक) और तीन कॉलम के अंकों को पहचानें (क्योंकि आपके शोध अध्ययन में महत्त्वपूर्ण प्रावादी की कुल संख्या तीन अंकों की है)। तीन अंकों के चयनित कॉलमो में नीचे आए और 256 से कम सभी संख्याओं को चुन लें। चुनी गई संख्याओं में से सदृश प्रावादी आपके नमूने बन जाते है। चुने गए कॉलम से गुजरने के बाद, यदि आवश्यकता है तो सटे हुये कॉलम (1-10) पर जाए या फिर दो में से कोई एक समान प्रक्रिया दोहराएँ।

चित्र 12.3 यादृच्छिक संख्याओं की तालिका का प्रयोग करने की विधि

चरण 1	अध्ययन आबादी में तत्त्वो की कुल संख्या को पहचाने। इस संख्या में अंकों की संख्या को लिख लें (यदि आपकी कुल नमूने की आबादी 9 अथवा इससे कम है, तो यह एक अंक है; यदि यह 99 अथवा क्रम है, तो ये दो अंक होंगे; आदि)।
चरण 2	1 से शुरू कर प्रत्येक तत्त्व को क्रमांक दें।
चरण 3	यदि यादृच्छिक संख्याओं की तालिका एक पृष्ठ से अधिक है, तो यादृच्छिक रूप से शुरुआती पृष्ठ को चुनें। इस प्रकार चुने गए पृष्ठ को, यादृच्छिक रूप से एक कॉलम अथवा पंक्ति को अपने शुरुआती बिन्दु के रूप में चुनें और वहाँ से एक पूर्व-निर्धारित दिशा में आगे बढ़े।
चरण 4	अंकों से मिलती-जुलती संख्याएँ जिनसे कुल आबादी चलती है, तालिका के प्रत्येक कॉलम में से यादृच्छिक रूप में उस संख्या के अंकों को चुनें।
चरण 5	अपने नमूने के आकार का निर्णय लें।
चरण 6	तालिका से अपने नमूने के लिए आवश्यक तत्त्वो की संख्याओं का चयन करें। यदि आप एक ही को संख्या दो बार चुन लेते हैं, तो इसे अनदेखा कर दे और अगले पर जाए। ऐसा तब हो सकता है जब तालिका का निर्माण यादृच्छिक संख्याओं के नमूने के पुनःस्थापत्र से हुआ है।

सम्भाव्यता नमूनाचयन

अथवा आप उदेश्य के लिए यादृच्छिक रूप से अन्य कॉलम का चयन कर सकते हैं और ऐसा जब तक करे तब तक उत्तरदाताओं की संख्या नमूने के आकार के सामान नहीं पहुँच जाती। आप नमूने का चयन समान रूप से पंक्तियों का प्रयोग करते हुए कर सकते है।

कल्पना कीजिये कि आपने संख्याओं के नौवें कॉलम और इस कॉलम के अंतिम तीन अंकों को पहचाना (रेखांकित) है। कल्पना कीजिये कि आपने कुल आबादी के 10 प्रतिशत (25 तत्त्व) नमूने के रूप में चुना है। नौवें कॉलम में रेखांकित संख्याओं को देखते हैं। पहली संख्या 046 है जो 256 से कम है (कुल आबादी); अत: 49वाँ तत्त्व आपके नमूने का एक भाग बन जाता है। दूसरी संख्या 319 कुल तत्त्वों से आपकी आबादी से अधिक है (256); अत: नमूने में 319 वें तत्त्व को स्वीकार नहीं कर सकते। इसी प्रकार अगले तत्व 758 और वास्तव में अगले पाँच तत्त्वों 589, 507, 483, 487 और 540 पर लागू होता है। 540 के बाद 232 है, और चूंकि यह संख्या नमूने आकार के दायरे में है, इसे नमूने के भाग के रूप में स्वीकृत किया जा सकता है। इसी प्रकार, यदि आप कॉलम में नीचे की तरफ जाएंगे तो समान तीन अंक मिलेंगे, आपने दोबारा 029 तत्त्व पर आने से पहले 052, 029, 065, 246 और 161 को चुना। चूंकि, 29वाँ तत्व पहले ही चुना जा चुका है, अतः अगली संख्या पर जाइए, ऐसा अगले 25 तत्वों के चयन तक कीजिये। आप एक बार जब कॉलम के अंत तक पहुँच जाएंगे, तब आप अगले कॉलम पर जा सकते हैं, अथवा यादृच्छिक रूप से अन्य का चयन प्रक्रिया पूर्ण होने तक कर सकते हैं। उदाहरण के लिए, तालिका 12.4 में दिखाये गए 25 तत्त्व नौवें, दसवें और तालिका 12.3 के दूसरे कॉलम से लिए गए हैं।

प्रतिस्थापन के सहित अथवा रहित नमूने

एक यादृच्छिक नमूने का चयन विभिन्न प्रणालियों के चयन द्वारा किया जा सकता है:

1. प्रतिस्थापन के बिना नमूना
2. प्रतिस्थापन के साथ नमूना

कल्पना कीजिये कि आप कुल 80 विद्यार्थियों में से 20 के नमूनो का चयन करना चाहते हैं। पूरी कक्षा से पहला विद्यार्थी चुना गया है, इसलिए पहले विद्यार्थी के चयन की संभाव्यता 1/80 है। आप जब दूसरे विद्यार्थी का चयन करेंगे तब वहाँ कक्षा में केवल 79 बचे हैं और दूसरे विद्यार्थी के चयन कि संभाव्यता 1/80 न होकर 1/79 होगी। अगले विद्यार्थी के चयन की संभाव्यता 1/78 है।

तालिका 12.3 यादृच्छिक संख्याओं की तालिका से नमूना

	1	2	3	4	5	6	7	8	9	10
1	48461	14952	72619	73689	52059	37086	60050	86192	67049	64739
2	76534	38149	49692	31366	52093	15422	20498	33901	10319	43397
3	70437	25861	38504	14752	23757	29660	67844	78815	23758	86814
4	59584	03370	42806	11393	71722	93804	09095	07856	55589	46820
5	04285	58554	16085	51555	27501	73883	33427	33343	45507	50063
6	77340	10412	69189	85171	29802	44785	86368	02583	96483	76553
7	59183	62687	91778	80354	23512	97219	65921	02035	59487	91403
8	91800	04281	39997	03927	82564	28777	59049	97532	54540	79472
9	12066	24817	81099	48940	69554	55925	48379	12866	41232	21580
10	69907	91751	53512	23748	65906	91385	84983	27915	48491	91068

	1	2	3	4	5	6	7	8	9	10
11	80467	04873	54053	25955	48518	13815	37707	68687	15570	08890
12	78057	67835	28302	45048	56761	97725	58438	91529	24645	18544
13	05648	39387	78191	88415	60269	94880	58812	42931	71898	61534
14	22304	39246	01350	99451	61862	78688	30339	60222	74052	25740
15	61346	50269	67005	40442	33100	16742	61640	21046	31909	72641
16	56793	37696	27965	30459	91011	51426	31006	77468	61029	57108
17	56411	48609	36698	42453	85061	43769	39948	87031	30767	13953
18	62098	12825	81744	28882	27369	88185	65846	92545	09065	22653
19	68775	06261	54265	16203	23340	84750	16317	88686	86842	00879
20	52679	19599	13687	74872	89181	01939	18447	10787	76246	80072
21	84096	87152	20719	25215	04349	54434	72344	93008	83282	31670
22	83964	55937	21417	49944	38356	98404	14850	17994	17161	98981
23	31191	75131	72386	11689	95727	05414	88727	45583	22568	77700
24	30545	68523	29850	67883	05622	89975	79042	27142	99257	32349
25	52573	91001	52315	26430	54175	30122	31796	98842	37600	26025
26	16586	81842	01076	99414	31574	94719	34656	80018	86988	79234
27	81841	88481	61191	25013	30272	23388	22463	65774	10029	58276
28	43563	66829	72838	08074	57080	15446	11034	98143	74989	26885
29	19945	84193	57581	77252	85604	45412	43556	27518	90572	00563
30	79374	23796	16919	99691	80276	32818	62953	78831	54395	30705
31	48503	26615	43980	09810	38289	66679	73799	48418	12647	40044
32	32049	65541	37937	41105	70106	89706	40829	40789	59547	00783
33	18547	71562	95493	34112	76895	46766	96395	31718	48302	45893
34	03180	96742	61486	43305	84183	99605	67803	13491	09243	29557
35	94822	24738	67749	83748	59799	25210	31093	62925	72061	69991
36	04330	60599	85828	19152	68499	27977	35611	96240	62247	89529
37	43770	81537	59527	95674	76692	86420	69930	10020	72881	12532
38	56908	77192	50623	41215	14311	42834	80651	93750	59957	31211
39	32787	07189	80539	75927	75475	73965	11796	72140	48944	74156
40	52441	78392	11733	57703	29133	71164	55355	31006	25526	55790
41	22377	54723	18227	28449	04570	18882	00023	67101	06895	08915
42	18376	73460	88841	39602	34049	20589	05701	08249	74213	25220
43	53201	28610	87957	21497	64729	64983	71551	99016	87903	63875

	1	2	3	4	5	6	7	8	9	10
44	34919	78801	59710	27396	02593	05665	11964	44134	00273	76358
45	33617	92159	21971	16901	57383	34262	41744	60891	57624	06962
46	70010	40964	98780	72418	52571	18415	64362	90637	38034	04909
47	19282	68447	35665	31530	59838	49181	21914	65742	89815	39231
48	91429	73328	13266	54898	68795	40948	80808	63887	89939	47938
49	97637	78393	33021	05867	86520	45363	43066	00988	64040	09803
50	95150	07625	05255	83254	93943	5237	93230	62668	79529	66964

स्त्रोत: सांख्यिकीय तालिका, तृतीय संस्करण, F. James Rohif और Robert R. Sokal. प्रकाशनाधिकार 1969, 1981, 1994, W.H. Freeman and Company. Used by Permission

तालिका 12.4 यादृच्छिक संख्याओं की तालिका से चयनित तत्व

तालिका 12.3 में कॉलम	चयन किए गए तत्व
9	49, 232, 52, 29, 65, 246, 161, 243, 61, 213, 34, 40
10	63, 68, 108, 72, 25, 234, 44, 211, 156, 220, 231
2	149, 246

आप जब तक 20वाँ विद्यार्थी चुनेंगे, तब तक उसके चयन की संभाव्यता 1/61 होगी। इस प्रकार के नमूने को प्रतिस्थापन के बिना नमूने कहते हैं। परंतु यह हमारी आदृच्छिकरण की आधारभूत परिभाषा के विपरित है; अर्थात्, प्रत्येक तत्व के चयन के समान और स्वतंत्र अवसर होते हैं। दूसरी प्रणाली में, जिसे प्रतिस्थापन के साथ नमूने कहते हैं, चुने गए तत्त्व को नमूने आबादी में प्रतिस्थापन किया जाता है और यदि यह पुन: चुना जाता है, तो इसको अलग निकाल दिया जाता है और अगले को चुन लिया जाता है। यदि नमूने की आबादी उचित रूप से अधिक है, तो उसी तत्त्व के दोबारा चयन की संभाव्यता उचित रूप से दुगुनी दूर हो जाती है।

विशिष्ट यादृच्छिक/संभाव्य नमूने डिजाइन

यादृच्छिक नमूने डिजाइन के सामान्यता तीन प्रकार है: साधारण यादृच्छिक नमूने (SRS), स्तरीकरण यादृच्छिक नमूने और समूह नमूना।

साधारण यादृच्छिक नमूने

यह विधि संभाव्य नमूने के चयन के लिए प्रयुक्त विधियों में सबसे अधिक प्रयोग में लाई जाती है। यादृच्छिकरण की परिभाषा के विषय में, जहां आबादी में प्रत्येक तत्व को चयन का समान और स्वतंत्र अवसर दिया जाता है, एक साधारण यादृच्छिक नमूने का चयन चित्र 12.4 में दर्शाई गई प्रक्रिया के अनुसार होता है।

व्याख्या के लिए, आइये पुन: कक्षा के विद्यार्थियों का उदाहरण लेते है। कक्षा में 80 विध्यार्थी हैं, और इसलिए पहला चरण प्रत्येक विद्यार्थी को 1 से 80 तक की संख्या से पहचान करना हैं। कल्पना कीजिये की आपने 20 नमूनो के चयन के लिए यादृच्छिक नमूने तकनीक का सहारा लेने का निर्णय लिया है। यादृच्छिक संख्याओं अथवा कम्प्युटर प्रोग्राम द्वारा 20 विद्यार्थियों के चयन के लिए फिशबाउल ड्रॉ का प्रयोग करें। ये 20 विद्यार्थी आपकी पूछताछ का आधार बनते हैं।

चित्र 12.4 एक सरल यादृच्छिक नमूने का चयन करने की प्रक्रिया

चरण 1 आबादी में सभी तत्त्वों अथवा नमूने के यूनिटों की एक संख्या द्वारा पहचान करें।

चरण 2 नमूने के आकार n का निर्धारण करें।

चरण 3 फिशबाउल ड्रॉ, यादृच्छिक संख्याओं की तालिका अथवा कम्प्युटर प्रोग्राम का प्रयोग, करते हुए n का चयन करें।

स्तरीकृत यादृच्छिक नमूने

जैसे कि चर्चा की गई है, आपके अनुमान की शुद्धता परिमाणत: शोध आबादी की विशेषताओं के संदर्भ में जो एक मजबूत सहसंबंध से ओतप्रोत है जिसके संबंध में आप पता लगाना चाहते हैं, वह विविधता अथवा विषमजातीयता विस्तार पर निर्भर करती है (सिद्धान्त 3)। यदि आबादी में विषमजातीयता दिये गए नमूने आकार के लिए, कुछ उपकरणों द्वारा कम की जा सकती है, तो इसलिए, इसका अनुसरण करके आप अपने अनुमान में अधिक शुद्धता प्राप्त कर सकते हैं। स्तरीकृत यादृच्छिक नमूने इस तर्क पर आधारित है।

स्तरीकृत यादृच्छिक नमूने में शोधकर्ता आबादी को इस प्रकार स्तरीकृत करने का प्रयास करता है कि वह आबादी एक स्तर पर समजातीय होती है जिनके संबंध में विशेषताओं के आधार पर इसे स्तरीकृत किया जा रहा है। यह महत्त्वपूर्ण है कि स्तरीकरण के आधार पर चुनी गई विशेषताएँ शोध आबादी में स्पष्ट रूप से पहचान के योग्य है। उदाहरण के लिए, किसी आबादी को लिंग के आधार पर स्तरीकृत करना अधिक आसान है बजाय आयु, आय अथवा अभिवृत्ति के। यह उन विशेषताओं के लिए महत्त्वपूर्ण हो जाता है जिन मुख्य चरों का आप अन्वेषण कर रहें है और वे स्तरीकरण का आधार बन जाते हैं। एक बार नमूने की आबादी को गैर-अतिव्यापन समूहों में अलग-अलग कर दिया जाए, तब आप साधारण यादृच्छिकृत नमूने तकनीक का प्रयोग करते हुये प्रत्येक स्तर के अनुसार आवश्यकतानुसार संख्याओं का चयन कर सकते हैं। स्तरीकृत नमूने दो प्रकार के होते हैं: अनुपातिक स्तरीकृत नमूना और गैर-अनुपातिक स्तरीकृत नमूना। अनुपातिक स्तरीकृत नमूने में कुल आबादी के अनुपात के संबंध में प्रत्येक तत्त्व की संख्या के स्तर का चयन किया जाता है, जबकि गैर-अनुपातिक स्तरीकृत नमूने में स्तर के आकार पर विचार नहीं किया जाता है। स्तरीकृत नमूने चयन प्रक्रिया व्यवस्थात्मक्त: चित्र 12.5 में दर्शाया है।

समूह नमूना

साधारण यादृच्छिकरण और स्तरीकृत नमूने शोधकर्ता की आबादी में प्रत्येक तत्त्व को पहचानने की योग्यता पर निर्भर करता है। यदि कुल नमूने आबादी छोटी होती है तो यह करना सरल है, परंतु यदि आबादी बड़ी है, जैसे कि एक शहर, राज्य अथवा देश, तो उस मामले में, प्रत्येक नमूने की यूनिट को पहचानना कठिन और महंगा हो जाता है। ऐसे मामले में समूह नमूना अधिक उपयुक्त रहता है।

समूह नमूने शोधकर्ता की नमूने आबादी को समूहों (दृष्टिगोचर अथवा सरलता से पहचान योग्य विशेषताओं पर आधारित), में बांटने की योग्यता पर निर्भर करता है, जिसे समूह कहा जाता है, और SRS तकनीक का प्रयोग करते हुये फिर तत्वों का प्रत्येक समूह के भीतर चयन करना चाहिए। समूह निर्माण भौगोलिक निकटता अथवा सामान्य विशेषताएँ जिनका शोध के मुख्य चर के साथ सह-संबंध है (जैसा कि स्तरीकृत नमूने में)। समूहीकरण के स्तर पर निर्भर करते हुये, कई बार नमूने को विभिन्न स्तरों पर किया जा सकता है।

ये स्तर समूहीकरण की विभिन्न अवस्थाओं (एकल, दोहरा अथवा बहुल) का निर्माण करते हैं, जिनका वर्णन बाद में किया जाएगा।

कल्पना कीजिये कि आप ऑस्ट्रेलिया में देश में उच्च शिक्षा की समस्याओं के प्रति वरिष्ठ माध्यमिक विद्यार्थियों की अभिवृति का अन्वेषण करना चाहते हैं। ऑस्ट्रेलिया के प्रत्येक राज्यक्षेत्र और राज्य में उच्च शिक्षा संस्थान है। इसके अलावा, वहाँ कई प्रकार के संस्थान हैं (चित्र 12.6): विश्वविद्यालय, तकनीकी विश्वविद्यालय, उन्नत शिक्षा महाविद्यालय और तकनीकी विश्वविद्यालय और आगे शिक्षा (TAFE)। एक संस्थान के अंदर ही स्नातक और परा-स्नातक स्तर पर विभिन्न पाठ्यक्रम पढ़ाये जाते है। प्रत्येक शैक्षिक पाठ्यक्रम में तीन से चार साल लगते है। आप कार्य के परिमाण की कल्पना कर सकते है। ऐसी परिस्थितियों में समूह नमूने यादृच्छिकरण नमूने के चयन के लिए काफी उपयुक्त रहते हैं।

चित्र 12.5 स्तरीकृत नमूने के चयन की विधि

चरण 1	नमूने आबादी में सभी तत्वों अथवा नमूने इकाइयों के पहचान करें।
चरण 2	आप जिस आबादी को स्तरीकृत करना चाहते हैं उनका निर्धारण विभिन्न स्तरों (k) पर करें।
चरण 3	प्रत्येक तत्व को उचित स्तर पर रखे।
चरण 4	प्रत्येक स्तर को अलग-अलग करके सभी तत्वों को संख्यांकित करें।
चरण 5	कुल नमूने के आकार (n) का निर्णय लें।
चरण 6	निर्णय लें कि आप अनुपातिक अथवा गैर-अनुपातिक स्तरीकृत नमूने लेना चाहते हैं और फिर नीचे दिये गए क्रम का अनुसरण करें।

गैर-अनुपातिक स्तरीकृत नमूना	**अनुपातिक स्तरीकृत नमूना**
चरण 7 प्रत्येक स्तर से चुने जाने वाले तत्वों की संख्या का निर्धारण करे $= \frac{\text{नमूने का आकार (n)}}{\text{स्तर की संख्या (k)}}$	चरण 7 शोध आबादी में (p) अनुपात के प्रत्येक स्तर का निर्धारण करें $= \frac{\text{प्रत्येक स्तर में तत्व}}{\text{कुल आबादी आकार}}$
चरण 8 साधारण यादृच्छिक नमूने से प्रत्येक स्तर के आवश्यक तत्वों की संख्या को चुने	चरण 8 प्रत्येक स्तर से चुने जाने वाले तत्वों का निर्धारण करें = (नमूने का आकार) (p) चरण 9 साधारण यादृच्छिक नमूने से प्रत्येक स्तर के आवश्यक तत्वों की संख्या को चुने
चूंकि यह विधि स्तर के आकार के विचार से नमूने का चयन नहीं करता, इसलिए इसे गैर-अनुपातिक स्तरीकृत नमूना कहते हैं।	चूंकि नमूने का चयन आबादी में प्रत्येक स्तर के अनुपात के आकार के अनुसार होता है, अतः इस विधि को अनुपातिक स्तरीकृत नमूना कहते हैं।

ये स्तर समूहीकरण की विभिन्न अवस्थाओं (एकल, दोहरा अथवा बहुल) का निर्माण करते हैं, जिनका वर्णन बाद में किया जाएगा।

कल्पना कीजिये कि आप ऑस्ट्रेलिया में देश में उच्च शिक्षा की समस्याओं के प्रति वरिष्ठ माध्यमिक विद्यार्थियों की अभिवृति का अन्वेषण करना चाहते हैं। ऑस्ट्रेलिया के प्रत्येक राज्यक्षेत्र और राज्य में उच्च शिक्षा संस्थान है। इसके अलावा, वहाँ कई प्रकार के संस्थान हैं (चित्र 12.6): विश्वविद्यालय, तकनीकी विश्वविद्यालय, उन्नत शिक्षा महाविद्यालय और तकनीकी विश्वविद्यालय और आगे शिक्षा (TAFE)। एक संस्थान के अंदर ही स्नातक और परा-स्नातक स्तर पर विभिन्न पाठ्यक्रम पढ़ाये जाते है। प्रत्येक शैक्षिक पाठ्यक्रम में तीन से चार साल लगते है। आप कार्य के परिमाण की कल्पना कर सकते है। ऐसी परिस्थितियों में समूह नमूने यादृच्छिकरण नमूने के चयन के लिए काफी उपयुक्त रहते हैं।

समूह नमूने का पहला स्तर राज्य अथवा क्षेत्र के स्तर का हो सकता है। समूह को समान विशेषताओं के अनुसार वर्गीकृत किया जा सकता है जो विद्यार्थी जनसंख्या की परिमाणात्मकता को सुनिश्चित करती हो। उदाहरण के लिए, यदि आप यह निश्चित कर सकें कि कुछ राज्यों में विद्यार्थी की सामाजिक-आर्थिक जनसांख्यिकीय विशेषताएँ परिमाणात्मक है, बजाय इसके, कि आप अपने शोध के लिए समूह में से एक या दो राज्यो का चुनाव करे। यदि यह सरल नहीं है तो, आप सभी राज्यों और क्षेत्रों के चयन का निर्णय ले सकते हैं और फिर संस्थान के स्तर पर एक नमूने का चयन कर सकते हैं।

चित्र 12.6 समूह नमूना की अवधारणा

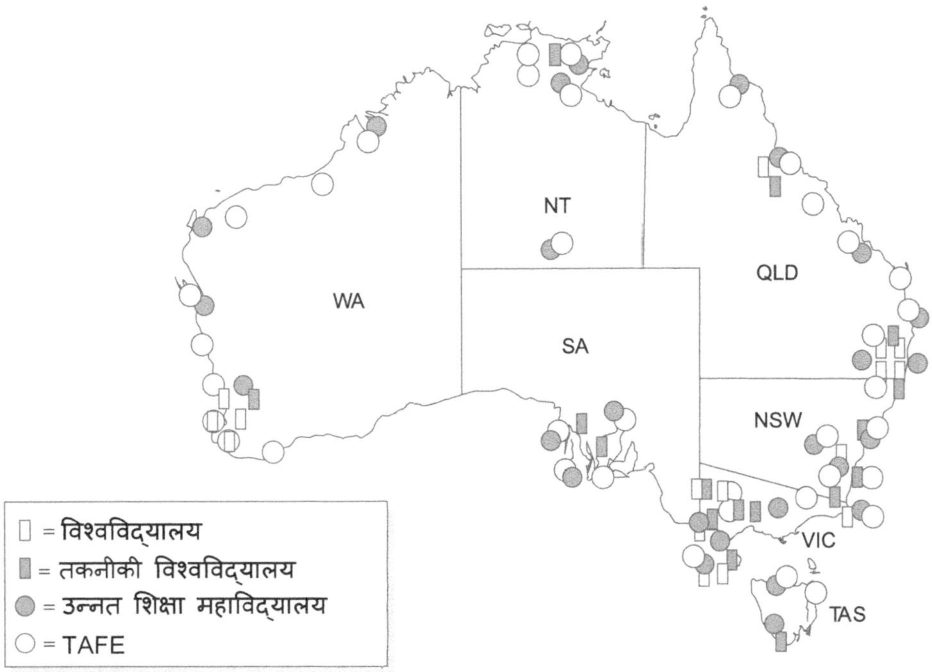

आप यही बात चयन शिक्षण संस्थानों के बारे में भी कर सकते हैं। यदि एक राज्य में सभी विश्वविद्यालय विद्यार्थियों की विशेषताओ के संदर्भ में परिमाणात्मक है, तो आप यादृच्छिक रूप से एक अथवा दो शोध के लिए चुन सकते हैं। आप समान रूप से अन्य श्रेणियों के उच्च शिक्षा के संस्थानों को चुन सकते हैं। उदाहरण के लिए, समान यादृच्छिक तकनीक के साथ, एक अथवा दो संस्थान प्रत्येक श्रेणी के प्रत्येक राज्य से चुने जा सकते हैं (जैसे एक विश्वविद्यालय, एक तकनीकी विश्वविद्यालय और एक TAFE महावविद्यालय। यह इस अवधारणा पर आधारित है कि एक श्रेणी के अंतर्गत संस्थान विद्यार्थीयों की रूपरेखा के बेहद समान है। तब, एक संस्थान के अंदर, एक अथवा अधिक शैक्षणिक पाठ्यक्रमो का चयन यादृच्छिक रूप से संसाधनों के अनुसार किया जा सकता है। प्रत्येक चुने गए शैक्षणिक कार्यक्रम के अंदर, किसी विशिष्ट शैक्षणिक वर्ष में पढ़ने वाले विद्यार्थीयों को चुना जा सकता है। आगे, किसी विशिष्ट शैक्षणिक वर्ष में पढ़ने वाले विद्यार्थीयों को अनुपात के चयन के आधार पर SRS तकनीक का प्रयोग करते हुये चुन सकते हैं। इस प्रकार चुने जाने वाले नमूने को बहु-स्तरीय समूह नमूना कहते हैं।

परिमाणात्मक शोध में गैर-यादृच्छिक/अ-संभाव्यता नमूने के डिजाइन

अ-संभाव्यता नमूने के डिजाइन नमूने की आबादी से तत्व की पसंद में संभाव्यता के सिद्धान्त का अनुकरण नहीं करता है। इन डिज़ाइनों का प्रयोग तब किया जाता है जब आबादी में तत्वो की संख्या अज्ञात होती है अथव तत्वो को व्यक्ति के रूप से पहचाना नहीं जा सकता है। ऐसी परिस्थितियों में तत्व का चयन अन्य विचारों पर निर्भर होता है। इस प्रकार के छः अ-यादृच्छिक डिजाइन है, जेनमें से प्रत्येक विभिन्न विचारों पर आधारित है, जो समान्यतया परिमाणात्मक और गुणात्मक शोध में प्रयोग किए जाते हैं: कोटा नमूने, आकस्मिक नमूने, सुविधानुसार नमूने, न्यायिक अथवा उद्देशयात्मक नमूने विशेषज्ञ नमूने और स्नोबॉल नमूने।

इन डिज़ाइनों को परिमाणात्मक और गुणात्मक शोध में जो बात अलग करती है, वह पूर्व-निर्धारित आकार है। परिमाणात्मक शोध में आप इन डिज़ाइनों का प्रयोग पूर्व-निर्धारित मामलों की संख्या (नमूने आकार) के चयन में करते हैं, जबकि गुणात्मक शोध में आप उत्तरदाताओं की संख्या का निर्णय पहले से नहीं करते परंतु अतिरिक्त मामलों के चयन तब तक करते हैं जब तक डेटा संतृप्ति बिन्दु तक नहीं पहुँच जाते। इसके अलावा, गुणात्मक शोध में, आप अपने उत्तरदाताओं के चयन में पूर्व-प्रबलता के साथ न्यायिक और आकस्मिक नमूने की रणनीतियों का प्रयोग कर सकते हैं। विशेषज्ञ नमूने भी न्यायिक नमूने के काफी समान है सिवाय इसके कि विशेषज्ञ नमूने में नमूने की आबादी में पूछताछ के क्षेत्र के विशेषज्ञ होते हैं। इसके अलावा, आप अंश और स्नोबॉल नमूने का प्रयोग भी गुणात्मक शोध में कर सकते हैं परंतु बिना पूर्व-निर्धारित संख्याओ के मामलों को दिमाग में रखे बिना (नमूने का आकार)।

कोटा नमूने

कोटा नमूने के पीछे मुख्य विचार है शोधार्थी की नमूने आबादी तक आसानी से पहुँच। इस सुविधा के अलावा, आप किसी प्रत्यक्ष विशेषता द्वारा निर्देशित किए जाते हैं जिसमें आपकी रुचि हो, जैसे शोध आबादी का लिंग अथवा वर्ण। एक शोधार्थी के रूप में आप अपनी आसानी के अनुरूप नमूने के स्थान का चयन करते हैं; जब भी आप किसी व्यक्ति प्रत्यक्ष विशेषताओं के साथ देखते हैं, उस व्यक्ति को अध्ययन में भाग लेने के लिए पुछ्ते हैं। यह प्रक्रिया तब तक चलती है जब तक आप अपनी आवश्यकता के अनुसार उत्तरदाताओं की संख्या तक नहीं पहुँच जाते (कोटा)।

आइये कल्पना करते है कि आप Aboriginal and Torres Strait Islander के विद्यार्थियों को आपके विश्वविद्यालय द्वारा प्रदान की गई सुविधाओं के प्रति अभिवृत्ति का पता लगाना चाहते हैं। आप शायद एक सुविधाजनक स्थान पर खड़े हो जाएंगे और जब भी आप किसी विद्यार्थी को देखेंगे, चाही गई जानकारी प्राप्त कर लेंगे, जो कोई भी डेटा संकलन का तरीका आपने शोध के लिए अपनाया है।

इस डिजाइन के प्रयोग के लाभ हैं: यह नमूने के चयन का सबसे सस्ता रास्ता है; आपको किसी जानकारी की आवश्यकता नहीं है, जैसे नमूने का ढांचा, तत्व की कुल संख्या, उनके स्थान, अथवा नमूने आबादी के बारे में अन्य सूचना; और यह आपके लिए आवश्यक लोगों के समवेशिता की गारंटी देती है। इसके नुकसान हैं: जैसे परिणाम नमूने की एक संभाव्यता नहीं होगी, परिणामों का कुल नमूने की आबादी के लिए सामान्यीकरण नहीं किया जा सकता; और एक स्थान से सरलता से मिलने वाले व्यक्तियों की संभवत: विशेषताएँ उनके लिए अद्वितीय हों और हो सकता है कि नमूने इस आबादी का सही प्रतिनिधित्व न हों। आप अपने नमूने को विभिन्न स्थानों से चुनकर अपने अध्ययन आबादी का अधिक प्रतिनिधि बना सकते हैं जहां से आपको अपनी रुचि के अधिक व्यक्ति मिल सकते हैं।

आकस्मिक नमूने

आकस्मिक नमूने भी नमूने की आबादी की सरल पहुँच पर आधारित है। जहां कोटा नमूना स्पष्ट/प्रत्यक्ष विशेषताओं के लोगों को शामिल करने का प्रयास करता है, वहीं आकस्मिक नमूना ऐसा कोई प्रयास नहीं करता है। जब आप आवश्यक प्रावादीयों की संख्या प्राप्त कर लेते हैं तब आप डेटा संकलन करना बंद कर देते हैं, जो आपने अपने नमूने में निश्चित की थी।

नमूने की यह विधि बाजार शोध और समाचार-पत्र के संवाददाताओं के बीच सामान्य है। इसमे भी अंश नमूने के अनुसार लाभ और हानियाँ हैं परंतु, इसके अलावा, चूंकि आप किसी स्पष्ट विशेषताओं द्वारा निर्देशित नहीं किए जाते हो, तो हो सकता है जिन लोगों से संपर्क किया है उनके पास अपेक्षित जानकारी न हो।

सुविधानुसार नमूने

आकस्मिक और सुविधानुसार नमूने डिजाइन एक-दूसरे से बहुत ही समान है। सुविधानुसार नमूना प्राथमिक रूप से शोधार्थी की सुविधा के अनुसार निर्देशित होता है, यह कुछ भी हो सकता है – सरल पहुँच, भौगोलिक

निकटता, परिचित संपर्क, शोध के लिए तैयार स्वीकृति अथवा समूह का एक भाग होना। आकस्मिक नमूना प्राथमिक रूप से एक ऐसे स्थान का चयन करना है जहां आप अपने महत्त्वपूर्ण उत्तरदाताओं को पा सकते हैं, वह स्थान आपके लिए आरामदायक हो भी सकता है या नहीं भी, और यदि एक व्यक्ति रुचि वाला मिल जाता है तो आप अपेक्षित जानकारी प्राप्त कर लेते हैं चाहे आपने एक विशेष संख्या तक उत्तरदाताओं से जानकारी एकत्र कर ली है अथवा संतृप्ति बिन्दु तक पहुँच गए हैं।

निर्णायक अथवा उद्देश्यात्मक नमूने

निर्णायक अथवा उद्देश्यात्मक नमूने में प्राथमिक विचार आपका निर्णय है क्योंकि आपके शोध के उद्देश्यों की प्राप्ति के लिए सर्वोत्तम जानकारी कौन प्रदान कर सकता है। आप केवल उन लोगों को चुनेंगे जो आपके विचार के अनुसार जिनके पास आवश्यक जानकारी होगी और आपके साथ उसे सांझा करने के इच्छुक होंगे।

इस प्रकार का नमूना काफी महत्त्वपूर्ण हो जाता है जब आप किसी ऐतिहासिक सच का निर्माण करना चाहते हैं, किसी घटना का वर्णन करना चाहते हैः अथवा कुछ ऐसा विकसित करना चाहते हैं जिसके बारे में काफी कम जानकारी है। नमूने की यह योजना गुणात्मक शोध में काफी सामान्य है, परंतु आप जब इसे परिमाणात्मक शोध में प्रयोग करते है, तो आप एक पूर्व-निर्धारित लोगों की संख्या चुनते हैं, आपके निर्णय के अनुसार, शोध के लिए आवश्यक जानकारी प्राप्ति का अन्यत्र उपकरण होते हैं।

विशेषज्ञ नमूने

निर्णायक नमूने और विशेषज्ञ नमूने में केवल यह अंतर होता है कि पूर्वत: के मामले में, यह केवल आपका निर्णय होता है क्योंकि प्रावादी योग्यता के अनुसार अध्ययन में योगदान देता है। विशेषज्ञ नमूने के मामले में, आपके प्रावादी को आपकी रुचि के क्षेत्र में विशेषज्ञ होना चाहिए। इसका उपयोग दोनों शोधों में प्रयोग होता है, परंतु गुणात्मक शोध अध्ययन में अधिक होता है। जब आप इसका प्रयोग गुणात्मक शोध में करते हैं तो जितने लोगों से आपने बात की है वे डेटा संतृप्ति बिन्दु पर निर्भर है, जबकि आप परिमाणात्मक शोध में संपर्क किए जाने वाले विशेषज्ञों की संख्या के बिना संतृप्ति बिन्दु तक पहुंचे निर्धारित करते हैं।

पहले आप अपनी रुचि के अनुसार प्रदर्शित अथवा जाने-माने विशेषज्ञों की पहचान करते हैं, सहभागिता के लिए उनकी स्वीकृति लेते हैं, और फिर जानकारी चाहे व्यक्ततिगत अथवा समूह के रूप में सामूहिक रूप से प्राप्त करते हैं।

स्नोबॉल नमूने

स्नोबॉल नमूना वह प्रक्रिया है जिसमें नमूने का चयन नेटवर्क का प्रयोग करते हुये किया जाता है। शुरू करने के लिए, किसी समूह अथवा संस्था में व्यक्ति चुने जाते हैं और उनसे आवश्यक जानकारी एकत्र की जाती है। फिर उन्हे समूह अथवा संस्था में लोगों को पहचानने के लिए कहते हैं, और उनके द्वारा चुने गए व्यक्ति नमूने का भाग बन जाते है। उनसे जानकारी प्राप्त की जाती है, और फिर इन लोगों को समूह के अन्य सदस्यों को पहचानने के लिए कहा जाता है, और बदले में पहचाने गए आगे डेटा संकलन का आधार बन जाते हैं (चित्र 12.7)। यह प्रक्रिया आवश्यक संख्या पाने तक अथवा एक संतृप्ति बिन्दु तक पहुँचने तक जारी रहती है, जब तक चाही गई जानकारी प्राप्त न हो।

नमूने की यह तकनीक उस समय लाभदायक होती है जब आप समूह अथवा संस्था के बारे में बिल्कुल भी नहीं जानते हैं जिस पर आप शोध करना चाहते हैं, क्योंकि ऐसे में आपको केवल कुछ लोगों से संपर्क करना होता है, जो आपको समूह के अन्य लोगों से मिलवा सकें। यह संचार तरीकों, निर्णय लेने अथवा समूह में ज्ञान के प्रसार के अध्ययन के लिए लाभदायक है। हालांकि, इस तकनीक के नुकसान भी हैं। पहली अवस्था में पूरे नमूने व्यक्तियों की पसंद पर निर्भर करते हैं। यदि वे किसी विशिष्ट गुट से संबंध रखते हैं अथवा तीव्र पक्षपात रखते हैं, तो अध्ययन भी पक्षपातपूर्ण होगा। इसके अलावा, जब नमूना बहुत अधिक बड़ा हो जाता तो इस तकनीक को प्रयोग करने में परेशानी आती है।

चित्र 12.7 स्नोबॉल नमूने

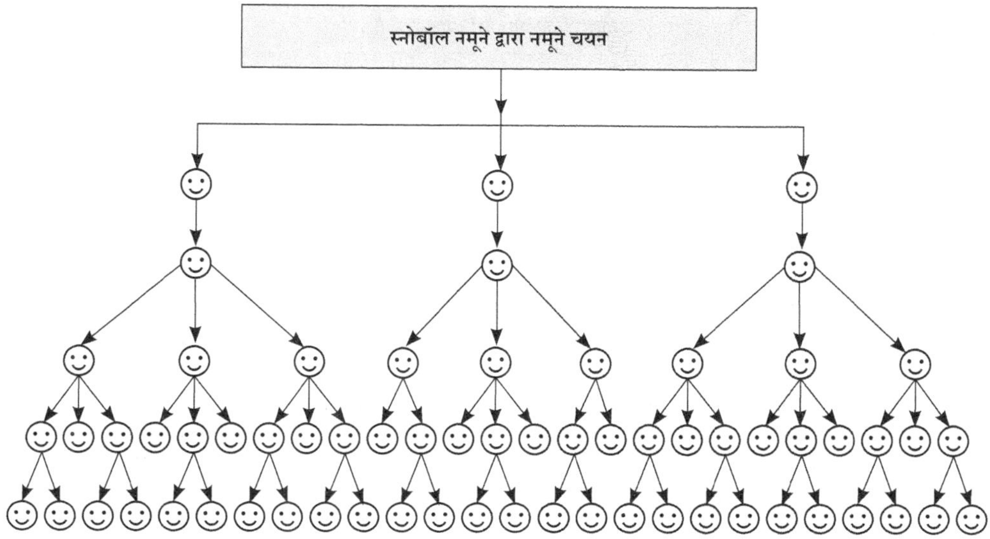

वर्गीकृत नमूने का डिजाइन: एक मिश्रित डिजाइन

वर्गीकृत नमूने को इस पुस्तक में 'मिश्रित' डिजाइन नमूने के रूप में दर्शाया है क्योंकि इसमें यादृच्छिक और गैर-यादृच्छिक नमूने के डिजाइन दोनों की विशेषताएँ हैं।

वर्गीकृत नमूने के डिजाइन का प्रयोग करने के लिए यह अनिवार्य है कि आपके पास आपकी शोध आबादी के लिए डिजाइन ढांचा हो; यह ऐसी परिस्थितियों में फायदेमंद रहता है जहां अभिलेखों को अध्ययन आबादी के लिए नित्यचर्या से सेवा वितरण के भाग के रूप में संभाल कर रखी जाए। वर्गीकृत नमूने में नमूने ढांचे को कई भागों में बांटा जाता है जिन्हें अंतराल कहा जाता है। फिर, पहले अंतराल से, SRS तकनीक का प्रयोग करते हुये, एक तत्व को चुना जाता है। अनुवर्ती तत्व के चयन से अन्य अंतराल पहले अंतराल में तत्व के चयन की स्थिति पर निर्भर करते हैं। यदि यह पहले अंतराल में पाँचवाँ तत्व है, तो प्रत्येक अनुवर्ती अंतराल से पाँचवाँ तत्व चुना जाएगा। ध्यान रहे कि किसी तत्व का पहला अंतराल विकल्प एक यादृच्छिक आधारित है, परंतु तत्व का विकल्प अनुवर्ती अंतराल पर पहले अंतराल के विकल्प पर निर्भर होता है, इसलिए इस विधि को यादृच्छिकृत नमूने के रूप में वर्गीकृत नहीं किया जा सकता। वर्गीकृत नमूने में प्रयुक्त प्रक्रिया को चित्र 12.8 में दर्शाया गया है।

चित्र 12.8 वर्गीकृत नमूने के चयन की विधि

चरण 1 अध्ययन शोध (N) में सभी तत्वों की एक सूची तैयार करें।

चरण 2 नमूने के आकार (n) का निर्णय लें।

चरण 3 अंतराल (k) की चौड़ाई का निर्धारण करे।

$$k = \frac{\text{कुल आबादी (N)}}{\text{नमूने का आकार (n)}}$$

चरण 4 SRS का प्रयोग करते हुये, पहले अंतराल (वाँ स्थान) (/th position) से तत्व का चयन करें।

चरण 5 अनुवर्ती अंतराल से तत्व के n वें स्थान (/th position) का चयन करे

आप एक नमूने के चयन के लिए सामान्य प्रक्रिया से हटकर वर्गीकृत नमूने तकनीक के चयन द्वारा विभिन्न तत्वों को प्रत्येक अंतराल से SRS तकनीक द्वारा चुन सकते हैं। इस प्रकार किए गए वर्गीकृत नमूने को संभाव्य नमूने के डिजाइन के अंतर्गत वर्गीकृत किया जा सकता है।

एक डिजाइन के चयन के लिए, जैसा कि ऊपर वर्णन किया गया है, आपके पास एक वर्गीकरण ढांचा (चित्र 12.9) होना चाहिए। कभी-कभी यह असंभव होता है, अथवा कभी-कभी यह बहुत ही महंगा हो सकता है। हालांकि, वास्तविक जीवन में कई प्रकार की परिस्थितियाँ होती हैं जहां एक प्रकार के वर्गीकृत नमूने के ढांचे होते हैं, उदाहरण के लिए, एक एजेंसी में ग्राहकों के अभिलेख, एक विद्यालय अथवा महाविद्यालय में विद्यार्थियों कि नामांकन सूची, एक क्षेत्र में रहने वाले लोगों की मतदान की सूची, अथवा किसी संस्था में कर्मचारियों के अभिलेख। इन सबको नमूने के ढांचे के चयन के लिए वर्गीकरण नमूने के द्वारा चुन सकते हैं। एक तैयार नमूने के ढांचे का मिलना किसी भी कीमत पर हो सकता है परन्तु कुछ मामलों में यह सही यादृच्छिक सूची नहीं होगी। ये अधिकांश सूचियाँ वर्णानुक्रम में होती हैं, जो मामले की एक संख्या पर आधारित होता है, अथवा अभिलेख के प्रयोक्ता की सुविधा के अनुसार व्यवस्थित होते है। यदि 'एक अंतराल की चौड़ाई' बड़ी होगी, जैसे, 1 से 30 मामले, और यदि मामले वर्णानुक्रम में व्यवस्थित हैं, आप कम प्रचलित कुलनामों को हटा सकते हैं। यह भी संभव है कि कुछ जुड़े हुये अक्षर अंतराल की चौड़ाई में शामिल न हो।

कल्पना कीजिये की एक कक्षा में 50 विद्यार्थी हैं और और आप वर्गीकृत नमूने की तकनीक का प्रयोग करते हुये 10 विद्यार्थियों का चयन करना चाहते हैं। पहला चरण अंतराल की चौड़ाई (50/10=5) का निर्धारण करना होगा। इसका अर्थ यह है कि आपको प्रत्येक पाँच में से एक विद्यार्थी का चयन करना होगा। SRS तकनीक का प्रयोग करते हुये, पहले अंतराल से (पहले पाँच विद्यार्थी), एक विद्यार्थी का चयन करे। मान लीजिये की आपने तीसरे को चुना। शेष अंतराल से आपको प्रत्येक तीसरे का चयन करना होगा।

नमूने आकार की गणना

परिमाणात्मक शोध में समुचित नमूने आकार क्या होगा? मूलत: यह इस पर निर्भर करता है की आप परिणामों का क्या करना चाहते हो और आप किस प्रकार के संबंध की स्थापना करना चाहते हैं। आपका उद्देश्य उत्तरदायी शोध में मुख्य निर्धारण परिणामों में आवश्यक शुद्धता करना है, और इस प्रकार की शुद्धता नमूने के आकार के निर्धारण में महत्त्वपूर्ण होती है। हालांकि, गुणात्मक शोध में, जैसा कि मुख्य केंद्र एक परिस्थिति, मुद्दे, प्रक्रिया अथवा घटना का अन्वेषण करना होता है, नमूने के आकार का प्रश्न कम महत्त्वपूर्ण होता है। साधारणतया आप तब तक डेटा का संकलन करते हैं जब तक आपको लगता है कि संतृप्ति बिन्दु तक नयी जानकारी की खोज तक पहुँच गए हैं। एक बार आपको लगता है कि आप प्रावादी से अधिक नया डेटा प्राप्त नहीं कर रहें है, तब आप आगे जानकारी प्राप्त करना बंद कर देते हैं। नि: संदेह, विभिन्नता अथवा विषमजातीयता जिसमें से आप क्या प्राप्त करना चाहते हैं, उसमे यह महत्त्वपूर्ण भूमिका निभाता है कि आप संतृप्ति बिन्दु तक कितनी जल्दी पहुँच जाते हैं। एक नियम के अनुसार: जितनी अधिक विषमजातीयता अथवा विभिन्नता जिसमें से आप क्या प्राप्त करना चाहते हैं, संतृप्ति बिन्दु तक पहुँचने के लिए उतने ही अधिक उत्तरदाताओं से संपर्क करने की आवश्यकता होगी।

आपके नमूने के आकार के निर्धारण में परिमाणात्मक शोध के लिए और विशेषतया कारण-और-प्रभाव अध्ययन में, आपको निम्न बिन्दुओं पर विचार करने की आवश्यकता होगी:

- आप विश्वास के किस स्तर पर अपनी जाँचों, परिणामों अथवा परिकल्पना को जाँचना चाहते हैं?
- आप शुद्धता के किस स्तर पर आबादी मापदंड का अनुमान लगाना चाहते हैं?
- मुख्य चर जिसके संदर्भ में आप अध्ययन आबादी का अध्ययन कर रहें हैं, उसमें भिन्नता (मानक विचलन) के स्तर का अनुमान क्या होगा?

इन प्रश्नों का सावधानीपूर्वक उत्तर देना आवश्यक है चाहे नमूने के आकार का निर्धारण आप स्वयं करते है अथवा इसके लिए किसी विशेषज्ञ की सहायता लेते हैं। नमूने का आकार किसी परिकल्पना अथवा किसी से जुडने के लिए महत्त्वपूर्ण है, किन्तु अन्य साधारण अध्ययन के लिए साधारण नियम है: जितना बड़ा नमूने का आकार, उतना शुद्ध आपका अनुमान। व्यावहारिक रूप में, आपका बजट आपके नमूने का आकार का निर्धारण

चित्र 12.9 व्यवस्थित नमूने

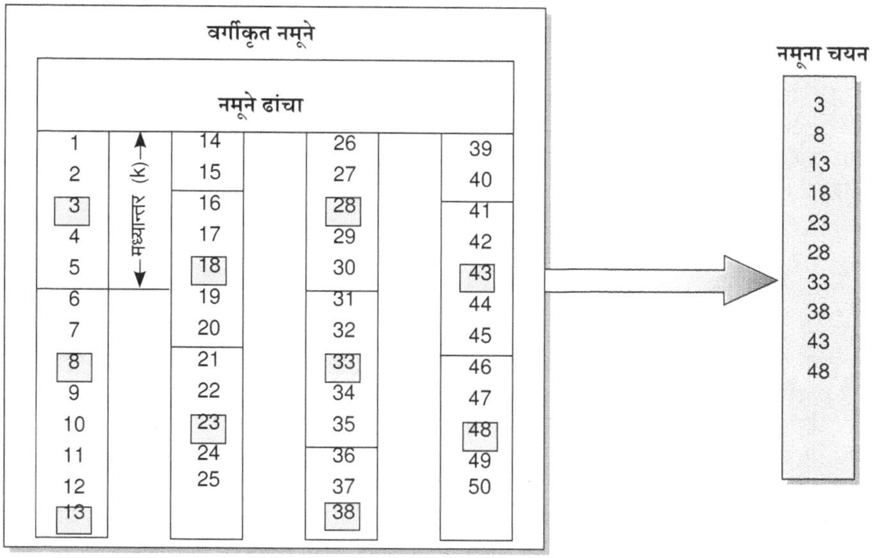

करता है। एक नमूने के चयन में आपका कौशल, आपके बजट के प्रतिबंध के अंदर, आपके चुने हुये तत्वों के दायरे में रहते हैं ताकि वे प्रभावी और समुचित रूप से आपकी नमूने की आबादी का प्रतिनिधित्व कर सकें।

गुणात्मक शोध में नमूने

चूंकि गुणात्मक जाँचों में मुख्य उद्देश्य विभिन्नता, नमूने के आकार और नमूने की योजना की जांच को अन्वेषित करना है जो नमूने के चयन में महत्त्वपूर्ण भूमिका नहीं निभाते हैं। यदि सावधानी से चुना जाए, तो भिन्नता को विस्तृत और शुद्ध रूप से प्राप्त जानकारी को वर्णित किया जा सकता है, चाहे वह एक व्यक्ति से ही क्यों न ली हो। सभी अ-संभाव्यता डिजाइन – उद्देश्यात्मक, निर्णयात्मक, विशेषज्ञ, आकस्मिक और स्नोबॉल – को गुणात्मक शोध में दो भिन्न प्रकार से प्रयोग किए जा सकते हैं:

1. आप परिमाणात्मक शोध में एक पूर्व-निर्धारित लोगों की संख्या से जानकारी एकत्र करते हैं, परंतु परिमाणात्मक शोध में आपके मस्तिष्क में नमूने का आकार नहीं होता – इसके स्थान पर आप जब तक डेटा एकत्र करते हैं जब आपको लगता है कि आप संतृप्ति बिन्दु तक नहीं पहुँच गए हैं।
2. आप परिमाणात्मक शोध में यादृच्छिक नमूने के चयन की इच्छा से निर्देशित किए जाते हैं, जबकि परिमाणात्मक शोध में आप अपने इस निर्णय से निर्देशित होते हैं कि आपको 'सर्वोत्तम' जानकारी कौन प्रदान कर सकता है।

परिमाणात्मक शोध में संतृप्ति बिन्दु की अवधारणा

जैसा कि आप पहले से जानते हैं, परिमाणात्मक शोध में प्राय: संकलित डेटा किसी बिन्दु तक होता है जहां आपको नई जानकारी प्राप्त नहीं हो रही है अथवा यह नगण्य है – डेटा संतृप्ति बिन्दु। यह अवस्था नमूने के आकार को निर्धारित करती है।

आपके लिए मस्तिष्क में यह रखना आवश्यक है कि डेटा संतृप्ति बिन्दु उच्च रूप से व्यक्तिपरक होता है। यह आप है जो डेटा का संकलन कर रहे हैं और यह निर्णय लेते हैं कि डेटा संकलन में आपने डेटा

संतृप्ति बिन्दु प्राप्त कर लिया है। जितना जल्दी आप संतृप्ति बिन्दु तक पहुचेंगे, वह उस पर निर्भर करता है कि परिस्थिति अथवा घटना कितनी भिन्न होगी जिसका शोध आप कर रहें है। जितनी अधिक भिन्नता, उतने अधिक लोगों की संख्या से संतृप्ति बिन्दु तक पहुंचने के लिए जानकारी प्राप्त करनी होगी।

संतृप्ति बिन्दु उन परिस्थितियों में अधिक लागू होता है जहां आप जानकारी एक-के-बाद-एक के आधार पर प्राप्त करते हैं। जहां जानकारी सामूहिक रूप में जैसे समूह, समुदाय, फॉरम अथवा पैनल चर्चाओं से एकत्र की जाती है, आपको अधिक से अधिक, भिन्न और संभावित जानकारी प्राप्ति के लिए कठोर परिश्रम करना पड़ता है। जब कोई नई जानकारी प्राप्त नहीं होती है तो यह मान लिया जाता है कि आप संतृप्ति बिन्दु पर पहुँच गए हैं।

सारांश

आपने इस अध्याय में नमूने के बारे में सीखा है, नमूने आबादी से कुछ तत्वों के चयन की प्रक्रिया। नमूने, एक तरह से, शुद्धता और उपकरणों के बीच व्यापार है। नमूने के माध्यम से आप रुचि की जानकारी का अनुमान लगाते हैं। आप आबादी का सही मध्य ज्ञात नहीं कर सकते।

परिमाणात्मक और गुणात्मक शोध में दो विरोधाभाषी विचार नमूने के चयन को मजबूत करती है। परिमाणात्मक शोध में यह माना जाता है कि चुना गया नमूना शोध आबादी का प्रतिनिधित्व करता है, जिसे यादृच्छिकरण द्वारा प्राप्त किया जाता है। हालांकि, गुणात्मक शोध में नमूने का चयन आपके निर्णय द्वारा निर्देशित किया जाता है कि आपको कौन पूर्ण और भिन्न जानकारी प्रदान कर सकता है। यह अयादृच्छिक प्रक्रिया है।

गुणात्मक शोध में नमूने आकार का कोई महत्त्वपूर्ण स्थान नहीं है और यह डेटा संतृप्ति बिन्दु द्वारा निर्धारित किया जाता है, जो डेटा एकत्र करते समय न कि पहले से सुनिश्चित किया जाता है।

परिमाणात्मक शोध में, नमूने को तीन सिद्धांतों द्वारा निर्देशित किया जाता है, उनमें से एक है जितना बड़ा नमूने का आकार, सही आबादी मध्य का उतना अधिक शुद्ध अनुमान, इसके अलावा दिया हुआ सब कुछ समान रहता है। एक नमूने से लिए गए अनुमान इसके आकार और इसकी आबादी में विस्तार की भिन्नता, दोनों से प्रभावित हो सकता है।

नमूने के डिजाइन को यादृच्छिक/संभाव्यता डिजाइन, अयादृच्छिक/असंभाव्यता नमूने डिजाइन, और 'मिश्रित' नमूने डिजाइन में वर्गीकृत किया जा सकता है। एक नमूने को यादृच्छिक कहकर बुलाने के लिए, प्रत्येक तत्व को शोध आबादी में एक समान और स्वतंत्र चयन का अवसर मिलना चाहिए। तीन यादृच्छिक डिजाइनों का जिक्र किया गया था: साधारण यादृच्छिक डिजाइन, स्तरीकृत यादृच्छिक नमूने और समूह नमूने। एक नमूने के चयन के लिए इन अभिकल्पों का एक-एक करके वर्णन किया गया है। फिशबाउल तकनीक का प्रयोग, यादृच्छिक संख्याओं की तालिका और विशिष्ट रूप से अभिकल्पित कम्प्यूटर प्रोग्राम तीन प्रमुख विधियाँ हैं जो संभाव्य नमूने के चयन के लिए प्रयुक्त होते हैं।

छः प्रकार के अ-संभाव्यता नमूने डिजाइन हैं: कोटा, आकस्मिक, सुविधानुसार, निर्णायक, विशेषज्ञ और स्नोबॉल। प्रत्येक एक भिन्न उद्देश्य के लिए और परिमाणात्मक और गुणात्मक शोध दोनों में, विभिन्न परिस्थितियों में प्रयुक्त होता है। परिमाणात्मक अध्ययन में इनके उपयोग को नमूने के आकार द्वारा मजबूती दी जाती है और गुणात्मक शोध में डेटा संतृप्ति बिन्दु के द्वारा।

वर्गीकृत नमूना एक 'मिश्रित' डिजाइन है क्योंकि इसमें दोनों संभाव्यता और अ-संभाव्यता नमूने के डिजाइन के गुणधर्म हैं।

अध्याय के अंतिम भाग में नमूने के आकार की गणना के निर्धारकों का वर्णन है। आपके स्तर पर यह पर्याप्त है कि वास्तविक नमूने के आकार के स्थान पर विचारों से अवगत रहें क्योंकि यह सांख्यिकी ज्ञान की तर्कसंगत मात्रा के लिए आवश्यक है। गुणात्मक शोध में, नमूने के आकार का प्रश्न कम महत्त्वपूर्ण होता है, चूंकि आपका उदेश्य अन्वेषण करना है, न कि विस्तार की भिन्नता को परिमाणनीय करना और नई खोजों की शर्तों में आप संतृप्ति बिन्दु तक पहुँचने के लिए निर्देशित किए जाएंगे।

आपके सोचने के लिए

- स्वयं को इस अध्याय के आरंभ में दिये गए महत्वपूर्ण-शब्दों से दोबारा परिचित करें, और यदि आप किसी अर्थ अथवा उपयोग के बार में अनिश्चित है तो अगले अध्याय पर जाने से पहले उन्हें पुन: देखें।
- एक शोधार्थी के रूप में एक नमूने के चयन की उलझनों पर विचार करें और आप यह कैसे निश्चित कर सकते हैं कि इसमे पक्षपात न हो।
- एक बड़ी संस्था में कर्मचारियों के नमूने के ढांचे की अनुपस्थिति में, 219 लोगो के नमूने के लिए कौन सा नमूने का डिजाइन चुनोगे? वर्णन कीजिये कि आप इस डिजाइन को क्यों चुनेंगे और चुनी गई प्रक्रिया से कैसे सुनिश्चित करेंगे कि डिजाइन प्रतिनिधित्वपूर्ण है।
- अपनी रुचि के क्षेत्र से वे उदाहरण पहचाने जहां समूह नमूने कों लागू किया जा सके।

अब, जब आप इस अध्याय को पूर्ण कर चुके हैं, तब निम्न प्रश्नों के उत्तर देने का प्रयास करें:

- नमूने लेने की प्रक्रिया का वर्णन करते हुये इससे संबन्धित लाभ और हानि का वर्णन करें।
- बताइये कि आप अध्ययन की आबादी, नमूने , नमूने का आकार, नमूने की योजना, नमूने का यूनिट, नमूने के तत्व, नमूने का ढांचा, नमूने की सांख्यिकी, और आबादी के मापदंड से क्या समझते हैं।
- आप नमूने के डिजाइन के प्रकारों से क्या समझते हैं और इनके क्या लाभ और हानि है?
- गुणात्मक शोध में प्राय: प्रयोग किए जाने वाले डिजाइनों का वर्णन करें।
- डेटा संकलन में संतृप्ति बिन्दु की अवधारणा और इसके लाभ और हानि पर चर्चा करें।

अभ्यास IV: नमूने का चयन

आपने अपने शोध प्रयासों के दौरान वह शुद्धता जो आपने कई अन्य चीजों के मध्य खोजी है, इस बात पर निर्भर करती है कि आपने अपने नमूने का चयन कैसे किया है, वे कौन लोग हैं जो आपको चाही गई जानकारी प्रदान करने जा रहें हैं।

नमूने में यह वाक्य आधार है कि कम संख्या के प्रावादी, यदि सही तरीके से चुने गए हैं, तो वे विश्वास को पर्याप्त उच्च मात्रा में शोध आबादी में तार्किक शुद्ध अनुमान प्रदान कर सकते हैं, जिसका पता लगाने का प्रयास आप करते हैं।

नमूने अभिकल्पों की विस्तृत जानकारी के लिए अध्याय 12 का अवलोकन करें।

परिमाणात्मक शोध के लिए

परिमाणात्मक शोध में नमूने डिजाइन का आधारभूत उदेश्य आपके नमूने में प्राप्त मान के मध्य किसी भी अंतर को न्यूनतम मूल्य में करना है और जो वास्तव में प्रचलित शोध आबादी में उपस्थित है। इस प्रकार परिमाणात्मक शोध में नमूने के सिद्धान्त दो सिद्धांतो द्वारा निर्देशित है:

1. नमूने के चयन में पक्षपात को टालना;
2. दिये गए संसाधनों की लागत के लिए अधिकतम परिशुद्धता को प्राप्त करना।

आप परिमाणात्मक शोध में अपने नमूने को किसी भी संभाव्य अथवा अ-संभाव्य नमूने के डिजाइन के साथ चुन सकते हैं। दोने के लाभ और हानियाँ है और दोनों ही कुछ परिस्थितियों के लिए उपयुक्त हैं। परंतु आप चाहे जो भी नमूने के डिजाइन को चुने, यह सुनिश्चित कर लें कि आपने नमूने के इकाइयों के चयन में पक्षपातरहित कदम उठाए हैं। परिमाणात्मक शोध में नमूने के चयन में आपको दो चीजें करने की आवश्यकता है: नमूने का आकार जिसे आपने चुना है; आवश्यक नमूने ककी इकाइयों का कैसे चयन किया जाए। आपको आकार और नमूने योजना के कारणों के बारे में भी सोचने की आवश्यकता है।

इस अभ्यास को आपके लिए इस प्रकार अभिकल्पित किया गया है ताकि आप उन मुद्दों से परिचित हो सकें, जो आपकी नमूने योजना के विकास में महत्त्वपूर्ण सहायक हैं।

चरण । अपनी नमूने योजना के बारे निम्न प्रश्नों के उत्तर दें।

1. आपकी कुल अध्ययन आबादी का आकार क्या है? ______ ☐
   ____________ अज्ञात ☐

2. क्या आप एक नमूने का चयन करना चाहते हैं?
   हाँ ☐ नहीं ☐

   a) यदि हाँ, तो आपके नमूने का आकार क्या होगा? ____________________
   b) इस नमूने आकार के चयन के क्या कारण हैं? ____________________

   ____

   ____

   ____

3. आप अपने नमूने का चयन कैसे करेंगे? (आप कौन से नमूने के डिजाइन को प्रस्तावित करेंगे?)

4. आपने इस नमूने के डिजाइन का चयन क्यों किया है? (इसकी क्या शक्तियाँ हैं?)

5. इस डिजाइन की कमियाँ क्या हैं?

___

___

___

चरण II उपर्युक्त प्रश्नों के उत्तरों के आधार पर, अपने नमूने के डिजाइन, प्रक्रिया का वर्णन और इसके उपयोग के लिए आपकी न्यायसंगतता के बारे में लिखे (विस्तृत जानकारी के लिए अध्याय 12 को देखें)।

___

___

___

गुणात्मक शोध के लिए

> गुणात्मक शोध में आपका उदेश्य यादृच्छिक अथवा निष्पक्ष नमूने के चयन का नहीं होता बल्कि ऐसा होता है, जो जितना भी संभव हो सके, विस्तृत, शुद्ध और पूर्ण जानकारी प्रदान करे सके जिसकी आपको तलाश है। अत: आप पूर्व-प्रबलता द्वारा उत्तरदाताओं के चयन में अपनी सुविधा और निर्णय से निर्देशित होते हैं।
>
> गुणात्मक शोध में आप केवल अ-संभाव्यता डिजाइन प्रयोग कर सकते हैं। आप अपने डिजाइन को दो तरीकों से चुन सकते हैं: (i) आर्थिक दबाव की रोशनी में निर्णय ले सकते हैं कि आप डेटा संकलन के लिए कितने प्रावादी चुन सकते हैं; अथवा (ii) आप डेटा संकलन में संतृप्ति बिन्दु द्वारा निर्देशित होने का निर्णय लेते हैं। यदि आप संतृप्ति बिन्दु द्वारा उपलब्धि से निर्देशित होने का निर्णय लेते है तो, आप अपने नमूने का विशेष विवरण दे सकते हैं, परंतु आधार संतृप्ति बिन्दु का निर्धारण करेंगे।
>
> आपको यह सुनिश्चित करने की आवश्यकता है कि आपके प्रावादी कौन बनने जा रहें है और आप उनकी पहचान कैसे करेंगे। आपको उन निर्धारकों के बारे में सोचने की आवश्यकता है जिनके आधार पर आप अपने प्रवादियों के प्रावादी बनाने की उपयुक्तता का निर्णय लेते हैं।
>
> निम्न प्रश्नों के उत्तर उन मुद्दों के बारे में सोचने के लिए आपकी सहायता करेंगे जिनका सामना आपको अपने अध्ययन के नमूने की योजना को विकसित करते समय हो सकता है।

A. एक प्रावादी के चयन के दौरान कौन-कौन से करको को ध्यान में रखेंगे?

गुणात्मक नमूने का आकार

___

___

___

B. आप अपने संभावित उत्तरदाताओं की पहचान कैसे करेंगे?

___

___

___

c. आप इसका निर्धारण कैसे करेंगे कि आप अपने डेटा संकलन में डेटा संतृप्ति बिन्दु तक पहुँच गए हैं?

चरण V
शोध प्रस्ताव का लेखन करना

इस परिचालनीय चरण में एक अध्याय शामिल है:

- अध्याय 13: शोध प्रस्ताव का लेखन करना

13

शोध प्रस्ताव का लेखन करना

इस अध्याय में आप निम्नलिखित तथ्यों के बारे में जानेंगे

- परिमाणात्मक और गुणात्मक शोध के क्षेत्र में शोध प्रस्ताव का उद्देश्य
- एक शोध प्रस्ताव की विषय-सूची
- एक शोध प्रस्ताव कैसे लिखा जाता है

महत्वपूर्ण शब्द

वैचारिक ढांचा,	डेटा विश्लेषण,	डेटा प्रासेसिंग,
परिकल्पना,	सीमाएँ,	साहित्य का पुनरावलोकन,
अनुसन्धान का रेखा-चित्र,	शोध संबंधी समस्या,	नमूने, शोध योजना,
शोध के उद्देश्य,	सैद्धांतिक ढांचा,	समय सीमा

इस अध्याय के अंत में आपको निम्नलिखित की समझ हो जाएगी

- परिमाणात्मक और गुणात्मक शोध के प्रस्तावों के बीच क्या भेद है
- एक शोध प्रस्ताव में क्या शामिल किया जाना चाहिए

परिमाणात्मक और गुणात्मक शोध के क्षेत्र में शोध प्रस्ताव

सभी शोध प्रयास, गुणात्मक और परिमाणात्मक शोध दोनों ही, सभी शैक्षिक और पेशेवर क्षेत्र में एक शोध प्रस्ताव से शुरू होते हैं। ये आपके शैक्षिक पर्यवेक्षक या संभावित शोध अनुबंध प्रदाता को, जो शोध आप शुरू करना चाहते हैं उसके लिए आपकी अवधारणा के बारे में बताते हैं, जिससे वे इसकी वैधता और औचित्य की जाँच कर सकें। सभी शैक्षिक क्षेत्र में, आपका शोध प्रस्ताव अनुमोदन पाने के लिए कई समीतियों के पास जाएगा। जबतक ये सभी समीतियों द्वारा अनुमोदित नहीं हो जाता तब तक आप अपना शोध शुरू नहीं कर सकते। इसलिए, आपके लिए यह जरूरी है कि आप ये सही से खोज कर लें कि एक शोध प्रस्ताव किन चीज़ों से मिलकर बनता है।

आपको एक शोध प्रस्ताव लिखने की जरूरत है, कि क्या आपके शोध परिमाणात्मक शोध है या गुणात्मक हैं, और दोनों ही मामलों में आप एक जैसी संरचना का ही उपयोग करें। मुख्य अंतर प्रस्तावित प्रक्रियाओं और शोध प्रयास शुरू करने के तरीकों में होता है। शोध प्रस्ताव के विभिन्न भागों के लिए विवरण प्रदान करते समय, परिमाणात्मक शोध के लिए आप विस्तार से परिमाणात्मक तरीकों, प्रक्रियाओं और मॉडल, और गुणात्मक शोध के लिए आपकी प्रस्तावित प्रक्रिया उन तरीकों और प्रक्रियाओं पर आधारित होगी जो गुणात्मक शोध पद्धति को गठित करती है। अगर आप एक मिश्रित तरीकों के दृष्टिकोण का उपयोग करते हैं, तो आपको उन्हें उनके संबंधित शीर्षकों के अंतर्गत या तो गुणात्मक या परिमाणात्मक प्रक्रियाओं के रूप में वर्णन करने की जरूरत है।

एक शोध प्रस्ताव कई कार्य करता है। विशेश रूप से:

- यह आप शोध यात्रा के विभिन्न चरणों में क्या करने वाले हैं उसकी याद दिलाने के लिए कार्य करता है। यह एक रोड मैप है जो आपके द्वारा बनाया गया है, और आपके विश्वविद्यालय ने आपके शोध यात्रा में मार्गदर्शन करने के लिए इसे स्वीकृति दे दी गई। यह एक समग्र योजना है जो शोध प्रश्न या समस्या का उत्तर प्राप्त करने के लिए बनाया गया है जो आपके शोध परियोजना को गठित करते हैं। यह विभिन्न कार्यों की रूपरेखा प्रदान करता है जो आप अपने शोध उद्देश्यों, परीक्षण परिकल्पना (अगर कोई है) या अपने शोध के सवालों के जवाब प्राप्त करने के लिए शुरू करते हैं। इसे आपके शोध शुरू करने के कारणों का भी उल्लेख करना चाहिए। मोटे तौर पर, एक शोध प्रस्ताव का मुख्य कार्य अपके शोध के सवालों के जवाब प्राप्त करने के लिए परिचालन योजना विस्तार करने के लिए है। ऐसा करने से वह अध्यायकों को अपने शोध सवालों के जवाब प्राप्त करने के लिए कार्यप्रणाली की सही और निष्पक्ष वैधता के लिए सुनिश्चित और आश्वस्त करता है।

- यह एक वैज्ञानिक जाँच के दस्तावेज के रूप में कार्य करता है ताकि दूसरे लोग यह निर्णय ले सकें कि आप क्या प्रस्तावित कर रहे हैं और अपनी स्वीकृति की मुहर प्रदान कर सकें। यह आपके शोध पर्यवेक्षक या एक समीक्षक को यह समझाने के लिए कार्य करता है कि अपकी प्रस्तावित पद्धति, सराहनीय, वैध, उचित और अपने शोध प्रश्न या उद्देश्य के जवाब प्राप्त करने के मामले में व्यावहारिक है।

इन कार्यों को प्राप्त करने के लिए, एक शोध प्रस्ताव ने आपके शोध पर्यवेक्षक और समीक्षकों को निम्न बातों के बारे में ज़रूर बताना चाहिए:

- आप अपने शोध में क्या प्रस्तावित कर रहे हैं;
- आप जो प्रस्ताव कर रहे हैं उसके लिए जवाब प्राप्त करने के लिए कैसे योजना बना रहे हैं;
- आपने प्रस्तावित जाँच रणनीतियों को क्यों चुना।

एक शोध प्रस्ताव की विषय-सामग्री

एक शोध प्रस्ताव में आपके शोध के बारे में निम्नलिखित जानकारी होनी चाहिए:

- एक परिचय, एक संक्षिप्त साहित्य की समीक्षा सहित
- सैद्धांतिक रूपरेखा जो आपके शोध को आधार दे
- वैचारिक ढाँचा, जो आपके शोध के आधार का गठन करे
- आपके शोध के उद्देश्यों या शोध सवालों को
- परिकल्पना का परीक्षण किया जाना, यदि लागू हो
- शोध रूप-रेखा जिसे अपनाने के लिए आप प्रस्ताव कर रहे हैं
- अपने शोध की सेटिंग
- शोध उपकरण (णों) को, जिसे आप उपयोग करने की योजना बना रहे हैं
- नमूने की रूप-रेखा और नमूने का आकार
- शामिल नैतिक मुद्दे और आप उनसे किस तरह निपटने का प्रस्ताव रखते हैं
- डेटा प्रोसेसिंग की प्रक्रियाएँ
- रिपोर्ट के प्रस्तावित अध्याय
- शोध की समस्याएँ और सीमाएँ
- परियोजना के लिए प्रस्तावित समय-सीमा

एक शोध प्रस्ताव को उपरोक्त विषय-सामग्री इस तरह स्पष्ट और विशेष रूप से प्रकट करना चाहिए कि कोई भी, जो इस माध्यम का उपयोग कर रहा हो, वो सभी कार्यों को इस तरह से करे जैसे आप उसे करते। विश्वविद्यालयों और अन्य संस्थानों में एक शोध प्रस्ताव की शैली और विषय वस्तु के बारे में अलग अलग आवश्यकताएँ हो सकती हैं। आवश्यकताएँ एक संस्था के भीतर भी विषय से विषय के लिए या पर्यवेक्षक से र्प्यवेक्षक के लिए भिन्न हो सकते हैं।

कुछ विश्वविद्यालयों या पर्यवेक्षकों द्वारा कुछ अतिरिक्त विशिष्ट आवश्यकताएँ हो सकती हैं, और आपको इनके साथ अपने आपको परिचित कराना चाहिए, लेकिन यहाँ जो सुझाव दिया है वह लगभग हर किसी के द्वारा आवश्यक हो सकते हैं। यहाँ व्यक्त ढाँचा आसानी से आपके और आपके विश्वविद्यालय के आवश्यकताओं के अनुरूप रूपांतरित किया जा सकता है।

आपके प्रस्ताव ने व्यक्त दिशा-निर्देशों का पालन करना चाहिए और एक अकादमिक शैली में लिखा जाना चाहिए। इसमें अध्याय के मुख्य भाग और अंत में एक ग्रंथ सूची में उचित संदर्भ शामिल होना चाहिए। आपके सर्वेक्षण के प्रासंगिक साहित्य ने उस विषय पर उपलब्ध प्रमुख प्रकाशनों को समाहित करना चाहिए। अपके शोध के लिए **सैद्धांतिक ढाँचा** इस साहित्य की समीक्षा से उभरने चाहिए और इसकी नींव अनुभवजन्य साक्ष्य में होनी चाहिए। एक नियम के रूप में, साहित्य की समीक्षा में शामिल हैं:

- एक **अवधाराणात्मक ढाँचा**, और शोध के तहत मुख्य मुद्दों के बारे में सैद्धांतिक और प्रायोगिक जानकारी

शोध प्रस्ताव लेखन

- आपके विषय से संबंधित कुछ प्रमुख शोध परिणाम, साहित्य में उठाए गए शोध सवालों और पिछले शोधकर्ताओं द्वारा की गई अंतरालों की पहचान।

आपके साहित्य की समीक्षा को भी आपके प्रस्तावित कार्यप्रणाली से संबंधित मुद्दों को उठाना चाहिए। उदाहरण के लिए, वे यह जाँच कर सकते हैं कि कैसे अन्य अध्ययनोंने आपके अध्ययन के लिए प्रासंगिक प्रमुख चर प्रचालित किये और इसमें आपके अध्ययन के लिए प्रासंगिक कार्यप्रणाली की आलोचनाएँ भी शामिल हो सकती हैं। तरीकों और प्रक्रियाओं की आलोचनाओं में उनके संबंधित शीर्षकों के अंतर्गत शामिल किया जाना चाहिए। उदाहरण के लिए, आपके द्वारा अपनाए गए नमूने के डिजाइन की आलोचना को 'नमूना' शीर्षक के तहत शामिल किया जाना चाहिए या एक अध्ययन डिजाइन के आलोचना की चर्चा 'अध्ययन का डिजाइन' के तहत की जानी चाहिए। ध्यान दें कि व्यक्त शोध प्रस्ताव संरचना एक अनुभाग 'साहित्य का सर्वेक्षण' या 'साहित्य समीक्षा' नामक शीर्षक शामिल नहीं करता है। इसका कारण यह है कि साहित्य का जिक्र कालक्रम के अनुसार करने के बजाय धारणात्मक तरीके से अपके तर्क के साथ एकीकृत किया जाना चाहिए और आपके शोध रिपोर्ट के सभी पहलुओं का एक हिस्सा बनना चाहिए, समस्या संकल्पना से लेकर आपके खोजों के फलस्वरूप निकाले गए परिणाम तक। साहित्य की उन मुख्य विषयों पर समीक्षा की जानी चाहिए जो आपके साहित्य के पढ़ने से उभरती है और उसे परिचय और 'शोध समस्या' अनुभाग के तहत शामिल किया जाना चाहिए। साहित्य में पहचाने गए मुद्दे शोध पद्धति और समस्याओं, शोध प्रक्रियाओं के विभिन्न पहलुओं के लिए प्रासंगिक उनके संबंधित शीर्षकों के अंतर्गत चर्चा की जानी चाहिए। उदाहरण के लिए, 'अध्ययन का डिजाइन' के तहत अध्ययन के डिजाइन से संबंधित मुद्दे, 'नमूना' के तहत नमूने से संबंधित मुद्दे और 'माप प्रक्रिया' के तहत शोध उपकरण से संबंधित साहित्य।

इस प्रारूप के सुझाव में यह माना जाता है कि आप शोध पद्धति और लेखन की एक अकादमिक शैली से काफी अच्छी तरह से परिचित हैं। अर्थात्, आप जानते हैं कि उद्देश्यों का एक सेट कैसे लिखा जाता है या एक परिकल्पना का निर्माण कैसे किया जाता है, आप विभिन्न अध्ययन के डिजाइन के साथ परिचित हैं और आप एक शोध उपकरण का निर्माण कर सकते हैं और किसी एक संदर्भ का उद्धरण दे सकते हैं।

आगे के पृष्ठ एक शोध प्रस्ताव के लिए एक ढाँचे की रूपरेखा तैयार करेंगे। प्रत्येक शीर्षक के तहत विषय-वस्तु, छात्रों के शैक्षिक स्तर के अनुसार (बीए, एमए, पीएचडी) और चाहे आपका अध्ययन मुख्य रूप से परिमाणात्मक या गुणात्मक है, एक अध्ययन के विषय से दूसरे अध्ययन के विषय में भिन्न हो सकते हैं। परिमाणात्मक प्रस्तावों के लिए आपको यह प्रस्तावित करने में बहुत विशिष्ट होने की जरूरत है कि आप अपने शोध यात्रा के प्रत्येक चरण को कैसे शुरू करेंगे, जबकि गुणात्मक शोध प्रस्तावों के लिए इस तरह के विवरण की उम्मीद नहीं की जाती है क्योंकि आपकी कार्यप्रणाली गहराई से खोज को समायोजित करने के लिए लचीली और असंरचित है। हालांकि, आपको अपने शोध प्रस्ताव के एक भाग के रूप में अपनी जाँच के लिए एक व्यापक दृष्टिकोण प्रदान करने की जरूरत है। आपको सिर्फ ये करने की जरूरत है कि इन अभ्यासों से संबंधित जानकारी लें और अपने शोध प्रस्ताव इसे में उचित स्थानों पर स्थापित करें। एक शोध प्रस्ताव के लिए प्रस्तावित रूपरेख के प्रत्येक अनुभाग को दो भागों में बांटा गया है।

1. अनुभाग के लिए एक प्रस्तावित शीर्षक और उसकी वस्तु-विशेष की एक रूपरेखा।
2. वे उदाहरण जो अनुभाग के वस्तु-विशेष की रूपरेखा प्रदान करता हो - शोध परियोजनाओं के पूर्वकथित चार उदाहरण, प्रत्येक एक अलग अध्ययन के विषय से लिया गया हो, जिसे प्रत्येक अनुभाग में चित्र के रूप में इस्तेमाल किया जाता है।

इससे पहले कि हम विस्तार में जाएँ, ध्यान दें कि एक गुणात्मक अध्ययन या मिश्रित विधि अध्ययन के लिए एक शोध प्रस्ताव का प्रारूप, एक परिमाणात्मक के लिए बहुत समान है, जो केवल विषय-वस्तु में ही अलग-अलग होते हैं, संरचना में नहीं।

प्रस्तावना/परिचय

प्रस्ताव एक परिचय के साथ शुरू करना चाहिए जिसमें नीचे सूचीबद्ध जानकारी शामिल होने चाहिए। याद रखें कि इस अनुभाग में व्यक्त किया गया वस्तु-विशेष कुछ निश्चित अध्ययन के लिए प्रासंगिक नहीं हो सकता है, इसलिए आपके अध्ययन के लिए क्या प्रासंगिक है इसका चयन करते समय अपने विवेक का इस्तेमाल करें। इस अनुभाग के लेखन में, साहित्य समीक्षा (साहित्य की समीक्षा पर अध्याय 3 देखें) का केंद्रीय महत्व का है, क्योंकि यह दो मुख्य कार्य करता है:

1. यह आपके अध्ययन के क्षेत्र में उपलब्ध साहित्य के साथ आपको परिचित कराता है, जिससे आपके ज्ञान का आधार व्यापक होता है।
2. यह आपको उन तरीकों और प्रक्रियाओं की जानकारी प्रदान करता है जिसे अन्य लोगों ने ऐसी ही स्थितियों में इस्तेमाल किया है और आपको यह बताता है कि क्या काम करता है और क्या नहीं करता है।

एक साहित्य की समीक्षा का प्रकार, विस्तार और गुणवत्ता अधिकतर शैक्षणिक स्तर पर निर्भर करता है जिसके लिए आप प्रस्ताव लिख रहे हैं। इस अनुभाग की वस्तु-विशेष भी अध्ययन के तहत विषय क्षेत्र के अनुसार काफ़ी भिन्न हो सकते हैं।

मुख्य विषय क्षेत्र के एक बहुत व्यापक परिप्रेक्ष्य के साथ शुरू करके क्रमशः जाँच के तहत केंद्रीय समस्या की तरफ़ ध्यान दें। ऐसा करने में, अपने अध्ययन के क्षेत्र के निम्नलिखित पहलुओं को शामिल करें:

- अध्ययन के तहत किये जाने वाले मुख्य क्षेत्र का एक विवरण;
- एक ऐतिहासिक परिप्रेक्ष्य (उन्नति, विकास, आदि) जो अध्ययन के क्षेत्र में प्रासंगिक हो;
- विषय से संबंधित दार्शनिक या वैचारिक मुद्दे;
- प्रसार के मामले में प्रवृत्तियाँ, अगर उचित हों;
- प्रमुख सिद्धांत, यदि कोई हों;
- मुख्य मुद्दों, समस्याओं और अध्ययन के विषय के क्षेत्र में प्रगति;
- महत्वपूर्ण सैद्धांतिक और व्यावहारिक अध्ययन के तहत केंद्रीय समस्या से संबंधित मुद्दे;
- मुख्य मुद्दे (मुद्दों) से संबंधित मुख्य परिणाम।

एक शोध प्रस्ताव का पालन करने के लिए प्रस्तावना/परिचय के विषयों के निम्न चार उदाहरण हैं:

उदाहरण क

मान लीजिए कि आप परिवार की भूमिका निभाने पर अप्रवासन के प्रभाव की जांच करने के लिए एक अध्ययन का आयोजन कर रहे हैं। प्रस्तावना/परिचय में निम्नलिखित का एक संक्षिप्त विवरण शामिल करना चाहिए:

- दुनिया में प्रवासी गतिविधियों के मूल।
- प्रवासी व्यवहार की व्याख्या करने के लिए विकसित किये गये सामान्य सिद्धांत।
- प्रवास के कारण।
- प्रवास में वर्तमान प्रचलन (राष्ट्रीय और राज्य)।
- परिवार की भूमिकाओं और रिश्तों पर आव्रजन के प्रभाव (उदाहरण के लिए पति और पत्नी पर, बच्चों और माता-पिता, बच्चों के माता पिता की उम्मीदों पर, आदि पर)।
- व्यावसायिक गतिशीलता।
- आदि।

उदाहरण ख

मान लीजिए कि आपका शोध परियोजना [जगह/राज्य/देश का नाम] पालक भुगतान की दिशा में पालक देखभाल करने वालों के व्यवहार का एक अध्ययन है। प्रस्तावना/परिचय में निम्नलिखित का एक संक्षिप्त विवरण शामिल करना चाहिए:

- पालक प्लेसमेंट के मूल, पालक देखभाल के सिद्धान्त, पालक देखभाल और पिछले कुछ वर्षों में हुए परिवर्तन का एक ऐतिहासिक विवरण।
- पालक देखभाल के लिए कारण और समय के साथ हुए परिवर्तन।
- फोस्टर प्लेसमेंट के मूल [उस देश में जिसमें आप अपना अध्ययन का आयोजन कर रहे हैं]।
- बच्चों और माता पिता पर पालक नियुक्ति के प्रभाव।
- पालक देखभाल के लिए नीतियाँ [क्षेत्र में]।
- पालक देखभाल के मूल [क्षेत्र में]।
- पालक देखभाल के लिए प्रशासनिक प्रक्रियाएँ [क्षेत्र में]।
- पालक माता पिता का प्रशिक्षण [क्षेत्र में]।
- पालक माता पिता की भूमिका और जिम्मेदारी।
- आदि।

उदाहरण ग

मान लीजिए कि आप शैक्षणिक उपलब्धि और सामाजिक वातावरण के बीच संबंधों का अध्ययन करने की योजना बना रहे हैं। प्रस्तावना/परिचय में निम्नलिखित का एक संक्षिप्त विवरण शामिल करना चाहिए:

- हमारे समाज में शिक्षा की भूमिका।
- शिक्षा के सिद्धांत में समय के साथ हुए प्रमुख बदलाव।
- शिक्षा के प्रति दृष्टिकोण को प्रभावित करने वाले कारक।
- शिक्षा का विकास [देश] में।
- जिस क्षेत्र में अध्ययन किया जा रहा है उसके विशेष संदर्भ में [देश] में शिक्षा भागीदारी दर का प्रचलन।
- शैक्षिक मूल्यों में बदलाव।
- शैक्षणिक उपलब्धि में माता-पिता और साथियों की भूमिका।
- शैक्षणिक उपलब्धि पर सामाजिक वातावरण का प्रभाव।
- आदि।

उदाहरण घ

मान लीजिए एक परिवार में एक बच्चे में एडीएचडी होने का क्या मतलब होता है, इसका पता लगाने के लिए आप एक गुणात्मक अध्ययन करने जा रहे हैं। प्रस्तावना/परिचय में आपके विचारों और तर्कों को शामिल करना चाहिए, और साहित्य एडीएचडी के निम्नलिखित पहलुओं के बारे में क्या कहता है।

- परिभाषाएँ और एडीएचडी के लक्षण।
- एडीएचडी के कारण।
- एडीएचडी पर चिकित्सकीय परिप्रेक्ष्य।
- पारिवारिक जीवन पर एडीएचडी के प्रभाव।
- एडीएचडी के उपचार।
- अनुपचारिता की स्थिति में एक बच्चे के लिए निहितार्थ।
- एडीएचडी के प्रबंधन।
- आदि।

शोध समस्या

अध्ययन के क्षेत्र में एक व्यापक परिचय प्रदान करने के बाद, अब उसके केंद्रीय विषय से संबंधित मुद्दों पर ध्यान केंद्रित करें, और ज्ञान के मौजूदा प्रधान भाग में कुछ अंतर की पहचान करें। कुछ मुख्य अनुत्तरित सवालों को पहचानें। यहाँ कुछ मुख्य शोध सवालों को उठाया जाना चाहिए, जिसका आप अपने अध्ययन के माध्यम से जवाब देना चाहते हैं, और प्रत्येक के लिए एक तर्क और प्रासंगिकता प्रदान की जानी चाहिए। अन्य अध्ययनों से प्राप्त किया गया ज्ञान और उन मुद्दों के साहित्य के बारे में इस अनुभाग का एक अभिन्न हिस्सा होना चाहिए, जिसकी जाँच के लिए आप प्रस्ताव रख रहे हैं। विशेष रूप से, इस अनुभाग में निम्नलिखित होने चाहिए:

- उन मुद्दों की पहचान करें जो आपके अध्ययन का आधार है;
- इन मुद्दों पर स्थित विभिन्न पहलुओं/दृष्टिकोण को निर्दिष्ट करें;
- ज्ञान के मौजूदा भंडार में मुख्य अंतराल की पहचान;
- उन मुख्य शोध सवालों को उठाइए जिनका जवाब आप अपने अध्ययन के माध्यम से देना चाहते हैं;
- साहित्य आपके इन सवालों के बारे में क्या कहता है, उन्हें पहचानें, यह निर्दिष्ट करते हुए कि साहित्य में, आपके शोध के सवालों के विषय में मतभेद है या नहीं;
- ज्ञान की मौजूदा भंडार में आपका अध्ययन किस तरह पहचाने हुए अंतराल को भरेगा, इसको संदर्भित करते हुए अपने अध्ययन के लिए एक तर्क का विकास करें।

निम्न उदाहरण उसकी रूपरेखा प्रदान करता है, जिन विषयों पर साहित्य की समीक्षा की जानी चाहिए और 'समस्या' नामक अनुभाग में शामिल किया जाना चाहिए। ध्यान रखें कि ये सिर्फ सुझाव हैं और आपको अपने अध्ययन के लिए जो उपयुक्त लगता है उसे विकसित करने और बदलने के लिए केवल उदाहरण के रूप में इससे काम लेना चाहिए। (इस अनुभाग में अभ्यास । में विकसित जानकारी का उपयोग करें)

उदाहरण क

- अप्रवासन के बाद एक परिवार किन समझौतों की प्रक्रिया के माध्यम से गुज़रता है?
- आप्रवासियों को किस तरह के समायोजन को बनाने की ज़रूरत होती है?
- परिवार के सदस्यों के व्यवहार में किस प्रकार का परिवर्तन हो सकता है? (उत्संस्करण का सिद्धांत इत्यादि)
- परिवार भूमिकाओं और रिश्तों पर समझौता के संभावित प्रभाव क्या हैं?
- प्रभाव के संदर्भ में, आप अध्ययन के माध्यम किन विशिष्ट सवालों के जवाब देना चाहते हैं? साहित्य इन सवालों के बारे में क्या कहता है? इन मुद्दों पर अलग-अलग दृष्टिकोण क्या हैं? इन सवालों के बारे में आपके विचार क्या हैं?
- आपको क्या लगता है कि ज्ञान की मौजूदा ढाँचे के लिए और आपके पेशे के लिए आपके अध्ययन के परिणाम की प्रासंगिकता क्या होगी?
- किस तरह परिणाम ज्ञान को बढ़ा सकते हैं और आपके क्षेत्र में पेशेवरों के लिए उपयोगी हो सकते हैं?
- इत्यादि।

उदाहरण ख

- पालक देखभाल के भुगतान के बारे में क्या व्यापक मुद्दे, वाद-विवाद, बहस और जवाबी बहस हैं?
- पालक माता पिता का राशि, प्रणाली और भुगतान के रूप के प्रति किस तरह का व्यवहार है और साहित्य इन मुद्दों के बारे में क्या कहता है?
- पालक देखभाल के भुगतान के लिए अलग-अलग दृष्टिकोण/परिप्रेक्ष्य क्या हैं?
- आपका अध्ययन किन मुख्य सवालों का जवाब देगा?

- नीति निर्माण और कार्यक्रम के विकास में आपके परिणाम किस तरह मदद करेंगे?
- इत्यादि।

उदाहरण ग

- शैक्षणिक उपलब्धि और सामाजिक वातावरण के बीच के संबंधों की व्याख्या करने के लिए किन सिद्धांतों को विकसित किया गया है?
- शैक्षिक उपलब्धि और सामाजिक वातावरण के बीच क्या संबंध है: क्या सैद्धांतिक मॉडल आपके अध्ययन का आधार होगा?
- सैद्धांतिक मॉडल और शैक्षणिक उपलब्धि के घटकों के बारे में पिछले सिद्धांतों और शोध का क्या कहना है?
    - o उदाहरण के लिए, शैक्षणिक उपलब्धि और निम्न के बीच के रिश्ते
    - o एक छात्र का आत्मसम्मान और आकांक्षाएँ/प्रेरणा;
    - o साथियों के समूह का प्रभाव;
    - o माता-पिता की भागीदारी और उनके सामाजिक आर्थिक स्थिति के साथ उनके सम्बन्ध;
    - o इस विषय में छात्रों की प्रेरणा और दिलचस्पी;
    - o रोजगार की संभावनाएँ;
    - o एक शिक्षक के साथ संबंध;
    - o इत्यादि।

उदाहरण घ

- जैसा कि साहित्य में निर्धारित किया गया है, किसी परिवार में एडीएचडी के साथ एक बच्चा होने के परिवार पर क्या प्रभाव होता है?
- साहित्य के अनुसार, इन प्रभावों और परिवार के प्रकार के बीच क्या कोई मतभेद हैं?
- एक परिवार द्वारा एडीएचडी के प्रबंधन के लिए क्या रणनीति इस्तेमाल किया गया है?
- साहित्य के अनुसार, सहोदरों के रिश्तों पर एडीएचडी का क्या प्रभाव होता है?
- एडीएचडी के प्रभाव और प्रबंधन के बारे में परिवार के सदस्यों की क्या धारणाएँ हैं?
- जब किसी परिवार में एडीएचडी के साथ एक बच्चा होता है तब वे परिवार इसका किस तरह सामना करते हैं?
- इत्यादि।

अध्ययन का उद्देश्य

इस अनुभाग में अपने अध्ययन का मुख्य उद्देश्य और उप-उद्देश्यों दोनों का एक कथन शामिल करें (अध्याय 4 देखें)। आपके मुख्य उद्देश्य आपके अध्ययन के केंद्रीय मुख्य विषय को इंगित करता है, जबकि उप-उद्देश्य आपकी जाँच करने के प्रस्ताव के विशिष्ट मुद्दों की पहचान करता है।

अध्ययन के उद्देश्यों को स्पष्ट रूप से कहा जाना चाहिए और उन्हें प्रकृति में विशिष्ट होना चाहिए। प्रत्येक उप-उद्देश्य द्वारा केवल एक ही मुद्दे को चित्रित करना चाहिए। उप उद्देश्यों को तैयार करने में, कार्य उन्मुख क्रियाओं का उपयोग करें, जैसे 'निर्धारित करने के लिए', 'पता लगाने के लिए' और 'सुनिश्चित करने के लिए', जिन्हें संख्यानुसार सूचीबद्ध किया जाना चाहिए। यदि आपका उद्देश्य एक परिकल्पना का परीक्षण करना है, तो आपको विशिष्ट उद्देश्यों को शब्दों में प्रकट करने के लिए परिकल्पना तैयार करने की परंपराओं का पालन करना चाहिए।

गुणात्मक अध्ययन में उद्देश्यों के कथन परिमाणात्मक अध्ययन के जैसे सटीक नहीं होते हैं। गुणात्मक अध्ययन में आपको बस अध्ययन के समग्र उद्देश्य का उल्लेख करना चाहिए, चुँकि आपका उद्देश्य, जैसे

आप आगे बढ़ते हैं, जितना संभव हो उतना अन्वेषण करना है। जैसा कि आप जानते हैं, गुणात्मक शोध की ताकत दृष्टिकोण के लचीलेपन और डेटा एकत्रित करते समय नए विचारों को शामिल करने की क्षमता में होती है। कथनों को संरचित करने के बाद जो आपको अन्वेषण के एक पूर्व निर्धारित ढाँचे के साथ बाँधता है, गुणात्मक शोध के क्षेत्र में एक पसंदीदा सम्मेलन नहीं है। वे कथन जिनका आप अन्वेषण करने का इरादा रखते हैं 'एक परिवार में एडीएचडी के साथ एक बच्चा होने का क्या मतलब है', 'घरेलू हिंसा का शिकार होने में कैसा लगता है', 'लोग नस्लीय भेदभाव का सामना कैसे करते हैं', 'लचीलापन और योग के बीच के रिश्ते' या 'जंगल में लगी आग के बाद जीवन का पुनर्निर्माण' गुणात्मक शोध के क्षेत्र में आपके उद्देश्यों की मंशा को प्रकट करने के लिए पर्याप्त हैं। यदि जरूरत हो, तो अधिक विस्तृत उद्देश्य, एक अध्ययन पूरा होने के बाद विकसित किया जा सकता है। (इस अनुभाग में अभ्यास । में विकसित की गई जानकारी का उपयोग करें)

उदाहरण क

मुख्य उद्देश्य:

परिवार पर अप्रवासन के प्रभाव का पता लगाना।

उप-उद्देश्य:

आप्रवासियों द्वारा कथित पति/पत्नी की भूमिका निभाने पर अप्रवासन के प्रभाव को निर्धारित करना।
वैवाहिक संबंधों पर अप्रवासन के प्रभाव का पता लगाना।
बच्चों के शैक्षिक और व्यावसायिक उपलब्धि पर माता-पिता की उम्मीदों में कथित परिवर्तन का पता लगाना।
अध्ययन आबादी में विवाह के प्रति मनोभाव के कथित परिवर्तन का निर्धारण करना।

उदाहरण ख

मुख्य उद्देश्य:

पालक भुगतान का रूप और हद के प्रति पालक देखभाल करने वालों की राय निर्धारित करना जो उन्हें लगता है एक पालक बच्चे की देखभाल करने के लिए प्राप्त करना चाहिए।

उप-उद्देश्य:

एक पालक बच्चे की देखभाल करने के लिए रूप और भुगतान की विधा को निर्धारित करना।
एक बच्चे की देखभाल करने के लिए भुगतान की दर निर्धारित करने के लिए कारकों की पहचान करना जो पालक माता-पिता के अनुसार निर्धारण का आधार होना चाहिए।
पालक माता पिता की सामाजिक-आर्थिक – यदि कोई हो तो जनसांख्यिकीय विशेषताओं और भुगतान पर उनके विचारों के बीच, रिश्ते का निर्धारण करना।

उदाहरण ग

मुख्य उद्देश्य:

शैक्षणिक उपलब्धि और सामाजिक वातावरण के बीच स्थित संबंधों की जाँच करना।

उप-उद्देश्य:

आत्मसम्मान और स्कूल में एक छात्र की शैक्षणिक उपलब्धि के बीच स्थित रिश्ते का पता लगाना, यदि कोई हो।

एक छात्र की पढ़ाई और स्कूल में उसका/उसकी शैक्षणिक उपलब्धि में माता-पिता की भागीदारी के बीच सहयोग का पता लगाना।
एक छात्र के साथियों के समूह और शैक्षणिक उपलब्धि के बीच संबंध की जाँच करना।
शैक्षणिक उपलब्धि और शिक्षकों की दिशा में एक छात्र के मनोभाव के बीच संबंधों का पता लगाना।

उदाहरण घ

मुख्य उद्देश्य:

किसी परिवार में एडीएचडी के साथ एक बच्चा होने का क्या मतलब है, इसका अन्वेषण करना।

परीक्षण की जाने वाली परिकल्पनाएँ

एक परिकल्पना एक घटना के प्रचलन के बारे में आपकी मान्यताओं का या दो चरों के बीच एक संबंध के बारे में एक कथन होता है, जिसका आप अध्ययन के ढाँचे के भीतर परीक्षण करना चाहते हैं (अध्याय 6 देखें)। अगर आप परिकल्पना का परीक्षण करने के लिए जा रहे हैं तो उन्हें इस अनुभाग में सूचीबद्ध करें। (इस अनुभाग में अभ्यास II में विकसित जानकारी का उपयोग करें।)

एक परिकल्पना तैयार करते समय आपका दायित्व है कि इसके बारे में रिपोर्ट के अध्याय में निष्कर्ष निकाले। परिकल्पना तैयार करने की एक विशेष शैली होती है। आपको शब्दों के सही तरीके के साथ परिचित होना चाहिए। एक अध्ययन में कई परिकल्पनाएँ हो सकती हैं, जितनी का आप परीक्षण करना चाहते हैं। हालांकि, यह जरूरी नहीं है कि एक अध्ययन शुरू करने के लिए एक परिकल्पना हो आप एक परिकल्पना तैयार किये बिना एक पूरी तरह से संतोषजनक अध्ययन संचालन कर सकते हैं।

उदाहरण क

H_1 = ज्यादातर मामलों में आव्रजन के बाद पति/पत्नी की भूमिका निभाने में परिवर्तन होता हैं।
H_2 = अधिकतर मामलों में अपने बच्चों से माता-पिता के उम्मीदों में एक परिवर्तन होता हैं।
H_i = इत्यादि।

उदाहरण ख

H_1 = ज्यादातर लोग बच्चों के प्रति अपने प्यार की वजह से पालक माता पिता बन जाते हैं।
H_2 = अधिकतर पालक माता पिता पालक बच्चों की देखभाल के लिए प्रशिक्षित किया जाना पसंद करते हैं।
H_i = इत्यादि।

उदाहरण ग

H_1 = एक छात्र का आत्मसम्मान और स्कूल में उसकी शैक्षणिक उपलब्धि सकारात्मक रूप से सहसंबद्ध में होते हैं।
H_2 = माता पिता की जितनी ज्यादा भागीदारी एक छात्र की पढ़ाई में होगी उतनी उच्च शैक्षिक उपलब्धि छात्र की होगी।
H_3 = शिक्षकों के प्रति एक छात्र का सकारात्मक रवैया उस विषय में उसकी शैक्षिक उपलब्धि के साथ सम्बंधित है।
H_i = इत्यादि।

उदाहरण घ

आमतौर पर गुणात्मक शोध के क्षेत्र में परिकल्पना का निर्माण नहीं किया जाता हैं।

अध्ययन रूपरेखा

उस अध्ययन के डिजाइन (रुपरेखा) का वर्णन करें जो आप अपने शोध के सवालों के जवाब देने में उपयोग करने की योजना बना रहें हैं (जानकारी के लिए अध्याय 8 देखें)। (उदाहरण के लिए,चाहे यह एक मामले का अध्ययन, वर्णनात्मक, खंड-संबंधी,पूर्व व पश्चात, प्रयोगात्मक या गैर-प्रायोगिक डिजाइन।) अपने अध्ययन के डिजाइन की शक्तियों और कमजोरियों को पहचानें।

विभिन्न लोजिस्टिकल प्रक्रियाओं के बारे में जानकारी शामिल करें जिनका आप अध्ययन के डिजाइन को क्रियान्वित करते समय पालन करने का इरादा रखते हैं। एक अच्छे अध्ययन के डिजाइन की एक विशेषता यह है कि वह एक ऐसी स्पष्टता के साथ विवरण बताते कि अगर कोई ओर प्रस्तावित प्रक्रिया का पालन करना चाहता है, तो वह बिल्ल्कुल आप के जैसा करने में समर्थ होगा। अपने अध्ययन के डिजाइन में निम्नलिखित के बारे में यह जानकारी शामिल करे:

- अध्ययन की आबादी कौन है?
- क्या अध्ययन की आबादी के प्रत्येक तत्व की पहचान की जा सकती है? यदि हां, तो कैसे?
- क्या एक नमूना या कुल जनसंख्या का अध्ययन किया जा सकता है?
- आप चुने गए नमूने के साथ कैसे संपर्क में आयेंगे ?
- अध्ययन में भाग लेने के लिए नमूने की सहमति की मांग कैसे की जाएगी?
- डेटा कैसे एकत्र किया जाएगा (उदाहरणके लिए साक्षात्कार, प्रश्नावली और अवलोकन द्वारा)
- भेज दी गयी प्रश्नावली किस पते पर वापस भेजी जानी चाहिए?
- क्या प्रश्नावली की वापसी के बारे में एक स्मरण-पत्र भेजने की योजना बना रहे हैं?
- गोपनीयता को कैसे संरक्षित किया जाएगा ?
- उत्तरदाताओं को यदि कोई प्रश्न है तो वे आपको कैसे और कहाँ संपर्क करें?

(इस खंड के अभ्यास III में विकसित जानकारी का उपयोग करें।)

उदाहरण क

यह अध्ययन मुख्य रूप से आप्रवासियों [देशों के नाम] के एक अनुप्रस्थ भाग से आव्रजन का परिवार की भूमिका निभाने पर पड़ने वाले कथित प्रभाव को ज्ञात करने के लिए डिज़ाइन किया गया है। इन देशों के लिए जातीय संघों के साथ आरंभिक संपर्क करने के लिए निर्वाचित पदाधिकारियों के माध्यम से सदस्यों की सूची प्राप्त होती है। पांच आप्रवासी यादृच्छिक तरीके से चुने जाएँगे, और उन्हें अध्ययन और अपनी प्रासंगिकता का उद्देश्य समझाने के लिए, और इस अध्ययन में भाग लेने के लिए उनकी सहमति प्राप्त करने हेतु उनसे फोन से संपर्क किया जाएगा। जो अपनी सहमति देंगे उनका उनके घरों में या किसी अन्य सुविधाजनक जगह पर साक्षात्कार लिया जायेगा। आगे के नमूनों को चुनने के लिए, उस समय तक स्नोबॉल नमूना तकनीक का इस्तेमाल करें जब तक वांछित नमूने का आकार प्राप्त ना हो जाए।

उदाहरण ख

अध्ययन के डिजाइन की प्रकृति अनुप्रस्थीय होती है, इसे यह पता लगाने के लिए तैयार किया जाता है कि एक अनुप्रस्थ भाग से पालक माता पिता की पालक भुगतान के बारे में क्या राय है। अध्ययन आबादी के गठन करने के लिए वर्तमान में दर्ज [विभाग का नाम] सभी पालक माता पिता। इस विभाग के मौजूदा रिकॉर्ड से यह लगता है की 457 पालक माता पिता हैं [क्षेत्र का नाम]। शोधकर्ता के लिए समय और धन की

बाधाओं के कारण सभी पालक माता पिता से जानकारी इकट्ठा करना असंभव होता है, इसलिए यह प्रस्ताव दिया गया है कि प्रस्तावित नमूने की रणनीति के हिसाब से अध्ययन की आबादी का 50 प्रतिशत का नमूना चुने। प्रश्नावली को विभाग की ओर से एक का समर्थन पत्र के साथ, एक प्रीपेड लिफाफा के साथ भेजा जाएगा। उत्तरदाताओं द्वारा प्रश्नावली [तारीख] तक वापस करने के लिए अनुरोध किया जाएगा। शोधकर्ता का पत्र प्रश्नावली से जुड़े उद्देश्यों और अध्ययन की प्रासंगिकता को समझाएगा. उत्तरदाताओं को नाम न छापने का भरोसा दिलायेगाऔर अगर वे चाहें तो उन्हें अध्ययन में भाग नहीं लेने का विकल्प देगा। किसी भी सवाल के लिए एक प्रतिवादी को एक संपर्क नंबर प्रदान किया जाता है। कम प्रतिक्रिया दर के मामले में (25 प्रतिशत से कम), प्रतिवादी को स्मरणपत्र भेजा जाएगा।

उदाहरण ग

यह प्रस्ताव किया गया है कि यह अध्ययन महानगरीय क्षेत्र में दो सरकारी उच्च विद्यालयों में किया जाएगा। शोधकर्ता के लिए जो स्कूल सबसे सुलभ हैं वह उनके प्रिंसिपलों को अध्ययन का उद्देश्य समझाने और स्कूल की तरफ से मदद पाने और छात्रों के अध्ययन में भाग लेने की अनुमति लेने के लिए संपर्क करेगा। समय और संसाधनों की कमी शोधकर्ता को दो से अधिक स्कूलों को चुनने की अनुमति नहीं देते,जब दो स्कूल अध्ययन में भाग लेने के लिए सहमत होंगे तब अन्य स्कूलों के साथ बतचीत बंद होगी।

कक्षा 8 की शैक्षिक उपलब्धि के रूप में कक्षा 9 के छात्रों को चुना जाएगा और कक्षा 10 के छात्र उन कारकों से प्रभावित हो सकते हैं जो उनके लिए नये हैं। कक्षा 8 के छत्र नई प्रणाली के संक्रमण से चिंता का सामना कर रहे हो सकते है। कक्षा 10 में छात्रों की प्रेरणा उनकी शिक्षा की स्थिति पर प्रभावित है जहां वे निर्णय करेंगे कि वे स्कूल में रहेंगे या नहीं।

छात्र के लिंग विभिन्नता के कारण पर नियंत्रण रखने के लिए केवल पुरुष छात्रों को चुनना है।

स्कूल के प्रिंसिपल से अध्ययन की अनुमति मिलते ही शोधकर्ता अध्ययन और इसकी प्रासंगिकता के बारे में शिक्षक प्रभारी को जानकारी देंगे और प्रश्नावली के संचालन के लिए एक तारीख और समय की व्यवस्था करेगे।

अध्ययन में भाग लेने के लिए तैयार छात्रों के इकट्ठा होते ही, शोधकर्ता उन्हें अपने उद्देश्य और प्रासंगिकता के बारे में समझाएगा, और फिर प्रश्नावली वितरित करेगा। छात्रों के सवाल का जवाब देने के लिए शोधकर्ता वर्ग के साथ रहेगा।

उदाहरण घ

शोधकर्ता जानता है परिवार का एक बच्चा को जिसे ADHD है और वह एक ADHD सहायता समूह के अंतर्गत है जो हर महीने उससे मुलाकात करता है। शोधकर्ता किसी परिचित परिवार के माध्यम से समूह के साथ आरंभिक संपर्क बनाने का प्रस्ताव रखेगा। शोधकर्ता किसी एक मासिक बैठक में भाग लेगा और समूह को अध्ययन की प्रासंगिकता, उसके उद्देश्य और, अध्ययन में शामिल होने के लिए मानदंड, उसको अध्ययन में शामिल किए जाने की जरूरत , और अध्ययन के अन्य पहलुओं के बारे में जानकारी देगा। उत्तरदाताओं को साझा की गई जानकारी का नैतिक उपयोग करने और उनका नाम ना बताने का आश्वासन दिया जाता है। समूह के सदस्यों को अध्ययन के किसी भी पहलू के बारे में सवाल पूछने के लिए प्रोत्साहित किया जाता है। उनकी सहमति मांगने के बाद, शामिल किए जाने के मानदंड के रोशनी में शोधकर्ता तय करेंगे अध्ययन में समूह के कौनसे सदस्य भाग लेंगे।

यहाँ छह परिवारों को चुनने का प्रस्ताव दिया जाता है, तीन ऐसे परिवार जहाँ दोनों माता-पिता बच्चे के उपचार और ADHD प्रबंधन में शामिल हैं और तीन ऐसे परिवार जहां मां एकमात्र देखभालकर्ता है। यह मुख्य रूप यह देखने के लिए है कि विभिन्न प्रकार के परिवार के बीच ADHD संक्रमित बच्चे की देखभाल करने में कोई अंतर होता है क्या।

अध्ययन में भाग लेने की सहमति के लिए शोधकर्ता संभावित उत्तरदाताओं से व्यक्तिगत रूप से संपर्क करेगे। सहमति प्राप्त होते ही प्रत्येक परिवार के साथ साक्षात्कार के लिए जगह और समय तय किया जायेगा।

यह परिवार के प्रकार पर निर्भर करता है कि मुद्दों की या तो पिता और मां के साथ सामूहिक रूप से या केवल मां के साथ चर्चा की जाएगी। साक्षात्कार शुरू करने से पहले, साक्षात्कार टेप-रिकॉर्ड करने के लिए उनकी अनुमति लेंगे। इंटरव्यू पूरा करने के बाद, शोधकर्ता प्रतिक्रिया को टाइप करेगा और पुष्टि और सत्यापन के लिए एक प्रति उत्तरदाता को देगे।

सेटिंग

संक्षेप में संगठन, एजेंसी या समुदाय का वर्णन करें जिसमें आप अपने अध्ययन का संचालन करेंगे। यदि यह अध्ययन लोगों के एक समूह के बारे में है, तो समूह की मुख्य विशेषताओं में से कुछ पर प्रकाश डालें (जैसे इसका इतिहास, आकार, रचना और संरचना) और किसी भी उपलब्ध प्रासंगिक जानकारी पर ध्यान आकर्षित करें।

यदि आपका शोध किसी एजेंसी, कार्यालय या संगठन के बारे में है, तो अपने विवरण में निम्नलिखित शामिल करे:

- उस एजेंसी, कार्यालय या संगठन द्वारा प्रदान कराई गई मुख्य सेवाएँ;
- उसकी प्रशासनिक संरचना;
- किस प्रकार के ग्राहकों की सेवा की है;
- उन मुद्दों के बारे में जानकारी जो आपके शोध के लिए केंद्र बिंदु हैं।

यदि आप एक समुदाय का अध्ययन कर रहे हैं,तो मुख्य विशेषताओं में से कुछ का संक्षेप में वर्णन करे, जैसे की:

- समुदाय का आकार;
- समुदाय का संक्षिप्त सामाजिक विवरण (अर्थात उसके भीतर स्थित विभिन्न समूहों की रचना);
- अपने अध्ययन के केंद्रीय विषय के लिए प्रासंगिक मुद्दे।

ध्यान दें कि, सामग्री की प्रकृति के कारण, इसके उदाहरण देना मुश्किल है।

मापन प्रक्रिया

इस खंड में अपने उपकरण की चर्चा करना शामिल है (अध्याय 9 और 10 देखे) और यह कि आप अपने प्रमुख परिवर्तनीय को परिचालित करने की योजना कैसे बनाते हैं (अध्याय 5)।

शोध उपकरण की अपनी पसंद को उचित साबित करने के लिए उसकी ताकत और कमजोरियों की ओर इशारा करते हुए प्रकाश डाले। फिर अध्ययन का मुख्य उद्देश्य अपने शोध उपकरण और उसकी प्रासंगिकता के प्रमुख क्षेत्रों की रूपरेखा तैयार करना है। यदि आप मानक उपकरण का उपयोग कर रहे हैं, तो संक्षेप में उसकी विश्वसनीयता और वैधता की उपलब्धता पर चर्चा करे। यदि आप किसी भी तरह से इसे अनुकूलित या संशोधित करते है, तो उस परिवर्तन का वर्णन करे और समझाए।

आपको यह भी चर्चा करनी चाहिए कि आप प्रमुख अवधारणाओं को कैसे लागू कर रहे हैं। उदाहरण के लिए, यदि प्रभाव को मापना है तो उल्लिखित करे कि यह कैसे मापा जाएगा। लोगों के समूह के आत्मसम्मान को मापने की योजना है,तो इसकी माप के मुख्य संकेतक अर्थात आत्मसम्मान और प्रक्रिया का उल्लेख करना है (जैसे लिकर्ट या थर्सटन पैमाना, या अन्य प्रक्रिय)।

आदर्श रूप में, परिमाणात्मक अध्ययन के लिए आपको अपने प्रस्ताव के साथ शोध उपकरण की प्रति संलग्न करना है।(अभ्यास III में विकसित जानकारी यहाँ शामिल करना है।)

ध्यान दें कि, इस सामग्री की प्रकृति के कारण, उदाहरण देना मुश्किल है।

नैतिक मुद्दे

सभी शैक्षणिक संस्थान शोध के किसी भी नैतिक प्रभाव के बारे में विशेष रूप से सजग रहते हैं। उनके साथ काम करने के लिए सभी संस्थानों की एक नैतिकता की कोई न कोई नीति होती है। आपको अपनी संस्था की नीति से परिचित होना चाहिए। यह जरूरी है कि आप अपने प्रस्ताव में किसी नैतिक मुद्दे की पहचान करें और वर्णन करे कि आप उसके के साथ कैसा बर्ताव करने वाले हैं। आपको विशेष रूप से उत्तरदाताओं की दृष्टि से नैतिक मुद्दों पर ध्यान देनें और किसी भी संभावित 'नुकसान', मनोवैज्ञानिक या अन्यथा के मामले को, सही करने के लिए उपकरण रचना को विस्तार करने की आवश्यकता है।

नैतिक मुद्दों पर आगे की जानकारी अध्याय 14 में प्रदान की है।(यहाँ अभ्यास III में दी गयी जानकारी का उपयोग करें।)

नमूने

प्रस्ताव के इस खंड के अंतर्गत निम्नलिखित बातें शामिल करें:

- नमूने की जनसंख्या का आकार (अगर जानते है) और इस जानकारी को कहाँ से और कैसे प्राप्त करे;
- नमूने के आकार को चुनने की योजना और इस आकार को चुनने के लिए क्या कारण हैं;
- नमूने के डिजाइन से जो नमूना को चुना है उसकी प्रकिया का विवरण करे (सरल यादृच्छिक नमूना, स्तरीकृत यादृच्छिक नमूना, कोटा नमूना, आदि)।

(अभ्यास IV इस खंड पूरा करने के लिए आपको जरूरत की सभी जानकारी देगा। इसके अलावा नमूने के बारे में अध्याय 12 का परामर्श लें।)

उदाहरण क

प्रवासी परिवारों की सटीक स्थान के जानकारी की कमी के कारण संभावना नमूना डिजाइन का उपयोग करना मुश्किल है, इसलिए प्रस्तावित किया जाता है कि शोधकर्ता स्नोबॉल नमूना तकनीक का इस्तेमाल करेगा। शोधकर्ता पांच परिवारों से आरंभिक संपर्क करेंगे जिन्होंने पिछले सात से दस साल के दौरान विस्थापन [देश का नाम] किया है, जिसे या तो वो जानता है या प्रवासी समूहों का प्रतिनिधित्व करने वाले औपचारिक संघों के पदाधिकारियों से प्राप्त जानकारी के आधार पर उनसे आरंभिक संपर्क करेंगे। शोधकर्ता प्रत्येक प्रतिवादी से अन्य आप्रवासियों के नाम और पते प्राप्त करेगा, जो उसी ही देश से और इसी अवधि के दौरान आए हैं। पहचाने गए उत्तरदाताओं का साक्षात्कार लिया जायेगा और शोधकर्ता के लिए अन्य उत्तरदाताओं की पहचान करने के लिए कहा जाएगा। जब तक शोधकर्ता 70 उत्तरदाताओं का साक्षात्कार ना करले यह प्रक्रिया जारी रहेगी।

उदाहरण ख

समय और संसाधनों की कमी के कारण व्यवस्थित यादृच्छिक नमूना तकनीक का उपयोग करके पालक माता पिता विभाग के साथ वर्तमान में पंजीकृत (457) के 50 प्रतिशत चुनने का प्रस्ताव दिया गया है। विभाग के साथ पंजीकृत हर दूसरे पालक माता पिता चुने जायेंगे, इस प्रकार 229 व्यक्तियों द्वारा अध्ययन के नमूने का गठन होगा।

उदाहरण ग

मुख्य रूप से कोटा नमूने के माध्यम से स्कूलों को चुना जाएगा। शोधकर्ता के भौगोलिक निकटता के आधार पर स्कूलों को चुना जाएगा। शोधकर्ता, पहुंच के अनुसार रैंक क्रम में, स्कूलों की सूची तैयार करेंगे। जब दो स्कूल अध्ययन में भाग लेने के लिए सहमत होंगे तब अन्य स्कूलों के साथ बातचीत बंद हो जायेगी।

अध्ययन जनसंख्या के लिए सभी कक्षा वर्ष 9 के पुरुष छात्र होंगे। यह उम्मीद की जाती है कि नमूना 100 छात्रों से अधिक नहीं होगा।

उदाहरण घ

उस समूह से छह परिवारों को चुनने के लिए अनुमान/सोद्देश्य नमूना तकनीक का उपयोग करने का प्रस्ताव दिया गया है, जहां तीन परिवारों के दोनों माता-पिता ADHD बच्चे की देखभाल करते हैं और तीन परिवार जहां यह केवल मां की मुख्य जिम्मेदारी है (एकल माता-पिता वाले परिवार)। समूह के सदस्यों के साथ अनौपचारिक बातचीत के आधार पर, उन परिवारों को साक्षात्कार के लिए चुनेंगे जिन्हें ADHD बच्चे के इलाज और प्रबंधन की जानकारी है।

डेटा का विश्लेषण

डेटा विश्लेषण के लिए इस्तेमाल की गई रणनीति का सामान्य शब्दों में वर्णन करें (अध्याय 15)। निर्दिष्ट करे कि क्या डेटा का विश्लेषण स्वयं आपके द्वारा या कंप्यूटर के द्वारा किया जा रहा है। कंप्यूटर विश्लेषण के लिए, कार्यक्रम को पहचाने और जहाँ उचित लगे वहाँ डेटा पर सांख्यिकीय प्रक्रियाओं का प्रदर्शन करे। परिमाणात्मक अध्ययन के लिए क्रॉस-सारणीकरण के मुख्य चर को पहचाने।

गुणात्मक अध्ययन के लिए, वर्णन करें कि आपने अपने उत्तरदाताओं द्वारा कहे गये मुद्दों, की गई चर्चा या बनाये गये अवलोकन नोटों में से अपने साक्षात्कार या अवलोकन टिप्पणियों के बारे में अर्थ निकालने के लिए और उनका विश्लेषण करने के लिए किस प्रकार की योजना बनाई है। आम तकनीकों में से एक तकनीक क्षेत्र में एकत्र की गयी जानकारी की सामग्री का विश्लेषण करके मुख्य विषयों की पहचान करना है। आप पहले तय करे कि क्या आप स्वयं इस जानकारी का विश्लेषण करने वाले हैं या इस प्रयोजन के लिए एक कंप्यूटर प्रोग्राम का उपयोग करने वाले हैं।

सामग्री विश्लेषण के साथ आगे बढ़ने के लिए तीन तरीके हैं:

1. अपने क्षेत्र के नोटों से खुद लिखने के लिए एक ढांचा बनाये और अपने नोट्स के माध्यम से सीधे जानकारी को एकीकृत करे संरचना विकसित के भीतर। यदि आप इस विधि को अपनाए, तो आपको संरचना के बारे में यथोचित स्पष्ट रहना है। इसका मतलब यह नहीं है कि विश्लेषण करते हुए आप संरचना का विकास नहीं कर सकते हैं; फिर भी, स्पष्ट दृष्टि से आपके द्वारा क्षेत्र में एकत्रित स्लॉटिंग जानकारी लिखने में बहुत मदद की हो जाती है।
2. दूसरी विधि है कि अपने फील्ड नोट्स को टाइप करे ताकि आप बार-बार पढ़कर मुख्य विषयों की पहचान करे। यह विषय आपके लिखने का आधार बनते है।
3. कंप्यूटर प्रोग्राम जैसे की NUD*IST, Ethnograph और NVivo विशेष रूप से वर्णनात्मक डेटा को संभालने के लिए बनाया गया है। आप इन कार्यक्रमों में से एक का उपयोग कर सकते हैं। यह कार्यक्रम भी सामग्री विश्लेषण के सिद्धांत पर आधारित हैं। फर्क सिर्फ इतना है कि आपको मैन्युअल तरीके से खोजने की बजाय, ये इस बात की पहचान करते हैं कि विषय की पहचान करने वाले विशेष टेक्स्ट कहाँ दिखाई देते हैं।

अपने अध्ययन के लिए डेटा विश्लेषण के विशेष रणनीति को निर्दिष्ट करने की जरूरत है।

उदाहरण क

आवृत्ति वितरण के मामले में:

- उम्र;
- शिक्षा;
- व्यवसाय;

- बच्चों की संख्या;
- आव्रजन की अवधि;
- आदि।

नैतिकता गाइडबुक

पति/पत्नी की भूमिका निभाने के प्रभाव का क्रॉस-टेब्यूलेशन:

- उम्र;
- बच्चों की संख्या;
- शिक्षा;
- व्यवसाय;
- आदि।

उदाहरण ख

आवृत्ति वितरण के मामले में:

- उम्र;
- आय;
- शिक्षा;
- व्यवसाय;
- वैवाहिक स्थिति;
- पालक देखभाल की अवधि;
- पालक बच्चों की संख्या;
- आदि।

पालक भुगतान के प्रति दृष्टिकोण का क्रॉस-टेब्यूलेशन:

- उम्र;
- बच्चों की संख्या;
- शिक्षा;
- व्यवसाय;
- आदि।

सांख्यिकीय परीक्षण लागू करे:

- काई-वर्ग;
- प्रतिगमन विश्लेषण;
- आदि।

उदाहरण ग

आवृत्ति वितरण के मामले में:

- उम्र;
- माता-पिता का व्यवसाय;
- माता-पिता की शिक्षा का स्तर;
- छात्रों के व्यावसायिक आकांक्षाएँ;
- छात्रों की पढ़ाई में माता-पिता की भागीदारी;
- आत्म सम्मान;

- साथियों के समूह का प्रभाव
- पढ़ाई पर खर्च किया गया समय;
- आदि।

शैक्षणिक उपलब्धि का क्रॉस-टेब्यूलेशन:

- साथियों के समूह का प्रभाव;
- छात्रों की पढ़ाई में माता-पिता की भागीदारी;
- आत्म सम्मान;
- व्यावसायिक आकांक्षाएँ;
- शिक्षकों के प्रति रवैया;
- आदि।

उदाहरण घ

परिवारों के साथ गहराई से किया गया साक्षात्कार को माइक्रोसॉफ्ट वर्ड का उपयोग करके लिखा जाएगा। मुख्य विषयों की बातचीत की पहचान करने के लिए ये लिखित साक्षात्कार बारीकी से अध्ययन किया जाएगा। ADHD के बच्चे के प्रबंधन और उपचार से संबंधित मुद्दों के आधार पर इन विषयों को हल किया जाएगा। विषय फिर लिखने का हिस्सा बन जाएगा।

रिपोर्ट की संरचना

स्पष्ट रूप से बताये कि आप अंतिम रिपोर्ट को कैसे संगठित करने का इरादा रखते है (अध्याय 17 देखें और अपने अभ्यास VII का उल्लेख करे)। रिपोर्ट के लिए अपनी सामग्री के आयोजन में, अपने अध्ययन के विशिष्ट उद्देश्यों की बहुत मदद मिलती है। अध्यायों को विकसित करने की योजना को अपने अध्ययन के मुख्य विषयों के आसपास ही रखना होता है। प्रत्येक अध्याय के शीर्षक को इसकी मुख्य सामग्री के बारे में स्पष्ट रूप से बताना चाहिए।

पहला अध्याय, जो संभवतः 'परिचय' होता है, उसमें अपने अध्ययन का संपूर्ण परिचय और परियोजना के लगभग सभी प्रस्ताव को शामिल किया जाना चाहिए और यदि असली योजना से कोई विचलन हो, तो उस विचलन, को दिखाना चाहिए।

दूसरे अध्याय ने अध्ययन की आबादी के बारे में कुछ जानकारी प्रदान करनी चाहिए– जैसे कि इसकी कुछ सामाजिक आर्थिक-जनसांख्यिकीय विशेषताएँ। इस अध्याय का मुख्य उद्देश्य पाठकों को जनसंख्या पर कुछ पृष्ठभूमि प्रदान करना है जिसमें से आपने जानकारी एकत्र की है। पाठकों को विषय का संचार हो इसलिए अध्याय का शीर्षक 'अध्ययन के आबादी की सामाजिक आर्थिक-जनसांख्यिकीय विशेषता' या 'अध्ययन की आबादी' या किसी भी अन्य शीर्षक का उपयोग किया जाना चाहिए। बाकी अध्यायों के शीर्षक अध्ययन से अध्ययन भिन्न होगा, लेकिन, उल्लेखानुसार प्रत्येक अध्याय मुख्य विषय के आसपास ही लिखा जाना चाहिए। अध्याय शीर्षक के शब्द उस व्यक्ति की पसंद के हो सकते हैं, लेकिन प्रत्येक शीर्षक ने अध्याय के मुख्य विषय के बारे में वर्णन करना चाहिए। इन विषयों का विकास करते हुए अध्ययन के विशिष्ट उद्देश्यों को अपने दिमाग में रखना है।

यदि आपका अध्ययन गुणात्मक है, तो डेटा संग्रह और विश्लेषण चरणों के दौरान पहचाने गए मुख्य मुद्दे विभिन्न अध्यायों के विकास के लिए आधार बनेगे। विकसित महत्वपूर्ण मुद्दों के बाद, अगला कदम है कि हर मुद्दे के तहत मुख्य विषयों को संगठित करना और एक संरचना विकसित करना, जिसका आप पाठकों से निष्कर्षों का संवाद करने के लिए पालन करेंगे।

उदाहरण क

यह प्रस्ताव दिया गया है कि रिपोर्ट को निम्नलिखित अध्यायों में बांटा जाएगा:

अध्याय 1: परिचय
अध्याय 2: अध्ययन के आबादी की सामाजिक आर्थिक-जनसांख्यिकीय विशेषता
अध्याय 3: पति/पत्नी की भूमिका निभाने पर प्रभाव
अध्याय 4: वैवाहिक संबंधों पर प्रभाव
अध्याय 5: बच्चों की उम्मीदों पर प्रभाव
अध्याय 6: विवाह के प्रति नजरिए पर प्रभाव
अध्याय 7: सारांश, निष्कर्ष और सलाह

उदाहरण ख

इस अध्ययन को निम्नलिखित अध्यायों में बांटा जाएगा:

अध्याय 1: परिचय
अध्याय 2: अध्ययन आबादी का एक विवरण
अध्याय 3: पालक देखभाल करने वालों की भूमिका की धारणा
अध्याय 4: पालक-देखभाल भुगतान की ओर पालक देखभाल करने वालों का रवैया
अध्याय 5: भुगतान का पसंदीदा तरीका
अध्याय 6: पालक देखभाल के बारे में उत्तरदाताओं द्वारा दी गई सामान्य टिप्पणियाँ
अध्याय 7: सारांश, निष्कर्ष और सलाह

उदाहरण ग

यह प्रस्ताव है कि रिपोर्ट में निम्नलिखित अध्याय होगे:

अध्याय 1: परिचय
अध्याय 2: अध्ययन की आबादी
अध्याय 3: व्यावसायिक आकांक्षाएँ, आत्मसम्मान और शैक्षणिक उपलब्धि
अध्याय 4: माता-पिता की भागीदारी और शैक्षणिक उपलब्धि की सीमा
अध्याय 5: साथियों के समूह का प्रभाव और शैक्षणिक उपलब्धि
अध्याय 6: शैक्षणिक उपलब्धि और छात्र का शिक्षकों के प्रति रवैया
अध्याय 7: सारांश, निष्कर्ष और सलाह

उदाहरण घ

यह प्रस्ताव दिया गया है कि रिपोर्ट में निम्नलिखित अध्याय होगे:

अध्याय 1: परिचय
अध्याय 2: ADHD: एक सैद्धांतिक दृष्टिकोण
अध्याय 3: ADHD बच्चे की परवरिश करने में परिवार के सदस्यों द्वारा सामना की जाने वाली समस्याएँ और कठिनाइयाँ
अध्याय 4: ADHD और बच्चे पर उसके कथित प्रभाव
अध्याय 5: ADHD और भाई-बहन के रिश्तों पर उसके कथित प्रभाव
अध्याय 6: ADHD उपचार का प्रबंधन करना

अध्याय 7: बच्चे की शिक्षा पर ADHD के कथित प्रभाव
अध्याय 8: अन्य बच्चों के साथ रिश्तों पर ADHD के कथित प्रभाव
अध्याय 9: एक वास्तविक घटना
अध्याय 10: सारांश और निष्कर्ष

समस्या और सीमाएँ

इस खंड में किसी भी समस्या की सूची होनी चाहिए, आपको लगता है कि जिसके साथ आपको आपके विषय में सामना करना पड़ सकता है, उदाहरण के लिए, डेटा की उपलब्धता, अध्ययन को पूरा करने के लिए एजेंसी/संगठन से अनुमति, नमूना प्राप्त करना, या अध्ययन के अन्य पहलू।

आपके पास असीमित संसाधन नहीं होगे और, यह मुख्य रूप से एक शैक्षणिक अभ्यास है और यह एक आदर्श नौकरी से कुछ भी कम नहीं है। हालांकि, इस कमजोरी के बारे में पता होना जरूरी है– और इसके बारे में संवाद भी किया जाना चाहिए जो आपके निष्कर्ष और सामान्यीकरण की वैधता को प्रभावित करती है।

यहाँ समस्याओं इस शब्द का उपयोग लोजिस्टिकल विवरण से संबंधित कठिनाइयों को संदर्भित करता है; दूसरी तरफ जबकि कमजोरियाँ अध्ययन के कार्यप्रणाली के पहलुओं से संबंधित संरचनात्मक समस्याएँ होती हैं– उदाहरण के लिए, यदि आपकी राय में प्रस्तावित अध्ययन का डिजाइन सबसे अच्छा नहीं है, लेकिन आपने इसे कई कारणों के लिए अपनाया है। यह नमूना बनाने या मापन प्रक्रियाओं के लिए सच है। ऐसी कमजोरियों के बारे में पाठकों को सूचित करना चाहिए।

परिशिष्ट

आपके प्रस्ताव ने परिशिष्ट के रूप में संदर्भ की सूची को शामिल करना ही चाहिए। एक परिमाणात्मक अध्ययन के लिए, इसमें अपने शोध उपकरण को भी जोड़ा जाता है।

कार्य सारिणी

आपको अपने खुद के लिए समय सीमा तय करना होगा ताकि आप निर्धारित समय सीमा के भीतर शोध पूरा कर पाए। शुरू करने के लिए विभिन्न परिचालन कदम की सूची बनाये और प्रत्येक को कितनी देर लगेगी विचार करके उसके सामने पूरा करने की तारीख बताये। हो सकता है कि शोध की प्रक्रिया आपकी योजना के अनुसार नहीं जाये, इसलिए अंत में 'सावधानी' के लिए कुछ समय को बचा कर रखना याद रखेंहै। तालिका 13.1 में दिखाये गये चार्ट का विकास करे।

बजट

अध्ययन के खर्च का अनुमान रखना और धन की उपलब्धता सुनिश्चित करना एक अच्छा विचार है। हालांकि आप जो काम करेंगे उनमें से अधिकतर काम 'मुफ्त' में होंगे, परंतु अध्ययन के कुछ पहलुओं पर पैसा खर्च करना ही होगा। सोचे और पहचाने कि आपको कहाँ और कितना पैसा खर्च करने की जरूरत है। आपको बड़ी मात्रा में कहाँ खर्च करने की जरूरत है, यह आपके अध्ययन के प्रकार पर बड़ी हद तक निर्भर करता है। लागत में मुख्य अंतर दो बातों पर निर्भर है: डेटा संग्रह की विधि और नमूने का आकार। इसकी डिजाइन पर ध्यान दिए बिना अध्ययन के अन्य सभी पहलुओं में कम या ज्यादा खर्च करना होगा। तालिका 13.2 अधिकांश अध्ययन पर लागू होती है, लेकिन आप उन अन्य खर्चो को जोड़ सकते हैं जो आपके लिए विशिष्ट हैं।

तालिका 13.1 अपने अध्ययन के लिए समय-सीमा का विकास

कार्य (कोई भी कार्य जिसे आप महत्वपूर्ण मानते हैं)	पूरा होने का समय (सप्ताह या महीने)														
	1	2	3	4	5	6	7	8	9	10	11	12	13	14	15
प्रस्ताव का लेखन	→	→	→												
उपकरण को अंतिम रूप देना	→	→	→	→											
डेटा का संग्रहण				→	→	→									
कोडिंग					→	→	→	→							
डेटा का विश्लेषण							→	→	→	→					
रिपोर्ट/प्रथम/द्वितीय/तृतीय									→	→	→	→	→	→	
रिपोर्ट/अंतिम										→	→	→	→	→	
टाइपिंग											→	→	→	→	→

तालिका 13.2 अध्ययन की अनुमानित क़ीमत

अध्ययन के पहलू	अनुमानित क़ीमत
साक्षात्कार की समय-योजना या प्रश्नावली का मुद्रण	$ ...
टेलीफोन का उपयोग	$ ...
यात्रा	$ ...
रिपोर्ट की तैयारी	$ ...
लेखन-सामग्री	$ ...
आदि।	
कुल	$ ...

सारांश

'शोध का प्रस्ताव' शोध के सवाल का उत्तर प्राप्त करने के लिए परिचालन योजना है। इससे पर्यवेक्षक और दूसरों को बताना है कि आप क्या करने का प्रस्ताव रखते हैं, आप कैसे आगे बढ़ोगे और अपने इस रणनीति को क्यों चुना है। इससे अध्यायकों को सही और निष्पक्ष उत्तर प्राप्त करने के लिए इस्तेमाल की गई पद्धति की वैधता का आश्वासन मिलता है।

इस अध्याय में दिए गये दिशानिर्देश केवल एक ढांचा प्रदान करते हैं, जिसके भीतर परिमाणात्मक और गुणात्मक दोनों अध्ययन के लिए शोध प्रस्ताव लिखना है और यह मान लिया जाता है कि आप शोध पद्धति और लेखन की शैक्षिक शैली से काफी अच्छी तरह से परिचित हैं। अपने प्रस्ताव की सामग्री को निम्नलिखित शीर्षकों के अंतर्गत रचें: प्रस्तावना/परिचय, व्यापक अध्ययन के तहत शोध समस्या या मुद्दे, अध्ययन के उद्देश्य, परीक्षण की जाने वाली परिकल्पना, अध्ययन का डिजाइन, स्थापना, मापन की प्रक्रियाएँ, नमूने तैयार करना, डेटा का विश्लेषण, रिपोर्ट की संरचना, और समस्याएँ और सीमाएं। अध्ययन के प्रकार के अनुसार प्रत्येक शीर्षक के अंतर्गत विशेष अलग अलग होंगे। गुणात्मक कार्यप्रणाली के आधार पर गुणात्मक अध्ययन लिखा जायेगा, और परिमाणात्मक कार्यप्रगाली परिमाणात्मक अध्ययन की सामग्री का निर्धारण करेगा।

'प्रस्तावना' या 'परिचय' अध्ययन के मुख्य क्षेत्र का परिचय करता है। व्यापक साहित्य की समीक्षा के साथ शुरू करे, धीरे-धीरे विशिष्ट समस्या तक नीचे आए जिसकी आप जांच कर रहे हैं। सैद्धांतिक ढांचा इस खंड का एक हिस्सा होगा। अगला भाग, 'समस्या', अध्ययन के तहत विशिष्ट समस्या की जानकारी है। इस खंड में शोध सवाल उठाए गए हैं जिसके लिए आप जवाब खोजने के लिए योजना बना रहे।'अध्ययन के उद्देश्य' में मुख्य उद्देश्य और उपउद्देश्य शामिल हैं। परिकल्पना, यदि कोई है, तो खंड 'परिकल्पना का परीक्षण करना' में सूचीबद्ध होना चाहिए। जिन लोजिस्टिकल प्रक्रियाओं का आप पालन करने की उम्मीद रखते हैं उनका 'अध्ययन डिजाइन' के तहत विवरण दिया हयेगा। 'सेटिंग' उस संगठन या समुदाय का एक विवरण है, जिसमें आप अपने अध्ययन का संचालन करने की योजना बना रहें हैं।प्रमुख चरों की जानकारी और माप प्राप्त करने की प्रक्रिया को 'माप प्रक्रियाओं' के खंड में समझाया गया है। अपने अध्ययन के नैतिक मुद्दों के बारे में लिखे कि आप उनके साथ कैसे निपट सकते है। नमूने चुनने की प्रक्रिया 'नमूना' के तहत वर्णित है। डेटा विश्लेषण की प्रक्रिया' की आंकड़ों के विश्लेषण' के तहत चर्चा की गई है। रिपोर्ट की संरचना के लिए बनाई गई योजना 'रिपोर्ट की संरचना' के तहत उल्लिखित है। 'समस्याएँ और सीमाएं 'के तहत अध्ययन और इसके डिजाइन की सीमाओं के संचालन में प्रत्याशित समस्याओं का वर्णन हैं। अपने प्रस्ताव के परिशिष्ट के लिए शोध उपकरण की प्रति और संदर्भ की सूची लगाना न भूलें। परिमाणात्मक और गुणात्मक अध्ययन के शोध प्रस्ताव में मतभेद ज्यादातर सामग्री में होती है ना की संरचना में। उनकी सामग्री कार्यप्रणाली-विशिष्ट होनी चाहिए।

कार्य-समय योजना आपके अध्ययन के लिए समय-सीमा प्रदान करती है।

आपके सोचने के लिए

- इस अध्याय के शुरुआत में सूचीबद्ध महत्वपूर्ण शब्दों के साथ अपने आप को फिर से परिचित करे, और अगर आप उनके अर्थ या उनमें से किसी के अनुप्रयोग के बारे में अनिश्चित हैं तो आगे बढ़ने से पहले अध्याय को फिर से देखे।
- अपने विश्वविद्यालय या विभाग द्वारा सलाह को इस अध्याय के शोध प्रस्ताव की सामग्री के सुझाव के साथ तुलना करें। यदि वे अलग हैं, तो उनमें क्या अंतर हैं?
- अनुमोदन प्राप्त करने से पहले यह जान ले कि अपने विश्वविद्यालय में शोध प्रस्ताव की क्या प्रक्रिया है।

अब, जब आप इस अध्याय को पढ़ चुके हैं, तो अब निम्न सवालों का जवाब देने की कोशिश करे:

- परिमाणात्मक और गुणात्मक अध्ययन के लिए लिखे हुए शोध प्रस्ताव में अंतर क्या हैं?
- अध्याय में सुझाव दिए गए शोध प्रस्ताव के सामग्री की गंभीर रूप से जांच करे।
- प्रत्येक चरण के अंत में दिए हुए अभ्यास से शोध प्रस्ताव को पूरा करने की प्रक्रिया ने आपको कैसे मदद की?

अपनी शोध यात्रा में आप उस जगह पहुँच गये हैं जहाँ आप अपने शोध प्रस्ताव को शामिल कर के

अभ्यास V : शोध प्रस्ताव लेखन

अपनी शोध यात्रा में आप उस जगह पहुँच गये हैं जहाँ आप अपने शोध प्रस्ताव को शामिल कर के बारे में सोच सकते हैं, भले ही आपने प्रस्ताव में वह सब कुछ शामिल ना किया हो जिन्हें शामिल करने की जरूरत होती है।

इस अभ्यास में, अध्याय 13 में प्रस्तावित सामग्री के प्रकाश में, अपने शोध प्रस्ताव के लिए विशेष रूप से रूपरेखा पर फैसला करना है और दुसरे अभ्यासों से विकसित सामग्री को एक साथ रखना शुरू करना है।

सुझाव के अनुसार, शोध प्रस्ताव के परिमाणात्मक,गुणात्मक या मिश्रित तरीकों के अध्ययन के लिए रूपरेखा एक ही है। अंतर केवल सामग्री का है जो पहले से ही इस पुस्तक में वर्णित है। अध्याय 13 को फिर से देखो और विभिन्न अभ्यासों से प्रासंगिक जानकारी निकाले जोकि आप पहले से ही अपने शोध प्रस्ताव को पूरा करने के लिए कर चुके हैं।

अध्याय में उचित संदर्भों को शामिल करते हुए प्रस्ताव को अकादमिक शैली में लिखा होना चाहिए, विषयगत में प्रासंगिक स्थानों पर अपने साहित्य की समीक्षा को कालानुक्रमिक ढंग की बजाय एकीकृत करना, अपने शोध के सवाल को उठाना, अपने अध्ययन के उद्देश्यों को निर्दिष्ट करना और पूरी प्रक्रिया को स्पष्ट और संक्षिप्त तरीके से अपनी शोध यात्रा के माध्यम से जाना, यह प्रस्ताव का ब्यौरा होता हैं।

इस अभ्यास को पूरा करने के लिए नीचे दी गई रूपरेखा का पालन करें। ध्यान रखें की परिचालन पग के साथ जुड़े अभ्यासों को पूरा करते समय आपने ज्यादातर काम पहले से ही पूरे कर लिए हैं।

निम्नलिखित रूपरेखा में दिए गए अंक महज संकेत देते हैं। आपको बहुत अधिक गहराई और समझ के साथ उन पर काम करने की जरूरत है। जैसा कि उल्लेख किया गया है, आपने ज्यादातर काम पहले से ही पूरे कर दिए हैं; यहाँ केवल उनको साथ रखने की जरूरत है।

शुभकामनाएं, आप लगभग वहाँ पहुंचने ही वाले हैं !!!

परिचय

अध्ययन का उद्देश्य

एक समय की योजना बना

वह परिकल्पना जिसका परीक्षण किया जाना है (यदि लागू हो)

धन और बजट

अध्ययन का डिज़ाइन

अध्ययन की सेटिंग

शोध के उपकरण

नमूने का डिजाइन

अभ्यास V के टेम्पलेट

नैतिक मुद्दे

डेटा प्रोसेसिंग

रिपोर्ट के प्रस्तावित अध्याय

अध्ययन की समस्याएँ और सीमाएं

प्रस्तावित समय-सीमा

____

____

____

प्रस्तावित बजट

____

____

____

चरण VI
डेटा संग्रहण

इस परिचालन चरण में एक अध्याय शामिल है:

- अध्याय 14: डेटा संग्रह में नैतिक मुद्दों पर विचार

14

डेटा संग्रह में नैतिक मुद्दों पर विचार

इस अध्याय में आप निम्नलिखित तथ्यों के बारे में जानेंगे

- नैतिकताः अवधारणा
- शोध में हितधारक
- शोध प्रतिभागियों के संबंध में विचार करने हेतु नैतिक मुद्दे
- शोध से संबंधित विचार करने हेतु नैतिक मुद्दे
- प्रायोजक संगठन से संबंधित विचार करने हेतु नैतिक मुद्दे

महत्त्वपूर्ण शब्द

पूर्वग्रह, आचार संहिता, गोपनीयता, उपचार का अभाव, चरित्र, नुकसान, सूचित सहमति, आचरण के सिद्धांत, शोध प्रतिभागी, संवेदनशील जानकारी, प्रायोजक संगठन, हितधारक, आत्मीयता

इस अध्याय के अंत में आपको निम्नलिखित की समझ हो जाएगी

- सामाजिक शोध में प्रयुक्त नैतिकता का विचार
- सामाजिक शोध में विभिन्न हितधारक
- विभिन्न हितधारकों के दृष्टिकोण से नैतिक मुद्दे

नैतिकता: एक अवधारणा

सभी व्यवसाय आचार संहिता से निर्देशित होते हैं, जो सालों से लोगों के बदलती नीतियों, मूल्यों और आवश्यकताओं को समाहित करने के लिए विकसित होते आ रहे हैं, जिनकी उस व्यवसाय में हिस्सेदारी होती है। आचार संहिता के विकास के स्तर पर आधारित कुछ व्यवसाय अन्य व्यवसायों से अधिक उन्नत होते हैं। कुछ के बहुत कठोर दिशा-निर्देश होते हैं, और वे इसके पालन की देखरेख प्रभावी रूप से करते हैं और जो इन दिशा-निर्देशों का पालन नहीं करते उनके विरूद्ध योग्य कार्रवाई करते हैं।

अधिकतर व्यवसायों की एक समग्र **आचार संहिता** होती है जो उनके शोध के मार्ग को प्रभावित करती है। इसके अतिरिक्त, बहुत से शोध निकाय शोध के लिए अलग से आचार संहिता विकसित करते हैं। औषधि, महामारी-विज्ञान, व्यापार, कानून, शिक्षा, मनोविज्ञान और अन्य सामाजिक विज्ञान के शोध के लिए सुस्थापित आचार संहिता है।

सबसे पहले हम हमारे लिए 'नीति' या 'नैतिक आचरण' का क्या अर्थ है इसका परीक्षण करेंगे। कॉलिन्स शब्दकोष (1979:502) के अनुसार, नैतिकता का अर्थ है 'आचरण के सिद्धांतों के अनुसार जिन्हें सही माना जाता है, विशेष रूप से वे जो किसी विशिष्ट व्यवसाय या समूह के होते हैं। यहाँ मुख्य मुहावरा, 'आचरण के सिद्धांत' और 'सही माना जाता है', विशिष्ट प्रश्न खडे करते हैं:

- ये आचरण के सिद्धांत क्या हैं?
- इन्हें कौन निर्धारित करता है?
- किसके फैसले से इन्हें सही माना जाता है?

इससे नजदीकी से संबंधित प्रश्न निम्नानुसार हैं:

- क्या आचरण के ऐसे वैश्विक सिद्धांत हैं जिन्हें सभी व्यवसायों में लागू किया जा सकता है?
- क्या ये समय के साथ बदलते हैं और क्या इन्हें बदलना चाहिए?
- क्या होगा यदि कोई व्यावसायिक इसे नहीं मानेगा?

नैतिकता के विषय को इन सवालों की रोशनी में माना जाना चाहिए।

प्रत्येक व्यवसाय समाज की जिस प्रकार से सेवा करता है वह समाज की आवश्यकताओं और अपेक्षाओं के अनुसार और सेवा प्रदान करने के लिए उपलब्ध तकनीक के अनुसार बदलता है। जिस आचार संहिता के तहत सेवा प्रदान की जाती है उसे भी बदलने की आवश्यकता है। भूतकाल में जिसे नैतिकता के तौर

पर स्वीकार किया गया उसे वर्तमान में नहीं आँका जा सकता और आज जो नैतिक है वह भविष्य में नहीं रह सकता। कोई विशिष्ट अभ्यास नैतिक है इसका निर्णय उस समय प्रचलित आचार संहिता के आधार पर किया जाता है।

चूँकि प्रत्येक व्यवसाय की सेवा और उसे प्रदान करने का तरीका अलग होता है, अतः सभी व्यवसायों पर एक जैसी आचार संहिता लागू नहीं की जा सकती। प्रत्येक व्यवसाय की अपनी आचार संहिता होती है, हालांकि उसमें समानताएं होती हैं। यदि आप किसी विशिष्ट व्यवसाय के लिए आचार संहिता पर दिशा-निर्देश चाहते हैं, तब आपको उस व्यवसाय द्वारा अंगीकृत आचार संहिता को देखना होगा।

संचालन के ये सिद्धांत क्या हैं? यह एक बहुत महत्वपूर्ण प्रश्न है क्योंकि ये किसी व्यवसाय के **नैतिक आचरण** की विषय-वस्तु के मुद्दों को प्रस्तुत करता है। चूँकि प्रत्येक व्यवसाय की आचार संहिता भिन्न होती है, इस प्रश्न का वैश्विक उत्तर देना संभव नहीं है। तथापि, शोध में, नैतिक आशंका से उत्पन्न कोई भी दुविधा अनैतिक आचरण का कारण होती है। शोध में कुछ विशिष्ट व्यवहार होते हैं – जैसे किसी को नुकसान पहुँचाना, गोपनीयता का उल्लंघन करना, जानकारी का अयोग्य तरीके से इस्तेमाल करना और पूर्वग्रह की शुरुआत करना – जो किसी भी व्यवसाय में **अनैतिक** समझी जाती है।

अगला प्रश्न हैः किसके फैसले से आचार संहिता को सही माना जाता है? कोई विशिष्ट अभ्यास गलत है यह कौन तय करता है? यदि कोई प्रक्रिया गलत तरीके से की जाती है, तब क्या दण्ड लगाये जाने चाहिए? यह पेशेवरों या सरकारी संगठनों का समग्र संगठन है जो सामूहिक रूप से पेशेवर आचार संहिता बनाता है और इसका अनुसरण किया जा रहा है या नहीं इसका निर्णय करता है।

जैसा कि बताया गया है अधिकांश व्यवसायों ने समग्र आचार संहिता स्थापित की है और अपने क्षेत्रों में शोध के लिए भी आचार संहिता बनाई हुई है। चूँकि यह पुस्तक सामाजिक विज्ञान के क्षेत्र में शोध के लिए डिजाइन की गई है, अतः हम सामान्य रूप से शोध से संबंधित नैतिक मुद्दों का और अधिकांश सामाजिक विज्ञान के क्षेत्रों में लागू होने वाले मुद्दों का परीक्षण करेंगे।

शोध में हितधारक

शोध में बहुत से हितधारक होते हैं, चाहे वे परिमाणात्मक, गुणात्मक या मिश्रित विधियां हों। इनमें से प्रत्येक से संबंधित नैतिकता के मुद्दों का ध्यान रखना महत्वपूर्ण है। शोध गतिविधि के विभिन्न हितधारक हैं:

1. शोध सहभागी या विषय;
2. शोधकर्ता
3. वित्त पोषक संस्था।

शोध सहभागी के रूप में किसे स्वीकार किया जाना चाहिए यह प्रत्येक व्यवसाय में भिन्न होता है। सामान्य तौर पर, वे सभी जो प्रत्यक्ष या अप्रत्यक्ष तौर पर शोध अभ्यास में शामिल होते हैं उन्हें शोध सहभागी या हितधारक माना जाता है। इसके अतिरिक्त, जो इस अभ्यास के परिणामों से प्रभावित होंगे उन्हें भी हितधारक माना जाता है। औषधी के क्षेत्र में, सार्वजनिक स्वास्थ्य, महामारी विज्ञान और नर्सिंग, मरीज और अ-मरीज जो अभ्यास का हिस्सा होंगे और वे जो किसी औषधी या उपचार की प्रभावकारकता के परीक्षण के प्रयोग में शामिल होंगे उन्हें शोध सहभागी के रूप में माना जाता है। यहाँ तक कि प्रयोग के नियंत्रण समूह में शामिल सहभागियों को भी हितधारक माना जाता है। सेवा प्रदाता, सेवा प्रबंधक और नियोजक जो सेवा प्रदान करने में या सेवा से संबंधित जानकारी एकत्रित करने में शामिल होते हैं, वे भी शोध में हितधारक हैं। सामाजिक विज्ञान में, जिसमें सहभागी के रूप में व्यक्ति, समूह और समुदाय शामिल हैं, जो अन्वेषक को तथ्य, परिस्थिति, मुद्दे और परस्पर क्रिया को समझने में जानकारी प्रदान करते हैं। समाज कार्य और मनोविज्ञान में, सहभागी जिनमें किसी एजेंसी के ग्राहकों के साथ ही गैर-ग्राहक शामिल होते हैं, जिनसे किसी समस्या का आकार खोजने के लिए, समाज की आवश्यकताएं या हस्तक्षेप का प्रभाव जानने के लिए; और अभ्यास के लिए जानकारी देने वाले सेवा प्रदाता, सामाजिक कार्यकर्ता और मनोवैज्ञानिकों की जानकारी जुटाई जाती है। विपणन के क्षेत्र में, उत्पाद के उपभोक्ताओं के साथ ही गैर-उपभोक्ता उपभोग स्वरूप और व्यवहार के बारे में जानकारी देते हैं।

शिक्षा के क्षेत्र में, सहभागियों में विद्यार्थी, शिक्षक और शायद बड़े पैमाने पर समुदाय शामिल है, जो शैक्षणिक गतिविधियों में हिस्सा लेता है। उसी प्रकार, किसी भी क्षेत्र में जहाँ शोध किया जाता है, वे जिनसे जानकारी जुटाई जाती है या वे जिनका शोधकर्ता अभ्यास करते हैं, वे अभ्यास के सहभागी होते हैं।

शोधकर्ता हितधारकों की दूसरी श्रेणी का गठन करते हैं। कोई भी व्यक्ति जो किसी विशिष्ट कारण को समझने, व्यावसायिक ज्ञान का एकीकरण करने, वृद्धि और के विकास के लिए के लिए जानकारी एकत्रित करता है, स्वीकृत आचार संहिता को मानता है, वह एक शोधकर्ता है। वह किसी भी क्षेत्र का हो सकता/सकती है।

वे वित्तीय संगठन जिन पर शोध गतिविधि को आर्थिक सहायता देने की जिम्मेदारी होती है, हितधारकों की तीसरी श्रेणी में आते हैं। अधिकतर शोध व्यापार संगठनों, फार्मास्यूटीकल कंपनियों, सेवा संस्थाओं (सरकारी, अर्ध-सरकारी या स्वैच्छिक), शोध संस्थानों और/या शैक्षणिक संस्थाओं द्वारा प्रदत्त वित्तीय सहायता से किये जाते हैं। ये वित्तीय सहायता विशिष्ट उद्देश्य के लिए दी जाती है।

शोध गतिविधि में प्रत्येक हितधारकों की श्रेणी का हित, दृष्टिकोण, उद्देश्य, लक्ष्य और कारण अलग हो सकते हैं, जो शोध गतिविधि और परिणामों को बताने के और उपयोग करने के तरीकों को प्रभावित कर सकते हैं। इसलिए, यह सुनिश्चित करना महत्वपूर्ण है कि शोध किसी भी पक्ष के स्वार्थ से प्रभावित न हो और किसी भी पक्ष का नुकसान किए बिना किया जाए। इसलिए विभिन्न श्रेणियों के अंतर्गत विभिन्न हितधारकों से संबंधित शोध की आचार संहिता का परीक्षण करना अनिवार्य है।

शोध सहभागियों के विषय में विचार करने योग्य नैतिक मुद्दे

ऐसे बहुत से नैतिक मुद्दे हैं जिन पर शोध गतिविधि के सहभागियों की दृष्टि से विचार करना चाहिए।

जानकारी एकत्रित करना

कोई पूछ सकता हैः किसी भी प्रतिक्रिया देनेवाले ने किसी भी प्रकार की जानकारी शोधकर्ता को क्यों देनी चाहिए? शोधकर्ता के पास ऐसे कौनसे अधिकार हैं जिससे वह कोई प्रश्नावली लेकर किसी के पास जाए? यदि आपने प्रश्न पूछने की अनुमति ली है फिर भी किसी भी व्यक्ति को परेशान करना क्या नैतिक कार्य है? कोई व्यक्ति आपको अपना समय क्यों देगा/देगी? आपका अनुरोध प्रतिक्रिया देनेवाले को चिंता में डाल सकता है या उस पर दबाव डाल सकता है। क्या यह नैतिक है?

लेकिन ये प्रश्न एक अनुभवहीन रवैया प्रदर्शित करते हैं। यह ऐस रवैया है जो विश्व की प्रगति में बाधा उत्पन्न करता है। परिस्थितियों में सुधार करने के लिए शोध करना आवश्यक है। शोध का कोई भी उपलब्ध हिस्सा प्रत्यक्ष या अप्रत्यक्ष रूप से समाज की मदद करता है, यदि आपने प्रतिक्रिया देनेवाले की **सूचित सहमति** ली हो तो प्रश्न पूछना स्वीकार्य है। आपके द्वारा जानकारी एकत्रित करने से पहले आपके द्वारा किए जाने वाले शोध की उपयुक्तता और उपयोगिता के बारे में विचार करना आवश्यक है, साथ ही दूसरों को भी इस बारे में राजी करने में सक्षम होना चाहिए। यदि आप आपके द्वारा किए जाने वाले शोध की उपयुक्तता सिद्ध नहीं कर पाए तब आप अपने प्रतिक्रिय देनेवाले का समय नष्ट कर रहे हैं, जो अनैतिक है।

सूचित सहमति प्राप्त करना

हर विषय में सहभागियों की जानकारी के बिना और इच्छा व्यक्त किए बेना तथा सूचित सहमति के बिना जानकारी एकत्रित करना अनैतिक माना जाता है। चिकित्सा और सामाजिक शोधों में सूचित सहमति प्राप्त करना संभवतः सबसे सामान्य विधि है (बैली 1978:384)। सूचित सहमति का अर्थ है विषय को आपके द्वारा उनसे चाही गई जानकारी के लिए पर्याप्त रूप से अवगत कर दिया गया है, जानकारी क्यों चाही गई है, इसका उपयोग किस उद्देश्य से किया जाएगा, वे अभ्यास में किस प्रकार सहभागी होना चाहते हैं, और यह

प्रत्यक्ष या अप्रत्यक्ष रूप से उन्हें किस प्रकार प्रभावित करेगा। यह भी महत्वपूर्ण है कि यह सहमति स्वैच्छिक और किसी भी प्रकार के दबाव के बिना होनी चाहिए। शिंक और गिलक्रिस्ट (1993:83) लिखते हैं:

> मानव विषयों की सुरक्षा के लिए राष्ट्रीय आयोग द्वारा स्थापित मानकों के अंतर्गत, सभी सूचित सहमतियों को तीन मानदण्ड पूर्ण करने होंगे: सहभागी की सहमति देने की क्षमता हो; तर्कसंगत निर्णय के लिए पर्याप्त जानकारी प्रदान करनी चाहिए; और सहमति स्वैच्छिक और निश्चिंत होनी चाहिए।

शिंक और गिलक्रिस्ट (1993:83) के अनुसार यह 'क्षमता', 'अनुमति देने के लिए सहभागियों की कानूनी और मानसिक क्षमता से संबंधित है'। उदाहरण के लिए, कुछ बहुत वृद्ध व्यक्ति, जो ऐसी परिस्थितियों से गुजर रहे हो जिसमें वे सूचित सहमति नहीं दे सकते, संकट में फंसे व्यक्ति, जिस भाषा में शोध किया जाना है उस भाषा को बोलने में अक्षम व्यक्ति, किसी भी प्रकार की सेवा के लिए आप पर निर्भर व्यक्ति, और बच्चे भी सूचित सहमति देने की स्थिति में नहीं होते।

प्रोत्साहन राशि देना

क्या आपके साथ जानकारी साझा करने के लिए प्रतिक्रिया देनेवाले को प्रोत्साहन राशि देना नैतिक है? कुछ शोधकर्ता सहभागियों को अभ्यास में उनकी भागीदारी के लिए प्रोत्साहन राशि देते हैं, सहभागियों ने अपना समय दिया है इसलिए यह सही लगता है। अन्य सोचते हैं कि ऐसी प्रोत्साहन राशि देना अनैतिक है।

लेखक के अनुभवानुसार अधिकांश लोग प्रोत्साहन राशि के कारण अभ्यास में हिस्सा नहीं लेते, बल्कि वे अभ्यास के महत्व को समझते हैं। इसलिए, अपनी जानकारी प्राप्त करने के बाद प्रशंसात्मक रूप से छोटासा उपहार देना लेखक के दृष्टिकोण से अनैतिक नहीं है। तथापि, जानकारी एकत्रित करने के पहले उपहार देना अनैतिक है।

नमूना सहमति फॉर्म

संवेदनशील जानकारी प्राप्त करना

प्राप्त की जाने वाली जानकारी शोध में नैतिक दुविधा डाल सकती है। विशिष्ट प्रकार की जानकारी को कुछ लोगों द्वारा संवेदनशील और गोपनीय कहा जा सकता है, और इसलिए इसे प्राप्त करना निजता का हनन कहलाएगा। ऐसी जानकारी पूछना प्रतिक्रिया देनेवाले को घबराहट या उलझन में डाल सकता है। तथापि, यदि आप ऐसी जानकारी नहीं पूछते, तो उस क्षेत्र में आपकी रुचि आगे बढ़ाने में और ज्ञान के वर्तमान स्वरूप में आपके योगदान देने की संभावना नहीं होगी।

अधिकांश लोगों के लिए, लैंगिक व्यवहार, नशे की लत और चोरी की आदतों पर प्रश्न पूछना उनकी निजी जिंदगी में हस्तक्षेप करना होता है। यहाँ तक कि कुछ के लिए वैवाहिक स्थिति, आय और आयु के प्रश्न भी निजता के हनन करने वाले हो सकते हैं। जानकारी एकत्रित करते समय आपको अपने प्रतिक्रिया देनेवाले की संवेदनशीलता के प्रति सावधान होना आवश्यक है।

एक शोधकर्ता के तौर पर आपके सामने आने वाली दुविधाएं आपके द्वारा पूछे गए संवेदनशील या हस्तक्षेप करने वाले प्रश्न होने चाहिए। लेखक की राय में ऐसे प्रश्न पूछना अनैतिक नहीं है लेकिन पूछने से पहले अपने प्रतिक्रिया देनेवाले को स्पष्ट रूप से बताना चाहिए कि आप किस प्रकार की जानकारी चाहते हैं, उन्हें जानकारी की गोपनीयता सुनिश्चित करें, जानकारी को गोपनीय रखें और वे जानकारी किसी भी हस्तक्षेप के बिना आपके साथ साझा करना चाहते हैं या नहीं यह सोचने के लिए उन्हें पूरा समय दें।

सहभागियों को नुकसान होने की संभावना

क्या शोध से सहभागियों को किसी भी प्रकार से नुकसान होगा? इस नुकसान में केवल नुकसानदेह चिकित्सकीय प्रयोग ही शामिल नहीं हैं परन्तु इसमें सामाजिक शोध जिसमें असुविधा, व्यग्रता,

उत्पीड़न, निजता का हनन, या प्रतिष्ठा के खिलाफ या अमानवीय बर्ताव हो सकता है (बैली 1978: 384)।

प्रोत्साहन

जब आप प्रतिक्रिया देनेवाले से जानकारी एकत्रित करते हैं, या उन्हें केसी अनुभव में शामिल करते हैं, तब आपको सावधानीपूर्वक परीक्षण करना आवश्यक है कि उनका सम्मिलन उन्हें किसी भी प्रकार से नुकसान न पहुँचाए। यदि ऐसा है, तब आपको सुनिश्चित करना होगा कि होने वाला जोखिम न्यूनतम हो। न्यूनतम जोखिम का अर्थ है कि शोध में नुकसान या असुविधा की सीमा रोजमर्रा के सामान्य जीवन में होने वाले नुकसान या असुविधा से अधिक नहीं होना चाहिए। आपके द्वारा चाही गई जानकारी से यदि उसे व्यग्रता या उत्पीड़न होता है तो यह अनैतिक है, और यदि आप सोचते हैं ऐसा हो सकता है, तो आपको इसे रोकने के लिए कदम उठाने पडेंगे।

गोपनीयता बनाए रखना

प्रतिक्रिया देनेवाले की जानकारी को शोध के अलावा किसी अन्य उद्देश्य से किसी अन्य व्यक्ति के साथ साझा करना अनैतिक है। कई बार अपने निष्कर्षों को संदर्भ में रखने के लिए आपको अपने अभ्यास सहभागियों को पहचानने की आवश्यकता है। ऐसी परिस्थिति में आपको सुनिश्चित करना आवश्यक है कि प्रतिक्रिया देनेवाले के द्वारा जो जानकारी दी गई है कम से कम उसे बेनाम रखें। किसी प्रतिक्रिया देनेवाले को और उनके द्वारा दी गई जानकारी को व्यक्तिगत रूप से पहचानना अनैतिक है। इसलिए, आपको सुनिश्चित करना होगा कि जानकारी एकत्रित करने के बाद, उसके स्रोत को पहचाना न जा सके। कुछ विशिष्ट प्रकार के अभ्यासों में आपको प्रतिक्रिया देनेवाले की भेंट करने के लिए बार-बार जाना पड़ सकता है, ऐसी स्थिति में आपको अपना काम पूर्ण होने तक उनकी पहचान को जानना आवश्यक है। ऐसी परिस्थितियों में आपको अतिरिक्त रूप से सावधान रहने की आवश्यकता है, कि अन्य कोई इस जानकारी तक न पहुँच पाए। आपके प्रतिक्रिया देनेवाले से प्राप्त जानकारी की गोपनीयता और बेनामी की सुरक्षा करने में हुई चूक अनैतिक है। यदि आप किसी और के लिए शोध कर रहे हैं, तब आपको यह सुनिश्चित करना और भी आवश्यक है कि अन्य पक्ष भी इस गोपनीयता को बनाए रखे।

शोधकर्ता से संबंधित विचारयोग्य नैतिक मुद्दे

पूर्वग्रह को टालना

एक शोधकर्ता के तौर पर पूर्वग्रह रखना अनैतिक है। पूर्वग्रह व्यक्तिपरकता से अलग होता है। व्यक्तिपरकता, जैसा कि पहले बताया गया है, सोचने का एक तरीका है जो आप कुछ कारकों के कारण विकसित होते हैं, जैसे आपकी शैक्षणिक पृष्ठभूमि, प्रशिक्षण, व्यावसायिक पृष्ठभूमि, शोध की क्षमता, समग्र बौद्धिक क्षमता और तार्किक दृष्टिकोण। इनके कारण आप स्वयं का देखने का एक नज़रिया विकसित करते हैं और चीजों की व्याख्या करते हैं जो दूसरों से अलग हो सकती हैं। आप उसे जानबूझकर नहीं बदलते लेकिन उसकी अलग प्रकार से व्याख्या करते हैं, जैसे कोई अर्थशास्त्री चीजों को किसी मनोवैज्ञानिक या डॉक्टर से अलग नज़रिये से देखता है। पूर्वग्रह आपके अभ्यास में मिले निष्कर्षों को या तो छिपाने के लिए या अनुपातहीन रूप से उसके असली अस्तित्व तक उजागर करने के लिए जानबूझकर करते हैं। शोध गतिविधि में पूर्वग्रह का परिचय देना बिलकुल ही अनैतिक है। यदि आप अपने पूर्वग्रह को नियंत्रित करने में असमर्थ हैं, तो आपको शोध में शामिल नहीं होना चाहिए। याद रखें, पूर्वग्रह अनैतिक है, व्यक्तिपरकता नहीं।

प्रसिद्ध अनैतिक अध्ययन

उपचार का प्रावधान या अभाव

किसी उपचार का प्रावधान या अभाव दोनों का ही होना शोधकर्ता के लिए नैतिक दुविधा उत्पन्न कर सकता है। किसी हस्तक्षेप या उपचार का परीक्षण करते समय, शोधकर्ता एक नियंत्रित प्रयोग डिज़ाइन का अनुसरण

करता है। ऐसे अभ्यासों में, अभ्यास सहभागियों को व्यवधान या उपचार देना नैतिक है जो अभी तक प्रभावकारी या लाभदायक सिद्ध नहीं हुआ है? लेकिन यदि आपने किसी उपचार/व्यवधान का परीक्षण नहीं किया है, तो आप इसकी प्रभावकारकता या लाभ को सिद्ध या असिद्ध कैसे कर सकते हैं? दूसरी ओर, आप व्यवधान उपलब्ध कर रहे हैं जो प्रभावकारक नहीं हो सकता। क्या यह नैतिक है? यदि सिद्ध हो कि यह आंशिक रूप से प्रभावशाली हो सकता है फिर भी क्या किसी उपचार के नियंत्रण समूह में अभाव उत्पन्न करना नैतिक है? और नियंत्रण समूह के मुद्दे से परे, यद्यपि छोटे, लेकिन जो परीक्षणान्तर्गत औषधी से होने वाले संभावित लाभ से जीवन के लिए संघर्ष कर रहे व्यक्तियों को वंचित करना क्या नैतिक है? एक शोधकर्ता के रूप में आपको इन नैतिक मुद्दों से सचेत रहने की आवश्यकता है। इन मुद्दों पर बहस और काउंटर बहस होती रही है। तथापि, आम तौर पर यह स्वीकृत किया गया है कि नियंत्रण समूह के परीक्षण उपचार का नुकसान अनैतिक नहीं है, इसकी अनुपस्थिति से अभ्यास से होने वाले लाभ स्थापित नहीं हो सकते, जिससे इसके संभावित लाभों से अन्य कई लोग वंचित हो सकते हैं। दूसरी ओर संभावित लाभों के नुकसान को कुछ लोगों द्वारा अनैतिक माना गया है।

गोपनीयता

इस दुविधा का कोई आसान उत्तर नहीं है। सूचित सहमति को सुनिश्चित कर, अभ्यास में भाग लेने की 'न्यूनतम जोखिम' और खुलकर चर्चा इन नैतिक मुद्दों में से कुछ का समाधान करने में मदद कर सकते हैं।

अनुचित शोध पद्धति का उपयोग करना

शोधकर्ता के ऊपर उसके ज्ञान के आधार पर अभ्यास के संचालन के लिए उचित शोध पद्धति का उपयोग करने का दायित्व होता है। जानबूझकर किसी गलत विधि या प्रक्रिया का उपयोग करना अनैतिक है, जैसे बहुत अधिक पूर्वग्रह ग्रस्त नमूने का चयन करना, किसी गैरकानूनी उपकरण का उपयोग करना या गलत निष्कर्ष निकालना।

गलत रिपोर्टिंग करना

रिपोर्ट के निष्कर्षों को स्वयं के या किसी अन्य के स्वार्थ के लिए तोड़-मरोड़ कर पेश करना अनैतिक है। निष्कर्षों की सही और निष्पक्ष रिपोर्टिंग नैतिक शोध अभ्यास की महत्वपूर्ण विशेषता है।

जानकारी का गलत उपयोग करना

प्रतिक्रिया देनेवाले द्वारा दी गई जानकारी का उपयोग शोधकर्ता कैसे करते हैं? जानकारी का जिस भी तरीके से उपयोग किया जाता है, यदि वह प्रत्यक्ष या अप्रत्यक्ष रूप से प्रतिक्रिया देनेवाले पर प्रतिकूल प्रभाव डालता है तो वह अनैतिक है। अभ्यास सहभागियों पर प्रतिकूल प्रभाव डालने के लिए क्या जानकारी का प्रतिकूल उपयोग किया जा सकता है? यदि ऐसा है, तो अभ्यास सहभागियों की सुरक्षा कैसे की जा सकती है? एक शोधकर्ता के रूप में आपको इस मुद्दे पर विचार करने और इसका निराकरण करने की आवश्यकता है। कई बार संगठन के लिए फायदे प्राप्त करने की प्रक्रिया में किसी व्यक्ति को नुकसान पहुँचने की संभावना होती है। एक उदाहरण में किसी संगठन के पुनर्गठन की संभाव्यता के परीक्षण करने का अभ्यास करना होगा। पुनर्गठन संगठन के लिए समग्र रूप से लाभदायक हो सकता है लेकिन यह किन्हीं व्यक्तियों के लिए नुकसानदायक भी हो सकता है। क्या आप प्रतिक्रिया देनेवाले को ऐसी जानकारी देने के लिए कहना चाहेंगे जो उनके खिलाफ उपयोग की जा सकती हो? यदि आप ऐसा करते हैं, तो जानकारी का उनके खिलाफ उपयोग किया जा सकता है, और यदि आपने ऐसा नहीं किया, संगठन को पुनर्गठन के फायदे नहीं मिल सकेंगे। लेखक की राय में, आप प्रतिक्रिया देनेवाले को बताएं कि जानकारी का उपयोग उनमें से किन्हीं के खिलाफ किये जाने की संभावना हो सकती है, और इसमें सहभागी होना या नहीं यह उन्हें तय करने दें, तभी यह नैतिक है। कुछ लोग संगठन की बेहतरी के लिए चाहे उन्हें नुकसान हो फिर भी इसमें सहभागी हो सकते हैं, कुछ लोग इसके खिलाफ भी निर्णय ले सकते हैं। तथापि, इनमें से किसी की भी पहचान करना शोध में अनैतिक है।

प्रायोजक संगठन के संबंध में नैतिक मुद्दे

प्रायोजक संगठन द्वारा लगाया गया प्रतिबंध

सामाजिक विज्ञान में किए जाने वाले अधिकांश शोध कार्य प्रायोजक संगठन द्वारा दिए गए धन का उपयोग करते हुए किसी विशिष्ट उद्देश्य के लिए किए जाते हैं। ये धन किसी कार्यक्रम के विकास के लिए या उसके मूल्यांकन के लिए; इसकी प्रभावकारकता या कार्यक्षमता के परीक्ष्ण के लिए; किसी नीति के प्रभाव का अध्ययन करने के लिए; किसी उत्पाद के परीक्षण के लिए; किसी समूह या समुदाय के व्यवहार के अध्ययन के लिए; या किसी घटना, मुद्दे या प्रवृत्ति के अध्ययन के लिए दिया जा सकता है। कई बार प्रायोजक संगठन का प्रत्यक्ष या अप्रत्यक्ष नियंत्रण होता है। वे कार्यविधि को चुन सकते हैं, निष्कर्षों के प्रकाशन पर प्रतिबंध लगा सकते हैं, या शोध पर अन्य प्रतिबंध भी लागू कर सकते हैं, जो सही जानकारी प्राप्त करने या प्रसारित करने के मार्ग में बाधा उत्पन्न करते हों। इन नियंत्रणों का आरोपण और स्वीकृति दोनों ही अनैतिक है, क्योंकि वे हस्तक्षेप करते हैं और शोध निष्कर्षों को अपने निहित स्वार्थ के लिए बदल भी सकते हैं।

जानकारी का दुरुपयोग

प्रायोजक संगठन जानकारी का उपयोग कैसे करते हैं? यह अभ्यास सहभागियों पर किस प्रकार प्रभाव डालता है? कई बार प्रायोजक संगठन प्रबंधन के कार्यक्रम के प्रचार के लिए शोध का दुरुपयोग करते हैं। आपके शोध का उपयोग प्रबंधन के निर्णय को उचित सिद्ध करने के एक कारण के रूप में करना अनैतिक है, जबकि शोध के निष्कर्ष उनका समर्थन नहीं करते। तथापि, ऐसा पाया गया है कि ऐसा होने से रोकना शोधकर्ता के लिए बहुत ही कठिन या असंभव होता है।

द्वितीयक डेटा से जानकारी एकत्रित करने में नैतिक मुद्दे

जहाँ प्राथमिक स्त्रोतों से डेटा एकत्रित करने में आने वाले नैतिक मुद्दों का विचार करना महत्वपूर्ण है, वैसे ही द्वितीयक स्त्रोतों से डेटा एकत्रित करने में भी इनका विचार करना उतना ही महत्वपूर्ण है। कुछ नैतिक विचारों की इस भाग में चर्चा की गई है जिनका आपको द्वितीयक स्त्रोतों से जानकारी एकत्रित करते समय ध्यान रखना होगा (यह भी देखें: http://www.lances.ac.uk/researchethics)।

द्वितीयक स्त्रोतों से प्राप्त जानकारी का उपयोग करते समय **साहित्यिक चोरी** एक नैतिक मुद्दा है। यह किसी और के काम का उपयोग करना, उसे स्वतः का होने का दावा करना है। शोधकार्य में साहित्यिक चोरी पूर्ण रूप से अनैतिक और गैर-कानूनी है। इसके गंभीर शैक्षिक परिणाम हो सकते हैं। उधार लिए हुए सभी विचार और उद्धरण सुयोग्य रूप से स्वीकृत और उद्धृत करने चाहिए।

किसी व्यक्ति के द्वारा किसी अन्य व्यक्ति के वास्तविक कार्य का उनकी सूचित सहमति के बिना उपयोग करना भी अनैतिक है। जानकारी का उपयोग करने के लिए आपको कॉपीराइट धारक और/या लेखक की अनुमति लेना आवश्यक है।

जानकारी का गलत प्रस्तुतिकरण – उसका स्वरूप, संदर्भ या सामग्री अपने उद्देश्य के योग्य बनाने के लिए बदलना – दोनों ही गैर-कानूनी और अनैतिक है। कोई भी परिवर्तन, यदि वह मूल जानकारी की अलग प्रकार से व्याख्या करता हो, तो वह अनैतिक है। सामाजिक शोध कार्य में जानकारी की गलत व्याख्या करना एक अन्य नैतिक मुद्दा है। जानकारी को उसी स्वरूप और संदर्भ में प्रस्तुत किया जाना चाहिए। यदि इसे बदला गया है, तो यह अलग प्रस्तुति नहीं दे रहा इसे सुनिश्चित करें।

आपको जानकारी के स्त्रोत को प्रकट न करने के लिए सावधानी रखनी चाहिए। जब तक लेखक या कॉपीराइट धारक द्वारा सहमति प्रकट न की जाए, आपको सहभागी, स्थान और संस्थाओं की पहचान गोपनीय रखना आवश्यक है। सुनिश्चित करें कि आप छद्म नाम का उपयोग कर बेनामी नामों से जानकारी को पहचानें। अनुमति के बिना स्त्रोत की गुप्तता और गोपनीयता को प्रकट करना अनैतिक है।

गुप्त उपकरणों द्वारा एकत्रित जानकारी का उपयोग – सहभागियों की सहमति के बिना, क्लायंट स्व-निर्धारण के सिद्धांत माने बिना, या किसी अन्य अनैतिक उपकरण द्वारा – उचित नहीं माना जा सकता और इसलिए यह अनैतिक है।

सारांश

यह अध्याय शोध कार्य करते समय आपको नैतिक मुद्दों के विचारों को अवगत कराने के लिए डिजाइन किया गया है। नैतिक मुद्दो का विचार परिमाणात्मक और गुणात्मक शोध कार्य में समान रूप से किया जाना चाहिए। यह उस पर निर्भर करता है कि आप इसका समाधान कैसे करते हैं और आप किन परिस्थितियों में कार्य करते हैं ।

नैतिक होने का तात्पर्य है कि उस आचार संहिता को मानना जो स्वीकृत व्यावसायिक अभ्यास के लिए वर्षों से विकसित की गई है। इस आचार संहिता का किसी भी प्रकार से उल्लंघन करना अनैतिक माना जाएगा और जितना बड़ा उल्लंघन होगा उतना ही बड़ा अपराध होगा। शोध कार्य में अधिकांश व्यावसायिक आचार संहिताएं समग्र नैतिकता का अनिवार्य हिस्सा है, और कुछ शोध संगठन स्वतः की आचार संहिता बनाते हैं।

शोध कार्य में शोध सहभागी, शोधकर्ता और प्रायोजक संगठनों के संबंध में नैतिक मुद्दों का परीक्षण किया जा सकता है। शोध सहभागी के संदर्भ में, निम्न क्षेत्रों में यदि योग्य तरीके से कार्य न किया जाय तो नैतिक मुद्दे उठ सकते हैं: जानकारी एकत्रित करना; सहमति प्राप्त करना; प्रोत्साहन राशि देना; संवेदनशील जानकारी प्राप्त करना; सहभागियों को नुकसान पहुँचने की संभावना होना; और गोपनीयता बनाए रखना। इन क्षेत्रों में किसी भी अनैतिक कार्य के लिए समग्र परीक्षण करना महत्वपूर्ण है। शोधकर्ता के संबंध में, नैतिक विचार के क्षेत्रों में निम्न बातें शामिल हैः पूर्वग्रह दर्शाना, किसी व्यक्ति को उपचार उपलब्ध कराना या उससे वंचित करना; अस्वीकार्य शोध कार्यविधि का उपयोग; गलत रिपोर्टिंग करना; और जानकारी का अनुचित उपयोग करना। प्रायोजक संगठन के संबंध में नैतिक विचार में शोध डिज़ाइन में प्रतिबंध लागू करना और निष्कर्ष का संभावित उपयोग करना शामिल है। कुछ अनैतिक मुद्दे हैं जिनके बारे में द्वितीयक स्त्रोतों से जानकारी एकत्रित करते समय सजग रहने की आवश्यकता है। उनमें से कुछ हैं: साहित्यिक चोरी, सूचित स्वीकृति के बिना जानकारी एकत्रित करना, प्रयुक्त जानकारी का गलत अर्थ निकालना या गलत उद्धरण देना, जानकारी के स्त्रोतों को प्रकट करना और गुप्त उपकरणों से एकत्रित जानकारी का उपयोग करना। शोधकार्य में नए होने के कारण आपको अनैतिक अभ्यासों के बारे में सजग रहना चाहिए और हितधारकों को हो सकने वाले किसी भी नुकसान से बचने के लिए सुयोग्य कार्यनीति का अनुसरण करना चाहिए।

आपके सोचने के लिए

- इस अध्याय के आरंभ में सूचीबद्ध किए गए मुख्य शब्दों से एक बार फिर परिचय करें, और उनके अर्थों या संप्रयोगों के बारे में आप निश्चित न हों तो आगे बढ़ने से पहले उन्हें एक बार फिर से पढ़ें।
- शोध के लिए अपने विश्वविद्यालय या विभाग की आचार संहिता की (या अपने चयनित व्यवसाय के लिए आचार संहिता के उदाहरण की) एक प्रति खोजें। क्या आप शोध के किसी भी क्षेत्र के बारे में जानते हैं जो इन दिशा-निर्देशों के कारण विवाद में आए हों?
- कुछ लोग ऐसी सलाह दे सकते हैं कि किसी भी व्यक्ति से किसी भी प्रकार की जानकारी लेना अनैतिक है क्योंकि यह उनकी निजता का हनन है। इस सुझाव के लिए और सुझाव के खिलाफ आप कैसे बहस करते हैं यह विचारणीय है।
- शोध की प्रक्रिया में नैतिक मुद्दे कभी भी उठ सकते हैं। अध्याय में उठाए गए सिद्धांतों को दर्शाते हुए, आपके विचार से आठ चरण के मॉडल के प्रत्येक चरण में कौनसे मुद्दे होने चाहिए उसकी सूची बनाएं।

नैतिकता
माध्यमिक
डेटा

- कल्पना करें कि आप अपनी रुचि के क्षेत्र में परिकल्पित शोध अध्ययन करने की योजना बना रहे हैं। विभिन्न हितधारक समूहों को पहचानें और समूह के हर एक के संबंध में सजग रहने के लिए संभावित नैतिक विचारों की सूची बनाएं।

अब, जबकि आपने इस अध्याय को पढ़ लिया है, तो अब निम्नलिखित प्रश्नों के उत्तर देने का प्रयत्न करें:

प्लेगरिज्म उपकरण

- शोध अध्ययन में आप कौनसे विशिष्ट अभ्यासों को अनैतिक मानेंगे? आपकी स्वयं की स्थिति की रोशनी में, समीक्षात्मक रूप से इन अभ्यासों का परीक्षण करें।
- इस अध्याय में नैतिक मुद्दों का तीन दृष्टिकोणों से विचार किया गया है। यदि आपको अन्य दृष्टिकोण जोड़ने के लिए कहा जाय, तो आप क्या जोड़ेंगे?
- शोध सहभागी के दृष्टिकोण से आप किसे अनैतिक मानेंगे?
- एक शोधकर्ता के रूप में आपके दृष्टिकोण से शोध नैतिक है यह आप कैसे सुनिश्चित करेंगे?
- यदि आपके प्रायोजक संगठन ने आपके अभ्यास में शामिल आपके कुछ निष्कर्षों को बदलने के लिए दबाव डाला तब आपकी स्थिति क्या होगी? अपनी स्थिति के लिए कुछ कारण दें।

चरण VII
डेटा की प्रोसेसिंग और प्रदर्शन करना

इस परिचालन चरण में दो अध्याय शामिल हैं:

- अध्याय 15: डेटा की प्रोसेसिंग
- अध्याय 16: डेटा का प्रदर्शन

15

डेटा की प्रोसेसिंग

इस अध्याय में आप निम्नलिखित तथ्यों के बारे में जानेंगे

- परिमाणात्मक अध्ययन में डेटा की प्रोसेसिंग करने की विधियाँ
- डेटा का संपादन और कोडिंग के लिए तैयार करने का तरीका
- डेटा को कोड करने का तरीका
- परिमाणात्मक अध्ययन में गुणात्मक डेटा को कोड करने का तरीका
- गुणात्मक और परिमाणात्मक अध्ययनों में डेटा का विश्लेषण करना
- डेटा विश्लेषण में कंप्यूटर की भूमिका
- शोध में सांख्यिकी की भूमिका

महत्वपूर्ण शब्द

विश्लेषण, लघु प्रश्न, कोड पुस्तिका, कोडिंग, संकल्पना, सामग्री का विश्लेषण क्रॉस-टेब्युलेशन, डेटा का प्रदर्शन, डेटा की प्रोसेसिंग, संपादन, विश्लेषण का ढांचा, बारंबारिता वितरण, विविध प्रतिक्रियाएं, विस्तृत जवाब वाले प्रश्न, पूर्व-जाँच

इस अध्याय के अंत में आपको निम्नलिखित की समझ हो जाएगी

- परिमाणात्मक अध्ययनों में डेटा की प्रोसेसिंग में क्या शामिल होता है
- गुणात्मक अध्ययन में डेटा की प्रोसेसिंग कैसे की जाती है
- कोड पुस्तिका कैसे तैयार की जाये और परिमाणात्मक अध्ययन में कोडिंग की प्रक्रिया
- विस्तृत जवाब वाली प्रतिक्रियाओं, विवरण या कथनों से विषय का विकास करना
- शोध अध्ययन में कंप्यूटर और सांख्यिकी की भूमिका

यदि आप वास्तव में एक शोध अध्ययन कर रहें हैं तो अब तक आपने अपने अध्ययन के लिए आवश्यक जानकारी निकाल ली होगी या प्राप्त कर ली होगी। परंतु अब इस जानकारी का क्या करना है? अपने शोध प्रश्नों के उत्तर खोजने के लिए डेटा के संग्रहण के परे कौनसे कदम उठाने की आवश्यकता होती है? हम एकत्रित किये गये डेटा से अर्थ कैसे निकालेंगे? यदि आपके पास कोई संकल्पना है तो आप उसे कैसे स्वीकृत या अस्वीकृत करेंगे? अपने अध्ययन के उद्देश्य प्राप्त करने के लिए उस जानकारी का विश्लेषण किस प्रकार से किया जाता है? उन प्रश्नों के जवाब पाने के लिए आपको अपने डेटा को कई प्रक्रिया से गुजारना पड़ेगा, जो डेटा की प्रोसेसिंग का केंद्र बिंदु गठित करता है। (चित्र 15.1)।

ये प्रक्रियाएँ एक जैसी ही होती हैं, चाहे वह परिमाणात्मक अध्ययन हो या गुणात्मक अध्ययन हो, परंतु आप प्रत्येक प्रक्रिया में जो करते हैं वह कार्य अलग होता है। दोनों प्रकार के अध्ययन के लिए आपको यह कल्पना करने की आवश्यकता होती है कि इस पार्श्वभूमि में आप अपने जाँच परिक्षण को अपने पाठकों के लिए कैसे प्रस्तुत करने वाले हैं। आपको यह निर्णय लेने की आवश्यकता है कि आपकी रिपोर्ट के पाठकों के लिए किस प्रकार का विश्लेषण उपयुक्त होगा। आप आपके अध्ययन के प्रयोजन की रोशनी में और आपके पाठकों की समझ के स्तर के बारे में आपकी छाप के अनुसार उस प्रकार के विश्लेषण का निर्णय लें जिसे आपने करना चाहिए। उदाहरण के लिए, यदि आपके पाठक सांख्यकीय प्रक्रिया के जानकार नहीं हैं तो एक जटिल सांख्यिकीय विश्लेषण करने में कोई मतलब नहीं है। परिमाणात्मक शोध में डेटा के विश्लेषण में मुख्य जोर यह निर्णय लेने में है कि आप अपने प्रतिक्रिया देनेवाले व्यक्ति से पूछे हुए प्रत्येक प्रश्न की प्रतिक्रिया में प्राप्त जानकारी का विश्लेषण किस प्रकार से करने वाले हैं। गुणात्मक शोध में ध्यान इस बात पर होता है कि प्राप्त की गई जानकारी के विश्लेषण का आधार क्या होना चाहिए; अर्थात, क्या यह सामग्री का, संभाषण का, वर्णन का या घटना का विश्लेषण होगा? परिमाणात्मक और गुणात्मक अध्ययनों में डेटा की प्रोसेसिंग के लिए विभिन्न तकनीकों का उपयोग किये जाने के कारण इस अध्याय में परिमाणात्मक और गुणात्मक अध्ययनों के लिए डेटा प्रोसेसिंग को अलग-अलग दिया गया है।

परिमाणात्मक अध्ययन में डेटा की प्रोसेसिंग

संपादन

डेटा संग्रहण की विधि चाहे जो भी हो, एकत्र की गई जानकारी को 'कच्चा डेटा' या केवल 'डेटा' कहा जाता है। आपके डेटा के प्रोसेसिंग में प्रथम चरण यह सुनिश्चित करना है कि वह डेटा 'स्वच्छ' होना चाहिए, अर्थात वह अनियमितताओं और अपूर्णताओं से मुक्त हो। सफाई की यह प्रक्रिया **'संपादन'** कहलाती है।

चित्र 15.1 डेटा प्रोसेसिंग में चरण

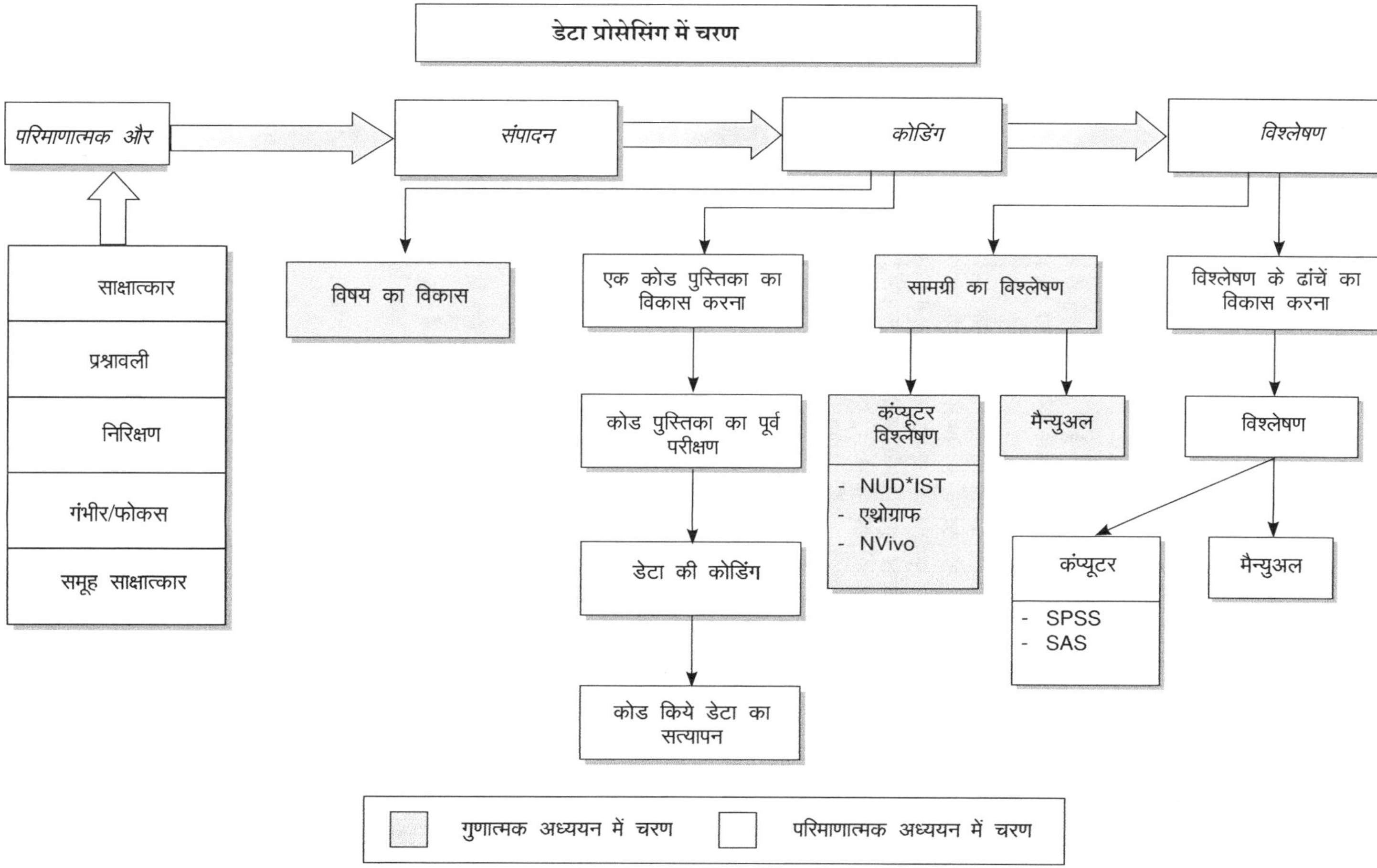

संपादन में प्रतिक्रियादाताओं से प्राप्त जानकारी में से जहाँ तक संभव हो त्रुटियों, अपूर्णताओं, गैर-वर्गीकरण और अंतरालों को पहचानने और न्यूनतम करने के लिए संपूर्ण शोध उपकरण की जाँच करना शामिल है। कभी-कभी सर्वश्रेष्ठ जाँचकर्ता भी निम्नलिखित बातें कर सकता है:

- प्रश्न पूछना भूल जाता है;
- प्रतिक्रिया को रिकॉर्ड करना भूल जाता है;
- किसी प्रतिक्रिया को गलत तरीके से वर्गीकृत करता है;
- केवल आधी ही प्रतिक्रिया लिखता है;
- अस्पष्ट तरीके से लिखता ह।

यही समस्या प्रश्नावली के मामले में भी हो सकती है। इन समस्याओं को काफी हद तक निम्नलिखित तरीके से दूर किया जा सकता है-(1) सामग्री की संपूर्णता के लिए जाँच करके, और (2) आंतरिक नियमितता के लिए प्रतिक्रिया की जाँच करके।

आप जिस तरीके से संपूर्णता के लिए जाँच करते हैं वह इस बात पर निर्भर करता है कि डेटा का संग्रहण किस प्रकार से किया गया है। साक्षात्कार के मामले में ऊपरी समस्याओं के लिए सिर्फ साक्षात्कार की योजना की जाँच करने से डेटा की गुणवत्ता में सुधार हो सकता है। एक साक्षात्कारकर्ता के लिए यह एक अच्छी बात होती है कि वह साक्षात्कार पूरा होने के बाद उसमें संभावित अपूर्णता और अनियमितता की जाँच करने के लिए कुछ क्षण ले। प्रश्नावली के मामले में, पुनः, प्रतिक्रियाओं की केवल सावधानीपूर्वक जाँच करने से ही कुछ समस्याएँ कम हो जाती हैं। ऐसी समस्याओं को कम करने के कई तरीके हैं।

- **अनुमान द्वारा**–एक शोध उपकरण में कुछ प्रश्न एक दूसरे से संबंधित हो सकते हैं, और यह शायद संभव हो कि एक प्रश्न के जवाब से दूसरे प्रश्न का जवाब पाया जा सकता हो। बेशक, आपको इस तरह के अनुमान लगाने में सावधानी ही बरतनी चाहिए अन्यथा आप उस डेटा में नई त्रुटियाँ डाल देंगे।
- **याददाश्त के द्वारा**–यदि उस डेटा का संग्रहण साक्षात्कार के माध्यम से किया गया है तो साक्षात्कारकर्ता के लिए प्रतिक्रिया देनेवाले का जवाब याद रखना संभव है। पुनः, आपको बेहद सावधानी बरतनी होगी।
- **प्रतिक्रिया देनेवाले के पास वापस जाना**–यदि साक्षात्कार या प्रश्नावली के माध्यम से एकत्रित किये गये उस डेटा में कुछ पहचानने योग्य जानकारी मौजूद है, तो उस जवाब की प्रतिक्रिया देनेवाले से फोन द्वारा या उससे मिलकर पुष्टि की जा सकती है। बेशक, यह कार्य महंगा और समय लेने वाला होता है।

डेटा के संपादन के दो तरीके हैं:

1. एक समय में केवल एक प्रश्न या एक चर के लिए सभी जवाबों क परीक्षण करें;
2. एक समय में एक प्रतिक्रिया देनेवाले व्यक्ति द्वारा सभी प्रश्नों के लिए दिए सभी जवाबों का परीक्षण करें।

लेखक दूसरी बात को प्राथमिकता देते है, क्योंकि यह प्रतिक्रियाओं का संपूर्ण चित्र प्रदान करती है, जो आपको उनकी आंतरिक नियमितता का मूल्यांकन करने में भी मदद करती है।

कोडिंग

डेटा की सफाई कर लेने के बाद अगला चरण उसको कोड देना है। कोडिंग की विधि मुख्यतः दो विचारों द्वारा प्रभावित होती है:

1. आपके शोध उपकरण में जिस तरीके से किसी चर का मापन किया गया है (मापन का पैमाना) (उदाहरण के लिए, यदि किसी प्रश्न के लिए प्रतिक्रिया वर्णनात्मक, श्रेणीबद्ध या परिमाणात्मक है);
2. जिस तरह से आप अपने पाठकों को किसी चर के बारे में संचार करना चाहते हैं।

कोडिंग के लिए प्रथम कार्य यह ज्ञात करना होता है कि डेटा प्रकृति में गुणात्मक है या परिमाणात्मक। गुणात्मक डेटा के लिए आगे यह पहचान करनी है कि क्या यह डेटा प्रकृति में वर्णनात्मक है (उदाहरण के लिए, एक समुदाय को दी जानेवाली सेवा का वर्णन, एक केस का इतिहास) या असंतत गुणात्मक श्रेणी के माध्यम से उत्पन्न किया गया है। उदाहरण के लिए, एक प्रतिक्रिया देनेवाले के बारे में निम्नलिखित जानकारी

असंतत गुणात्मक श्रेणी में आती है: आय (औसत से ज्यादा, औसत, औसत से कम); लिंग (पुरुष, महिला); धर्म (इसाई, हिंदू, मुस्लिम, बौद्ध इत्यादि) और किसी मुद्दे की तरफ उसका व्यवहार (अत्यधिक अनुकूल, अनुकूल, अनिश्चित, प्रतिकूल, अत्यधिक प्रतिकूल)। इनमें से प्रत्येक चर का मापन या तो **साधारण पैमाने** पर या **क्रमसूचक पैमाने** पर किया जा सकता है। इनमें से कुछ का मापन **अनुपातिक पैमाने** या **अंतराल पैमाने** पर भी किया गया है। उदाहरण के लिए, आय का मापन डॉलर्स में किया जा सकता है (अनुपातिक पैमाना), या किसी मुद्दे के प्रति व्यवहार को एक अंतराल या एक अनुपातिक पैमाने पर मापा जा सकता है। कोडिंग के साथ आप जिस प्रकार से आगे बढ़ते हैं वह जानकारी एकत्र करते समय किसी चर के मापन में उपयोग किये गये मापन पैमाने के ऊपर निर्भर करता है और इस बात पर भी निर्भर करता है कि वह प्रश्न विस्तृत जवाब देने वाला प्रश्न है या लघु जवाब वाला प्रश्न है।

इसके अलावा, सांख्यकीय प्रक्रियाओं के प्रकार, जिन्हें जानकारी के ऊपर लागू किया जाता है, वे काफी हद तक उन मापन पैमाने पर निर्भर करती है, जिसपर उस शोध उपकरण में एक चर का मापन किया गया था। उदाहरण के लिए, आप विभिन्न सांख्यिकीय वर्णनकर्ता की गणना कर सकते हैं, जैसे, मीन, मोड और मीडियन, यदि आमदनी को एक अनुपातिक पैमाने पर मापा जाता है, परंतु यदि इसे एक अंतराल पैमाने पर या साधारण पैमाने पर किया जाता है तो ऐसा नहीं किया जा सकता। इस बात को समझना अत्यंत महत्वपूर्ण है कि जिस तरीके से आप जानकारी का विश्लेषण करते हैं, वह शोध उपकरण में एक चर का मापन करने के लिए इस्तेमाल किये गये मापन पैमाने पर निर्भर करता है। इसीलिए यह कल्पना करना महत्वपूर्ण है–विशेष रूप से नियोजन की अवस्था में, जब शोध उपकरण का निर्माण किया जा रहा होता है - जिस प्रकार से आप अपने जाँच परिणामों को संचारित करने जा रहे हैं।

आप एक प्रश्न के प्रतिक्रिया में प्राप्त की गई जानकारी का विश्लेषण किस प्रकार से करते हैं यह इस बात पर निर्भर करता है कि वह प्रश्न किस तरह से पूछा गया था और प्रतिक्रिया देनेवाले ने उसका जवाब किस तरह से दिया था। दूसरे शब्दों में, यह मापन के पैमाने पर निर्भर करता है, जिस पर एक प्रतिक्रिया का मापन या वर्गीकरण किया जा सकता है। यदि आप एक प्रश्न के लिए आपके प्रतिक्रिया देनेवाले के जवाबों का अध्ययन करते हैं तो आपको यह अहसास होगा कि लगभग सभी प्रतिक्रियाओं को निम्न तीन श्रेणियों में से एक में वर्गीकृत किया जा सकता है:

1. परिमाणात्मक प्रतिक्रियाएं;
2. श्रेणीबद्ध प्रतिक्रियाएं (जो परिमाणात्मक या गुणात्मक हो सकती हैं);
3. वर्णनात्मक प्रतिक्रियाएं (जो हमेशा ही गुणात्मक होती हैं–याद रखें कि एकत्रित किया गया गुणात्मक डेटा परिमाणात्मक शोध के भाग के रूप में एकत्र किया जाता है ना कि गुणात्मक शोध के)

विश्लेषण के प्रयोजन से परिमाणात्मक और श्रेणीबद्ध प्रतिक्रियाओं के साथ वर्णनात्मक से अलग तरीके से व्यवहार करने की जरूरत होती है। परिमाणात्मक और श्रेणीबद्ध जानकारी दोनों ही एक प्रक्रिया से होकर गुजरती हैं जिसका प्राथमिक लक्ष्य जानकारी को सांख्यिक मूल्यों में रूपांतरित करना होना था, जिसे **'कोड्स'** कहा जाता है, ताकि उस जानकारी का या तो मैन्युअल तरीके से या कंप्यूटर द्वारा आसानी से विश्लेषण किया जा सके। वहीं दूसरी तरफ वर्णनात्मक जानकारी को पहले एक प्रक्रिया से होकर गुजरना होता है, जिसे **'सामग्री का विश्लेषण'** कहा जाता है, जिसके द्वारा आप मुख्य विषय की पहचान करते हैं, जो प्रतिक्रिया देनेवाले व्यक्ति द्वारा दिए गये प्रश्नों के उत्तर के विवरण में से उभर कर सामने आता है। मुख्य विषय की पहचान करने के बाद वहाँ तीन तरीके होते हैं, जिनके साथ आपको कार्य करना होता है: (1) अपने तर्क की पुष्टि या विरोध करने के लिए आप मौखिक प्रतिक्रियाओं की जाँच कर सकते हैं और उन्हें अपनी रिपोर्ट में पाठ के रूप में एकत्रित कर सकते हैं।; (2) आप प्रत्येक विषय के लिए एक कोड प्रदान कर सकते है और इस बात की गणना कर सकते हैं कि उनमें से प्रत्येक कितनी बार घटित हुई है; और (3) अपने जाँच परीक्षणों को संचारित करने के लिए आप दोनों विधियों को संयुक्त कर सकते हैं। यह आपकी पसंद है, और यह आपके पाठकों की प्राथमिकता के बारे में आपकी छाप पर आधारित है।

परिमाणात्मक अध्ययन में परिमाणात्मक और गुणात्मक डेटा की कोडिंग के लिए आपको निम्नलिखित तीन चरणों के माध्यम से होकर गुजरना होता है:

चरण । एक कोड पुस्तिका को तैयार करना;

चरण II   उस कोड पुस्तिका का पूर्व-परीक्षण;
चरण III   डेटा की कोडिंग करना;
चरण IV   कोड किये डेटा का सत्यापन करना।

चरण I: एक कोड पुस्तिका को तैयार करना

एक **कोड पुस्तिका** प्रतिक्रिया देने वाले व्यक्तियों से प्राप्त जवाबों के लिए सांख्यिक मूल्य प्रदान करने हेतु नियमों का एक सेट प्रदान करती है। आइये हम एक उदाहरण लेते हैं। चित्र 15.2 में एक व्यक्ति के व्यावसायिक रोजगार के प्रभाव को सुनिश्चित करने के लिए लेखक द्वारा आयोजित एक सर्वेक्षण में उपयोग में लाई गई प्रश्नावली से लिए गये कुछ प्रश्नों की सूची दी गई है। चयनित प्रश्न एक कोड पुस्तिका तैयार करने के लिए एक नमूने के रूप में कार्य करने के लिए पर्याप्त होने चाहिए, क्योंकि वे इस प्रक्रिया में शामिल विभिन्न मुद्दों को समावेशित करते हैं।

डेटा की प्रविष्टि के लिए वहाँ दो प्रारूप हैं: 'तयशुदा' और 'स्वतंत्र'। हम इस अध्याय में एक कोड पुस्तिका को तैयार करने की विधि को दर्शाने के लिए तयशुदा प्रारूप का उपयोग करेंगे। तयशुदा प्रारूप दर्शाता है कि किसी प्रतिक्रिया देनेवाले से प्राप्त जानकारी के हिस्से को एक विशिष्ट स्तंभ में प्रविष्ट किया जाता है। प्रत्येक स्तंभ को एक क्रमांक दिया जाता है और कोड पुस्तिका में यह 'स्तंभ क्रमांक' उस स्तंभ को संदर्भित करता है जिसमें एक विशिष्ट प्रकार की जानकारी प्रविष्ट की गई होती है। इस प्रकार से एक पंक्ति (यों) में दर्ज की गई प्रत्येक व्यक्ति की जानकारी उन स्तंभों को स्मावेशित करती है।

एक प्रारंभकर्ता के लिए एक कोड पुस्तिका के संरचना को समझना बहुत महत्वपूर्ण है। तालिका 15.1 में दिया गया उदाहरण चित्र 15.2 में सूचीबद्ध किये गये प्रश्नों को दी गई प्रतिक्रियाओं पर आधारित है।

तालिका 15.1 में 'स्तंभ क्र. 1' उस स्तंभ को संदर्भित करता है जिसमे एक विशिष्ट प्रकार की जानकारी दर्ज की जानी है। एक तयशुदा प्रारूप में स्तंभों का वितरण करना अत्यंत महत्वपूर्ण है, क्योंकि जब आप एक कार्यक्रम के बारे में लिखते हैं तब आपको विशिष्ट जानकारी होने वाले उस स्तंभ के बारे में समझाना होता है कि उसे इसलिए दर्ज किया गया है ताकि कंप्यूटर उस पर वांछित प्रक्रिया कर सके।

'स्तंभ क्र. 2' शोध उपकरण के उस प्रश्न के क्रमांक की पहचान करता है जिसके लिए उस जानकारी को कोड दिया गया है। यह प्राथमिक रूप से उस उपकरण में उस प्रश्न क्रमांक के साथ की गई कोडिंग को पहचानने के लिए होता है।

'स्तंभ क्र. 3' चर के नाम को संदर्भित करता है। एक प्रोग्राम में प्रत्येक चर को एक अनोखा नाम दिया गया है, ताकि वह प्रोग्राम अनुरोध किये गये सांख्यिकीय प्रक्रिया को कर सके। सामान्यतः आप जिस तरह से किसी चर को नाम देते हैं उस पर प्रतिबन्ध लगा हुआ है (उदाहरण के लिए, किसी चर को नाम देने के लिए उपयोग की जाने वाली अक्षरों की संख्या और क्या आप वर्णमाला या संख्याओं का उपयोग कर सकते हैं या नहीं)। इसके लिए आप जिस प्रोग्राम का इस्तेमाल कर रहें हैं आपको उसकी जाँच करनी चाहिए। आपको सलाह दी जाती है कि किसी चर को इस प्रकार से नाम दे कि आप उसे उसके नाम से आसानी से पहचान सकें।

'स्तंभ क्र. 4' विभिन्न प्रश्नों के लिए संभावित प्रतिक्रियाओं की सूची प्रदान करता है। उस प्रश्न के लिए प्रतिक्रिया का एक पैटर्न तैयार करना एक कोड पुस्तिका को तैयार करने का अत्यंत महत्वपूर्ण, कठिन और समय लेने वाला भाग होता है। प्रतिक्रिया का एक पैटर्न तैयार करने में होने वाली कठिनता की डिग्री आपके शोध उपकरण में स्थित प्रश्नों के प्रकार के अनुसार अलग-अलग होती है (विस्तृत जवाब वाले प्रश्न या लघु जवाब वाले प्रश्न)। यदि कोई प्रश्न लघु जवाब वाला प्रश्न है तो प्रतिक्रिया के उस पैटर्न को उपकरण निर्माण के भाग के रूप में पहले से ही विकसित कर लिया गया होता है और इस अवस्था में आपको सिर्फ इतना करना होता है कि प्रतिक्रिया के प्रत्येक श्रेणी को एक सांख्यिक मूल्य प्रदान किया जाये। विश्लेषण के अर्थ में यह लघु उत्तरीय प्रश्नों के प्रमुख फायदों में से एक है।

1. कृपया सूचित करें:

    अ. पूर्ण वर्षों में आपकी उम्र: ______________
    स. आपकी वैवाहिक स्थिति: (कृपया टिक करें)

वर्तमान में शादीशुदा ____________

लिविंग इन रिलेशन में __________

विभक्त ____________________

तलाकशुदा __________________

कभी भी शादी नहीं की _______

2. ब. यदि तृतीयक/विश्वविद्यालय, कृपया उपलब्धि का लेवल और अध्ययन के क्षेत्र को उल्लेखित करें। (कृपया सभी स्नातकोत्तर पात्रताओं का उल्लेख करें।)

उपलब्धि का स्तर	अध्ययन का क्षेत्र: जैसे, इंजिनियरिंग, अकाउंटिंग
सहयोगी डिप्लोमा	
लाइब्रेरीयनशिप	
स्नातक	
स्नातक डिप्लोमा	
स्नातकोत्तर	
पी.एचडी.	

11. आपकी राय में पुनः नियुक्ति के पहले और बाद की स्थिति के बीच में मुख्य अंतर क्या है?

____

____

12. हम आपके कार्य के निम्नलिखित पहलूओं के संबंध में पुनः नियुक्ति के पहले और बाद के दोनों कार्यों के बारे में आपकी धारणा के बारे में जानना चाहेंगे। कृपया निम्नलिखित मार्गदर्शन का उपयोग करते हुए उन्हें एक पांच-बिंदुओं वाले पैमाने पर श्रेणीबद्ध करें:
5 = अत्यंत संतुष्ट, 4 = बहुत संतुष्ट, 3 = संतुष्ट, 2 = असंतुष्ट, 1 = अत्यंत असंतुष्ट

चित्र 15.2 एक साक्षात्कार से प्रश्नों के उदाहरण

पुनः नियुक्ति के पहले					क्षेत्र	पुनः नियुक्ति के बाद				
1	2	3	4	5		1	2	3	4	5
					कार्य का ओहदा					
					कार्य से संतुष्टि					
					कार्य के प्रति प्रेरणा					
					कार्य में रुचि					
					आत्मसम्मान					
					व्यावसायिक अनुकूलन					
					साथियों से संवाद					
					नैतिकता					
					कार्य का वातावरण					
					सामाजिक संवाद					

यदि किसी लघु उत्तरीय प्रश्न में प्रतिक्रिया की किसी श्रेणी के रूप में 'अन्य' यह शब्द शामिल है, तो किसी भी उस प्रतिक्रिया को शामिल करने के लिए आपने उस प्रतिक्रिया का विश्लेषण करना चाहिए, जिसे आपने उपकरण का विकास करते समय शायद सूचीबद्ध नहीं किया होगा, और उसे उसी तरह से गैर-अधिव्यापन श्रेणी प्रदान करनी चाहिए, जिस प्रकार से आपने विस्तृत उत्तरीय प्रश्नों के लिए किया होता। इसे पहले से ही विकसित की गई प्रतिक्रिया श्रेणी में जोड़ें और प्रत्येक को एक सांख्यिकीय मूल्य प्रदान करें।

यदि किसी प्रश्न की प्रतिक्रिया को 9 से कम क्रमांक दिया गया है, तो आपको उन प्रतिक्रियाओं को कोड देते समय केवल एक स्तंभ की आवश्यकता है, और यदि 9 से अधिक और 99 से कम है, तो आपको दो स्तंभों की आवश्यकता है (कोड पुस्तिका में स्तंभ क्र. 1)। परंतु यदि किसी प्रश्न के लिए एक से अधिक प्रतिक्रिया पाने की जरूरत है, तो इसके लिए प्रदान किये गये स्तंभों की संख्या कोड की जाने वाली प्रतिक्रियाओं के अनुसार होनी चाहिए। मान लीजिये, वहाँ किसी विशिष्ट प्रश्न के लिए आठ प्रतिक्रियाएं संभव हैं और प्रतिक्रिया देनेवाले व्यक्ति को तीन प्रतिक्रियाएं देने के लिए कहा जाता है, तो आपको उस प्रश्न की प्रतिक्रिया के लिए कोड देने हेतु तीन स्तंभों की जरूरत है। ऐसे प्रश्नों को विविध प्रतिक्रिया वाले प्रश्न कहा जाता है। आइये हम ये मान लेते हैं कि किसी प्रश्न के लिए 12 संभावित प्रतिक्रियाएं हैं। प्रत्येक प्रतिक्रिया को कोड देने के लिए आपको दो स्तंभों की जरूरत है, और इसीलिए तीन प्रतिक्रियाओं को कोड देने के लिए आपको छः स्तंभों की जरूरत होगी।

विस्तृत-उत्तरीय प्रश्नों (खुले या मुक्त उत्तर वाले प्रश्न) के लिए कोडिंग करना अधिक कठिन होता है। विस्तृत-उत्तरीय प्रश्नों के लिए कोडिंग करने के लिए प्रथम एक प्रक्रिया के माध्यम से प्रतिक्रिया की एक श्रेणी विकसित करने की जरूरत होती है, जिसे 'सामग्री का विश्लेषण' कहा जाता है। विस्तृत-उत्तरीय प्रश्नों के विश्लेषण के लिए एक आसान तरीका यह है कि प्राप्त किये गये सभी पूर्ण साक्षात्कार योजना/प्रश्नावलियों में से यादृच्छिक रूप से कुछ साक्षात्कार योजना/प्रश्नावलियों का चयन किया जाये। इन साक्षात्कार योजना/प्रश्नावलियों में से एक विस्तृत-उत्तरीय प्रश्न का चयन कीजिये और एक कागज के पन्ने पर प्रतिक्रिया (ओं) को लिख लें। यदि उस व्यक्ति ने एक से अधिक प्रतिक्रियाएं दी हैं, तो उन्हें उसी पन्ने पर अलग से लिख लें। इसी तरह से उसी साक्षात्कार योजना/प्रश्नावली में से एक और विस्तृत-उत्तरीय प्रश्न को चुनें और दी गई प्रतिक्रियाओं को एक अलग पन्ने पर लिखें। इसी तरीके से आप अन्य विस्तृत-उत्तरीय प्रश्न को चुन सकते है और उनकी प्रतिक्रिया (ओं) को लिख सकते हैं। याद रखें कि प्रत्येक प्रश्न के लिए दी गई प्रतिक्रिया को अलग-अलग पन्नों पर लिखना है। अब अन्य साक्षात्कार योजना/प्रश्नावली को चुने और इसी प्रक्रिया का पालन करें। इस प्रक्रिया को तब तक जारी रखें जब तक आपको यह महसूस नहीं होता कि अब प्रतिक्रियाएं दोहराई जा रही हैं और आपको कोई नई प्रतिक्रिया प्राप्त नहीं हो रही हैं- अर्थात आप एक संतृप्ति के बिंदु पर पहुँच चुके हैं।

अब समानताओं और विभिन्नताओं की पुष्टि करने के लिए एक के बाद एक प्रत्येक प्रश्न के लिए दी गई प्रतिक्रिया की जाँच करें। यदि दो या दो से अधिक प्रतिक्रियाएं चाहे भाषा में समान न हो परंतु अर्थ में एक समान हों तो उन्हें एक श्रेणी के अंदर संयुक्त करने का प्रयास करें। उस श्रेणी को एक नाम दें जो उस प्रतिक्रिया का वर्णन कर रही है। याद रखें, जब आप डेटा को कोड कर रहें हैं तब आप वास्तव में श्रेणियों को कोड कर रहें होते हैं, न कि प्रतिक्रियाओं को। आपको कोड पुस्तिका में प्रत्येक श्रेणी के अंतर्गत प्रतिक्रियाओं के विभिन्न प्रकार को लिख लेने की सलाह दी जाती है, ताकि कोडिंग करते समय आप जान सकें कि आपके पास एक श्रेणी में किस प्रकार की प्रतिक्रियाएँ मौजूद हैं इन श्रेणियों का विकास करने में वहाँ तीन महत्वपूर्ण बातों का विचार किया जाता है:

1. ये श्रेणियाँ आपस में असमावेशी होनी चाहिए। गैर-अधिव्यापन वाली श्रेणियों कका विकास करें। एक ही प्रतिक्रिया को दो श्रेणियों में रखना संभव नहीं है।
2. ये श्रेणियाँ समावेशी होनी चाहिए, अर्थात, उसने लगभग सभी प्रतिक्रियाओं को एक ही श्रेणी में शामिल करना चाहिए। यदि बहुत ज्यादा प्रतिक्रियाओं को इस तरह से श्रेणीबद्ध नहीं किया जा सकता तो यह अप्रभावी श्रेणीबद्धता का सूचक है। ऐसी स्थिति में आपको अपनी श्रेणियों की फिर से जाँच करनी चाहिए।
3. 'अन्य' श्रेणी का उपयोग उन विषम प्रतिक्रियाओं के लिए प्रभावी रूप से एक 'कूड़ादान' है, जिन्हें किसी एक श्रेणी में नहीं रखा जा सकता, उन्हें सबसे कम रखा जाना चाहिए, क्योंकि जैसा कि उल्लेख किया गया है, यह वर्गीकरण प्रणाली की विफलता को प्रतिबिंबित करता है। इस श्रेणी में कुल के 5 % से अधिक प्रतिक्रियाओं को शामिल नहीं किया जाना चाहिए और किसी अन्य श्रेणी की तुलना में अधिक प्रतिक्रियाओं को शामिल नहीं करना चाहिए।

तालिका 15.1 कोड पुस्तिका का एक उदाहरण

स्त.क्र.	प्र.क्र.	चर का नाम	प्रतिक्रिया की पद्धति	कोड
1	2	3	4	5
1–3	क्रम सं	ID	वास्तविक क्रम संख्या	वास्तविक कोड
4	रिकॉर्ड सं	RNO	प्रथम रिकॉर्ड	रिकॉर्ड 1
			दूसरा रिकॉर्ड	2
			तीसरा रिकॉर्ड	3
5	1(a)	उम्र	20 24	1
			25 29	2
			30 34	3
			35 39	4
			40 44	5
			45 49	6
			कोई प्रतिक्रिया नहीं	9
6	1(c)	MS	हाल ही में शादी हुई है	1
			लिविंग इन रिलेशन में	2
			विभक्त	3
			तलाकशुदा	4
			कभी भी शादी नहीं की	5
			कोई प्रतिक्रिया नहीं	9
	2(b)	TEDU	सहयोगी डिप्लोमा	1
			डिप्लोमा	2
			स्नातक	3
			स्नातक डिप्लोमा	4
			स्नातकोत्तर	5
			पी.एचडी.	6
			लागू नहीं होता	8
			कोई प्रतिक्रिया नहीं	9

स्त.क्र.	प्र.क्र.	चर का नाम	प्रतिक्रिया की पद्धति	कोड
7		TEDU1	TEDU के समान	TEDU के कोड
8		TEDU2	TEDU के समान	
9		TEDU3	TEDU के समान	
		STUDY	व्यवहारिक विज्ञान	1
			व्यवसाय	2
			अर्थशास्त्र/कॉमर्स	3
			संचार	4
			इंजिनियरिंग	5
			भूगोल	6
			इतिहास	7
			ग्राफिक्स	8
			लाइब्रेरीयनशिप	9
			नर्सिंग	10
			कला	11
			सेक्रेटरीयल	12
			सामाजिक कार्य	13
			मनोविज्ञान	14
			शिक्षण	15
			चार्टर्ड अकाउंटेंट	16
			जीवविज्ञान	17
			मनुष्य जाति का विज्ञान (एन्थ्रोपोलॉजी)	18
			सामाजिक विज्ञान	19
			जन/स्वास्थ्य प्रशासन	20
			अंग्रेजी	21
			ऑडियो-विजुअल ऐड्स शिक्षण	22
			लागू नहीं होता	88
			कोई प्रतिक्रिया नहीं	99

स्त.क्र.	प्र.क्र.	चर का नाम	प्रतिक्रिया की पद्धति	कोड
10 11	2(b)	STUDY 1	STUDY के समान	STUDY के कोड
12 13		STUDY 2	STUDY के समान	
14 15		STUDY3	STUDY के समान	
	11	DIFWK	संतुष्टि का आभाव	
			– वर्तमान नौकरी	01
			– पिछली नौकरी	02
			कम जिम्मेदारियां	
			– वर्तमान नौकरी	03
			– पिछली नौकरी	04
			कम नैतिकता	
			– वर्तमान नौकरी	05
			– पिछली नौकरी	06
			कड़ी मेहनत के लिए मान्यता की कमी	
			– वर्तमान नौकरी	07
			– पिछली नौकरी	08
			असंबंधित कौशल	
			– वर्तमान नौकरी	09
			– पिछली नौकरी	10
			दोहरेपन की प्रकृति	
			– वर्तमान नौकरी	11
			– पिछली नौकरी	12
			कार्य अधिक विभाजित किया हुआ	
			– वर्तमान नौकरी	13
			– पिछली नौकरी	14
			व्यावसायिक ओहदे में कमी	15

स्त.क्र.	प्र.क्र.	चर का नाम	प्रतिक्रिया की पद्धति	कोड
			संपूर्ण प्रक्रिया में अधिक भागीदारी	
			– वर्तमान नौकरी	16
			– पिछली नौकरी	17
			अधिक प्रतिबंधित ड्यूटी	
			– वर्तमान नौकरी	18
			– पिछली नौकरी	19
			कम लचीलापन	
			– वर्तमान नौकरी	20
			– पि. नौ.	21
			लोगों से अधिक संपर्क	
			– व. नौ.	22
			– पि. नौ.	23
			लोगों से कम संपर्क	
			– व. नौ.	24
			– पि. नौ,	25
			अधिक जिम्मेदारियां	
			– व.नौ.	26
			– पि. नौ.	27
			कार्य का बेहतर वातावरण	
			– व. नौ.	28
			– पि. नौ.	29
			कार्य में बेहतर नैतिकता	
			– व. नौ.	30
			– पि. नौ.	31
			टीम में कार्य कर रहा हूँ	
			– व.नौ.	32
			– पि.नौ.	33

स्त.क्र.	प्र.क्र.	चर का नाम	प्रतिक्रिया की पद्धति	कोड
			व्यक्तिगत रूप से कार्य कर रहा हूँ	
			– व.नौ.	34
			– पि.नौ.	35
			नौकरी की सुरक्षा की कमी	
			– व.नौ.	36
			– पि.नौ.	37
			वर्तमान नौकरी पूर्ण कालिक	38
			करियर के बेहतर अवसर	
			– व.नौ.	39
			– पि.नौ.	40
			कोई समानता नहीं	41
			कार्य की अलग स्थितियाँ	42
			व्यावसायिक ओहदे में परिवर्तन (उल्लेखित नहीं)	43
			उच्च व्यावसायिक ओहदा	
			– व.नौ.	44
			– पि.नौ.	45
			वर्तमान नौकरी में अधिक सुरक्षा	46
			में अधिक व्यावसायिक वातावरण	
			– व. नौ.	47
			– पि. नौ.	48
			वर्तमान नौकरी में सीखने के लिए भिन्न-भिन्न कौशल	49
			अधिक काम का बोझ	
			– व. नौ.	50
			– पि. नौ.	51
			में कम सुपरविजन	
			– व. नौ.	52
			– पि. नौ.	53

स्त.क्र.	प्र.क्र.	चर का नाम	प्रतिक्रिया की पद्धति	कोड
			वर्तमान नौकरी मेरे प्रशिक्षण से अधिक संबंधित	54
			वर्तमान नौकरी अधिक रिवार्ड देने वाली है	55
			वर्तमान नौकरी में बेहतर नैतिकत है	56
			ड्यूटी में अधिक विविधता	
			– व. नौ.	57
			– पि. नौ.	58
			वर्तमान नौकरी अधिक रिवार्ड देने वाली है	
			वर्तमान नौकरी में बेहतर नैतिकत है	59
			कार्य में कम विविधता	
			– व. नौ. में	60
			में कौशल की आवश्यकता नहीं	61
			में कौशल की आवश्यकता नहीं	
			– व. नौ.	62
			– पि. नौ.	63
			नौकरी के टायटल में परिवर्तन	64
			पिछली नौकरी अधिक मांग करने वाली थी	65
			पि. नौ. में पहल करने का अवसर था	66
			व.नौ. में पहल करने की आवश्यकता नहीं है	67
			व.नौ. में अलग कौशल की आवश्यकता है	68
			में करियर के अवसर नहीं	
			– व. नौ.	69
			– पि. नौ.	70
			व.नौ. में अधिक व्यावसायिक वातावरण	71
			व.नौ. में सीखने के लिए विभिन्न कौशल	72
			कार्य की विविध स्थितियाँ	73
			व्यावसायिक ओहदे में परिवर्तन (परिवर्तन का उल्लेख नहीं किया)	74

स्त.क्र.	प्र.क्र.	चर का नाम	प्रतिक्रिया की पद्धति	कोड
			नौकरी का जिम्मेदारी में परिवर्तन (परिवर्तन का उल्लेख नहीं किया)	75
			व. नौ. अधिक संरचित	76
			अब टीम का एक हिस्सा	77
			कोई परिवर्तन नहीं	78
			असंबंधित प्रतिक्रिया	79
			अन्य	80
			लागू नहीं होता	88
			कोई प्रतिक्रिया नहीं	99
16 17	11	DIFWK1	DIFWK के समान	DFWK में कोड के समान
18 19		DIFWK2	DIFWK के समान	
20 21		DIFWK3	DIFWK के समान	
22 23		DIFWK4		
24 25		DIFWK5		
			अत्यंत असंतुष्ट	1
			असंतुष्ट	2
	12	BEAFTER	संतुष्ट	3
			बहुत संतुष्ट	4
			अत्यंत संतुष्ट	5
			BEAFTER के समान	
26		JOBSTA	BEAFTER के समान	BEAFTER के समान कोड
27		JOBSTB	BEAFTER के समान	
28		JOBSTA	BEAFTER के समान	BEAFTER के समान कोड
29		JOBSTA	BEAFTER के समान	
			इसी प्रकार आगे	

स्तंभ क्र. 5 : कोड पुस्तिका के वास्तविक कोड की सूची बनाएं जिन्हें आपने एक प्रतिक्रिया को देने का निर्णय लिया है। आप किसी प्रतिक्रिया को कोई भी सांख्यिक मूल्य दे सकते है, जहाँ तक आप उसे एक ही प्रश्न के अंदर किसी अन्य प्रतिक्रिया के लिए दोहराते नहीं हैं। प्रश्नों के लिए दो प्रतिक्रियाएँ आम रूप से दोहराई जाती है: 'लागू नहीं होता' और 'कोई प्रतिक्रिया नहीं'। आपने एक ऐसी संख्या का चयन करना चाहिए जिसे सभी या अधिकांश प्रश्नों के लिए इन प्रतिक्रियाओं के लिए इस्तेमाल किया जा सके। उदाहरण के लिए, 'लागू नहीं होता' और 'कोई प्रतिक्रिया नहीं' जैसी प्रतिक्रियाएँ क्रमशः 8 और 9 कोड को दी जा सकती है, भले ही एक प्रश्न के लिए प्रतिक्रियाएँ केवल 2 या 3 के लिए सीमित हैं। दूसरे शब्दों में, मान लीजिये आप प्रतिक्रिया देनेवाले के लिंग को कोड देना चाहते हैं और आपने महिला के लिए 1 और पुरुष के लिए 2 इन कोडों का चयन किया है। 'कोई प्रतिक्रिया नहीं' के लिए 3 कोड देने की बजाय 9 कोड दीजिये। यह सलाह कोडों को याद रखने में मदद करती है, जो कोडिंग में आपकी गति बढ़ाने में मदद करेगी।

कोड कैसे दिया जाये इस बात को समझने के लिए, आइये हम चित्र 15.2 में दिए गये उदाहरण में सूचीबद्ध किये गये प्रत्येक प्रश्न को लेते हैं।

प्रश्न 1 (अ)

पूर्ण वर्षों में आपकी वर्तमान उम्र:------

यह एक विस्तृत-उत्तरित परिमाणात्मक प्रश्न है। इस प्रकार के प्रश्नों में प्रतिक्रियाओं की सीमा का निर्धारण करना महत्वपूर्ण है–सबसे कम उम्र वाला और सबसे अधिक उम्र वाला व्यक्ति। ऐसा करने के लिए कई प्रश्नावली/ साक्षात्कार योजना के माध्यम से जाइये। एक बार यह सीमा स्थापित कर दी जाती है, फिर उसे कई श्रेणियों में विभाजित कीजिये। विकसित की गई ये श्रेणियाँ कई विचारों पर निर्भर होती हैं, जैसे, विश्लेषण का प्रयोजन, जिस तरीके से आप अपने अध्ययन की जाँच परिणामों को संचारित करना चाहते हैं और क्या इन परिणामों की किसी अन्य अध्ययन के परिणामों के साथ तुलना की जाएगी। आइये हम मान लेते हैं कि अध्ययन में यह सीमा 23 से 49 वर्षों तक है और मान लीजिये कि आपने अपने प्रयोजन से मेल खाने के लिए निम्नलिखित श्रेणियों के बारे में निर्णय लिया है: 20-24, 25-29, 30-34, 35-39, 40-44 और 45-49। यदि आपकी सीमा सही है तो आपको अन्य किसी श्रेणी की जरूरत नहीं है। आइये हम मान लेते हैं कि आपने निम्नानुसार कोडिंग करने का फैसला किया है: 20-24 = 1, 25-29 = 2, 30 34 = 3, इत्यादि। 'कोई प्रतिक्रिया नहीं' को समाहित करने के लिए आपने उसे 9 का कोड देने का निर्णय लिया है। आइये हम कल्पना करें कि आपने कोड के पन्ने के स्तंभ 5 के प्रश्नों की प्रतिक्रिया को कोड करने का निर्णय लिया है।

प्रश्न 1 (स)

आपकी वैवाहिक स्थिति: (कृपया टिक करें)
वर्तमान में विवाहित ---------
लिविंग इन रिलेशनशिप ------
विभक्त -------------------------
तलाकशुदा-----------------------
कभी भी शादी नहीं की --------

यह एक लघु-उत्तरीय श्रेणी का प्रश्न है। अर्थात इसके प्रतिक्रिया की पद्धति को पहले से ही प्रदान किया गया है। ऐसी स्थितियों में आपको प्रत्येक श्रेणी के लिए केवल एक सांख्यिक मूल्य प्रदान करना होता है। उदाहरण के लिए, आप इस प्रकार से कोडिंग करना चाहते हैं -- वर्तमान में विवाहित = 1, लिविंग इन रिलेशनशिप = 2, विभक्त = 3, तलाकशुदा = 4, कभी भी शादी नहीं की = 5। तो आपको 'कोई प्रतिक्रिया नहीं' के लिए एक और श्रेणी जोड़नी पड़ेगी और उसे 9 का कोड प्रदान करना पड़ेगा। इस प्रश्न के लिए इस प्रतिक्रिया को कोड के पन्ने में स्तंभ 6 में कोडित किया गया है।

प्रश्न 2 (ब)

यदि तृतीयक/विश्वविद्यालय है, तो कृपया प्राप्त किये गये स्तर और अध्ययन के क्षेत्र को स्पष्ट करें। (कृपया सभी स्नाकोत्तर पात्रता को स्पष्ट कीजिये।)

इस प्रश्न में प्रतिक्रिया देनेवाले व्यक्ति को तृतीयक पात्रता के बारे में पूछा गया है। यह प्रश्न दो पहलूओं के लिए पूछता है: (1) पात्रता का स्तर, जो श्रेणीबद्ध है; और (2) अध्ययन का क्षेत्र, जो विस्तृत-उत्तरीय प्रश्न है। इसके अलावा, किसी व्यक्ति के पास एक से अधिक पात्रता हो सकती है, जो इसे एक विविध प्रतिक्रिया प्रश्न बनाती है। इस प्रश्न के दोनों पहलूओं को कोड दिया जाना है–उपलब्धि का स्तर (जैसे सहयोगी डिप्लोमा, डिप्लोमा) और अध्ययन का क्षेत्र (जैसे, इंजिनियरिंग, अकाउंटिंग)। जब विविध प्रतिक्रियाओं की कोडिंग की जाती है तो कोडिंग किये जाने वाले अधिकतम संभव संख्या के बारे में निर्णय लें। मान लीजिये कि आप तृतीयक शिक्षण के तीन स्तरों के लिए अधिकतम संख्या को कोड करते हैं। (यह उपलब्धि के स्तर की अधिकतम संख्या पर निर्भर करेगा, जिसकी अध्ययन की आबादी के द्वारा पहचान की गई है।) पहले, उपलब्धि के स्तर को कोड दें TEDU (= तृतीयक शिक्षण) और फिर अध्ययन का क्षेत्र STUDY। ऊपर के उदाहरण में, आइये हम ये मान लेते हैं कि आपने उपलब्धि के तीन स्तरों को कोड करने का निर्णय लिया है। उनकी एक-दूसरे से अलग पहचान करने के लिए हम प्रथम स्तर को TEDU 1, दूसरे स्तर को TEDU 2 और तीसरे स्तर को TEDU 3 कहकर बुलाते हैं,और उन्हें क्रमशः स्तंभ 7, 8 और 9 में कोड करने का निर्णय लेते हैं। इसी प्रकार से अध्ययन के तीन क्षेत्रों को दिए गये नाम हैं STUDY 1, STUDY 2 और STUDY 3, और हम उन्हें 10-11, 12-13 और 14-15 स्तंभों में कोड करने का निर्णय लेते हैं। विभिन्न पात्रताओं के लिए दिए गये कोड्स (01 से 22) को कोड पुस्तिका में सूचीबद्ध किया गया है। यदि एक प्रतिक्रिया देनेवाले व्यक्ति की केवल एक ही पात्रता है, तो दूसरी और तीसरी पात्रता का सवाल लागू नहीं होता और आपको 'लागू नहीं होता' इस कोड का निर्णय लेना होगा। कल्पना कीजिये कि आपने 88 का कोड दिया है। तब इस प्रश्न के लिए 'कोई प्रतिक्रिया नहीं' को 99 का कोड देना पड़ेगा।

प्रश्न 11

आपकी राय में पुनः नियुक्ति से पहले और बाद में नौकरियों के बीच में प्रमुख अंतर क्या-क्या हैं?

____

____

____

यह एक विस्तृत-उत्तरीय प्रश्न है। जैसा कि पहले बताया गया है, इसको कोड देने के लिए आपको सामग्री के विश्लेषण की प्रक्रिया से होकर गुजरना पड़ेगा। इस पुस्तक की सीमा के भीतर इसका विस्तार में वर्णन करना संभव नहीं है, परंतु वे प्रतिक्रिया श्रेणियाँ जिनको श्रेणीबद्ध किया गया है वे व्यावसायिक पुनः नियुक्ति पर किये गये सर्वेक्षण में 109 व्यक्तियों द्वारा दी गई प्रतिक्रियाओं के आधार पर सूचीबद्ध की गई हैं। इस प्रकार के प्रश्नों की कोडिंग करने में एक तरफ आपको प्रतिक्रिया के जवाबों में विविधता को बनाये रखने की आवश्यकता होती है, तो वही दूसरी तरफ समानता की पहचान करने के लिए आप उनको अर्थपूर्ण श्रेणियों में विभाजित करना चाहते हैं। चूँकि यह प्रश्न प्रतिक्रिया देनेवाले से नौकरी के पुनः नियुक्ति के पहले और बाद की स्थिति में अंतर की पहचान करने के लिए पूछ रहा है, अतः सरल रूप से पहचान करने के लिए हम मानते हैं कि इस चर का नाम DIFWK (काम का अंतर) दिया गया था। इस प्रश्न के लिए प्राप्त प्रतिक्रियाओं को चित्र 15.3 में सूचीबद्ध किया गया है। इन प्रतिक्रियाओं का प्राप्त की गई प्रश्नावलियों में से यादृच्छिक रूप से चयन किया गया था।

इन प्रतिक्रियाओं की नजदीकी से परीक्षण यह दर्शाता है कि इनमें कई विषय आम हैं। उदाहरण के लिए, 'नई नौकरी में नये कौशल सीखना'; 'नई नौकरी में चुनौतियों की कमी है'; 'वर्तमान नौकरी में अधिक सुरक्षित हूँ';

चित्र 15.3 चित्र 15.2 में विस्तृत-उत्तरीय प्रश्न (क्र. 11) के प्रति कुछ चयनित प्रतिक्रियाएं

प्रतिक्रिया देनेवाला 3
FT से अब तक के घंटे: पूरी तरह से भिन्न कौशलों की आवश्यकता है; अधिक व्यस्त, अधिक संरचित दिन और ड्यूटी; अब एक स्वतंत्र कर्मचारी की बजाय टीम का हिस्सा हूँ।

प्रतिक्रिया देनेवाला 20
मैं खुश हूँ और मुझे महसूस कराया जा रहा है कि मैं टीम का एक बहुमूल्य भाग हूँ।

प्रतिक्रिया देनेवाला 41
यह बहुत ही अच्छी है, पहले वाली नौकरी आगे दिए गये कारणों से ढ़ीली-ढाली थी-- वहाँ स्थित अप्रबन्धन, बुरी नीतियाँ और ये भावनाएं कि समर्पण और कड़ी मेहनत से कुछ नहीं होता।

प्रतिक्रिया देनेवाला 48

पहले	बाद में
प्रति सप्ताह 15 घंटे	प्रति सप्ताह 24 घंटे
सोमवार से शुक्रवार	अत्यंत संतोषजनक
पूरे समय सक्रिय	लोगों के साथ काम करना
बैठना नहीं	गंभीर मनोवैज्ञानिक के साथ काम करना
लोगों के साथ काम करना	मरीज अत्यंत तनावपूर्ण हो सकते हैं

प्रतिक्रिया देनेवाला 52
कोई फर्क नहीं

प्रतिक्रिया देनेवाला 54
नौकरी के पुनः नियुक्ति के पहले और बाद में मेरा पद एक समान ही रहा है, परंतु पुनः नियुक्ति के पहले मैं प्रोजेक्ट मैनेजर के रूप में कार्यरत था (स्तर 5) और बाद में मुझे प्रोग्रामिंग के कार्य दिए गये थे (स्तर e)।

प्रतिक्रिया देनेवाला 63
इस पद पर दिन-प्रतिदिन का प्रशासन शामिल है (इसमें कॉर्पोरेट सेवाएँ, वित्त, जन संपर्क, सूचना प्रोद्योगिकी इत्यादि शामिल हैं)।

प्रतिक्रिया देनेवाला 69
मैं अपने खुद का काम कैसे पाऊं?

प्रतिक्रिया देनेवाला 72
मैं जो काम पहले कर रहा था उसमें मैं वर्कशॉप की आवश्यकताओं की तरफ देख रहा था, जबकि इस काम में मैं फाइलों पर प्रक्रिया करता हूँ और उन्हें वितरित करता हूँ।

प्रतिक्रिया देनेवाला 78
नये पद पर चुनौतीपूर्ण कार्य नहीं हैं, जिनका मैं आदी रहा हूँ। कई दैनिक गतिविधियाँ हैं (जिन्हें करियर के विकास की दृष्टी से सीखने के लिए मुझे खुशी है) परंतु मैं उनसे ऊब जाता हूँ। मेरा पहले का कार्य इसकी तुलना में अधिक दिलचस्प और कठिन था।

प्रतिक्रिया देनेवाला 79
मैं अपने वर्तमान नौकरी में अधिक सुरक्षित हूँ और इसमें अच्छा पैसा मिलता है, क्योंकि अब मैं अधिक समय तक काम करता हूँ। मैं चाय देनेवाले के रूप में केवल 61/2 घंटे काम करता था।

प्रतिक्रिया देनेवाला 81
मेरे पुराने काम में मुझे आप्रवासियों की बसने की आवश्यकता के संबंध में सहायता की जरूरत होने वाले संपूर्ण शासकीय/समुदाय और गैर-सरकारी क्षेत्र में शामिल होना होता था। मेरा वर्तमान पद मुझे काम की संतुष्टि प्रदान नहीं करता, विशेष रूप से उन अपराधियों के संबंध में, जिनके साथ अभी मैं कार्य कर रहा हूँ।

प्रतिक्रिया देनेवाला 97
कम जिम्मेदारी, अधिक विशिष्ट कार्य, प्रतिबंधित कार्य।

प्रतिक्रिया देनेवाला 105
मेरे वर्तमान कार्य में अधिक विविधता, अधिक लचीलापन, अधिक जिम्मेदारी है, परंतु कम आत्मविश्वास, अधिक सावधानी और कुछ निराशा है।

'वर्तमान नौकरी में अधिक संवाद होता है'; 'कम जिम्मेदारियां हैं'; अधिक विविधता है'; 'कोई फर्क नहीं है'; 'अधिक संतुष्टिदायक है'. यहाँ कई समान विषय हैं जो नौकरी के पहले और पश्चात को पकड़ कर रखते हैं। इसीलिए हमने इस विषय को 'वर्तमान नौकरी' और 'पहली नौकरी' के रूप में विकसित किया है।

परिमाणात्मक और गुणात्मक शोध के बीच प्रमुख अंतर यह है कि रिपोर्ट में प्रतिक्रियाओं का उपयोग किस तरीके से किया जाता है। गुणात्मक शोध में प्रतिक्रियाओं को आमतौर पर या तो शब्दशः या किसी विशिष्ट विषय के अंतर्गत लिखा जाता है और वास्तविक प्रतिक्रियाएं उनको पुष्टि करने के लिए प्रदान की जाती हैं।

परिमाणात्मक शोध में प्रतिक्रियाओं का परिक्षण किया जाता है, उनमें से आम विषय की पहचान की जाती है, उन विषयों को नाम दिया जाता है (या श्रेणियाँ विकसित की जाती हैं) और प्रतिक्रिया देनेवाले वाले प्राप्त प्रतिक्रियाओं को इन विषयों के अंतर्गत वर्गीकृत किया जाता है। यदि वांछित हो तो विषयों की आवृत्ति का निर्धारण करने के लिए डेटा का विश्लेषण भी किया जा सकता है। यह भी संभव है कि इन विषयों को किसी अन्य विशेषताओं के संबंध में विश्लेषित किया जाये, जैसे अध्ययन आबादी की उम्र, शिक्षण और आमदनी।

कोड पुस्तिका विकसित किये गये विषय को दी गई प्रतिक्रियाओं के आधार पर सूचीबद्ध करती है। जैसा कि आप देख सकते हैं, इससे कई श्रेणियाँ विकसित की जा सकती हैं। लेखक ये सलाह देते हैं कि घबराने की आवश्यकता नहीं है क्योंकि यदि जरूरत पड़े तो श्रेणियों को बाद में संयुक्त किया जा सकता है। इसका विपरित होना असंभव है, यदि आप पुनः कच्चे डेटा की तरफ नहीं जाते हैं।

आइये हम मान लेते हैं कि इस प्रश्न के लिए आप पांच प्रतिक्रियाओं को कोड देना चाहते हैं और आपने इन पांच चरों को DIFWK1, DIFWK2, DIFWK3, DIFWK4 और DIFWK5 नाम देने का तय किया है। हम यह भी मान लेते हैं कि आपने उन्हें क्रमशः स्तंभ 16-17, 18-19, 20-21, 22-23, और 24-25 में कोडित किया है।

प्रश्न 12

> हम आपके कार्य के निम्नलिखित पहलूओं के संबंध में पुनः नियुक्ति के पहले और बाद के दोनों कार्यों के बारे में आपकी धारणा के बारे में जानना चाहेंगे। कृपया निम्नलिखित मार्गदर्शन का उपयोग करते हुए उन्हें एक पांच-बिंदुओं वाले पैमाने पर श्रेणीबद्ध करें:
>
> 5 = अत्यंत संतुष्ट, 4 = बहुत संतुष्ट, 3 = संतुष्ट, 2 = असंतुष्ट, 1 = अत्यंत असंतुष्ट

यह एक अत्यधिक संरचित प्रश्न है, जो प्रतिक्रिया देनेवाले से एक पांच-बिंदुओं वाले पैमाने पर कार्य की पुनः नियुक्ति के पहले और बाद में उनके कार्यों के विभिन्न क्षेत्रों में संतुष्टि के उनके स्तर की तुलना करने को कहता है। चूँकि हम पुनः नियुक्ति के पहले और बाद में कार्य की संतुष्टि के बारे में अंदाज ले रहें है, अतः प्रतिक्रिया देनेवाले से हर क्षेत्र में दो प्रतिक्रियाएं देने की उम्मीद की जाती है। इस उदाहरण में हम यह मान लेते हैं कि हमने पुनः नियुक्ति के बाद के कार्य को JOBSTA (पुनः नियुक्ति के बाद कार्य का स्तर) नाम दिया है और पुनः नियुक्ति के पहले के कार्य को JOBSTB (पुनः नियुक्ति के पहले कार्य का स्तर) का नाम दिया है। इसीप्रकार, दूसरे क्षेत्र अर्थात कार्य संतुष्टि के लिए आपने JOBSATA चर नाम तय किया है,

जो पुनः नियुक्ति के बाद कार्य संतुष्टि के लिए है (पुनः नियुक्ति के बाद कार्य संतुष्टि) और पुनः नियुक्ति के पहले स्तर के लिए JOBSATB (पुनः नियुक्ति के पहले कार्य संतुष्टि) नाम तय किया है। अन्य चरों के नाम उसी प्रकार से दिए गये हैं। इस उदाहरण में चर JOBSTA को स्तंभ 26 में दर्ज किया है, BOBSTB को स्तंभ 27 में आगे इसी प्रकार से दर्ज किया गया है।

चरण II: कोड पुस्तिका का पूर्व-परीक्षण

जैसे ही कोड पुस्तिका का डिजाईन तैयार हो जाता है तो अपने डेटा को कोड करने से पहले इसका किसी समस्या के ऊपर पूर्व-परीक्षण करना महत्वपूर्ण होता है। एक पूर्व-परीक्षा में कुछ प्रश्नावलियाँ/ साक्षात्कार योजना शामिल होती हैं और कोडिंग में किसी समस्या को सुनिश्चित करने के लिए उस प्रतिक्रिया की वास्तव में कोडिंग की जाती है। यह संभव हो सकता है कि आपको कुछ प्रतिक्रियाएं प्रदान न की गई हो और इसलिए आप उन्हें कोड करने में असमर्थ हैं। इस पूर्व-परिक्षण की रोशनी में यदि जरूरत हो तो अपनी कोड-पुस्तिका को बदलिए।

चरण III: डेटा की कोडिंग करना

जैसे ही आपकी कोड पुस्तिका के बारे में अंतिम निर्णय ले लिया जाता है, वैसे ही अगला कदम कच्चे डेटा को कोड करना है। ऐसा करने के तीन तरीके हैं:

1. यदि शोध उपकरण का निर्माण करते समय कोड के लिए जगह प्रदान की गई है तो स्वयं प्रश्नावली/ साक्षात्कार योजना पर ही कोडिंग करना।
2. अलग कोड-शीट पर कोडिंग करना, जो खरीदी के लिए उपलब्ध हों।
3. SPSS या SAS जैसे प्रोग्रामों का इस्तेमाल करके सीधे कंप्यूटर पर कोडिंग करना।

कोडिंग की प्रक्रिया को समझाने के लिए आइये हम उसी प्रश्न को लेते हैं जिसका हमने कोड-पुस्तिका को तैयार करते समय इस्तेमाल किया था। हम कुल 109 प्रतिक्रिया देनेवालों में से यादृच्छिक रीति से तीन प्रश्नावलियां चुनते हैं (चित्र 15.4 – 15.6)। कोड पुस्तिका को एक मार्गदर्शिका के रूप में इस्तेमाल करते हुए हम इन पत्रों की जानकारी को कोडिंग शीट पर कोड करते हैं (चित्र 15.7)। आइये हम प्रतिक्रिया देनेवाले क्र. 3 को लेकर इस कोडिंग प्रक्रिया का परीक्षण करते हैं (चित्र 15.7)।

प्रतिक्रिया देनेवाला 3

कुल प्रतिक्रिया देनेवालों की संख्या 99 है और यह तीसरी प्रश्नावली है, इसलिए पहचान क्र. 003 को स्तंभ 1-3 (चित्र 15.7) में दर्ज किया गया। चूँकि यह इस प्रतिक्रिया देनेवाले का पहला रिकॉर्ड है, इसलिए इसे स्तंभ 4 में दर्ज किया गया। इस व्यक्ति की उम्र 49 वर्ष है और यह 45-49 की श्रेणी में आता है, जिसे 6 के रूप में कोडित किया गया है। जैसे कि उम्र के बारे में यह जानकारी स्तंभ 5 में आती है, इस कोड-शीट के इस स्तंभ में 6 दर्ज किया हुआ है। इस व्यक्ति की वैवाहिक स्थिति ''तलाकशुदा'' की है, अतः स्तंभ 6 में 4 दर्ज किया गया था। इस व्यक्ति के पास लाइब्रेरीयनशिप में स्नातक की डिग्री है। स्नातक की डिग्री के लिए चयन किया गया कोड 3 है, जिसे स्तंभ 7 में दर्ज किया गया है। तीन तृतीयक पात्रताओं को प्रदान किया गया है, और जैसा कि इस व्यक्ति की अन्य कोई पात्रता नहीं है, इसलिए TEDU2 और TEDU3 ''लागू नहीं होते'', और इसलिए स्तंभ 8 और 9 में 8 को दर्ज किया गया है। इस व्यक्ति की स्नातक की डिग्री लाइब्रेरीयनशिप में है, जिसके लिए 09 कोड दिया गया है और उसे स्तंभ 10-11 में दर्ज किया गया है। चूँकि वहाँ सिर्फ एक पात्रता है, STUDY2 और STUDY 3 ''लागू नहीं होते'', और इसीलिए स्तंभ 12-13 और 14-15 में 88 का कोड दर्ज किया गया है। इस व्यक्ते ने प्रश्न क्र. 11 (DIFWK) के लिए कई प्रतिक्रियाएं दी हैं, जो उस प्रतिक्रिया देनेवाले व्यक्ति को पुनः नियुक्ति के पहले और बाद के कार्यों के बीच प्रमुख अंतरों की सूची बनाने के लिए कहता है। इस प्रकार के प्रश्नों की कोडिंग करते समय बहुत सावधानी बरतनी होती है।

दिए गये कोडों की पहचान करने के लिए DIFWK1, DIFWK2, DIFWK3, DIFWK4 और DIFWK5 नामक प्रतिक्रियाओं की जाँच करें। एक 22 का कोड (अभी लोगों के साथ काम करता हूँ) एक प्रतिक्रिया को दिया गया था, जिसे हमने स्तंभ 16-17 में दर्ज किया था। दूसरे अंतर DIFWK2 को 69 का कोड दिया गया था (पूर्णतः अलग कौशलों की जरूरत है), जिसे स्तंभ 18-19 में दर्ज किया गया था। DIFWK3 को 77 का कोड दिया गया था (वर्तमान कार्य अधिक संरचित है) और उसे स्तंभ 20-21 में दर्ज किया गया था। इसीप्रकार, पुनः नियुक्ति के पहले और बाद में उनके कार्य में चौथे DIFWK4 और पांचवें DIFWK5 अंतर को 78 (स्वतंत्र कर्मचारी की बजाय अब टीम का एक हिस्सा है) और 38 (घंटे–अब पूर्णकालिक) के रूप में कोड दिया गया था, जिन्हें क्रमशः स्तंभ 22-23 और 24-25 में दर्ज किया गया। प्रश्न 12 को कोड देना अत्यंत सरल है। एक कार्य के प्रत्येक क्षेत्र के लिए दो स्तंभ हैं, एक पहले के लिए और दूसरा बाद के लिए। कार्य के ओहदे को दो चरों में विभाजित किया गया है, JOBSTA व्यक्ति के पुनः नियुक्ति के बाद कार्य से संतुष्टि के स्तर के लिए है और JOBSTB पुनः नियुक्ति के पहले का स्तर है। JOBSTA को स्तंभ 26 में और JOBSTB को स्तंभ 27 में दर्ज किया गया। पुनः नियुक्ति के पहले और बाद के अन्य क्षेत्रों को समान रूप से कोडित किया गया।

अन्य दो उदाहरणों को भी इसीप्रकार से कोडित किया गया। कोडित किये गये इस डेटा को चित्र 15.7 में दर्शाया गया है। कोडिंग की इस प्रक्रिया में आपको कुछ प्रतिक्रियाएँ मिल सकती हैं जो आपकी पूर्व-निर्धारित श्रेणियों में फिट न बैठती हों। यदि ऐसा होता है तो उन्हें एक कोड दें और इन्हें अपनी कोड पुस्तिका में जोड़ लें।

चरण IV: कोड किये गये डेटा का सत्यापन करना

जैसे ही डेटा को कोड डे दिया जाता है, वैसे ही यादृच्छिक पद्धति से कुछ शोध उपकरणों का चयन करें और कोडिंग में कोई भिन्नता हो तो उसकी पहचान करने के लिए प्रतिक्रिया को रिकॉर्ड करें। कोडिंग का तब तक सत्यापन करते रहें जब तक आप सुनिश्चित नहीं हो जाते कि अब कोई भिन्नता बाकी नहीं है। यदि कोई भिन्नता हों तो कोडिंग की पुनः-परीक्षा करें।

विश्लेषण का एक ढांचा तैयार करना

यद्यपि विश्लेषण का एक ढांचा आपकी रिपोर्ट लिखते समय ही उभर कर ऊपर आना चाहिए।, फिर भी यह वांछनीय है कि इसे डेटा का विश्लेषण किये जाने से पहले विकसित किया जाये। एक 'विश्लेषण के ढांचे' ने निम्नलिखित का उल्लेख करना चाहिए:

- आप किन चरों का विश्लेषण करने की योजना बना रहें हैं;
- उन पर किस प्रकार का विश्लेषण किया जाना चाहिए;

प्रतिक्रिया देनेवाला = 3

1. कृपया सूचित करें:

   अ. पूर्ण वर्षों में आपकी उम्र: 49

   स. आपकी वैवाहिक स्थिति: (कृपया टिक करें)
   वर्तमान में शादीशुदा ....
   लिविंग इन रिलेशन में ....
   विभक्त ....
   तलाकशुदा ....
   कभी भी शादी नहीं की ....

2. ब. यदि तृतीयक/विश्वविद्यालय, कृपया उपलब्धि का लेवल और अध्ययन के क्षेत्र को उल्लेखित करें। (कृपया सभी स्नातकोत्तर पात्रताओं का उल्लेख करें।)

उपलब्धि का स्तर	अध्ययन का क्षेत्र: जैसे, इंजिनियरिंग, अकाउंटिंग
सहयोगी डिप्लोमा	
स्नातक	लाइब्रेरीयनशिप
स्नातक डिप्लोमा	
स्नातकोत्तर	
पी.एचडी.	

11. आपकी राय में पुनः नियुक्ति के पहले और बाद की स्थिति के बीच में मुख्य अंतर क्या है?

    घंटे-अब एफ.टी. पूरी तरह से भिन्न कौशल चाहिए, अब लोगों के साथ काम करता हूँ।

    अधिक व्यस्त, अधिक संरचित दिन और कार्य। अब स्वतंत्र कर्मचारी होने की बजाय टीम का एक हिस्सा हूँ।

12. हम आपके कार्य के निम्नलिखित पहलूओं के संबंध में पुनः नियुक्ति के पहले और बाद के दोनों कार्यों के बारे में आपकी धारणा के बारे में जानना चाहेंगे। कृपया निम्नलिखित मार्गदर्शन का उपयोग करते हुए उन्हें एक पांच-बिंदुओं वाले पैमाने पर श्रेणीबद्ध करें:

5= अत्यंत संतुष्ट, 4= बहुत संतुष्ट, 3 = संतुष्ट, 2 = असंतुष्ट, 1 = अत्यंत असंतुष्ट

चित्र 15.4 एक सर्वेक्षण से कुछ प्रश्न – प्रतिक्रिया देनेवाला 3

पुनः नियुक्ति के पहले					क्षेत्र	पुनः नियुक्ति के बाद				
1	2	3	4	5		1	2	3	4	5
			✓		कार्य का ओहदा					✓
			✓		कार्य से संतुष्टि					✓
			✓		कार्य के प्रति प्रेरणा					✓
			✓		कार्य में रुचि					✓
			✓		आत्मसम्मान					✓
			✓		व्यावसायिक अनुकूलन				✓	✓
			✓		साथियों से संवाद					✓
			✓		नैतिकता				✓	
			✓		कार्य का वातावरण				✓	
				✓	सामाजिक संवाद			✓		

- आप किस प्रकार के क्रॉस-टेब्युलेशन की योजना बना रहें हैं;
- अपनी मुख्य संकल्पना का निर्माण करने के लिए या सूचीयों को विकसित करने के लिए आपको किन चरों को संयुक्त करने की आवश्यकता है (एक शोध प्रश्न का निर्माण करने में संकल्पनाएँ चरों में परिवर्तित होती हैं–इस अवस्था पर उन्हें फिर से संकल्पनाओं में परिवर्तित करें);
- किन किन चरों को किन किन संख्यिकीय प्रक्रियाओं के आधीन होना चाहिए

इसे समझाने के लिए, आइये हम इस अध्याय में इस्तेमाल किये गये साक्षात्कार का उदाहरण लेते हैं।

प्रतिक्रिया देनेवाला = 59

1. कृपया सूचित करें:
   अ. पूर्ण वर्षों में आपकी उम्र: 45
   स. आपकी वैवाहिक स्थिति: (कृपया टिक करें)
      वर्तमान में शादीशुदा ... ✓.....
      लिविंग इन रिलेशन में ....
      विभक्त ....
      तलाकशुदा...............
      कभी भी शादी नहीं की ....

2. ब. यदि तृतीयक/विश्वविद्यालय, कृपया उपलब्धि का लेवल और अध्ययन के क्षेत्र को उल्लेखित करें। (कृपया सभी स्नातकोत्तर पात्रताओं का उल्लेख करें।)

उपलब्धि का स्तर	**अध्ययन का क्षेत्र: जैसे, इंजिनियरिंग, अकाउंटिंग**
सहयोगी डिप्लोमा	
स्नातक	
व्यावहारिक विज्ञान	
स्नातक डिप्लोमा	
स्नातकोत्तर	
पी.एचडी.	

11. आपकी राय में पुनः नियुक्ति के पहले और बाद की स्थिति के बीच में मुख्य अंतर क्या है?
    कम जिम्मेदारी, अधिक विशिष्ट कार्य, मर्यादित संभावनाएं।

12. हम आपके कार्य के निम्नलिखित पहलूओं के संबंध में पुनः नियुक्ति के पहले और बाद के दोनों कार्यों के बारे में आपकी धारणा के बारे में जानना चाहेंगे। कृपया निम्नलिखित मार्गदर्शन का उपयोग करते हए उन्हें एक पांच-बिंदुओं वाले पैमाने पर श्रेणीबद्ध करें:

5 = अत्यंत संतुष्ट, 4 = बहुत संतुष्ट, 3 = संतुष्ट, 2 = असंतुष्ट, 1 = अत्यंत असंतुष्ट

चित्र 15.5 एक सर्वेक्षण से कुछ प्रश्न – प्रतिक्रिया देनेवाला 59

पुनः नियुक्ति के पहले					क्षेत्र	पुनः नियुक्ति के बाद				
1	2	3	4	5		1	2	3	4	5
			✓		कार्य का ओहदा		✓			
			✓✓		कार्य से संतुष्टि			✓		
			✓✓		कार्य के प्रति प्रेरणा		✓			
				✓	कार्य में रुचि			✓		
				✓	आत्मसम्मान			✓		
				✓	व्यावसायिक अनुकूलन			✓		
				✓	साथियों से संवाद				✓	
				✓	नैतिकता		✓			
				✓	कार्य का वातावरण			✓		
			✓		सामाजिक संवाद				✓	

प्रतिक्रिया देनेवाला = 81

1. कृपया सूचित करें:
   अ. पूर्ण वर्षों में आपकी उम्र: 42
   स. आपकी वैवाहिक स्थिति: (कृपया टिक करें)
      वर्तमान में शादीशुदा ....
      लिविंग इन रिलेशन में ....
      विभक्त ....
      तलाकशुदा...............
      कभी भी शादी नहीं की ....

2. ब. यदि तृतीयक/विश्वविद्यालय, कृपया उपलब्धि का लेवल और अध्ययन के क्षेत्र को उल्लेखित करें। (कृपया सभी स्नातकोत्तर पात्रताओं का उल्लेख करें।)

उपलब्धि का स्तर	**अध्ययन का क्षेत्र: जैसे, इंजिनियरिंग, अकाउंटिंग**
सहयोगी डिप्लोमा	
स्नातक	सामाजिक कार्य
स्नातक डिप्लोमा	
स्नातकोत्तर	
पी.एचडी.	

11. आपकी राय में पुनः नियुक्ति के पहले और बाद की स्थिति के बीच में मुख्य अंतर क्या है?

मेरे पुराने काम में मुझे आप्रवासियों की बसने की आवश्यकता के संबंध में सहायता की जरूरत होने वाले संपूर्ण शासकीय/ समुदाय और गैर-सरकारी क्षेत्र में शामिल होना होता था। मेरा वर्तमान पद मुझे काम की संतुष्टि प्रदान नहीं करता, विशेष रूप से उन अपराधियों के संबंध में, जिनके साथ अभी मैं कार्य कर रहा हूँ।

12. हम आपके कार्य के निम्नलिखित पहलूओं के संबंध में पुनः नियुक्ति के पहले और बाद के दोनों कार्यों के बारे में आपकी धारणा के बारे में जानना चाहेंगे। कृपया निम्नलिखित मार्गदर्शन का उपयोग करते हए उन्हें एक पांच-बिंदुओं वाले पैमाने पर श्रेणीबद्ध करें:

5 = अत्यंत संतुष्ट, 4 = बहुत संतुष्ट, 3 = संतुष्ट, 2 = असंतुष्ट, 1 = अत्यंत असंतुष्ट

चित्र 15.6 एक सर्वेक्षण से कुछ प्रश्न – प्रतिक्रिया देनेवाला 81

पुनः नियुक्ति के पहले					क्षेत्र	पुनः नियुक्ति के बाद				
1	2	3	4	5		1	2	3	4	5
		✓			कार्य का ओहदा		✓			
			✓		कार्य से संतुष्टि		✓			
				✓	कार्य के प्रति प्रेरणा			✓		
			✓		कार्य में रुचि		✓			
			✓		आत्मसम्मान		✓			
		✓			व्यावसायिक अनुकूलन		✓			
		✓			साथियों से संवाद					
			✓		नैतिकता		✓			
			✓		कार्य का वातावरण		✓			
		✓			सामाजिक संवाद		✓			

आवृत्ति वितरण

एक आवृत्ति वितरण प्रतिक्रिया देनेवालों को उप-श्रेणियों में समूहित करता है जिसमें एक चर को विभाजित किया जा सकता है। जब तक आप कुछ प्रश्नों के जवाबों का इस्तेमाल करने की योजना नहीं बनाते तब तक आपके पास सभी चरों के लिए एक आवृत्ति वितरण होना चाहिए। प्रत्येक चर को विश्लेषण के ढांचे में या तो अलग से या सामूहिक रूप से उल्लेखित किया जा सकता है। इसे समझाने के लिए, उन्हें यहाँ कोड पुस्तिका में उपयोग किये गये नाम के द्वारा अलग से रखा जा सकता है। उदाहरण के लिए, विश्लेषण के ढांचे में निम्नलिखित चरों के लिए आवृत्ति वितरण को शामिल करना चाहिए:

- उम्र
- वै. स्थि.
- TEDU (TEDU1, TEDU2, TEDU3 विविध प्रतिक्रियाएं, सामूहिक रूप से विश्लेषित की जानी चाहिए।);
- STUDY (STUDY1, STUDY2, STUDY3– विविध प्रतिक्रियाएं, सामूहिक रूप से विश्लेषित की जानी चाहिए।);
- DIFWK (DIFWK1, DIFWK2, DIFWK3– विविध प्रतिक्रियाएं, सामूहिक रूप से विश्लेषित की जानी चाहिए।);
- JOBSTA. JOBSTB;
- MOTIVA, MOTIVB
- इत्यादि

चित्र 15.7 एक कोड-शीट के ऊपर कोड किये गये डेटा का एक उदाहरण

प्रोग्राम	
प्रोग्रामर	दिनांक

पहचान क्रमांक

बयान क्रमांक | जाति | वैवाहिक स्थिति | अध्ययन का क्षेत्र | कार्य में अंतर | संतुष्टि का स्तर | फोरट्रान एस

1	2	3	4	5	6	7	8	9	10	11	12	13	14	15	16	17	18	19	20	21	22	23	24	25	26	27	28	29	30	31	32	33	34	35	36	37	38	39	40
0	0	3	1	6	4	3	8	8	0	9	8	8	8	8	2	2	6	9	7	7	7	8	3	8	5	4	5	4	5	4	5	4	5	4					
0	5	9	1	6	1	3	8	8	0	1	8	8	8	8	0	3	1	9	7	7	8	8	8	8	2	4	3	4	2	4	3	5	3	5					
0	8	1	1	5	1	2	8	8	1	3	8	8	8	8	1	7	0	1	8	8	8	8	8	8	2	3	2	4	3	5	2	4	2	4					

रिकॉर्ड क्र. | उम्र | उपलब्धि का स्तर

क्रॉस-टेब्युलेशन्स

क्रॉस-टेब्युलेशन्स यह ज्ञात करने करने के लिए दो चरों का विश्लेषण करता है कि उनके बीच में कोई संबंध तो नहीं है। ये चर सामान्यतः स्वतंत्र और निर्भर या आरोपण और निर्भर होते हैं। यह जानने के लिए दोनों चरों की उप-श्रेणियों का क्रॉस-टेब्युलेशन किया जाता है कि उनके बीच में कोई संबंध तो नहीं है। आमतौर पर, प्रत्येक सेल में प्रतिक्रिया देनेवालों की निरपेक्ष संख्या और पंक्ति और स्तंभ प्रतिशत आपको एक अच्छी कल्पना देते हैं कि इनका संभव संयोजन क्या हो सकता है।

अध्ययन में हमने इस अध्याय में एक उदाहरण प्रस्तुत किया है, मुख्य चरों में से समझाये जाने वाला एक चर है- पुनः नियुक्ति के पहले और बाद में संतुष्टि का स्तर। हमने संतुष्टि की दो सूचीयाँ तैयार की हैं:

1. पुनः नियुक्ति के पहले कार्य में संतुष्टि (JOBSATB);
2. पुनः नियुक्ति के बाद में कार्य में संतुष्टि (JOBSATA)।

संतुष्टि के स्तर में अंतर कई व्यक्तिगत विशेषताओं द्वारा प्रभावित हो सकते हैं, जैसे, प्रतिक्रिया देनेवाले की उम्र, शिक्षा, प्रशिक्षण और वैवाहिक स्थिति। क्रॉस-टेब्युलेशन्स यह पहचान करने में मदद करता है कि संतुष्टि के स्तर को कौनसी विशेषता प्रभावित कर रही है। सैद्धांतिक रूप से किसी भी चर के साथ सह-संबंध बनाना संभव है, परंतु यह सलाह दी जाती है कि विशिष्ट को ही चुने, अन्यथा अनेक तालिकाएँ बनानी पड़ सकती हैं। सामान्यतया, केवल उन्ही चरों के साथ सह-संबंध बनाना चाहिए जो आपके अनुसार निर्भर चर पर प्रभाव डाल सकते हैं। निम्नलिखित क्रॉस-टेब्युलेशन्स विश्लेषण का ढांचा बनाने के आधार का एक उदाहरण है: JOBSATA और JOBSATB के लिए उम्र, वै. स्थि., TEDU, STUDY और DIFWK (ये इस बात का निर्धारण

चित्र 15.8 ग्राफ पेपर का उपयोग करके मैन्युअल विश्लेषण

पहचान क्र	उम्र	MS	शिक्षा			अध्ययन का क्षेत्र			कार्य में अंतर					ओहदा		संतुष्टि	
			1	2	3	1	2	3	1	2	3	4	5	पहले	बाद में	पहले	बाद में
03	*6*	*4*	*3*	*8*	*8*	*09*	*88*	*88*	*22*	*69*	*77*	*78*	*38*	*5*	*4*	*5*	*4*
59	*6*	*1*	*3*	*8*	*8*	*01*	*88*	*88*	*03*	*18*	*77*	*88*	*88*	*2*	*4*	*3*	*4*
81	*5*	*1*	*2*	*8*	*8*	*13*	*88*	*88*	*17*	*01*	*88*	*88*	*88*	*2*	*3*	*2*	*4*

करते हैं कि क्या पुनः नियुक्ति के पहले और बाद में संतुष्टि पर उम्र, वैवाहिक स्थिति, शिक्षा, इत्यादि का प्रभाव पड़ता है); और JOBSATB के द्वारा JOBSATA (यह प्रगट करेगा कि क्या पुनः नियुक्ति के पहले और बाद में कार्य में संतुष्टि के बीच कोई संबंध है)। आप चाहे जितने चरों का उल्लेख कर सकते हैं।

प्रमुख संकल्पना का पुनर्निर्माण करना

शोध उपकरण में ऐसे कई स्थान हो सकते हैं जहाँ आप उसी मुद्दे के विभिन्न पहलूओं के बारे में कई प्रश्नों के माध्यम से जवाब पाना चाहते हों, जैसे, पुनः नियुक्ति के पहले और बाद में संतुष्टि का स्तर (JOBSATB और JOBSATA)। प्रश्नावली में किसी कार्य के 10 पहलू थे, जिनके बारे में प्रतिक्रिया देनेवाले से पुनः नियुक्ति के पहले और बाद में उनके संतुष्टि के स्तर की पहचान करने के लिए कहा गया था। यह संतुष्टि का स्तर एक पहलू से दूसरे पहलू के लिए भिन्न-भिन्न हो सकता है। हालाँकि प्रत्येक पहलू के लिए प्रतिक्रिया देनेवाले की प्रतिक्रिया जानना महत्वपूर्ण है।, साथ ही उनकी संतुष्टि की संपूर्ण सूची का एक अनुमान लगाना भी उतना ही महत्वपूर्ण है। इसलिए डेटा का विश्लेषण वास्तव में प्रारंभ करने से पहले आपको यह तय करना अत्यंत आवश्यक है कि आप विभिन्न प्रश्नों के साथ प्रतिक्रियाओं को कैसे संयोजित करेंगे।

इस उदाहरणो में प्रतिक्रिया देनेवाले व्यक्तियों ने पांच प्रतिक्रिया श्रेणियों में से एक का चयन करके उनके संतुष्टि के स्तर को सूचित किया था। प्रतिक्रिया देनेवाले व्यक्तियों द्वारा दी गई प्रतिक्रियाओं को एक सांख्यिक मूल्य देकर एक संतुष्टि सूचकांक तैयार किया गया था। संतुष्टि सूचकांक को निर्धारित करने के लिए टिक की गई श्रेणियों को दिए गये सांख्यिक मूल्य को जोड़ा गया। किसी भी प्रतिक्रिया देनेवाले के लिए यह संतुष्टि सूचकांक 10 से 50 के बीच में भिन्नता दर्शाता है। इस स्कोर की व्याख्या उस तरीके पर निर्भर करती है जिस तरीके से वे सांख्यिक मूल्य लगाये गये थे। इस उदाहरण में जितना ऊँचा स्कोर होगा उतना ही ऊँचा संतुष्टि का स्तर होगा।

सांख्यिकीय प्रक्रियाएँ

इस विभाग में आपने उन सांख्यिकीय प्रक्रियाओं की सूची तैयार करनी चाहिए जिसके माध्यम से आप अपने डेटा पर प्रक्रिया करना चाहते हैं। चरों की सूची बनाने के बाद आपने उन प्रक्रियाओं की पहचान करनी चाहिए जो उनसे होकर गुजरेंगे–उदाहरण के लिए, प्रतिगमन विश्लेषण (JOBSATB पर JOBSATA); विविध प्रतिगमन विश्लेषण (उम्र, शिक्षा और वै.स्थि. पर JOBSATA; उम्र, शिक्षा और वै. स्थि. पर JOBSATB); और चरों का विश्लेषण। इसीप्रकार, विविध सांख्यिकीय प्रक्रियाओं के माध्यम से गुजरने वाले विभिन्न चरों के बारे में सोचने और उल्लेख करने की आवश्यकता हो सकती है। यहाँ कई उपयोगकर्ता-सुलभ प्रोग्राम्स हैं, जिन्हें आप आसानी से सीख सकते हैं, जैसे SPSS और SAS।

परिमाणात्मक डेटा का मैन्युअली विश्लेषण करना

कोड किये गये डेटा का मैन्युअल तरीके से या कंप्यूटर की मदद से विश्लेषण किया जा सकता है। यदि प्रतिक्रिया देनेवाले व्यक्तियों की संख्या विचारणीय रूप से छोटी है, वहाँ विश्लेषण करने के लिए अधिक चर नहीं हैं और न तो आप संबंधित कंप्यूटर प्रोग्राम से वाकिफ़ हैं और न ही आप उन्हें सीखना चाहते हैं तो आप डेटा का मैन्युअल तरीके से विश्लेषण कर सकते हैं। हालाँकि, मैन्युअल विश्लेषण केवल आवृत्ति की गणना करने और सरल क्रॉस-टेब्युलेशन के लिए ही उपयोगी होता है। यदि आपने डेटा को कंप्यूटर में प्रविष्ट नहीं किया है, परंतु सांख्यिकीय परीक्षण करना चाहते हैं तो आपको उनकी मैन्युअली गणना करनी पड़ेगी, जो एक अत्यंत कठिन और समय लेने वाला कार्य हो सकता है। हालाँकि, सांख्यिकी का उपयोग आपकी विशेषज्ञता और आपके जाँच परिणामों को एक निश्चित तरीके से संचारित करने की इच्छा/ जरूरत पर निर्भर करता है।

सावधान रहें कि मैन्युअल विश्लेषण अत्यधिक समय लेने वाला कार्य है। मैन्युअल तरीके से डेटा का विश्लेषण करने का सबसे आसान तरीका एक बड़े ग्राफ पेपर पर स्तंभों में उसी तरह से कोड किया जाना होता है जिस तरह से आपने उसे कंप्यूटर में प्रविष्ट किया होता । ग्राफ पेपर पर आपको स्तंभ क्रमांक की चिंता करने की जरूरत नहीं होती। प्रश्नों के बारे में जानकारी को कोड करने के लिए विस्तृत शीर्षक उपयोग में लाये जा सकते हैं या प्रत्येक स्तंभ पर प्रश्न संख्या लिखी जा सकती है (चित्र 15.8)।

डेटा का मैन्युअली विश्लेषण करने के लिए (आवृत्ति वितरण) एक स्तंभ में विभिन्न कोड को गिनें और फिर उन्हें डीकोड करें । उदाहरण के लिए, चित्र 15.8 में दो प्रतिक्रिया देनेवाले व्यक्तियों की उम्र को 6 और एक व्यक्ति की उम्र को 5 के रूप में कोडित किया गया है। यह इस बात को दर्शाता है कि तीन प्रतिक्रिया देनेवाले व्यक्तियों में से एक की उम्र 40 और 44 वर्ष के बीच थी और अन्य दोनों की उम्र 45 और 49 वर्ष के बीच में थी। इसीप्रकार, प्रत्येक चर के लिए प्रतिक्रिया का विश्लेषण किया जा सकता है। क्रॉस-टेब्युलेशन के लिए दो स्तंभों के बीच स्थित संबंध में प्रतिक्रिया का विश्लेषण करने के लिए उन्हें एक साथ पढ़ना अत्यंत जरूरी है।

यदि आप कंप्यूटर का उपयोग करके डेटा का विश्लेषण करना चाहते हैं तो आपको उपयुक्त प्रोग्राम के बारे में जानकारी होनी चाहिए। आपको ज्ञात होना चाहिए कि एक डेटा फाईल कैसे तैयार की जाती है, उनमें शामिल प्रक्रियाओं का उपयोग कैसे किया जाता है, किन सांख्यिकीय परीक्षणों को लागू किया जाना है और उनकी व्याख्या कैसे की जानी है। जाहिर है कि इस क्षेत्र में कंप्यूटर और सांख्यिकी का ज्ञान होना एक महत्वपूर्ण भूमिका निभाता है।

गुणात्मक अध्ययन में डेटा की प्रोसेसिंग करना

गुणात्मक अध्ययन में डेटा का विश्लेषण और प्रोसेसिंग करना इस बात पर निर्भर करता है कि आप अपने जाँच परिणामों को किस तरह से संचारित करना चाहते हैं। मुख्य रूप से वहाँ तीन तरीके हैं जिनमें आप अपने गुणात्मक शोध में प्राप्त जाँच परिणामों के बारे में लिख सकते हैं:

गुणात्मक शोध के क्षेत्र में कोडिंग

1. किसी स्थिति, एपिसोड, घटना या समारोह का वर्णन करने के लिए एक विवरण तैयार करना
2. उन मुख्य विषयों की पहचान करना जो आपके फील्ड नोट्स या गंभीर साक्षात्कारों से उभर कर सामने आते है, और उनके बारे में शब्दशः लेखन करना; और
3. उनके प्रचलन को प्रदान करने के उद्देश्य से उपरोक्त (2) के अलावा, उनके घटने की आवृत्ति को सूचित कर उनकी मात्रा का निर्धारण भी करना ।

जैसा कि परिमाणात्मक अध्ययन के लिए समझा गया है, गुणात्मक शोध के लिए संपादन करना अयोग्य होता है। हालाँकि यह संभव है कि यदि किसी बात का अर्थ नहीं निकल रहा है तो इसकी पहचान करने के लिए आप अपने नोट्स को देखने में सक्षम हो सकते हैं। हो सकता है कि ऐसी किसी भी स्थिति में आप उस संदर्भ को याद करने में सक्षम हों और सामग्री को सही कर सकें, परंतु ऐसा करने में सावधान रहें क्योंकि उसे ठीक-ठीक याद करने में आपके वर्णन में गलतियाँ (याद करने की त्रुटि के कारण) दाखिल हो सकती हैं। आप वास्तव में उस स्थिति का सही-सही वर्णन कर रहें हैं कि नहीं इस बात को सुनिश्चित करने का एक और तरीका उस साक्षात्कार या वर्णनात्मक नोट्स को टाईप करना और उनकी पुष्टि करने और मंजूरी पाने के लिए उन्हें प्रतिक्रिया देनेवाले व्यक्ति या शोध सहभागी के साथ साझा करना है। प्रतिक्रिया देनेवाले व्यक्ति द्वारा प्राप्त की गई जानकारी की वैधता असंरचित साक्षात्कार के माध्यम से एकत्र किये गये डेटा की सटीकता को सुनिश्चित करने का एक महत्वपूर्ण पहलू है।

वर्णनात्मक रूप में लिखने के लिए वहाँ वास्तव में कोई विश्लेषण नहीं है, हालाँकि आपको उस एक क्रम में सोचने की जरूरत है जिसमें आपको वर्णन करना चाहिए या आप वह वर्णन करना चाहते हैं। जाँच परिणामों को लिखने के अन्य दो तरीकों के लिए, जैसा कि पहले उल्लेख किया गया है, आपको सामग्री के विश्लेषण के माध्यम से जाना पड़ेगा। सामग्री का विश्लेषण का तात्पर्य है साक्षात्कार या अवलोकन किये गये फील्ड नोट्स की सामग्री का विश्लेषण करना ताकि उस मुख्य विषय की पहचान की जा सके जो आपके

प्रतिक्रिया देनेवाले व्यक्ति द्वारा दी गई प्रतिक्रियाओं या आपके द्वारा लिखे गये अवलोकन नोट्स से उभर कर ऊपर आती है। इस प्रक्रिया में कई चरण शामिल हैं:

चरण 1: मुख्य विषय की पहचान करना–आपको अपने प्रतिक्रिया देनेवाले व्यक्ति द्वारा प्रत्येक प्रश्न के लिए दी गई प्रतिक्रियाओं के वर्णन के माध्यम से सावधानीपूर्वक जाना चाहिए ताकि आप उनके द्वारा संचारित अर्थ को समझ सकें। इन प्रतिक्रियाओं द्वारा आप एक विस्तारित विषय विकसित करते हैं जो इन अर्थोंको प्रतिबिंबित करता है। आपके ध्यान में यह बात आयेगी कि लोग अपनेआप को व्यक्त करने के लिए अलग-अलग शब्दों और भाषाओं का उपयोग करते हैं। आपके लिए यह महत्वपूर्ण है कि आप अपने विषय के शब्दांकन का चयन इस प्रकार से करें कि वह एक विषय के अंतर्गत श्रेणीबद्ध किये कारणों के अर्थ को ठीक-ठीक दर्शा सके। यह विषय असंरचित साक्षात्कार के टेक्स्ट के विश्लेषण का आधार बन जाते हैं। इसीप्रकार, प्रमुख विषय की पहचान करने के लिए आपको अपने फील्ड नोट्स के माध्यम से गुजरने की जरूरत है।

चरण 2: मुख्य विषय को कोड देना–चाहे आपने मुख्य विषय को कोड प्रदान किये या नहीं यह इस बात पर निर्भर है कि आप उस संख्या को गिनना चाहते हैं कि नहीं कि साक्षात्कार में एक विषय कितनी बार आया है। यदि आप इन विषयों को गिनना तय करते हैं तो आपने यादृच्छिक रीति से एक विस्तृत-उत्तरीय प्रश्न के लिए या अपने अवलोकन या चर्चा नोट्स से कुछ प्रतिक्रिया का चयन करना चाहिए और मुख्य विषय की पहचान करनी चाहिए। आप उसी प्रश्न से इन विषयों की पहचान करना जारी रखें जब तक आप एक संतृप्त बिंदु पर नहीं पहुँच जाते। इन विषयों को लिखें और उनमें से प्रत्येक को संख्या या कुंजी शब्दों का इस्तेमाल करते हुए एक कोड दें, अन्यथा सिर्फ मुख्य विषय की पहचान करें।

चरण 3: मुख्य विषय के अंतर्गत प्रतिक्रियाओं का वर्गीकरण करें-विषयों की पहचान कर लेने के बाद अगला कदम आपकी साक्षात्कार की सभी टाईप की हुई सामग्री या नोट्स को पढ़ा जाये और उन प्रतिक्रियाओं या नोट्स की सामग्री का विभिन्न विषयों में वर्गीकरण किया जाये। आप इस विषयात्मक वर्गीकरण के लिए NVivo, ATLAS.ti या MAXQDA जैसे कंप्यूटर प्रोग्रामों का भी इस्तेमाल कर सकते हैं। यदि आपका डेटा इस प्रकार के विश्लेषण के लिए योग्य है तो इनमें से किसी ए प्रोग्राम को सीखना आपके लिए फायदेमंद हो सकता है।

चरण 4: इन विषयों और प्रतिक्रियाओं को आपकी रिपोर्ट के टेक्स्ट में एकीकृत करें–विभिन्न विषयों में आने वाले प्रतिक्रियाओं की पहचान कर लेने के बाद अगला चरण उनको आपकी रिपोर्ट के टेक्स्ट में एकिकृत करना है। आप इसे कैसे करते हैं यह पूरी तरह से आपकी पसंद के ऊपर है। कुछ लोग अध्ययन से उभरे मुख्य विषय की चर्चा करते समय उन प्रतिक्रियाओं की मूल भावनाओं को कायम रखने के लिए शब्दशः प्रतिक्रियाओं का उपयोग करते हैं। अन्य लोग गिनते हैं कि वह विषय कितनी बार घटा है, और फिर उन प्रतिक्रियाओं का एक नमूना प्रस्तुत करते हैं। यह पूरी तरह से इस बात पर निर्भर है कि आप किस तरह से अपने जाँच परिणामों को अपने पाठकों तक संचचारित करना चाहते हैं।

गुणात्मक शोध में सामग्री का विश्लेषण—एक उदाहरण

सामग्री विश्लेषण करने के लिए दृष्टिकोण

उपरोक्त 4 चरणीय प्रक्रिया एक अध्ययन पर लागू की गई, जिसे हाल ही में लेखक द्वारा एक संचालनीय सेवा मॉडल का विकास करने के लिए किया गया था और जो पारिवारिक जुड़ाव के सिद्धांत पर आधारित था। वह जानकारी प्रमुखता से गंभीर साक्षात्कार और फोकस ग्रुप चर्चा में ग्राहक, सेवा प्रदाता और सेवा प्रबंधक के साथ संवाद करके एकत्र की गई थी। कई लाभधारकों के साथ औपचारिक बातचीत करने के बात इन साक्षात्कारों और सामूहिक चर्चा में हुई चर्चा का आधार को स्थापित करने के लिए संभावित मुद्दों की एक सूची तैयार की गई। वह सूची केवल एक मार्गदर्शक ढांचा थी और उन नये मुद्दों को समाने के लिए खुली थी जो चर्चा के दौरान उभर कर आये थे। जिन्हें मॉडल के विभिन्न पहलूओं की जाँच करने के लिए पहचाना गया थे उन कई मुद्दों में से लेखक ने उभरे हुए विषयों की पहचान करने की प्रक्रिया को दिखाने के लिए

केवल एक को लिया। उन्हें शब्दशः लिखा गया, जो गुणात्मक और परिमाणात्मक शोध के बीच में स्थित प्रमुख अंतर है। निम्नलिखित उदाहरण पारिवारिक जुड़ाव मॉडल (FEM) की समझी हुई शक्ति को प्रदर्शित करता है, जिसे लाभधारकों द्वारा साक्षात्कारों और फोकस चर्चाओं में पहचाना गया था। चित्र 15.8 में प्रदान की गई जानकारी इस प्रक्रिया के निष्कर्ष के एक उदाहरण के रूप में कार्य करती है।

उदाहरण

सामग्री के विश्लेषण के माध्यम से विषयों का विकास करना

मॉडल की समझी हुई शक्ति

मॉडल की समझी हुई शक्ति के लिए विकसित किया गया ढांचा एकत्र की गई जानकारी के विश्लेषण पर निर्भर करता है, जो यह सुझाव देता है कि डेटा एकत्र करने की अवस्था में मॉडल की शक्ति दर्शाने वाले जो भिन्न-भिन्न विषय उभर कर सामने आये थे उनका चार दृष्टिकोणों के अंतर्गत वर्गीकरण किया जा सकता है। निम्न चित्र वह ढांचा दर्शाता है जो विश्लेषण में से उभर कर आया था।

पारिवारिक दृष्ट किोण द्वारा समझी गई शक्ति

यह विभाग परिवार के दृष्टिकोण द्वारा समझी गई शक्ति का वर्णन करता है। इस बात को ध्यान में रखें कि समझी गई शक्ति का क्रमबद्ध क्रम यादृच्छिक है और किसी भी निश्चित क्रम या प्राथमिकता को नहीं दर्शाता। साथ ही इन विषयों के नाम लेखक द्वारा दिए गये है, जिन्होंने उनके सर्वोत्तम ज्ञान के अनुसार शोध भागीदारों के हेतू के 'अर्थ' को पकड़ा है।

परिवारों का शक्तिवर्धन

लगभग सभीने यह राय व्यक्त की है कि इस मॉडल की प्रमुख शक्तियों में से एक यह है कि यह अपनी समस्याओं के साथ सामना करने के लिए परिवारों और ग्राहकों का शक्तिवर्धन करती है। यह मॉडल परिवारों को उनकी चिंता के विषय के बारे में अपनी भावनाएं व्यक्त करने का और कुछ हद तक उनकी परिस्थिति पर अपनेआप नियन्त्रण करने का अवसर प्रदान करता है ।ऐसा प्रतीत होता है कि इस मॉडल के तहत एक बच्चे के लिए एक योजना तैयार करने में उस बच्चे का परिवार उसके भविष्य के बारे में सूचित करते हुए अत्यंत महत्वपूर्ण भूमिका अदा करेगा, जो इस मॉडल की सबसे बड़ी शक्ति है । एक प्रतिक्रिया देनेवाले व्यक्ति ने निम्नानुसार अपनी राय प्रगट की:

> ओह, पारिवारिक जुड़ाव का मॉडल वास्तव में परिवार को वह शक्ति वापस प्राप्त कराता है, परंतु विभाग की निम्नतम रेखा की तरह उन्हें भी इसकी बुनियादी शर्तों को पूरा करना होगा। पुराना मॉडल श्वेत-श्याम था, बच्चे माँ की छत्रछाया में रहते हैं, पिता बच्चों के साथ संपर्कों की निगरानी रखते हैं और इसी तरह से चलता रहता है–पारिवारिक जुड़ाव मॉडल पूरे परिवार को साथ लाता है, फिर किसी हल तक पहुंचा जाता है। उन्हें वास्तव में ऊपर उठना और नामित करना होता है कि वे क्या करना चाहते हैं ..पिता घर वापस घर आता है, जो अधिक अच्छी बात है..यदि वे उलट जाते हैं तो हम उन्हें वापस लाते हैं और उसके बारे में बात करते है, उन्हें फिर से मार्ग पर लाते हैं, इस बात को सुनिश्चित करते हैं कि वे सेवाओं से जुड़े हैं .. पुराने मॉडल में बच्चों को हटा दिया जाता था और वे विभाग की निगरानी में चले जाते थे .... यह परिवार के लिए अधिक शक्तिवर्धक है, और उनको खड़ा होकर यह कहने की बजाय कि आप ये करो वह करो, और उनके विरुद्ध यह सोचने की बजाय कि यदि आप यह नहीं करते हैं तो बच्चे बाहर होंगे, इस स्तर पर परिवार के साथ काम करना अधिक सरल है। यह परिवारों के लिए अत्यंत अच्छा है। बाहर रहकर आदेश देने की बजाय आपको इस स्तर पर परिवार के साथ कार्य करने के अधिक अवसर प्राप्त होते हैं।

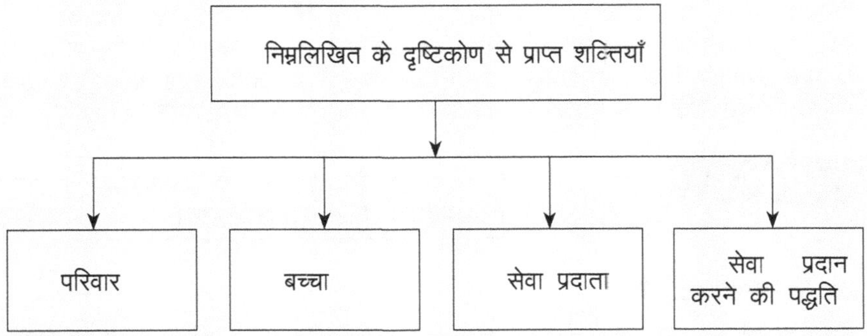

मॉडल की समझी गई शक्ति का वर्गीकरण करते हुए विभिन्न दृष्टिकोण

अन्य भागीदार ने कहा:

> मेरे विचार में यह मॉडल परिवार के लिए अत्यधिक शक्तिवर्धक है–आप हर समय मीटिंग कर सकते हैं। आप उन्हें बुनियादी शर्तें बताएं, और वे अपनी रणनीति स्वयं तैयार करते हैं ... मेरे विचार में यह परिवार को शक्तिवर्धक करती है जब वे वापस आते हैं क्योंकि वे अपनी योजना तैयार कर रहें हैं, वे अपने स्वयं के नेटवर्क और संसाधनों का उपयोग कर रहें हैं ... मेरे विचार में यह उनका शक्तिवर्धन है।

फिर भी एक अन्य व्यक्ति के अनुसार; ''यह उन्हें इस बात को महसूस कराता है कि वे कुछ निर्णय ले सकते हैं ... वे विभाग के साथ काम करने में सक्षम हैं और यह कि उनकी आवाजें या राय उतनी ही वैध है जितनी कि विभाग की'।

परिवारों की क्षमता का निर्माण करना

चर्चा में से निकलकर आया एक और लाभ यह है कि इस मॉडल के एक भाग के रूप में अपनाई गई प्रक्रिया ग्राहकों को समुदाय के संसाधनों के बारे में जागरूक करती है, जो इसके बदले में उन्हें किसी भी परिस्थिति से प्रभावी और स्वतंत्र रूप से निपटने के लिए सक्षम बनाने में मदद करती है। जैसे कि एक भागीदार ने निर्दिष्ट किया था:

> वे जानते हैं कि यदि उनकी जिंदगी के इस पहलू में कुछ गलत हो जाता है तो वे जानते हैं कि वे वहाँ सहायता प्राप्त करने के लिए जा सकते हैं, उन्हें हमें बुलाने की जरूरत नहीं है... वे अपनी समस्याएँ खुद हल कर सकते हैं.... यह वास्तव में शक्तिवर्धन करना है।

एक और भागीदार ने कहा: 'इस मॉडल के तहत, एक परिवार ने परिवर्तन लाने में 'केस कांफ्रेंस अप्रोच' की तुलना में अधिक शक्तिशाली भूमिका निभाई है।'

परिवारों में सकारात्मकता की स्वीकृति

इस दृष्टिकोण की एक ताकत यह है कि वह परिवारों की शक्ति को स्वीकार करता है। यह मॉडल मुख्य रूप से नकारात्मकता की बजाय किसी परिस्थिति की शक्ति और सकारात्मकता पर आधारित हस्तक्षेप के डिजाइन पर आधारित है। 'पुराने मॉडल में इस शक्ति को बड़े पैमाने पर स्वीकार नहीं किया गया था और विशेष रूप से पालकों की शक्ति को।' एक फोकस समूह के दौरान एक भागीदार ने अपने मत इस प्रकार से व्यक्त किये:

> परिवार की शक्ति के साथ यह पारिवारिक जुड़ाव मॉडल इसप्रकार परिवार को प्रारंभिक अवस्था में लाता है, और समस्या में फसें बच्चों को जो कुछ होने जा रहा है उनके बारे में निर्णय लेने में मदद करने की कोशिश कर रहा है ... इसतरह ...यह अधिक लोगों को शामिल कर रहा है, उनके विस्तारित परिवार, और उन्हें कोई योजना बनाकर लाने को कह रहा है।

एक अन्य फोकस समूह में एक भागीदार ने कहा:

ऐसा इसलिए है क्योंकि आप वास्तव में उस शक्ति-आधारित दृष्टिकोण के साथ कार्य कर रहें हैं और आप इसे स्वीकार कर रहें हैं। यह जो होता है उसका एक बहुत बड़ा हिस्सा है। आप वास्तव में किसी से यह कह सकते हैं कि आप कितना अच्छा कर रहें हैं, आपमें आया हुआ यह परिवर्तन देखना कितना अच्छा लग रहा है, और भले ही आप ऐसा कहते हैं कि आपको उन परिवर्तनों के बारे में व्यक्तिगत रूप से कुछ नहीं करना है, फिर भी अच्छी बात है, आपको इतना अच्छा देखकर बहुत अच्छा लग रहा है ... आप इस प्रक्रिया में उस बिंदु तक आ गये हैं जहाँ आपको अब बाहर का आदमी नहीं माना जा रहा है, बल्कि आपको एक मददगार संगठन माना जा रहा है, जो इस प्रक्रिया में वास्तव में उस व्यक्ति की मदद कर रहा है ... यह विभाग परिवर्तन को स्वीकार करने के मामले में अच्छा नहीं रहा है, हम अच्छे नहीं रहें हैं।

संयुक्त निर्णय लेना और हल निकालना

कई लोगों द्वारा निर्दिष्ट किया हुआ एक और मुद्दा यह है कि परिवार, विस्तारित परिवार और अन्य योग्य लाभधारकों के साथ संयुक्त रूप से निकाले गये एक बच्चे से संबंधित हल उन्हें अधिक स्वीकार्य और व्यवहार्य बनाते हैं। एक फोकस समूह साक्षात्कार में इस मॉडल की ताकत के बारे में निम्नानुसार बातें की:

> वे एक हल के साथ आते हैं, जो उन्हें मिला हुआ होता हिया। आप परिवार के साथ होते हैं। इसलिए परिवार का साथ होने के कारण आप परिवार को कहते हैं कि हमारे अनुसार बच्चे के साथ ऐसा हो रहा है और इनमें से कुछ बातें हैं जो आपके बच्चे को कभी भी नहीं हो सकती, हम भविष्य में उनके वातावरण में सुधार लाने का इरादा रखते है..यह उनके सामने शक्ति है, नाकि उनके पीछे से ... मैं पहले के एक ऐसे केस के बारे में जानता हूँ जहाँ एक परिवार को किसी भी चर्चा में शामिल नहीं किया गया और वे यह समझ नहीं पायें कि उनके बच्चे को उनसे अलग क्यों कर दिया गया है।' एक अन्य भागीदार ने चर्चा में कहा:

अब मीटिंग करने के तरीके में फर्क आया है, परंतु कभी-कभी परिवारों को बुनियादी बातें याद दिलाने की बजाय उन्हें चर्चा में शामिल करना अच्छा होता है। मेरे कहने का तात्पर्य यह है कि जाहिर है कि सामान्य परिस्थिति में चर्चा में आप इन बातों को स्पष्ट करते हैं, परंतु आपने उस परिवार को अपनी स्वयं की योजना बनाने की जिम्मेदारी लेने देनी चाहिए।

एक साक्षात्कार में एक भागीदार ने यह मत व्यक्त किये कि अब 'हम विस्तारित परिवार के सदस्यों की पहचान कर रहें हैं। कभी ऐसा था जब हमारे पास सिर्फ पालक होते थे; अब हम उन सबको एकत्र करके मिलकर कोई निर्णय लेते हैं।'

फिर भी एक भागीदार ने मॉडल की शक्ति के बारे में कहा, ' अब हम अलग तरीके से पहुँच रहें है।' उसके अनुसार:

> हम आपको सूचित करते हैं, हम आपको सलाह देते हैं कि आपका बच्चा खतरे में है, बच्चे के बारे में सब बताते हैं, हम आपके साथ बैठकर इसपर काम करना चाहते हैं। इस पूरी प्रक्रिया में हम आपका साथ चाहते हैं। हम आपको इसका एक हिस्सा बनाना चाहते हैं।

ऐसा प्रतीत होता है कि इस मॉडल के तहत निर्णय किसी एक व्यक्ति के द्वारा नहीं बल्कि मिलजुल कर लिए जाते हैं। एक भागीदार के अनुसार, 'आप हमारी एजेंसी और परिवार के सदस्यों के साथ जिम्मेदारी को उठा रहें हैं; यह निर्णय केवल हमारे अकेले का नहीं है, यह प्रत्येक व्यक्ति का निर्णय है।'

परिवारों को संगठित रखना

कुछ भागीदार यह भी महसूस करते हैं कि कुछ मामलों में 'हो सकता है कि बच्चों को उनके परिवारों से इतनी जल्दी न लिया जाता हो'। ऐसा प्रतीत होता है कि बच्चों को उनके परिवारों के साथ रखने में कड़े प्रयास किये जाते हैं। एक भागीदार ने कहा: 'मैं वास्तव में कुछ बच्चों के साथ काम कर रहा हूँ, जहाँ वे परिवार को संगठित रखने का प्रयास कर रहें हैं।

बच्चे के दृष्टिकोण से समझी गई शक्ति

बच्चों पर अधिक ध्यान

कई सामाजिक कार्यकर्ता और टीम नेता महसूस करते हैं कि इस पूरे दृष्टिकोण का ध्यान बच्चों के ऊपर केंद्रित है। जाँच की दृष्टी से इसमें प्रत्येक चरण बच्चों के कल्याण के बारे में लिया जाता है। पालकों पर केंद्रित होने की बजाय यह इस बात पर ध्यान केंद्रित करता है कि बच्चे को सुरक्षित कैसे रखा जाये और इस उद्देश्य को कैसे प्राप्त किया जाये।'

बच्चों को उनके पालकों को तुरंत लौटाते हैं

कुछ प्रतिक्रिया देनेवाले व्यक्ति महसूस करते हैं कि इस नये दृष्टिकोण ने बच्चों को उनके पालकों को तुरंत लौटाने में मदद की है। एक सामूहिक चर्चा में एक भागीदार ने कहा:

> मेरे विचार में ये बच्चों को उनके माता-पिता को तुरंत वापस दिलवाता है, क्योंकि मीटिंग में परिवार के मजबूत लोगों की पहचान करता है, जो पालकों को अपने बच्चे रखने में सहायता करता है। अतः मैंने कार्यालय में यह देखा कि कुछ बच्चे 'केस कांफ्रंस' की तुलना में शीघ्रता से अपने पालकों के पास लौट कर जाते हैं। 'केस कांफ्रंस' हर साल होती है, जिसके लिए परिवारों को बढ़ महीनों का इंतजार करना पड़ता है–यहाँ ऐसा कुछ नहीं है। यदि व्यक्ति मजबूत है, तो वह माता को अपना बच्चा पाने में मदद करता है–भी-कभी बच्चे वैसे ही लौट जाते हैं।

बच्चों को निकालने से बचाना

कुछ प्रतिक्रिया देनेवालों ने महसूस किया कियह मॉडल वास्तव में बच्चों को उनके परिवारों से निकाल कर ले जाने से बचाता है। एक भागीदार के अनुसार, 'यह इस मॉडल का सबसे बड़ा लाभ है, जो बच्चों को निकाले जाने से बचाता है।'

सेवा प्रदाता के दृष्टिकोण से समझी गई शक्ति

कार्य से अधिक संतुष्टि

लगभग सभी सेवा प्रदाता ने यह कहा कि इस मॉडल के चालू होने के बाद उनका कार्य अधिक 'संतोषजनक हो गया है, क्योंकि यह कर्मचरियों और ग्राहकों को सक्षम बनाता है।'

इस मॉडल के अंतर्गत कार्य करना कर्मचारियों के लिए आसान है

कई प्रतिक्रिया देने वाले महसूस करते हैं कि प्रारंभ में कर्मचरियों को अधिक कार्य करना पड़ता था, परंतु अब साझा जिम्मेदारी के कारण दीर्घावधि के लिए अब इसमें कम काम करना पड़ता है। एक भागीदार के अनुसार,

> एक केस वर्कर के रूप में मुझे बहुत कठिन कार्य करना पड़ता था, मैं अकेला था और मेरे कंधों पर बहुत जिम्मेदारियां थी। पर अब साझा जिम्मेदारी है,आपको बुनियादी कार्य करना पड़ता है, पर लंबे समय के लिए अब यह आसान है, क्योंकि इनमें अधिक लोग शामिल हैं आर वे हिस्से-हिस्से में निर्णय लेते हैं।

विभाग की तरफ असंतोष में कमी

कुछ भागीदारों ने अन्य लाभों की तरफ इशारा किया, वह ये कि इस विभाग के प्रति परिवारों के असंतोष में कमी आई है। यह निर्दिष्ट किया गया है कि यद्यपि ये सब परिस्थिति पर निर्भर था, पर अब ये भावना है कि लोगों के गुस्से में कमी आई है। कुछ परिस्थितियों में यह असंतोष संभवतः बच्चे के प्रति चिंता होने के कारण था। अधिकांश भागीदारों की यह राय थी कि अब जब वे नए मॉडल के अंतर्गत कार्य कर रहें हैं, तो उन्होंने 'केस प्रबंध' मॉडल की तुलना में अपने प्रति बहुत कम असंतोष महसूस किया है ।

कर्मचरियों में ग्राहकों के भरोसे में वृद्धि

नये दृष्टिकोण में कुछ कर्मचारियों ने अन्य लाभ ये पाया कि ग्राहकों का उन पर भरोसा बढ़ गया है। एक भागीदार ने चर्चा में ये बात कही:

> वे अब हमें बुलाते हैं, अब मुझे वहाँ आने और उनको खोजने की जरूरत नहीं है। वे मुझे बुलाते है और प्रश्न पूछते हैं, अर्थात अब वे रुचि ले रहें हैं। वे सिर्फ बैठे नहीं रहते और हमें निर्देश नहीं देते रहते।

परिवारों के साथ बेहतर बंधन

संपर्कों की संख्या बढ़ जाने के कारण ऐसा प्रतीत होता है कि कर्मचारी परिवारों के साथ अधिक घनिष्ठ संबंध बना रहें हैं। एक फोकस समूह में एक प्रतिक्रिया देनेवाले ने कहा, 'मेरी राय में यह संबंध अब अधिक सम्मानजनक और भरोसेमंद हो गया है।' अन्य भागीदार ने कहा:

> पारिवारिक संबंध अब बेहतर हो गये हैं और परिवार भी ये समझने लगे हैं कि एक DCD कर्मचारी ऐसा व्यक्ति नहीं है जो घर-घर जाता है और बच्चों को निकालता है–हम कितने भयंकर लोग हैं, पर अब उनसे संवाद करने के बाद अब वे समझते हैं कि हम भी इन्सान हैं और ये हमारा काम है। हम उनके बच्चों को बिना कुछ कहे नहीं निकालेंगे। हम उनके साथ संभाषण करते हैं।

पारिवारिक परिस्थितयों के बारे में कर्मचारियों की बेहतर समझ विकसित करता है

'एक ताकत जो मैंने देखी है वह यह है कि इससे कर्मचारी परिवार की स्थिति को महसूस करता है, उसके बारे में विचार करता है और उन्हें उनके मर्जी के अनुसार सहभागी होने की अनुमति देता है,' फोकस समूह के एक भागीदार ने बताया।

ग्राहक नाराज नहीं हैं

कुछ भागीदारों के अनुसार दोनों मॉडल्स के बीच में स्पष्ट अंतर यह है कि अब ग्राहकों की नाराजी में कमी आई है। एक प्रतिक्रिया देनेवाले ने बताया:

> यहाँ अन्य जगहों की तुलना में नाराज ग्राहकों की संख्या बहुत कम है। मेरे विचार में कुछ यह इस दृष्टिकोण के कारण है। यहाँ अधिक शांत और नियंत्रित वातावरण है।

केस के स्वामित्व की भावना विकसित करता है

कई भागीदारों द्वारा निर्देशित FEM का एक लाभ यह है कि 'इस मॉडल के तहत आप यह महसूस करते हैं कि यह केस आपकी है; एक बच्चा आपके स्वामित्च में है। इसकारण कर्मचारी और बच्चे के बीच अधिक लगाव हो गया है।

सामुदायिक संवाद में वृद्धि

कई भागीदारों द्वारा निर्देशित इसका एक और लाभ यह है कि इसमें समुदाय की एजेंसियों के साथ संवाद बढ़ गया है, परिणामस्वरूप, उन्हें उनके समुदाय और उपलब्ध सेवाओं के बारे में ज्ञान बढ़ गया है। यह मुख्य रूप से इस मॉडल के तहत पुनर्निर्माण के कारण हुआ है, जिसके द्वारा परिवार कर्मचारियों को विशिष्ट भौगोलिक क्षेत्र सौपेंगयें हैं जिन्हें 'पैचेस' कहा जाता है। एक भागीदार ने कहा: 'आपने भी उन लोगों से अच्छे संबंध स्थापित किये हैं। आप एक लक्ष्य की तरफ कार्य कर रहे हैं और मेरे विचार में यह एक बहुत बड़ा लाभ है।' इस मॉडल के तहत अन्य एजेंसियों के साथ भी जुड़ाव बढ़ रहा है। न केवल उनके बीच संवाद बढ़ा है, बल्कि ऐसा प्रतीत होता है कि ग्राहक भी इन एजेंसियों का अधिक लाभ उठा रहें हैं।

समुदाय के सदस्यों के बारे में अधिक ज्ञान

कई भागीदारों द्वारा निर्देशित FEM और 'पैच' के अंदर का एक और लाभ यह है कि कर्मचारी समुदाय के सदस्यों के बारे में अधिक जानने लगे हैं। एक भागीदार के अनुसार, 'आपके समुदाय में लोगों के साथ के संबंध मजबूत और विस्तारित हुए हैं।' एक अन्य भागीदार ने कहा:

एक निश्चित समय के बाद आप लोग और उनके पतों के बारे में जानने लगते हैं, खासकर एक आदिवासी परिवार के बारे में। पारिवारिक बंधन बहुत महत्वपूर्ण होते हैं और उनके बारे में अधिक जानने के बाद आपका कार्य और अधिक प्रभावी हो जाता है।

कर्मचारियों द्वारा व्यक्तिगत मूल्यों पर अधिक नियंत्रण

नये मॉडल के बारे में कुछ भागीदारों द्वारा निर्देशित एक और लाभ यह है कि ''केस वर्कर के स्वयं के मूल्य और नैतिकता होती है और उन्हें लादा नहीं जा सकता।'

सेवा वितरण की पद्धति के दृष्टिकोण से समझी गई

एक खुली, ईनामदार और पारदर्शी प्रक्रिया यह संपूर्ण प्रक्रिया सभी लाभधारकों के लिए खुली है। 'ताश के सभी पत्तें मेज पर पड़ें हैं', एक भागीदार ने कहा, और अन्य ने यह राय व्यक्त की कि : 'केस वर्कर ईमानदार हो सकता है, परंतु मैं अनुमान लगाता हूँ कि यह प्रक्रिया, जिस प्रकार से उसे किया गया था ईमानदार नहीं है.'' एक प्रतिक्रिया देनेवाले ने कहा कि इस मॉडल के बारे में एक अच्छी बात यह है कि 'हर व्यक्ति जानता है कि क्या चल रहा है'। एक अन्य भागीदार के अनुसार:

इन परिवारों के बारे में दूसरी अच्छी बात यह है कि जहाँ पालक हैं वही परिवार है। पालक हमें एक अलग कहानी सुना रहे होते हैं और जिमी कोई अलग कहानी। तो यह एक प्रकार से अच्छा ही है कि प्रत्येक व्यक्ति जानता है कि क्या चल रहा है। वहाँ उपस्थित हर व्यक्ति के लिए संपूर्ण जानकारी उपलब्ध है। इसप्रकार वे एक-दूसरे के ऊपर टाल नहीं सकते। यह एक और अच्छी बात है: वे सभी एक समान जानकारी हासिल करते हैं और हम उन्हें वही जानकारी देते हैं और उनसे प्राप्त करते हैं–और वे अनोखी योजनायें लेकर आते हैं- जो उन्हें दी गई जानकारी पर आधारित होती है।

फोकस समूह के एक अन्य प्रतिक्रिया देनेवाले ने कहा:

और आप सचमुच बच्चे के पालकत्व के लिए उसके पालक से झगड़ा कर रहे होते हैं: दिन के अंत में यही आप कर रहें हैं, और मेरे विचार में पारिवारिक जुड़ाव मॉडल के अंदर पारदर्शी संबंध होने के लिए यह प्रक्रिया को अधिक आसान बना देता है क्योंकि सब कुछ खुले में है और जब यह अदालत में आता है तो उन्हें आश्चर्य नहीं होता।'

मीटिंग में अधिक अनौपचारिकता

पारिवारिक जुड़ाव मॉडल के तहत परिवार की मीटिंग कम औपचरिक होती हैं: परिवार के सदस्य और अन्य को उनके मन की बात कहने के लिए प्रोत्साहित किया जाता है। यदि कोई असहमति है तो वे किसी भी समय अध्यक्ष को टोक या रोक सकते हैं। यहाँ तक कि वे बाद में भी आ सकते हैं।' "महत्वपूर्ण बात यह है कि मीटिंग के मिनिट्स लिखे जाते हैं और परिवार को उसकी एक प्रति मिलती है, ताकि वे घर जाकर उसे पढ़ सकें। वे हमारे पास वापस आ सकते हैं।"

केसेस की अधिक बार समीक्षा

कई लोग यह महसूस करते हैं कि यह मॉडल केसेस की अधिक बार समीक्षा करने की सुविधा प्रदान करता है, जो उन्हें शीघ्रता से लक्ष्य प्राप्त करने में मदद करता है और यदि हस्तक्षेप काम नहीं कर रहा है तो उन्हें वह हस्तक्षेप बदलने में मदद करता है। जैसा कि एक भागीदार ने निर्देशित किया था, "परिवार के वातावरण में परिवर्तन को प्रतिबिंबित करने के लिए योजना में बार-बार परिवर्तन किया जाता है।" अतः इस मॉडल के तहत, "एक बच्चे के लिए योजना की निरंतर समीक्षा की जाती है।" इस मॉडल में अधिक लचीलापन नजर आता है।

ईमानदारी, पारदर्शिता और जवाबदेही में वृद्धि

कुछ प्रतिक्रिया देनेवाले लोगों को लगता है कि प्रक्रिया की पारदर्शिता और जबाबदेही के कारण मॉडल के परिमाणों के अंदर केवल काम करने से कर्मचारियों को ईमानदार और जबाबदेह बनाया जा सकता है। एक भागीदार के अनुसार, "अभ्यास के नजरिये से यह समाज सेवक को ईमानदार, जबाबदेह और पारदर्शी बनाता है।"

एक न्यायपूर्ण दृष्टिकोण

कई प्रतिक्रिया देनेवाले यह महसूस करते हैं कि यह मॉडल न्यायपूर्ण है क्योंकि यह खुला, सहभागितापूर्ण और एक परिवार के लिए शक्तिवर्धक है।

ग्राहकों के लिए निर्धारित किये गये लक्ष्य अधिक प्राप्य और व्यवहार्य हैं

फोकस समूह के एक भागीदार के अनुसार: "मेरे विचार में पारिवारिक जुड़ाव मीटिंग अधिक प्राप्य और अधिक व्यवहार्य है.. वास्तव में जो वे करने में सक्षम हैं। हम उसे सेट नहीं कर रहें है जिसे वे प्राप्त नहीं कर सकते, इसलिए वे विफल नहीं होते।" इसके अलावा, ऐसा प्रतीत होता है कि योजना बनाते

समय परिवार को शामिल किया गया था इसलिए उनमें एक स्वामित्व की भावना होती है और वे उस कार्य को पूरा करते हैं। अन्य भागीदार का यह मत था कि: ‘‘यदि आप उस हल का एक भाग हैं तो आप उस परिवर्तन को लाने में वास्तव में एक निवेश करते हैं।’’

राय की अभिव्यक्ति के संबंध में समानता

कुछ प्रतिक्रिया देनेवाले महसूस करते हैं कि यह मॉडल पक्षों को अभिव्यक्ति की स्वतंत्रता देता है। सभी शामिल लोग अपनी-अपनी राय व्यक्त कर सकते हैं और उन्हें अपनी राय व्यक्त करने के लिए प्रोत्साहित किया जाता है। जहाँ तक मूल शर्तें पूरी होती थी किसी रणनीति के निर्माण में उनकी राय के बारे में सोचा जाता है।

कम अस्त व्यस्त वाली प्रक्रिया

जैसा कि एक भागीदार ने अवलोकन किया था:’’ यह काफी कम अव्यवस्थित प्रक्रिया है, सिर्फ जो चल रहा है उसकी समझ। वे (CMM कार्यकर्ता) थोड़ा अस्त व्यस्त महसूस करते हैं क्योंकि हर समय काम आता जाता है और वे उसमें व्यस्त रहते थे। यहाँ यह अधिक व्यवस्थित है। पुरानी संरचना में ‘केस वर्कर्स तनावपूर्ण रहते थे, वे एक निश्चित तरीके से कार्य नहीं करते थे।’’

एक कम तनावपूर्ण नजरिया

इसके कई फायदों के कारण कई भागीदार महसूस करते हैं कि यह नया नजरिया कम तनावपूर्ण है। यह परिवार, बच्चों और उनके लिए कम तनावपूर्ण है। एक फोकस समूह में एक भागीदार ने अपने मत इस प्रकार व्यक्त किये:

आपको यह महसूस नहीं होता कि मैं इस घर में जाने से नफरत करता हूँ, उनकी प्रतिक्रिया कैसी होगी, वे मुझसे क्या कहेंगे, या मुझे वहाँ से कैसे निकलना चाहिए या अपना बचाव कैसे करना चाहिए? अब आपको ये सब तनाव लेने की जरूरत नहीं है, अब यहाँ शांत स्थिति है, यहाँ खुशी का माहौल है और यह बच्चों के लिए अच्छी बात है–यह बच्चें ही हैं जिन्हें इस दृष्टिकोण से फायदा हुआ है।

परिवारों में विवाद नहीं

कई प्रतिक्रिया देनेवाले महसूस करते हैं कि परिवारों में उठने वाले विवाद इस नए मॉडल के आने के बाद कम हो गये हैं।

मीटिंग के लिए एक फेसिलिटेटर (सुविधा देने वाला) की पसंद के लिए समानता

एक और शक्ति यह है कि कुछ भागीदार सोचते हैं कि नये मॉडल की तहत सुविधा का कार्य केवल केस मैनेजर तक सीमित नहीं है। इस मॉडल के तहत कोई भी एक फेसिलिटेटर बन सकता है।

अभ्यास पर अधिक जोर

कुछ लोग यह भी महसूस करते हैं कि यह मॉडल अभ्यास पर विचार करने का अवसर प्रदान करता है, इसप्रकार उन्हें उसमें सुधार करने में मदद मिलती है।

केसेस के लिए संपूर्ण जिम्मेदारी

कुछ लोगों ने यह भी निर्दिष्ट किया कि कर्मचारियों की केसेस के प्रति संपूर्ण जिम्मेदारी है, जो कई दृष्टी से बेहतर नजर आती है। एक व्यक्ति के अनुसार, ‘‘इस मॉडल के तहत एक फील्ड वर्कर अ से ज्ञ तक संपूर्ण हस्तक्षेप के लिए जिम्मेदार होता है। आप एक ‘‘पैच’’ के अंदर सब कुछ कर सकते हैं।’’

मिश्रित विधि अध्ययन में डेटा का विश्लेषण

मिश्रित विधि अध्ययन में आपको डेटा विश्लेषण की कई प्रक्रियाओं का संयोजन करने की आवश्यकता होती है, जो डेटा के संग्रहण के तरीके और अपने जाँच परिणामों को संचारित करने के आपकी पसंदीदा तरीके पर निर्भर करता है। मान लीजिये, कि आप उस क्षेत्र में या देश में आने वाले पर्यटकों की संख्या में हुए बदलाव की और इस यात्रा के बारे में उनके अनुभवों की जाँच करने में रुचि रखते हैं। यह करने के लिए आप डेटा का संग्रहण या तो आप्रवजन विभाग में स्थित रिकॉर्ड जैसे द्वितीयक स्त्रोत के माध्यम से करते हैं, या काफी समय से किये जा रहे क्रॉस-सेक्शनल सर्वेक्षण के माध्यम से करते हैं। इन संख्याओं का विश्लेषण करके आप समय की किसी अवधि में पर्यटकों की संख्या में आये बदलाव का अनुमान लगा सकते है। इस प्रकार का विश्लेषण जो आपको लोगों की संख्या के रुझान के बारे में अध्ययन करने में मदद करता है वह प्रकृति में परिमाणात्मक होता है। आगे, मान लीजिये कि आप साक्षात्कार के माध्यम से उस क्षेत्र में स्थित सुविधाओं के बारे में प्रतिक्रिया देनेवालों के नजरिये की जाँच करना चाहते है। साक्षात्कार के माध्यम से एकत्र किये गये डेटा का विश्लेषण सामग्री विश्लेषण के माध्यम से बेहतर तरीके से किया जा सकता है जो प्रकृति में गुणात्मक होता है। मिश्रित/विविध विधि अध्ययन में जैसे कि आप दो या अधिक विधियों का उपयोग करते हैं जो या तो उसी शोध प्रतिमान की होती हैं या भिन्न-भिन्न प्रतिमानों की, अधिकतर डेटा के विश्लेषण का तरीका आपके डेटा संग्रहण के तरीके और आपके जाँच परिणामों को संचारित करने के आपके पसंदीदा तरीके पर निर्भर करता है। यदि डेटा का संग्रहण दो विधियों से किया गया है जो दोनों प्रतिमानों का प्रतिनिधित्व करती हैं तो आपको एक अलग पद्धति से उसका विश्लेषण करना होगा जो डेटा संग्रह करने के तरीके के लिए उपयुक्त हो।

शोध में सांख्यिकी और कंप्यूटरों की भूमिका

शोध में सांख्यिकी की भूमिका को कभी-कभी बढ़ाचढ़ा कर बताया जाता है, क्योंकि एक शोध अध्ययन का डिजाइन तैयार करते समय आपके पास गहरा सांख्यिकी ज्ञान के होने की जरूरत नहीं है (यद्यपि यह अपरोक्ष रूप से आपकी मदद ही करता है)। सांख्यिकी का ज्ञान तभी एक महत्वपूर्ण भूमिका निभाता है जब आपने शोध प्रक्रिया के प्रत्येक परिचालन चरणों से संबंधित आवश्यक जानकारी एकत्रित कर ली है। डेटा संग्रहण तक सांख्यिकी की भूमिका सीमित है; उसका महत्व संग्रहण के पश्चात बढ़ जाता है। इसका तात्पर्य यह नहीं है कि सांख्यिकी के बिना आप एक शोध अध्ययन आयोजित नहीं कर सकते। आप किसी भी सांख्यिकी का उपयोग किये बिना एक पूर्ण वैध अध्ययन आयोजित कर सकते हैं। सांख्यिकी का उपयोग पूरी तरह से आपके द्वारा आयोजित किये जाने वाले अध्ययन के प्रकार पर, आपके जाँच परिणामों को संचारित करने के आपके पद्धति पर, आपके पाठकों पर, आपके अकादमिक क्षेत्र में स्थित मान्यताओं (कुछ विभाग सांख्यिकी का उपयोग करने पर अधिक जोर देते हैं, जबकि कुछ नहीं देते) और आपके विभाग की आवश्यकताओं पर निर्भर करता है। जैसे ही डेटा का संग्रहण हो जाता है वैसे ही आपको दो प्रश्नों का सामना करना पड़ता है:

1. इस डेटा को समझने के लिए मैं इसे कैसे व्यवस्थित करूं?
2. इस डेटा के अर्थ को कैसे समझा जाये?

पहले प्रश्न का जवाब एक तरीके से दूसरे प्रश्न के जवाब के लिए आधार तैयार करता है। सांख्यिकी आपके शोध प्रश्न का जवाब देने में इस प्रकार से महत्वपूर्ण भूमिका निभाता है कि आप जाँच परिणामों पर मात्रा का अनुमान, मापन और आत्मविश्वास करने में सक्षम हो सकते हैं। आप परिवर्तन लाने में प्रत्येक चर के योगदान का मूल्यांकन कर सकते है, विभिन्न चरों के बीच जुड़ाव और संबंध का मापन कर सकते हैं और इस बात का अनुमान लगा सकते हैं कि वर्तमान रुझान के रोशनी में आगे क्या होने की संभावना है।

व्यक्तिगत प्रतिक्रियाओं से डेटा के पैटर्न को समझना अत्यंत कठिन होता है, विशेषकर तब जब वे बहुत ज्यादा हों। इसलिए डेटा को एकत्रित और सारांशित करना अत्यंत महत्वपूर्ण है। इस प्रक्रिया में सांख्यिकी बहुत ही महत्वपूर्ण भूमिका अदा करती है। सरल एकीकरण, जैसे आवृत्ति वितरण, क्रॉस-टेब्युलेशन और सरल

सांख्यिकीय मापन जैसे प्रतिशत, औसत, मानक विचलन और सहसंबंध का गुणांक डेटा की मात्रा को घटा सकते हैं और उसे समझने में आसान कर सकते हैं। सारांश मापन की गणना करते समय यह संभव हो सकता है कि कुछ जानकारी खो जाये जिससे जाँच परिणामों का गलत अनुमान लगाये जाने की संभावना हो सकती है। अतः, डेटा की व्याख्या करते समय सावधानी बरतने की आवश्यकता है।

सांख्यिकी चरों के बीच के संबंध को समझने में भी मदद करती है, विशेषकर तब जब वहाँ दो से अधिक चर मौजूद हैं। अनुभव के साथ आप इस संबंध को पढ़ना सीख जाते हैं, परंतु उसकी मात्रा ज्ञात नहीं कर सकते। सांख्यिकी उस संबंध की ताकत को सुनिश्चित करने में मदद करती है। वह जानकारी से जो कुछ पढ़ा जाता है उसकी पुष्टि या विरोध करती है और आपको एक आत्मविश्वास प्रदान करती है जिसे आप अपने जाँच परिणामों में रख सकते हैं। जब वहाँ दो से अधिक चर मौजूद हैं तब सांख्यिकी उनके बीच की पारस्परिक निर्भरता को और घटना में उनके योगदान को समझने में भी मदद करती है।

परोक्ष रूप से सांख्यिकी का ज्ञान शोध प्रक्रिया के प्रत्येक चरण में आपकी मदद करता है। डेटा विश्लेषण से जुडी हुई समस्या का ज्ञान, चरों पर लागू किये जाने वाली प्रक्रिया के प्रकार का ज्ञान और इस्तेमाल किये गये मापन पैमाने के संबंध में सारांश सांख्यिकी की गणना का ज्ञान शोध के क्षेत्र में एक महत्वपूर्ण भूमिका अदा करता है। सांख्यिकी का उपयोग आपके अध्ययन के उद्देश्य पर निर्भर करता है।

SPSS पर वीडियो ट्यूटोरियल

शोध में कंप्यूटर कई तरीके से एक महत्वपूर्ण भूमिका निभाते हैं। आधुनिक युग में आप किसी ऐसे व्यक्ति की कल्पना भी नहीं कर सकते जिसे कंप्यूटर का ज्ञान न हो। एक शोध प्रस्ताव लिखने से लेकर निबंध पूर्ण करने तक आपकी संपूर्ण शोध गतिविधियाँ कंप्यूटर पर टाईप और सेव की जा सकती हैं। कंप्यूटर आपको उनमें अतिरिक्त परिवर्तन करने में, नये विचार लिखने में अधिक कुछ कार्य किये बिना मदद करता है।

यहाँ कई सांख्यिकीय पॅकेज मौजूद हैं, जैसे IBM SPSS स्टेटिस्टिक्स, SAS और NVivo जो सरल और जटिल डेटा विश्लेषण करने में आपकी मदद करते हैं।

कंप्यूटर का एक अन्य लाभ ये है कि ये आपकी पसंद के अनुसार डेटा का प्रेजेंटेशन कर सकता है और आपकी संचारण के पद्धति के अनुसार उसमें चाहे जो परिवर्तन कर सकता है। ये सारे काम कंप्यूटर अत्यंत सरलता से करता है।

आपके द्वारा जिन प्रोग्रामों का उपयोग किये जाने की संभावना है वह उसका भुगतान करता है। यह लंबे समय के लिए आपका पैसा और समय दोनों की बचत करता है।

सारांश

इस अध्याय में आपने डेटा प्रोसेसिंग के बारे में सीखा है। परिमाणात्मक या गुणात्मक, डेटा संग्रहण की विधि चाहे जो भी हो, जानकारी को 'कच्चा डेटा' या सिर्फ 'डेटा' कहा जाता है। डेटा के प्रोसेसिंग में सभी कार्य या तो मैन्युअली या कंप्यूटर के द्वारा किये जाते हैं। परिमाणात्मक अध्ययन में डेटा प्रोसेसिंग संपादन से चालू होती है, जो मुख्यतः आपके डेटा की सफाई करना है। इसके बाद कोडिंग की जाती है, जिसमें एक कोड पुस्तिका तैयार करना, उसका पूर्व परीक्षण करना, वास्तविक कोडिंग करना, और कोड किये गये डेटा का सत्यापन करना शामिल होता है। इस अध्याय में हमने कोड पुस्तिका तैयार करने का एक प्रारूप प्रदान किया है, जिसमें सर्वेक्षण के एक उदाहरण की मदद से लघु और विस्तृत-उत्तरीय प्रश्नों के माध्यम से कोड विकसित करना और डेटा को कोडिंग करने का तरीका दर्शाया गया है। इस अध्याय में सामग्री के विश्लेषण के बारे में भी सोदाहरण विस्तृत जानकारी दी गई है।

यद्यपि विश्लेषण के ढांचे का विकास आपकी रिपोर्ट पूर्ण होने तक चलता रहता है, फिर भी यह डेटा विश्लेषण करने से पहले ही आपको उसे विकसित करने में मदद करता है। विश्लेषण के ढांचे में इस्तेमाल में लिए जाने वाले विश्लेषण का प्रकार (जैसे, आवृत्ति वितरण, क्रॉस-टेब्युलेशन, सामग्री का विश्लेषण) और लागू की गई सांख्यिकीय प्रक्रियाएँ उल्लेखित की जानी चाहिए।

कंप्यूटर डेटा के मैन्युअल विश्लेषण से जुड़े श्रम को बचाने में मदद करता है। जटिल सांख्यिकीय और गणितीय गणना करने, वर्ड प्रोसेसिंग करने, विश्लेषित किये गये डेटा का प्रदर्शन और ग्राफिक प्रेजेंटेशन करने में यह समय बचाता है और गति बढ़ाता है। सांख्यिकीय अध्ययन के लिए वांछित है परंतु अनिवार्य नहीं

है। उनके अनुप्रयोग की सीमा अध्ययन के प्रयोजन पर निर्भर करती है। सांख्यिकीय मूल रूप से डेटा को समझने, से 'पढ़ने', चरों के बीच संबंधों और पारस्परिक निर्भरता की खोज करने और अपने जाँच परिणामों में विश्वास बढ़ाने में मदद करती है।

आपके सोचने के लिए

- इस अध्याय के शुरुआत में दिए गए शब्दों से स्वयं को पुनः परिचित करवाएँ और यदि आप इनके अर्थ या इनमें से किसी के लागू होने के विषय में अनिश्चित हैं तो अध्याय से आगे बढ़ने से पहले एक बार उनको देखें।
- परिमाणात्मक और गुणात्मक दोनों प्रकार के अध्ययनों में प्राप्त की गई जानकारी की सटीकता को सुनिश्चित करने के लिए आप किन प्रक्रियाओं का उपयोग कर सकते हैं?
- अपने अध्ययन के क्षेत्र के उदाहरणों के बारे में सोचते हुए, जब आप अपने डेटा को प्रोसेस करते हैं तब लघु एवं विस्तृत- उत्तरीय प्रश्नों के फायदे और नुकसान के बारे में विचार कीजिये।
- अपनी रुचि के क्षेत्र में अध्ययन करने के लिए सांख्यिकी की भूमिका का मूल्यांकन कीजिये।

चूँकि आप इस अध्याय को पढ़ चुके हैं, अतः अब निम्न प्रश्नों के उत्तर देने का प्रयास करें

- डेटा प्रोसेसिंग की भाषा में लघु एवं विस्तृत– उत्तरीय प्रश्नों के फायदे और नुकसान क्या क्या हैं?
- वर्णनात्मक जानकारी के लिए सामग्री विश्लेषण का उपयोग करते समय विषयों का विकास करते हुए आप अपने दिमाग में किन विचारों को रखेंगे?
- विशेषतः परिमाणात्मक और गुणात्मक शोध के संदर्भ में सांख्यिकी के अनुप्रयोगों की गंभीरता से जाँच कीजिये।

16

डेटा का प्रदर्शन

इस अध्याय में आप निम्नलिखित तथ्यों के बारे में जानेंगे

- परिमाणात्मक और गुणात्मक शोध में विश्लेषित डेटा का संचार और प्रदर्शन की विधियाँ
- अपने डेटा को तालिकाओं में प्रस्तुत करने के तरीके
- विभिन्न प्रकार के ग्राफ और अपने डेटा को प्रदर्शित करने के लिए उनका उपयोग करने के तरीके

महत्वपूर्ण शब्द

एरिया चार्ट, बार डायग्राम,	डेटा का प्रदर्शन,	फ्रीक्वेंसी ग्राफ,
पोलीगोन,	पोलीवैरियेट (बहुचरीय),	बाईवैरियेट (द्विचरीय),
संचयी वितरण बहुभुज (कम्युलेटिव फ्रीक्वेंसी पोलीगोन),	रेखा चित्र,	पाई चार्ट,
स्कैटरग्राम,	तालिका,	यूनीवैरियेट (एकचरीय)

इस अध्याय के अंत में आपको निम्नलिखित की समझ हो जाएगी

- डेटा के संचारण के विभिन्न तरीके
- तालिका की रचना और तालिका के प्रकार
- भिन्न-भिन्न ग्राफिक्स प्रेजेंटेशंस

विश्लेषित डेटा का संचार और प्रदर्शन करने की विधियाँ

उस डेटा का विश्लेषण कर लेने के बाद, जिसे आपने परिमाणात्मक, गुणात्मक या मिश्रित/विविध विधियों द्वारा एकत्रित किया था, अगला कार्य आपके जाँच परिणामों को आपके पाठकों तक पहुँचाना है। डेटा प्रदर्शन तकनीक का मुख्य उद्देश्य उन जाँच परिणामों को सरल और समझने के लिए आसान बनाना, और विस्तारित और व्यापक जानकारी को एक संक्षिप्त और प्रभावी तरीके से प्रदान करन है। मोटे तौर पर शोध में लेखन करने की दो शैलियाँ है: पहली, एक वर्णनात्मक और कथात्मक शैली; और दूसरी, टेक्स्ट के रूप में तथ्यात्मक जानकारी के साथ विश्लेषणात्मक शैली। वर्णनात्मक और कथात्मक शैली गुणात्मक अध्ययनों में अधिक प्रचलित है और विश्लेषणात्मक शैली परिमाणात्मक अध्ययनों में। हालाँकि यदि अभ्यास में डेटा अनुमति देता है तो आप उनका मिश्रण कर सकते हैं। किसी विशिष्ट शैली की पसंद मूल रूप से आगे की बातों के द्वारा तय होती है--डेटा की लेखन की शैली, आपके संभावित पाठकों की पसंद के बारे में आपका ज्ञान, शोध कार्यप्रणाली और सांख्यिकीय प्रक्रियाओं के बारे में आपकी वाकिफियत, आपकी स्वयं की लेखन शैली, आपके पाठकों को किस शैली के द्वारा आपके जाँच परिणामों को संचारित किया जाये इसके बारे में आपका ज्ञान।

गुणात्मक शोध में अन्वेषण की प्रकृति और प्रयोजन के कारण टेक्स्ट प्रभावशाली हो जाता है और सामान्य तौर पर संचार की एकमात्र विधा है। परिमाणात्मक अध्ययन में टेक्स्ट का सामान्य तौरपर डेटा प्रदर्शन के अन्य रूपों के साथ संयोजन किया जाता है, उस सीमा तक, जहाँ तक वह आपके लिए परिचित है,उस अध्ययन का प्रयोजन है और उसे अपने पाठकों को समझने में आसान और उसमे उनकी रुचि को कायम रखने के लिए है। इसलिए एक शोधकर्ता के रूप में यह निर्णय लेना पूरी तरह से आप पर निर्भर करता है कि आपके पाठकों तक अपने जाँच परिणामों को संचारित करने का सर्वश्रेष्ठ तरीका कौनसा है। इन दो दृष्टिकोणों के अंदर जानकारी का प्रदर्शन करने के कई तरीके हैं। यदि आपके पाठक डेटा को 'पढ़ने' से वाकिफ़ हैं तो आप डेटा प्रदर्शन के जटिल तरीके का इस्तेमाल कर सकते हैं, और यदि नहीं हैं तो सरल तकनीक का उपयोग करना समझदारी होगी।

यद्यपि यहाँ डेटा के प्रदर्शन के कई तरीके मौजूद हैं, परंतु यह अध्याय केवल अधिक आम उपयोग की जाने वाली विधियों तक सीमित है। यहाँ कई कंप्यूटर प्रोग्राम हैं, जो आपको इस कार्य में मदद करते हैं। इस अध्याय में हमने विश्लेषित डेटा के संचार और प्रदर्शन को निम्नलिखित चार विधियों में बाँधा है: पाठ, तालिका, ग्राफ और सांख्यिकीय मापन।

पाठ

पाठ परिमाणात्मक और गुणात्मक दोनों शोध अध्ययन में संचार करने का अब तक का सबसे आम तरीका है, और शायद बाद वाले अध्ययन में एकमात्र तरीका है। इसीलिए, यह आवश्यक है कि आप इस बात को जाने कि समझ के स्तर,विषय में रुचि और उन लोगों की अकादमिक और वैज्ञानिक परिशुद्धता की आवश्यकता को ध्यान में रखते हुए प्रभावी तरीके से कैसे संचारित किया जाये जिनके लिए आप यह लेखन करने वाले हैं। आपकी शैली ने एक तरफ अकादमिक और वैज्ञानिक परिशुद्धता के बीच संतुलन बनाये रखना चाहिए और वहीँ दूसरी तरफ पाठकों की रुचि बनाये रखने लायक दिलचस्प होनी चाहिए। बेशक, यह बिना कहे ही समझा जा सकता है कि अच्छे संचार के लिए भाषा के ऊपर एक प्रभुत्व होना और विचारों की स्पष्टता होना अत्यंत जरूरी है।

आपका लेखन विषयात्मक होना चाहिए: अर्थात उसे आपकी रिपोर्ट के विविध विषयों के आसपास लिखा जाना चाहिए; आपके जाँच परिणाम ऐसे साहित्य में एकीकृत किये जाने चाहिए जो उदाहरणों की स्वीकृत प्रणाली का उपयोग कर संदर्भो के उदाहरण दें; आपके लेखन ने विचारों के एक तार्किक प्रगति का अनुसरण करना चाहिए; और उसका स्वरूप आकर्षक और आँखों को भाने वाला होना चाहिए। स्पष्टता और प्रवाह की दृष्टी से भाषा संचार में एक महत्वपूर्ण भूमिका अदा करती है। ऑस्ट्रेलिया स्टाइल मैन्युअल (2002:49) के कॉमनवेल्थ के अनुसार:

> सुलेखित दस्तावेजों की भाषा जानकारी के प्रभावी संचारण में मदद करती है। भाषा एक उपकरण भी है, इसके द्वारा लेखक एक टोन उत्पन्न करते हैं और अपने पाठकों के साथ संबंध स्थापित करते हैं। इन संबंधों को उत्पादनशील होने के लिए लेखक जिस भाषा का इस्तेमाल करते हैं उसने पाठकों के ज्ञान, रुचियों और संवेदनशीलता की विविधता का पूरा उपयोग करना चाहिए।

तालिकाएँ

संरचना

पाठ के अलावा, परिमाणात्मक अध्ययन में विश्लेषित डेटा को प्रदर्शित करने के लिए तालिकाओं का सबसे अधिक आम उपयोग किया जाता है। शिकागो मैन्युअल ऑफ़ स्टाईल (1993:21) के अनुसार 'तालिकाएँ विस्तृत जानकारी की बड़ी मात्रा को छोटे स्थान में प्रदर्शित करने का एक अत्यंत उपयोगी उपकरण पेश करती हैं। ऑस्ट्रेलिया स्टाईल मैन्युअल (2002:46) के कॉमनवेल्थ के अनुसार, 'तालिकाएँ पाठकों के लिए एक वरदान हैं। वे नाटकीय रूप से पाठ को स्पष्ट करती हैं, दृश्य सुविधा उपलब्ध करती है और संदर्भ का एक तुरंत जरिया पेश करती हैं। इसीलिए प्रारंभकर्ताओं के लिए यह आवश्यक है कि वे उनकी संरचना और प्रकारों के बारे में जाने। चित्र 16.1 एक तालिका की संरचना को दर्शाता है।

एक तालिका के पांच भाग होते हैं:

1. शीर्षक–यह साधारणतया तालिका क्रमांक सूचित करता है और तालिका में शामिल डेटा के प्रकार का वर्णन करता है। प्रत्येक तालिका को उसका एक क्रमांक देना आवश्यक है क्योंकि रिपोर्ट के टेक्स्ट में आपको व्याख्या और चर्चा करते समय तालिका का संदर्भ देने की जरूरत होती है। तालिका को उस क्रम में क्रमांक देना चाहिए जिस क्रम में वे पाठ में नजर आती हैं। यदि आप एक लेख लिख रहें हैं तो तालिकाओं को केवल क्रमांक से पहचानना पर्याप्त है। एक विवरण या रिपोर्ट के मामले में तालिका को पहचानने का एक तरीका अध्याय का क्रमांक और उसके बाद उस अध्याय के अंदर तालिका का क्रमांक देना होता है यही प्रक्रिया इस पुस्तक में भी अपनाई गई है। इस प्रक्रिया का मुख्य लाभ यह है कि रिपोर्ट का पुनरावलोकन करते समय यदि किसी तालिका को जोड़ने या निकालने की आवश्यकता होती है तो आपको पूरी रिपोर्ट बदलने की बजाय सिर्फ तालिका क्रमांकों को बदलना होता है।

   तालिका क्रमांक के साथ जुड़े हुए वर्णन ने उस तालिका की सामग्री को स्पष्ट रूप से निर्दिष्ट करना ही चाहिए। वर्णन में उन चरों की पहचान करें जिसके बारे में तालिका में जानकारी शामिल होती है, उदाहरण के लिए, 'उम्र के अनुसार प्रतिक्रिया देनेवाले' या 'यूरेनियम के खनन के प्रति नजरिया'।

चित्र 16.1 एक तालिका की संरचना

शीर्षक

तालिका X.YY: उम्र के अनुसार यूरेनियम खनन के प्रति नजरिया

(स्तंभ शीर्षक)

(x-अक्ष)

यूरेनियम खनन के प्रति नजरिया	प्रतिक्रिया देनेवाले की उम्र					कुल
	<25	25-34	35-44	45-54	55+	
अत्यंत पक्ष में						
पक्ष में						
अनिश्चित						
विरुद्ध						
कट्टर विरुद्ध						
कुल						

(य-अक्ष)

स्रोत :.................... काल्पनिक डेटा

(स्टब) (मुख्य भाग)

(पूरक टिप्पणियाँ)

यदि किसी तालिका में दो चरों के बारे में जानकारी दी गई है ते शीर्षक में निर्भर चर को बाद में स्थान देना चाहिए, उदाहरण के लिए, 'लिंग द्वारा' (स्वतंत्र चर) 'यूरेनियम के खनन के प्रति नजरिया' (निर्भर चर)।

2. स्टब–एक चर की उप-श्रेणी को प्रत्येक पंक्ति के ऊपर लिखा जाना चाहिए (तालिका का बांये तरफ का स्तंभ)। मैकग्रा-हिल स्टाईल मैन्युअल (लॉन्गइयर 1983:97) के अनुसार, 'स्टब आमतौर पर बाईं तरफ का स्तंभ होता है, जो उन मदों को सूचीबद्ध करता है जिनके बारे में दाहिनी तरफ क्षैतिज पंक्तियों में जानकारी दी गई होती है। 'शिकागो स्टाईल के मैन्युअल (1993:331) इसे एक 'श्रेणियों या अलग-अलग मदों को उर्ध्व रूप से सूचीबद्ध करना कहते है, जो जानकारी तालिका के स्तंभों में दी गई होती है।'
3. स्तंभ का शीर्षक–यह चर की उप-श्रेणी होती है, जिसे तालिका के साथ ऊपर की तरफ सूचीबद्ध किया जाता है। एकचरीय तालिकाओं में (एक चर के बारे में जानकारी प्रदर्शित करने वाली तालिकाएँ) स्तंभ का शीर्षक आमतौर पर 'प्रतिक्रिया देने वालों की संख्या' और/या 'प्रतिक्रिया देने वालों का प्रतिशत' (तालिका 16.1 और 16.2) होता है। द्विचरीय तालिकाओं (दो चरों के बारे में जानकारी देने वाली तालिकाएँ) स्तंभ के शीर्षक में दोनों में से किसी एक चर की उप-श्रेणियाँ दर्शाई जाती हैं (तालिका 16.3)।
4. मुख्य भाग–विश्लेषित डेटा को शामिल करने वाले खंड।
5. पूरक टिप्पणियाँ या नीचे की टिप्पणियाँ–नीचे की टिप्पणियों (फूटनोट्स) के चार प्रकार होते हैं: स्रोत नोट्स; अन्य आम नोट्स; तालिका के विशिष्ट भाग के बारे में नोट्स; और संभावना के स्तर के बारे में नोट्स (शिकागो स्टाइल का मैन्युअल 1993:333)। यदि इस डेटा को किसी अन्य स्रोत से लिया जाता है तो उसे स्वीकार करने का आपका कर्तव्य होता है। स्रोत को तालिका के सबसे नीचे लिखा जाना चाहिए, और स्रोत द्वारा शीर्षक दिया जाना चाहिए, जैसा कि चित्र 16.1 में दर्शाया गया है। इसीप्रकार तालिका के अंत में एक वर्णनात्मक टिप्पणी भी दी जानी चाहिए।

तालिकाओं के प्रकार

जिन चरों के बारे में जानकारी को प्रदर्शित किया जाना है उनकी संख्या के आधार पर तालिकाओं को श्रेणीबद्ध किया जाता है, जैसे,

- एकचरीय (आवृत्ति तालिकाओं के रूप में भी जानी जाती हैं)–एक चर के बारे में जानकारी शामिल होती है, उदाहरण के लिए, तालिका 16.1 और 16.2;
- द्विचरीय (क्रॉस-टेब्युलेशन के रूप में भी जानी जाती हैं)–दो चरों के बारे में जानकारी शामिल होती है, उदाहरण के लिए, तालिका 16.3; और
- बहुचरीय या विविधचरीय–दो से अधिक चरों के बारे में जानकारी शामिल होती है, उदाहरण के लिए, तालिका 16.4।

तालिका 16.1 उम्र के अनुसार प्रतिक्रिया देनेवाले (एक जनसंख्या के लिए आवृत्ति तालिका काल्पनिक डेटा)

उम्र	प्रतिक्रिया देनेवालों की संख्या
<-20 df}	2 (2.0)
20-24	12 (12.0)
25-29	22 (22.0)
30-34	14 (14.0)
35-39	17 (17.0)
40-44	10 (10.0)
45-49	11 (11.0)
50-54	9 (9.0)
55+	3 (3.0)
Total	100 (100.0)

टिप्पणी: *--कोष्टक में दिए गये आकड़ें प्रतिशत हैं।*

तालिका 16.2 उम्र के अनुसार प्रतिक्रिया देनेवाले (दो जनसंख्या की तुलना करने वाली आवृत्ति तालिका काल्पनिक डेटा)

उम्र	जनसंख्या A	जनसंख्या B
<20 df}	2 (2.0)	1 (0.6)
20-24	12 (12.0)	17 (10.9)
25-29	22 (22.0)	23 (14.7)
30-34	14 (14.0)	18 (11.5)

35-39	17 (17.0)	26 (16.7)
40-44	10 (10.0)	16 (10.3)
45-49	11 (11.0)	18 (11.5)
50-54	9 (9.0)	27 (17.3)
55+	3 (3.0)	10 (6.4)
No response	0 (0.0)	0 (0.0)
Total	100 (100.0)	156 (100.0*)

टिप्पणी:--कोष्टक में दिए गये आकड़ें प्रतिशत हैं। (99.9 को पूर्णांक किया गया है)

तालिका 16.3 यूरेनियम खनन के प्रति नजरिया और उम्र के अनुसार प्रतिक्रिया देनेवाले (क्रॉस-टेब्युलेशन–काल्पनिक डेटा)

यूरेनियम खनन के प्रति रवैया	आयु					
	<-25	**25-34**	**35-44**	**45-54**	**55+**	**कुल**
अत्यंत पक्ष में	(0.0)*	(5.5)	(14.8)	(35.0)	(100.0)	
	0	2	4	7	3	16
	(0.0)°	(12.5)°	(25.0)°	(43.6)°	(18.6)°	(100.0)°
	(0.0)*	(8.3)	(18.5)	(20.0)	(0.0)°	
पक्ष में	0	3	5	4	0	12
	(0.0)	(25.0)	(41.7)	(33.3)	(0.0)	(100.0)
	(0.0)°	(0.0)	(7.4)	(20.0)	(0.0)	
अनिश्चित	0	0	2	4	0	6
	(0.0)	(0.0)	(33.3)	(66.7)	(66.7)	(100.0)
	(14.3)*	(19.4)	(3.7)	(0.0)	(0.0)	
विरुद्ध	2	7	1	0	0	10
	(20.0)	(70.0)	(10.0)	(0.0)	(0.0)	(100.0)
	(85.7)*	(66.7)	(55.6)	(25.0)	(0.0)	
कट्टर विरुद्ध	12	24	15	5	0	56
	(21.4)	(42.9)	(26.8)	(8.9)	(0.0)	(100.0)
कुल	(100.0)*	(100.0)	(100.0)	(100.0)	(100.0)	(100.0)
	14	36	27	20	3	100

स्तंभ प्रतिशत,   पंक्ति प्रतिशत

तालिका 16.4 उम्र और लिंग के अनुसार यूरेनियम खनन के प्रति नजरिया (काल्पनिक डेटा)

	उत्तरदाताओं की संख्या													
प्रतिक्रिया देनेवालों की संख्या	<-25		25-34		35-44		45-54		55+			कुल		
	F	M	F	M	F	M	F	M	F	M	F	M	F	T
अत्यंत पक्ष में	0	0	1	1	3	1	5	2	3	0		12	4	16
पक्ष में	0	0	1	2	3	2	3	1	0	0		7	5	12
अनिश्चित	0	0	0	0	1	1	2	2	0	0		3	3	6
विरुद्ध	1	1	4	3	1	0	0	0	0	0		6	4	10
कट्टर विरुद्ध	4	8	17	7	8	7	2	3	0	0		3	25	56
कुल	5	9	23	13	16	11	12	8	3	0		59	41	100

प्रतिशत के प्रकार

डेटा की सटीकता से व्याख्या करने की और जाँच परिणामों को प्रभावी तरीके से संचारित करने की क्षमता एक शोधकर्ता के लिए महत्वपूर्ण कौशल होते हैं। डेटा की सटीक और प्रभावी व्याख्या करने के लिए आपको कुछ मापन की गणना करनी होती है, जैसे, प्रतिशत, संचयी प्रतिशत या अनुपात। कभी-कभी डेटा के ऊपर अन्य सांख्यिकीय प्रक्रियाओं को भी लागू करना महत्वपूर्ण होता है। डेटा की व्याख्या करने में प्रतिशत का उपयोग करना एक आम बात है। प्रतिशत के तीन प्रकार होते हैं: 'पंक्ति', 'स्तंभ' और 'कुल'। इनमें से प्रत्येक का संदर्भ, व्याख्या और महत्व समझना महत्वपूर्ण है। आईये हम कुछ उदाहरणों को देखते हैं:

तालिका 16.1 और 16.2 एकचरीय या आवृत्ति तालिकाएं हैं। किसी भी एकचरीय तालिका में एक स्थिरांक (100) में से चरों की प्रत्येक उप-श्रेणी के परिमाण की गणना की जाती है। ऐसी तालिका दर्शाती है कि यदि वहाँ 100 प्रतिक्रिया देनेवाले होते तो प्रत्येक उप-श्रेणी में प्रतिक्रिया देने वालों की अपेक्षित संख्या क्या होती। एक एकचरीय तालिका में प्रतिशत उस समय एक महत्वपूर्ण भूमिका निभाता है जब दो या दो से अधिक नमूनों या जनसंख्या की तुलना की जाती है (तालिका 16.2)। जैसा कि प्रत्येक नमूना या जनसंख्या समूह में प्रतिक्रिया देनेवालों की संख्या सामान्यतया बदलती रहती है इसलिए प्रतिशत आपको उन्हें एक निश्चित संख्या (100) के विरुद्ध उनका मानकीकरण करने में सक्षम करता है। 100 के विरुद्ध किया गया यह मानकीकरण आपको एक चर की विभिन्न उप-श्रेणियों के अंदर दो जनसंख्याओं के परिमाण की तुलना करने में सक्षम बनाता है।

तालिका 16.3 में दिए गये अनुसार एक क्रॉस-टेब्युलेशन में दोनों चरों की उप-श्रेणियों को एक-दूसरे के संबंध में जांचा जाता है। इस तालिका को कम भीड़ वाली बनाने के लिए हमने तालिका 16.1 में दर्शाए नुसार उम्र की श्रेणियों को इसमें से हटा दिया है। ऐसी तालिकाओं के लिए आप तीन विभिन्न प्रकार के प्रतिशतों की गणना कर सकते हैं– पंक्ति, स्तंभ और कुल, जो निम्नानुसार है--

- पंक्ति का प्रतिशत–इसकी गणना अन्य चरों के केवल एक उप-श्रेणी के संबंध में एक चर की सभी उप-श्रेणियों का योग करके की जाती है, जिन्हें विभिन्न स्तंभों के एक पंक्ति में प्रदर्शित किया होता है। उदाहरण के लिए, तालिका 16.3 में कोष्टक में दर्शायें आंकड़ें 'पंक्ति प्रतिशत' हैं, जिनकी गणना उम्र चर के सभी उम्र उप-श्रेणियों का योग करके की जाती है, जो दूसरे चर के केवल एक उप-श्रेणी के संबंध में किया जाता है (अर्थात, वे जो यूरेनियम के खनन के पक्ष में हैं)–दूसरे शब्दों में,एक चर की एक उप-श्रेणी जिसे चर की सभी उप-श्रेणियों के द्वारा स्टब पर प्रदर्शित किया गया है, जो तालिका के स्तंभ शीर्षक पर प्रदर्शित किये गये हैं। जो यूरेनियम के खनन के तीव्र विरोध में हैं उनमें से 21.4 प्रतिशत 25 वर्ष से कम उम्र के हैं, उनमें से कोई भी 55 वर्ष से ऊपर नहीं है और बहुसंख्य लोग (42.9 प्रतिशत)

24 और 34 वर्ष की उम्र के बीच में हैं (तालिका 16.3)। इस पंक्ति प्रतिशत ने इसप्रकार आपको उन लोगों के बीच उम्र का चर दिया है जो यूरेनियम खनन के तीव्र विरोधी हैं। इससे यह ज्ञात होता है कि यूरेनियम खनन का विरोध करने वाले 56 प्रतिक्रिया देनेवाले लोग कैसे एक दूसरे से उम्र में भिन्न-भिन्न हैं। इसीप्रकार, आप अन्य चर के संबंध में उसके विभिन्नताओं (यूरेनियम के खनन के संबंध में नजरिया) की जाँच करने के लिए चर की किसी अन्य उप-श्रेणी का चयन कर सकते हैं, जैसे उम्र।

- पंक्ति का प्रतिशत–इसकी गणना अन्य चरों के केवल एक उप-श्रेणी के संबंध में एक चर की सभी उप-श्रेणियों का योग करके की जाती है, जिन्हें विभिन्न स्तंभों के एक पंक्ति में प्रदर्शित किया होता है। उदाहरण के लिए, तालिका 16.3 में कोष्टक में दर्शायें आंकड़ें 'पंक्ति प्रतिशत' हैं, जिनकी गणना उम्र चर के सभी उम्र उप-श्रेणियों का योग करके की जाती है, जो दूसरे चर के केवल एक उप-श्रेणी के संबंध में किया जाता है (अर्थात, वे जो यूरेनियम के खनन के पक्ष में हैं)–दूसरे शब्दों में,एक चर की एक उप-श्रेणी जिसे चर की सभी उप-श्रेणियों के द्वारा स्टब पर प्रदर्शित किया गया है, जो तालिका के स्तंभ शीर्षक पर प्रदर्शित किये गये हैं। जो यूरेनियम के खनन के तीव्र विरोध में हैं उनमें से 21.4 प्रतिशत 25 वर्ष से कम उम्र के हैं, उनमें से कोई भी 55 वर्ष से ऊपर नहीं है और बहुसंख्य लोग (42.9 प्रतिशत) 24 और 34 वर्ष की उम्र के बीच में हैं (तालिका 16.3)। इस पंक्ति प्रतिशत ने इसप्रकार आपको उन लोगों के बीच उम्र का चर दिया है जो यूरेनियम खनन के तीव्र विरोधी हैं। इससे यह ज्ञात होता है कि यूरेनियम खनन का विरोध करने वाले 56 प्रतिक्रिया देनेवाले लोग कैसे एक दूसरे से उम्र में भिन्न-भिन्न हैं। इसीप्रकार, आप अन्य चर के संबंध में उसके विभिन्नताओं (यूरेनियम के खनन के संबंध में नजरिया) की जाँच करने के लिए चर की किसी अन्य उप-श्रेणी का चयन कर सकते हैं, जैसे उम्र।
- स्तंभ प्रतिशत–इसी प्रकार आप उम्र को विपरित स्तर पर स्थिर रखकर स्तंभ प्रतिशत का उपयोग करके नजरिये में विविधता की जाँच कर सकते हैं। उदाहरण के लिए, मान लीजिये, आप 25-34 उम्र के व्यक्तियों के बीच में यूरेनियम खनन के बारे में नजरिये के अंतर को ज्ञात करना चाहते हैं। उम्र की श्रेणी 25-34 (स्तंभ) दर्शाती है कि वहाँ 36 प्रतिक्रिया देने व्यक्ति हैं, 24 (66.7 प्रतिशत) तीव्र विरोधी हैं, जबकि केवल 2 (5.5%) उसके पक्ष में हैं। आप अन्य चरों (यूरेनियम खनन के प्रति नजरिया) की विभिन्न उप-श्रेणियों के संबंध में भिन्नता की जाँच करने के लिए उम्र चर की किसी भी उप-श्रेणी को लेकर यही बात कर सकते हैं।
- कुल प्रतिशत–यह प्रत्येक खंड के परिमाण का मानकीकरण करता है; अर्थात, यह प्रतिक्रिया देनेवाले की वर्तमान उम्र देता है जिन्हें अन्य चरों की उप-श्रेणियों के संबंध में एक चर की उप-श्रेणी में वर्गीकृत किया गया है। उदाहरण के लिए, उन लोगों द्वारा जनसंख्या का कितना प्रतिशत गठित किया जा रहा है, जिनकी उम्र 25 वर्ष से कम है और जो यूरेनियम खनन के कट्टर विरोधी हैं?

तीन चरों के लिए डेटा की छंटनी करना संभव है। तालिका 16.4 (प्रतिशत दर्शाया नहीं गया है) प्रतिक्रिया देनेवालों की उम्र और लिंग के संबंध में उनके नजरिये की जाँच करती है। जैसे जैसे आप तालिका में अधिक चर जोड़ते जाते हैं वैसे-वैसे यह पढने के लिए अधिक जटिल और व्याख्या करने के लिए अधिक कठिन होती चली जाती है, परंतु उनकी व्याख्या करने की प्रक्रिया एक समान ही होती है।

तीसरे चर अर्थात लिंग को प्रविष्ट करना आपको यह बात ज्ञात करने में मदद करता है कि लिंग के संबंध में उम्र और नजरिये इन दो चरों की उप-श्रेणियों के बीच अवलोकन किये सहसंबंध को कैसे वितरित किया जाये। दूसरे शब्दों में, यह आपको यह जानने में मदद करता है कि दो अन्य चरों (यूरेनियम खनन के प्रति नजरिया और प्रतिक्रिया दर्शाने वालोम की उम्र) के बीच सहसंबंध को दर्शाने वाला कोई विशिष्ट खंड कितने पुरुष और महिलाओं द्वारा गठित होता है। उदाहरण के लिए, तालिका 16.4 उन लोगों की संख्या दर्शाती है जो यूरेनियम खनन के कट्टर विरोधी हैं, अर्थात 24 (42. 9%) व्यक्ति 25-34 वर्ष की उम्र के हैं। इस समूह में 17 (70.8%) महिलाएँ और 7 (29.2%) पुरुष शामिल हैं। अतः, यह तालिका दर्शाती है कि 25-34 उम्र के बीच में पुरुष प्रतिक्रिया देनेवालों की तुलना में महिलाओं का बहुत ज्यादा अनुपात है, जो यूरेनियम खनन के कट्टर विरोधी हैं। इसीप्रकार से उम्र और नजरिये की किन्ही भीडो उप-श्रेणियों को ले सकते हैं और उन्हें तीसरे चर अर्थात लिंग की किसी भी उप-श्रेणी (महिला/पुरुष) के साथ संबंधित कर सकते हैं।

ग्राफ्स

ग्राफिक प्रेजेंटेशन विश्लेषित डेटा का संचार करने का तीसरा तरीका है। ग्राफिक प्रेजेंटेशन विश्लेषित डेटा को समझना आसान बनाता है उसे प्रभावी रूप से संचारित करता है जिसे प्रदर्शित करना जाना है। आपको एक चयन करने की जरूरत है कि आपके डेटा को कौन सर्वश्रेष्ठ तरीके से प्रदर्शित कर सकता है, एक तालिका, ग्राफ या टेक्स्ट। ग्राफ का मुख्य उद्देश्य डेटा को इस तरीके से प्रदर्शित करना है कि इसकी व्याख्या करना सरल हो और यह दिखने में दिलचस्प लगे। आपका ग्राफ का इस्तेमाल करने का निर्णय लेना मुख्य रूप से इन विचारों पर आधारित होना चाहिए: 'एक ग्राफ पूरी तरह से तालिकाबद्ध किये गये डेटा पर आधारित होता है और इसीलिए आपको कोई कहानी नहीं सुनाता जिसे एक तालिका का निरिक्षण करके सीखा नहीं जा सकता। हालाँकि, ग्राफिक प्रदर्शन एक डेटा के सेट की विशेषताओं को देखने में आसान बनाता है'। (मिनियम 1978:45)।

ग्राफ का निर्माण हर प्रकार के डेटा के लिए–परिमाणात्मक और गुणात्मक–और किसी भी प्रकार के चर (एक सामान्य, अंतराल या अनुपात पैमाने से मापा गया) के लिए किया जा सकता है। ग्राफ्स के कई प्रकार होते हैं और किसी विशेष प्रकार का इस्तेमाल करने का आपका निर्णय चर के मापन के लिए इस्तेमाल किये जाने वाले मापन पैमाने पर आधारित होना चाहिए। यह ध्यान रखना उतना ही महत्वपूर्ण है कि जब बात व्याख्या की आती है तो किसी चर के मापन के लिए कौनसा पैमाना इस्तेमाल किया जाये। ग्राफ की गलत व्याख्या किया जाना और उससे गलत निष्कर्ष एक आम बात है, क्योंकि वे चर के मापन में इस्तेमाल किये गये मापन पैमाने की अनदेखी करते हैं। आप जिस प्रकार के ग्राफ का इस्तेमाल करते हैं वह उस डेटा पर निर्भर करता है जिस प्रकार का डेटा आप प्रदर्शित कर रहें हैं। श्रेणीबद्ध चरों के लिए आप केवल बार-चार्ट्स, हिस्टोग्राम या पाई-चार्ट का निर्माण कर सकते हैं, जबकि निरंतर चरों के लिए उपरोक्त के अलावा आप रेखा या ट्रेंड ग्राफ्स का भी निर्माण कर सकते हैं। एक ग्राफ में दर्शाए गए चरों की संख्या भी यह निर्णय लेने के लिए महत्वपूर्ण है कि आपके द्वारा निर्माण किये जाने वाले ग्राफ का प्रकार कौनसा है।

किसी भी प्रकार के ग्राफ का निर्माण करते समय निम्नलिखित बातें ध्यान में रखना महत्वपूर्ण हैं:

- एक ग्राफिक प्रेजेंटेशन का दो अक्षों पर निर्माण किया जाता है: क्षैतिज और उर्ध्व। क्षैतिज अक्ष को "अब्सिसा" या आम तौर पर x-अक्ष और उर्ध्व अक्ष को "ऑर्डिनेट" या y-अक्ष कहा जाता है (मिनियम 1978:45)।
- यदि ग्राफ को केवल एक ही चर को प्रदर्शित करने के लिए डिजाइन किया जाता है तो यह प्रथा है किचर की उप-श्रेणियों को x- अक्ष पर और उप-श्रेणी की आवृत्ति या संख्या को y-अक्ष पर प्रदर्शित किया जाये, परंतु यह अनिवार्य नहीं है। जिस बिन्दू पर ये दोनों अक्ष एक-दूसरे से मिलते हैं उसे y-अक्ष के लिए 0 (शून्य) बिंदु माना जाता है। जब एक ग्राफ दो चरों को प्रदर्शित करता है तब दोनों को एक-एक अक्ष पर दर्शाया जाता है और जिस बिंदु पर दोनों एक-दूसरे को काटते हैं उसे प्रारंभी या शून्य बिंदु माना जाता है।
- तालिका के समान ही एक ग्राफ का उसकी सामग्री का वर्णन करने के लिए एक शीर्षक होना चाहिए। उसके अक्षों को भी नाम देना चाहिए।
- ग्राफ को एक उपयुक्त पैमाने पर रेखाकित किया जाना चाहिए। एक ऐसे पैमाने का इस्तेमाल किया जाना आवश्यक है जो आपके ग्राफ को न तो बहुत बड़ा बनाये न बहुत छोटा। प्रत्येक अक्ष के लिए पैमाने की आपकी पसंद दोनों अक्षों के लिए अनुपातिक होनी चाहिए। कभी-कभी पैमाने के विस्तार को दोनों अक्षों पर समाने के लिए (जब यह बहुत अधिक फैला हुआ हो) पैमाने को विभाजित करना अनिवार्य होता है और दो तिरछी रेखाओं के द्वारा इस विभाजन को पाठकों के लिए सूचित किया जाता है।

हिस्टोग्राम

एक हिस्टोग्राम में आयतों की एक श्रेणी शामिल होती है जो बिना स्थान छोटे एक-दूसरे से सट कर बनाई जाती है। प्रत्येक एक श्रेणी या उप-श्रेणी की आवृत्ति को दर्शाता है (चित्र 16.2)। उनकी उंचाई उनके द्वारा दर्शाए जाने वाली आवृत्ति के अनुपात में होती है। आयतों की उंचाई निरपेक्ष या अनुपातिक आवृत्ति या कुल

का प्रतिशत प्रदर्शित कर सकती है। जैसा कि पहले उल्लेख किया गया था, एक हिस्टोग्राम को श्रेणीबद्ध और निरंतर दोनों प्रकार के डेटा के लिए बनाया जा सकता है। जब एक हिस्टोग्राम एक निरंतर चर पर आधारित होता है तो आप उसके द्वारा प्रदर्शित रुझान का अनुमान लगा सकते हैं, यदि यह श्रेणीबद्ध चर पर आधारित होता है तो आप ऐसा नहीं कर सकते, क्योंकि आप श्रेणीबद्ध चरों को किसी भी क्रम में रच सकते हैं। इसलिए एक हिस्टोग्राम की व्याख्या करते समय आपको यह विचार करना चाहिए कि क्या यह श्रेणीबद्ध चरों को प्रदर्शित कर रहा है कि निरंतर चरों को। चित्र 16.2 हिस्टोग्राम के तीन उदाहरणों को प्रदर्शित कर रहा है, जिसमें चित्र 16.1 और 16.4 के डेटा का उपयोग किया गया है। चित्र 16.2 ब में स्थित हिस्टोग्राम प्रभावी रूप से चित्र 16.2 अ के जैसा ही है, परंतु उसे त्रिमितीय शैली में प्रदर्शित किया गया है।

बार चार्ट

एक बार चार्ट या बार डायग्राम को श्रेणीबद्ध डेटा को प्रदर्शित करने के लेए इस्तेमाल किया जाता है (चित्र 16.3)। एक बार चार्ट एक हिस्टोग्राम के समान ही होता है, केवल फर्क यह होता है कि एक बार चार्ट में विभिन्न आवृत्ति को दर्शाने वाले आयत के बीच में स्थान होता है, जो यह सूचित करता है कि वह डेटा श्रेणीबद्ध है। बार चार्ट को सामान्य या क्रमसूचक पैमाने पर मापे गए चरों के लिए इस्तेमाल किया जाता है। असतत श्रेणियों को आमतौर पर x-अक्ष पर और प्रतिक्रिया देनेवाले व्यक्तियों की संख्या या प्रतिशत को y-अक्ष पर प्रदर्शित किया जाता है। हालाँकि,
इसे समझाने के लिए असतत श्रेणियों को य-अक्ष पर प्रदर्शित करना संभव है। बार चार्ट एक चर के प्रत्येक उप-श्रेणी के परिमाण को प्रदर्शित करने का एक प्रभावी तरीका है।

खड़ा बार चार्ट (Stacked Bar Chart)

एक खड़ा बार चार्ट केवल एक बात को छोड़कर बार चार्ट के समान ही होता है कि पहले वाले में प्रत्येक बार द्वारा दो या दो से अधिक चरों के बारे में जानकारी प्रदर्शित की जाती है, जो एक दूसरे के ऊपर उर्ध्व रूप से खड़े रखे जाते हैं (चित्र 16.4)।

चित्र 16.2 अ दो-मितीय हिस्टोग्राम

उम्र के अनुसार यूरेनियम खनन के प्रति नजरिया (काल्पनिक डेटा - तालिका 16.1)

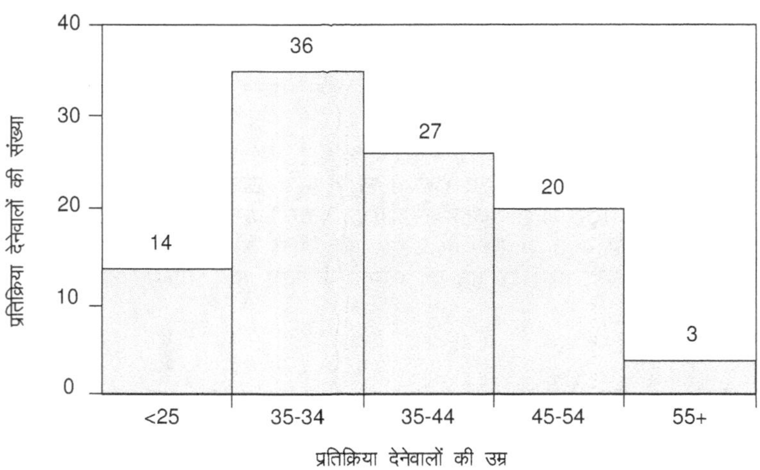

चित्र 16.2 ब त्रिमितीय हिस्टोग्राम

उम्र के अनुसार यूरेनियम खनन के प्रति नजरिया (काल्पनिक डेटा - तालिका 16.1)

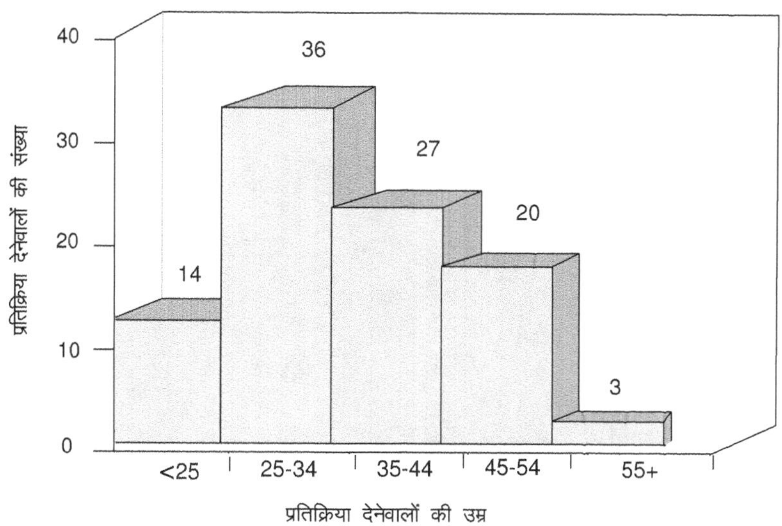

खड़ी सलाखों SPSS में ग्राफ

चित्र 16.2 स - दो चरों के साथ द्विमितीय हिस्टोग्राम

उम्र के अनुसार यूरेनियम खनन के प्रति नजरिया (काल्पनिक डेटा - तालिका 16.1)

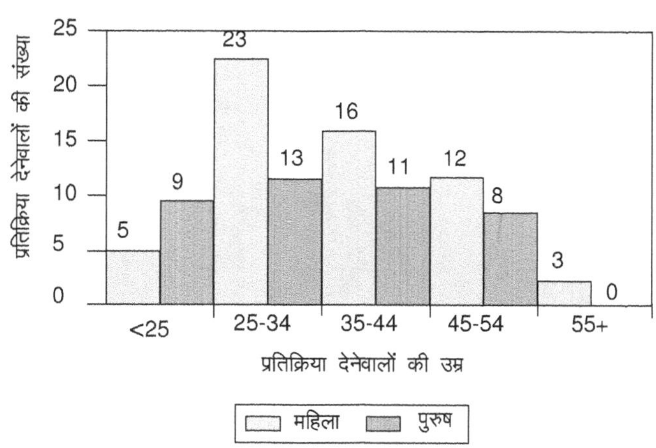

चित्र 16.3 विभिन्न प्रकार के बार चार्ट

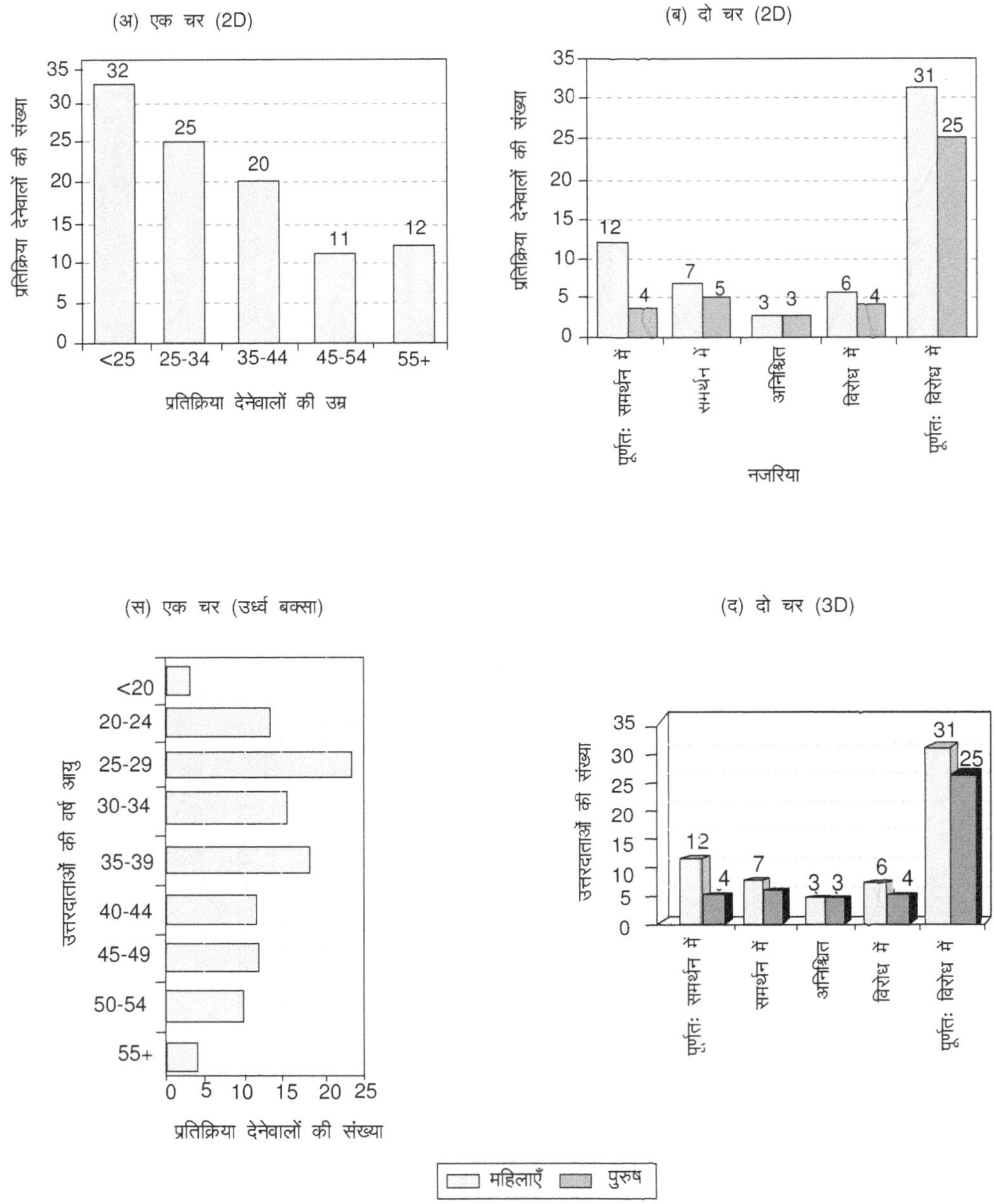

चित्र 16.4 खड़ा बार चार्ट

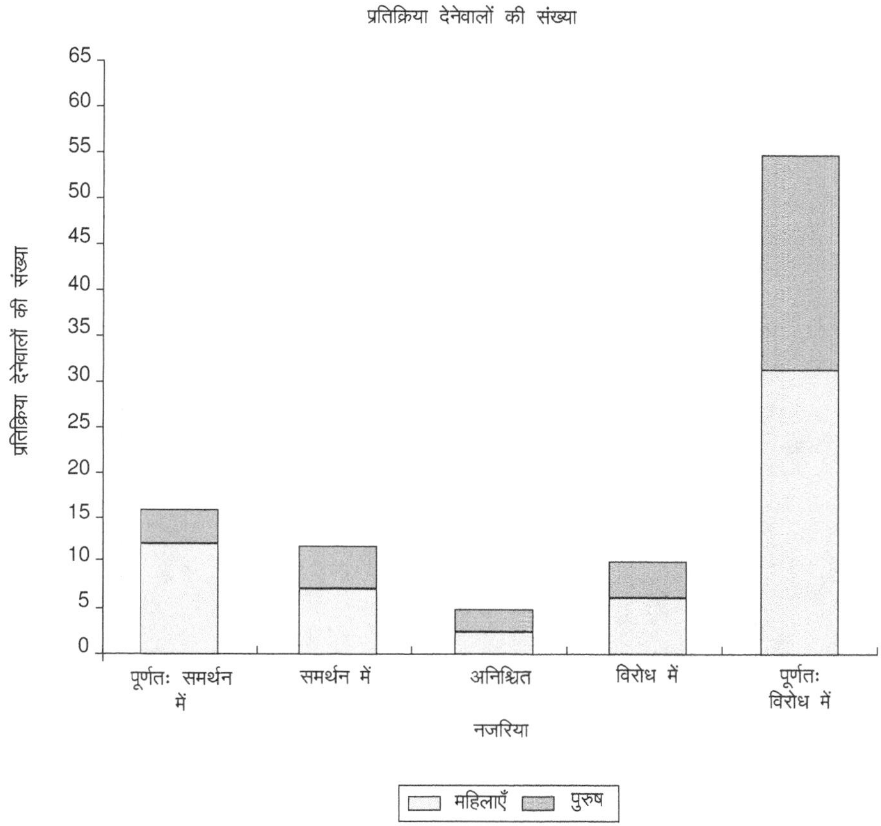

एक बार के विभाग उन चरों के अनुपात को दर्शाते हैं जिन्हें एक दूसरे के संबंध में प्रदर्शित किया जाता है। इस प्रकार के बार चार्ट को केवल श्रेणीबद्ध डेटा का इस्तेमाल करके ही बनाया जा सकता है।

100 प्रतिशत बार चार्ट

100 प्रतिशत बार चार्ट (चित्र 16.5) खड़े बार चार्ट के समान ही होता है। इस प्रकार में एक चर की उप-श्रेणियों को उप-श्रेणी की जनसंख्या के प्रतिशत के रूप में दर्शाया जाता है। 100 योग होने वाले प्रत्येक बार को चर की प्रत्येक उप-श्रेणी के प्रतिशत के संबंध के अनुपात में विभाजित किया जाता है।

आवृत्ति बहुभुज (The Frequency Polygon)

आवृत्ति बहुभुज हिस्टोग्राम के समान ही होता है। एक आवृत्ति बहुभुज को प्रत्येक आयत के उस उंचाई पर मध्यबिंदु को जोड़कर बनाया जाता है जो उस अंतराल की ऊंचाई के अनुरूप होता है (चित्र 16.6)। हालाँकि आवृत्ति बहुभुज की रचना करने में एक समस्या होती है, वह यह कि यदि वे विस्तृत-उत्तरीय प्रश्न वाले हैं तो दोनों में से किसी एक चरम पर स्थित दो श्रेणियों के साथ क्या किया जाना चाहिए (उदाहरण के लिए, यदि एक 15 से कम है और दूसरा 60 से ऊपर है)। इन चरम स्थितियों के लिए एक रुझान की रेखा कैसे

चित्र 16.5 100 प्रतिशत बार चार्ट

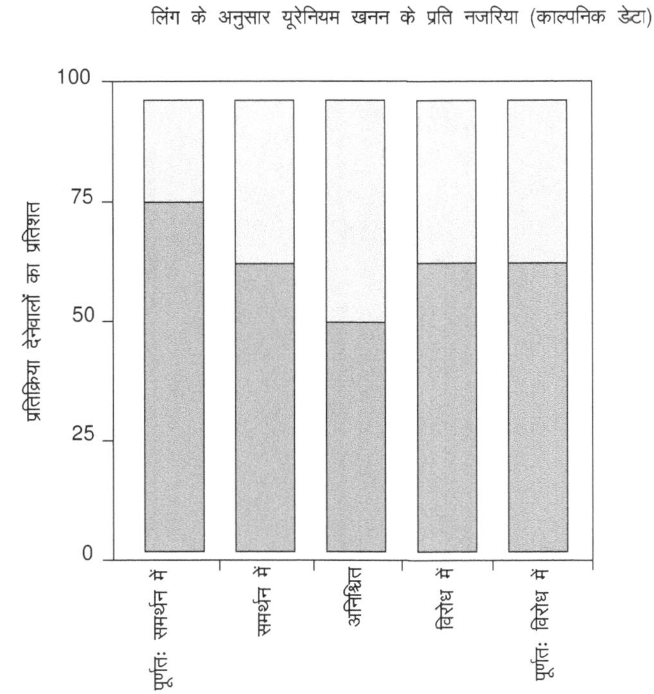

महिला	4	5	3	4	25
पुरुष	12	7	3	8	31

नजरिया

महिला पुरुष

खींची जाये? इस पर काबू पाने के लिए आप कल्पना कीजिये कि इन दोनों चरम श्रेणियों में एक अंतराल बाकियों के समान है और इन श्रेणियों में आवृत्ति को शून्य मान लीजिये। इन अंतरालों के मध्य बिन्दू से आप बहुभुज रेखा को खींचकर x-अक्ष के दोनों सिरों तक मिलाये। या तो निरपेक्ष आवृत्तियों या अनुपातिक आवृत्तियों का उपयोग करके एक आवृत्ति बहुभुज का निर्माण किया जा सकता है।

संचयी आवृत्ति बहुभुज

संचयी आवृत्तियों के आधार पर संचयी आवृत्ति बहुभुज या संचयी आवृत्ति वक्र (चित्र 16.7) की रचना की जा सकती है। एक आवृत्ति बहुभुज और एक संचयी आवृत्ति बहुभुज में मुख्य अंतर यह है कि पहले वाले को अंतरालों के मध्य बिंदुओं को जोड़कर बनाया जाता है, जबकि बाद वाले को अंतरालों के अंतिम बिंदुओं को मिलाकर बनाया जाता है, क्योंकि संचयी आवृत्ति डेटा की व्याख्या किसी अंतराल के ऊपरी सीमा के संबंध में करती है। जैसा कि एक संचयी आवृत्ति वितरण आपको दिए गये मूल्य से निरीक्षणों की कम संख्या बताती है और आमतौर पर एकीकृत डेटा पर आधारित होता है, अतः एक आवृत्ति वितरण की व्याख्या करने के लिए ऊपरी सीमा लेने की जरूरत होती है।

चित्र 16.6 आवृत्ति बहुभुज

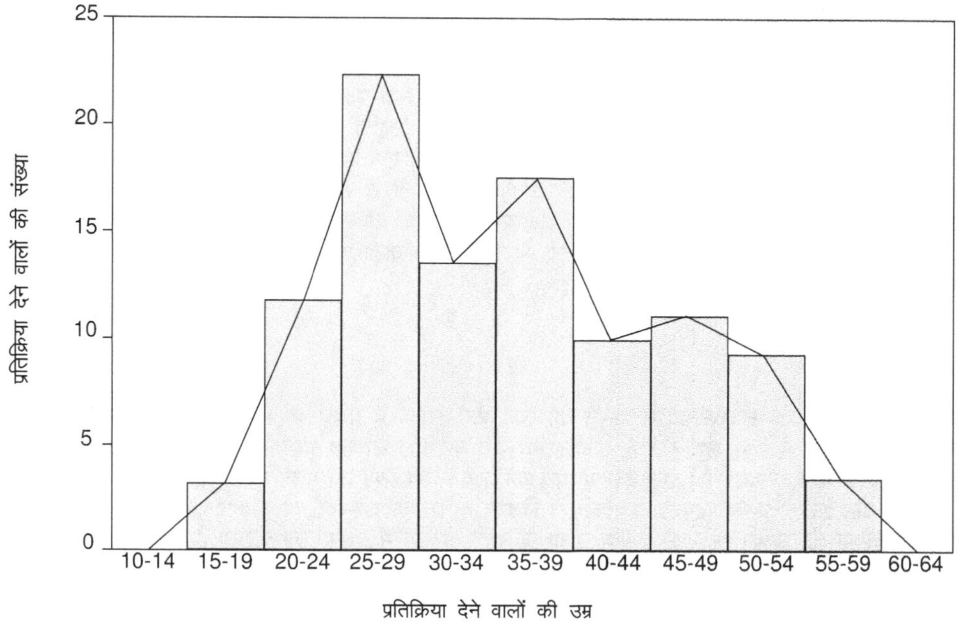

चित्र 16.7 संचयी आवृत्ति बहुभुज

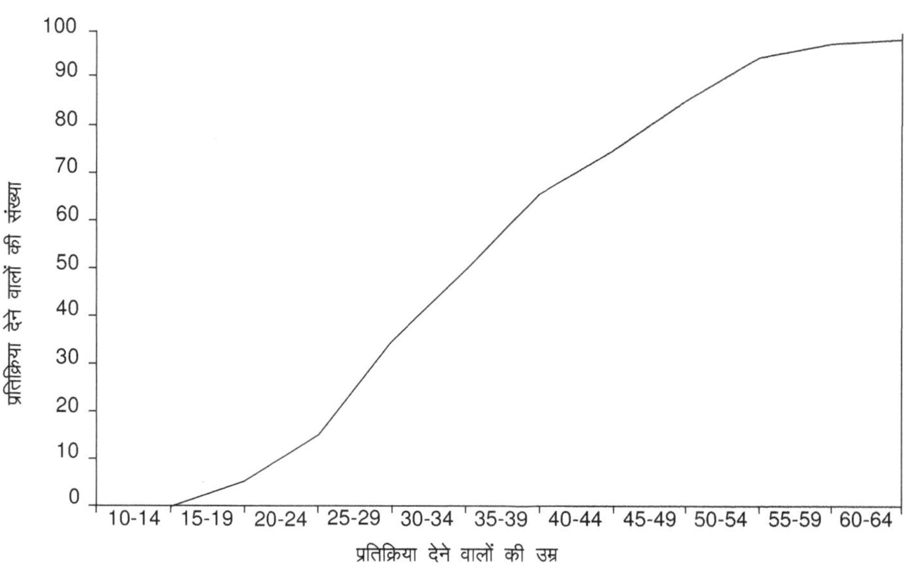

तना और पत्ती प्रदर्शन (Stem-and-Leaf)

तना और पत्ती आवृत्ति वितरण के प्रदर्शन का एक प्रभावी, तुरंत और सरल तरीका है (चित्र 16.8)। दो अंकों के लिए एक आवृत्ति वितरण के लिए तना और पत्ती चित्र को y-अक्ष के बाईं तरफ 0 से 9 अंको को दर्शा कर बनाया जाता हैं, जो आवृत्ति के दहाई को प्रदर्शित करता है। आवृत्ति की इकाई (अर्थात दो-अंको वाले आवृत्ति प्रदर्शन का दाहिने तरफ का अंक) को प्रदर्शित करने वाले अंकों को y-अक्ष के दाहिनी तरफ प्रदर्शित किये जाते हैं। ध्यान रखें कि तना और पत्ती प्रदर्शन एकीकृत डेटा का उपयोग नहीं करता परंतु निरपेक्ष आवृत्ति का उपयोग करता है। यदि इस प्रदर्शन को वामावर्त दिशा में 90 डिग्री तक घुमाया जाये तो यह प्रभावी रूप से एक हिस्टोग्राम बन जाता है। इस तकनीक के साथ आवृत्ति वितरण से संबंधित कुछ वर्णनात्मक सांख्यिकी को आसानी से सुनिश्चित किया जा सकता है, जैसे मीन, मोड और मीडियन। हालाँकि उनके गणना करने की प्रक्रिया इस पुस्तक की सीमा के बाहर हैं। तना और पत्ती प्रदर्शन तीन और चार अंको में चलने वाली आवृत्तियों के लिए भी संभव है (सैकड़ा और हजार)।
प्रतिक्रिया देने वालों की उम्र

पाई चार्ट

पाई चार्ट डेटा को ग्राफिक रूप से प्रदर्शन करने का एक और तरीका है (चित्र 16.9), पर इस समय यह एक वृत्त के रूप में है। एक वृत्त में 360 अंश होते हैं, इसलिए पूरे वृत्त का 100 प्रतिशत या कुल जनसंख्या को प्रदर्शित करने के लिए उपयोग किया जा सकता है। इस वृत्त या पाई को प्रत्येक उप-श्रेणी की मात्रा के अनुसार विभागों में विभाजित किया जाता है और इसका प्रत्येक टुकड़ा एक आवृत्ति वितरण के प्रत्येक उप-श्रेणी के आकार के अनुपात में होता है। इन अनुपातों को या तो निरपेक्ष संख्याओं ए रूप में या प्रतिशतों के रूप में दर्शाया जा सकता है। पाई / वृत्त के अंशों की गणना करना कठिन होने के कारण अन्य प्रकार के ग्राफ की तुलना में मैन्युअल रूप से पाई चार्ट बनाना कठिन होता है। उन्हें परिमाणात्मक और गुणात्मक दोनों प्रकार के डेटा के लिए और एक निरंतर पैमाने पर मापे गये किंतु श्रेणियों में समूहित चरों के लिए बनाया जा सकता है।

रेखा चित्र या रुझान वक्र (The Line Diagram or Trend Curve)

एक निरंतर अंतराल या एक अनुपातिक पैमाने पर मापे गये डेटा के सेट को एक रेखा चित्र या रुझान वक्र का इस्तेमाल करके प्रदर्शित किया जा सकता है। एक रुझान रेखा को एक विशिष्ट समय (अर्थात 1995, 1996, 1997) या एक अवधि (अर्थात 1985-1989, 1990-1994, 1995-) दोनों से संबंधित डेटा के लिए खींची जा सकती है। यदि यह एक अवधि से संबंधित है तो प्रत्येक आवृत्ति के अनुरूप ऊंचाई पर प्रत्येक अंतराल के मध्य बिन्दू को एक बिंदु के रूप में चिन्हित किया जाता है–जैसा कि आवृत्ति बहुभुज में होता है। किसी घटना में रुझानों की जाँच करने के लिए फिर इन बिंदुओं को एक सरल रेखा द्वारा जोड़ा जाता है। यदि किसी निश्चित समय से संबंधित है तो आवृत्ति के साथ अनुरूप ऊंचाई पर एक बिन्दू चिन्हित किया जाता है। इन बिंदुओं को फिर एक सरल रेखा द्वारा जोड़ा जाता है। एक रेखा चित्र उन परिवर्तनों को दृश्य रूप से संचारित करने का एक उपयोगी तरीका है, जब किसी घटना या परिस्थिति में लंबी-अवधि के रुझानों का अध्ययन करने की जरूरत होती है। उदाहरण के लिए, चित्र 16.10 स्पष्ट रूप से चार

चित्र 16.8 तना और पत्ती प्रदर्शन

1	89
2	00011122222233445555566677777788899
3	00111222333333445555566677777889
4	1122233333444555566779
5	000113355667

चित्र 16.9 दो और तीन आयामों वाला पाई चार्ट

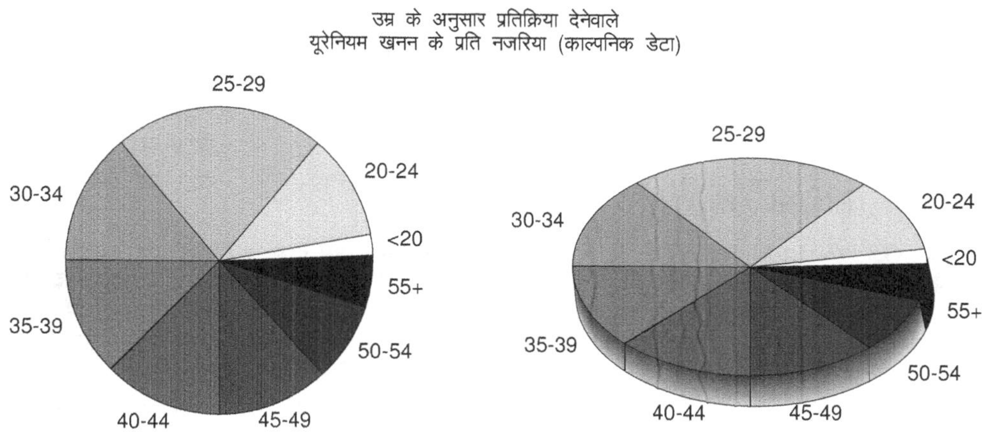

चित्र 16.10 रेखा चित्र या रुझान वक्र

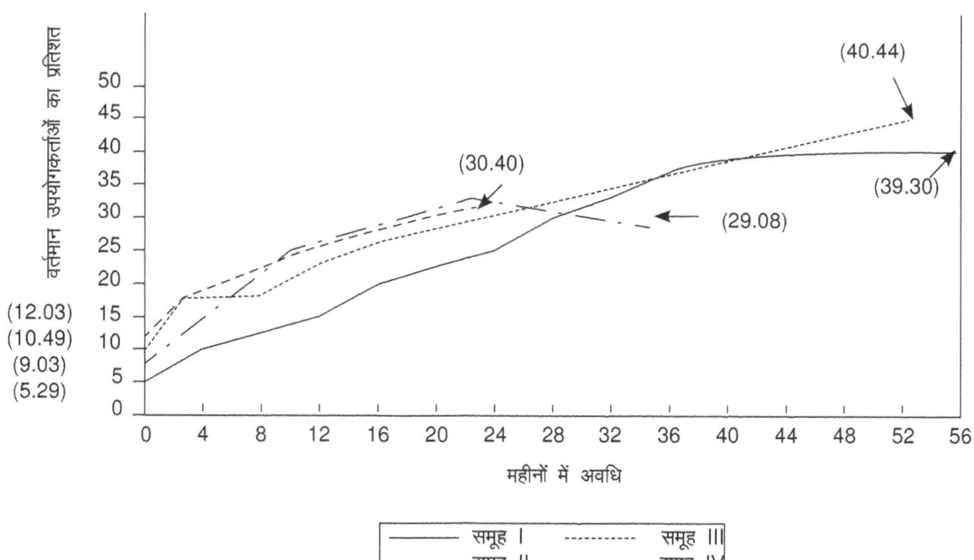

अध्ययन जनसंख्या के बीच पांच वर्षों की अवधि के लिए गर्भनिरोधक के लिए विधियों के वर्तमान उपयोग की संख्या में होने वाले रुझान को दर्शाता है, जो चार उपचार पद्धति को प्राप्त कर रही है, और जिसमे मातृ और शिशु स्वास्थ्य के विभिन्न संयोजन, आरोग्यदायी पूरक खाद्य और परिवार नियोजन सेवाएँ शामिल हैं। इसी जानकारी को एक तालिका द्वारा इतने स्पष्ट रूप से दर्शाया नहीं जा सकता।

क्षेत्र चार्ट (The Area Chart)

ए अंतराल या अनुपातिक पैमाने पर मापे गए चरों के लिए एक चर की उप-श्रेणियों के बारे में जानकारी को एक क्षेत्र चार्ट द्वारा भी प्रस्तुत किया जा सकता है। इसे एक रेखा चित्र की तरह ही बनाया जाता है, परंतु अन्य उप-श्रेणियों के संबंध में उस उप-श्रेणी के कुल परिमाण को उभारने के लिए प्रत्येक रेखा के अंतर्गत क्षेत्र को शेड किया जाता है। उदाहरण के लिए, चित्र 16.11 उम्र के अनुसार प्रतिक्रिया देनेवाले पुरुष और महिला की संख्या को दर्शाता है।

स्कैटरग्राम (The Scattergram)

जब आप दृश्य रूप से दिखाना चाहते हैं कि एक चर में हुए परिवर्तन के संबंध में अन्य चर में कैसे परिवर्तन होता है तो एक स्कैटरग्राम अत्यंत प्रभावी होता है। दोनों भी चरों का मापन या तो एक अंतराल पैमाना या अनुपातिक पैमाने पर किया जाना अत्यंत आवश्यक है और वह डेटा और प्रत्येक निरिक्षण के लिए दोनों चरों को निरपेक्ष मूल्य में उपलब्ध होना जरूरी है–आप श्रेणीबद्ध चरों के लिए एक स्कैटरग्राम को रेखांकित नहीं कर सकते। दोनों चरों के लिए डेटा को जोड़े में लिया जाता है और उनके मूल्यों के संबंध में दोनों अक्षों पर बिंदुओं के रूप में दर्शाया जाता है। आइये हम तालिका 16.5 में काल्पनिक डेटा के 10 प्रतिक्रिया देनेवालों के लिए उम्र और आमदनी का डेटा लेते हैं। काल्पनिक डेटा के आधार पर उम्र और आमदनी के बीच के संबंध को चित्र 16.12 में दर्शाया गया है।

सांख्यिकीय मापन

शोध में सांख्यिकी का महत्व, विशेष रूप से परिमाणात्मक अध्ययन में अत्यधिक गहरा है। सांख्यिकी की भूमिका आगे की बातों में निहित है–पहले डेटा की समझ और उसका अर्ध बढ़ाने के लिए उसको एकीकृत

चित्र 16.11 क्षेत्र चार्ट

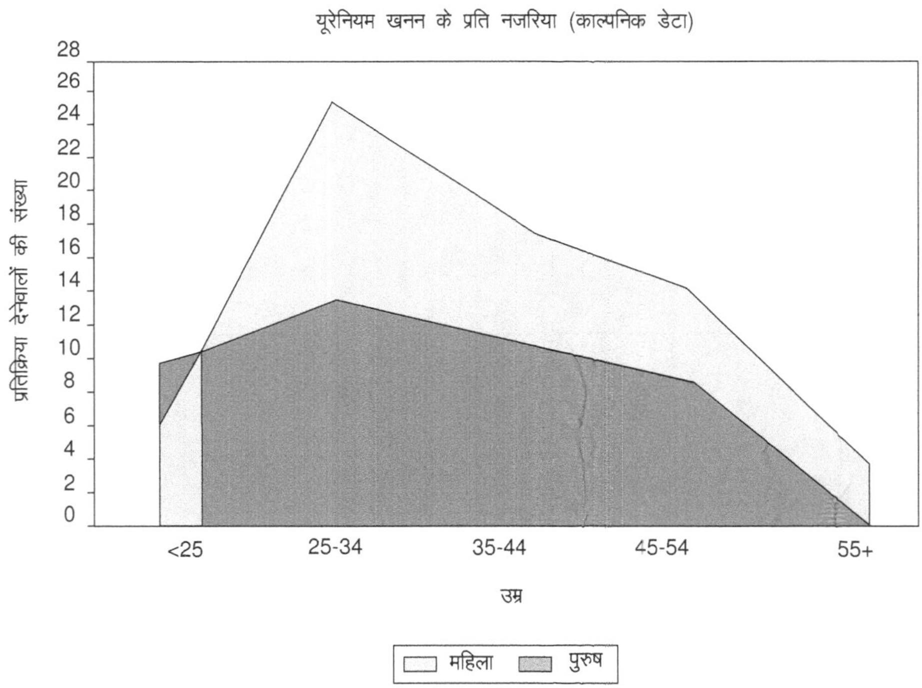

खड़ी सलाखों SPSS में ग्राफ

तालिका 16.5 उम्र और आमदनी का डेटा

प्रतिक्रिया देनेवाला	आमदनी	उम्र
H$	25,500	24
I	46,000	50
J$	30,500	36
K	55,000	45
M	27,000	29
N>	35,000	38
O	40,000	37
P	52,000	48
Q>	47,000	41
R>	38,000	47

चित्र 16.12 स्कैटरग्राम

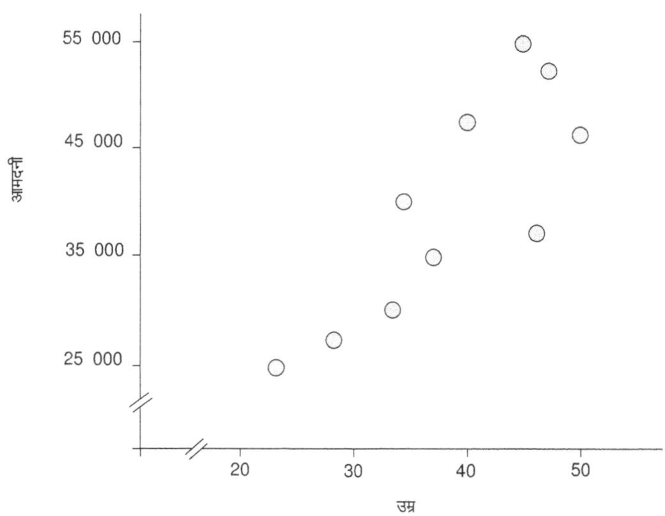

और सारांश रूप में वर्णन करने के लिए, यह स्थापित करने के लिए कि दोनों चरों के बीच में कोई संबंध है कि नहीं और यदि हो तो उस संबंध के परिमाण को मापने के लिए। अपने जाँच परिणामों में आत्मविश्वास बढ़ाना सांख्यिकी का एक और कार्य है। कई अकादमिक विषय शोध रिपोर्ट में सांख्यिकी के एकीकरण के बारे में अत्यधिक आग्रही होते हैं और शोध के जाँच परिणामों में सांख्यिकीय मापन के अनुप्रयोग को अत्यधिक महत्व देते हैं।

इस पुस्तक में से सांख्यिकी को निकाल देना सांख्यिकी के प्रति लेखक की सराहना की कमी को सूचित नहीं करता है, परंतु इतने विस्तारित विषय को एक पाठ में संग्रहित करने की असहायता को सूचित करता है। लेखक ने विचार किया कि पाठकों ने विशेष रूप से सांख्यिकी पर लिखे पाठों का संदर्भ लेना बेहतर होगा।

यद्यपि सांख्यिकी के मापन जाँच परिणामों को एक सटीक और संक्षिप्त तरीके में संचार करने के लिए अत्यंत प्रभावी होते है, फिर भी आप किसी भी सांख्यिकी मापन का उपयोग किये बिना एक पूर्णतः वैध अध्ययन कर सकते हैं। हालाँकि कुछ निश्चित स्थितियों में उनका उपयोग करना वांछनीय है और कुछ में तो बिल्कुल अनिवार्य है।

यहाँ कई सांख्यिकीय मापन हैं जो अत्यंत सरल से लेकर अत्यंत जटिल होते है। एक सिरे पर आप के पास सरल वर्णनात्मक मापन हैं, जैसे मीन, मोड और मीडियन, तो वहीं दूसरी तरफ निर्णायक सांख्यिकीय मापन हैं, जैसे, चरों का विश्लेषण, कारकीय विश्लेषण और विविध प्रतिगमन।

इसके विस्तृति के कारण सांख्यिकी को एक अलग अकादमिक विषय समझा गया है और इन मापन का उपयोग करने से पहले आपको उन्हें सीखना जरूरी है।

सांख्यिकीय मापन का उपयोग संग्रहित किये गये डेटा, सांख्यिकी के बारे में आपका ज्ञान, जाँच परिणामों को संचारित करने का प्रयोजन और आपके पाठकों का सांख्यिकी में ज्ञान के आधार पर निर्भर होता है।

सारांश

परिमाणात्मक और गुणात्मक दोनों शोध में जाँच परिणामों को पाठकों को आमतौर पर पाठ के माध्यम से संचारित किया जाता है। परिमाणात्मक शोध में यह कमोबेश संचार का एकमात्र तरीका है। हालाँकि परिमाणात्मक अध्ययनों में पाठ अभी भी शोध जाँच परिणामों को संचारित करने का प्रमुख तरीका है, फिर भी इसे अक्सर अन्य रूपों के साथ संयोजित किया जाता है, जैसे, तालिका, ग्राफ्स और सांख्यिकीय मापन, जो शोध को समझने में आसान बना सकता है। आप जिसका भी उपयोग करते हैं वह इस बात से निर्धारित किया जाना चाहिए जिसके बारे में आप सहज है और जिसे आप समझते हैं कि वह आपके पाठकों को समझने में आसान होगा। तालिकाओं में बड़े डेटा को छोटे स्थान में रखने का लाभ होता है, जबकि ग्राफ के द्वारा ग्राहकों को एक ही नजर में जानकारी को समझने में आसानी होती है।

आमतौर पर एक तालिका में पांच भाग होते हैं: शीर्षक, स्टब, स्तंभ के शीर्षक, मुख्य भाग और पूरक टिप्पणियाँ या फूटनोट्स। जिन चरों के बारे में जानकारी को तालिका में भंडारित किया जाना है उनकी संख्या के आधार पर तीन प्रकार की तालिकाएँ होती हैं : एकचरीय (आवृत्ति), द्विचरीय (क्रॉस-टेब्युलेशन) और बहुचरीय।

SPSS में scatterplots

एक तालिका की व्याख्या करने के लिए सरल गणितीय प्रक्रियाएँ इस्तेमाल की जा सकती हैं, जैसे प्रतिशत, संचयी आवृत्ति या अनुपात। आप सरल वर्णनात्मक सांख्यिकीय प्रक्रियाओं, जैसे मीन, मोड और मीडियन, चाई-वर्ग, टी-टेस्ट और सहसंबंध गुणांक इत्यादि का भी इस्तेमाल कर सकते हैं। यदि आपको सांख्यिकी का ज्ञान है तो जटिल सांख्यिकी का उपयोग किया जा सकता है।

सांख्यिकी को इस पुस्तक में दो कारणों से शामिल नहीं किया गया है: शोध अध्ययन डिजाइन पर पूरा ध्यान केंद्रित करने के लिए और सांख्यिकी विषय के विस्तारित रूप के कारण शोध के प्रारंभकर्ताओं के लिए यह पुस्तक कठिन हो गई होती।

जहाँ कई प्रकार के ग्राफ मौजूद हैं, वहीं उनमें से सबसे आम प्रकार हैं: हिस्टोग्राम, बार चित्र, खड़ा बार चार्ट, 100 प्रतिशत बार चार्ट, आवृत्ति बहुभुज, तना और पत्ती प्रदर्शन, पाई चार्ट, रेखा या रुझान चित्र, क्षेत्र चार्ट और स्कैटरग्राम। इनमें से किसी का चयन करना आपके प्रयोजन और प्रदर्शित किये जाने वाले चरों के मापन में उपयोग में लाये जाने वाले मापन पैमाने पर निर्भर करता है। कुछ ग्राफ को हाथ से रेखांकित करना कठिन होता है लेकिन उन्हें कंप्यूटर द्वारा बनाना आसान होता है।

आपके सोचने के लिए

इस अध्याय के शुरुआत में दिए गए शब्दों से स्वयं को पुनः परिचित करवाएँ और यदि आप इनके अर्थ या इनमें से किसी के लागू होने के विषय में अनिश्चित हैं तो अध्याय से आगे बढ़ने से पहले एक बार उनको देखें।

- दो विशिष्ट उदाहरणों की पहचान कीजिये जहाँ आपने जाँच परिणामों के लिए सिर्फ पाठ की बजाय तालिका का उपयोग किया होता और दो उदाहरण जहाँ ग्राफ्स का उपयोग करना बेहतर होता।
- अपनी रुचि के क्षेत्र में एक काल्पनिक द्विचरीय तालिका की रचना कीजिये। विभिन्न प्रकार के प्रतिशतों की गणना कीजिये और डेटा की व्याख्या कीजिये।

अब यह अध्याय पूरा हो चुका है तो निम्नलिखित प्रश्नों के जवाब देने का प्रयास कीजिये:

- अपने शोध जाँच परिणामों का संचार करने के विभिन्न तरीकें कौन-कौनसे हैं?
- आदर्श रूप में एक तालिका के कई भाग होते हैं। उनका वर्णन कीजिये।
- विभिन्न प्रकार के प्रतिशत कौन-कौनसे हैं? डेटा की व्याख्या करने में वे कौनसा कार्य निभाते हैं?
- विभिन्न प्रकार के ग्राफ्स कौन-कौनसे हैं? मापन पैमाने के संबंध में उनके अनुप्रयोगों की चर्चा कीजिये।

चरण VIII

शोध रिपोर्ट का लेखन करना

इस परिचालन चरण में एक अध्याय शामिल है:

- अध्याय 17: शोध रिपोर्ट का लेखन

17

शोध रिपोर्ट का लेखन

इस अध्याय में आप निम्नलिखित के बारे में जानेंगे

- एक शोध रिपोर्ट कैसे लिखनी चाहिए
- आपकी शोध रिपोर्ट के लिए एक मसौदे की रूपरेखा कैसे तैयार की जानी चाहिए
- चरों के बारे में लिखना
- विभिन्न संदर्भ प्रणालियाँ
- एक ग्रंथसूची कैसे लिखना चाहिए

महत्वपूर्ण शब्द

सहसंबध,	गैर-नकली संबंध	नकली संबंध
शब्दकोश,	रूपरेखा	चर
बौद्धिक परिशुद्धता	संदर्भित करना	सत्यापनीयता

इस अध्याय के अंत में आपको निम्नलिखित की समझ हो जाएगी

- एक शोध रिपोर्ट की रूपरेखा कैसे तैयार की जानी चाहिए
- आपकी रिपोर्ट के हार्ड डेटा को कैसे एकत्रित किया जाना चाहिए
- अनुमान और निष्कर्ष निकलना
- विभिन्न संदर्भ प्रणालियाँ

शोध रिपोर्ट का लेखन

अकादमिक लेखन में सम्मेलनों

शोध प्रक्रिया का अंतिम चरण शोध की रिपोर्ट का लेखन करना होता है। इस प्रक्रिया का प्रत्येक चरण एक वैध अध्ययन के लिए महत्वपूर्ण होता है, क्योंकि किसी भी अवस्था पर लापरवाहीहोने से केवल उस भाग की ही नहीं तो संपूर्ण अध्ययन की गुणवत्ता पर प्रभाव पड़ेगा। यह अंतिम चरण अत्यधिक महत्वपूर्ण है, क्योंकि इस रिपोर्ट के माध्यम से ही अध्ययन के जाँच परिणाम और उनके परिणाम आपके परिवेक्षक और पाठकों तक संचारित किये जाते हैं। अधिकांश लोगों को आपके अध्ययन की मात्रा या गुणवत्ता के बारे में ज्ञान नहीं होता जो आपने अपने अध्ययन में डाले होते हैं। जहाँ शोध की प्रत्येक अवस्था में कड़ी मेहनत और सावधानी बरती होती है, वहीं पाठक सिर्फ इस रिपोर्ट को ही देखते हैं। इसीलिए, यदि रिपोर्ट ठीक से लिखी नहीं गई तो सारी मेहनत व्यर्थ हो सकती है। जैसा कि बर्न्स (1997:229) लिखते हैं, 'विद्यार्थी द्वारा अंतिम समय में अत्यंत मूल्यवान और दिलचस्प कार्य व्यर्थ हो सकता है जो अपने परिणाम को संचारित नहीं कर सकता।

शोध कार्यप्रणाली के बारे में आपकी समझ के अलावा रिपोर्ट की गुणवत्ता इन बातों पर निर्भर करती है: आपके संचार कौशल और विचारों की स्पष्टता, विचारों को तार्किक और क्रमबद्ध पद्धति में व्यक्त करने की आपकी क्षमता और आपका विषय ज्ञान। एक अन्य निर्धारणकर्ता शोध लेखन में आपका अनुभव है: आप जितना अनुभव प्राप्त करते हैं आपका शोध रिपोर्ट लेखन उतना ही अधिक प्रभावी होगा। सांख्यिकीय पद्धतियों का उपयोग आपके निष्कर्षों और तर्कों की वैधता को मजबूती देंगे क्योंकि वे आपको यह स्थापित करने में सक्षम बनाती है कि पाए गये सहसंबंध किसी कारण से हैं या अन्यथा हैं (अर्थात, कहीं ये संबंध जाली या गैर-जाली तो नहीं हैं) और ये एक सहसंबंध की मजबूती को सूचित करते हैं ताकि पाठक आपके निष्कर्षों में विश्वास कर सकें। निष्कर्षों को प्रदर्शित करने के लिए ग्राफ का उपयोग करना हालाँकि अनिवार्य नहीं है, फिर भी इससे पाठकों को आपकी जानकारी को समझने में आसानी होती है। जैसा कि पिछले अध्याय में उल्लेख किया गया था, ग्राफ का उपयोग किया जाये कि नहीं वह उस प्रयोजन पर निर्भर करता है जिसके लिए उन निष्कर्षो का उपयोग किया जाना है।

शोध के लेखन और अन्य किसी भी प्रकार के लेखन के बीच नियंत्रण की मात्रा, परिशुद्धता और आवश्यक सावधानी का अंतर होता है। शोध कके लेखन को इस अर्थ में नियंत्रित किया जाता है कि आप जो लिख रहें हैं, आप जिन शब्दों का चयन कर रहें हैं, आप जिस तरह से अपने विचारों को प्रगट कर रहें हैं और आप जो निष्कर्ष निकाल रहें हैं उनकी वैधता और सत्यापनीयता के बारे में आपको अत्यंत सावधान रहने की जरूरत है। अन्य लेखन और शोध के लेखन के बीच सबसे बड़ा अंतर बौद्धिक परिशुद्धता की मात्रा का होता है, जो शोध के लेखन के लिए अति आवश्यक है। शोध के लेखन को पूर्ण तौर पर सटीक, स्पष्ट, असंदिग्ध, तार्किक और संक्षिप्त होना चाहिए। आपका लेखन अध्ययन के संबंध में आपके पाठकों के ज्ञान के

बारे में मान्यताओं के ऊपर आधारित नहीं होना चाहिए। ध्यान रखें कि यदि कोई आपके लेखन को चुनौती देता है तो आपमें उसका बचाव करने की क्षमता होनी चाहिए। आलंकारिक और सतही भाषा का प्रयोग न करें। यहाँ तक कि सर्वश्रेष्ठ शोधकर्ता भी अपना अंतिम लेखन करने से पहले कई बार उसका कई बार मसौदा तैयार करता है, ताकि इस कार्य को पूरा कर सके।

जिन तरीकों से जाँच परिणामों को संचारित किया जाता है वे परिमाणात्मक और गुणात्मक अध्ययनों में अलग-अलग होते हैं। जैसा कि पहले उल्लेख किया जा चुका है, गुणात्मक शोध में परिणामों को अधिकतर वर्णनात्मक या कथात्मक रूप में संचारित किया जाता है, जो आपकी जाँच परिणामों से उभरे प्रमुख विषय, घटना या पाठ्यक्रम के आसपास होता है। इसका मुख्य प्रयोजन घटना, स्थिति, समारोह का बिना उनका परिमाण बढ़ाये वर्णन करना होता है। गुणात्मक रिपोर्ट को लिखने के एक तरीके को अध्याय 15 में सामग्री विश्लेषण के भाग के रूप में वर्णित किया गया है। दूसरी तरफ परिमाणात्मक शोध में लेखन वर्णनात्मक होने के अलावा डेटा का परिमाणात्मक और गणितीय विश्लेषण को भी शामिल करता है। अध्ययन के प्रयोजन के आधार पर जाँच परिणामों को समर्थन देने के लिए सांख्यिकीय मापन और परीक्षणों को भी शोध लेखन में शामिल किया जाता है।

मसौदे को ऑनलाइन विकसित करना

अपनी रिपोर्ट लिखना प्रारंभ करने से पहले उसकी एक रूपरेखा बना लेना अच्छा होता है (अध्यायीकरण)। अर्थात यह तय कर लेना कि आप अपने लेखन को अलग-अलग अध्यायों में किस प्रकार विभाजित करने वाले हैं और योजना बनाने वाले हैं कि प्रत्येक अध्याय में क्या लिखा जाना है। अध्यायों का विकास करने में आपके अध्ययन के उप-उद्देश्य या सामग्री विश्लेषण से उभर कर आये प्रमुख विषय आपको अच्छा मार्गदर्शन प्रदान कर सकते हैं। प्रत्येक अध्याय को अपने अध्ययन के उप-उद्देश्य या विषय के आसपास तैयार करें। विषय या उप-उद्देश्य के महत्व के आधार पर उस पर या तो एक पूरा अध्याय तैयार करें या उसे किसी संबंधित विषय साथ संयोजित करें। प्रत्येक अध्याय का शीर्षक मुख्य विषय का वर्णन करने वाला होना चाहिए, उसने इसके मुख्य विषय को संचारित करना चाहिए और स्पष्ट और संक्षिप्त होना चाहिए। यह दोनों प्रकार के शोधों के लिए लागू होता है।

निम्नलिखित पद्धति परिमाणात्मक और गुणात्मक दोनों प्रकार के शोधों के लागू होती है, परंतु ध्यान रखें कि यह सिर्फ सुझावात्मक है और आपको मदद करने के लिए है, जब आपको कोई कल्पना नहीं होती कि कहाँ से प्रारंभ किया जाये। आप अपने पसंदानुसार उसमें परिवर्तन कर सकते हैं या यदि आप कोई दूसरा तरीका चाहते हैं तो उसका अनुकरण कीजिये।

आपके रिपोर्ट के पहले अध्याय का शीर्षक संभवतः 'परिचय' होना चाहिए और उसमें अध्ययन के बारे में एक सामान्य परिचय होना चाहिए, जो आपके अधिकांश शोध प्रस्ताव को समाहित करना चाहिए और उसमें यदि उसमें मूल योजना से कोई बदलाव किया गया हो तो उसे सूचित करना चाहिए । इस अध्याय ने सभी ऊन तैयारी वाले कार्यों को शामिल करना चाहिए जो आपने अध्ययन प्रारंभ करने से पहले किये थे, जैसे, साहित्य का पुनरावलोकन, सैद्धांतिक रूपरेखा, अध्ययन के उद्देश्य, अध्ययन का डिजाइन, उदाहरणों की रणनीति और मापन प्रक्रियाएँ।

इसको समझाने के लिए आइये हम दो उदाहरणों को लेते हैं, जिन्हें इस पुस्तक में पहले संदर्भित किया है: पालक-देखभाल भुगतान और परिवार जुड़ाव मॉडल। इन रिपोर्टो का पहला अध्याय नीचे दिए उप-शीर्षकों के आसपास लिखा जा सकता है। इन रिपोर्टो की आगे की संरचना बिल्कुल अलग है। उस प्रयोजन को ध्यान में रख कर रिपोर्ट को तीन भागों में विभाजित किया गया था, जिस प्रयोजन के लिए परिवार जुड़ाव मूल्यांकन किया गया था : परिचय, समझा गया मॉडल और निष्कर्ष और सुझाव।

पालक-देखभाल भुगतान के प्रति नजरिया : अध्याय 1 की सुझावात्मक सामग्री

- परिचय
- पालक-देखभाल का विकास
- ऑस्ट्रेलिया में पालक-देखभाल

- सामुदायिक सेवा का विभाग
- घर-के-बाहर और सामुदायिक देखभाल कार्यक्रम
- पश्चिमी ऑस्ट्रेलिया में पालक-देखभाल नौकरी की वर्तमान पद्धति
- एक पालक-देखभालकर्ता बनना
- पालक-देखभाल सब्सिडीज
- पालक-देखभाल भुगतान से संबंधित मुद्दे
- अध्ययन के लिए तार्किकता
- अध्ययन के उद्देश्य
- अध्ययन का डिजाइन
- नमूना तैयार करना
- मापन प्रक्रियाएँ
- समस्याएँ और सीमाएं
- कार्यकारी परिभाषाएं

पारिवारिक जुड़ाव – एक सेवा वितरण मॉडल: अध्याय 1 की सुझावात्मक सामग्री
भाग 1: परिचय

- पृष्ठभूमि : पारिवारिक जुड़ाव की कल्पना का मूल
- ऐतिहासिक दृष्टिकोण
- समझा गया मॉडल
  - संकल्पनात्मक ढांचा
  - मॉडल को आधार देनेवाला मनोवैज्ञानिक दृष्टिकोण
  - अपेक्षित परिणाम
- मूल्यांकन के उद्देश्य
- मूल्यांकन की कार्यप्रणाली

(नोट: इस विभाग में मॉडल का संकल्पनात्मक ढांचा, जो इसका मनोवैज्ञानिक आधार है, वह समझा गया निष्कर्ष है जिसे लोगों के द्वारा इस प्रकार से पहचाना गया है, जो इस विचार को प्रारंभ करने के लिए जिम्मेदार हैं और जो साहित्य में उपलब्ध था, उन्हें शामिल किया गया था। इसमें मूल्यांकन के उद्देश्य और मूल्यांकन की कार्यप्रणालियों के बारे में विवरण भी शामिल हैं।)

परिमाणात्मक शोध रिपोर्ट्स में दूसरे अध्याय ने अध्ययन जनसंख्या के बारे में जानकारी प्रदान करनी चाहिए। यहाँ अध्ययन जनसंख्या से संबंधित सामाजिक, आर्थिक और जनसंख्या संबंधी विशेषताओं का वर्णन किया जाना चाहिए। यह अध्याय दो प्रयोजन पूरा करता है:

1. यह पाठकों को जनसंख्या के बारे में कुछ पार्श्वभूमी की जानकारी प्रदान करती है जिसके द्वारा आपने जानकारी संग्रहित की थी, ताकि वे जाँच परिणामों को अध्ययन किये गये जनसंख्या के प्रकार के साथ जोड़ सके।
2. यह एक समूह के भीतर विविधता की पहचान करने में मदद करती है, जिसे आप जाँच करना चाहते हों कि एक सेवा के ग्राहकों की संतुष्टि का स्तर कैसे बदलता है, उदाहरण के लिए, उनकी उम्र, लिंग या शिक्षा के साथ ।

इसलिए एक परिमाणात्मक शोध रिपोर्ट में दूसरे अध्याय का शीर्षक "अध्ययन जनसंख्या की सामाजिक-आर्थिक-जनसंख्या विशेषताएँ" हो सकता है या फिर सिर्फ "अध्ययन जनसंख्या" हो सकता है। पालक-देखभाल भुगतान का उदाहरण लेते हुए इस अध्याय को नीचे दिए उप-शीर्षकों के आसपास लिखा जा सकता था।

जैसे कि गुणात्मक अध्ययन अधिकतर सीमित गंभीर साक्षात्कारों या निरीक्षणों पर आधारित होता है, अतः आपको अध्ययन जनसंख्या के बारे में लिखना बहुत कठिन लग सकता है।

पालक-देखभाल भुगतान के प्रति नजरिया: अध्याय 2 की सुझावात्मक सामग्रियां
अध्याय 2 अध्ययन जनसंख्या

- परिचय
- उम्र के अनुसार प्रतिक्रिया देनेवाले (उम्र के बारे में पूछे प्रश्नों के जवाब में प्राप्त जानकारी को यहाँ प्रस्तुत किया जाना चाहिए। इस अध्याय में अगले विभाग 'चरों के बारे में लेखन' का सुझाव लीजिये।
- बाकी के चरों के लिए लिंग के अनुसार प्रतिक्रिया देनेवाले (इस अध्याय में अगले विभाग 'चरों के बारे में लेखन' का सुझाव लीजिये।)
- अध्ययन जनसंख्या की वैवाहिक स्थिति
- प्रतिक्रिया देनेवाले का मूल स्थान
- बच्चों की संख्या के अनुसार अध्ययन जनसंख्या
- अध्ययन जनसंख्या की औसत वार्षिक आय
- रहने के प्रकार के अनुसार अध्ययन जनसंख्या
- इत्यादि

आगे के अध्यायों का शीर्षक और विषय सामग्री इस बात पर निर्भर करती है कि आपने अपने अध्ययन में क्या वर्णन, अन्वेषण, परीक्षण या सिद्ध करने का प्रयास किया है। जैसा कि प्रत्येक परियोजना की विषय सामग्री भिन्न-भिन्न होती है; वैसे-वैसे ये अध्याय भिन्न-भिन्न रहेंगे। जैसा कि पहले सूचित किया गया है, प्रत्येक अध्याय के शीर्षक ने उसके विषय सामग्री के प्रमुख विचार को प्रदर्शित करना चाहिए।

इसकी रूपरेखा ने अध्याय के उप-विभागों को निर्दिष्ट करना चाहिए। ये उप-विभाग अध्याय में चर्चा किये जा रहे मुख्य विषय के विभिन्न पहलूओं के आसपास होना चाहिए । यदि आप एक चर से प्राप्त जानकारी को दूसरे चर के साथ सह्संबन्धित करना चाहते हैं तो उन चरों को निर्दिष्ट कीजिये। चरों की चर्चा के क्रम को नियोजित कीजिये। इसको तय करते समय विभागों के बीच की तार्किक प्रगति और कड़ियों के बारे में ध्यान रखें। इसका तात्पर्य यह नहीं है कि रिपोर्ट लिखते समय प्रस्तावित रूपरेखा बदली नहीं जा सकती प्रमुख परिवर्तनों के लिए यह संभव है । हालाँकि, एक रूपरेखा चाहे कितनी भी कच्ची क्यों न हो, वह आपके अत्यंत काम आयेगी। पुनः, आइये हम उदाहरण के रूप में पालक-देखभाल और पारिवारिक जुड़ाव मॉडल पर किये अध्ययन को लेते हैं :

पालक-देखभाल भुगतान के प्रति नजरिया : अध्याय 3 की सुझावात्मक विषय सामग्री
अध्याय 3 पालक-देखभाल के भुगतान के वर्तमान स्तर के प्रति नजरिया

- परिचय
- पालक-देखभाल के भुगतान की पर्याप्तता के प्रति नजरिया (पालक-देखभाल के भुगतान के पर्याप्तता पर प्रश्नों के लिए प्राप्त प्रतिक्रियाओं को यहाँ प्रस्तुत किया जाना चाहिए।)
  - उम्र के अनुसार पर्याप्तता (क्रॉस-टेब्युलेशन, अर्थात पालक-देखभाल के भुगतान की पर्याप्तता पर पूछे गये प्रश्नों के लिए प्राप्त प्रतिक्रियाओं को उम्र पर पूछे गए प्रश्नों के लिए प्राप्त प्रतिक्रियाओं के संबंध में जाँच की गई है।)
  - वैवाहिक स्थिति के अनुसार पर्याप्तता (क्रॉस-टेब्युलेशन, अर्थात पालक-देखभाल के भुगतान की पर्याप्तता पर पूछे गये प्रश्नों के लिए प्राप्त प्रतिक्रियाओं को वैवाहिक स्थिति पर पूछे गए प्रश्नों के लिए प्राप्त प्रतिक्रियाओं के संबंध में जाँच की गई है।)
  - परिवार की आमदनी के अनुसार पर्याप्तता (क्रॉस-टेब्युलेशन, अर्थात पालक-देखभाल के भुगतान की पर्याप्तता पर पूछे गये प्रश्नों के लिए प्राप्त प्रतिक्रियाओं को आमदनी पर पूछे गए प्रश्नों के लिए प्राप्त प्रतिक्रियाओं के संबंध में जाँच की गई है।)
- पालक-देखभाल के पहलूओं को भुगतान के अनुसार समाहित नहीं किया गया है।
- पालक-देखभाल के द्वारा लगने वाली प्रमुख लागत
- परिवार पर पड़ने वाले भुगतान के वर्तमान स्तर का प्रभाव

- भुगतान को बढ़ाने के कारण

भुगतान का प्रस्तावित स्तर

- निष्कर्ष

(टिप्पणी– जहाँ उपयुक्त लगे वहाँ किसी भी चर के लिए क्रॉस-टेब्युलेशन शामिल किया जा सकता है।)

पारिवारिक जुड़ाव मॉडल: अध्याय 2 की सुझावात्मक विषय सामग्री
भाग 2 : समझा गया मॉडल

- मॉडल के मूल में स्थित दर्शन
- मॉडल का विकास
- अभ्यास में स्थित मॉडल
- इस मॉडल की शुरुआत होने के पहले और बाद के अभ्यास में समझे गये अंतर
- मॉडल की समझी गई शक्ति
- मॉडल की समझी गई कमजोरियाँ
- इस मॉडल के अंतर्गत प्रभावी रूप से कार्य करने के लिए लगने वाले कौशल
- मॉडल की प्रतिलिपि
- नये मॉडल की तरफ जाने के कारण
- प्रशिक्षण
  - कर्मचारियों को किस प्रकार से प्रशिक्षण दिया जाना चाहिए?
  - प्रदान किया गया प्रशिक्षण
- मॉडल का नाम
- मॉडल को सफलतापूर्वक लागू किये जाने के निर्धारक तत्व
- मॉडल की सफलता के सूचक
- किस बात को अलग से किया जा सकता था?
- इस मॉडल को और उन्नत बनाने के लिए क्या करने की आवश्यकता है?
- समुदाय विकास अनुदान देनेवाले अधिकारियों की भूमिका
- केस प्रबंधन मॉडल के लाभ और हानियाँ
- मॉडल के प्रति कर्मचारियों की संतुष्टि
- मॉडल और विभागीय दृष्टी, दर्शन, नैतिकता, सिद्धांत
- मॉडल के प्रति ग्राहकों का नजरिया
- मॉडल के प्रति समुदाय की एजेंसियों का नजरिया
- मॉडल और चयनित सूचकों में किये गये परिवर्तन

(टिप्पणी: इस विभाग में गंभीर साक्षात्कारों और फोकस समूह चर्चाओं में पहचाने गये मॉडल के विभिन्न पहलूओं के बारे में प्राप्त जाँच परिणामों की विस्तार में चर्चा की गई है।)

पारिवारिक जुड़ाव मॉडल : अध्याय 3 की सुझावात्मक विषय सामग्री
भाग 3: समापन और सुझाव

- समापन
  - सामान्य
  - मॉडल के लिए विशिष्ट
- सुझाव
  - सामान्य
  - कार्यालय के लिए विशिष्ट

इस प्रकार की रूपरेखा आपके लेखन के लिए एक दिशा प्रदान करती है। जैसा कि पहले उल्लेख किया गया था, जैसे ही आप लेखन चालू करते है आपको निश्चित रूप से इसमें बदलाव करने ही पड़ेंगे, परंतु फिर भी आप इसे अपने लेखन में कमोबेश फायदेमंद हो पाएंगे।

चरों के बारे में लेखन करना

एक अध्याय की रूपरेखा तैयार कर लेने के बाद अगला चरण लेखन कार्य चालू करना है। यद्यपि शोधकर्ताओं की इसके तरीके के बारे में बहुत मत भिन्नता है, जिसमें वे अपने लेखन कार्य को रचते हैं। निम्नलिखित दिशानिर्देश और प्रारूप प्रारंभकर्ताओं के लिए उपयोगी सिद्ध हो सकते हैं।

जब पूछे गये किसी प्रश्न (चर) की प्रतिक्रिया में प्राप्त की गई जानकारी के बारे में लिखना है तो इसप्रकार से लिखिए जैसे कि आप निम्नलिखित प्रश्नों के लिए जवाब उपलब्ध करा रहें हैं:

- आपके विचार में चरों का अध्ययन करना महत्वपूर्ण क्यों है? आपकी राय में इन चरों का प्रमुख चर पर क्या प्रभाव पड़ सकता है, जिसको आप समझा रहें हैं? (यहाँ आप चरों के अध्ययन के लिए अपने स्वयं के तर्क प्रदान कर रहें हैं।)
- क्रॉस-टेब्युलेशन के मामले में अन्य अध्ययनों ने चरों के बीच में कौनसे संबंध पाए हैं, जिनका आप विश्लेषण कर रहें हैं? (यहाँ साहित्य के पुनरावलोकन को आपके अध्ययन के जाँच परिणामों के साथ एकीकृत किया जाना चाहिए।)
- आप दो चरों के बीच संबंध के अर्थ में क्या पाने की उम्मीद रखते थे? (यदि आपने कोई परिकल्पना गठित की है तो उसे यहाँ सूचित कीजिये।)
- आपके अध्ययन ने क्या ज्ञात किया है? (यहाँ आपके अध्ययन से पाया हुआ हार्ड डेटा प्रदान कीजिये, जैसे तालिकाएँ, ग्राफ्स या पाठ।)
- यह डेटा क्या प्रदर्शित करता है? (आपके विश्लेषण के परिणामों की व्याख्या कीजिये।)
- इससे आप कौनसा निष्कर्ष निकाल सकते हैं? आपके अध्ययन से निकाले गये निष्कर्ष की तुलना आप विगत में किये गये समान प्रकार के अध्ययन से प्राप्त निष्कर्षों के साथ कैसे करेंगे? आपका अध्ययन उन्हें समर्थन देता है या उनका विरोध करता है?
- आपके अध्ययन के जाँच परिणामों के बारे में आप कैसे समझायेंगे?

उपरोक्त केवल आपके विचारों को क्रमबद्ध करने के लिए दिया गया सुझावात्मक प्रारूप है, ना कि उप-शीर्षकों की सूची। अपने लेखन को और दिलचस्प बनाने के लिए आप चाहें तो इस क्रम को बदल सकते हैं। नीचे अध्याय 13 से लिए गये एक चर ''पालक-देखभाल के लिए भुगतान की पर्याप्तता'' के लेखन के एक उदाहरण दिया गया है:

- आप यह ज्ञात करना महत्वपूर्ण क्यों समझते थे कि पालक-देखभाल के लिए किया जाने वाला भुगतान पर्याप्त है? आपकी राय में पालक-देखभाल के लिए भुगतान की पर्याप्तता या अन्यथा का पालक-देखभाल की गुणवत्ता पर क्या प्रभाव पड़ सकता था?
- आपके द्वारा किये गये साहित्य के पुनरावलोकन में पालक-देखभाल के लिए भुगतान की पर्याप्तता के बारे में अन्य अध्ययन क्या कहते हैं?
- पालक-देखभाल के लिए भुगतान की पर्याप्तता के बारे में भावनाओं के अर्थ में आपने अपने अध्ययन जनसंख्या से क्या ज्ञात करने की उम्मीद की थी? यदि आपने किसी परिकल्पना की रचना की थी तो उसे यहाँ निर्दिष्ट किया जाना चाहिए। उदाहरण के लिए, H_0: अधिकांश पालक अभिभावक सोचेंगे कि पालक-देखभाल के लिए किया जाने वाला भुगतान पर्याप्त है।
- पालक-देखभाल के लिए भुगतान की पर्याप्तता के बारे में आपने क्या ज्ञात किया है? अध्ययन जनसंख्या का कितना प्रतिशत कहता था कि वह पर्याप्त है? कितना प्रतिशत उसे अपर्याप्त मानता है? पालक-देखभाल के लिए भुगतान की पर्याप्तता के बारे में पूछें गये प्रश्नों पर प्राप्त उनकी प्रतिक्रिया के अनुसार प्रतिक्रिया देनेवालों के वितरण को दर्शाने वाले ग्राफ या तालिका को प्रदान कीजिये।

- पालक-देखभाल के लिए भुगतान की पर्याप्तता के बारे में आपका डेटा क्या प्रदर्शित करता है? आपके अध्ययन के मुख्य जाँच परिणाम क्या हैं? आपके अध्ययन से निकाले गये निष्कर्ष की तुलना आप विगत में किये गये समान प्रकार के अध्ययन से प्राप्त निष्कर्षों के साथ कैसे करेंगे? आपका अध्ययन उन्हें समर्थन देता है या उनका विरोध करता है?
- पालक-देखभाल के लिए भुगतान की पर्याप्तता के बारे में आप कौनसा निष्कर्ष निकाल सकते हैं?
- पाए गए जाँच परिणामों को आप किस प्रकार से समझायेंगे? आपके विचार में जो यह कहते हैं कि पालक-देखभाल के लिए किया जाने वाला भुगतान पर्याप्त है या अपर्याप्त है, तो वे ऐसा क्यों महसूस करते हैं?

प्रश्नों के द्वारा प्राप्त जानकारी के बारे में लेखन के लिए सुझाव दिए गये प्रारूप में यह ध्यान दीजिये कि साहित्य के पुनरावलोकन को उन जाँच परिणामों और निष्कर्षों के साथ एकीकृत किया गया है। यह एकीकरण की सीमा अधिकतर उस स्तर पर निर्भर करती है जिस पर आप अपने निबंध को लिख रहें हैं (स्नातक, स्नातकोत्तर या पी.एचडी) जितना ऊँचा स्तर होगा, उतना व्यापक साहित्य का पुनरावलोकन किया जायेगा, उतना ही ऊँचा उसका आपके जाँच परिणामों के साथ एकीकरण होगा और उतना ही अधिक आपको अपने निष्कर्षो के प्रति सावधान और विश्वासु होना जरूरी होगा ।

गुणात्मक शोध में लेखन करना विश्लेषण की तुलना में अधिक वर्णनात्मक और कथात्मक होता है, अतः जानकारी को रखने, विचारों के बीच कड़ियाँ जोड़ने और भाषा के प्रवाह के लिए अपनी कल्पनाशक्ति का उपयोग करना होगा, ताकि आपका लेखन पढने में दिलचस्प हो और अपने जाँच परिणामों को अर्थपूर्ण तरीके से संचारित कर सके।

सुझाव दिये गये प्रारूप को अध्ययन के प्रमुख विषय के आसपास रचा गया है। यहाँ अन्य कई प्रारूप मौजूद हैं। कुछ शोधकर्ता "जाँच परिणाम" इस एक शीर्षक के अंतर्गत सब कुछ लिख देते हैं। यह प्रारूप एक शोध निबंध के लिए उपयुक्त है, क्योंकि यह छोटा होता है, परंतु यह एक शोध रिपोर्ट के लिए योग्य नहीं है। अन्य लेखक शोध उपकरण में दिए गये क्रम का अनुसरण करते हैं; उदाहरण के लिए, प्रत्येक प्रश्न के अंतर्गत चर्चा किये गये जाँच परिणाम, जिन्हें एक साक्षात्कार या एक प्रश्नावली में लोगों से पूछा गया था। हालाँकि, इसका तात्पर्य यह होता है कि पाठक ने प्रत्येक प्रश्न के लिए उपकरण का निरंतर रूप से संदर्भ लेना चाहिए। यह प्रारूप खंडात्मक होता है और इसमें कड़ियों और एकीकरण की कमी होती है और हो सकता है कि जाँच परिणामों को उस दृष्टिकोण से रखें या न रखें।

संदर्भ लेना

आपकी रिपोर्ट ने संदर्भ के स्वीकार्य अकादमिक शैली का अनुसरण करना अनिवार्य है। अकादमिक क्षेत्र में कई शैलियाँ मौजूद हैं और उनका चयन एक विषय से दूसरे विषय के लिए भिन्न-भिन्न होता है। आपको आपके विभाग और विश्वविद्यालय द्वारा अपनाई गई शैली के बारे में जानना जरूरी है। आपको उसे जानने के लिए थोड़ा समय देना होगा । आप जिस भी प्रणाली का उपयोग करने का निर्णय लेते हैं, सुनिश्चित कीजिये कि उसके उपयोग के बारे में दृढ़निश्चयी हैं । बचर (1981:226) के अनुसार यहाँ संदर्भ लेने की चार प्रणालियाँ मौजूद हैं:

1. लघु-शीर्षक प्रणाली;
2. लेखक-दिनांक प्रणाली (इसे नाम-वर्ष प्रणाली, हार्वर्ड प्रणाली या कोष्टक संदर्भ प्रणाली के रूप में भी जाना जाता है।);
3. संख्या प्रणाली द्वारा संदर्भ (इसे वेंकूवर प्रणाली के नाम से भी जाना जाता है);
4. लेखक-संख्या प्रणाली ।

बचर (1981:167) के अनुसार, 'इनमें से पहले को अधिकांश सामान्य पुस्तकों में, दूसरे को प्रमुखता से विज्ञान और सामाजिक अध्ययन की पुस्तकों में, तीसरे और चौथे को कम ही इस्तेमाल किया जाता है'।

बचर (1981) और इस पुस्तक में उल्लेखित विभिन्न शैलियाँ आपको अपनाने के लिए कई उदाहरण प्रस्तुत करती हैं।

एक ग्रंथसूची का लेखन करना

पुनः, एक ग्रंथसूची का लेखन करने के लिए यहाँ कई सुस्थापित प्रणालियाँ मौजूद हैं और उनके लिए आपकी पसंद विभाग और विश्वविद्यालय की प्राथमिकता पर निर्भर करती है। सामाजिक विज्ञान में अधिक आम रूप में इस्तेमाल की जाने वाली प्रणालियाँ निम्नानुसार हैं (लॉन्गाइयर 1983: 83):

- हार्वर्ड सिस्टमप्रणाली;
- अमेरिकन सायकोलोजिकल असोसिएशन सिस्टम;
- अमेरिकन मेडिकल असोसिएशन सिस्टम;
- मैकग्रा-हिल सिस्टम;
- मॉडर्न लेंग्वेजेस असोसिएशन सिस्टम;
- फूटनोट सिस्टम ।

इन प्रणालियों और शैलियों के बारे में जानने के लिए इस पुस्तक के अंत में दिए गये संदर्भों को देखें या अपनी पुस्तकालय की मदद लें।

सारांश

आपकी रिपोर्ट का लेखन शोध प्रक्रिया का एक महत्वपूर्ण चरण है, क्योंकि यह आपके शोध परिवेक्षक और पाठकों को आपके जाँच परिणामों को संचारित करता है। बुरी तरह से लिखी हुई एक रिपोर्ट सारे उस मेहनत पर पानी फेर देती है जो आपने अपने शोध अध्ययन पर की थी।

यहाँ शोध लेखन की विभिन्न शैलियाँ मौजूद हैं, परंतु सभी शोध रिपोर्टों को स्पष्ट और संक्षिप्त रूप में लिखा जाना चाहिए। इसके साथ-साथ वैज्ञानिक लेखन के लिए बौद्धिक परिशुद्धता की आवश्यकता होती है और सटीकता और निरपेक्षता के अर्थ में निश्चित जिम्मेदारियां होती हैं। रिपोर्टों को विभिन्न प्रारूपों में लिखा जा सकता है, और इस अध्याय ने उस प्रारूप का सुझाव दिया है जिसे शोध छात्र उपयोगी पाते हैं।

परिमाणात्मक और गुणात्मक शोध में लेखन इस सीमा तक भिन्न होता है कि गुणात्मक शोध में आपकी शैली वर्णनात्मक और कथात्मक होती है, जबकि परिमाणात्मक अध्ययन में वर्णनात्मक होने के साथ-साथ यह विश्लेषणात्मक भी होती है और प्रत्येक पुष्टि को अन्वेषण के माध्यम से संग्रहित किये गये साक्ष्यों के द्वारा समर्थित किया जाता है।

संदर्भित करने और ग्रंथसूची लेखन के विभिन्न तरीके होते हैं। आपको उस प्रणाली का चयन चाहिए जो आपके विभाग और विश्वविद्यालय के लिए स्वीकार्य हो।

शोध रिपोर्ट का लेखन करने से पहले विभिन्न अध्यायों और उनकी विषय सामग्री की एक रूपरेखा तैयार करें। इन अध्यायों को आपके अध्ययन के मुख्य विषय के आसपास लिखा जाना चाहिए और इसके लिए आपके उप-उद्देश्य अत्यंत मददगार साबित होते हैं। चरों के बारे में विशिष्ट जानकारी प्रदान करते समय आपके लेखन को उन चरों का अध्ययन करने के लिए तर्क; साहित्य के पुनरावलोकन; यदि कोई हो तो परिकल्पना; जाँच परिणाम, निकाले गये निष्कर्ष; और इन परिणामों के लिए संभावित वर्णन के साथ एकीकृत किये जाने चाहिए।

सुझाव दिये गये प्रारूप का वर्णन एक विषयात्मक लेखन के रूप में किया जा सकता है–वह लेखन जो आपके अध्ययन के विशिष्ट विषय के आसपास रचा गया है। एक विषय के भीतर जानकारी को एक एकीकृत पद्धति से प्रदान किया जाता है जो विचारों के एक तार्किक प्रगति का अनुसरण करती है।

आपके सोचने के लिए

संदर्भित सिस्टम

- इस अध्याय की शुरुआत में दिए गए शब्दों से स्वयं को पुनः परिचित करवाएँ और यदि आप इनके अर्थ या इनमें से किसी के लागू होने के विषय में अनिश्चित हैं, तो अध्याय से आगे बढने से पहले उनको एक बार देख लें।
- साहित्य का पुनरावलोकन शोध लेखन का एक अन्तरंग भाग होता है। आपकी रुचि के क्षेत्र से उदाहरणों को प्रदान करना, इस बात का अन्वेषण करना कि जब बात आपके रिपोर्ट लेखन की आती है तो आपके शोध के जाँच परिणामों को आपके साहित्य पुनरावलोकन के साथ कैसे एकीकृत किया जाये।

अब आप इस अध्याय को पढ़ चुके हैं तो निम्नलिखित प्रश्नों का जवाब देने का प्रयास करें:

- परिमाणात्मक और गुणात्मक शोध में रिपोर्ट लेखन की कुछ भिन्नताओं का वर्णन करें।
- विभिन्न संदर्भ प्रणालियाँ कौन-कौनसी हैं? उस प्रणाली की संदर्भ पद्धति का वर्णन करें जिसे आपके अकादमिक क्षेत्र या आपके विश्वविद्यालय में उपयोग में लाई जाती है।
- एक ग्रंथसूची लिखने की विभिन्न शैलियाँ कौन-कौनसी हैं? आपके विभाग या विश्वविद्यालय में उपयोग में लाई जाने वाली शैली का वर्णन करें।

शब्दकोष

100 प्रतिशत बार चार्ट (100 per cent bar chart): 100 प्रतिशत बार चार्ट जमाव बार चार्ट के काफी समान होता है। केवल एकमात्र अंतर यह है कि पहले वाले में किसी विशिष्ट बार के लिए एक चर की उप-श्रेणियों का कुल 100 प्रतिशत होता है और प्रत्येक बार को 100 में से उनके अनुपात के संबंध में उसके हिस्सों को काटा जाता है।

अंतर की संकल्पना (Hypothesis of difference): एक संकल्पना जिसमें एक शोधकर्ता मानता है कि वहाँ कोई अंतर होगा परंतु उसके परिमाण को निर्दिष्ट नहीं कर सकता।

अंतराल पैमाना (Interval scale): अंतराल पैमाना सामाजिक विज्ञान में एक मापन अ पैमाना है, जहाँ पैमाने को कई अंतरालों या इकाइयों में विभाजित किया जाता है। इसमें सामान्य पैमाने की सभी विशेषताएँ मौजूद होती हैं। इसके अलावा, इसमें मापन की एक इकाई होती है जो किसी व्यक्ति को पैमाने के प्रसार के साथ प्रतिक्रियाओं को समान अंतरालों को रखने में सक्षम करती है। इस पैमाने में तयशुदा शून्य बिंदु नहीं होता और प्रारंभ एवं समाप्ति बिंदु तथा उनके बीच का अंतर भिन्न-भिन्न पैमानों में भिन्न भिन्न होता है।

अँध अध्ययन (Blind studies): एक अंध अध्ययन में अध्ययन की जनसंख्या को मालूम नहीं रहता कि वे वास्तविक उपचार ले रहें हैं या नकली। एक अंध अध्ययन का डिजाइन तैयार करने का मुख्य उद्देश्य प्लेसबो प्रभाव को दूर करना है।

अध्ययन जनसंख्या (Study population): सामाजिक विज्ञान में प्रत्येक अध्ययन के दो पहलू होते हैं: अध्ययन जनसंख्या और अध्ययन का क्षेत्र (विषय)। जिन लोगों के बारे में आप जानकारी प्राप्त करना चाहते हैं वह अध्ययन जनसंख्या कहलाती है, जिसके आकार को N द्वारा दर्शाया जाता है। जिन लोगों से आप जानकारी एकत्र कर रहें है उन्हें नमूना कहा जाता है, और उन्हें इस अध्ययन जनसंख्या में से चुना जाता है; नमूने के आकार को n द्वारा दर्शाया जाता है।

अध्ययन डिजाइन (Study design): आपके अध्ययन के लिए आपके द्वारा अपनाये गये डिजाइन के प्रकार का वर्णन होता है। प्रत्येक अध्ययन डिजाइन का एक विशिष्ट प्रारूप और विशेषताएँ होती हैं।

अनुकूलन का प्रभाव (Conditioning effect): यह एक स्थिति को परिभाषित करता है, जहाँ यदि उन्ही व्यक्तियों से बार-बार संपर्क किया जाये तो वे जान जाते हैं कि उनसे क्या उम्मीद की जा रही है और प्रश्नों को बिना विचार किये प्रतिक्रिया देते हैं, या उस पूछताछ में दिलचस्पी खो देते हैं, जिसका परिणाम भी वही होता है। उत्तरों की गुणवत्ता पर परिस्थिति के इस प्रभाव को अनुकूलन का प्रभाव कहा जाता है।

अनुदैर्घ्य अध्ययन (Longitudinal study): अनुदैर्घ्य अध्ययनों में वांछित जानकारी प्राप्त करने के लिए अध्ययन जनसंख्या को काफी लंबी अवधि तक नियमित अंतरालों में कई बार भेंट दी जाती है। ये अंतराल निश्चित नहीं होता, और उनकी लंबाई अध्ययन के अनुसार अलग-अलग हो सकती है। अंतराल चाहे जैसा भी हो प्रत्येक समय एकत्र की गई जानकारी एक समान ही होती है।

अनुपातिक पैमाना (Ratio scale): एक अनुपातिक पैमाने में क्रमसूचक और सामान्य पैमाने की सभी विशेषताएँ होती हैं, साथ ही उसकी अपनी भी विशेषताएँ होती हैं। एक अनुपातिक पैमाने का शून्य तय होता है, इसका तात्पर्य है कि इसका एक निश्चित प्रारंभ बिंदु होता है। इसलिए यह एक निरपेक्ष पैमाना है। चूँकि, अंतरालों

के बीच के अंतर को हमेशा शून्य बिंदु से मापा जाता है, इसलिए स्कोर के ऊपर गणितीय क्रियाओं को किया जा सकता है।

अनुपातिक स्तरीकृत नमूना (Proportionate stratified sampling): अनुपातिक स्तरीकृत नमूने में प्रत्येक स्तर से नमूने में चयनित तत्वों की संख्या कुल जनसंख्या में उसके अनुपात में होती है।

अनुप्रस्थ अध्ययन (Cross-sectional studies): सामाजिक विज्ञान में सबसे आम उपयोग में आनेवाला डिजाइन है और इसे ओहदा अध्ययन भी कहा जाता है। यह जनसंख्या में किसी घटना, स्थिति, समस्या, नजरिया या मुद्दे के बारे में प्रचलन का अध्ययन के लिए सबसे अधिक योग्य है। यह उनकी एक सकल तस्वीर पाने के लिए उपयोगी है।

अनैतिक (Unethical): कोई भी व्यावसायिक गतिविधि जो उस व्यवसाय के स्वीकार्य आचार संहिता के अनुसार नहीं है तो उसे अनैतिक माना जाता है।

अन्वेषणात्मक शोध (Exploratory research): यहाँ अध्ययन को एक क्षेत्र में यातो अन्वेषण करने के लिए किया जाता है, जिसके बारे में कुछ जानकारी नहीं है या किसी विशिष्ट शोध अध्ययन को प्रारंभ करने के लिए संभावनाओं का शोध करने के लिए किया जाता है।

अर्द्ध-प्रयोगात्मक अध्ययन (Quasi-experimental studies): जिन अध्ययनों में प्रयोगात्मक और गैर-प्रयोगात्मक दोनों अध्ययनों की विशेषताएँ होती हैं वह अर्द्ध प्रयोग (क्वासी-एक्सपेरिमेंटल) कहलाते हैं।

अवधारणा (Concept): एक शोध समस्या या अध्ययन जनसंख्या को परिभाषित करने में आप कुछ शब्दों का उपयोग कर सकते हैं, उन्हें और / या उसके बारे में वह समझ को मापना कठिन होता है, जो अलग-अलग व्यक्तियों में अलग-अलग होती है। ये शब्द अवधारणा या संकल्पना कहलाते हैं। उन्हें मापने के क्रम में उन्हें सूचकों में (हमेशा नहीं) और फिर चरों में परिवर्तित करने की आवश्यकता होती है। संतुष्टि, प्रभाव, युवा, बुजुर्ग, खुश जैसे शब्द संकल्पनाएँ होती हैं, क्योंकि उनकी समझ व्यक्ति से व्यक्ति अलग-अलग होती है।

असंरचित साक्षात्कार (Unstructured interviews): एक साक्षात्कारकर्ता के रूप में साक्षात्कारों में आपके पास लचीलापन होता है कि आप अपने भागीदारों से कौनसे प्रश्न पूछें, कौनसे शब्द इस्तेमाल करें, उन्हें कैसे समझाएं और उनका क्रम क्या हो।

आकस्मिक नमूना (Accidental sampling): कोटा नमूने की तरह, आकस्मिक नमूना बनाना आपके नमूने की जनसंख्या तक आपकी पहुँच की सुविधा पर आधारित होता है। जबकि कोटा नमूना उन लोगों को शामिल करने का प्रयास करता है जिनके पास व्यक्त/दृश्य विशेषताएँ होती हैं, आकस्मिक नमूना ऐसा कोई प्रयास नहीं करता। आपके सामने जो व्यक्ति आता है उसे आपके अध्ययन में शामिल होने के लिए संपर्क किया जा सकता है। आप उस समय डेटा एकत्र करना बंद कर देते हैं जब आप अपने निर्धारित व्यक्तियों की संख्या को पूरा कर लेते हैं।

आकस्मिकता का सिद्धांत (Theory of causality): यह सिद्धांत कहता है कि कारण और प्रभाव का अध्ययन करते समय यहाँ चरों के तीन सेट्स होते हैं जो इस परिवर्तन के लिए जिम्मेदार होते हैं। ये हैं: कारक या स्वतंत्र चर, बाह्य चर और परिवर्तन चर। यह इन तीनों का संयोजन होता है जो किसी घटना में परिवर्तन उत्पन्न करता है।

आचार संहिता (Code of conduct): नैतिक मान्यताओं पर आधारित सिद्धांतों का एक सेट, जो किसी व्यवसाय में व्यवसायिक अभ्यास को संचालित करते हैं।

आवृत्ति बहुभुज (Frequency polygon): आवृत्ति बहुभुज हिस्टोग्राम के काफी कुछ समान ही होता है। एक आवृत्ति बहुभुज को प्रत्येक आयत की ऊंचाई के मध्य बिंदुओं को जोड़कर बनाया जाता है, जो उस अंतराल की आवृत्ति के साथ तुल्य होती है।

आवृत्ति वितरण (Frequency distribution): आवृत्ति वितरण परिमाणात्मक शोध में एक सांख्यिकीय प्रक्रिया है जिसे किसी भी चर पर लागू किया जा सकता है जिसका मापन चार मापन पैमाने में से किसी भी एक के द्वारा किया गया हो। यह प्रतिकिया देनेवाले लोगों को उप-श्रेणियों में बांटता है, जिसमें चरों को मापा या कोड किया गया है।

उद्देश्य-उन्मुख मूल्यांकन (Objective-oriented evaluation): यह तब होता है जब मूल्यांकन का डिजाइन यह सुनिश्चित करने के लिए किया जाता है कि एक कार्यक्रम या सेवा उसके उद्देश्यों या लक्ष्यों को प्राप्त कर रही है या नहीं।

उन्नयन का प्रभाव (Elevation effect): कुछ अवलोकनकर्ता अवलोकन (प्रेक्षण) को रिकॉर्ड करने के लिए एक पैमाने का उपयोग करते समय उस पैमाने के एक निश्चित भाग का उपयोग करना पसंद करते हैं, जैसे कुछ शिक्षक कठोर होते हैं और कुछ नहीं। इस प्रक्रिया को उन्नयन प्रभाव कहा जाता है।

उपचारात्मक शोध (Holistic research): यह एक अध्ययन डिजाइन की बजाय एक दर्शन अधिक है। यह डिजाइन इस दर्शन पर आधारित है कि जैसे हमारे जीवन में कई कारक कार्य करते है, वैसे ही हम किसी घटना को केवल एक या दो नजरिये से समझ नहीं सकते हैं। किसी स्थिति या घटना को समझने के लिए उसे पूर्ण रूप में या सकल तरीके से देखना जरूरी है, इसे ही प्रत्येक नजरिये से उपचारात्मक तरीके से देखना कहते हैं।

ऑनलाइन सर्वेक्षण (Online survey): ऑनलाइन सर्वेक्षण डेटा के संग्रहण में और कुछ स्थितियों में उनके विश्लेषण में भी काफी आम बात हो गई है। ऑनलाइन के द्वारा डेटा संग्रह करने के तीन आम विकल्प मौजूद हैं: ई-मेल, वेबसाइट और मोबाईल फोन्स।

कर्मकर्ता नियंत्रण डिजाइन (Reflexive control design): प्रयोगात्मक अध्ययनों में विभिन्न समूहों में तुलनात्मकता की समस्या को हटाने के लिए कभी-कभी शोधकर्ता केवल एक ही जनसंख्या का अध्ययन करता है और गैर-अंतराल अवधि के दौरान संग्रहित किये गये डेटा के साथ एक नियंत्रित समूह के रूप में व्यवहार करता है। यह गैर-हस्तक्षेप और हस्तक्षेप की अवधि होती है जो नियंत्रित और प्रयोगात्मक समूह का गठन करती है।

कार्यकारी परिभाषा (Working definition): परिचालनीय परिभाषा देखें।

कार्यक्रम नियोजन मूल्यांकन (Programme planning evaluation): बड़े पैमाने का कार्यक्रम प्रारंभ करने से पहले उस समस्या की सीमा और प्रकृति का अन्वेषण करना वांछनीय है, जिसके लिए उस कार्यक्रम को विकसित किया गया है। जब उस समस्या की सीमा और प्रकृति का अन्वेषण करने के प्रयोजन से कोई मूल्यांकन किया जाता है तो उसे कार्यक्रम नियोजन मूल्यांकन कहा जाता है।

केंद्रीय प्रवृत्ति की त्रुटि (Error of central tendency): मूल्यांकन या निरीक्षणों में पैमाने का उपयोग करते समय जब तक एक निरीक्षक एक आदानप्रदान का मूल्यांकन करने की अपनी क्षमता के बारे में अत्यंत आत्मविश्वासी न हो, तो उसकी पैमाने पर ज्यादातर केन्द्रीय भाग का उपयोग करने की प्रवृत्ति हो सकती है। इस प्रवृत्ति के कारण होने वाली त्रुटि को केंद्रीय प्रवृत्ति की त्रुटि कहा जाता है।

केवल-पश्चात डिजाइन (After-only design): एक केवल-पश्चात (आफ्टर ऑनली) डिजाइन में शोधकर्ता जानता है कि एक जनसंख्या को एक हस्तक्षेप के लिए खुला किया जा रहा है और वह जनसंख्या पर उसके प्रभाव का अध्ययन करना चाहता है। इस डिजाइन में मूल जानकारी को या तो हस्तक्षेप के पहले की स्थिति को प्रतिक्रिया देनेवाले की याददाश्त के आधार पर या मौजूदा रिकार्डो में उपलब्ध जानकारी के आधार पर "निर्मित" किया जाता है (अर्थात द्वितीयक स्त्रोत)।

केस का अध्ययन (Case study): केस का अध्ययन इस मान्यता पर आधारित होता है कि जिस केस का अध्ययन किया जाना है वह किसी एक निश्चित प्रकार का एक विशिष्ट केस है और इसलिए वह एकल केस

उन घटनाओं और स्थितियों के लिए अंतर्दृष्टि प्रदान कर सकती है जो एक समूह में प्रचलित है, जिससे उस केस को निकाला गया है। यह एक दृष्टिकोण है जिसमें सावधानीपूर्वक चुनी गई एक या कई विशिष्ट घटनाओं का गंभीरता से अध्ययन किया जाता है। एक केस अध्ययन कहकर बुलाये जाने के लिए यह महत्वपूर्ण है कि संपूर्ण अध्ययन जनसंख्या को एक इकाई के रूप में माना जाये। यह गुणात्मक शोध में महत्वपूर्ण अध्ययन डिजाइनों में से एक है।

कोटा नमूना (Quota sampling): कोटा नमूने में मुख्य विचार शोधकर्ता के नमूना जनसंख्या तक पहुँचने की आसानी के बारे में किया जाता है। सुविधा के अलावा शोधकर्ता पसंद की कुछ दृश्य विशेषताओं द्वारा मार्गदर्शित होता है, जैसे, अध्ययन जनसंख्या का लिंग या प्रजाति। नमूने के चयन सुविधाजनक स्थल से किया जाता है और जब भी कोई संबंधित दृश्य विशेषताओं वाला व्यक्ति दिखाई देता है उससे अध्ययन में सहभागी होने के लिए पूछा जाता है। यह प्रक्रिया भागीदारों की वांछित संख्या (कोटा) प्राप्त होने तक जारी रहती है।

कोड (Code): वह संख्यात्मक मूल्य, जो डेटा का विश्लेषण करते समय किसी प्रतिक्रिया को दिया जाता है।

कोड-पुस्तिका (Code book): संख्यात्मक मूल्यों (नियमों का सेट) के सेट की एक सूची, जिसे आपने प्रत्येक प्रश्न के प्रतिक्रिया में प्रतिक्रिया देनेवाले से प्राप्त उत्तरों को देने का निर्धारित किया है।

कोडिंग (Coding): प्रतिक्रियाओं का विश्लेषण करने के प्रयोजन से किसी प्रश्न के लिए प्राप्त प्रतिक्रियाओं की विभिन्न श्रेणियों को संख्यात्मक मूल्य देने की प्रक्रिया।

क्रमसूचक पैमाना (Ordinal scale): एक क्रमसूचक पैमाने में एक सामान्य पैमाने के सभी गुण मौजूद होते हैं साथ ही इसके स्वयं के भी गुण होते है। व्यक्तियों, वस्तुओं, प्रतिक्रयाओं या गुणों को एक आम विशेषता के आधार पर उन्हें उप-श्रेणियों में विभाजित करने के अलावा यह एक निश्चित क्रम में उप-श्रेणियों को श्रेणीबद्ध भी करता है। यह उस सीमा के अनुसार उन्हें चढ़ते या उतरते क्रम में व्यवस्थित करता है, जो चरों में विभिन्नता के परिमाण को दर्शित होता है।

क्रिया शोध (Action research): यह सहयोगात्मक शोध और अन्वेषण में आम होता है, और यह सामुदायिक विकास के दर्शन पर आधारित होता है, जो शोध और कार्यक्रम के नियोजन, प्रारंभ, विक्कास और लागू करने में समुदाय की सदस्यों की भागीदारी की अपेक्षा करता है। शोध एक समूह या समुदाय के द्वारा सामना किये जाने वाली किसी समस्या या मुद्दे के साथ निपटने के लिए कार्य करने का एक साधन होता है। यह एक चक्रीय प्रक्रिया का अनुसरण करता है जिसका उपयोग मुद्दों से निपटने के लिए उनकी पहचान करने, रणनीतियों का विकास करने और कार्यक्रमों को लागू करने के लिए और फिर पुनः उन मुद्दों की रोशनी में उन रणनीतियों का मूल्यांकन करने के लिए किया जाता है।

क्रॉस-टेब्युलेशन (Cross-tabulation): एक सांख्यिकीय प्रक्रिया जो दो चरों विशेषतः स्वतंत्र और निर्भर चरों का विश्लेषण करती है, ताकि यह निर्धारित किया जा सके कि उनके बीच कोई संबंध है या नहीं। दोनों चरों के उप-श्रेणियों को यह सुनिश्चित करने के लिए क्रॉस-टेब्युलेशन किया जाता है कि उनके बीच में कोई संबंध है।

क्षेत्र चार्ट (Area chart): एक अंतराल या अनुपातिक पैमाने पर मापे गये चरों के लिए एक चर की उप-श्रेणियों के बारे में जानकारी को एक क्षेत्र चार्ट के रूप में प्रस्तुत किया जा सकता है। इसे क्षेत्र के साथ रेखा-चित्र की तरह ही बनाया जाता है, जिसके नीचे प्रत्येक रेखा को शेडेड किया जाता है, ताकि अन्य उप-श्रेणियों की तुलना में उस उप-श्रेणी के परिमाण को प्रकाशित किया जा सके। इसप्रकार, एक क्षेत्र चार्ट वक्र के अंतर्गत एक चर की उप-श्रेणियों के संबंध में स्थित क्षेत्र को प्रदर्शित करता है।

गटमैन पैमाना (Guttman scale): गटमैन पैमाना तीन व्यवहारिक पैमानों में से एक है और इस तरह से तैयार किया गया है कि किसी नजरिये को प्रदर्शित करने वाले उन बयानों या मदों को आदर्श संचयी क्रम में रचा

जाता है। उनके बीच एक संचयी संबंध पाने के लिए बयानों या मदों की व्यवस्था करना इस पैमाने को तैयार करने का सबसे कठिन पहलू है।

गहराई से किया गया साक्षात्कार (In-depth interviewing): यह डेटा संग्रहण की एक प्रभावी पद्धति है जो सामग्री और संरचना के अर्थ में संपूर्ण स्वतंत्रता प्रदान करती है।एक शोधकर्ता के रूप में संदर्भ को ध्यान में रखते हुए आप उन्हें किसी भी क्रम में लगाने के लिए स्वतंत्र हैं। आप अपने प्रश्नों, उनके शब्दों और उनके विषय सामग्रियों का चयन करने के लिए स्वतंत्र होते हैं। आप सामान्य तौरपर चर्चा में आये संदर्भ के अनुसार तत्क्षण प्रश्नों का गठन करते हैं और मुद्दों को उठाते हैं।

गुणात्मक शोध (Qualitative research): यह अनुभववाद के दर्शन में समाया हुआ होता है; यह पूछताछ के प्रति खुला, लचीला और असंरचित दृष्टिकोण है, जिसका लक्ष्य परिमाण की बजाय विविधता की खोज करना होता है; भावनाओं, धारणाओं और अनुभवों के मापन की बजाय वर्णन और कथात्मक विवरण पर जोर देता है और सामान्यीकरण पर कम जोर देता है।

गैर-अनुपातिक स्तरीकृत नमूना (Disproportionate stratified sampling): एक स्तरीकृत नमूना का चयन करते समय यदि आप अध्ययन जनसंख्या में उसके आकार पर कोई विचार न करते हुए प्रत्येक स्तर से तत्वों की एक समान संख्या का चयन करते हैं तो उस प्रक्रिया को गैर-अनुपातिक स्तरीकृत नमूना कहते हैं।

गैर-प्रयोगात्मक अध्ययन (Non-experimental studies): कभी-कभी ऐसा समय आता है जब आकस्मिकता का अध्ययन करते समय शोधकर्ता नतीजे को देखता है और उसके कारण की खोज करना चाहता है। वह नतीजों के साथ कारण को जोड़ना चालू करता है। ऐसे अध्ययन को गैर-प्रयोगात्मक अध्ययन कहते हैं। इन अध्ययनों में आप कारक चर को न तो लागू करते हैं न ही उसे नियंत्रित या मैन्युपलेट करते हैं।

गैर-भागीदारी प्रेक्षण (Non-participant observation): एक शोधकर्ता के रूप में जब आप समूह की गतिविधियों में शामिल नहीं होते परंतु एक निष्क्रिय निरीक्षक की भांति रहते हैं और नतीजे निकालते हैं तो इसे गैर-भागीदारी का निरीक्षण कहा जाता है।

गैर-संभावना नमूना डिजाइन (Non-probability sampling designs): यह नमूने की जनसंख्या में से तत्वों के चयन में संभवना के सिद्धांत का पालन नहीं करते। गैर-संभावना नमूना डिजाइन का इस्तेमाल स समय किया जाता है जब जनसंख्या में तत्वों की संख्या या तो ज्ञात नहीं रहती या उन्हें अलग-अलग पहचाना नहीं जा सकता। ऐसी स्थिति में तत्वों का चयन अन्य विचारों पर निर्भर करता है। गैर-संभावना नमूना डिजाइन का सामान्यतः परिमाणात्मक और गुणात्मक दोनों अनुसंधानों में इस्तेमाल किया जाता है।

ग्राफ (Graphs): ग्राफ विश्लेषित डेटा को प्रदर्शित करने का एक तरीका है जो इसे समझने में आसान बनाता है और प्रभावी तरीके से संचारित करता है।

ग्राहक-उन्मुख मूल्यांकन (Consumer-oriented evaluation): इस मूल्यांकन का केन्द्रीय दर्शन इस मान्यता पर आधारित है कि इस दर्शन के अनुसार एक हस्तक्षेप की प्रभाविता, निष्पन्न, असर और संदर्भ सहित उसके मूल्य या अच्छाई का मूल्यांकन ग्राहक के पहलूओं से किया जाना चाहिए। इस दर्शन के अनुसार ग्राहक इन पहलूओं का परिक्षण करने के लिए श्रेष्ठ लोग हैं। इस दर्शन के ढांचे में एक मूल्यांकन को ग्राहक-उन्मुख मूल्यांकन या ग्राहक-केंद्रित मूल्यांकन कहा जाता है।

चर (Variable): कोई छवि, धारणा या संकल्पना, जो मापन करने योग्य हो–इसप्रकार विभिन्न मूल्य लेने के योग्य हो–एक चर कहलाती है। दूसरे शब्दों में एक संकल्पना जिसे मापा जा सकता हो, एक चर कहलाती है। यह एक विशेषता है जो विभिन्न मूल्य धारण कर सकता है। यह मापन की तार्किक इकाई है जिसके लिए निर्धारित मूल्य का कोई भी संख्या मानी जा सकती है।

चर का मैक्समिनकॉन सिद्धांत (Maxmincon principle of variance): दो चरों के बीच में आकस्मिकता का अध्ययन करते समय वहाँ चरों के तीन सेट्स होते हैं जो निर्भर चर पर प्रभाव डालते हैं। चूँकि आपका

लक्ष्य स्वतंत्र चर पर होने वाले परिवर्तन का अध्ययन करना है, इसलिए आपने यह सुनिश्चित करने के लिए अपने अध्ययन को इस प्रकार से डिजाइन करना चाहिए कि स्वतंत्र चर को निर्भर चर के ऊपर पूरा प्रभाव डालने का अवसर मिले, जबकि बाह्य और मौके के चरों का प्रभाव कम से कम हो। इसे चरों का मैक्समिनकॉन सिद्धांत कहते हैं।

चरों का नियंत्रण (Control of variance): जब आप अपने अध्ययन का डिजाइन इस तरीके से करते है कि वह आपको सुनिश्चित करने में सक्षम करता है कि स्वतंत्र चर का निर्भर चरों को प्रभावित करने का पूर्ण अंदेशा है और बाह्य चरों के उस प्रभाव को न्यूनतम और मापने योग्य करने के लिए डिजाइन किया जाता है। (चरों के अधिकन्युनतम सिद्धांत को भी देखें।)

जनसंख्या का औसत (Population mean): आप अपने नमूने (नमूना सांख्यिकी) से क्या ज्ञात करते हैं उससे आप कुल जनसंख्या के लिए इन विशेषताओं के प्रचलन का एक अनुमान लगाते हैं। नमूना सांख्यिकी से बनाये गये कुल अध्ययन जनसंख्या के बारे में लगाये गये यह अनुमान जनसंख्या मानक या जनसंख्या औसत कहलाते हैं।

जमाव बार चार्ट (Stacked bar chart): यह बार चार्ट के समान ही होता है, परंतु इसमें दो या अधिक चरों के बारे में जानकारी को एक के ऊपर एक रखकर दर्शाया जाता है। बार के हिस्से उनके आपसी अनुपात को दर्शाते हैं। इन्हें केवल श्रेणीबद्ध डेटा के लिए बनाया जाता है।

जुड़ाव की संकल्पना (Hypothesis of association): जब एक शोधकर्ता के रूप में आपके पास किसी स्थिति या घटना के बारे में पर्याप्त ज्ञान हो जाता है और अब आप दो चरों के बीच स्थित संबंध की सीमा को जान जाते हैं और एक संबंध स्थापित करने की स्थिति में होते हैं जो उस संबंध के परिमाण को दर्शा सके, तो इस प्रकार की संकल्पना के निर्माण को जुड़ाव की संकल्पना कहा जाता है।

टाइप I त्रुटि (Type I error): किसी संकल्पना की जाँच करते समय आप कभी-कभी कई कारणों से गलतियाँ करते हैं और गलत निष्कर्ष निकालते हैं। यदि आप किसी शून्य संकल्पना को ख़ारिज कर देते हैं, जबकि वह सत्य होती है और आपने उसे ख़ारिज नहीं करना चाहिए था तो इसे प्रथम प्रकार की त्रुटि कहते हैं।

टाइप II की त्रुटि (Type II error): किसी संकल्पना की जाँच करते समय आप कभी-कभी कई कारणों से गलतियाँ करते हैं और उस संकल्पना की वैधता के संबंध में गलत निष्कर्ष निकालते हैं। यदि आप किसी संकल्पना को स्वीकारते हैं जबकि वह झूठ होती है और आपने उसे स्वीकार नहीं करना चाहिए था तो इसे द्वितीय प्रकार की त्रुटि कहते हैं।

तना-और-पत्ती प्रदर्शन (Stem-and-leaf display): यह आवृत्ति वितरण को दर्शाने का एक प्रभावी, तत्काल और सरल तरीका है। इसमें दो अंकों के आवृत्ति वितरण को प्रदर्शन के बाइं तरफ 0 से 9 तक प्लाट किया जाता है, जो दहाई के अंक को दर्शाता है। इकाई वाले अंकों को दाहिनी तरफ दर्शित किया जाता है।

तालिका (Tables): छोटे स्थान में विश्लेषित डेटा को प्रदर्शित करने का एक उपयोगी तरीका जो पाठ में स्पष्टता लाता है और तत्काल संदर्भ प्रदान करता है। यहाँ एक, दो या अधिक चरों से संबंधित विभिन्न प्रकार की तालिकाएँ मौजूद हैं।

तुलनात्मक अध्ययन डिजाइन (Comparative study design): कभी-कभी आपको विभिन्न उपचार पद्धतियों के प्रभावों की तुलना करने की आवश्यकता होती है। ऐसी स्थिति में एक तुलनात्मक डिजाइन का उपयोग किया जाता है। एक तुलनात्मक डिजाइन के साथ अध्ययन को या तो एक प्रयोग या एक गैर-प्रयोग के रूप में किया जाता है। तुलनात्मक प्रयोग डिजाइन में अध्ययन जनसंख्या को उपचार की संख्या के अनुसार उतने ही समूहों में विभाजित किया जाता है। प्रत्येक समूह के लिए निर्भर चर के संबंध में एक आधाररेखा स्थापित की जाती है। फिर विभिन्न समूहों को विभिन्न उपचार पद्धति प्रदान की जाती है। एक निश्चित समय के बाद

जब यह माना जाता है कि उन उपचार पद्धतियों का प्रभाव पड़ने लगा है, तब निर्भर चरों में परिवर्तनों को निश्चित करने के लिए बाद के निरीक्षण किये जाते हैं।

त्रिकोणीकरण (Triangulation): इसमें अपने अध्ययन के उद्देश्य प्राप्त करने के लिए विविध स्त्रोतों से प्राप्त उसी डेटा के सेट का उपयोग करना शामिल है। यह इस मान्यता पर आधारित है कि इस तरह से एकत्रित किये गये डेटा और उसकी विभिन्न पहलूओं से जाँच करने से समस्या, स्थिति, घटना या मुद्दे की बेहतर समझ प्राप्त होती है। यहाँ त्रिकोणीकरण, डेटा, अन्वेषक सिद्धांत और कार्यप्रणाली के कई प्रकार मौजूद हैं।

थर्स्टोन पैमाना (Thurstone scale): थर्स्टोन पैमाने को सामाजिक विज्ञान में नजरिये का मापन करने के लिए डिजाइन किया गया है। इसे बयानों के एक सेट द्वारा मापा जाता है, जिसका 'व्यवहारात्मक मूल्य' न्यायाधीशों के एक समूह द्वारा निर्धारित किया गया है। किसी भागीदार की उस बयान के प्रति सहमति उसे उसके "व्यवहारात्मक मूल्य" के तुल्य स्कोर प्रदान करती है। सभी बयानों का कुल स्कोर उस भागीदार के लिए व्यवहारात्मक स्कोर होता है।

दीर्घ-उत्तरीय प्रश्न (Open-ended questions): एक दीर्घ उत्तरीय प्रश्न (खुले या मुक्त उत्तर वाले प्रश्न) में संभावित प्रतिक्रियाओं को उपलब्ध नहीं कराया जाता। प्रश्नावली के मामले में भागीदार अपने स्वयं के शब्दों में उत्तर देने का प्रयास करता है, जबकि एक साक्षात्कार में शोधकर्ता भागीदार के उत्तरों को या तो शब्दशः या सारांश के रूप में रिकॉर्ड करता है।

दृष्टिकोणात्मक मूल्य (Attitudinal value): एक व्यवहारात्मक पैमाने में कई बयान होते हैं, जो किसी मुद्दे के प्रति व्यवहार को दर्शाते हैं। कुछ बयान अन्य की तुलना में व्यवहार का निर्धारण करने में अधिक महत्वपूर्ण होते हैं। एक बयान का व्यवहारात्मक मूल्य उस भार से संदर्भित होता है जो उस व्यवहार को प्रदर्शित करने में उसके महत्त्व को दर्शाने के लिए एक बयान को दिया जाता है: जितना अधिक महत्व या दायरा होगा, उतना अधिक व्यवहारात्मक मूल्य या भार होगा।

दृष्टिकोणात्मक स्कोर (Attitudinal score): एक संख्या, जो किसी मुद्दे के लिए प्रतिकिया देनेवाले व्यक्ति की तरफ से प्राप्त प्रतिक्रिया को संख्यात्मक मूल्य प्रदान करके उसकी गणना की जाती है। विभिन्न व्यवहारात्मक पैमाने में दृष्टिकोणात्मक स्कोर को मापने के भिन्न-भिन्न तरीके होते हैं।

दोहरा-अंध-अध्ययन (Double-blind studies): यह अंध अध्ययन की तरह ही होता है, सिवाय इसके कि इसमें समूह की पहचान को शोधकर्ता से छिपाकर शोधकर्ता के पूर्वाग्रह को निकालने का प्रयास भी किया जाता है। इसमें न तो शोधकर्ता को और ना ही भागीदार को यह ज्ञात होता है कि कौन वास्तविक हस्तक्षेप प्राप्त कर रहा है और कौनसा नहीं।

दोहरा-नियंत्रण अध्ययन (Double-control studies): यद्यपि नियंत्रण समूह डिजाइन उस प्रभाव का मापन करने में मदद करता है जो बाह्य चरों की विशेषता हो सकती है, परंतु यह अन्य प्रभावों को अलग नहीं कर सकता, जो शोध साधन के कारण हो सकते हैं, जैसे, प्रतिक्रिया का प्रभाव। एक दोहरे-नियंत्रण अध्ययन में आपके पास एक की बजाय दो नियंत्रण समूह होते हैं। मापन के लिए आप निरीक्षण के 'पहले' नियंत्रण समूहों में से एक को निकाल सकते हैं।

दोहराया जाने वाला अनुप्रस्थ डिजाइन (Replicated cross-sectional design): यह अध्ययन डिजाइन इस मान्यता पर आधारित है कि कार्यक्रम के विभिन्न चरणों पर भागीदार सामाजिक-आर्थिक जनसंख्या विशेषताओं के आधार पर भिन्न-भिन्न होते हैं। प्रारंभ और अंत समय में ग्राहकों के बीच में निर्भर चरों में अंतर को हस्तक्षेप का प्रभाव माना जाता है।

दोहरे-बैरल वाले प्रश्न (Double-barrelled question): एक दोहरा-बैरल वाला-प्रश्न प्रश्न के अंदर प्रश्न होता है।

द्वितीयक डेटा (Secondary data): कभी-कभी वांछित जानकारी अन्य स्त्रोतों में पहले से ही उपलब्ध रहती है, जिसका आप अपने अध्ययन में उपयोग करते हैं, द्वितीयक डेटा कहलाती है, जैसे पुस्तकें, पत्रिकाएँ या जनगणना।

द्वितीयक स्रोत (Secondary source): द्वितीयक स्रोत द्वितीयक (गौण) डेटा उपलब्ध कराते हैं। जैसे पुस्तकें, पत्रिकाएँ या जनगणना, रेकोर्ड्स. ग्राहक या रोगी के बारे में पहले से एकत्र की गई जानकारी के स्रोत।

नमूना (Sample): यह जनसंख्या की उप-समूह का नमूना होता है, जो आपकी शोध जाँच का केंद्रबिंदु होता है और इस प्रकार से चयनित किया जाता है कि यह अध्ययन जनसंख्य का प्रतिनिधित्व करता है। एक नमूना कुछ व्यक्तियों से मिलकर बनता है जिनसे आप वांछित जानकारी एकत्र करते हैं। इसे समय, पैसा और अन्य संसाधनों की बचत करने के लिए किया जाता है।

नमूना (Sampling): एक बड़े समूह (नमूना जनसंख्या) में से कुछ भागीदारों (नमूना) को चुनने की प्रक्रिया, जो आपके रूचि की जानकारी के प्रचलन का अनुमान लगाने के आधार बनते हैं।

नमूना इकाई (Sampling unit): नमूना तत्व को देखें।

नमूना के तत्व (Sampling element): कोई भी वह चीज जो आपके नमूना चुनने का आधार बनती है वह एक नमूना इकाई या तत्व कहलाती है, जैसे, परिवार, संस्था या एक क्षेत्र के निवासी।

नमूना जनसंख्या (Sampling population): वह पूरा समूह जिसके बारे में अपने शोध परियोजना के मार्फत जाँच परिणाम पाना चाहते है, नमूना जनसंख्या या अध्ययन जनसंख्या कहलाता है, जैसे, परिवार, ग्राहक, समुदाय के निवासी, संस्था के कर्मचारी इत्यादि।

नमूना डिजाइन (Sampling design): आप जिस तरह से एक बड़े समूह (नमूना जनसंख्या) में से कुछ भागीदारों (नमूना) को चुनते हैं उसे नमूना डिजाइन या नमूना रणनीति कहा जाता है। यहाँ परिमाणात्मक और गुणात्मक दोनों अनुसंधानों में कई नमूना रणनीतियाँ मौजूद हैं।

नमूना ढांचा (Sampling frame): जब आप एक अध्ययन जनसंख्या में सभी तत्वों को पहचानने की स्थिति में होते हैं, तब सभी तत्वों की सूची नमूना ढांचा कहलाती है।

नमूना त्रुटि (Sampling error): जाँच परिणाम (नमूना सांख्यिकी) में अंतर, जो नमूने में तत्वों के चयन के कारण होता है, नमूना त्रुटि कहलाता है।

नमूना रणनीति (Sampling strategy): नमूना डिजाइन को देखें।

नमूने का आकार (Sample size): व्यक्तियों की संख्या, सामान्य तौरपर n द्वारा दर्शित होता है, जिनके द्वारा आप वांछित जानकारी प्राप्त करते हैं।

नमूने की सांख्यिकी (Sample statistics): आपके भागीदारों (नमूना) से प्राप्त जानकारी के आधार पर जाँच परिणाम नमूना सांख्यिकी कहलाते हैं।

नारीवादी शोध (Feminist research): कार्यवाही शोध की तरह नारीवादी शोध एक डिजाइन की तुलना में एक दर्शन अधिक है। नारीवादी विचार और सिद्धांत इस शोध के प्रमुख केंद्रबिंदु होते हैं। इस शोध का प्रयोजन समाज में पुरुषों और महिलाओं के बीच स्थित असामनता को बदलने का प्रयास करना है।

नियंत्रण डिजाइन (Control design): प्रयोगात्मक अध्ययन में, जिसका लक्ष्य किसी हस्तक्षेप का मापन करना है, निर्भर चर में हुए हुए परिवर्तन को मापना महत्वपूर्ण है, जो बाह्य और परिवर्तनीय चरों की विशेषता है। अध्ययन डिजाइन, जहाँ आपके पास बाह्य और परिवर्तनीय चरों के प्रभाव को दूर करने के लिए एक नियंत्रण समूह है, जिसे नियंत्रण डिजाइन अध्ययन कहा जाता है।

नियंत्रण समूह (Control group): एक प्रयोगात्मक अध्ययन में वह समूह जो प्रयोगात्मक हस्तक्षेप के प्रति खुला नहीं है, उसे नियंत्रण समूह कहा जाता है। इसका एकमात्र प्रयोजन निर्भर चर पर बाह्य और परिवर्तनीय चरों के प्रभाव का मापन करना है।

नियंत्रित (Controlled): कारण-और-प्रभाव के संबंध को विश्वसनीय तरीके से स्थापित करने के क्रम में यह कभी-कभी इस तरह से डिजाइन करना महत्वपूर्ण हो जाता है कि वह प्रभावों को कारणों से जोड़ने में सक्षम करता है और इसके विपरित भी, ताकि आप उस प्रभाव की सीमा का अध्ययन कर सकें।

नियंत्रित प्रयोग (Controlled experiments): एक नियंत्रित प्रयोग में अध्ययन जनसंख्या को दो समूहों में विभाजित किया जाता है, एक प्रयोगात्मक और दूसरा नियंत्रित। नियंत्रित समूह को कोई भी प्रेरण नहीं दिया जाता, जबकि प्रयोगात्मक समूह को दिया जाता है।

नियोजन के लिए मूल्यांकन (Evaluation for planning): यह एक प्रोग्राम या हस्तक्षेप के लिए आवश्यकता को स्थापित करने के मुद्दों को संबोधित करता है।

निरीक्षक का पूर्वाग्रह (Observer's bias): यह तब होता है जब एक निरीक्षक के रूप में आप उस बात की सही-सही रिपोर्ट नहीं करते जिसका आपने निरीक्षण किया हुआ है, क्योंकि इसमें आपका निहित स्वार्थ शामिल रहता है। यह अवैध और अनैतिक दोनों भी है।

निर्णायक नमूने (Judgemental sampling): नमूने का डिजाइन करने में प्रथम विचार यह अनुमान लगाने में होता है कि आपके अध्ययन के उद्देश्य को पाने के लिए कौन सबसे अच्छी जानकारी प्रदान कर सकता है।एक शोधकर्ता के रूप में आप केवल उन लोगों के पास जाते हैं जिनके पास आपकी राय में वांछित जानकारी मौजूद होने की संभावना है और वे उसे आपके साथ साझा करने के लिए तैयार हैं। इस डिजाइन को उद्देशित नमूने भी कहा जाता है।

निर्देश प्रश्न (Leading question): एक प्रश्न जो उसकी सामग्री, संरचना या शब्दावली के द्वारा प्रतिकिया देनेवाले व्यक्ति को एक निश्चित दिशा में जवाब देने के लिए निर्देशित करता है।

निर्भर चर (Dependent variable): जब एक अध्ययन के द्वारा गंभीरता को स्थापित किया जाता है, तो वह चर जिसे कारण माना जाता है, उसे स्वतंत्र चर कहते हैं और वे चर जिनमें यह परिवर्तन उत्पन्न करता है उसे निर्भर चर कहा जाता है।

निर्भरता (Dependability): गुणात्मक शोध में निर्भरता परिमाणात्मक शोध में विश्वसनीयता के तुल्य होती है। यदि हम दो प्रयोगों में एक समान ही परिणाम पाते हैं तो यह निर्भर होने लायक है, दो परिणामों में जितनी अधिक समानता होगी उतनी अधिक निर्भरता होगी।

निर्मित वैधता (Construct validity): यह एक साधन की वैधता को स्थापित करने के लिए एक अधिक परिष्कृत तकनीक है। निर्मित वैधता सांख्यिकीय प्रक्रियाओं पर आधारित होती है। इसका निर्धारण एक घटना में निरीक्षण किये कुल विविधता को प्रत्येक निर्मित का योगदान को सुनिश्चित करके किया जाता है।

निष्कर्ष का मूल्यांकन (Outcome evaluation): निष्कर्ष मूल्यांकन का ध्यान नतीजों के प्रभावों, परिणामों, परिवर्तनों या निष्पन्नो को खोजने पर होता है, जिसे एक कार्यक्रम लक्षित जनसंख्या में उत्पन्न करता है।

निष्पन्न चर (Outcome variable): निर्भर चर को देखें।

नैतिक अभ्यास (Ethical practice): किसी व्यवसाय या समूह के लिए स्वीकृत आचार संहिता के सिद्धांतों के अनुसार किया जाने वाला व्यावसायिक व्यवहार।

नैतिकता (Ethics): व्यावसायिक व्यवहार के नैतिक मूल्य, जिन्हें उत्तम व्यावसायिक अभ्यास के लिए वांछनीय माना जाता है।

पंक्ति का प्रतिशत (Row percentages): इसकी एक चर की सभी उप-श्रेणियों के योग से गणना की जाती है, जिन्हें विभिन्न स्तंभों में एक पंक्ति में प्रदर्शित किया गया होता है।

परिकल्पना (Hypothesis): एक परिकल्पना किसी घटना, संबंध या स्थिति के बारे में एक अनुमान, धारणा, संदेह, दावा या विचार होती है, जिसकी वास्तविकता या सच के बारे में आप नहीं जानते, और आप इस सच्चाई को खोजने के लिए अपने अध्ययन का संचालन किया हुआ है। एक शोधकर्ता ने इन मान्यताओं, दावों, बयानों या अनुमानों को परिकल्पना के रूप में दर्शाता है और वे एक जांच के आधार बन जाते हैं। अधिकांश अध्ययनों में परिकल्पना या तो पिछले अध्ययनों पर या अपने स्वयं के या किसी और के निरीक्षणों पर आधारित होती है।

परिचालनीय परिभाषा (Operational definition): जब आप या तो अपनी शोध समस्या में या अध्ययन जनसंख्या में एक मापन योग्य तरीके में अपने द्वारा इस्तेमाल किये जाने वाली संकल्पना को परिभाषित करते हैं तो उन्हें कार्यकारी या परिचालनीय परिभाषा कहते हैं।यह समझना जरूरी है कि वह परिचालनीय परिभाषा जिसे आपने विकसित किया हुआ है वे केवल आपके अध्ययन के प्रयोजन के लिए है।

परिमाणात्मक शोध (Quantitative research): इसका मूल तार्किकता के दर्शन में होता है; यह अन्वेषण के लिए एक प्रक्रियाओं का अलचीला, संरचित और और पूर्व-निर्धारित सेट का अनुसरण करता है; किसी घटना में विविधता की सीमा को परिमाणित करने का लक्ष्य रखता है; चरों के मापन और प्रक्रिया की निष्पक्षता पर जोर देता है; नमूने के बड़े आकार के आधार पर ठोसपन में विश्वास रखता है; जाँच परिणामों वैधता और विश्वसनीयता को महत्व देता है और जाँच परिणामों को विश्लेषणात्मक और एकिकृत तरीके से संचारित करता है, उन निष्कर्षो और अनुमानों को निकलता है जिनका सामान्यीकरण किया जा सकता है।

पाई-चार्ट (Pie chart): पाई-चार्ट डेटा को ग्राफिक रूप से प्रदर्शित करने का एक तरीका है। 360 अंश के एक पूर्ण वृत्त का उपयोग 100 प्रतिशत या कुल जनसंख्या को प्रदर्शित करने के लिए किया जा सकता है। स वृत्त को कुल जनसंख्या में शामिल प्रत्येक उप-श्रेणी के परिमाण के अनुसार विभागों में बांटा जाता है। अतः प्रत्येक विभाग एक आवृत्ति वितरण की प्रत्येक उप-श्रेणी के आकार के अनुपात में होता है।

पार तुलनात्मक प्रयोगात्मक डिजाइन (Cross-over comparative experimental design): इस डिजाइन में, जिसे ABAB डिजाइन भी कहा जाता है, दो समूहों का निर्माण किया जाता है, उनमें से एक को हस्तक्षेप दिया जाता है और एक निश्चित अवधि के बाद उसके प्रभाव का मापन किया जाता है। फिर इन हस्तक्षेपों की अदलाबदली की जाती है, अर्थात, प्रयोगात्मक समूह नियंत्रित और नियंत्रित समूह प्रयोगात्मक बन जाता है।

पुष्टिकरण योग्यता (Confirmability): वह डिग्री जिसके लिए गुणात्मक अध्ययन के माध्यम से प्राप्त किये गये नतीजों की पुष्टि की जा सकती है या अन्य के साथ जोड़ा जा सकता है। गुणात्मक शोध में पुष्टिकरण की योग्यता परिमाणात्मक अध्ययन में विश्वसनीयता के तुल्य होती है।

पूर्व परीक्षण (Pre-test): परिमाणात्मक शोध में पूर्व-पररीक्षण एक प्रथा है, जिसके द्वारा आप किसी चीज की जाँच करते हैं जिसे आपने उसके साथ संभावित समस्याओं का पता लगाने के लिए इसके वास्तविक उपयोग के पहले विकसित किया है। ज्यादातर, पूर्व परीक्षण शोध साधन या एक कोड पुस्तिका पर किया जाता है। यह सुनिश्चित करता है कि प्रत्येक प्रश्न के लिए भागीदार की समझ आपके इरादे के अनुसार है। किसी उपकरण की पूर्व परीक्षा केवल संरचित अध्ययनों में की जाती है। कोड पुस्तिका की पूर्व परीक्षा में डेटा के कोडिंग से पहले कोड पुस्तिका के साथ किसी समस्या की पहचान करने के लिए कुछ प्रश्नावलियों / साक्षात्कारों पर वास्तव में कोड लागू किया जाता है।

पूर्व-और-पश्चात डिजाइन (Before-and-after design): एक पूर्व-और-पश्चात के डिजाइन को समय के दो बिंदुओं के बीच किसी घटना या चर में होने वाले परिवर्तन का पता लगाने के लिए उसी जनसंख्या पर अनुदैर्घीय डेटा संग्रह बिंदु के दो सेट के रूप में वर्णित किया जा सकता है। इस परिवर्तन का पहले और बाद के निरीक्षणों के बीच किसी घटना या चरों के बीच के अंतर की तुलना करके मापन किया जाता है।

पूर्वप्रभावी अध्ययन (Retrospective study): एक पूर्वप्रभावी अध्ययन किसी घटना, स्थिति, समस्या या मुद्दे का अन्वेषण करता है जो विगत में घटी है। ऐसे अध्ययन उस अवधि के बारे में उपलब्ध डेटा या भागीदार की याददाश्त के आधार पर किये जाते हैं।

पूर्वप्रभावी-भावी अध्ययन (Retrospective–prospective study): एक प्रतिगामी-भावी अध्ययन किसी घटना के बारे में विगत रुझानो के ऊपर ध्यान केंद्रित करता है और भविष्य में उसका अध्ययन करता है। वास्तव में अधिकांश पूर्व-और-पश्चात अध्ययन को प्रतिगामी-भावी अध्ययन के रूप में वर्गीकृत किया जाता है, यदि उन्हें बिना नियंत्रण के किया जाता है जहाँ आधाररेखा को हस्तक्षेप लागू करने के पहले उसी जनसंख्या से निर्मित किया जाता है।

पूर्वाग्रह (Bias): किसी बात को छिपाने या उजागर करने के लिए जानबूझकर किया गया प्रयास, जिसे आप अपने अध्ययन में पाते हैं या उस प्रक्रिया या विधि का जानबूझकर किया गया उपयोग जो आप जानते हैं कि योग्य नहीं है, परंतु वह जानकारी प्रदान करेगा जिसकी आप खोज कर रहें है, क्योंकि उसमें आपकी दिलचस्पी है।

पैनल का अध्ययन (Panel studies): इनकी प्रकृति भविष्य सूचक होती है और समय की एक अवधि में उसी भागीदार से जानकारी एकत्र करने के लिए डिजाइन किये गये हैं। चयन किये गये व्यक्तियों का समूह एक पैनल बन जाता है जो वांछित जानकारी प्रदान करता है। एक पैनल अध्ययन में डेटा संग्रहण की अवधि को एक बार से लेकर एक लंबी अवधि तक कई बार दोहराया जाता है।

पैमाना (Scale): यह मापन की एक विधि है और /या भागीदारों का वर्गीकरण है, जो आपके प्रश्नों के लिए प्राप्त प्रतिक्रियाओं के आधार पर किया जाता है। ए पैमाना सतत या श्रेणीबद्ध हो सकता है। यह जनसंख्या को उप-श्रेणियों में वर्गीकरण करने में मदद करता है।

प्रक्रिया का मूल्यांकन (Process evaluation): प्रक्रिया के मूल्यांकन का मुख्य जोर तरीके के मूल्यांकन पर होता है जिसे एक वितरित की जाने वाली सेवा या कार्यक्रम को वितरण प्रणाली की क्षमता को उन्नत करने के तरीकों की पहचान करने के क्रम में किया जाता है।

प्रक्रियाबद्ध नमूना (Systematic sampling): नमूने का चयन करने का एक तरीका जहाँ नमूने के आकार के आधार पर नमूने के ढांचे को पहले कई खंडों में विभाजित किया जाता है, जिसे अंतराल कहते हैं। फिर सरल यादृच्छिक नमूने का उपयोग करते हुए पहले अंतराल से एक तत्व चुना जाता है। अन्य अंतरालों से आगे के तत्वों का चयन पहले अंतराल में चुने गये तत्व के क्रम पर निर्भर करता है। यदि पहले अंतराल में पांचवां टीवी है तो आगे के प्रत्येक अंतराल में से पांचवां तत्व चुना जायेगा।

प्रतिक्रिया का प्रभाव (Reactive effect): कभी-कभी प्रश्नों का शब्दांकन जिस तरह से किया जाता है उससे भागीदार को किसी चीज की मौजूदगी या प्रचलन के बारे में सूचित हो जाता है, जिसे हस्तक्षेप के निष्कर्ष के रूप में अध्ययन में खोजने की कोशिश की जा रही होती है। इस प्रभाव को उस साधन का प्रतिक्रिया का प्रभाव कहते हैं।

प्रतिगामी प्रभाव (Regression effect): कभी-कभी लोग कई कारणों से पूर्व-जाँच अवस्था में अपनेआप को मापन पैमाने में चरम स्थितियों पर रखते हैं और पश्चात-जाँच अवस्था में मध्य स्थितियों पर रखते हैं। इस प्रकार के प्रभाव को प्रतिगामी प्रभाव कहा जाता है।

प्रतिबिंबात्मक पत्रिका लॉग (Reflective journal log): यह गुणात्मक शोध में डेटा के संग्रहण की एक विधि है, जो सूचित करती है कि एक शोधकर्ता के रूप में जब भी आपके ध्यान में कोई बात आती है, आप किसी से बात करते हैं,किसी गतिविधि में भाग लेते है, या कुछ बात देखते हैं तो अपने विचारों का एक लॉग रखा जाना चाहिए, जो आपको समझने में या जोड़ने में मदद करते हैं, जिसे आप खोजने की कोशिश कर रहें हैं। यह लॉग आपके शोध के जाँच परिणामों का आधार बनते हैं।

प्रतिस्थापन के बिना नमूना (Sampling without replacement): जब आप एक नमूने का चयन इस प्रकार से करते है कि एक तत्व को आपके नमूने का हिस्सा बनने के लिए एक बार चयनित किया जाता है, और उसे फिर से अध्ययन जनसंख्या में वापस नहीं डाला जाता, तो इसे प्रतिस्थापन के बिना नमूना कहा जाता है।

प्रतिस्थापन के साथ नमूना (Sampling with replacement): जब आप एक नमूने का चयन इस प्रकार से करते है कि नमूने में प्रत्येक चयनित तत्व को अगले का चयन करने से पहले फिर से नमूना जनसंख्या में डाल दिया जाता है तो उसे प्रतिस्थापन के साथ नमूना कहा जाता है। इसे प्रति तत्व को चयनित होने का मौका मिलने के नजरिये से किया जाता है। यह नमूने का यादृच्छिकीकरण करने के लिए किया जाता है।

प्रत्यक्ष वैधता (Face validity): जब आप एक शोध साधन में अध्ययन में उद्देश्यों को जोड़कर कोई प्रश्न या मद को शामिल किये जाने को न्याय्य ठहराते हैं, तब उस प्रक्रिया को प्रत्यक्ष वैधता कहा जाता है।

प्रभावी/कम प्रभावी अध्ययन (Dominant/less dominant studies): मिश्रित विधि अध्ययन जहाँ एक कार्यप्रणाली अध्ययन के ऊपर प्रभावी होती है उसे प्रभावी/ कम प्रभावी अध्ययन में वर्गीकृत किया जाता है।

प्रयोगात्मक अध्ययन (Experimental studies): आकस्मिता का अध्ययन करते समय जब एक शोधकर्ता हस्तक्षेप को लागू करता है तो यह माना जाता है कि वह परिवर्तन का "कारण" है, जब तक कि वह उस परिवर्तन को उत्पन्न नहीं करता। इसमें शोधकर्ता एक "कारण" से प्रारंभ करता है और उसके प्रभाव का निरीक्षण करने के लिए प्रतीक्षा करता है।

प्रयोगात्मक समूह (Experimental group): एक प्रयोगात्मक समूह वह होता है जो उस हस्तक्षेप के प्रति खुला किया जाता है, जिसके प्रभाव का अध्ययन किया जाना है।

प्रयोजनात्मक नमूना (Purposive sampling): निर्णायक नमूना देखें।

प्रश्नावली (Questionnaire): प्रश्नों की एक लिखित सूची, जिनके जवाबों को भागीदार द्वारा रिकॉर्ड किया जाता है। भागीदार प्रश्नों को पढ़ता है, जिसकी उम्मीद की गई है उनकी व्याख्या करता है और अपने जवाबों को लिखता है। एक साक्षात्कार और प्रश्नावली के बीच एकमात्र अंतर यह है कि पहले वाले में साक्षात्कारकर्ता प्रश्न पूछता है (जरूरी हो तो उन्हें समझाता है) और भागीदार के जवाब को रिकॉर्ड करा है, जबकि बाद वाले में जवाबों को भागीदार द्वारा स्वयं ही रिकॉर्ड किया जाता है।

प्राथमिक डेटा (Primary data): या तो शोधकर्ता द्वारा या किसी अन्य व्यक्ति के द्वारा किसी विशिष्ट प्रयोजन के लिए संग्रहित की गई जानकारी।

प्राथमिक स्रोत (Primary sources): वे स्रोत जो प्राथमिक डेटा उपलब्ध कराते हैं, जैसे साक्षात्कार, निरीक्षण और प्रश्नावलियाँ।

प्रेक्षण या अवलोकन (Observation): यह प्राथमिक डेटा का संग्रह करने की एक विधि है। यह किसी घटना को देखने या सुनने का एक उद्देश्यपूर्ण, प्रणालीबद्ध और चयनित तरीका है। यद्यपि इसका प्रमुखता से गुणात्मक शोध में उपयोग किया जाता है, फिर भी इसे परिमाणात्मक शोध में भी उपयोग किया जाता है।

प्लेसबो अध्ययन (Placebo study): ऐसा अध्ययन जो एक प्लेसबो प्रभाव की सीमा को निर्धारित करने का प्रयास करता है उसे प्लेसबो अध्ययन कहा जाता है। यह एक तुलनात्मक अध्ययन डिजाइन पर आधारित होता है जिसमें दो या दो से अधिक समूह शामिल होते है, जो इस बात पर निर्भर रहते हैं कि क्या आप बाह्य चरों के प्रभाव को दूर करने के लिए एक नियंत्रित समूह चाहते है कि नहीं, या उनके सापेक्षित प्रभाविता को निर्धारित करने के लिए अन्य उपचार के तौरतरीके अजमाना चाहते हैं।

प्लेसबो प्रभाव (Placebo effect): एक रोगी का यह विश्वास कि वह जो उपचार प्राप्त कर रहा है वह उसके ठीक होने में एक महत्वपूर्ण भूमिका अदा करता है, भले ही वह उपचार नकली या अप्रभावी हो। यह परिवर्तन इसलिए होता है क्योंकि वह रोगी यह विश्वास करता है कि वह एक उपचार प्राप्त कर रहा है। यह मनोवैज्ञानिक प्रभाव, जो रोगी को ठीक होने में मदद करता है, प्लेसबो प्रभाव कहलाता है।

फिश-बाउल ड्रा (Fishbowl draw): यह यादृच्छिक नमूने का चयन करने की एक विधि है और विशेषतः तब उपयोगी होती है जब N बहुत बड़ा नहीं होता है। इसमें नमूने का चयन चिट द्वारा वांछित संख्या प्राप्त किये जाने तक किया जाता है।

फोकस समूह (Focus group): फोकस समूह गुणात्मक शोध में रणनीति का एक रूप होता है, जिसमें किसी मुद्दे, उत्पाद, सेवा या कार्यक्रम के प्रति नजरिये, अभिमतों या धारणाओं की समूह के सदस्यों और शोधकर्ता के बीच एक मुक्त और खुली चर्चा के माध्यम से खोज की जाती है। यह भागीदारी करने वाले लोगों के समूह के साथ सामुदायिक रूप से साक्षात्कार करने जैसा होता है।

बहुश्रेणीय चर (Polytomous variable): दो या दो से अधिक श्रेणियाँ शामिल होने वाला चर, उदाहरण के लिए, धर्म (हिन्दू, इसाई, मुस्लिम), राजनीतिक पक्ष (भाजपा, कांग्रेस, समाजवादी) और नजरिया (पूरी तरह से पक्ष में, पक्ष में, अनिश्चित, विरोधी, कट्टर विरोधी)।

बाधित समय-श्रेणी डिजाइन (Interrupted time-series design): इस डिजाइन में आप हस्तक्षेप को लागू करने के पहले और बाद में लोगों के समूह का अध्ययन करते हैं । यह पूर्व-और-पश्चात डिजाइन के समान ही है, सिवाय इसके कि आप विविध समय अंतराल में विविध डेटा संग्रह करते है, जिससे एक सकल पूर्व-और-पश्चात चित्र गठित किया जा सके। यह डिजाइन इस मान्यता पर आधारित है कि संपूर्ण और सटीक चित्र पाने के लिए डेटा का एक सेट होना पर्याप्त नहीं है।

बार चार्ट (Bar chart): बार चार्ट या आकृति श्रेणीबद्ध डेटा का ग्राफिक प्रदर्शन करने का एक तरीका होता है। एक बार चार्ट हिस्टोग्राम के समान ही होता है, सिवाय इसके कि एक बार चार्ट में विभिन्न आवृत्तियों को प्रदर्शित करने वाले आयतों के बीच में रिक्त स्थान होता है, जो यह दिखाता है कि डेटा श्रेणीबद्ध है। बार चार्ट का उपयोग सामान्य या क्रमबद्ध पैमाने पर मापे गये चरों के लिए किया जाता है।

बाह्य चर (Extraneous variables): आकस्मिकता का अध्ययन करते समय निर्भर चर स्वतंत्र चर में लाये गये परिवर्तन का नतीजा होते हैं। प्रतिदिन के जीवन में वहाँ अन्य चर होते हैं जो स्वतंत्र और निर्भर चरों को प्रभावित कर सकते हैं। इन्हें बाह्य चर कहते हैं।

बिंदु-प्रचलन की संकल्पना (Hypothesis of point-prevalence): ऐसे समय आते हैं जब शोधकर्ता के पास किसी घटना के बारे में पर्याप्त ज्ञान होता है जिसका वह अध्ययन कर रहा होता है और उस स्थिति या निष्कर्ष के सटीक प्रचलन के बारे में परिमाणात्मक इकाई में लगभग अनुमान करने के बारे में उसे विश्वास होता है। इस प्रकार की संकल्पना को बिंदु-प्रचलन की संकल्पना कहा जाता है।

भविष्यदृष्टा वैधता (Predictive validity): वैधता के इस रूप को उस डिग्री द्वारा आंका जाता है जिसके लिए एक उपकरण किसी निष्कर्ष की सही-सही भविष्यवाणी करता है: यह भविष्यवाणी जितनी सही होगी, उतनी ऊँची उस उपकरण की भविष्यदृष्टा वैधता होगी।

भागीदारी शोध (Participatory research): भागीदारी शोध और सहभागी पूछताछ वास्तव में अध्ययन के डिजाइन नहीं है, परंतु एक दर्शनात्मक दृष्टिकोण सूचित करता है जो शोध की प्रक्रिया में शोध सहभागियों के सक्रिय सहभाग की वकालत करता है। भागीदारी शोध शोधकर्ता और उसमें सहभागी होने वाले भागीदारों के बीच के "अंतराल" को न्यूनतम करने के सिद्धांत पर आधारित है। इसकी प्रमुख विशेषता समुदाय का शोध में शामिल होना है, जिससे उसके जाँच परिणाम उनकी आवश्यकताओं के लिए और अधिक प्रासंगिक हो जाएँ।

मापन पैमाना (Measurement scales): उद्देश्यों, प्रतिक्रियाओं, विशेषताओं और लक्षणों को विभिन्न श्रेणियों में वर्गीकृत करने की एक प्रणाली। यह श्रेणीबद्धता उपयोग किये गये पैमाने के आधार पर व्यक्तिपरक या विषयपरक हो सकती है। आम तौरपर इस्तेमाल किये जाने वाले चार पैमाने हैं: सामान्य, आम, अंतराल और अनुपात।

मार्गदर्शक अध्ययन (Pilot study): व्यवहार्यता अध्ययन देखें।

मिश्रित/विविध विधि दृष्टिकोण (Mixed/multiple methods approach): अत्यंत सरल भाषा में सामाजिक अध्ययन के लिए मिश्रित विधि दृष्टिकोण तब होता है जब आप डेटा के संग्रहण और विश्लेषण के लिए दो या दो से अधिक विधियों का उपयोग करते हैं। जब ये विधियाँ परिमाणात्मक और गुणात्मक दोनों पद्धतियों से होती हैं तो उसे मिश्रित विधि दृष्टिकोण कहा जाता है। परंतु जब ये विधियाँ एक ही पद्धति से होती हैं तो इन्हें विविध विधि दृष्टिकोण कहा जाता है। इस दृष्टिकोण में दोनों पद्धतियों की अच्छाइयों का उपयोग किया जाता है और उनकी कमियों को दूर करने की कोशिश की जाती है। अच्छे नतीजे पाने के लिए इनका उपयोग करने की सलाह दी जाती है।

मूल्यांकन (Evaluation): एक प्रक्रिया जो एक हस्तक्षेप या कार्यक्रम की समीक्षा करने के लिए शोध सिद्धांतो द्वारा मार्गदर्शित होती है, ताकि इसकी वांछनीयता के बारे में सूचित निर्णय लिया जा सके और/या उसकी प्रभाविता और सक्षमता बढ़ाने के लिए परिवर्तनों को पहचाना जा सके।

मेल करना (Matching): यह वह तकनीक है जिसे किसी दवाई की प्रभाविता की जाँच करने के लिए प्रयोगात्मक-नियंत्रित अध्ययन को सेट करने के लिए रोगियों के दो समूह बनाने के लिए इस्तेमाल की जाती है। रोगियों के समूह में से समान विशेषता वाले दो रोगियों का मेल किया जाता है और फिर यादृच्छिक तरीके से उन्हें प्रयोगात्मक या नियन्त्रण समूह में रखा जाता है। यह मिलान समूह के अन्य रोगियों के लिए जारी रहता है। इस प्रकार से तैयार किये गये दो समूह अब परिक्षण के लिए तैयार होते हैं।

मौके का चर (Chance variable): आपतकाल या सहभागिता के अध्ययन में क्कभी-कभी ऐसा समय आता है जब किसी प्रक्रिया देनेवाले की मनःस्थिति या किसी प्रश्न की भाषा उस व्यक्ति के उत्तर को उस समय प्रभावित कर सकती है, जब उसे बाद के परीक्षण में फिर से पूछा जाता है। ऐसे चरों को मौके के चर या यादृच्छिक चर कहा जाता है।

मौखिक इतिहास (Oral history): यह एक अध्ययन की बजाय डेटा संग्रहण की एक विधि अधिक है; हालाँकि गुणात्मक शोध में यह ऐतिहासिक घटना का अध्ययन करने के लिए या किसी संस्कृति, रिवाज या कहानी के बारे में जानकारी प्राप्त करने का एक नजरिया बन गया है, जिसे पीढ़ी दर पीढ़ी आगे बढ़ाया गया है। वर्णनात्मक की तरह मौखिक इतिहास में सक्रिय और निष्क्रिय दोनों प्रकारों का उपयोग करना शामिल है, परंतु वर्णनात्मक प्रकार में व्यक्ति के स्वयं के अनुभवों को बताया जाता है।

याददाश्त की त्रुटि (Recall error): वह त्रुटि जो भागीदार द्वारा विभिन्न पहलूओं को सही-सही याद करने की अक्षमता के कारण होती है।

यादृच्छिक चर (Random variable): भागीदारों से जानकारी संग्रहित करते समय कभी-कभी ऐसा समय आता है जब उसकी मनोस्थिति या प्रश्न की भाषा उसके उत्तर को प्रभावित कर सकती है। इस परिवर्तन के पीछे कोई पद्धतिबद्ध पैटर्न नहीं होता। प्रतिक्रियाओं में ऐसे परिवर्तन को यादृच्छिक या मौके के चर कहा जाता है।

यादृच्छिक डिजाइन (Random design): एक यादृच्छिक डिजाइन में अध्ययन समूह साथ ही साथ प्रयोगात्मक उपचार पूर्वनिर्धारित नहीं होते बल्कि नियंत्रित या प्रयोगात्मक समूह बनने के लिए यादृच्छिक रूप से निर्धारित किये जाते हैं। इसका तात्पर्य यह है कि किसी भी व्यक्ति या इकाई को अध्ययन का भाग होने का एक समान और स्वतंत्र मौका मिलता है। यह ध्यान में रखना जरूरी है कि यादृच्छिकीकरण की संकल्पना को किसी भी प्रयोगात्मक डिजाइन पर लागू किया जा सकता है।

यादृच्छिक नमूना (Random sampling): एक डिजाइन को यादृच्छिक या संभावना नमूना कहकर बुलाने के लिए यह अनिवार्य है कि अध्ययन जनसंख्या में प्रत्येक तत्व का चयनित होने के लिए एक समान और स्वतंत्र मौका होता है। इसप्रकार, अध्ययन जनसंख्या में प्रत्येक तत्व का चयनित होने के लिए संभावना एक समान ही होती है और एक तत्व का चयन किसी दूसरे तत्व के चयन पर निर्भर नहीं होता।

यादृच्छिक संख्याओं की तालिका (Table of random numbers): शोध अधिकांश कार्यप्रणालियों और सांख्यिकी में तालिकाएँ होती हैं जिनमें यादृच्छिक तरीके से उत्पन्न की गई संख्याएँ होती हैं। इन तालिकाओं का एक यादृच्छिक नमूने के चयन के लिए उपयोग किया जा सकता है।

यादृच्छिकीकरण (Randomisation): प्रयोगात्मक और तुलनात्मक अध्ययनों में आपको लोगों के दो या दो से अधिक समूहों का अध्ययन करने की जरूरत होती है। ऐसे समूहों का गठन करने के लिए यह महत्वपूर्ण है कि वे निर्भर वहर और अन्य चरों के संबंध में तुलनात्मक हो, जो उसे प्रभावित करते हैं, ताकि स्वतंत्र और बाह्य चरों का पूरे समूह पर एक समान प्रभाव पड़े।

रुझान का अध्ययन (Trend studies): इस अध्ययन में विगत में हुए कई डेटा अवलोकनों का चयन करना शामिल है, जिन्हें अध्ययन के अंतर्गत स्थित घटना के वर्तमान के चित्र से जोड़कर भविष्य में होने वाली संभावना की कुछ कल्पनाएँ की जाती है। इन अनुदैर्घीय अवलोकनों से आप परिवर्तन के पैटर्न के बारे में निष्कर्ष निकालते हैं।

रुझान का वक्र (Trend curve): एक अंतराल या अनुपातिक पैमाने पर मापे गये डेटा को रेखा चित्र या रुझान वक्र का उपयोग करके प्रदर्शित किया जा सकता है। इसे विशिष्ट समय और कालावधि दोनों के लिए बनाया जा सकता है। यदि डेटा किसी अवधि से संबंधित है तो प्रत्येक अंतराल पर आवृत्ति की ऊंचाई के मध्य बिंदु को एक बिंदु के रूप में चिन्हित किया जाता है। इन बिंदुओं को एक सरल रेखा द्वारा जोड़ने से रुझान का पता चलता है। यदि डेटा किसी ठीक-ठीक समय से संबंधित है तो आवृत्ति के अनुसार ऊंचाई पर बिंदु चिन्हित किया जाता है और रुझान की जाँच करने के लिए एक रेखा खींची जाती है।

लघु-उत्तरीय प्रश्न (Closed question): एक प्रश्नावली या साक्षात्कार योजना में लघु उत्तरीय प्रश्न (बंद यानी सीमित उत्तर वाले प्रश्न) में संभावित उत्तरों को निर्धारित किया जाता है और अन्वेषक या प्रतिकिया देनेवाला व्यक्ति उस श्रेणी पर चिन्ह लगाता है जो उसके उत्तर से सर्वश्रेष्ठ तरीके से वर्णित करती है।

लागत-प्रभावित मूल्यांकन (Cost-effectiveness evaluation): इस मूल्यांकन का केन्द्रीय उद्देश हस्तक्षेप की प्रभाविता के संबंध में उस पर मूल्य की पर्ची लगाना है।

लागत-लाभ मूल्यांकन (Cost–benefit evaluation): इस मूल्यांकन का केन्द्रीय उद्देश हस्तक्षेप के लाभ के संबंध में उस पर मूल्य की पर्ची लगाना है।

लिकेर्ट पैमाना (Likert scale): इसे संक्षिप्त दर पैमाना भी कहा जाता है, एक व्यावहारिक पैमाना है जिसे नजरिये का मापन करने के लिए डिजाइन किया गया है। यह पैमाना इस मान्यता पर आधारित है कि इस पैमाने पर प्रत्येक बयान/ मद का प्रश्न में स्थित मुद्दे के बारे में प्रदर्शित व्यवहार के अर्थ में समान व्यावहारिक "मूल्य", "महत्व" या "भार" होता है। तुलनात्मक रूप से इसे तैयार करना आसान है।

वर्णन (Narratives): जानकारी एकत्रित करने की वर्णनात्मक तकनीक की फोकस समूह की तुलना में कम संरचना होती है। इनकी कोई पूर्व निर्धारित विषय सामग्री ही होती, सिवाय इसके कि शोधकर्ता उस व्यक्ति के जीवन में घटी घटना को व्यक्तिगत रूप से सुनना चाहता है।

वर्णनात्मक अध्ययन (Descriptive studies): ऐसा अध्ययन जिसमें मुख्य ध्यान वर्णन पर होता है, ना कि संबंध या सहभाग की जाँच करने में, तो उसे वर्णनात्मक अध्ययन कहा जाता है। यह एक वर्णनात्मक अध्ययन है जो किसी स्थिति, समस्या, घटना, सेवा या कार्यक्रम का वर्णन करने के लिए व्यवस्थित प्रयास करता है, जैसे किसी समुदाय की जीवन स्थितियाँ।

वर्णनात्मक शोध (Explanatory research): इस अध्ययन में मुख्य जोर यह स्पष्ट करने पर होता है कि किसी स्थिति या घटना के दो पहलूओं के बीच में एक संबंध क्यों और कैसे होता है।

विरुद्ध चर Dichotomous variable: एक चर जिसकी केवल दो श्रेणियाँ हो सकती हैं (जैसे, महिला/पुरुष, हाँ/नहीं, अच्छा/बुरा, सिर/पैर, ऊपर/नीचे और धनी/गरीब)।

विशेष चर (Attribute variables): वे चर जिन्हें परिवर्तित या नियंत्रित नहीं किया जा सकता और ये अध्ययन जनसंख्या की विशेषताओं को प्रतिबिंबित करते है। उदाहरण के लिए, लिंग, शिक्षा और आय।

विशेषज्ञ नमूना (Expert sampling): डेटा संग्रहण का आधार बनने के लिए रूचि के क्षेत्र में ज्ञात विशेषज्ञता वाले लोगों का चयन करना। आपका नमूना विशेषज्ञों का वह समूह है जिनसे आप वांछित जानकारी पाना चाहते हैं।

विश्लेषण का ढांचा (Frame of analysis): आपकी प्रमुख संकल्पना और सांख्यिकीय प्रक्रियाओं को परिचालनीय करने के लिए डेटा का विश्लेषण करने के लिए प्रस्तावित योजना, जिनका आप उपयोग करने का इरादा रखते हैं।

विश्वसनीयता (Credibility): गुणात्मक शोध में विश्वसनीयता परिमाणात्मक शोध की आंतरिक वैधता के समानांतर होती है। इसका परीक्षण प्रतिकिया देनेवाले की सीमा द्वारा किया जाता है, जिसके द्वारा आप अपने जाँच परिणाम उन्हें देते हैं जिन्होंने पुष्टि, वैधता और अनुमोदन के लिए आपके शोध में भाग लिया था: ये निष्पन्न जितना ऊँचा होगा उतनी अधिक उस अध्ययन की विश्वसनीयता (वैधता) होगी।

विश्वसनीयता (Reliability): जब एक शोध साधन को एक समान परिस्थितयों में उपयोग में लाये जाने पर उसके द्वारा एक समान परिणाम प्राप्त होते हैं तो उसे 'विश्वसनीय' के रूप में वर्णित किया जाता है। एक शोध साधन की विश्वसनीयता सटीकता, स्थिरता और भविष्यवाणी को सूचित करती है : जितनी ऊँची विश्वसनीय होगी उतनी ऊँची सटीकता होगी।

विषय क्षेत्र (Subject area): कोई भी अकादमिक या अभ्यास क्षेत्र जिसमे आप अपने अध्ययन का संचालन कर रहे हैं, विषय या अध्ययन का क्षेत्र कहलाता है। यह समुदाय का स्वास्थ्य या अन्य जरूरत, किसी मुद्दे के प्रति लोगों का नजरिया, एक समुदाय में व्यावसायिक चलन, सामना करने की रणनीतियाँ, अवसाद, घरेलू हिंसा इत्यादि हो सकता है।

विषयात्मक लेखन (Thematic writing): लिखने की एक शैली जो प्रमुख विषय के आसपास लिखी जाती है।

वैकल्पिक संकल्पना (Alternative hypothesis): एक वैकल्पिक संकल्पना का निर्माण करना वैज्ञानिक क्षेत्र में एक परंपरा है। इसका प्रमुख कार्य विशेष रूप से उस संबंध को निर्दिष्ट करना है जिसे उस समय सत्य माना जायेगा, यदि वह शोध संकल्पना गलत सिद्ध होती है। एक तरीके से, एक वैकल्पिक संकल्पना उस शोध संकल्पना के विपरित होती है।

वैधता (Validity): वैधता की संकल्पना शोध प्रक्रिया के प्रत्येक पहलू पर लागू की जा सकती है। इसके सबसे सरल रूप में वैधता शोध प्रक्रिया के प्रत्येक चरण के औचित्य से संदर्भित होती है। हालाँकि, वैधता की संकल्पना मापन प्रक्रिया से अधिक जुडी हुई है। मापन के अर्थ में यह किसी साधन की मापने की क्षमता से संदर्भित होती है।

व्यक्तिपरकता (Subjectivity): यह आपके सोचने के तरीके का एक अंतरंग हिस्सा है जो आपके शिक्षा, पार्श्वभूमि, विषय, दर्शन अनुभव और कौशलों द्वारा "अनुकूलित' हुआ होता है। पूर्वाग्रह किसी बात में परिवर्तन या उजागर करने का एक जानबूझकर किया गया प्रयास होता है जो वास्तव में वहाँ नहीं होता, परंतु आप उसे करते हैं क्योंकि उसमें आपकी निहित दिलचस्पी होती है। व्यक्तिपरकता जानबूझकर नहीं होती, यह आपकी समझ के तरीके या व्याख्या करने में अंतर्निहित होती है।

व्यवहारात्मक पैमाना (Attitudinal scales): किसी मुद्दे के प्रति व्यवहार का मापन करने के लिए तैयार किये गये पैमाने को व्यवहारात्मक पैमाना कहा जाता है। सामाजिक विज्ञान में तीन प्रकार के पैमाने

होते हैं: संक्षिप्त दर पैमाना (लिकेर्ट पैमाना), समतुल्य-दृश्य अंतराल पैमाना(थर्स्टोन पैमाना) और संचयी पैमाना (गुटमैन पैमाना)।

व्यवहारात्मक शोध (Applied research): सामाजिक विज्ञान में किये जाने वाले अधिकांश शोध की प्रकृति व्यवहारात्मक होती है। व्यवहारात्मक शोध वह है जहाँ शोध कार्यप्रणाली का अंग बनाने के लिए तकनीकों, प्रक्रियाओं और विधियों को किसी जानकारी को एकत्रित करने के लिए लागू किया जाता है, ताकि एकत्रित की गई जानकारी को अन्य प्रयोजनों के लिए उपयोग में लाया जा सके, जैसे, नीतियों का निर्माण, प्रोग्राम का विकास, प्रोग्राम में रूपांतरण और मूल्यांकन, किसी घटना के बारे में समझ को बढ़ाना, आपातकाल और निष्कर्षों की स्थापना जरूरतों की पहचान और रणनीतियों का विकास करना।

व्यवहार्यता अध्ययन (Feasibility study): जब एक अध्ययन का प्रयोजन उसे बड़े पैमाने पर ले जाने की संभावना की खोज करना और मुख्य अध्ययन की विधियों और प्रक्रियाओं को केंद्रित करना होता है तब उस अध्ययन को एक व्यवहार्यता अध्ययन कहा जाता है।

शुद्ध शोध (Pure research): यह शोध की विधियाँ, प्रक्रियाएँ, तकनीकें और साधनों के विकास, परीक्षण, सत्यापन और परिष्कृतता से संबंधित होती है।

शून्य संकल्पना (Null hypothesis): एक संकल्पना यह बताती है कि वहाँ परिस्थिति या घटना की दो स्थितियों, समूहों, निष्पन्नो या प्रचलनों के बीच में कोई अंतर नहीं है, तब उसे सामान्यतया H0 के रूप में लिखा जाता है।

शोध (Research): आपके व्यावसायिक और अभ्यास प्रश्नों के लिए उत्तरों को खोजने का एक तरीका है। यह जांची गई प्रक्रियाओं और विधियों के उपयोग द्वारा विशेषित होता है और अन्वेषण की प्रक्रिया में एक पूर्वाग्रह रहित और ईमानदार नजरिया रखता है।

शोध उपकरण (Research instrument): कुछ भी ऐसी चीज जो आपके अध्ययन के लिए जानकारी के संग्रहण के लिए साधन बनती है, वह ''शोध साधन'' या ''शोध उपकरण'' कहलाती है, उदाहरण के लिए, साक्षात्कार, प्रश्नावलियाँ, क्षेत्र के निरीक्षण के नोट्स, डायरियां, द्वितीयक स्त्रोत से एकत्र की गई जानकारी, साक्षात्कार मार्गदर्शिका इत्यादि।

शोध के उद्देश्य (Research objectives): लक्ष्यों के विशिष्ट बयान जिन्हें आपको अपनी शोध यात्रा के अंत में प्राप्त करना है।

शोध डिजाइन (Research design): एक शोध डिजाइन एक प्रक्रियात्मक योजना होती है, जो शोधकर्ता के द्वारा प्रश्नों के वैधतापूर्ण, ईमानदार, सटीक और किफायती उत्तर देने के लिए अपनाई जाती है। एक शोध डिजाइन इसलिए उन प्रश्नों को संबोधित करता है जो उस यात्रा को निर्धारित करता है जिसे आप अपनी शोध यात्रा के लिए अपनाने वाले हैं।

शोध प्रश्न (Research questions): वे प्रश्न जिनके उत्तर आप अपने शोध के माध्यम से पाना चाहते हैं। ये प्रश्न शोध उद्देश्यों के लिए आधार बन जाते हैं। शोध प्रश्न और शोध उद्देश के बीच मुख्य अंतर यह है कि उनका शब्दांकन कैसे किया जाता है। शोध प्रश्न प्रश्नों का रूप लेते हैं, जबकि शोध उद्देश्य उपलब्धियों के बयान होते हैं।

शोध प्रस्ताव (Research proposal): एक शोध प्रस्ताव आपके परिचालनीय योजना का वर्णन करता है कि आप अपने शोध प्रश्नों के उत्तर किस प्रकार से प्राप्त करनेवाले हैं। यह इस प्रक्रिया में शामिल सभी कार्यों और चरणों का वर्णन करता है।

शोध भागीदार (Research participants): वह प्रतिकिया देनेवाले या प्रयुक्त जो एक शोध अध्ययन में सहभागी होते हैं।

शोध में हितधारक (Stakeholders in research): वे लोग या समूह जिनका शोध या उसके जाँच परिणामों द्वारा प्रभावित होने की संभावना होती है। ये तीन प्रकार के होते हैं: शोध भागीदार, शोधकर्ता और अनुदान करनेवाली संस्था।

शोध यात्रा (Research journey): वह प्रक्रिया जिसे आप अपने शोध प्रश्नों के उत्तर पाने के लिए अपनाते हैं।

शोध समस्या (Research problem): कोई भी मुद्दा, समस्या या प्रश्न जो आपकी जाँच का आधार बनते है। यह वही है जिसे आप अपने शोध प्रक्रम में प्राप्त करना चाहते हैं।

श्रेणीबद्ध चर (Categorical variables): उन चरों में जहाँ मापन की इकाई श्रेणियों के रूप में होती है। किसी विशेषता की उपस्थिति या अनुपस्थिति के आधार पर किसी चर को एक श्रेणी में रखा जाता है। विशेषताओं के लिए ऐसा कोई विशेष मापन मौजूद नहीं है। मापन स्केल की भाषा में ऐसे चरों का मापन सामान्य या श्रेणीबद्ध पैमाने पर किया जाता है। धनी / गरीब, ऊँचा/नीचा, गर्म/ ठंडा ये श्रेणीबद्ध चरों के कुछ उदाहरण हैं।

संकल्पनात्मक ढांचा (Conceptual framework): एक संकल्पनात्मक ढांचा सैद्धांतिक ढांचे से उत्पन्न होता है, जो सामान्यतौर पर एक उस सैद्धांतिक ढांचे के विभाग पर ध्यान केंद्रित करता है जो आपके अध्ययन का आधार बन जाता है। बाद वाले में सिद्धांत या मुद्दे होते हैं जिसमें आपका अध्ययन समाया होता है, जबकि पहले वाला उस पहलू का वर्णन करता है जिसे आपने आपके शोध पूछताछ का आधार बनने हेतु सैद्धांतिक ढांचे को बनाने के लिए चयन किया था। संकल्पनात्मक ढांचा आपके शोध समस्या का आधार है।

संचयी आवृत्ति बहुभुज (Cumulative frequency polygon): संचयी आवृत्ति बहुभुज या संचयी आवृत्ति वक्र संचयी आवृत्तियों के आधार पर बनाया जाता है। एक आवृत्ति बहुभुज और एक संचयी आवृत्ति बहुभुज के बीच मुख्य अंतर यह है कि पहले को अंतरालों के मध्य बिंदुओं को जोड़कर बनाया जाता है, जबकि दूसरे को अंतरालों के अंत बिंदुओं को जोड़कर, क्योंकि संचयी आवृत्ति डेटा की व्याख्या एक अंतराल की ऊपरी सीमा के संबंध में करता है।

संतृप्ति बिंदु (Saturation point): डेटा के संग्रहण में संतृप्ति के बिंदु की संकल्पना उस अवस्था से संदर्भित किया जाता है जहाँ आप एक शोधकर्ता के रूप में अपने भागीदारों से कोई भी जानकारी या बहुत कम जानकारी प्राप्त कर रहें है। गुणात्मक शोध में इसे नमूने के आकार की पर्याप्तता माना जाता है।

संदिग्ध प्रश्न (Ambiguous question): एक संदिग्ध प्रश्न वह होता है जिससे एक से अधिक अर्थ निकलते हैं और जिसकी भिन्न-भिन्न व्यक्तियों द्वारा भिन्न-भिन्न तरीके से व्याख्या की जा सकती है।

संपादन (Editing): डेटा के संपादन में प्रतिक्रिया देनेवाले लोगों से प्राप्त जानकारी में से जहाँ तक संभव हो सके त्रुटियों, गलत वर्गीकरण और अंतरालों को पहचानने और उन्हें न्यूनतम करने के लिए संपूर्ण शोध साधनों की जाँच करना शामिल होता है।

संपृक्तता का प्रभाव (Maturation effect): यदि पहले और बाद के डेटा सेट के बीच में काफी बड़ा समय अंतराल है तो अध्ययन की जनसंख्याकेवल इसलिए बदल सकती है क्योंकि उनकी उम्र बढ़ जाती है। यह विशेष रूप से बच्चों के अध्ययन के मामले में सच बात है। इसका प्रभाव बाद के निरीक्षणों पर पड़ता है।

संभावना नमूना (Probability sampling): एक नमूने का चयन करते समय यदि आप संभावना के सिद्धांत के साथ चिपके रहते हैं, अर्थात आप नमूने का इस तरह से चयन करते है कि अध्ययन जनसंख्या में प्रत्येक तत्व का नमूने के चयन के लिए एक समान और स्वतंत्र मौका है, तो इस प्रक्रिया को संभावना नमूना कहते हैं।

संभावित अध्ययन (Prospective studies): यह भविष्य में होने वाली किसी घटना, स्थिति, समस्या, नजरिया या किसी नतीजे के संभावित प्रचलन को संदर्भित करता है। इस तरह के अध्ययन किसी घटना का परिणाम या क्या होने की संभावना है इसे स्थापित करने के लिए प्रयास करते हैं। प्रयोगों को आमतौर पर भावी

अध्ययन के रूप में वर्गीकृत किया जाता है, क्योंकि शोधकर्ता को अध्ययन आबादी पर उसके प्रभाव को रजिस्टर करने के लिए एक हस्तक्षेप के लिए इंतज़ार करना ही पड़ता है|

संरचित साक्षात्कार (Structured interviews): इन साक्षात्कारों में पूछे जाने वाले प्रश्नों के शब्द और उनका क्रम पूर्व निर्धारित रहता है। साक्षात्कार का हर हिस्सा तय और पूर्व निर्धारित होता है इसमें किसी भी प्रकार के विचलन की अनुमति नहीं होती।

संवेदनशील जानकारी (Sensitive information): कोई भी वह जानकारी जिसे भागीदार व्यक्तिगत या निजी मानता है और साझा करना नहीं चाहता संवेदनशील जानकारी कहलाती है। ऐसी जानकारी से भागीदार शर्मिंदा या अपसेट हो सकता है और इसे बड़ी चतुराई से प्राप्त किया जाना चाहिए।

सक्रिय चर (Active variable): उन अध्ययनों में, जो गंभीरता या जुड़ाव स्थापित करने का प्रयास करते हैं, उनमें वे चर होते हैं जिन्हें या तो शोधकर्ता या किसी अन्य व्यक्ति के द्वारा या तो बदला जा सकता है,नियंत्रित किया जा सकता है, या मैनिपुलेट किया जा सकता है।

सतत चर (Continuous variables): ये वे चर होते हैं जिनमें उनके मापन की इकाइयों में निरंतरता होती है, उदाहरण के लिए, आमदनी और नजरिये का स्कोर। वे उस पैमाने के किसी भी मूल्य को ले सकते है जिस पर उनका मापन किया जाता है। उम्र को वर्षों, महीनों और दिनों में मापा जा सकता है। इसी तरह आमदनी को डॉलर और सेंट में मापा जा सकता है।

समतुल्य स्तर अध्ययन (Equivalent status studies): एक मिश्रित विधि अध्ययन, जहाँ दोनों कार्यप्रणालियाँ समान रूप से लागू की जाती हैं, उन्हें समतुल्य स्तर अध्ययन के रूप में वर्गीकृत किया जाता है।

समवर्ती वैधता (Concurrent validity): जब आप निरीक्षणयोग्य मापदंडों या विश्वसनीय जाँच परिणामों की तुलना करते हुए एक शोध गुणवत्ता की जाँच कर रहें होते हैं तो इसे समवर्ती वैधता कहा जाता है। यह दूसरों की जाँच परिणामों के साथ अपने साधन के जाँच परिणामों की तुलना करना है, जिन्हें पहले अच्छे से स्वीकार कर लिया गया है। समवर्ती वैधता की परीक्षा इस बात से की जाती है कि एक साधन दूसरे मूल्यांकन की तुलना कितनी अच्छी तरह से कर सकता है, जिसे समवर्ती रूप से किया गया है।

समूह-नमूना (Cluster sampling): समूह नमूना शोधकर्ता की नमूना जनसंख्या को समूहों में विभाजित करने की क्षमता पर आधारित होता है (दृश्य या आसानी से पहचाने योग्य विशेषताओं के आधार पर), जिसे समूह कहा जाता है और फिर सिर्फ यादृच्छिक नमूनाकरण का उपयोग कर प्रत्येक समूह में से तत्वों का चयन किया जाता है। समूहीकरण के स्तर के आधार पर कभी-कभी नमूनाकरण को विभिन्न स्तरों पर किया जा सकता है। ये स्तर समूहों की विभिन्न अवस्थाओं का गठन करते हैं (एकल, दोहरे या विविध)।

समूहिक साक्षात्कार (Group interview): एक सामूहिक साक्षात्कार डेटा संग्रहण का ए तरीका और गुणात्मक अध्ययन डिजाइन दोनों है। यहाँ शोधकर्ता और समूह के साथ इस लक्ष्य के साथ संवाद किया जाता है कि अलग-अलग व्यक्तियों से जानकारी एकत्र करने की बजाय समूह से एक साथ एकत्रित कर ली जाये।

सरल यादृच्छिक नमूना (Simple random sampling): यह एक यादृच्छिक नमूना एकत्र करने की सबसे आम उपयोग में लाई जाने वाली विधि है। इसमें प्रत्येक तत्व को चयनित होने का समान मौका दिया जाता है।

सहभागी निरीक्षण या प्रेक्षण (Participant observation): जब आप एक शोधकर्ता के रूप में निरीक्षण किये जाने वाले समूह की गतिविधियों में उसीके एक सदस्य के रूप में भाग लेते हैं, जो बाकी सदस्यों को ज्ञात हो सकता है या नहीं हो सकता कि उनका निरीक्षण किया जा रहा है। इसका प्रमुख रूप से गुणात्मक शोध में इस्तेमाल किया जाता है, जिसका उद्देश्य लोगों के रहन-सहन का अध्ययन करना होता है।

सहयोगात्मक पूछताछ Collaborative enquiry: यह भागीदारीपूर्ण शोध का अन्य नाम है, जो शोधकर्ता और शोध के भागीदारों के बीच नजदीकी सहयोग की वकालत करता है।

सह-संबंधात्मक अध्ययन (Correlational studies): वे अध्ययन, जिनका मूल रूप से यह अन्वेषण करने के लिए डिजाइन किया गया था कि दो या दो से अधिक चरों के बीच में कोई संबंध है या नहीं।

साक्षात्कार की समय योजना (Interview schedule): लघु या दीर्घ प्रश्नों की सूची जो एक साक्षात्कारकर्ता द्वारा व्यक्तिगत साक्षात्कार के लिए तैयार की जाती है (यह आमने-सामने, टेलीफोन पर या अन्य इलेक्ट्रॉनिक माध्यम से किया जा सकता है) । ध्यान रखें कि साक्षात्कार की समय योजना डेटा संग्रहण का एक शोध साधन/उपकरण है, जबकि साक्षात्कार लेना डेटा के संग्रहण की एक विधि है।

साक्षात्कार मार्गदर्शिका (Interview guide): मुद्दों, विषयों या चर्चा के बिंदु जो यह स्मरण दिलाने का कार्य करते हैं कि आप एक साक्षात्कार में क्या क्या शामिल करना चाहते हैं। ध्यान रखें कि ये बिंदु आपके प्रश्न नहीं हैं।

साक्षात्कार लेना (Interviewing): सामाजिक विज्ञान में डेटा संग्रहण के लिए आम उपयोग में लाई जाने वाली एक विधि है। किसी विशिष्ट प्रयोजन के साथ किया गया कोई भी आमने सामने वाला या अन्यथा व्यक्तिगत संवाद साक्षात्कार कहलाता है। इसमें भागीदार को प्रश्न पूछना और उसके जवाबो को रिकॉर्ड करना शामिल होता है। साक्षात्कार विविध प्रकार के हो सकते हैं।

साक्ष्य-आधारित अभ्यास (Evidence-based practice): एक सेवा वितरण प्रणाली जो शोध साक्ष्य पर आधारित होती है; एक ग्राहक के लिए योग्यता और उपयुक्तता के प्रति एक\ सेवा प्रदाता का अनुमान; और उसकी स्वीकृति के लिए एक ग्राहक की पसंद।

सामग्री का विश्लेषण (Content analysis): यह गुणात्मक डेटा का विश्लेषण करने की प्रमुख विधियों में से एक है। यह साक्षात्कार या अवलोकन नोट्स की सामग्री का विश्लेषण करने की प्रक्रिया है ताकि उस प्रमुख विषय की पहचान की जा सके जो भागीदारों की प्रतिक्रियाओं में से उभर कर आते हैं।

सामग्री की वैधता (Content validity): प्रत्यक्ष वैधता को स्थापित करने के एक भाग के रूप में एक अध्ययन के उद्देश्यों के साथ प्रत्येक प्रश्न को जोड़ने के साथ-साथ यह परिक्षण करना भी महत्वपूर्ण है कि उस प्रश्न ने आपके अध्ययन के सभी क्षेत्रों को समाहित कर लिया है कि नहीं। इसे ही उस साधन के सामग्री की वैधता कहा जाता है।

सामान्य पैमाना (Nominal scale): सामान्य पैमाना सामाजिक विज्ञान में चरों का मापन करने के तरीकों में से एक है। यह आम गुणों या विशेषताओं के आधार पर व्यक्तियों, वस्तुओं या प्रतिक्रियाओं के वर्गीकरण को सक्षम करता है। इन्हें इस प्रकार से प-श्रेणियों में विभाजित किया जाता है कि उप-श्रेणी के प्रत्येक सदस्य में आम लक्षण मौजूद हों।

सामुदायिक चर्चा फोरम (Community discussion forum): एक सामुदायिक चर्चा फोरम का एक समुदाय का उसके मुद्दों और समस्याओं के संबंध में विकल्पों, दृष्टिकोणों और विचारों को ज्ञात करने के लिए डिजाइन की हुई एक गुणात्मक रणनीति है। यह समुदाय को चिंतित करने वाले मुद्दों के बारे में निर्णय करने के लिए उस समुदाय की भागीदारी को प्राप्त करने के एक आम तरीकों में से एक है।

सामूहिक अध्ययन (Cohort studies): यह आम लक्षणों पर आधारित होता है, जैसे एक जनसंख्या के उप-समूह के अंदर जन्म, स्नातक होने या शादी का वर्ष, जिसका आप अध्ययन करना चाहते हैं। कोहोर्ट अध्ययन काफी लंबे समय की अवधि में रुझानों को देखता है और उसी समूह के लोगों से डेटा एकत्र करता है।

सारांशित दर्जा पैमाना (Summated rating scale): लिकेर्ट पैमाना देखें।

साहित्य का पुनरावलोकन (Literature review): यह आपके अध्ययन के लिए सैद्धांतिक और संकल्पनात्मक ढांचा तैयार करने के लिए आपकी शोध समस्या से संबंधित मौजूदा साहित्य को खोजने की प्रक्रिया है, और

साथ ही आपके जाँच परिणामों को साहित्य के साथ एकीकृत करने का कार्य है। इसके अलावा, यह प्रक्रिया आपको आपकी कार्यप्रणाली में सुधार लाने में मदद करती है।

साहित्य का सारांश (Summary of literature): साहित्य का सारांश किये गये कार्य के प्रत्येक प्रासंगिक हिस्से के महत्वपूर्ण जाँच परिणामों का एक वर्णन होता है, जिसके माध्यम से आप अपने साहित्य की खोज के रूप में गये होते हैं। सारांश में मूल रूप से प्रत्येक योग्य स्त्रोत के अंतर्गत सूचियाँ होती है, जो आपके अध्ययन के लिए प्रासंगिक प्रमुख जाँच परिणाम होते हैं। खोजे गये स्त्रोतों को किसी भी क्रम में सूचीबद्ध किया जा सकता है।

साहित्यिक चोरी (Plagiarism): किसी और के कार्य का इस्तेमाल करना, चाहे वह अकादमिक हो या गैर-अकादमिक, उसको अपना होने का दावा करना, साहित्यिक चोरी कहलाता है और इसे शोध में अनैतिक माना जाता है।

सुविधाजनक नमूना (Convenience sampling): सुविधाजनक नमूना एक गैर-संभावना नमूना डिजाइन होता है, जो मूल रूप से संभावित भागीदार का चयन करने के लिए शोधकर्ता की सुविधा से मार्गदर्शित होता है।

सूचक या संकेतक (Indicators): कोई छवि, धारणा या संकल्पना जिनका कभी-कभी प्रत्यक्ष मापन करना संभव नहीं होता। ऐसी स्थिति में एक संकल्पना का अन्य साधनों से ''मापन'' किया जाता है जो तार्किक रूप से उस संकल्पना का ''परावर्तक'' होता है। ये तार्किक परावर्तक सूचक कहलाते हैं।

सूचित स्केल (Informed consent): यह सूचित करती है कि प्रतिकिया देनेवालों को पर्याप्त रूप में और सटीकता से जागरूक करा दिया गया है कि उनसे किस प्रकार के जानकारी को पाने की उम्मीद की जा रही है, यह जानकारी क्यों चाहिए है, इसका उपयोग किस प्रयोजन से किया जाना है, और वह उन्हें प्रत्यक्ष या अप्रत्यक्ष रूप से कैसे प्रभावित कर सकती है। यह जानकारी उन्होंने स्वैच्छिक रूप से और बिना किसी दबाव में आकर देनी है। इन सब मलूमातों के बाद प्राप्त की गई स्वीकृति को सूचित संमती कहा जाता है।

सैद्धांतिक ढांचा (Theoretical framework): जैसे ही आप साहित्य को पढ़ना प्रारंभ करते हैं आपको शीघ्र ही ज्ञात हो जाता है कि आप जिस समस्या की खोज करना चाहते हैं उसका मूल कई सिद्धांतों में स्थित है जिन्हें भिन्न-भिन्न दृष्टिकोणों से विकसित किया गया है। विभिन्न स्त्रोतों से प्राप्त जानकारी को उनकी समानताओं और भिन्नताओं के आधार पर मुख्य विषय और सिद्धांतों के तहत एकत्रित किया जाना चाहिए। इस प्रक्रिया को सैद्धांतिक ढांचा तैयार करना कहते हैं।

स्कैटरग्राम (Scattergram): जब आप एक चर के संबंध में दूसरे चर में हुए परिवर्तन को ग्राफिक रूप से प्रदर्शित करना चाहते हैं तो एक स्कैटरग्राम बहुत उपयोगी होता है। इसमें दोनों चरों का मापन अंतराल या अनुपातिक पैमाने पर किया जाना चाहिए। दोनों चरों के लिए डेटा को जोड़े में लिया जाता है और दोनों अक्षो पर प्रदर्शित किया जाता है। परिणामी ग्राफ स्कैटरग्राम कहलाता है।

स्टब (Stub): स्टब एक तालिका के संरचना का एक भाग होता है। यह चरों की उप-श्रेणियाँ होती है जिन्हें तालिका के बाएँ तरफ के स्तंभ में सूचीबद्ध किया जाता है। इनके बारे में जानकारी को स्टब के दाहिनी तरफ दिया जाता है।

स्तंभ प्रतिशत (Column percentages): इनकी गणना एक चर की सभी उप-श्रेणियों के योग से की जाती है, जिन्हें विभिन्न पंक्तियों में एक स्तंभ में प्रदर्शित किया जाता है।

स्तरीकृत यादृच्छिक नमूना (Stratified random sampling): एक प्रकार का संभावना नमूना डिजाइन है जिसमें पूरी अध्ययन जनसंख्या को एक विशेषता के आधार पर उप-श्रेणियों में विभाजित किया जाता है। फिर प्रत्येक उप-श्रेणी के लिए नमूने का चयन किया जाता है।

स्थिर चर (Constant variable): जब किसी चर का केवल एक मूल्य या श्रेणी हो सकती है, तब उसे स्थिर चर कहा जाता है, जैसे, टैक्सी, पेड़ और पानी।

स्नोबॉल नमूना (Snowball sampling): नेटवर्क का उपयोग करके नमूने का चयन करने की प्रक्रिया। प्रारंभ करने के लिए समूह से कुछ लोगों का चयन किया जाता है, ताकि उनसे जानकारी मिल सके। फिर उन्हें समूह में से अन्य लोगों की पहचान करने के लिए कहा जाता है, जो वांछित जानकारी प्रदान कर सकें। यह प्रक्रिया संपृक्ति के बिंदु तक पहुँचने तक दोहराई जाती है।

स्वतंत्र चर (Independent variable): अध्ययन में आकस्मिकता का अध्ययन करते समय वहाँ चरों के चार सेट्स होते है, जो संचालित हो सकते हैं। उनमें से एक चर ऐसा होता है जो वह परिवर्तन को लाने के लिए जिम्मेदार होता है। इस चर को स्वतंत्र चर कहते हैं। आकस्मिकता के अध्ययन में यह स्वतंत्र चर वह कारक चर ही होता है जो उस घटना में परिवर्तन को लाता है।

हस्तक्षेप करने वाले चर (Intervening variables): कुछ परिस्थितियों में एक स्वतंत्र और निर्भर चरों के बीच का संबंध तब तक ज्ञात नहीं होता जब तक उसमें किसी और चर का हस्तक्षेप-अर्थात हस्तक्षेप करने वाले चर का हस्तक्षेप नहीं होता। इस कारक चर का प्रभाव केवल एक हस्तक्षेप वाले चर की उपस्थिति में ही माना जायेगा।

हस्तक्षेप-विकास-मूल्यांकन प्रक्रिया (Intervention–development–evaluation process): यह जरूरतों, हस्तक्षेपों, और मूल्यांकनों के निरंतर आकलनों की एक चक्रीय प्रक्रिया है। आप किसी समूह या समुदाय की जरूरतों का आकलन करते हैं, इन जरूरतों को पूरा करने के लिए हस्तक्षेप की रणनीति तैयार करते हैं, उस हस्तक्षेप को लागू करते हैं और फिर उनकी प्रासंगिकता, क्षमता और प्रभाविता को बढ़ाने के लिए परिवर्तन करने के लिए सूचित निर्णय लेने हेतु उनका मूल्यांकन करते हैं। पुनः मूल्यांकन करते हैं और हस्तक्षेप-विकास-मूल्यांकन के लिए इसी प्रक्रिया को दोहराते हैं।

हस्तांतरीयता (Transferability): हस्तांतरण की संकल्पना उस मात्रा को संदर्भित करती है जिसके लिए गुणात्मक शोध के परिणामों का सामान्यीकरण किया जा सकता है या अन्य संदर्भ या सेटिंग्स को हस्तांतरित किया जा सकता है।

हिस्टोग्राम (Histogram): यह विश्लेषित डेटा का एक ग्राफिक प्रेजेंटेशन है जिसे एक श्रृंखला के रूप में प्रदर्शित किया जाता है, जिन्हें एक-दूसरे के बाजू में रखकर बिना कोई स्थान छोड़े खींचा जाता है। उनमें से प्रत्येक एक श्रेणी या उप-श्रेणी की आवृत्ति को प्रदर्शित करता है।

हेलो प्रभाव (Halo effect): निरीक्षण करते समय, कुछ निरीक्षकों की अन्य व्यक्तियों की तुलना में किसी एक व्यक्ति को अधिक दर प्रदान करने की संभावना होती है। यह इस बात के समान है जो शिक्षकों के साथ पढ़ाते हुए होना संभावित होता है कि उसके द्वारा अपने किसी एक छात्र के प्रदर्शन के मूल्यांकन के कारण दूसरे छात्रों के प्रदर्शन की दरों पर असर पड़ता है। इस प्रभाव को हेलो प्रभाव कहते हैं।

हॉथ्रोन प्रभाव (Hawthorne effect): जब अलग-अलग व्यक्ति या समूह जागरूक हो जाते हैं कि उनका निरीक्षण किया जा रहा है, तो हो सकता है कि वे अपना व्यवहार बदल लें। स्थिति के अनुसार यह परिवर्तन सकारात्मक या नकारात्मक हो सकता है–यह बढ़ या घट सकता है, जैसे, उनकी उत्पादकता–और ऐसा कई कारणों से हो सकता है। इस प्रभाव को हावथ्रोन प्रभाव कहा जाता है।

ग्रन्थसूची

Ackroyd, Stephen & John Hughes, 1992, *Data Collection in Context*, New York, Longman.

Alkin, Marvin C. & Lewis C. Solomon (eds), 1983, *The Costs of Evaluation*, Beverly Hills, CA, Sage.

Alwin, Duane F. (eds.), 1978, *Survey Design and Analysis: Current Issues*, Beverly Hills, CA, Sage.

Babbie, Earl, 1989, *Survey Research Methods* (2nd edn), Belmont, CA, Wadsworth.

Babbie, Earl, 2007, *The Practice of Social Research* (11th edn), Belmont, CA, Wadsworth.

Bailey, Kenneth D., 1978, *Methods of Social Research* (3rd edn), New York, Free Press.

Barton, Ruth, 1988, *Understanding Social Statistics: An Introduction to Descriptive Statistics*, Perth Editorial/Publication Unit, Division of Arts, Education and Social Sciences, Curtin University of Technology.

Bernard, H. Russell, 1994, *Research Methods in Anthropology: Qualitative and Quantitative Approaches* (2nd edn),Thousand Oaks, CA, Sage.

Bernard, H. Russell, 2000, *Social Research Methods: Qualitative and Quantitative Approaches*, Thousand Oaks, CA, Sage.

Bilson, Andy (ed.), 2005, *Evidence-based Practice in Social Work*, London, Whiting & Birch.

Black, James A. & Dean J. Champion, 1976, *Methods and Issues in Social Research*, New York, Wiley.

Blaikie, Norman, 2007, *Approaches to Social Enquiry* (2nd edn), Cambridge, Polity Press.

Bogdan, Robert & Sari Knopp Biklen, 1992, *Qualitative Research for Education: An Introduction to Theory and Methods* (2nd edn), Boston, Allyn & Bacon.

Bradburn, M. Norman & Seymour Sudman,1979, *Improving Interview Method and Questionnaire Design*, San Francisco, Jossey-Bass.

Brewer, J. & A. Hunter, 1989, *Multimethod Research: A Synthesis of Styles*, Newbury Park, CA, Sage.

Brewer, J. & A. Hunter, 2006, *Foundations of Multimethod Research: Synthesizing Styles* (2nd edn), Thousand Oaks, CA, Sage.

Brinberg, David & Joseph E. McGreth, 1985, *Validity and the Research Process*, Beverly Hills, CA, Sage.

Bryman, Alan, 1988, *Quantity and Quality in Social Research*, London, Routledge.

Bryman, Alan, 2004, *Social Research Methods* (2nd edn), Oxford, Oxford University Press.

Bryman, Alan, 2012, *Social Research Methods* (4th edn), Oxford, Oxford University Press.

Bulmer, Martin (ed.), 1977, *Sociological Research Methods: An Introduction*, London, Macmillan.

Burns, Robert B., 1997, *Introduction to Research Methods* (2nd edn), Melbourne, Longman Cheshire.

Butcher, Judith, 1981, *Copy-Editing: The Cambridge Handbook for Editors, Authors and Publishers* (2nd edn), Cambridge, Cambridge University Press.

Carr, Wilfred & Steven Kemmis, 1986, *Becoming Critical: Education, Knowledge and Action Research*, Lewes, Falmer Press.

Cherry, Nita, 2002, *Action Research: A Pathway to Action, Knowledge and Learning*, Melbourne, RMIT Publishing.

The Chicago Manual of Style (14th edn), 1993, Chicago and London, University of Chicago Press.

Cohen, Morris R. & Ernest Nagel, 1966, *An Introduction to Logic and Scientific Methods*, London, Routledge & Kegan Paul.

Coffey, A. & P. Aikinson, 1996, *Making Sense of Qualitative Data: Complementary Research Strategies*, Thousand Oaks, CA, Sage.

Collins Dictionary of the English Language, 1979, Sydney, Collins.

Commonwealth of Australia, 2002, *Style Manual* (6th edn), Milton, Qld, Wiley Australia.

Cozby, C. Paul, 1985, *Methods in Behavioral Research*, Palo Alto, CA, Mayfield.

Crano, William D. & Marilynne B. Brewer, 2002, *Principles and Methods of Social Research* (2nd edn), Mahwah, NJ, Lawrence Erlbaum.

Creswell, J.W., 1995, *Research Design: Qualitative and Quantitative Approaches*, Thousand Oaks, CA, Sage.

Creswell, J.W., 2003, *Research Design: Qualitative, Quantitative, and Mixed Methods Approaches* (2nd edn), Thousand Oaks, CA, Sage.

Creswell, J.W., 2007, *Qualitative Inquiry and Research Design: Choosing among Five Approaches* (2nd edn), Thousand Oaks, CA, Sage.

Creswell, J.W., 2009, *Research Design: Qualitative and Quantitative Approaches* (3rd edn), Thousand Oaks, CA, Sage.

Creswell, John W. & Vicki Clark, 2011, *Designing and Conducting Mixed Methods Research* (2nd edn), Los Angeles, Sage.

Crotty, Michael, 1998, *The Foundations of Social Research*, St Leonards, NSW, Allen & Unwin.

Cunningham, J. Barton, 1993, *Action Research and Organizational Development*, London, Praeger.

de Vaus, David, 2002, *Surveys in Social Research* (5th edn), St Leonards, NSW, Allen & Unwin.

Denzin, Norman K. & Yvonna S. Lincoln (eds), 1994, *Handbook of Qualitative Research*, Thousand Oaks, CA, Sage.

Denzin, Norman K. & Yvonna S. Lincoln (eds), 1998a, *Collecting and Interpreting Qualitative Materials*, Thousand Oaks, CA, Sage.

Denzin, Norman K. & Yvonna S. Lincoln (eds), 1998b, *Strategies of Qualitative Inquiry*, Thousand Oaks, CA, Sage.

Denzin, Norman K. & Yvonna S. Lincoln (eds), 2005, *The Sage Handbook of Qualitative Research* (3rd edn), Thousand Oaks, CA, Sage.

Denzin, Norman K. & Yvonna S. Lincoln, 2008, *The Landscape of Qualitative Research* (3rd edn), Los Angeles, Sage.

Denzin, Norman & Yvonna S. Lincoln, 2012, *Collecting and Interpreting Qualitative Materials* (4th edn), London, Sage.

Denzin, Norman & Yvonna S. Lincoln, 2012, *Strategies of Qualitative Inquiry* (4th edn), London, Sage.

Dixon, Beverly & Gary Bouma, 1984, *The Research Process*, Melbourne, Oxford University Press.

Duncan, Otis Dudley, 1984, *Notes on Social Measurement: Historical and Critical*, New York, Russell Sage Foundation.

Elliott, Jane, 2005, *Using Narrative in Social Research*, London, Sage.

Engel, R.J. & R.K. Schutt, 2009, *The Practice of Research in Social Work* (2nd edn), Thousand Oaks, CA, Sage.

Festinger, Leon & Daniel Katz (eds), 1966, *Research Methods in Behavioral Sciences*, New York, Holt, Rinehart and Winston.

Flick, U., 1998, *Introduction to Qualitative Research*, Thousand Oaks, CA, Sage
Flick, U., 2007, *Managing Quality in Qualitative Research*, London, Sage.
Foreman, E.K., 1991, *Survey Sampling Principles*, New York, Marcel Dekker.
Gilbert, Nigel (ed.), 2008, *Researching Social Life* (3rd edn), London, Sage.
Gray, Mel, Debbie Plath & Stephen Webb, 2009, *Evidence-based Social Work*, London, Routledge.
Greene, J.C., 2007, *Mixed Methods in Social Inquiry*, San Francisco, Jossey-Bass.
Greene, J.C., V.J. Caracelli & W.F. Graham, 1989, Towards a conceptual framework for mixed methods evaluation designs, *Education Evaluation and Policy Analysis*, 11(3), 255–274.
Grinnell, Richard Jr (ed.), 1981, *Social Work Research and Evaluation*, Itasca, IL, F.E. Peacock.
Grinnell, Richard Jr (ed.), 1988, *Social Work Research and Evaluation* (3rd edn), Itasca, IL, F.E. Peacock.
Grinnell, Richard Jr (eds), 1993, *Social Work Research and Evaluation* (4th edn), Itasca, IL, F.E. Peacock.
Guba, E.G. & Y.S. Lincoln, 1994, Competing paradigms in qualitative research. In N. Denzin & Y.S. Lincoln (eds), *Handbook of Qualitative Research* (pp. 105–117), Thousand Oaks, CA, Sage.
Hakim, Catherine, 1987, *Research Design: Strategies and Choices in the Design of Social Research*, London, Allen & Unwin.
Hall, Irene & David Hall, 2004, *Evaluation and Social Research: Introducing Small Scale Practice*, Basingstoke, Palgrave Macmillan.
Hawe, Penelope, Deirdre Degeling & Jane Hall, 1992, *Evaluating Health Promotion*, Sydney, Maclennan+Petty.
Hessler, Richard M., 1992, *Social Research Methods*, New York, West Publishing.
Johnson, R.B. & L. Christensen 2004, *Educational Research: Quantitative, Qualitative, and Mixed Methods* (2nd edn), Boston, Pearson.
Johnson, R.B., A.J. Onwuegbusie & L.A. Turner, 2007, Towards a definition of missed methods research, *Journal of Mixed Methods Research*, 1(2), 112–133.
Kaplan, David (ed.), 2004, *The Sage Handbook of Quantitative Methodology for the Social Sciences*, Thousand Oaks, CA, Sage.
Kazdin, Alan, 1982, *Single-case Research Designs*, New York, Oxford University Press.
Kerlinger, Fred N., 1973, *Foundations of Behavioral Research* (2nd edn), New York, Holt, Rinehart and Winston.
Kerlinger, Fred N., 1979, *Behavioral Research: A Conceptual Approach*, Sydney, Holt, Rinehart and Winston.
Kerlinger, Fred N., 1986, *Foundations of Behavioral Research* (3rd edn), New York, Holt, Rinehart and Winston.
Kirk, Jerome & Marc L. Miller, 1986, *Reliability and Validity in Qualitative Research*, Newbury Park, CA, Sage.
Krippendorff, Klaus, 2012, *Content Analysis*, Los Angeles, Sage.
Krueger, Richard & Mary Anne Casey, 2000, *Focus Groups: A Practical Guide for Applied Research* (4th edn), Thousand Oaks, CA, Sage.
Kvale, Steinar & Svend Brinkmann, 2009, *Interviews* (2nd edn),Thousand Oaks, CA, Sage.
Lancy, D.F., 1993, *Qualitative Research in Education: An Introduction to Major Traditions*, New York, Longman.

Leary, Mark R., 1995, *Introduction to Behavioral Research Methods* (2nd edn), Pacific Grove, CA, Brooks/Cole.

Lincoln, Y. S. & E.G. Guba, 1985, *Naturalistic Inquiry*, Beverly Hills, CA, Sage.

Longyear, Marie (ed.), 1983, *The McGraw-Hill Style Manual, A Concise Guide for Writers and Editors*, New York, McGraw-Hill.

Lundberg, George A., 1942, *Social Research: A Study in Methods of Gathering Data* (2nd edn), New York, Longmans, Green.

Marczyk, Geoffrey R., David DeMatteo & David Festinger, 2005, *Essentials of Research Design and Methodology*, Hoboken, NJ, Wiley.

Marshall, Catherine & Gretchen B. Rossman, 2006, *Designing Qualitative Research*, Thousand Oaks, CA, Sage.

Martin, David W., 1985, *Doing Psychological Experiments* (2nd edn), Monterey, CA, Brooks/ Cole.

Matthews, Bob & Liz Ross, 2010, *Research Methods: A Practical Guide for the Social Sciences*, New York, Pearson.

Maxwell, Joseph A., 2013, *Qualitative Research Design: An Interactive Approach* (3rd edn), Los Angeles, Sage.

May, Tim, 1997, *Social Research: Issues, Methods and Process* (2nd edn), Buckingham, Open University Press.

Minium, Edward W., 1978, *Statistical Reasoning in Psychology and Education* (2nd edn), New York, Wiley.

Monette, Duane R., Thomas J. Sullivan & Cornell R. DeJong, 1986, *Applied Social Research: Tools for the Human Services*, Fort Worth, TX, Holt, Rinehart, and Winston.

Moser, Claus A. & Graham Kalton, 1989, *Survey Methods in Social Investigation* (2nd edn), Aldershot, Gower.

Nachmias, David & Clara Nachmias, 1987, *Research Methods in Social Sciences*, New York, St Martin's Press.

Newman, Isadore & Carolyn R. Benz, 1998, *Qualitative-Quantitative Research Methodology*, Carbondale, IL, Southern Illinois University Press.

Padgett, Deborah K., 2008, *Qualitative Methods in Social Work Research* (2nd edn), Thousand Oaks, CA, Sage.

Patton, Michael Quinn, 1990, *Qualitative Evaluation and Research Methods*, Newbury Park, CA, Sage.

Plano Clark, Vicki L. & John W. Creswell, 2009, *Understanding Research: A Consumer's Guide*, Melbourne, Pearson (Merrill).

Poincaré, H., 1952, *Science and Hypothesis*, New York, Dover.

Powers, Gerald T., Thomas M. Meenaghan & Beverley G. Twoomey, 1985, *Practice Focused Research: Integrating Human Practice and Research*, Englewood Cliffs, NJ, Prentice Hall.

Punch, K.F., 1998, *Introduction to Social Research: Quantitative and Qualitative Approaches*, Thousand Oaks, CA, Sage.

Ritchie, Donald A., 2003, *Doing Oral History: A Practical Guide*, Oxford, Oxford University Press.

Robson, Colin, 2002, *Real World Research* (2nd edn), Oxford, Blackwell.

Robson, Colin, 2011, *Real World Research*, Chichester, Wiley.

Rohlf, F. James & Robert R. Sokal, 1969, *Statistical Tables*, San Francisco, W.H. Freeman.

Rossi, Peter H. & Howard E. Freeman, 1993, *Evaluation: A Systematic Approach*, Newbury Park, CA, Sage.

Rossi, Peter H., Howard E. Freeman & Mark W. Lipsey, 1999, *Evaluation: A Systematic Approach* (6th edn), Thousand Oaks, CA, Sage.

Rutman, Leonard (ed.), 1977, *Evaluation Research Methods: A Basic Guide*, Beverly Hills, CA, Sage.

Rutman, Leonard, 1980, *Planning Useful Evaluations: Availability Assessment*, Beverly Hills, CA, Sage.

Rutman, Leonard, 1984, *Evaluation Research Methods: A Basic Guide* (2nd edn), Beverly Hills, CA, Sage.

Sandefur, Gary D., Howard E. Freeman & Peter H. Rossi, 1986, *Workbook for Evaluation: A Systematic Approach* (3rd edn), Beverly Hills, CA, Sage.

Sarantakos, S., 2005, *Social Research* (3rd edn), New York, Palgrave Macmillan.

Schinke, Steven P. & Lewayne Gilchrist, 1993, Ethics in research. In R. M. Grinnell (ed.), *Social Work, Research and Evaluation* (4th edn), Itasca, IL, F.E. Peacock.

Selltiz, Jahoda, Morton Deutsch & Stuart Cook, 1962, *Research Methods in Social Relations* (rev. edn), New York, Holt, Rinehart and Winston.

Siegel, Sidney, 1956, *Nonparametric Statistics for the Behavioral Sciences*, New York, McGraw-Hill.

Silverman, David, 2004, *Qualitative Research: Theory, Methods and Practice* (2nd edn), London, Sage.

Silverman, David, 2005, *Doing Qualitative Research* (2nd edn), London, Sage.

Simon, Julian L., 1969, *Basic Research Methods in Social Sciences: The Art of Empirical Investigation*, New York, Random House.

Smith, Herman W., 1991, *Strategies of Social Research* (3rd edn), Orlando, FL, Holt, Rinehart and Winston.

Somekh, Bridget & Cathy Lewin (eds), 2005, *Research Methods in the Social Sciences*, Los Angeles, Sage.

Stake, Robert E., 1995, *The Art of Case Study Research*, Thousand Oaks, CA, Sage.

Stevens, Stanley Smith, 1951, Mathematics, measurement, and psychophysics. In S.S. Stevens (ed.), *Handbook of Experimental Psychology*, New York, Wiley.

Strauss, A. & J. Corbin, 1998, *Basics of Qualitative Research: Techniques and Procedures for Developing Grounded Theory* (2nd edn), Thousand Oaks, CA, Sage.

Stufflebeam, Daniel L. & Anthony J. Shinkfield, 1985, *Systematic Evaluation: A Self-Instructional Guide to Theory and Practice*, Boston, Kluwer-Nijhoff.

Sue, Valerie M. & Lois A. Ritter, 2012, *Conducting Online Surveys*, Los Angeles, Sage.

Tashakkori, A. & C. Teddlie, 1998, *Mixed Methodology: Combining Qualitative and Quantitative Approaches*, London, Sage.

Tashakkori, Abbas & Charles Teddlie (eds), 2003, *Handbook of Mixed Methods in Social & Behavioral Research*, Thousand Oaks, CA, Sage.

Taylor, Steven J. & Robert Bogdan, 1998, *Introduction to Qualitative Research Methods: A Guidebook and Resource* (3rd edn), New York, Wiley.

Teddlie, C. B. & A. Tashakkori, 2009, *Foundations of Mixed Methods Research: Integrating Quantitative and Qualitative Approaches to Social and Behavioural Sciences*, Los Angeles, Sage.

Thyer, Bruce A., 1993, 'Single-systems research design', in R. M. Grinnell (eds), *Social Work Research and Evaluation* (4th edn), Itasca, IL, F.E. Peacock, pp. 94–117.

Trochim, William M. K. & James Donnelly, 2007, *The Research Methods Knowledge Base* (3rd edn), Mason, OH, Thomson Custom Publishing.

Walter, Maggie (ed.), 2006, *Social Research Methods: An Australian Perspective*, Melbourne, Oxford University Press.

Walter, Maggie, 2010, *Social Research Methods*, Melbourne, Oxford University Press.
Webster's Third New International Dictionary, 1976, G. & C. Company, Springfield, MA.
Willis, J.W., 2007, *Foundations of Qualitative Research: Interpretive and Critical Approaches*, Thousand Oaks, CA, Sage.
Wolcott, H.F., 1994, *Transforming Qualitative Data: Description, Analysis, and Interpretation*, Thousand Oaks, CA, Sage.
Yegidis, Bonnie & Robert Weinback, 1991, *Research Methods for Social Workers*, New York, Longman.
Yin, R. K., 2003, *Case Study Research: Design and Methods* (3rd edn), Thousand Oaks, CA, Sage.
Young, Pauline V., 1966, *Scientific Social Survey Research* (4th edn), Englewood Cliffs, NJ, Prentice Hall.